本套丛书由中国逻辑学会符号学专业委员会、中国语言与符号学研究会、北京大学出版社、天津外国语大学语言符号应用传播研究中心共同策划

中国当代符号学名家学术文库

总主编 王铭玉

合治观与汉字符号学

孟华文集

孟华 著

北京大学出版社

图书在版编目(CIP)数据

合治观与汉字符号学 / 孟华著. -- 北京：北京大学出版社，2024.6. --（中国当代符号学名家学术文库）. ISBN 978-7-301-35244-1

Ⅰ. H12

中国国家版本馆 CIP 数据核字第 2024QM9523 号

书　　　名	合治观与汉字符号学 HEZHIGUAN YU HANZI FUHAOXUE
著作责任者	孟　华　著
责任编辑	李　颖
标准书号	ISBN 978-7-301-35244-1
出版发行	北京大学出版社
地　　　址	北京市海淀区成府路 205 号　100871
网　　　址	http://www.pup.cn　新浪微博：@北京大学出版社
电子邮箱	编辑部 pupwaiwen@pup.cn　总编室 zpup@pup.cn
电　　　话	邮购部 010-62752015　发行部 010-62750672　编辑部 010-62759634
印　刷　者	大厂回族自治县彩虹印刷有限公司
经　销　者	新华书店 720 毫米 ×1020 毫米　16 开本　37.25 印张　572 千字 2024 年 6 月第 1 版　2024 年 6 月第 1 次印刷
定　　　价	218.00 元

未经许可，不得以任何方式复制或抄袭本书之部分或全部内容。

版权所有，侵权必究

举报电话：010-62752024　电子邮箱：fd@pup.cn

图书如有印装质量问题，请与出版部联系，电话：010-62756370

合治观是指,在符号外部或内部异质性要素的区分和统一的关联中,研究和定义其中每个要素,本书主要用"合治"的符号学观点探讨了词语与修辞、汉字与汉语、汉字与图像、汉字与实物符号之间的关系,其中对汉字符号学的"合治""中性""超符号"研究及其理论建构,成为本书的重要特色。

目　　录

总序 …………………………………………………………… 1
序：汉字逻辑——用眼睛思考 ………………………………… 1
自序 …………………………………………………………… 1

第一章　可能性原则和唯一性原则 …………………………… 1
　第一节　词的伴随意义 …………………………………… 3
　第二节　词义的修辞方式和派生方式 …………………… 8
　第三节　高语境词和低语境词 …………………………… 14
　第四节　理性主义修辞观 ………………………………… 26
　第五节　修辞论和修辞性 ………………………………… 30
　第六节　修辞学的可能性原则 …………………………… 35
　第七节　聚合段与同义手段 ……………………………… 46
　第八节　线性聚合关系 …………………………………… 53

第二章　符号学的命名理论 …………………………………… 60
　第一节　命名的构成方式 ………………………………… 61
　第二节　命名的动机性意指方式 ………………………… 71
　第三节　译名和译名方式的文化透视 …………………… 84

  第四节 商名的符号性质 …………………………………… 90
  第五节 符号迷信与商名价值的关系 …………………… 97
  第六节 词语的符号性及其命名理论 …………………… 105
  第七节 符号语言学的基本观点 …………………………… 118
  第八节 修辞学命名理论 …………………………………… 130
  第九节 命名的术语学原则和修辞学原则 ……………… 135

第三章 "异质性关联"的合治语言观 …………………………… 139
  第一节 动机性文字与任意性文字 ……………………… 140
  第二节 汉字物质结构研究的合治观 …………………… 150
  第三节 "字本位"理论与汉语的能指投射原则 ………… 159
  第四节 索绪尔语言理论中的字本位思想初探 ………… 170
  第五节 在言文关系中研究汉语词汇 …………………… 178
  第六节 汉字与汉语"合治"的语言观 …………………… 190
  第七节 汉语分词连写的性质 …………………………… 199
  第八节 汉字两书论 ………………………………………… 204
  第九节 符号学的对象及语体哲学 ……………………… 217
  第十节 中国话语的四次"重新解释" …………………… 230
  第十一节 华夏意识形态的双峰并峙——孔学与许学 … 237
  第十二节 汉字的两难选择 ………………………………… 240
  第十三节 合治文字观 ……………………………………… 241
  第十四节 中国文化语言学的再认识 …………………… 244
  第十五节 汉字符号学理论的形成及其基本观点 ……… 274

第四章 证据和物语 ……………………………………………… 291
  第一节 符号学的三重证据法 …………………………… 292
  第二节 真实关联度、证据间性与意指定律 …………… 312
  第三节 图像证据的符号学分析 ………………………… 322
  第四节 物语写作 …………………………………………… 340

第五节　物是如何叙事的……………………………………………… 341
　　第六节　对外汉语的物语教学刍议…………………………………… 354
　　第七节　景观化的"土豪金"…………………………………………… 358
　　第八节　文化元素……………………………………………………… 361
　　第九节　乡村振兴调研大纲…………………………………………… 371
　　第十节　在对"物"不断的符号反观中重建其物证性………………… 376
　　第十一节　符号学视野下的复合型海洋文化观……………………… 397

第五章　超符号与合治观………………………………………………… 411
　　第一节　言文象的合治观……………………………………………… 412
　　第二节　试论类文字…………………………………………………… 427
　　第三节　从造词到类文字……………………………………………… 443
　　第四节　类文字与汉字符号学………………………………………… 458
　　第五节　"中性"——汉字中所隐含的符号学范式…………………… 470
　　第六节　论汉字符号的肉身性理据…………………………………… 490
　　第七节　汉字的意象性：面对汉语的无声性和面对图像的有声性
　　　　　　……………………………………………………………………502
　　第八节　传媒文化转型下的汉字符号与符号学……………………… 519
　　第九节　文化元素系统建设中的超符号技术………………………… 539

后　记……………………………………………………………………………543

总　序

中国当代符号学名家学术文库即将问世了，这是中国符号学界的大事，甚至对世界符号学界也是一件值得关注的大事，因为毕竟集中为多位符号学家结集出版符号学专论恐怕在世界范围内也是首次。

符号学在20世纪上半叶并不被人看好，许多人甚至称其为"玄学"，但时至今日情形大变，得到诸多学科青睐。符号学作为一门认识论和方法论学科逐渐热络起来，成为大家喜爱的"显学"。

认识符号学首先应从符号概念谈起。

20世纪德国哲学家卡西尔（E. Cassirer）在《人论》中明确指出，从人类文化的角度来看，"符号化的思维和符号化的行为是人类生活最富有代表性的特征"[①]，可以把人定义为符号的动物。的确如此，人类从远古时代起就努力寻找能够帮助他们协同行动的手段，为此人类在发展的早期阶段就想出了交换各种符号的方法。初民最先使用的是手势、表情、含糊不清的叫声等最简单的符号，然后依次出现了口头言语和书面语。由于符号媒质的介入，人类对外界刺激的反应就不再是本能的、被动的，而是积极的、自觉的、主动的。原因在于，符号系统可以使人

---

① ［德］恩斯特·卡西尔：《人论》，甘阳译，上海：上海译文出版社，2003年版，第38页。

从已有的情景中解放出来,与现实保持一定的距离,主动地进行思考,延迟做出反应。这样,人就不但可以根据经验和直接需要来生活,而且可以根据想象与希望来生活。借助符号系统,转瞬即逝的感觉印象被组织化和条理化,思维中的操作才有依托,才能在操作中渗入以往的经验和对未来的想象。① 无论是从整个人类的文化进化来看,还是从个体的成长来看,能够意识到任何事物不仅是自身而且可以是潜在的符号,符号所代表的是不同于本身的他物含义,确实是一个了不起的进步,也是一件相当困难的事情。可以说,人类经过了漫长的岁月才自觉地摆脱了实物性操作的束缚,进展到用符号思维的符号操作。②

那么,究竟什么是符号呢?古往今来,众多学者对符号给出了各自不同的定义。古罗马哲学家圣·奥古斯丁(St. Augustine)认为,符号是这样一种东西,它使我们想到在这个东西加诸感觉的印象之外的某种东西。美国哲学家、符号学家皮尔斯(C. S. Peirce)认为,符号是在某些方面或某种能力上相对于某人而代表某物的东西。美国哲学家、符号学家莫里斯(C. W. Morris)认为,一个符号代表它以外的某个事物,并从行为科学的角度,对符号做过更为精确的表述:如果任何事物 A 是一个预备刺激,这个预备刺激在发端属于某一行为族的诸反应序列的那些刺激——对象不在场的情况下,引起了某个机体中倾向于在某些条件下应用这个行为族的诸反应序列做出反应,那么,A 就是一个符号。意大利符号学家艾柯(U. Eco)认为:"我建议将以下每种事物都界定为符号,它们依据事先确立的社会规范,可以视为代表其他某物的某物。"法国符号学家巴特(R. Barthes)对符号的看法较为特殊:自有社会以来,对实物的任何使用都会变为这种使用的符号。日本符号学家池上嘉彦(Yoshihiko Ikegami)认为,当某事物作为另一事物的替代而代表另一事物时,它的功能被称为"符号功能",承担这种功能的事物被称为"符号"。苏联语言符号学家季诺维耶夫(А. А. Зиновьев)

---

① 王铭玉:《语言符号学》,北京:高等教育出版社,2004 年版,第 4 页。
② 同上书,第 3—4 页。

认为，符号是处于特殊关系中的事物，其中没有，而且也不可能有任何思想的东西……符号的意义因而并不表现在它本身，而是在符号之外。苏联心理学家列昂季耶夫（А. Н. Леонтьев）认为，符号既不是真实的事物，也不是现实的形象，而是概括了该事物功能特征的一种模式。

可见，符号的定义是多种多样的，不同学术背景的学者定义符号时虽关注的角度并不相同，但总体而言大同小异。我们认为，所谓符号，是指对等的共有信息的物质载体。符号成其为符号，必然具备4个方面的重要特征。其一，符号具有物质性。任何符号只有成为一种物质符号，才能作为信息的载体被人所感知，为人的感官所接受。当然，物质符号可以是有声符号，如古战场上的击鼓与鸣金、欢迎国宾时的礼炮、各种有声语言等；物质符号也可以是光学符号，如各种体系的文字、手势语、哑语以及各种书面语言的替代符号（数码、电报、速记、信号、标记、公式等）。其二，符号具有替代性。任何符号都能传递一种本质上不同于载体本身的信息，代表其他东西，从而使自身得到更充分的展开，否则就没有意义，不成其为符号。这种新的信息，可能是另外的事物或抽象的概念，如用镰刀和锤子表示工农政党力量，用V字形代表胜利。这样就可以用符号代替看不见、听不到的事物、思想，从而超越时间、空间的限制，使抽象的概念能以具体事物作为依托。其三，符号具有约定性，传递一种共有信息。符号是人类彼此之间的一种约定，只有当它为社会所共有时，它才能代表其他事物。至于约定的范围，可以是全人类的，也可以是一个国家或一个民族、一个团体，甚至只限于两个人之间；这种约定的时效，则可以通过继承人、中继人的传递，跨越一个相当漫长的时期。其四，符号具有对等性。任何符号都由符号形式与符号内容构成，形式与内容之间是"对等"的关系。在这种关系中，形式与内容不是前后相随，而是联合起来，同时呈现给人们。举一束梅花为例。可以用梅花表示坚贞，这时，这束梅花就是符号形式，坚贞就是符号内容，梅花当然不等于坚贞，用梅花表示坚贞，绝不能解释为先有梅花，而后引起坚贞，恰恰相反，两者被联合起来，同时呈现给人们。符号形式与符号内容之间对等、联合、同时呈现的关系，就使这束梅花变成了一个符号。①

从符号到符号学经历了一个漫长的历史时期。

符号一词，最早出自古希腊语 semeion，该词的词义与医学有关。据说，当时人们认为各种病症都是符号。医生诊病时，只要掌握这些符号，便可推断出病因。因此古希腊名医希波克拉底（Hippocrates）被公认是"符号学之父"。②对符号问题的研究最早始于哲学领域，如柏拉图（Plato）、亚里士多德（Aristotle）都曾论及符号问题。在柏拉图的各种对话录中就包括一些有关语词和符号问题的片段，如《克拉底鲁篇》就反映了关于事物与名称之间相互关系问题的争论。这里柏拉图介绍了两派观点，一派认为名称是由事物的本质决定的，另一派则认为是约定俗成的结果。例如，赫拉克利特（Heraclitus）认为，词是大自然创造的；他的学生克拉底鲁（Cratylus）说，每一个事物，大自然都赋予它一个专门的名字，就像把专门的知觉赋予每一个被感知的物体一样。德谟克利特（Demokritos）则持相反观点，认为词和事物之间没有"自然的"联系，名称是根据人们的习惯规定的，并根据现实中存在的同音词、同义词以及专有名词的改名现象来论证自己的看法。③

古希腊哲学的集大成者亚里士多德也探讨了语言符号问题。他在《诗学》《修辞学》中提出区分有意义符号和无意义符号的主张。在其逻辑学著作《工具论》中以较大篇幅讨论语言问题。例如《范畴篇》讨论了同音异义词、同义词、引申词以及各种范畴问题；《解释篇》讨论名词、动词、句子的定义以及各种命题之间的关系，等等。后人是这样评价亚里士多德在语言符号问题上的贡献的："亚里士多德在他的逻辑中分析了语言形式，分析了与它们的内容无关的判断和推理的形式结构。这样，他所达到的抽象和准确的程度，是希腊哲学在他之前所未曾知道

---

① 王铭玉：《语言符号学》，北京：高等教育出版社，2004年版，第14—15页。
② 苟志效：《符号学的由来及其发展》，《宝鸡师院学报》（哲学社会科学版），1993年第1期，第55页。
③ 肖峰：《从哲学看符号》，北京：中国人民大学出版社，1989年版，第13页。

的，他对我们的思想方法的阐明和建立思想方法的秩序做出了巨大贡献。他实际上创造了科学语言的基础。"①

亚里士多德之后，斯多葛学派、伊壁鸠鲁学派以及怀疑论者都在各自的学科中，对符号问题做过大量的描述性研究。如斯多葛学派明确指出要区分对象、符号、意义三者的不同。他们主张对象和符号都是可感知的具体存在物，而意义则是纯主观性的东西。②伊壁鸠鲁学派的《论符号》也是这方面的专著。

罗马时期对符号的讨论主要是在修辞学框架内进行的。这一时期符号研究的特点是偏于技术性和科学性。李幼蒸先生指出，这一倾向正是自然科学逻辑的前身。③当罗马时代修辞学和记号逻辑学与基督教神学结合后，对符号的讨论大幅度转向语义学方向。这一时期，即中世纪前期，圣·奥古斯丁在符号方面的研究对后人的影响是非常重要的。他认为"符号（signum）是这样一种东西，它使我们想到这个东西加之于感觉而产生的印象之外的某种东西"④。由此可知，符号既是物质对象，也是心理效果。李幼蒸先生指出，这一区分直接影响了索绪尔的符号观。⑤虽然圣·奥古斯丁的绝对真理论、信仰论、善恶论和认识论在现代西方思想界均为批评的对象，但是他的思想方式对于符号学思想的进步却具有特殊意义。他在向内思考的过程中，对心理对象和价值对象意义关系问题，首次做了较彻底的探讨，并第一次将语言问题与时间意指问题相连。

在经院哲学时期，一些学者围绕唯名论与唯实论展开了争论，语词符号问题便成为两派论争的焦点之一。唯实论者认为，名称即一般概念都是实在的、客观的，并且是先于物质的，先于事物的思想是神的内在

---

① 肖峰：《从哲学看符号》，北京：中国人民大学出版社，1989年版，第13页。
② 苟志效：《符号学的由来及其发展》，《宝鸡师院学报》（哲学社会科学版），1993年第1期，第55页。
③ 李幼蒸：《理论符号学导论》，北京：社会科学文献出版社，1999年版，第65页。
④ 何欣：《索绪尔符号理论对跨文化交际研究的启示》，陈治安、刘家荣：《语言与符号学在中国的进展》，成都：四川科学技术出版社，1999年版，第172页。
⑤ 李幼蒸：《理论符号学导论》，北京：社会科学文献出版社，1999年版，第67页。

语言。而唯名论则认为，只有具有独特品质的事物才是实在的，名称是事物的一般概念。作为事物的概念永远产生于事物之后。例如唯名论者奥卡姆（Occam）认为，存在于人心之外的是个别事物，存在于"心灵和语词中"的是关于这些事物的"符号"，不能把它们看作在个体之外或先于个体事物而独立存在的东西。这里唯名论对符号与事物的关系做出了本体论上的正确回答。

在近代西方思想史上，培根（R. Bacon）、洛克（J. Locke）、霍布斯（T. Hobbes）、贝克莱（G. Berkeley）、莱布尼茨（G. Leibniz）等人都曾论及符号问题。这其中成果较为突出的当推洛克和莱布尼茨。洛克在其著名的《人类理解论》中将人类知识分为自然学、伦理学和符号学3类，并用专门1卷共11章的篇幅，论述了作为符号的语词。对语言符号的本性进行了分析，对语言符号的类型及其与不同类型观念的关系问题进行了阐发，还对语言文字的缺陷及其滥用进行了论述。尤其是他提出了关于符号意义的"观念论"，成为时至今日仍为欧美分析哲学十分关心的意义论研究的先导。洛克之所以对语言问题如此关心，是因为他认识到，在深入考察认识论问题时，必然要涉及符号问题。

继洛克之后，莱布尼茨也对符号问题给予了极大关注。一方面，他在《人类理智新论》中用同样的篇幅逐章逐节地对洛克在《人类理解论》中的观点一一进行了反驳。另一方面，莱布尼茨还潜心于数理逻辑的开创性研究，力图创造一种比自然语言"更精确""更合理"的通用语言，将其引入逻辑推理中，从而消除自然语言的局限性和不规则性。因此，莱布尼茨被公认为数理逻辑的创始人，这也是他在符号研究中一个崭新领域的突破性贡献。

莱布尼茨之后，康德（I. Kant）在他的《实用人类学》中提出了符号的分类这一研究课题。按照康德的观点，符号可以划分为艺术符号、自然符号、奇迹符号。康德对这几种符号进行了详尽的探讨。黑格尔（G. W. Hegel）在他的《美学》中则认为，建筑是用建筑材料造成的一种象征性符号，诗是用声音造成的一种起暗示作用的符号。

符号学思想并非西方文化所独有，我国对符号现象的关注也由来已久。

春秋战国时期各派哲学家围绕"名实之争"所形成的名辩思潮，是中国哲学史上对符号问题进行哲学探讨的高峰时期。当时的一些重要哲学家、思想家几乎都参与了名实之争，从各自的立场和观点提出了所谓"正名"的要求。这里，名就是名称，与今天意义的"符号"大致相同。对"名实关系"的争论往往成为对于概念与事物（即思想与存在）的关系的争论，成为对于哲学基本问题的回答。① 孔子是最先提出"正名"主张的。当时旧制度（礼）正加速崩溃，"实"越来越不符合周礼之"名"，出现了"名"存"实"亡或"名"存"实"变的局面。孔子认为"实"的变化是不应该的，因而要用"名"去纠正已经改变或正在改变的"实"。因此孔子说："名不正则言不顺，言不顺则事不成，事不成则礼乐不兴，礼乐不兴则刑罚不中，刑罚不中则民无所措手足。"我们看到，孔子的"正名"观点带有较浓重的政治和社会伦理色彩。

参与"名实"讨论的先秦诸子中能够称得上"名"家（即符号学家）的有邓析、尹文、惠施和公孙龙。其中对"名"的问题讨论得最深入的当属公孙龙，他的许多著作中都含有丰富的符号学思想。李先焜认为，其著作的价值不亚于某些古希腊符号学家的著作。② 公孙龙在著名的《名实论》中对"名"下了这样的定义："夫名，实谓也。"就是说，名是对实的称谓或指谓。换言之，名就是表述、称谓事物的名称，也就是一种符号。公孙龙认为，名的使用也存在一个行不行、可不可、当不当的问题。如果一个符号只能称谓某个特定的对象，这样使用名是可行的，反之则不可行。用今天的话说，公孙龙所谓的"名正"，就是要求"名"的精确性。名必须与实相符的这个观点体现了一定的唯物主义因素。但是，名实如何相符呢？在公孙龙看来，不是以实来正名，而是用

---

① 肖峰：《从哲学看符号》，北京：中国人民大学出版社，1989年版，第8页。
② 李先焜：《公孙龙〈名实论〉中的符号学理论》，《哲学研究》，1993年第6期，第62页。

名来纠实。这样他又倒向了唯心主义一边。

对名实关系做出唯物主义阐发的，首推后期墨家。《墨经》首先肯定"实"是第一性的，"名"是第二性的，名说明实，主张以名举实，要求所运用的名词概念必须正确反映客观事物。《墨经》还把名分为三类："名：达、类、私。"达名是最高的类概念或名词，如"物"这个词，包括了所有的物；类名是一般的类概念或名词，如"马"，所有的马都包括在"马"这个词里；私名是指个别事物的概念或名词，专指某一事物，相当于专名。

作为战国时期杰出的思想家，荀子在名实关系问题以及符号的其他一般问题上，做出了相当深刻的分析。荀子积极参加了当时的名辩争论，并建立了自己正名论的逻辑思想体系。他首先提出了正名的必要性，认为人们在交流思想、区别事物时，必须有适当的名词概念作为工具，否则会造成语言和思想上的隔阂和混乱，分不清事物之间的贵贱同异等差别。因此，必须使名实相符。特别值得关注的是荀子关于名词"约定俗成"的思想，即什么名代表什么实，并非一开始就是固定的，而是"约定俗成"的，是人们在长期交流思想的习惯中形成的。而一经约定，习俗已成，什么名指什么实，什么实用什么名，就能为社会成员所接受和通晓，这时名就不是个人所能任意改动的了。荀子对名实关系的精辟阐述，几乎可以说是中国哲学史上对符号本质认识上所达到的最高水平。

尤其值得一提的是，我们的祖先早在东周时期便开始了对汉民族独特的语言符号系统——汉语、汉字的研究，并在两汉时期达到了空前的繁荣，产生了《说文解字》这部解释古汉语文字的不朽之作。① 从现代符号学观点看，《说文解字》中蕴藏着丰厚的符号学思想：把汉字作为一个符号系统来理解和阐释是《说文解字》中体现的语言文字思想的核心。《说文解字·叙》是许慎的汉字符号学理论纲领。其中，对汉字的

---

① 高乐田：《〈说文解字〉中的符号学思想初探》，《湖北大学学报》（哲学社会科学版），1997年第2期，第53页。

符号性质、汉字符号的来源与演变、汉字的形体结构特点及其发展变化、字形与字义的关系以及构字写词的方法与条例等都有明确的阐述。可见，符号，尤其是语言文字符号的重要特征和意义，也早已被我们中华民族的先哲们所认识。

那么符号学到底是什么？符号学的边界究竟在哪里？

客观地讲，从现代符号学的角度看，符号学作为一门科学，主要还是西方学术思想的产物。符号学通常有两种表示法：semiotics 和 semiology，前者是美国逻辑学家、哲学家、自然科学家皮尔斯在19世纪60年代提出来，后者则源于现代语言学奠基人、瑞士语言学家索绪尔在19世纪末20世纪初提出的 sémiologie。这两位学者在该领域的相关研究和相关思想随之成为现代符号学思想发展的源头。

皮尔斯和索绪尔先后独立地提出了符号学的构想，两人各自不同的哲学和文化背景使两人在符号学术语的使用、符号学基本概念的理解方面处于对立的状态。索绪尔设想的符号学是"研究社会生活中符号生命的科学；它将构成社会心理学的一部分，因而也是普通心理学的一部分；我们管它叫符号学。它将告诉我们，符号是由什么构成的，受什么规律支配。因为这门科学还不存在，我们说不出它将会是什么样子，但是它有存在的权利，它的地位是预先确定了的。语言学不过是这门一般科学的一部分，将来符号学发现的规律也可以应用于语言学，所以后者将属于全部人文事实中一个非常确定的领域"[1]。皮尔斯理解的符号学是"关于潜在符号化过程所具有的根本性质及其基础变体的学问"，这里的符号化过程是指"一种行为，一种影响，它相当于或包括三项主体的合作，诸如符号、客体及其解释因素，这种三相影响，无论如何，不能分解为偶对因素之间的行为"[2]。皮尔斯在《皮尔斯哲学著作》中认

---

[1] ［瑞士］费尔迪南·德·索绪尔：《普通语言学教程》，高名凯译，北京：商务印书馆，1980年版，第37—38页。

[2] ［意］乌蒙勃托·艾柯：《符号学理论》，卢德平译，北京：中国人民大学出版社，1990年版，第17页。

为:"逻辑学,我认为我曾指出过,就其一般意义而论,只不过是符号学的另一种说法而已,符号学是关于符号的几乎是必然的和形式的学说。在把这门学科描述成'几乎是必然'或形式的学科的时候,我注意到,我们是尽了我们之所能来观察这些特征的,而且,根据这些观察,并借助我愿称之为抽象活动的一种过程,我们已经到了可以对由科学才智使用的各类符号的特征进行十分必要的判断的时候了。"① 显然,索绪尔注重符号的社会功能和语言功能,而皮尔斯注重符号的逻辑功能。

索绪尔的符号学定义认为能指和所指间的关系奠定在规则系统的基础之上,这种规则系统相当于"语言",换言之,一般认为索绪尔大体上只把背后有明确代码的符号体系看作符号学的对象,就此而言,索绪尔的符号学似乎是一种刻板的意指符号学。然而将符号学视为交流理论的人基本上仰仗于索绪尔的语言学,这一点绝非偶然。那些赞同索绪尔的符号学概念的人,严格区分开有意图的人工措施(他们称之为"符号")和其他自然或无意的表现形式,后者严格讲不适用这样一种名称。而皮尔斯认为,符号就是"在某些方面或某种能力上相对于某人而代表某物的东西",与索绪尔不同的是,作为符号定义的组成部分,它并不要求具备那些有意发送和人为产生的属性。② 一般认为,索绪尔的符号学定义看重符号的社会性,而皮尔斯则看重符号一般意义的逻辑。③ 按照穆南(G. Mounin)的说法,索绪尔的符号学是以基于代码的传达为对象的"传达符号学",皮尔斯的符号学则是以语义作用本身为对象的"语义作用符号学",而"有效的传达"和"创造性的语义作用"被认为是语言符号两个方面的典型特征。俄罗斯语言学家乌斯宾斯基(Б. А. Успенский)认为,索绪尔和皮尔斯的符号学理论体系分别归属于作为符号系统的语言的符号学(семиотика языка как знаковой системы)和

---

① 向容宽:《符号学与语言学和逻辑学》,《贵阳师专学报》(社会科学版),1998 年第 1 期,第 13 页。

② [意]乌蒙勃托·艾柯:《符号学理论》,卢德平译,北京:中国人民大学出版社,1990 年版,第 17 页。

③ 乐眉云:《索绪尔的符号学语言观》,《外国语》,1994 年第 6 期,第 15 页。

符号的符号学（семиотика знака），两者确定了符号学的两个主流方向：语言学方向和逻辑学方向。

由于对"什么是符号学"这一本源性问题的模糊认识，符号学在现阶段正承受着本体论上的巨大压力：综观符号学家的研究，符号学几乎渗透到了人文科学和社会科学，甚至自然科学的所有领域。斯捷潘诺夫（Ю. С. Степанов）指出："符号学的对象遍布各处：语言、数学、文学、个别文学作品、建筑学、住房设计、家庭组织、无意识过程、动物交际和植物生命中。"① 而研究对象的无限扩张对于一门学科来说则是一种致命的打击。在这方面，美国逻辑学家和符号学家莫里斯认为符号学是关于所有符号的科学，认为符号学不仅提供了一种丰富的语言来统一关于某个主题领域的知识，而该领域的现象一直是多种特殊的学科片面地加以研究的；还提供了一种工具来分析所有特殊科学的语言之间的关系。在此意义上，莫里斯甚至赋予了符号学统一科学的使命，认为符号学既是科学统一中的一个方面，又是描述和推进科学统一的工具。② 意大利当代符号学家艾柯基于其一般符号学立场，认为符号学所关心的是可以视为符号（即从能指角度替代他物的东西）的万事万物，并根据符号学所涉对象的广泛性确定了符号学研究的政治疆界、自然疆界和认识论疆界，符号学研究因而面向整个社会文化领域、自然现象领域和人类思维领域。这样看来，"由于我们在社会生活最为广泛的领域，在认知过程、技术研究、国民经济，甚至在生物界的现象中都能接触到符号系统，因此符号学的对象及其作用的范围是足够宽泛的。"对于这种现象，尼基京（М. В. Никитин）不无忧虑地指出："符号学试图将下述所有理论都扣上符号性的帽子：心理学和心理分析，精神病学和性学理论，知觉、暗示、愉悦理论；女权论和男性化理论；个性、交往和个体相互作用理论，交际理论和意义理论；通灵术和占卜术（意识形态、神话学和宗教），语言学，文学批评，艺术理论（电影、戏剧、绘画、音

---

① Ю. С. Степанов: Семиотика. Радуга, 1983, с: 5.
② [美]莫里斯：《指号、语言和行为》，罗兰、周易译，上海：上海人民出版社，1989年版，第268—269页。

乐等），诗学，结构主义，相对主义，形式主义，象征主义和其他一般性或个别性的不同层级上的众多理论。……以这些各不相同的广阔领域为学科覆盖的范围，符号学的意义最终只能归于使用能指和所指的术语来对所有这些现象进行无谓的范畴化。"① 正是看到了符号学理论繁多而学科地位不明的现状，杰米扬延科（А. Ф. Демьяненко）指出，对符号学对象研究的态度的多样性和符号本身的多面性是理论多样性和繁杂性的原因。要想避免这种繁杂性的局面，只有进一步弄清符号学科学的特征、它在学科体系中的位置及其理论基础。

虽然也有学者试图为符号学建立合理的边界，为其作为一门正式学科的地位正名，但到目前为止，这些努力收效甚微。莫里斯认为，符号在符号系统中的生命是由三个向度确定的：符号体是如何构成的以及由何种实体表现；意思指的是什么；最后，产生了何种影响（符号的使用引起了什么样的效果）。莫里斯认为存在着关于符号的完整的科学，它有清晰确定的研究范围。但事实上，莫里斯将所有的符号均纳入符号学的疆域，而不管它是动物的或人的、语言的或非语言的、真的或假的、恰当的或不恰当的、健康的或病态的。此外，他看到了符号学对于科学知识的统一（系统化）的特殊重要性，并甚至试图赋予符号学以统一科学的使命。因此，我们很难说他已达到了清晰界定符号学研究范围的目标。艾柯把符号定义为基于业已成立的社会习惯，能够解释为代替其他东西的所有东西，认为符号学与其说有自己的对象，不如说具有自己的研究领域；符号学的中心问题是符号关系、符号替代某种其他事物的能力，因为这与交际和认知的认识论重要问题密切相关。他认为，符号学的研究对象是人类社会各个领域内使用的符号系统，它研究这些符号系统构成和使用的共性规律，为解决确定的认知和实践任务而编制人工符号系统的途径和方法。列兹尼科夫（Л. О. Резников）从认识论角度出发，认为（一般）符号学的实际任务应包括：符号的本质；符号在认知和交际过程中的角色；符号的种类；符号与意义、符号与事物、符

---

① М. В. Никитин: Предел семиотики. ВЯ, 1997 (1), с: 3.

号与形象间的相互关系;语言符号的特点;符号在科学知识形式化过程中的作用,等等。苏联科学院控制论科学理事会的符号学研究室致力于从控制论和信息论角度为符号学研究设定清晰的边界,其理解的符号学大致体现在以下几个方面:为数字机器创建抽象的程序语言;构建、研究和运用科学和技术的人工语言;研究从一种自然语言到另一种自然语言的机器翻译问题;研究作为符号系统的自然语言,特别是数理语言学和结构语言学。但很显然,符号学的这些分支方向除了表现出莫斯科学派一贯的科学传统外,符号学的边界问题仍然没有得到有效的解决,人工语言的无限广泛性是不言而喻的。尼基京面对这种状况,认为符号学是有关符号和符号系统,符号系统的功能和相互作用,事物、事件符号化及其意义规约化、词典化的科学,并从寻找符号的科学定义入手来限定符号学的疆域。他认为符号应包括三个方面的构件:意图(интенция)、发出者(отправитель)、从发出者到接收者规约性的意义转换器(конвенциональный транслятор значения от отправителя к получателю),缺一不可。但即使这样,符号和符号学的范围仍然广大得无法把握。

与此同时,许多研究者认为,符号学更多的是一种体现一定思维风格和提出及解决问题方式的研究方向。如斯捷潘诺夫就认为:"很可能,符号学路径(семиологический подход)的特点更多的是体现在方法,而不是对象上。"[①] 事实上,尽管符号学边界问题时至今日仍然是一个无法精确把握的问题,但符号学的方法论和认识论彰显出独特的魅力,在各个学科的研究中发挥着重要的作用,如文学批评、建筑、音乐、电影、民俗文化等。"无论是在以科学性为己任的结构主义这条线索中,还是在唤起读者的阐释主体意识为特征的现象学、阐释学和接受美学这一线索中,甚至在马克思主义的意识形态生产理论这条线索中,符号学都可以作为一门无所不及的边缘学科扮演其他学派所无法扮演的角色。"[②]

[①] Ю. С. Степанов: Методы и принципы современной лингвистики (2-е изд.). М.: Эдиториал УРСС. 2001:15

[②] 王宁:《走向文学的符号学研究》,《文学自由谈》,1995年第3期,第137页。

将符号学的一般原理应用于各个具体的符号域的研究中产生了社会符号学、法律符号学、电影符号学、音乐符号学、宗教符号学、心理符号学、建筑符号学、服装符号学、广告符号学等多个部门符号学,显示出应用符号学研究的勃勃生机。格雷马斯(A. J. Greimas)20世纪70年代"在语义学和叙事学研究的基础上提出了将符号学作为人文科学认识论和方法论基础的宏伟构想"①。

针对这种情况,李幼蒸教授指出:"符号学作为专门科学领域的较弱地位和符号学作为人文科学分析方法的较高功效间的对比,不仅反映了符号学本身的内在学术张力的存在,而且反映了它所从属的人文科学全体构成的特点,从学术思想史上看,符号学也有着类似的处境,学科身份的不明与实质影响的深刻互不一致。"②看到了符号学对于科学的双重身份之后,莫里斯强调:"如果符号学——它研究那些起着符号作用的事物或事物的性质——是一门和其他的诸科学并列的科学,那么,符号学也是所有科学的工具,因为每一门科学都要应用指号并且通过指号来表达它的研究成果。因此,元科学(关于科学的科学)必须应用符号学作为一种工具科学。"③

虽说现代符号学在西方得到了更充分的研究,但中国学者对现代符号学的贡献同样值得书写。

纵观国内符号学相关史料与文献,中国现代符号学的萌芽期应确定在20世纪上半叶,在西学东渐浪潮的推动下,中国学界逐渐自觉地建立了现代学科意识,主动地引进和结合国外语言学思想,开展相对自主的符号研究。④较早关注符号学研究的是胡以鲁先生,他于1912年写作《国语学草创》,阐述语言符号观、符号任意性、符号的能指与所指

---

① 张光明:《关于中外符号学研究现状的思考》,《外语与外语教学》,1995年第5期,第4页。
② 李幼蒸:《理论符号学导论》,北京:社会科学文献出版社,1999年版,第3页。
③ 杨习良:《修辞符号学》,哈尔滨:黑龙江教育出版社,1993年版,第23页。
④ 贾洪伟:《1949年以前中国的符号学研究》,载王铭玉主编《语言与符号》第1辑,北京:高等教育出版社,2016年版。

关系等语言符号问题;之后有乐嗣炳先生,他于1923年出版了《语言学大意》,认为语言的结构由"内部底意义、外部底符号"构成;但真正提出"符号学"这个中文词的是赵元任先生,他于1926年在他自己参与创刊的上海《科学》杂志上发表了一篇题为《符号学大纲》的长文,他指出:"符号这东西是很老的了,但拿一切的符号当一种题目来研究它的种种性质跟用法的原则,这事情还没有人做过。"① 在文章中他大胆地厘定了符号之本质与界限,提出了"符号学"称谓——symbolics 或 symbology(或 symbolology),阐述了符号指称关系和构成要素,并试图确立符号学之研究框架。可惜,赵元任之后,此词在中文中消失了几十年。"符号学"后来的出现是零星的,先是周熙良在1959年翻译的波亨斯基(I. M. Bohenski)《论数理逻辑》中提及了符号学问题,接着是1963年贾彦德、吴棠在《苏联科学院文学与语言学部关于苏联语言学的迫切理论问题和发展前景的全体会议》翻译文章中固化了"符号学"一词。而真正把符号学当作一门单独的学科来讨论,是我国著名东方学家金克木1963年在《读书》第五期上发表的《谈符号学》。

中国现代符号学研究的春天来自改革开放。从此时起到21世纪初,中国符号学研究大致可以分为以下三个阶段:一、1980—1986年——起步阶段(发表论文约45篇,年均不足7篇)。自20世纪80年代初起,中国学者开始参与国际符号学学术活动,及时地向国内传达、介绍国际符号学研究动态。从研究内容上看,这个阶段的研究重点是对国外各符号学家主要思想的引介、对符号学基本理论的总体论述以及文艺理论及其研究方法。如赵毅衡的《文学符号学》、俞建章与叶舒宽的《符号:语言与艺术》、肖峰的《从哲学看符号》、杨春时的《艺术符号与解释》等。此外,我国在这一时期也引进并翻译了一些关于符号学、语言符号学、经典文艺理论符号学方面的著作,如索绪尔的《普通语言学教

---

① 赵元任:《赵元任语言文学论文集》,吴宗济、赵新那编,北京:商务印书馆,2002年版,第178页。

程》、池上嘉彦的《符号学入门》、霍克斯的《结构主义与符号学》、卡西尔的《人论》、朗格的《情感与形式》、巴特的《符号学美学》等。

二、1987—1993年——增步阶段（发表论文约87篇，年均超过12篇）。从1987年开始，我国的符号学研究重心逐渐发生转移。(1) 从对符号学、语言符号学基本理论的总体的、粗线条的论述转而开始对符号学具体理论的更细致、更深入的分析研究。例如，对符号的线性、任意性的讨论，对各符号学家理论的比较研究。(2) 符号学作为一门方法论及崭新的学说开始被应用于具体的语言学研究中，如语义学和语用学的研究。(3) 符号学研究开始涉及语言学以外的文学、翻译和艺术等领域，如从符号学角度看翻译、用符号学观点来阐释文学作品的语言艺术。(4) 有一些学者开始挖掘中国传统文化中的符号学思想，例如对公孙龙、荀子等名家著作中符号学思想的论述。在此阶段，具有重要影响的中国学者著作有：王德胜的《科学符号学》、李幼蒸的《理论符号学导论》、杨习良的《修辞符号学》、丁尔苏的《超越本体》、苟志效的《意义与符号》、陈治安等的《论哲学的符号维度》等；译作有艾柯的《符号学理论》、巴特的《符号帝国》《神话——大众文化诠释》《符号学原理》、格雷马斯的《结构语义学——方法研究》等。可以说，中国的符号学研究渐成气候，尤其值得一提的是1988年，中国社会科学院首次召开了京津地区部分学者参加的符号研讨会，会后，中国逻辑学会和现代外国哲学研究会分别成立了符号学研究会。三、1994年—21世纪初——全面展开阶段（至2000年发表论文约280篇，年均40余篇）。1994年之后，符号学的研究明显地上了一个台阶，符号学的探索在各个领域全面展开。这一阶段的符号学研究有以下几个特点：(1) 除了继续对一般符号学和语言符号学理论进行深入的探讨外，还注重引进诸如叙述符号学、社会符号学、电影符号学、话语符号学和主体符义学等其他部门符号学思想。(2) 对语言符号学的研究进入了一个更高的层次，问世了丁尔苏的《语言的符号性》、王铭玉的《语言符号学》等重要论著。(3) 符号学向各个学科的渗透进一步加强，符号学作为一门方法论已被应用于越来越多的领域和学科的具体研究中，符号学的应用范围进一步扩大。可以说,符号学研究在语言学、哲学、文学、文化、艺术、传播学、民俗学等各个领域已全面展开。(4) 对非语言符号的地位、功能开始予以关注,如对体语符号交际功能的探讨和研究。(5) 对中国传统文化、历史典籍中符号学思想的挖掘和研究工作进一步深化,尝试用符号学方法阐释中国的历史文化现象。在这个阶段,学术研讨蔚然成风。1994年在苏州大学召开了首届全国语言与符号学研讨会,并成立了对中国符号学研究起到重要推动作用的"中国语言与符号学研究会",1996年在山东大学、1998年在西南师范大学、2000年在解放军外国语学院、2002年在南京师范大学分别召开了第二、三、四、五届全国语言与符号学研讨会,这标志着中国的符号学研究已步入正轨。

研究表明,中国的符号学研究历史虽短,但进步较快,到了新旧世纪交替之时,在符号学的诸多领域里我们已经基本追赶上了国际研究潮流。而且可以说,中国符号学运动,就规模而言,已经达到世界之最:中国已经成为符号学运动最为活跃的国家,符号学在中国已经成为一门跨学科的显学。

当代中国符号学正在把西学与东学结合起来,一个新兴的符号学第四王国逐渐走进世界符号学的中心。

相当长的一段时间内,在世界符号学界法国、美国、俄罗斯被誉为"符号学三大王国"。法国是世界符号学研究的滥觞之地,以巴特、格雷马斯为代表的巴黎学派对符号学的启蒙与发展做出了很大贡献,其研究有三大主要特点:一是鲜明的语言方向;二是极强的文学性倾向;三是跨学科和应用符号学研究趋向。美国是目前世界上符号学研究最活跃的国度,其研究起源于皮尔斯的符号研究、莫里斯的行为主义研究和古典语言学研究,以卡尔纳普(Rudolf Cornap)的逻辑实证结构研究、米德(George Herbert Mead)的社会学研究、华生(J. B. Watson)的行为心理学研究、卡西尔的象征主义研究、雅各布森(Roman Jakobson)带有语言符号学倾向的诗学研究、西比奥克(Thomas A. Sebeok)带有生物符号学倾向的全面符号学研究等为典型代表。而俄罗斯符号学走过了理论准备期（19世纪后半叶至20世纪初）、发展期（20世纪初至十月革命前）、成型期（十月革命至20世纪中叶）、过渡期——雅各布森与巴赫金（М. М. Бахтин）的研究（20世纪中叶前后）、成熟期——莫斯科-塔尔图符号学派的研究（20世纪60年代至1993年）和后洛特曼时期（1993年至今）等6个阶段。一百多年来，各种专业背景、各个研究方向的俄罗斯符号学学者对语言、文学、建筑、绘画、音乐、电影、戏剧、文化、历史等符号域纷繁复杂的符号/文本现象进行了深入的分析和探索，并能时刻将符号学的历史对象研究与现实对象研究紧密联系起来，将符号学一般理论研究与具体领域的应用符号学研究有机结合起来，形成了形式主义学派、功能主义学派、莫斯科-塔尔图学派等各种流派和方向，发掘出了大量具有共性的符号学规律，这些规律涉及符号/文本的生成、理解、功用等各个领域，涵盖了社会思想、民族文化、人文精神等各个方面。

从前述可以看出，中国学者对符号学进行有意识研究的历史并不算长。但伴随着国家的飞速发展，中国符号学高点起步，换挡加速，成果不断，一个符号学第四王国的雏形展现在世人的面前。仅以最具标志性的论文为例，如果以2010年为界前推三十年，"我们可以看到第一个十年总共有符号学论文约2000篇，第二个十年大约发表论文近6000篇，而且每一年都在加速，到第三个十年终了的2010年，中国一年发表以'符号学'为主题的就有近1000篇，而题目中有'符号'两字的有近万篇，这也就是说，目前中国学界每天刊出讨论符号学的论文近3篇，每天涉及符号讨论的论文近30篇"[①]。符号学在中国的迅猛发展已经引起国际符号学界的高度关注，他们已有预感：符号学的重心有可能向东方迁移。

此时，我们应该想哪些问题？做哪些事情？已然构成了中国当代符号学的首要任务。著名学者金克木曾说过："为什么不可以有中国的，在辩证唯物主义指导下的符号学和诠释学研究呢？我看我们不是不具备突破西方人出不来的循环圈子的可能。20世纪的世界思潮已经显出西

---

① 赵毅衡：《中国符号学六十年》，《四川大学学报》（哲学社会科学版），2012年第1期，第4页。

方大受东方的影响。……21世纪为什么不可以是中国思想对世界思潮更有贡献的世纪呢？"①

首先，中国符号学者应该理性融合中外。毋庸置疑，中国符号学的出现对世界人文科学合理化和现代化构想带来了新的思考方向。中国符号学问题的科学意涵远远超出了一般比较文化研究而涉及了符号学、哲学、人文学术传统和世界人文科学理论等各个重要方面。②中国符号学的重要意义，当然还不能仅仅从尚处于发展阶段的中国符号学研究成果中体现出来，但是我们已可从上述多个相关方面分析其理论潜力。中国知识界有两大优良传统。一是学者乐于对本国学术传统进行批评性的研究，对封建时代学术成果进行科学性检讨，自五四以来在中国即具有当然之义，学者们勇于对本民族文化学术传统进行改造，促其进步，而非对其进行功利性的利用和膜拜。二是拥有日益丰富的西学知识的当代中国学者没有西方学术中心主义的历史局限，从而能够更有效地、更客观地对西方人文学术进行批评性的研究，并参与和促进其变革。符号学作为意识形态色彩最少的语义结构和学术制度的分析工具，在创造性的比较学术研究中可发挥有力的推动作用。而中国符号学在新的世界学术格局中将成为世界新人文知识的客观评价者、共同组织者和认真推动者。按照跨学科和跨文化方向，这一努力将既包括对西方学术的更广泛深入的学习和研究，也包括对本国学术的更富科学性的探讨。中国符号学的努力虽然只是全体学术世界的一小部分，但由于其特殊的观察角度和知识背景，将在世界人文科学结构调整的全球事业中，对认识论和方法论起到关键性的推动作用。

其次，我们要对中国人文学术传统充满自信。李幼蒸先生认识到："总体而言，西方人文科学的主流和理论方向绝对是西方中心主义的，西方理论一般也被认为是研究非西方人文学术的方法论基础。然而，在人文学术跨学科发展的新时代，未来世界人文科学整合与合理化的趋势

---

① 金克木：《比较文化论集》，北京：生活·读书·新知三联书店，1984年版。
② 李幼蒸：《略论中国符号学的意义》，《哲学研究》，2001年第3期，第47—53页。

不能简单地理解为将西方理论直接扩充应用于一切非西方学术界。非西方人文科学传统,特别是内容丰富和历史悠久的中国人文学术传统,将在全球人文科学交流中扮演越来越重要的和独立批评的角色。"① 的确,在文学、艺术、思想史、宗教史诸领域内,中国文化传统在比较文化研究中的不可替代的作用已渐趋明显。就理论层次的研究而言,在一些当代重要的人文科学领域里,中国学术的积极参与将有可能实质上改变人类人文科学整体的构成。当然,中国人文学术传统参与世界学术交流,不是指将中国传统人文学术机械地纳入现代人文科学理论系统,而是指在中国学术积极参与国际学术对话之后,有关学术理论将不可避免地发生相应的变化或调整。在此同一过程中,中国传统学术也会因而自然地经受现代化的改革。为了推进这一对话过程,比较研究学者必须对两个学术传统同时进行深入的探索,以形成科学性更高一级的学术理论综合。中国学者的长期任务将不再只是弘扬本国历史文化学术,同时也会自然地包括推动世界文化学术。

再次,只有中国学者才能担起中国符号学研究的大任。近些年来,已有越来越多的中青年学者对符号学产生兴趣,这充分反映了新一代中国学者,特别是研究中国古典的学者热心追求人文科学现代化、理论化和科学化的兴趣。与此同时,国外一些学者和研究者有关中国语言和文化的先天知识不足,这就是西方的中国文史哲研究,尤其是中国符号学研究难以提升到现代化层次的历史社会性原因。反之,中国学者过去三四十年来对现代西方文史哲理论的了解日益深入,加上他们在掌握本国文史哲知识上具有的先天优势,今后中国传统人文学术现代化的工作必将以中国为中心。同理,中国符号学研究自然也会首先兴起于中国,而非兴起于一般来说学术较先进的西方。与西方的中国人文科学研究不同,中国符号学的任务是双向的:促进中国传统人文学术现代化和中外人文理论交流,继而丰富世界人文科学的理论构成。今日的中国人文学术的任务已不只是借助西方科学方法来改造中国传统学术,而且是进而

---

① 李幼蒸:《略论中国符号学的意义》,《哲学研究》,2001年第3期,第47—53页。

参与世界人文科学现代化的全球努力。这就是说，中国学术界的任务将不会仅以发展本国人文学术传统为满足；作为世界一分子，其任务还将包括参与人类共同的社会科学和人文科学的建设。中国人已经成功地在世界科技领域积极参与人类知识创造，中国人更应有资格在本民族历史上原本擅长的人文领域中对全人类做出创造性的贡献。①

最后，创建适合东方思想的"合治"观。西方现代符号学看似流派纷繁杂呈，实则归属于两大派别：索绪尔符号学和皮尔斯符号学。前者与现代西方哲学的人本主义思潮相近，以康德先验主义哲学和结构主义思想为基础，其显著特点是人本主义倾向和社会交流性，符号学的主旨在于意指和交流；后者与现代西方哲学的科学主义思潮接近，以实用主义哲学、范畴论和逻辑学为基础，其显著特点是科学主义倾向、经验主义、生物行为主义、认知性和互动性，符号学的主旨在于认知和思维。②中国符号学学者在多样化的符号学观念面前往往彷徨不定，对两大流派也多是偏执于一端，这对中国符号学独立地位的确定是不利的。我们认为，中华文化的特质需要一种"合治"的符号学学术观，借此可以彰显中国符号学的主体尊严和人文精神。"合治"观是中国学者应该选择的第三条路线，它并不是对西方两大学派的模糊折中或简单综合，而是一种在汲取西学营养基础上针对中国传统文化特点提出的符号观。其核心思想有：一、在符号本体问题上，坚持以理据性为主，兼顾约定性；二、在符号主客体关系问题上，坚持以符号主体的"动机理据"为基础，强调主体对客体的阐释力和创造力；三、在研究态度方面，坚持修辞理性和实践理性原则，避开符号学意识形态批判和求真意志的理论冲动，专注于各种符号事物的创意和阐释活动；四、在理论指向方面，坚持语言形式论传统和真值逻辑实用主义传统，即形式化加实体化；五、在思维取向方面，坚持类符号思维加意象性原则。

现代符号学在经过近百年的历史发展之后，已经成为一门比较成熟

---

① 李幼蒸：《略论中国符号学的意义》，《哲学研究》，2001年第3期，第47—53页。
② 郭鸿：《现代西方符号学纲要》，上海：复旦大学出版社，2008年版，第41—55页。

而系统的学科,受到学界的高度关注和推广。虽然西方符号学界成绩斐然,但当代中国符号学界并不甘于落后,而且在学习的同时走了一条智慧之路:摒弃"鹦鹉学舌",大胆批评与探索,勇于用中国传统的符号学遗产补充符号学理论体系,在符号学发展前沿上提出新的体系。正因为如此,中国符号学充满了希望,中国符号学应该充分尊重自己学者的成果与贡献,世界符号学也会期待着倾听中国符号学的声音,把它纳入世界符号学的大家庭之中。

创建中国当代符号学名家学术文库的初衷就在于此,让我们共同期待和珍视它!

中国逻辑学会符号学专业委员会　主任委员

中国语言与符号学研究会　会长

王铭玉

2018年国庆节于天津

序：汉字逻辑——用眼睛思考

申小龙

孟华是中国理论语言学界的一朵奇葩，也是从符号学角度深度挖掘汉语汉字独特的符号属性，并为语言学和符号学贡献了崭新理论框架的极具创造力的学者。

我和孟华兄早在20世纪90年代初的第三届全国文化语言学研讨会上就认识，我们多次互相访问过对方的学校。本世纪初我邀请孟华到复旦大学中文系作了连续四个关于汉字理论的学术讲座，在本科生和研究生中引起轰动。20年来，孟华的学术理论一直给我新鲜感和刺激，启发我思考许多新的问题。他也是我的文化语言学研究由衷引为高山流水的同道和披荆斩棘的挚友。

中国文化语言学以本土文化的视角重新认识中国语言学的古代传统和西学传统，致力于语言学各学科的文化重建，孟华深度参与了这一进程。

2003年，在我主编的复旦大学本科课程教材《语言学纲要》中，孟华撰写的《文字学》章一开始就鲜明地批评西方现代语言学的文字观，指出这种文字观将文字放在与语言的等级制关系格局中来考虑文字的性质，由此文字是向心的，它没有自己的价值。文字的一切价值均以是否有效地记录语言作为评判尺度。这样，文字学并未真正成为独立的学科。文字系统自身丰富的符号精神内涵被抽空了，剩下的只有文字形体结构的静态描写。孟华把这种文字观称为"本原主义文字观"。为此，他主张恢复文字的主体性，强调文字独立于语言的符号体系性质，强调文字与语言之间的相互指涉关系而非等级制的依从性。他认为汉字研究的主体性转向发生在20世纪的八九十年代文化语言学提出的理论——文字不是一种无意义的语言包装，而是一个有意义的自主的符号系统。

在深刻批判以语言为文字本原的基础上，孟华清晰地提出了语言与文字相互指涉的观点。其中既有语言投射原则，又有文字投射原则。孟华认为汉字投射原则是汉字、汉语的一个非常重要的特征。过去对这一民族特性研究不够。传统的语言中心主义文字学过分强调"语言投射原则"，忽略了汉字这样具有强烈自我指涉倾向的符号系统对汉语的干预功能。

孟华善于从二元对立的角度分析文字和语言相互关系的巨大张力，例如凝固性和过程性，空间性和时间性，离境化和情景化，同质化和异质化，并且将中西文字缘起归结于自源文明和借源文明的差异。他认为拼音字母的产生是文明中断和交流的产物，象形文字产生于农耕社会和神权。拼音文字是任意性文字，用抽象的形体单位为语言的抽象关系层面——音素进行任意性编码；汉字是动机性文字，以具象之象和抽象之象来标记汉语。汉字的"象"揭示了在汉字形体与汉语中间存在着一个意义世界，这个意义世界更强调造字者在记录汉语时的动机选择性。拼音文字是记音的有标记性文字，用有限的字母——对应地记录有限的语音系统，其书写有严格的词界和句界；汉字是表意的无标记文字，文字和语言之间有很大的不对应性和不确定性，其书写无论在字组还是句段上都没有严格的界限。

孟华深刻分析了文字的文化功能即历史沟通和文化延续的功能，他称之为示源性。

汉字示的是意源。从时间上说，汉字的理据构成历史意义的链条。这种语义链条的形成实际上成为思想史和文化延续的一部分。中国古代的汉字学主要是围绕汉字的示源性即"识经通古"的功能展开的。从空间上说，汉字超语音、超方言，抑制了方言的分化和文化共同体的瓦解。

拼音文字示的是音源。从时间上说，随着语音的历史演变，拼音文字的示源越来越不可靠，今人看不懂古人的作品。从空间上说，拼音文字分化了语言（因读音不同，如拉丁文的罗马帝国后来分化为若干不同的语言）却同化了方言（因读音相近，如使用英文字母的美国人、英国人、澳大利亚人、加拿大人能顺利地进行口头交流）。

表意文字和拼音文字在文化的凝聚和分化方面表现出截然不同的特性。

孟华为人类的文字理论构建了一个崭新的中文视角，其中对中国语言和文化中的汉字投射的系统论述是最为华彩的乐章。我相信每一位热爱中国语言和文化的读者都会为之击节赞叹。尤其当它出现在《语言学纲要》这样的普通语言学理论教材中，更给习惯了西方"普通语言学"理论的研究者深刻的启迪和无限遐想。

2011年，孟华为我主编的高校《现代汉语》教材撰写了《汉字》一章。2014年，孟华和我共同主编了"汉字文化新视角"丛书。在丛书的总序中，孟华提出中国独特的人文传统的三个通融性：一是小学（语言文字学）与经学的通融；二是经学内部表现为文史哲的通融；三是小学内部表现为语言与文字、书写文本与非书写文本的通融。汉字的意象性打通了书写与绘画、书写与物象的界线。这种书写与非书写之间的越界，进一步造就书写编码与非书写图像编码相通融（如书法和文人画）的文化景观。这三个通融显示了汉字在中国学术传统中的本位性，即汉字不仅是汉文化的载体和存在基础，也是中国语文得以建构的基本条件。

从汉字的文化本位性这个全新的视角，孟华将五四前后的新文化思潮称为"去汉字化"运动。"去汉字化"一直是中国学术和文化界的主流意识形态。上世纪八九十年代，文化语言学把汉语言文字看作汉文化存在和建构的基本条件，强调汉字汉语独特的人文精神，强调建立具有中国特色的语言学，在文史哲融通的大汉字文化格局中研究汉语。

文化语言学"中国潮"继承了中国现代语言学中以陈望道、张世禄、郭绍虞等前辈学者为代表的本土学派的研究传统，并在进入21世纪后逐渐汇通中国社会科学诸领域。由此开启了中国文化研究"再汉字化"进程。

孟华将文化语言学的"再汉字化"立场归结为重新评估汉语言文化的汉字性，认为这不是简单地回归传统语文学，而是重新认识汉字在汉语言、文学、文化研究中的核心地位，以实现中国学术与西方学术的差别化和对话：一方面使自己成为西方学术的一个有积极建设意义的"他者"，同时又使西方学术成为中国学术的积极发现者。"再汉字化"将汉语和汉文化的可能性建立在汉字的可能性基础上，将汉字视为汉语言、文学、历史、哲学、文化存在的基本条件，这是中国文化语言学为世界学术所贡献出的最为独特的东方理论视角。孟华由此鲜明地提出21世纪中国语言文化研究的汉字转向。

孟华是一位有自觉的对话意识的学者，也是一位有犀利的关系意识的学者。他善于在学术研究中作高度的二元化范畴概括，将一个个新范畴置于关系框架中，织起一张精巧的关系大网。借助这样一个极其抽象的关系架构，缜密推出一系列奇思异想。似乎任何在旁人看来是孤立的实体现象，孟华都能从中"看"出"语法意义"来。这个语法意义既可能存在于该实体的间性，也可能内在于该实体的自性。由此这个实体就平添了抽象性，成为一个具有组合关系和内在结构的分子，具有了作者意志赋予的强势的分布特征和语义指向。而让人不得不佩服的是，这样系联起来的理论体系，对中西语言文字事实具有深刻的洞察力和解释性。而且，它是开放的，不是封闭的，具有发展的无限可能。

在孟华送给我的第一本专著《汉字：汉语和华夏文明的内在形式》（2004年）中，我就惊讶地发现孟华将汉字的"象"理解为"理据性"，即符号的能指与所指之间有象似性；将汉字的"意"理解为理据性的淡化甚至磨失，即符号的能指与所指之间象似性减弱，任意性增加。而汉字的意象性就是理据性和任意性的统一。由此演绎出整个汉字系统的运行机制内部的意和象二元结构，而整个汉字系统是以"象"为目的而展开的"象"和"意"的关系运动。

在孟华送给我的第三本专著《文字论》（2008年）中，孟华指出语言和文字是两个独立的符号系统，具有分离性；语言和文字又是一对关系项，具有统一性。文字是在与语言的关系中定义自身的。

同样，孟华又进一步将文字和仪式这两个孤立的符号系统用文字的视角强势统一起来，处理为一对关系项：语言性文字和符号性文字。二者既对立（分离）又互补（统一）。由此一个新的文字观又形成了：语言性文字是"言"，它的性质来自与"文"即仪式符号（符号性文字）的对比关系，由此形成一种新型言文关系——符号性言文关系。

在孟华的一系列研究中，这样的关系性勾连和新关系建构处处闪烁着智慧之光，让人赏心悦目，总是会想起结构主义的"几何学简洁"。而正是在这样的相互关系建构中，孟华对汉语汉字有了不同于前人的新认识。

例如孟华认为汉字具有言文二元互补的双轨制衡结构。汉字的表意性使它具有视觉符号属性，汉字的表音性使它具有听觉语言符号属性。汉字的六书其实是两书：象意和象声。汉字将视觉和听觉两种符号特点集于一身，由此汉字成为一个自足的、封闭的内循环符号系统。它可以通过自身的双轨调节来弥补单一符号的不足。

又如孟华认为中国的文化记忆倾向于以汉字书写符号取代、抑制或遮蔽其他"象符号"，具有"汉字中心主义"传统。这是一种替代性文字方式。与之相对，拼音文字在文化记忆中倾向于文象并置和互补。这是一种补充性文字方式。

这些认识发之于孟华的"汉字符号学"，却能够对当代语言学的汉语汉字理论产生深刻的影响，启示当代中国语言学研究者重新认识汉字和汉语的关系，重新在新的汉字视角中思考中西语言文字理论的关系，重新在中国语文传统的现代阐释中创造性建构中文理论和中文方法。

我和孟华是同龄人，但我们的相互称谓却很不"平等"。我总是和称呼所有文化语言学老友一样称孟华为"兄"，而孟华却总是称我"老师"。这样的称谓让我不安，然而又很无奈。事实上，我总是从孟华的思想中发现惊奇，感受敏锐，引起思考，汲取智慧。我们之间一打电话就会煲学术电话粥，孟华也是我的微信公众号"文化语言学新视野"的精彩点评者。

在孟华的《合治观与汉字符号学》中，他说难得有一种文化现象，能像汉字和拉丁字那样集中而典型地反映东西方文化的互补关系。汉语社会在没有认识拉丁字母以前，不敢说曾有过真正系统的文字学理论——传统的汉字学不过是解读经书的附庸；同样的道理，西方语言学界在不了解汉字以前，所建立的文字理论很可能是跛足的。这样的论述让我耳目一新，同时正襟危坐。虽然我不太同意孟华对传统文字学的看法，但我不得不承认，孟华说中西语言学在对视中才真正反思和了解自己，在人类文化和文字的最大张力中才能真正把握自己的特点，这无疑是正确的。

孟华提出文字不是对语言的忠实的记录而是对语言的一种表达方式。动机性文字体现造字者以主观世界（意义系统）为认同坐标的主体精神，任意性文字体现造字者以客观对象（语音系统）为认同坐标的客体精神。无论是动机性文字还是任意性文字，都是对语言的一种有意义、有选择的表达。因此，文字与语言之间不是事实性的因果关系，而是思想关系、意义关系、符号关系。这让我深刻意识到，在人类语言文化的研究中，一切差异都是共性中的差异。对一切差异的真实体验和探索，都应该指向差异的关系性，并最终在差异的深度对视和领悟中系联起人类语言文化的统一性。这就是洪堡特说的"差异便是同一，分离即是共有"。

显然，这样的对视关系的思考对我们这一代研究者来说，并不是现成的。建构这样的关系并不容易。中国的学术，过去是一个世纪的西方视角，从 20 世纪 80 年代开始才有了西方语境下建立中国视角的自觉和责任感。但在建立中国视角的过程中，要像孟华那样几乎从一开始就具有中西视角的互文意识，在文化自信中升起对人类文化差异共同的悲悯，从各美其美、美人之美中建立起美美与共的联结自觉与责任感，我们的步履何其艰难！

但让我欣慰的是，新世纪大幕已经拉开，孟华这样的先行者已在筚路蓝缕中勇敢前行，鼓舞和启示着新时代的中国人文学者。

孟华曾说：

> 我的偶像是安徒生的《皇帝的新装》中那个相信自己眼睛甚于语言的孩子。用"眼睛"思考的人都是本质主义者，他追求符号的透明甚于符号的修辞，他追求真实甚于对真实的逃离或玩弄。

语言符号作为连接人与世界的根本纽带，其本质就是人与世界的关系。它当然是功能性的，文化的，因而是不透明的。中国的语言文字正是看透了符号的这一属性，用线性中的非线性，创造了让人走进世界、与生活世界息息相通的会意字形与声气句法。

中文是看的语言。这个"看"，正是孟华特别在意的"用眼睛思考"，也是维特根斯坦特别在意的"不要想，要看！"中文的一切，都在为"看"做准备。她用栩栩如生的意象，骈散自如的声象，鼓励人们本真地看待世界，引导人们回归生命情感的居所，去领悟真理的原始发生。

在这个意义上，作为中文之子，孟华和我都是幸运的。

是为序。

2021 年 4 月于复旦大学

自　序

一、本书的主题

摆在读者面前的这个符号学文集如果说有一个主题的话，我原意使用"中性""合治""超符号"这些词来表述。

"中性"被巴尔特称之为"破除聚合关系之物……即通过一个第三项……甩掉、消除或反制聚合关系的僵硬的二分法"。①

巴尔特所谓聚合关系之物指的是结构主义符号学符号中一系列二元对立的范畴，诸如语言/言语、结构/过程、形式/实体、语言符号/非语言符号、索绪尔符号学/皮尔斯符号学……这些对子一般属于"极性"的符号概念，即二元对立：其基本原则是，我的价值在于与你的区别或对立，符号意义就产生于这种区别对立中。

汉语中有大量二元聚合单位因失去对立性而"中性"化：如"窗户"中的"户"失去对立；如"不知深浅"中的"深"和"浅"失去对立；如"像米粒那么大（"大"也可改为"小"）"中的大与小失去对立……最典型的是汉字的中性符号特征：一方面它与汉语失去对立，行使着既是汉语的记录者又是汉语的建构者双重身份；另一方面它与图像符号失

---

① ［法］罗兰·巴尔特：《罗兰·巴尔特文集：中性》，张祖建译，北京：中国人民大学出版社，2010年版，第10、11页。

去对立，汉字的笔画具有图画式线条化倾向（书法、象形字），汉字构字意符（象形、指事、会意、形声）具有"立象尽意"的意象化倾向。

巴尔特的"中性"还是一个同质概念，我们将"中性"改造为"异质性符号要素之间二元对立的消解或跨界"。比如周易卦象符号、汉字象形字都具有图像和意符浑成交织的特性，在图像和文字的边界之间徘徊，这便是一个"中性"符号关系。其结果是产生一个"超符号"：跨越、模糊各异质符号边界的符号综合体①。

异质性的、超符号的"中性"更接近塔尔图符号学派洛特曼"符号域"思想：两项之间的迥异和绝似都不存在交流，或者说交流发生于跨界的中性领域。"亲吻的时候，你是给出了吻还是获得了吻？"莎士比亚这句台词道出了亲吻在"给出"与"获得"之间的中性状态。洛特曼认为，"文本是形成某种异质符号域系统的机制，在文本的连续统一中，传播着某种原始的信息。这种信息，我们不能将其看成是可以通过某种单一语言来表现的，而是至少需要两种语言。从单一语言的角度，并不能准确地描绘这类文本。""若定义为'文本'，这条信息至少需要双重编码。"② 在洛特曼的符号域思想中，文本和符码不是单一的，总是交织着一个中性状态的、相互跨界的异质符号域，因此，要想获取信息，至少需要掌握两种不同的符码或语言。汉语就是这样的一个符号域或中性的超符号："对中国人来说，表意字和口说的词都是观念的符号；在他们看来，文字就是第二语言。"③ 我们口说的词一般是本土的方言，一旦我们用汉字凝固、规范的普通话来言说和书写时，立刻将自己置于一个无法摆脱的双重编码交织的中性状态。这种感受南方人可能更为强

---

① 超符号这一术语有多个含义：其中第一个含义指超越与"言语"相对的"语言"，指的是其言语或情境符号性；"在超符号层次中，符号的组合及符号运用和传递都必须有人来参与，因而有人认为该层次中的相应单位是言语中的语句，而不是句子。"（王铭玉：《现代语言符号学》，北京：商务印书馆，2013年版，第313页。）第二个含义指各异质符号（包括自然语言和非语言符号）之间相互超越、跨界的性质。

② 转引自卡莱维·库尔《符号域与双重生态学：交流的悖论》，载［爱沙尼亚］卡莱维·库尔等编，《生命符号学：塔尔图的进路》，彭佳等译，成都：四川大学出版社，2014年版，第122页。

③ ［瑞士］费尔迪南·德·索绪尔：《普通语言学教程》，高名凯译，北京：商务印书馆，1980年版，第51页。

烈。尽管我是北方人，当我用方言味浓重的普通话讲课时，仍然时常对词的用法和发音、在普通话和方言之间进行不知所措的尴尬选择，或者干脆将二者混合起来。

但是，我说的这个中性或超符号，又不完全同于塔尔图学派的符号域。符号域的中性追求的是异质性交流，即坚持在保持各自异质性基础上的跨界和补充。如古埃及的象形字常常和画面叙事相结合，象形字内部的音符和形符各司其职、边界相对清晰，字与画、形符和音符都是在保持自己异质性基础上实现语象间相互超越和链接。这是西方的超符号传统，塔尔图的符号域就是这种符号传统的理论总结。汉字、汉语乃至整个汉文化符号的中性则是另一进路：它们追求的是对异质性的消除，以及消除后的浑成感和整体性。中国的甲骨文具有我所谓的"类文字性"：介于图像和文字之间的语象浑成状态。它难以区分约定性或程式化的、属于文字的笔画与自由性或临摹性的、属于图像的线条。因此甲骨文异体字特别多；它缺少音符和形符二者之间的清晰边界，没有古埃及象形字那样相对固定的位置；它在字标和字符之间徘徊而抗拒纯粹的线性化规则（我们在所谓的汉语"意合"性语法那里，也看到了这种线性/非线性中性化的强大文化语法力量）……所谓字标就是高情景物，一个字或字句像图画那样，只与某个情景物相结合而孤立地出现，而与线性篇章结构规则无关；字符则是线性篇章中的一个结构规则单位。

上述塔尔图符号学的"中性"（包括巴尔特的"中性"、列夫菲尔的"第三空间"、德里达的"异延"等），我叫作 AB 移心型；中国传统符号学的中性我叫作 AB 执中型。① 因此，我们对中性、对超符号、对符号域的认识可能要嵌入一个中国符号学的视角：中性由一个实体性单一命题转变为双重符号化方式，包括了 AB 移心型和 AB 执中型两极。移

---

① AB 之间总是在否定自己的过程中移向他者，又在移向他者的过程中保持自身。每一次转移都保留了既是自我又是他者的双重意识——此即"AB 移心型"。……二元异质元素相互同化为一个有机的整体，二者异质性、跨界性和移心性的张力消失了，对立感的消失使双方向中间靠拢，此即"AB 执中型"。——孟华：《汉字主导的文化符号谱系》，济南：山东教育出版社，2014 年版，第 330、331 页。

心和执中两种文化语法的划分具有普遍的符号学意义,中西方的各种文化符号都具有这双重编码性质,只不过作为对比项,西方文化在这双重编码中更侧重移心型主导,但不排除伴有执中型的映衬;中国文化执中型主导,但不排除移心型的辅助。

除非必要,我们一般只是泛泛讨论中性的亦此亦彼的两可性或二元互补关系,而不处处纠缠于 AB 移心型和 AB 执中型的区分。实现符号中性分析的方法包括两个原则:区分性原则和统一性原则。金文的🌳(果)一般称为合体象形字,由字符🌲和图符⊞合成。字符指的是可以重复使用且意义不变的构字部件;图符虽然也可以充当构字部件,但它不能重复使用,且字义主要来自对特定现实物的临摹,它是独一无二的。当我们对合体象形字🌳区分出字符和图符的时候,这便是中性的语象分离性原则:在一个符号域或符号体内部进一步区分出异质要素(语符还是象符)并确定或定义各自的边界。语言文字学则采取同质化的立场处理这类问题,它会把这两个单位都看作是同质性的字符而不是异质的图文关系。所以在语言文字学那里,汉字象形字就是成熟的文字;但从我们中性的超符号立场来看,汉字象形字是一种具有语象双重编码的超符号——这就跳出了语言文字学而走向了符号学。

中性的统一性原则思考的是,构成区别对立的异质要素是如何跨越各自的边界而向对方转化,或同时具有某种两可性、相互指涉性。🌳的字符🌲,具有稳固的语言意义和重复约定性,这是语言符号的特征,但它同时也具有图像的视觉像似的属性,只不过在这种语象双重性中字符的性质占主导而已;同样,图符⊞虽然像图像符号那样在临摹一个现实对象,而不是一个重复使用的语言性结构单位,但它与🌲构成了一种会意性结构关系,它承载了"果"的语言意义且不能做私语性的随便什么解释,另外,它的形体也笔画化了,尽管有很多变体,但在一定时间和一定区域内它的形体结构还是相对稳定的……这些都是⊞的字符性质。只不过在图符和字符边界的消失过程中,⊞的图符性质占主导罢了。所以,中性的统一性原则还有一个重要的术语:主导型——指的是在各异质要素相互渗透、跨界的两可状态中，其中一个异质要素在中性关系中占主导地位或决定了整个中性符号的性质，这个异质要素就是主导型。①

分离性与统一性相结合的中性化分析方法我们叫做"合治观"。合治观是指，在符号外部或内部异质性要素的区分和统一的关联中，研究和定义其中每个要素。合治观既包含了二元对立的区分原则，又完成了对分离原则的超越。如前所述，我们的"合治观"吸取了诸如巴尔特的"中性"、洛特曼的"符号域"、列夫菲尔的"第三空间"、德里达的"异延"……这些带有后现代"解构"性的理论资源（即 AB 移心型），我们同时又奠基于中国传统的"执其两端用其中"的中庸文化②——溶解、消弭异质的中和精神，我们用符号学观点将"执其两端用其中"解释为 AB 执中型。

所以，本书的合治观既包括了对一般符号现象的中性分析，诸如语言与文字、词与物、图与文、构词与命名、笔画与线条、形式与实体、结构与过程等二元区分要素的中性化分析，也包括了对中性化方式的思考：它是 AB 移心型的还是 AB 执中型的？

二、本书的主要内容导读

本书系作者自选的论文集，编排以时间线索为主，同时兼顾主题的划分。这些已发表的论文收入本书时基本保持原样，个别词句作者本人稍作修改，并对每个章节增添了内容提要。

1. 唯一性与可能性、构词与命名

本书的第一章"可能性原则和唯一性原则"、第二章"符号学的命

---

① 主导型这个概念借自雅各布森，他说："对主导可以这样下定义，一件艺术品的核心成分，它支配、决定和变更其余成分。正是主导保证了结构的完整性。"（[俄]罗曼·雅各布森《主导》，载赵毅衡编选《符号学文论论文集》，天津：百花文艺出版社，2004 年版，第 8 页。）但雅各布森的"主导"概念不是中性而是极性的，即主导成分并不具有两可性，它仅仅是在与非主导成分的对立区别中建立自己的主导地位。而"中性"关系中的主导是互补性、相对性的，甚至可以在一定条件下相置换身份，所以我们称为"主导型"。

② 《礼记·中庸》："执其两端，用其中……"（梁海明译注：《中庸》，太原：山西古籍出版社，1999 年版，第 92 页）我们简称"执中"：用"中"来统摄、消弭两端的对立。

名理论"还是着眼于对语言研究中诸种二元性关系范畴进行分离性思考。

第一章重点通过汉语词语和修辞的研究思考"可能性"（偏离）和"唯一性"（零度）这对范畴之间的关系。零度指在符号结构上遵守规范，在符号意指上（能指和所指的关系上）一一对应的关系，零度追求的是非此即彼的唯一性原则。本章在二元区分基础上重点考察的是可能性原则：就是对词语与意义、符号与对象、符号与符号之间的那些强制性僵化规则或再现关系的挑战，就是对稳定的意指（对应）关系和结构（规范）关系的有意解除，就是探讨这种挑战和解除之后的种种可能性，以及实现语言符号可能性的那些途径。第二章是在构词与命名、结构关系和意指过程这些二元范畴的区分基础上，重点考察汉语动态的命名和意指活动。需要指出的是，这些论文主要集中于20世纪八九十年代，彼时的学术界主流是以唯一性的零度原则、静态的构词和结构描写为中心的。而可能性原则和意指过程论的命名研究带有显著反同质化、反静态结构描写的动态符号学立场。

2. 异质性关联

坚持符号的可能性、偏离性原则（第一章），必然导致关注动态意指活动中的意指方式及其符号的异质关联性——人、符号、对象、社会、媒介之间，在异质性差别基础上的相互关联性（第二章），这已涉及对统一性问题的思考。从本书的第三章至第五章重点运用合治观，探讨在区分基础上的统一性问题。

第三章"'异质性关联'的合治语言观"重点关注汉字与汉语之间，汉字形体内部的质料和形式之间、汉字与图像之间……这些二元关系项的异质关联性。异质关联性我们总结为：在异质性符号要素（如实体和形式、言文象）的关联中研究和定义其中每一个要素。其核心是"言文关系"思想。言文关系是一种异质符号关系、一种书写语言的意指方式，包括动机性的"文"和任意性的"文"，象义的"文"和象声的"文"，字本位的"文"和言本位的"文"。根据这种言文关系思想，本章进一步提出了能指投射（汉字影响汉语）和所指投射（汉语影响汉字)两种方式,以及表意和假借的"两书论"。并在这双重言文关系的格局中重点探讨了能指投射原则,即汉字对汉语的决定、支配作用。言文关系基于一种合治的语言观,它包括两个基本原则:一是异质性分离原则,即如何区分符号各种关联中的异质要素,如言、文、象的差异性、质料和形式的区别性等;二是关联性统一原则,即各异质要素之间是如何相互补充、相互关联、相互跨界的。这两个基本原则构成了本章的主题:"异质性关联"的合治语言观。此外,本章在讨论有关汉字与汉语之间的关系方式时,根据合治观的思想提出能指投射(汉字影响汉语)和所指投射(汉语影响汉字)两种原则,以及表意和假借的"两书论"。并在这双重关系的格局中重点探讨了能指投射原则。

言文关系是汉字、汉语乃至汉文化研究的根本问题,受历代学者重视。主要三种理论范式:一是传统小学的整体论范式,其特点是言文不分、字词不分,或将汉字看作汉语整体的一部分。二是现代汉字汉语学的工具论范式,将言文区分的同时又把汉字看作记录汉语的工具,取消了汉字独立的符号性质。第三种是平行论范式,强调汉字和汉语是平行的不同符号系统。索绪尔关于汉字是第二语言的论述几乎是所有平行论者的共同纲领。国内裘锡圭是这种观点的代表:"讨论汉字性质的时候,如果不把文字作为语言的符号性质,跟文字本身所使用的字符的性质明确区分开来,就会引起逻辑上的混乱。"[①] 笔者提出了第四种言文关系范式,这是一种符号学的言文关系合治观:认为言文关系是二级符号关系,文字是看待语言的意指方式,包括字本位和言本位(或能指投射和所指投射、动机性和任意性),在言、文两种意指方式既区别又统一的关系中研究其中的每个要素。

3. 能指投射与所指投射、意指定律

与第三章的汉字"能指投射"原则不同,第四章"证据和物语",重点通过对证据符号和物语探讨"所指投射"原则。

符号由三要素——表达面(能指)、内容面(所指)和意指方式

---

① 裘锡圭:《文字学概要》,北京:商务印书馆,1988年版,第11页。

(如任意性还是理据性等）构成。索绪尔为代表的形式论符号学重点研究意指关系即"表达面和内容面的相关关系的研究"①。这些相关关系我们可以称为"意指方式"。皮尔斯为代表的实体符号学，将符号分为代表项、对象和解释项，更关注意指过程即"记号过程、记号行为面的动态研究"。② 为了消解索绪尔和皮尔斯的二元对立，我们将皮尔斯的解释项改为意指方式。这样，从合治观的立场看，意指方式就包括两类：静态的意指关系方式和动态的意指过程方式。索绪尔的形式论强调符号关系、意指关系方式或"能指"对现实的建构性，符号内容是建立在现实世界缺席的基础之上的，我们称之为"能指投射原则"；皮尔斯的实体符号学强调符号过程中客观实在性、符号物质性以及使用者的主体解释意向等符号实体要素（或语言结构中的异质要素）对符号意义生产的决定性作用，但是最终起决定作用的要素还是经验中的符号"对象"或"所指"，我们称之为"所指投射原则"。因此，从对索绪尔和皮尔斯两种符号学传统的"合治"或中性化立场出发，强调符号的双重投射性：能指投射（形式论）和所指投射（实体论）的相互补充。

本章通过对证据符号和物语的分析，重点探讨符号"双重投射"之一的所指投射问题，即，强调符号所指优先于能指的性质、强调所指是一种"真实关联度"，一种以求真为目的的符号化方式。这种符号化方式从符号内容面看，又包括原点性所指（起源）和原典性所指（记忆性起源）；从符号表达面看通过言、文、象多重符号的相互补充来完成事实和真相的重建。根据本章的所指投射的立场，进一步总结了所指本位的"意指定律"：证据的真实关联度决定了其补充关联度（多重异质符号之间的补充关联程度），也即证据真实关联度决定证据间性，所指间性决定能指间性。

基于所指投射和真实关联度的立场，本章的后三节重点探讨了"物语"这一概念：通过符号进行自我言说的物，就叫做物语，现实是由物

---

① 李幼蒸：《理论符号学导论》，北京：中国社会科学出版社，2007年版，第5页。
② 同上书，第5页。

语而不是纯自然物构成的，物语是人与自然、词与物的关联点。物语包括了两种词与物关系的"合治"或中性化：（1）先物后名或由物而词的物名关系，如面对树林，植物学家和诗人会说出不同的感想，这是人们在现场知觉一个物体时由在场物所激发出的言辞、指称活动；（2）先名后物或由词而物的名物关系，如我们通过书本、旅游指南、电视片了解森林，这是在实物缺席或言辞优先出场的条件下谈论、指称实物。"物语"这个术语的合治思想体现为：没有脱离"名"而独立存在的物，亦没有停留在纯观念层面上的空洞的"名"，名和物之间是一种彼此依存的中性关联域。

4. 超符号与合治观

上一章重点关注符号的内容面，即所指的真实关联度和"意指定律"：符号所指的真实关联度决定了其补充关联度（多重异质符号之间的补充关联程度）。这里的补充关联度，就是指各异质符号之间相互关联、跨界、补充的超符号关系。超符号关系着重从符号表达面即能指入手分析符号的结构形态，这是本书第五章"超符号与合治观"探讨的主要内容。

超符号基于一种合治的符号观，主要表现于在言文象三者关系域中研究每一个要素。这个关系域也叫做"符号域""媒体符号间性""文字间性"等。其中类文字，介于图像和文字之间的视觉符号，是超符号的典型形态。类文字或超符号可从三个方面考察：类能指（如图文的跨界）、类编码（如像似性和相似性的跨界）、类所指（如观念物和现实物的跨界）。类文字的研究旨在说明，符号的意义来自一个中性的区间、一个异质符号之间相互跨界的区间。它们分别属于能指域、意指域和所指域。

合治符号观持一种中性的结构立场：异质符号之间区分和对立的解除或中间状态。具体又可分为 AB 移心型和 AB 执中型，移心型指异质符号之间在跨界、中性化的同时，又保留了跨界的痕迹和区分的张力；执中型则抹去或掩盖了这种跨界和区分的张力。汉字文化符号倾向于 AB 执中型的超符号范式。

第一章 可能性原则和唯一性原则

【本章概要】 索绪尔在讨论符号的任意性时,已经深刻揭示了"选择"(可能性原则)和"强制"(唯一性原则)二者之间的悖论关系:"能指对它所表示的观念来说,看来是自由选择的,相反,对使用它的语言社会来说,却不是自由的,而是强制的"[1]。唯一性原则和可能性原则的关系已经超越语言学而成为一个符号学命题。比如中国文言文的句读和现代白话文的标点符号相比,前者是可能性原则,后者则是唯一性原则;汉字书写有笔顺规则(唯一性原则),但人们常常不严格遵守而有自己的笔顺习惯(可能性原则)。达·芬奇说图画和诗的区别就是物和物的影子的区别。但现象学告诉我们图画不是物的影子,它遵循可能性原则:从物到图画形象要经过无数的观念性想象和组合。于是,艾柯说图像是建立在语言编码基础上的,现代主义视觉文化终于从图画是物的模仿观走向相似性联想的语言观——从唯一性原则走向了可能性原则。因此在视觉性符号中也存在唯一性和可能性的关系问题。但就中国大陆主流学术对于索绪尔的理解而言,还是倒向了他的唯一性的强制性原则,认为语言是一套严格的规则系统,因此需要把追求唯一性的语言与充满可能性的言语活动区别

---

[1] [瑞士]费尔迪南·德·索绪尔:《普通语言学教程》,高名凯译,北京:商务印书馆,1980年版,第107页。

开来。

也可用零度和偏离①这两个术语来表述:零度指在符号结构上遵守规范,在符号意指上(能指和所指的关系上)一一对应的关系,零度追求的是非此即彼的唯一性原则;偏离便是可能性原则,即对零度的越出和偏离,追求的是超出既定规范和对应关系的可能性。所以,可能性和唯一性原则包括了规范(结构)和对应(意指)两个方面。

可能性(偏离)和唯一性(零度)不仅是语言学而且也是符号学的根本问题之一,就是对词语与意义、符号与对象、符号与符号之间的那些强制性僵化规则或再现关系的挑战,就是对稳定的意指(对应)关系和结构(规范)关系的有意解除,就是探讨这种挑战和解除之后的种种可能性,以及实现语言符号可能性的那些途径。主要包括三个方面的内容:一是对规范的变异,即言语和符号化活动对既定语言规范的突破和创新;二是意指性偏离,即符号能指和所指之间的不对应情况(如多义词),能指和所指一一对应的叫做意指性零度(如单义词)。偏离性符号的动态变化性,体现了符号的可能性原则。三是同义选择,即面对同一对象追求表达方式的无限可能性。

本章的第一节"词的伴随意义"和第二节"词义的修辞方式和派生方式",是从刚性的语言义和动态的言语义(修辞义)的关系角度,讨论了可能性原则的修辞方式和强制性原则的派生方式之间,所体现的可能性原则和唯一性原则的互动关系。第三节"高语境词和低语境词",主要讨论的是词语的意指性零度和偏离的问题。第四节"理性主义修辞观"主要讨论了陈望道的修辞适切性问题,认为他倡导的修辞观是唯一性的零度原则,与可能性(偏离)相对。第五至八节主要讨论同义选择问题。

---

① 零度和偏离是王希杰先生借自法国新修辞学和比利时列日学派的一对修辞学概念。零度是用来描写"正常的""规范的""中性的"话语修辞状态,偏离则是用来描写对零度的违反状态的。参见王希杰:《修辞学通论》,南京:南京大学出版社,1996年版,第184页。

第一节 词的伴随意义

【提要】 词的伴随意义,体现了词语意义的动态变异及其无限可能性。

词义有词汇意义和语法意义之分。词汇意义是词义的主体,我们常说的词义,就是指词汇意义。词义一般是在概念基础上形成的,是概念的语言表现形式。在多数情况下,词义和概念是一致的。如"机器人"的词义体现着机器人的概念,"电冰箱"的词义体现着电冰箱的概念。这种体现概念的词义,一般称之为词的理性意义。但是,词义并不等于概念,它的内容要比概念更为复杂。词义中所包含的感情色彩、语体色彩等都是概念所没有的内容,我们称它们为词的非理性意义。值得注意的是,在词的非理性意义中,还存在一种重要的语义成分,即本节所要讨论的词的伴随意义。

一、关于词的伴随意义

所谓伴随意义,是指在词的理性意义基础上伴随产生的反映或联想[①]。如下例:

词	理性意义	伴随意义
跳板	跳水池边或跳台上伸出于水面之上供跳水用的长板。	向上的凭借
暗礁	海洋、江河不露出水面的礁石。	隐患
苹果	苹果树上的果实。	红润;圆
牡丹	牡丹上开的花。	雍容华贵
马拉松赛跑	一种长距离的赛跑。	漫长
走火	因不小心而使火器发火。	失误

---

① 参见王德春:《词汇学研究》,济南:山东教育出版社,1983年版,第115—121页;张永言:《词汇学简论》,武汉:华中工学院出版社,1982年版,第43页。

落水	掉到水里。	失误
冰	冻结的水。	明亮;清澈;光润;纯洁可爱

这些词的伴随意义,都是其理性意义所没有的内容。在孤立状态如在词典中,一个词只是保持着自己理性意义的全貌,其伴随意义则处于潜在的或被抑制的状态中。只有当词被活用或作为某种修辞格出现在具体语言环境中时,它的一个或几个伴随意义才得以实现[①]。如:

依娌种的甜瓜,一百里就闻到瓜香了。

句中的"一百里"是以夸张的修辞手法出现的,这里它实现的不是自己的理性意义而是其伴随意义"很远很远",一旦脱离具体语言环境,这个"很远很远"就不存在了。所以,词的伴随意义的特点是依赖于具体语言环境的。

为了深入了解词的伴随意义,下面从不同方面展开讨论。

二、伴随意义与喻体

比喻是运用伴随意义最广泛的一种修辞格。现在就重点考察一个词作为喻体出现在具体语境时,实现其伴随意义的情况。

一个词作为喻体,往往可以用来比喻不同的本体。如"虎":

凶恶的敌人如狼似虎。
英勇的战士个个像小老虎。

同一个"虎",在例句 1 和 2 中却有不同的含义,分别是凶猛残暴和勇猛威武的意思。

这种同一喻体可以比喻不同本体的现象,李苏鸣在《喻之二柄与喻之多边》[②]一文中作了解释:一个事物具有多方面的特性和状况,即它是"多

[①] 一个事物所具有的特征是多方面的。因此,凡实词严格地说都应该有其伴随意义,并且每个词的伴随意义是开放性的,可以很多。但并非所有的伴随意义在交际活动中都有使用价值。这里列举的仅是常用的。

[②] 李苏鸣:《喻之二柄与喻之多边》,《修辞学习》,1989 年第 1 期。

边的",因此,在运用比喻格时,对同一体可根据不同需要任取"一边"或"数边"。

"喻之多边",实际上就是词的各种伴随意义。以"水"为例可分析如下:

理性意义:无色、无臭、无味、透明的液体。

伴随意义:①清白明澈②水平无倾③绵延不绝④流淌倾泄⑤悠荡平静⑥轻柔⑦多姿⑧纯洁……

我们用以上的"①②③……"代表'水'的各个伴随意义,那么,"水"在下例中分别以不同的意义出现:

1. 君子之交淡若水(①⑧)。(庄周《庄子·山木》)
2. 长恨人心不如水(②),等闲平地起波澜。(刘禹锡《竹枝词》)
3. 问君能有几多愁,恰似一江春水(③)向东流。(李煜《虞美人》)
4. 月光如流水(①④⑥⑧)一般,静静地泻在这一片叶子和花上。(朱自清《荷塘月色》)
5. 阿里山的姑娘美如水(⑥⑦⑧)。(歌词)
6. 一双泉水(①⑥⑧)般纯净的眼睛里,含蓄着柔和的光亮。(赵燕翼《桑金兰错》)
7. 那夜,轻柔得像湖水(⑤⑥),隐约得像烟雾。(冰心《南归》)

不难看出,一个词作为喻体出现时,实现的仅是自己的伴随意义。由于一个词可以有许多伴随意义,因而它能分别用于比喻不同的本体。

三、伴随意义与多义词

凡多义词总有一个基本义。通过引申、比喻或借代等手段从基本义中派生出来的新义叫转义。那么,多义词的转义是怎样派生出来的呢?

多义词的转义,多数是从基本义的伴随意义中派生出来的。

前面谈到,伴随意义只有被活用或作为某种修辞格出现在具体语境时,它才存在。但是,一个单义词的某个或几个伴随意义一旦经常被使用、被社会普遍接受以后,它就会发展成一项新的理性意义,这个单义词也就成为多义词。

词的理性意义和伴随意义的根本区别在于:前者是社会约定俗成的、不依赖于具体语境而独立存在的意义;后者是未得社会承认的、不能脱离具体语境而存在的意义。因此,检验一个伴随意义是否已发展成新的理性意义,只能用上述标准。

下面这些词的伴随意义,早就为人们所熟悉、被社会普遍接受了,它们已从"伴随"地位中独立出来,演变成多义词的转义:

词	基本义	伴随意义	转义	举例
赤	红色	颜色鲜明	光着,裸露;易被看清	赤身露体
箱底	箱子的内部底层	经常存放财物	指不常动用的财物	箱底厚
小鞋	小于脚的鞋	使人感到不舒适、不方便	暗中给别人的刁难	不怕穿小鞋
傀儡	木偶戏中的木头人	处处受人操纵	受人操纵的人或组织	傀儡政权

四、伴随意义与临时同义词

尽管世间万物千差万别,但不同客观事物彼此却存在着各种各样的联系,它们之间往往具有某些相似的特征。所以,理性意义不同的词,它们的伴随意义却可以有相似之处,这样,在特定语言环境中,它们就能表示同一对象,结成临时同义词。如:

原文:小提琴是乐队的灵魂。

改文:小提琴是乐队的女皇。

"灵魂"和"女皇"是两个理性意义不同的词,但它们的伴随意义"占统治地位"和"至高无上"却是相似的。在上面的例句中,它们各自的理性意义都没出现(都处于潜在的或被抑制的状态中),在句中实现的仅是它们相似的伴随意义,因而彼此可以互换,是临时同义词。

根据词的某些伴随意义相同相近,我们便可以把许多理性意义不同的词结成临时同义词:

1. 市场、地盘、场所、营盘、舞台、天地、世界、天下、王国
2. 避难所、避风港、安全岛、防空洞、隐蔽部、保护伞、保险箱、护身符
3. 媒介、渠道、途径、桥梁、阶梯、台阶、中介、跳板、导线、敲门砖
4. 炮灰、替身、替死鬼、替罪羊、牺牲品、垫脚石、敲门砖
5. 隐患、内忧、暗疾、暗礁、地雷、地堡、陷阱、埋伏、定时炸弹
6. 迷途、悬崖、深渊、苦海、覆辙、老路、末路、歧路、死路、绝路、回头路、死胡同、牛角尖、独木桥、墓地、绝境
7. 糠批、草芥、粪土、渣滓、垃圾、废品、积压品、处理品、等外品、破烂货、赔钱货、下脚料①

五、小结

词义有理性意义和非理性意义之分,非理性意义中的伴随意义是一种重要的语言现象。当它被活用或作为某种修辞格出现在具体语言环境中的时候,就会使一个词能表达多种客观对象,从而扩大了词语运用的天地。当伴随意义的运用积久成习,最终能脱离具体语境而独立存在的时候,它就会成为多义词的固定项,从而使现有的词汇系统在不增加新词的情况下,丰富了自己的内容,扩大了其使用范围。另外,伴随意义还使那些本来理性意义不同的词,结成临时同义词来表达同一对象,这更体现了语言表意功能的丰富灵活性。

因此,我们可以说:词义是稳固性与多变性的统一。词的理性意义,体现了词义的稳固性;词的伴随意义,体现了词义的多变性。词的理性意义组成了一个稳固的、有限的词汇的系统,词的伴随意义则使这个稳固

---

① 例1—7中有些临时同义词已发展成固定的同义词。

的、有限的系统能灵活多变地表达无限的客观内容。

原文《试谈词的伴随意义》,载《汉语学习》,1985年第4期。

第二节 词义的修辞方式和派生方式

【提要】 修辞方式是实现词义变异的各种可能性手段。派生方式是修辞义凝固为语言结构义项的方式。可能性原则的修辞方式和强制性原则的派生方式之间,体现了索绪尔所说的由言语到语言的演化进程。

词义有静态和动态两种存在方式。静态的词义研究,着重于对词义结构系统作静态描写;动态词义研究,则主要考察词义的共时变异和历时发展。本节所探讨的问题,属动态词义研究的范畴。

一、词义的变异与发展

词义的变异指词义在共时的言语使用状态所发生的临时变化。如:

> 行者道:"……我去! 我去!——去便去了,只是你手下无人。"唐僧发怒道:这泼猴越发无礼! 看起来,只你是人,那悟能、悟净,就不是人?"(《西游记》第二十七回)

上例中"手下无人"的"人",专指孙悟空自己,因而,"人"的词义就由静态中的泛指变为动态中的特指。这种词义发生了临时变化的情况,就是词义的变异。

词义的发展指在使用状态中发生临时变异的词义,逐渐被社会约定俗成而演变为新的词义单位。

如"消肿"一词,本为医学术语,意指"用药物消除皮肤上的肿块"。在20世纪70年代末80年代初,邓小平经常用"消肿"来比喻"精简机构":

现在提出"消肿",主要是要解决军队机构重叠、臃肿,以及由此带来的各级指挥不灵等问题。①

上例中,"消肿"实现的是临时变化了的意义"精简机构",当时这种变化尚属于共时的词义变异性质,但随着时间的推移,尤其在 20 世纪 80 年代中期以后,"消肿"的比喻用法逐渐为全社会所熟悉、接受,进而"精简机构"由临时性的比喻义变成了固定的比喻义,"消肿"也从单义词,演变为多义词,体现了词义的发展。

二、词义变异与发展的关系

词义变异和词义发展之间是共时的言语创新和历时的语言演变的关系。言语创新(词义的变异)是个人的行为,语言演变(词义的发展)则是集体的规约。一个语言事实的形成,都是由个人的言语创新经过集体采纳、接受(约定俗成)而演变来的:"语言中凡属历时的,都只是由于言语。一切变化都是在言语中萌芽的。"②

并不是任何言语创新都能演变为语言事实。言语创新只要没流行开、没成为集体所有,它只能是个人的、临时的东西,只属于言语而不是语言。可见,从言语创新到语言演变的决定因素是社会集体的采纳、规约。

(一)词义变异和发展的语言手段

词义的变异和发展是通过一定的语言手段表现出来的。词义变异的语言手段是修辞方式,词义发展的语言手段是派生方式。两者也是既有区别又有联系的两个概念。

1. 词义变异的语言手段——词义修辞方式

修辞学,是研究语言运用和变异的学科,修辞方式,就是语言使用、变异的方式。并不是所有的修辞方式都能产生词义变异,因此,词义的修辞方式,仅指能产生词义变异的修辞格,比较常见的有比喻、借代、转用、转

---

① 邓小平:《邓小平文选》(第二卷),北京:人民出版社,1994 年版,第 284—285 页。
② [瑞士]费尔迪南·德·索绪尔:《普通语言学教程》,高名凯译,北京:商务印书馆,1980 年版,第 141 页。

类、移就、易色、婉曲等。

2.词义发展的语言手段——词义派生方式

词义的派生方式,指派生义所赖以产生的那些语言手段。按目前有代表性的观点,它可分为比喻方式和引申方式两类,词义的引申就是把原有词义所概括的内容中的某一点加以突出或延伸。另外,还可以通过比喻来产生新义。

(二)词义修辞方式和派生方式

词义修辞方式和派生方式之间的关系,是由词义的变异和发展之间的关系所决定的:变异和发展,是修辞方式和派生方式的表现内容,而修辞方式和派生方式又是变异和发展的表现形式,形式是由内容决定的。

具体分析:词义修辞方式,属词义共时变异的言语范畴;派生方式,属词义历时发展的语言范畴;词义变化处于共时变异的言语阶段时,实现这种变异的语言手段就是修辞方式;词义的共时变异逐步为社会约定俗成、成为语言中新的词义单位时,属于言语的修辞方式也就相应地演变为语言的派生方式。可以说,派生方式是由修辞方式转化而来的,两者之间应该是一一对应的关系。如前面提到的"消肿",其"精简机构"义属词义共时变异时,实现这种变异的语言手段就是"比喻"的修辞方式,当"精简机构"义完成了历时演变,成为语言中固定的比喻义时,"比喻"也就成了比喻义,由修辞方式相应地演变为派生方式。

可见,比喻、借代、转用等作为词义变异和发展的语言手段,处在词义共时变异的横轴和历时发展的纵轴的交点上。在共时的轴上,它们是词义临时变异的修辞方式;在历时的轴上,它们又充当了新义产生的派生方式。当然,正如并不是所有的词义变异都能上升为词义的发展一样,由修辞方式演变为派生方式也是有条件的:只有它们实现的词义变异为社会约定俗成后,这些修辞方式才具有了派生方式的资格。

(三)比喻与引申的区别

既然比喻、借代、转用、转类、移就、易色、婉曲等修辞方式都具有演变为派生方式的可能性,但为什么在词汇学中,派生方式仅仅划分为"比喻"和"引申"两类呢?

我们认为,作为词义发展的语言手段,比喻和引申不是两个并列的术语。比喻是一种具体的派生方式,它与"比喻"的修辞方式相对应;而"引申"则是一个类概念,它是对许多由修辞方式转化而来的派生方式的概括。"引申"所包含的具体修辞/派生方式主要有"借代、转用、转类、移就、易色、婉曲"等六种。下面,就重点考察构成引申的这六种具体的派生方式,并通过它们,来进一步说明修辞方式与派生方式之间的对应、转化关系。

1. 借代方式产生的派生义

借代,是不直接说出事物的本名,而借用同它密切相关的事物的名称来代替的一种修辞方式。同时,它也可作为派生方式产生新义:

财神

  基本义 为道教所奉的财神。

  派生义 指能创造财富的人。如:"他们到省城合肥,是来请'财神'(科技人员),寻富路的。"(《人民日报》1986年11月8日第1版)

"财神"的派生义,是由"以特称代泛称"的借代方式产生的。[①]

2. 转用方式产生的派生义

转用,是指依靠语境帮助,临时改变词语的适用范围,使之变通运用的一种修辞方式。转用也常转化为派生方式:

禁区

  基本义 禁止一般人进入的地区。

  派生义 泛指不准或不能涉入的领域。如:"他刻苦钻研,敢闯'禁区'掌握了修理陀螺仪的方法。"(《解放日报》1986年1月8日第2版)

"禁区"的派生义,是通过"转用"的方式,改变词义的适用范围而演变来的。

3. 转类方式产生的派生义

转类,是指依靠语境帮助临时改变词语的词性的一种修辞方式。转类也常作为派生方式产生新义:

---

① 本节例举的派生义均为20世纪七八十年代产生的新义。

意思

  基本义　　（名词）指礼品所代表的心意。

  派生义　　（动词）指通过赠送礼品来表示心意。如:"既然省委书记那边没有动静,说明他已'笑纳'了,那么自然应该再'意思意思'。"(《每周文摘》1988年1月13日第8版)

"意思"的派生义是通过"名词变动词"的转类方式产生的。

4.移就方式产生的派生义

移就,是把对甲事物的感觉、意念移用于乙事物上面去的一种修辞方式。它也可作为派生方式产生新义:

解渴

  基本义　　消除渴的感觉。

  派生义　　指感到满意、痛快。如:"战士们普遍反映说:'讲的是我们想知道的,听起来解渴!'"(《人民日报》1975年1月20日第8版)

"解渴"的派生义,是通过移就方式,将由口觉所产生的感受移用于一般意念而产生的。

5.易色方式产生的派生义

易色,指临时变易词语感情色彩,将褒词贬用或贬词褒用的修辞方式。有时它也可作为派生方式产生新义:

回敬

  基本义　　回报别人的敬意或馈赠。

  派生义　　对双方言论、行动进行相应的回击。如:"对于那位没来由地拍桌子骂我的吴老师,我也只是当场拍着桌子回敬了一下。"(《文汇》月刊1982年第8期第4页)

"回敬"的派生义,是通过"褒词贬用"的易色方式产生的。

6.婉曲方式产生的派生义

婉曲,是运用委婉、曲折说法来表达本意的修辞方式。它也可作为派生方式产生新义:

第三者

　　基本义　　当事双方以外的人或团体。

　　派生义　　指插足于夫妻之间,与其中一方保持不正当关系的人。如:"她就这样成了一个时下鲜见公开的'第三者'。他们就这样成了一对没有合法身份但却患难与共的精神恋人。"(《中国作家》1986年第5期)

"第三者"的派生义,是通过"婉曲"的方式来代替"情夫(妇)""姘头"之类的说法而产生的。

不难看出,上述六种派生方式有一个共同特点,即它们都是对基本义的某个或某些语义成分的推演和引申,而不像比喻那样是一种跳跃性义变的方式。正因为这种共性,人们才用"引申"来概括"借代、转用、转类、移就、易色、婉曲"等派生方式,以示与"比喻"的区别。但也正是由于这种概括,才能人们有意无意地误把"引申"当成一种具体的、与比喻并列的派生方式。而这种误解掩盖了"引申"内部包含的若干具体的派生方式,进而模糊了派生方式与修辞方式之间的对应与转化关系,这样,既不利于多义词义项间的分析,也不利于深入了解词义的变异与发展间的矛盾统一关系。因此,在使用"引申"这一术语时,必须搞清它的确切涵义。

三、小结

词义的变异和发展,是通过一定的语言手段来实现的。这些语言手段,在词义变异范畴中表现为修辞方式,在词义发展范畴中表现为派生方式。换言之,修辞方式和派生方式是同一语言手段在不同范畴中的表现形式。它是词义运行机制的双桨:作为修辞方式,它使有限的词义系统可以灵活多变地表现无限可能的客观内容;作为派生方式它又使稳定的词义系统得到不断地充实、发展以适应社会交际的需要。

原文《论词义的修辞方式和派生方式》,载《汉语学习》,1989年第5期。

第三节　高语境词和低语境词

【提要】 脱离语境其意义较难确定、较难自明的词是高语境词。脱离语境其意义能相对确定、自明的词是低语境词。相对而言，高语境词遵循的是可能性原则，低语境词则是唯一性原则。

引　论

语言学理论中存在大量两两相关的概念，如索绪尔的"语言和言语"、乔姆斯基的"深层结构和表层结构"等。这些相关的概念对子被称为"语言对立体"。本节试以现代汉语为对象，考察词汇学中具有普遍意义的一对语言对立体：高语境词和低语境词。

一个词语符号，在孤立状态（如在词典中）中，其意义是概括的、多义的、不确定的；而只有处于语言使用中它才是具体的、单义的、确定的。因此，语言使用环境具有消除词语符号意义不确定性的能力。"倘若没有语境，符号就会残缺不全。"[1]

但是，符号的这种"残缺"程度在词语间是有差别的，即，不同的词语符号对语境的依赖并非完全一样。例如，人称代词"你、我、他"，就是脱离语境便不能确定其指称的词语，对语境的依赖程度极高；而像"盲肠炎、激光、自动洗衣机"这类专门术语，即使脱离具体语境，其指称对象也较代词明确，相对而言后者对语境依赖程度较低。

脱离语境其意义较难确定、较难自明的词，我们称之为高语境词。

脱离语境其意义能相对确定、自明的词，我们称之为低语境词。

高语境词，其语义信息较多地存在于语境当中。低语境词，其语义信

---

[1] ［美］爱德华·霍尔：《超越文化》，居延安等译，上海：上海文化出版社，1988年版，第82页。高语境和低语境是美国学者爱德华·霍尔在该书中提出的一对概念。所谓的高语境传播（HC）指的是，在传播时绝大部分信息或存于物质语境中，或内化在个人身上，极少存在于编码清晰的被传递的讯息中；低语境（LC）正好相反。东方社会很多都是"高语境"社会，例如：中国、日本等。

息较多地存在于词语符号本身。所谓高、低语境词的划分是相对的。专门术语比较指代词而言是低语境词,但较之专名(北京、凯旋门、太阳)又是高语境词。

美国符号学家皮尔斯曾提出过"索引词语"(indexical expressions)的概念。所谓"索引词语",就是不知道其使用语境便不能确定其指称的词语。还有人提出了"自义词"(autosemantic)的概念,认为它们是"语义上自主的词……对于这些词,上下文只起很小的影响。这类词,大部分不是多义词;属于这一范畴的常常是术语"。①

"索引词语""自义词"的概念,都涉及了不同的词语对语境的依赖程度是有区别的,从而肯定了高低境词的存在。然而,将高语境单位、低语境单位作为一对范畴提出来进行系统考察的,却是文化人类学家霍尔。当然,他所指的高、低语境单位主要是人及相关的其他文化现象,而不是语言符号。

下面对现代汉语中的高、低语境词进行初步的分析。

现代汉语中高、低语境词的两个最主要范畴是:一、形化单位和意化单位。二、有标记单位和无标记单位。

一、形化单位和意化单位

任何词语符号都是能指(词的形式、结构)和所指(词的意义和语法功能)构成的整体。能指是所指的外部标记和物质外壳,所指是能指的标记内容。

词语符号的能指与所指间并不都是一一对应的关系。多义词,便是一个能指同时标记多个所指的符号。例如,汉语词缺少形态变化,词性(所指)变了,而词形(能指)仍保持原貌。"文件锁在抽屉里"中的"锁"是动词,它与名词"锁"(铁锁、门锁)在词形上并无区别。可见,汉语"锁"的能指与所指不是一一对应的关系,一个能指标记两个所指。

---

① 转引自[捷]拉迪斯拉夫·兹古斯塔主编:《词典学概论》,林书武等译,北京:商务印书馆,1983年版,第92页。

英语中的"锁"(lock)也有名词和动词两种词性。但当它分别用作名词(to open the loek 开锁)和动词(the document is locked in the drawer 文件锁在抽屉里)时,其词形(能指)也相应发生变化。

不难看出,与汉语"锁"相比,英语"lock"的能指和所指是一一对应的关系,一个形式(能指)只标记一种功能(所指)。接受者不依赖语境单凭词的外部形式标志便可明确其所指。因此,与汉语"锁"相比,英语"lock"是形化单位。

而汉语"锁"的能指和所指不一一对应,一个能指标记两个所指,接受者对其具体所指的理解需依靠语境作出判断后才得以确定。因此,与英语"lock"相比,汉语"锁"是意化单位。

简言之,通过词的外部形式(能指)差别来确定其词义内容(所指)的词语符号,是形化单位。而那些缺少外部形式的规定性,依靠语境的解释和接受者的主观判断才能确定其词义内容的词语符号,是意化单位。形化单位是低语境词,体现唯一性原则;意化单位是高语境词,更接近可能性原则。汉语中形化单位和意化单位的对立主要有以下几类:

(一)音同兼类词与音近兼类词

所谓音同兼类词,指同一个语音形式(能指)具有两个或多个相近的意义(所指),意义又分属不同的语法类别。如下例:

丰富(形容词、动词兼类):

1.形容词:物产丰富

2.动词:丰富群众的文化生活

特殊(形容词、名词兼类):

1.形容词:特殊任务

2.名词:利用职权搞特殊

缺口(名词、动词兼类)

1.名词:仅筹集了五万元,资金仍有很大缺口

2.动词:已筹集了五万元资金,还缺口五万元

音同兼类词的一个显著特点,是其能指与所指不一一对应。一个语

音形式表示两个或多个意思相近但具有不同语法功能的词义内容。它在语言运用中究竟实现了自己哪项意义,需接受者依据具体语境做出判断后方能确定,因此这类词是意化单位。

词的音同兼类,不管将其视为多义现象也好同音现象也好,都是一种"语义—非形态"的命名活动,即在某个词基础上再派生出具有不同语法功能的另一项相关意义,而其语音形式保持不变。其结果产生出音同兼类词。音近兼类词,也是在某个词基础上又派生出具有不同语法功能的另一项相关意义,但与前者不同的是,音近兼类词在派生新义的同时又利用一定语音手段造成词形变化,使新产生的意义同时具有自己独立的语音形式,使之跟其源词(指直接派生出新词来的那个词)构成音近义近的兼类关系。

在现代汉语中,主要由儿化和轻声两种语音手段来产生音近兼类词。如下例:

1. 儿化产生的音近兼类词:

画—画儿(动词—名词):

动词:画图纸。名词:一幅画儿。

弯—弯儿(形容词—名词):

形容词:树枝被雪压弯了。

名词:这根竹竿有个弯儿。

2. 轻声产生的音近兼类词:

公道(gōngdào 名词)→公道(gōng·dao 形容词)

名词:主持公道(gōngdào)

形容词:办事公道(gōng·dao)

特务(tèwù 形容词)、特务(tè·wu 名词)

形容词:特务(tèwù)连

名词:抓特务(tè·wu)

上述两组词,在其源词产生出兼类现象后,其语音形式也相应发生变化(产生儿化或轻声),使新派生的义项获得了外部形式标志,因此说,音近兼类词是通过"语言—形态"命名法,在一个语言单位基础上衍生出新的语言单位。

可见,音近兼类词与音同兼类词的唯一区别,就是前者在产生新的语言单位时同时发生词形变化,使其能指与所指一一对应。由于音近兼类词的不同语法类别具有不同的外部形式标志,相对而言对语境的依赖程度较低,因而是形化单位。

从词汇意义角度分析,音同兼类词属多义词或同音词;而音近兼类词则为单义词或异音词(相对同音词而言)。由此又可以推及,多义词、同音词是意化单位,单义词、异音词是形化单位。

多义词、同音词,都是同一个语言形式表示几个意义内容,其能指和所指不是一一对应的关系。实际上,多义词、同音词只存在于词典中,它仅仅为语言使用者提供了一种理解的可能性。在语言交际中,多义词、同音词总是单义的、确指的,也就是说,只有借助具体语境,才能确定多义词、同音词实现了自己哪一项意义。所以,它们是意化单位。

单义词、异音词,用不同的语言形式表示不同的意义内容,体现了能指和所指一一对应。与多义词、同音词相比,它们有相对明确的外部形式标志,因而对语境的依赖程度较低,是形化单位.

(二) 单纯词和复合词

从共时结构描写的角度分析,单纯词的能指是由不含任何意义的语音材料构成的,它与其所指(意义内容)间的关系是任意的、不可论证的。例如单纯词"鸟":

单纯词	能指	所指	结合关系
	niǎo(鸟)	会飞的脊椎动物	任意性 不可论证性

"鸟"的能指(niǎo)不含有任何意义,所以它与所指没有任何理性联系。可见由于单纯词的外部形式(能指)对其意义上的规定,因此在脱离语境的情况下,单纯词的意义要比复合词更为概括、抽象而不确定。所以单纯词对语境的依赖性较大,是意化单位。复合词的能指是由两个或多

个音义结合的符号整体构成的,其能指本身含有理性意义,我们称之为能指义(或称词面义)。能指义和所指构成一定的意义关系,因此,复合词的能指与所指的关系便不再是任意的、不可论证的。如复合词"白条":

复合词	能指		所指	结合关系
	能指音	能指义	未加盖公章、不能作为正式凭据的字条	有理据可论证性
	báitiáo(白条)	空白的条子		

上例可以看出,"白条"的能指义对其所指的词义内容有示义、规定作用,接受者通过能指义便可粗略地推知所指的意义。因此说,复合词的外部形式(能指)对其词义内容(所指)具有解释力或规定性,即使脱离语境,其词义内容(所指)也能在词形(能指)中得到一定反映。与单纯词相比,复合词对语境的依赖程度较小,是形化单位。

(三)逻辑词和修辞词

如上文所述,复合词的能指义与其所指构成了一定的意义关系。根据这种意义关系性质的不同,我们将其分为逻辑关系和修辞关系两大类。

所谓逻辑关系,指复合词的能指义和所指构成一种相近的语义关系。如"黑板":

复合词	能指		所指	意义关系
	能指音	能指义	用木料或玻璃制成的供写字用的黑色平板	逻辑关系
	hēibǎn(黑板)	黑色的板		

"黑板"的能指义与其所指构成了意义部分一致的逻辑关系。

所谓修辞关系,指复合词的能指义和所指构成一种意义不同但具有相似性或相关性的语义关系。

如"消肿":

复合词	能指		所指	意义关系
	能指音	能指义	喻指精简机构	修辞关系(相似性)
	xiāozhǒng(消肿)	消除肿块		

"消肿"的能指义与其所指不同,但两者构成了相似性的修辞关系。

我们把具有这种逻辑关系的复合词称为逻辑词,把具有修辞关系的复合词称为修辞词。

逻辑词的能指义,由两个或更多的意义单元复合而来共同表达所指、或者说通过几个意义单元的组合在意义上分解、限定所指,因而它在意义上比较接近所指,为理解所指提供了较多的解码信息,使接受者透过能指义便能直接把握其所指;同时,能指义也规定、限制了接受者对所指的理解范围。

修辞词的能指义,是由两个或多个语素合成的一个意义单元,与所指(词义)构成一种相似或相关的类比性修辞关系。

如"消肿"一词的能指义不是将"消"和"肿"的意义简单相加起来表示所指,而是这两个语素共同构成了一个喻体,与所指形成了相似性的修辞关系。再如,"山河"的能指义也不是将"山"和"河"的语素义简单相加起来表示所指,而是两者共同合为一个借体,与所指(意为"国土")构成了相关性的修辞关系。

综上所述,逻辑词与修辞词主要有以下两点区别:

其一,尽管逻辑词和修辞词都是由多个语素构成的,但本质区别在于,前者的能指由多个意义单位构成,后者则由一个意义单元构成。多个意义单元的能指对其所指有较强的解释力和规定性。

其二,逻辑词的能指义直接反映所指的某些基本属性,它与所指形成了逻辑上较为一致的同构关系,因此有较强的解释力和规定性。而修辞词的能指义并不直接反映所指的基本属性,而是用一些与所指有某种相似或相关性联系的其他事物来进行类比。使接受者通过联想来理解、把握所指,因此对所指的解释力、规定性较弱。

例如,假设接受者在下例遇到"甲虫"和"猴头"两个生词:

1. 刺猬在吃甲虫。
2. 猴头营养丰富。

上例中的"甲虫"是个逻辑词,读者仅从其词的形式(能指义)"带甲的昆虫"中,便可理解其词义(所指)的大致范围。而"猴头"则是修辞词,其所指是"一种形状像猴头的蘑菇",倘若读者仍直接按其能指义"猴子的头"去理解所指,便会闹出笑话。

可见,逻辑词通过其形式标记(能指)便可使词义(所指)相对自明,因此是形化单位。修辞词的形式标记(能指)相对隐晦而不能使词义自明,因而是意化单位。形化单位是低语境词,意化单位是高语境词。

二、有标记单位和无标记单位

"有标记"和"无标记"单位是现代语言学理论的一对概念对立体,已被应用于研究语言的各个方面。

"标记"理论认为,在整个语言系统中,各级语言单位内有一些成分是基本的,其载负意义是中性的;与之相对应的另外一些成分,则在中性意义基础上加了某些特征意义而得了某种"标记",成了"有标记单位"。[①]

"标记"理论原来用以讨论音位的"有/无"对立,后来推广到语法和语义研究中。本节涉及的仅是语义学上的有无标记单位。有些词在脱离语境的静态中,所表现的意义是概括的而包含若干个可能的义项。这些只有在语境中加上了某些限制性语义特征,获得了某种"语义标记",才表现为单一的义项。例如"文凭"一词,意为"毕业证书",其意义范围包括小学、中学、大中专以上的毕业证等多个义项。但在下例语境中,它实现的是自己某个单一的义项:

> 选拔干部要坚持德才兼备、任人唯贤。无论有无文凭,都要观察实际工作水平。(《中组部负责同志谈如何看待干部的学历和文凭》,载《中国青年》,1986年第2期)

前些年提倡干部知识化,被提拔的年轻干部一般要有大专以上的文凭。因此,上文中"文凭"实际上专指"大专以上的毕业证书"。

该词在上例的具体语境中获得了"大专以上"的语义标记.其意义从

---

① 王立非:《关于标记理论》,《外国语》,1991年第4期。

而由多个义项变为单一的义项。与"文凭"相对的另一类词,如"天安门、达尔文、香港"这些专名,其意义就比较具体明确、义项单一。它们即使脱离具体语境也因有明确的语义标记而可以自明。

本节称那些在静态中意义相对概括而有多种可能义项的词为无标记单位;称那些意义相对明确而有单一义项的词为有标记单位。无标记单位接近可能性原则,有标记单位接近唯一性原则。

无标记单位是高语境词,有标记单位是低语境词。

对于有/无标记单位,本节着重分析以下三类:通名和专名,合义词和非合义词,移位词和非移位词。

(一)通名和专名

通名和专名,是语言分析哲学中常用的一对术语。专名指语言中的专有名词,如"天安门、达尔文、香港"。通名指语言中的普通名词,如"人、桌子、文凭、教育"等。

专名代表、指称对象,而对象就是独立实存的个别事物;通名指称概念,由于概念是对象的性质及相互间的关系,它们必须依附于具体的个别事物而存在,否则它没有具体所指。所以,通名和专名的划分,也表明不同的词对语境的依赖程度是有区别的。

专名有确定的所指对象,因此,在脱离语境的静态中,它也有比较明确的语义标记而义项单一。"鲁迅"就是《阿Q正传》的作者,"挑战者号"航天飞机就是1986年爆炸的那架航天飞机,不会引起误解。

通名的所指与概念直接联系,在脱离语境的静态中,并不确指某个具体对象,而只有在动态的语境中,通名被加上了某些限制性意义特征,获得了某种语义标记,它才与具体所指对象相联系,有了较明确的含义。前例中的"文凭"在静态中至少有三个主要义项:"小学毕业证书""中学毕业证书""大专以上的毕业证书"。多个义项综合起来,构成了通名的"语义域"①。在静态中,通名的语音形式与整个语义域相联系。在动态的语境中,上下文所添加的语义标记,将通名的语义域限制在某一具体义项上,

---

① 徐青:《词的语义域和词典》,《辞书研究》,1981年第1期。

使其所指明确起来,如前文所举"文凭"一例。

有时,即使处于具体语境中,通名也会由于语义标记不明而产生歧义。

例如"教育"一词,静态意义是"培养新生一代准备从事社会生活的整个过程"。该义所涵盖的语义域包括科学文化知识教育、政治思想教育等多个义项,只有在动态语境中我们才能确知其具体义项。通名只有在上下文中获得具体的语义标记变为单一义项后,才能消除其静态中所指的多义向性所带来的歧义。

本节把静态中意义相对确指的单义项的专名看做为有标记单位,低语境词。把意义相对概括的多义项的通名看做为无标记单位,高语境词。

(二)合义词和非合义词

合义词和非合义词的对立,一般存在于某些形容词性的反义词当中。在脱离语境的静态中的一对反义词之间,其中具有多种义项的一方,我们称之为合义词;与之相对的只有一种义项的另一方则称之为非合义词。例如:

高—矮、深—浅、厚—薄、重—轻

在上例四对反义词中,每对的第一个词(高、深、厚、重)都具有多种潜在的义项,是合义词:

义项1,表示一般意义:

山高、水深、土厚、石重

上例四个组合中,"高、深、厚、重"分别实现的是自己常规的、一般的意义。

义项2,表示正反两个意义:

高度、深度、厚度、重量

上例四个组合中,"高、深、厚、重"实际上分别含有"高矮、深浅、厚薄、轻重"正反两层意义。

义项3,表示相反的意义:

①远远望去,这山就像一幢楼那么高(=矮)。

②河里的水只有半尺深(=浅)。

③他身高一米八,却只有六十公斤重(=轻)。

④刚下了一寸厚(=薄)的雪,天就晴了。

上例四个句子中,"高、深、厚、重"实现的是与自己的一般常规用法正好相反的意义"矮、浅、薄、轻"。

与之相对,"高—矮、深—浅、厚—薄、重—轻"这四对反义词中每对的第二个"矮、浅、薄、轻"却都只具有一个义项:

只表示一般的意义而不能表示正反两种意义,不能说——

矮度、浅度、薄度、轻量

习惯上一般不说——

①远远望去,这山就像一幢楼那么矮。

②河里的水只有半尺浅。

③他身高一米八,却只有六十公斤轻。

④刚下了一寸薄的雪,天就晴了。

由于"矮、浅、薄、轻"这类词相对而言只有一个义项,因此是非合义词。

在静态中,合义词有多个义项。具体能实现自己哪个义项,需依赖语境增添某个语义标记。因此合义词是无标记单位、高语境词。相对而言,非合义词在静态中只有一个义项,因此是有标记单位、低语境词。

(三)移位词和非移位词

有些词相互间在概念上构成了上下位关系。如"人/男人、鱼/金鱼、植物/树"这三对词,就分别具有上下位概念的关系,所以它们被称为"上下位词"。

同一个词的一项意义在静态中有时也具有包含上下位关系的两个义项。

如"研究生"是个单义词,其意义范围包括"硕士研究生"和"博士研究生"。因此,"硕士生研究、研究生/博士生"这两对词分别都是上下位词。但是,"研究生"有时还被用来专指"硕士研究生"。例如,说某人是

"研究生",一般就是专指"硕士生"。因此"研究生"有时相当于其下位概念"硕士生"。

再如"蛋"的基本义是:"鸟、龟、蛇等所产的卵"。"肉"的基本义是"人或动物体内接近部分的柔韧的物质"。蛋/鸡蛋、肉/猪肉分别都是上下位词。但是,当我们汉族人说到"蛋"或"吃肉"的时候,就常常专指其下位概念"鸡蛋"和"猪肉"。

据上所述,"研究生、蛋、肉"这类词,在脱离语境的静态中有两个义项,其一是常规的、一般的义项,表上位概念;其二是个别的特殊的义项,表下位概念。

同一个词的一项意义,在静态中具有包含上下位关系的两个义项,根据语境的不同,它常变换着自己的级位,在某些语境中,它把自身当作一个下位词来使用,与其下位词同一级位的关系。这样的词,本书称之为"移位词"。如"研究生、蛋、肉"等。而与移位词相对的下位词如"硕士生、鸡蛋、猪肉",由于它们不具有上下位两个义项,因此本书称之为非移位词。

移位词在静态中具有多个可能的义项,具体实现自己哪一义项,要靠语境添加语义标记来加以限制。因此,移位词是无标记单位、高语境词。非移位词在静态中相对而言只有一种义项,意义比较明确、单一,因而是有标记单位、低语境词。

当然,并非所有上下位词都具有移位词/非移位词的对立,但这种对立是词汇语义系统中的一种十分重要的现象。

三、结语

高、低语境词无疑是一对具有普遍意义的符号学和语言范畴。本节仅仅提出这一对概念以期引起注意,而远非对其进行全面而深入的研究。像所谓的模糊词/精确词、指称词/非指称词、一般词语/专门术语、自足词/不自足词等都可纳入高、低语境词的范畴,限于篇幅,在此不赘述。相对而言,高语境词遵循的是可能性原则,低语境词则是唯一性原则。

研究高、低语境词,不仅对某个语言的词汇、词义系统的静态描写具有重要理论价值,同时也有助于深入了解词汇、词义单位在语用中的动态变异规律。其次,高/低语境词的划分,对于认识词汇系统、词汇单位的历史演变规律具有指导意义。例如,古汉语以单音节单纯词为主,多义、同音现象十分普遍,移位词、合义词也比较常见。与现代汉语相比,古汉语词汇系统是高语境的,现代汉语词汇系统是低语境的。汉语词汇系统的总趋势是由高语境向低语境发展的(如词的双音节化、儿化和轻声的产生等)。而就一个词语单位的历史演变而言,情况就更为错综复杂,常常表现为高、低语境词的相互转化。如,词的义项增加,低语境词→高语境词;语音分化而导致一个词分裂为两个词,高语境词→低语境词;语义范围的扩大,低语境词→高语境词;单纯词变复合词,高语境词→低语境词等。

此外,高、低语境词的研究,还具有语言类型学意义。最具类型学意义的是"形化单位和意化单位"这一对范畴。我们可以拿这一对范畴中的各小类逐一与欧洲语言的相关范畴进行比较,从中可以看出,有的语言词汇系统以形化单位为主,相对而言是低语境的;有的语言词汇系统以意化单位为主,相对而言是高语境的。

至于高、低语境词的文化学意义,就不属于本节的讨论范围了。

原文《论高语境词和低语境词》,载《青岛海洋大学学报(社会科学版)》,1995年1期。

第四节 理性主义修辞观

【提要】 陈望道所追求的修辞适切性,是与"可能性原则"相对的"唯一性原则"。"唯一性原则"预设了这样的理论前提:在具体的表达中,只有一种表达手段是最适切的,修辞学的目的就是帮助人们实现那唯一的适切性手段。适切性原则是一种理性主义修辞观。

《毕节师范高等专科学校学报》1998年第2期卷首语称:"本刊'修辞研究'专栏创办伊始,便得到海内前辈时贤的热情鼓励和支持,惠稿源源不断……辞格研究的来稿最多,这颇能反映一种根深蒂固的修辞观念和研究倾向,辞格非不重要,但我们只选两篇短文发表。其内容也许可以再次提醒我们:立格的标准和辞格的分类问题倘不解决,那么名称的花样翻新,辞格的无限膨胀,以及由此而引起的诸多争议,都不可能使修辞研究,乃至辞格研究走上新的起点。"

对此笔者深有同感!修辞格的研究是重要而且必要的,但修辞学的研究如果仅限于修辞格的解释权、发明权之争,那真是学术界的悲哀。事实上,陈望道先生的"两大分野理论",早已经破除了原子主义的修辞格研究的局限,将修辞现象概括为积极修辞和消极修辞两大范畴——这是中国修辞学说史上的第一次"破格","两大分野"遂成为中国现代修辞学史上的第一个理论深度模式,当然,在《修辞学发凡》[①](以下简称《发凡》)中,陈先生仅用了16页的篇幅讨论消极修辞,而关于积极修辞的篇幅占171页之多。可见,作者的注意力还是集中于积极修辞的研究的;而积极修辞的主要内容,仍是修辞格的一字排列,基本上是对"格"的词条式的定义和例证,并未完全脱离原子主义描写的窠臼。或许是这本经典著作的理论导向,为继承多于创新的中国修辞学埋下了长期"辞格大战"的种子。

陈望道先生在《修辞学发凡》中说:"修辞不过是调整语辞使达意传情能够适切的一种努力。"[②]"修辞以适应题旨情境为第一义……略如福洛贝尔(按:今译"福楼拜")教导他的弟子莫泊桑的'一语说'所谓无论什么只有一个适切的字眼可用而写说者就用那个唯一适切的字眼来表出的一样。"[③]陈先生所说的"以适应题旨情境为第一义""一语说",就是修辞的适切性原则。自从古希腊人将修辞看作是说服的技巧以后,修辞学长期被看作是关于语言的表达效果和手段的科学。就表达效果而言,主要研究语言表达好不好、适切不适切的问题;就表达手段而言,主要包括积极的手段如辞格等艺术的表达手法,以及消极的手段即符合逻辑事理的表达方式(在古希腊哲学中,消极的手段属于逻辑学)。无论积极的或消极

---

① 陈望道:《修辞学发凡》,上海:上海教育出版社,1979年版。
② 同上书,第3页。
③ 同上书,第11页。

的修辞手段,不过是取得一定表达效果的方式,提高表达效果才是修辞学研究的最终目的。

适切性原则笔者称之为理性主义唯一性原则。

唯一性原则预设了这样的理论前提:在具体的表达中,只有一种表达手段是最适切的,修辞学的目的就是帮助人们实现那唯一的适切性手段。所以,唯一性原则回答的是:在具体的语言表达中,哪个是最为适切的唯一手段?适切性原则的典型观点是法国作家福楼拜的"一语说",说明某人的动作的只有唯一的动词,限制某人的性质的只有唯一的形容词。

一位中学老师发言时首先自我介绍,"我是一位中学教师……",于是有人评论到:自称的时候只能用"一个",不能用"一位"。因为"位"是尊称别人的,具有敬称的语体色彩,自称"一位"是用词不当,违背了"适切性"的修辞规则。

显然,这里的"适切性"指的是语言使用的唯一性规则:语言单位本身固有某种修辞意义,如词的语体色彩、感情色彩等,这些语言结构固有的修辞意义只适用于某些固定的语体或交际场合。如在科技论文中,一般忌用有明显口语色彩、感情色彩的词语,否则,就违背了语言单位自身所固定要求的运用范围。

陈先生的适切性原则,有其深刻的理性主义语言学背景。理性主义语言学认为:语言是与人类思维相对分离的符号结构系统,是最重要的思维工具和交际工具。语言研究的目的,就是描写结构、制定规范,澄清语言与言语、结构与功能之间相互对立相互影响的关系,确定语言之间的主要区别,并揭示一切语言所共有的理性基础和普遍规则。理性主义语言学视野中的修辞学,强调语言与言语的对立,将修辞学归于语言。简单地说,语言是说写中普遍遵守的规则系统,言语是实际说写的过程或结果。根据索绪尔的观点,语言被处理为一个自足、封闭、静态的结构系统;言语则是语言以外的外部世界,它与文化、心理、社会等现象有关,是一个开放、动态的活动过程。用结构主义符号学的观点表述,语言是信码,言语是信息;语言是能指,言语是所指;语言是表达工具,言语是表达内容。对于理性主义语言学、修辞学而言,它们的主要研究范围是信码而不是信息,是能指而不是所指,是表达工具而不是表达内容。

一般认为,陈望道在《发凡》中贯彻了"以语言为本"的修辞思想。我认为,"以语言为本"的修辞学表现为,坚持以结构规则、形式单位的分析和描写作为修辞学的主要研究内容。结构规则,即适切性、唯一性的表达规则;形式单位主要表现在对各修辞方式、修辞格的归纳分析。

正是这种"以语言为本"的指导思想,理性主义修辞学将语法学结构分析、形式描写的原则扩大到表达领域,把动态开放的话语表达活动抽象为一组有限的规则和辞格。因此,在汉语界语法学和修辞学表面上固守着各自的阵地:语法学研究"合法性",修辞学研究"适切性";前者研究语法规范,后者研究修辞规范;前者研究对不对,后者研究好不好;前者研究语法形式单位,后者研究表达形式单位(辞格)——但实际上它们是统一于理性主义旗帜之下的,都是将抽象的规则、规范放在首位,将语言工具与思维、社会生活的分离作为基本理论前提,将静态的形式单位的描写作为研究的主要旨趣。这就不难理解为什么如此众多的学者孜孜于某条搭配规则,某个修辞格的个案分析描写。

然而令人尴尬的是,尽管理性主义修辞学将自己绑在语法学的战车上,但整个汉语界仍把修辞学看作是边缘,是小儿科。1992年4月下旬,中国社会科学院语言研究所和中国语文杂志社在北京联合召开了"中国语文研究四十年学术讨论会",会上对四十年来中国语文研究的主要领域进行了回顾与评述,会后出版了《中国语文研究四十年纪念文集》,共收录69篇论文,其中汉语语法论文最多,而汉语修辞论文连一篇也没有。或许在汉语界看来,"中国语文"这个概念里面不包括修辞学。这也不难理解,索绪尔语言和言语二元对立的思想,从来是等级制的,虽然他区分出了这两个概念,但他仍然将语言看作是中心而排斥言语的研究。理性主义语言学认为,表达单位如话语和篇章是大于句法的言语(语用)单位,这些言语单位与文化、社会、心理等语言外部因素密切相关,因此,它们是正宗语言学的边缘领域或结合部。语言学者研究它们的目的无非有两个:一是想澄清语言单位和言语单位相互对立和相互影响的关系,以保证语言领域研究的纯正性——用索绪尔的话说就是语言的同质性;二是把结构(同质)分析的概念扩大到非语言的领域,把被索绪尔认为是异质的领域(言语)同质化、结构化,也就是将句法的结构分析原则扩大到修辞和语用领域。因此,修辞学的边缘性就不言而喻了。也正是由于修辞学将自己置于理性主义旗帜下,甘心于自己的边缘地位,才决定了修辞学不可能成为显学,缺少自己独立的话语、独立的范畴、独立的理论体系。

原文《陈望道先生的理性主义修辞观》,载《毕节师范高等专科学校学报》,1998年第2期。

第五节　修辞论和修辞性

【提要】　修辞论作为一种语言理论,不是把语言看成是表达思想的理性工具,而是把修辞性看作是语言的本质。修辞性问题主要回答"语言结构及其过程是怎样体现修辞性的"。因为该过程具有动态的未完成性和同义形式选择的无限可能性,因此它遵循的是可能性原则。可能性原则主要回答:在具体的言语过程中,我最大限度地拥有哪些可使用的同义手段?这些同义手段各有什么不同的表意功能?

一、关于修辞学转向

修辞学不仅在当代的西方语言学而且在整个西方文论中也成为热点问题。在语言学界,随着国外现代认知语言学的兴起,用隐喻等修辞手法来解释很多语言现象,包括语法。隐喻已不仅仅是一种修辞手段,而被看成是人类的一种基本的思维方式和语言结构方式。在当代西方的后现代主义、后结构主义的文论中,修辞更是一个热点问题。王岳川认为,后结构主义的代表人物德里达就是把语言当做一种虚构的修辞学构造物来研究,语言结构的原则就是修辞的原则。在他看来,解构一篇"本文"(text)就是找出产生假定论据、关键概念或前提等的修辞手法,表明"本文"怎样损害它维护的哲学,或者动摇它所依的等级对立的理性秩序。①

我国当代美学界,也有人寻求突破单纯的认识论、主题论或语言论的美学研究模式建立了新的修辞论诗学。② 在我国汉语界,也出现了以修辞论范畴如"零度与偏离""潜与显"来研究汉语的新的理论范式。③ 面临这股世界性的修辞论转向的思潮,对当代修辞理论的一些基本研究方法进行分析、探索,对于繁荣汉语修辞理论的研究,无疑是十分必要的。

本节主要提出修辞理论研究的两个基本的方法论范畴:修辞论和修辞性。

修辞理论实际上可分为本体论和认识论两个部分。作为认识论的修辞理论,它不同于传统的修辞学,而是一种语言观,主要回答"为什么说语言的本质是修辞结构而不是理性逻辑结构"。作为本体论的修辞理论则主要回答"语言结构及其过程是怎样体现修辞性的"。前者我们称为修辞论问题,主要运用的是解释的方法;后者我们称之为修辞性问题,运用的方法主要是描写性的。

二、关于修辞论

作为一种语言理论,修辞论不是把语言看成是表达思想的理性工具,而是把修辞性看作是语言的本质。俄国语言学家雅各布森通过对失语症病人的观察,认为人类的语言实际上是在两个基本的纬度上运作。这两个纬度可以用隐喻和转喻两种修辞手法来概括。隐喻是建立在相似性联想的基础上的,转喻是建立在相关性联想的基础上的。因此,语言过程是由一个横向运动(相关性的词语结合活动)和纵向性的运动(相似性的词语选择活动)来表达信息的。④

隐喻与换喻所代表的语言的修辞原则(相当于索绪尔的聚合关系和

---

① 王岳川:《解构主义的挑战》,载人文科学与艺术文库编辑:《文化与艺术论坛》(1),北京:东方出版社,1992年版,第60页。
② 王一川:《中国现代卡里斯马典型》,昆明:云南人民出版社,1994年版。
③ 王希杰:《修辞学通论》,南京:南京大学出版社,1996年版。
④ 特伦斯·霍克斯:《论隐喻》,高丙中译,北京:昆仑出版社,1992年版,第111页。

组合关系),被许多当代哲学家、语言学家看作是人类一切思想的活动的基本原则,具有普遍的认识论价值。无论是隐喻的相似性还是转喻的相关性,它们所代表的修辞原则反映了人类基本的思维方式:对一切的相异事物通过联想寻求相同,在想象的同一中确定意义。这种异中求同,与一般意义上的独立事物间的相互联系不同,而是指事物间在语言意义上的彼此依存关系,这一点与传统的形而上学的认识论截然相反。

形而上学认识论把对"二元对立"的辨认看成是人类最初的、最基本的逻辑活动。在这种活动中,是根据意识到的在场客体的外在对立特征区分事物的。例如"黑暗"的概念是由我们对其对立面"光明"的感觉来界定的。在语言符号中,二元对立是通过符号之间的显性差别来体现的,例如汉语中的[p]音位,通过送气和不送气的可感觉差异,区别了"波"和"坡"这两个词。因此,二元对立具有感觉、实证的特征。而经验性的感觉、实证的原则,必然导致逻辑的、科学的或理性的思维,表现在语言观上,就是强调语言的思维工具性质,以及它的逻辑和科学理性功能。

修辞论是建立在二元互补的哲学原则基础上的[①]。二元互补的原则即:对一切的相异的事物通过联想寻求相同,在想象的同一中确定意义;而一切联想的形式又主要是语言的形式、修辞的方式,不是逻辑实证的形式。例如,任何一种语言的词汇系统都可以看作是关于世界万物的命名集,然而同一类事物在不同语言中却没有完全相同的命名系统,这是因为,人们总是按照自己熟悉的语言方式去为事物命名的,因此,事物的分类绝不是逻辑的分类、科学理性的分类,而是一种想象性的分类、语言的分类、意义的分类。语法也是如此,不同语言中的语法体系是决不相同的,语法本质上也是非逻辑的。

建立在二元互补哲学基础上的修辞论语言观,其主要观点可表述如下:

隐喻和转喻是语言为我们思维所提供的基本模式。思想是按照这种模式去把意义赋予那些尚未被认识的经验领域的。从这个意义上说,语

---

① 孟华《符号表达原理》,青岛:青岛海洋大学出版社,1999年,第223页。

言和人的思维是不可分离的,它不是思维的工具而是思维本身的结构原则或存在方式。根据这种观点,在语言研究中就要突出人的中心地位和本质上的优先地位,强调人对语言符号的创造性和选择性,而不是语言的静态结构描写。修辞论语言观更注重的是语言活动的社会动机和效果:修辞指"人为着感染他人、确立或改变自己在社会权力结构中的位置而有力和有效地运用语言。"① 这势必更注重语言活动中的可能性原则,注重零度与偏离、潜与显的动态转化以及语言运用过程中的同义手段选择如联想、扭曲、含混、破碎、掩饰、润饰等创造性因素。

南京大学的王希杰先生在他的近著《修辞学通论》中,为建立有中国特色的修辞论语言学理论,作了有益的探索和创新。他把自己的语言理论概括为三组有限的概念:交际活动中的四个世界(语言世界、物理世界、文化世界、心理世界)、零度和偏离、显性和潜性。在"四个世界"理论中,他把语言内外部世界以互补的方式结合起来,打破了传统的语言和言语划分的观念,消解了二者的对立,展示了主体选择性、动态性、过程性的语言观。

他的另外两组概念包括"零度与偏离""潜与显"。这是对"四个世界"理论的具体阐述。"零度与偏离"的理论,实际上是把语言当做一个过程来研究的。一切语言单位都处在一个运动的中介或过渡状态,进而,规范与非规范的界线打破了。"潜与显"的概念,则把语言当成一个具有无限可能的开放系统,这样,语言的封闭性、自足性也瓦解了。可见,王希杰的着眼点是放在语言的过程性、可能性和主体选择性上的,而这些特征又被修辞论语言观看作是语言的本质特征。

三、关于修辞性

修辞性问题主要回答"语言结构及其过程是怎样体现修辞性的"。这个范畴又包括两个方面:

其一,语言静态结构中的修辞性问题。

---

① 王一川:《语言乌托邦》,昆明:云南人民出版社,1994年版,第211页。

在对不同的语言的结构分析中可以发现,有的语言相对而言更具有修辞特点。例如许多人认为,汉语是意合的、人治的语言,而西方语言是形式的、法治的语言。汉语所谓的人治性、意合性,实际上就是强调人对语言符号的创造性和选择性,因此汉语结构更具有修辞性。汉语结构中所渗透着的这种动机性选择精神,是以互补性的修辞原则建立的。例如,汉语中的大量的"子母词"(通过词的孳乳而衍生的词族),聚合性的构词方式,表意性的引进外来词方式,大量的叠音词和重叠用法,量词的丰富,句法的意合,更具美学特征但区别性较弱的声韵系统,民族动机性极强但缺乏交流意识的书面文字系统等,所有这些,都体现了汉语言结构的修辞性特征。描写、揭示这种修辞性,有利于建设具有中国特色的汉语言理论。

其二,言语活动中的修辞性问题,即研究活生生的汉语在实际运作过程中所表现出的修辞性。

自古希腊人将修辞看作是说服的技巧以后,修辞学长期被看作是关于语言的表达效果和手段的科学,主要研究语言表达好不好、得体不得体的问题。"得体性原则"或"适切性原则"被看成是修辞的最高原则。得体性原则预设了这样的理论假说:在具体的表达中,只有一种表达手段是最得体的,修辞学的目的就是帮助人们实现那唯一的得体性手段。所以,得体性原则回答的是:在具体的语言表达中,哪个是最为得体的唯一手段?得体性原则的典型观点是法国作家福楼拜的"一字说"。

人们的言语行为包括两个方面:言语行为过程和言语行为结果。言语行为过程,根据雅各布森的观点,是隐喻和转喻双重的选择运动,表达者从大量的同义词语和结合的无限可能性中选择恰当的表达形式,因此,言语过程具有动态的非终结性和选择的无限可能性等特点,遵循的是可能性原则。而言语行为结果,则是言语行为的最终表现形式,这种表现形式是从无数可能的表达方式中筛选后的唯一现实。

例如:

  1. 狐狸饿了,便去找吃的。它来到一个葡萄棚架下,棚架太高,它看着上面的葡萄,却吃不到。

上面这段言语作品实际上是一个静态的语言结构,它是言语活动的结果。如果考察它的活动过程,它可能的表达形式是无限的:

2. 狐狸饿了,便去找吃的。看着棚架上的葡萄,却吃不到。

3. 狐狸饿了,看着棚架上的葡萄,却吃不到。

4. 狐狸看着上面的葡萄,却吃不到。

……

传统修辞学的得体性或适切性原则主要研究言语行为的结果,研究唯一实现的静态表达形式。这实际上是根据因果关系去考察修辞手段对逻辑事理或表达内容的服从,最终导致说话者主体意识的丧失和表达的无选择性。而当代的修辞理论则主要研究言语表达过程,因为该过程具有动态的未完成性和同义形式选择的无限可能性,因此它遵循的是可能性原则。可能性原则主要回答:在具体的言语过程中,我最大限度地拥有哪些可使用的同义手段?这些同义手段各有什么不同的表意功能?而同义手段的选择根据的是相关或相似性联想的修辞性原则,因此遵循的是或然律而不是必然律,这样,言语过程中主体选择性得到了强调,突出了符号的动机性功能和语言的创造性本质。

以上我们讨论了"修辞论""修辞性"两个语言研究的方法论范畴。"修辞论"问题属于理论语言学范围;静态结构中的"修辞性"问题属于描写语言学的范围;而言语活动中的"修辞性"问题属于狭义的修辞学范围。这三个研究领域,又统一在一个广义的修辞理论视野之内,体现了当代学术思潮的某些新趋向。

原文《修辞理论研究的两个基本的方法论范畴》,载《毕节师范高等专科学校学报》,1998 年第 2 期。

第六节 修辞学的可能性原则

【提要】 本节重点讨论了结构主义符号学的可能性原则:就是将表

达过程中的可能性单位及其选择,作为主要对象进行修辞研究的理论模式。可能性单位及其选择包括三种基本类型:一是线性的同义结构及选择,二是非线性的多级符号构成的同义结构及选择;三是一级符号的媒体的同义结构及选择。这三种类型包括了结构可能性(线性同义选择)和意指可能(第二、第三类的非线性同义选择)。可能性原则有可能将修辞学上升为一种符号学理论而非传统语言学的附庸。

一、可能性原则

笔者在上一节(原标题《修辞理论研究的两个基本的方法论范畴》,简称《范畴》)中指出,传统修辞学和现代修辞学的一个重要区别是得体性(适切性)原则和可能性原则。得体性原则回答的是:在具体的语言表达中,哪个是最为得体的唯一手段?可能性原则回答的是:我最大限度地拥有哪些可使用的同义手段?这些同义手段各有什么不同的表意功能?有同行批评我的这些观点不妥,对得体性原则误解尤甚,认为得体性原则是王希杰先生在《修辞学通论》中首次提出来的,它是现代修辞观的产物,已经包含了可能性原则,没有必要把可能性单独作为一个原则提出来。

首先需要说明的是,提出可能性原则并非个人的标新立异或凭空杜撰,王希杰先生的同义手段理论也包含了可能性原则,我只不过说明了它正在成为现代修辞学的最高原则。换句话说,可能性原则是对现代修辞学思潮的一种总结或描写,而非哪个人独创的一种观点。其二,王希杰先生是我尊敬的老师,他的学术思想给我带来许多灵感和启迪。我们曾讨论过得体性的原则,我认为他力图在传统和现代的修辞观中找到一个彼此兼容的结合点。他的得体性原则以及《修辞学通论》既带有传统理性主义、逻辑中心主义的诉求,又体现了现代的"解构"精神,如他把语言放在动态的话语中、放在物理、文化、心理的世界中进行考察,反对将语言处理为一种静态的、封闭的结构系统等,这些观点都具有反传统色彩。王希杰先生似乎在用中国的二元互补或辩证理论为语言学、修辞学寻找一个现代与传统的契合点。《修辞学通论》就代表了他的这种理想。在我看来，他这种综合中西、包揽古今、涵盖一切的辩证的、大一统的理论思维方式，恰恰又代表了一种传统性。我在汲取王先生思想中的现代性内涵的时候，又不愿意与他一起在传统与现代之间徘徊，所以推崇可能性原则。第三，我在《范畴》一文中所讨论的得体性原则，其实主要指从古希腊修辞学到中国的陈望道先生《修辞学发凡》所代表的理性主义传统，典型的例子是法国作家福楼拜的"一字说"。而王希杰先生的得体性原则兼容了可能性，带有辨证色彩。第四，无论哪种修辞观作为学术思潮，都体现了相对真理，不能简单地对它们绝对肯定或否定。在不同的历史时期这些思潮此消彼长，相互冲突、对话、吸收、转化，成为学术发展的丰富思想来源和恒久的动力。因此，我不认为可能性原则一定优于其他修辞原则，它真正的价值在于展示一种修辞学的新的思考方法、一种新的可能，哪怕它仅是智慧之树上一枝只开花不结果的花朵。

我在《范畴》一文以及其他论文中只是附带地提到过可能性原则，从未展开过正面论述，我愿借此机会讨论一下可能性原则和现代学术思潮的关系，以及本人对修辞学理论模式的一些看法，以求教于诸位同行。

二、可能性原则与结构主义

可能性原则包括等值和修辞批评两个方面。

所谓等值，即强调在表达过程中，人们拥有无数可选择的同义手段，这些同义手段是等值的、可互换的。由于等值手段的存在，使得人们表达中具有了充分的选择自由和无限可能性。例如，什么是"道"？老子说："吾不知其名，字之曰道，强为之名曰大。大曰逝，逝曰远，远曰反……"[①]这里的"大""远""反"就是"道"的同义形式，每一个等值手段都指涉了对象但又不能穷尽、完全涵盖对象。同义手段其实是思想形式丰富性的表现，也反映了语言表意的局限性。

所谓修辞批评，指对一种表达或文本的阅读分析，批评的焦点集中在

---

① 老子：《道德经》，饶尚宽译注，北京：中华书局，2006年版，第63页。

揭示文本内容的虚构性或修辞性或同义选择性。我在电视上看过这样的游戏:有五个人排队站立。其中第一个人发出信息,另外四个人传达信息。这四个人头戴隔音耳塞,他们几乎听不清别人的说话内容。发信息的人站在排头,他拍拍戴耳塞的人的肩膀,大声地对他说一句话或唱一支歌。戴耳塞的人似懂非懂地听了以后,再拍拍下一个人的肩膀,对他再复述一遍自己刚才听到的内容。依次类推。当最后一个戴耳塞的人大声复述时,说出的话往往与第一个发话者的内容大相径庭,甚至荒诞不经。这是一个典型的符号化表达过程。观众则充当了修辞学批评的角色。观众们发现,第一个人所说的原话是本义,但经过第二、三、四、五个人的转述,本义丧失了,剩下的只是转述者自己对本义的误解,用符号学的观点说,他自以为陈述的是所指其实还是一个能指。当转述者说错了内容时,显得十分滑稽,逗得观众哄堂大笑。这是因为观众洞悉符号演变、以讹传讹的整个过程。如果观众没有批评家般清醒,也就不能产生这样的修辞效果了。然而,在更多的符号运动中,观众或读者并非"代他人之言",并非他者的原话,因此读者不会把代言与原作混为一谈。但记言就不同了,它分明告诉你这是"忠实于原作",让读者坚信这里真实记录的是本义、原话、真正的所指。但这正像我们所看到的隔音游戏那样,其实记言也是一个衍义丛生的符号化引申过程,每个记言者都有自己的理解和价值判断,记言过程也是一个同义选择过程——"横看成岭侧成峰",不同的记言者都有不同表达角度。因此我们今天读到的记言作品,很可能是古人的引申义而不是本义。修辞学批评就是揭示由于表达者存在着无限可能的选择性,而导致的意义流变的可能,从而打破了理性主义唯一性原则的真理幻觉。

等值和修辞批评是可能性原则在不同领域的表现。等值是从表达者的一方着眼的,修辞批评是从接受者的角度说的。也就是说,从接受者的角度讨论可能性问题,属于修辞学的阅读和批评,这在当代文学理论批评界是一个很时髦的方法和热门的话题。从发出者的角度讨论可能性问题,则与话语表达、命名、文学艺术创作、形象识别、各种广义的符号设计等领域有关。

本节将集中讨论可能性的等值问题,即从表达者的一方考察表达的可能性问题。

可以进一步将可能性原则的等值或同义手段选择的含义表述为:在表达中存在着无数可能的同义形式,表达就是寻求这些同义形式的无限可能性。毕加索绘画创作的划时代意义不在于他的题材和技艺,而在于他发现了一种新的绘画语言或同义形式。他用所谓的立体画法,一种近似于中国传统绘画散点透视的画法,代替了西方传统的焦点透视的绘画语言。毕加索的绘画革命是同义选择的结果,是他最大限度地追求表达方式的无限可能性的结果。

下面我们重点讨论主要来自索绪尔和雅各布森的结构主义的可能性原则。按照索绪尔的观点,语言装置是在两个向度上运行的:一是横轴的线性组合关系,一是纵轴的隐性聚合(联想)关系。如下例:

我们爱和平	我们支持他
热爱	是他的支持者
爱好	站在他的一边
……	当他的拉拉队
	做他的坚强后盾
	……

根据上例,横向的依次出现的单位之间是组合关系,纵向的通过联想而类聚在一起的是聚合关系。任何表达都是这两种关系交互作用的结果,缺一不可,聚合关系提供了表达可选择的可能单位或语料库,组合关系则把选择后的单位组合搭配成完整、独立的表达单位。而且,在实际的言语过程中,我们实在无法分辨是聚合选择在先呢还是组合搭配在先,回答这个问题很可能和"先有鸡还是先有蛋?"一样困难,二者很可能是一种互动、互构、同时发生的事件。但是,一旦将这两种关系作为理论考察对象时,它们在不同的理论家那里受到重视的程度却有很大差异。

索绪尔显然将组合关系放在首位。他认为语言符号有两个最重要的特性:一个是任意性,一个是线条性(即横组合关系)。雅各布森在索绪尔工作的基础上进一步发现,这两种关系分别代表了不同的思维方式。组合关系发生于在场的线性排列的两个相关单位之间,它们结合的心理基础是相关性联想,聚合关系是将不在场的单位通过想象结合在一起的。在场的线性组合关系,主要是一种现实的语法逻辑结构,而不在场的聚合关系主要是一种想象性的选择关系。前者雅氏称之为转喻,后者称之为隐喻。他认为一般的陈述性文章如散文主要是由转喻方式表达的,而诗歌主要是隐喻表达的。这样,组合、聚合就不仅仅是一种结构关系,在雅氏那里它们成了两种基本的表达方式。转喻倾向于写实的、理性的、逻辑的表达。隐喻倾向于美学的、诗意的、形象的表达。更重要的是,雅各布森主要探讨的是文学的修辞性或诗学特征,这样他显然将语言的聚合关系放在了首位进行研究。这可能是他与索绪尔结构主义最大的不同之处。雅氏所提出的一个最著名的诗学原则是"将等值原则从聚合轴弹向组合轴",对这个原则的含义有多种不同的解释,我的理解是,所谓的等值原则就是同义手段的选择原则。也就是说,第一,纵聚合轴上的各个聚合单位,被雅氏看作是等值的、可互换的同义手段。聚合单位是静态的结构关系,而同义手段则是动态的表达方式。术语的改变意味着理论视角的转移。第二,等值即可选择性,这种选择性遵循的不是语法逻辑的唯一性原则,而是修辞的可能性原则。语法逻辑使表达带有强制性,你必须遵守它,它是外在于表达者之上的客观存在。而同义选择主要是一种主观联想过程,这个过程更强调表达者选择的自由,因而同义选择也就成了艺术创造的同义语。因为,既然同义选择具有无限的可能性和自由性,每个表达者所作出的选择必然不同,这种表达上的差异我叫做同义选择方式,每个人以他不同的同义选择方式创造着他的话语或文本。可见,同义选择方式其实是表达者主观创造性想象所造成的结果,这种创造性差异即同义选择方式就是艺术或修辞的本质。如果我们把这种同义选择方式当作一种内容来处理,或者说,一个文本、一部作品,这主要指涉的不是外在现实而是指向它自身艺术生成的方式(同义选择方式),这种自我指涉的情况就是结构主义诗学原则。举一个诗经《芣苢》[①]的例子:

---

① 于夯译注:《诗经》,太原:山西古籍出版社,1999年版,第4页。

> 采采芣苢，薄言采之；采采芣苢，薄言有之。
> 采采芣苢，薄言掇之；采采芣苢，薄言捋之。
> 采采芣苢，薄言袺之；采采芣苢，薄言襭之。

这首诗代表了诗经中常用的一种艺术手法：回环的句式、复沓的章法。全诗六个句子的意思基本相同，只有动词做了修辞性变动，"采""有""掇""捋""袺""襭"意思都相近或相关。此外，六个句子在结构上、音韵配合上也整齐和谐。这些意思相同相近的句子，整齐和谐的形式，其实都是聚合单位或同义手段。本来用一句话"采采芣苢，薄言采之"就可以陈述全部的客观信息，其余的句子不过是一些与之相同相近的聚合单位，也就是说，诗歌中的句子主要的不是组合单位，而是线性聚合单位，这是与叙事作品最大的不同之处。在叙事性文章中，这些聚合单位是不能出现在语言链条上的，它们只能作为潜在的备用单位或同义手段，供作者写作时选用。但是诗歌就不同了，诗歌的重点不在于指涉外在现实，而是将同义手段的选择过程作为一种内容展现在作品里。

本来是纵聚合轴的潜在的联想单位（同义手段），现在却成了横组合轴上显在的线性句子单位，这就是雅氏"将等值原则从聚合轴弹向组合轴"的诗学原则。在诗学原则中，传达客观信息不是最重要的，最重要的是如何选择、传达信息，这种"如何"，就是把纵聚合轴上的无限可能性而不是横组合轴的有限强制性作为表达的原则，把这种创造性的同义选择作为一种内容加以处理，成为一种艺术的形式。

再看这首唐诗：

> 闺意献张水部
> 〔唐〕朱庆馀
> 洞房昨夜停红烛，待晓堂前拜舅姑。
> 妆罢低声问夫婿，画眉深浅入时无？[①]

这首诗包括两层意义。一是字面意义，新娘问夫婿自己的化妆是否

[①] 萧涤非：《唐诗鉴赏辞典》，上海：上海辞书出版社，1983年版，第985—987页。

入时;二是深层意义,是诗人含蓄地询问张水部自己的科举考试是否合乎主考大人的心意。这里的字面义和转义的关系传统修辞学叫暗喻,本体不出现,只出现喻体,然后通过对喻体的联想达到本体。法国结构主义符号学家巴尔特将这种转义的情况称之为"二级符号",所谓二级符号就是建立在符号基础之上再产生的符号:该诗的能指(语言结构)和其所指即字面义(新娘问新郎),构成了第一级符号;紧接着,这第一级符号又做了能指,与其深层意义(考生问考官)构成了第二级符号。① 如下图示:

这里的二级符号是隐性而非显性的,它隐藏在一级符号背后,但我们通过对字面义的联想仍能明晰地将它解读出来。同样的道理,我们一般所说的多义词都是二级符号,语音和本义构成一级符号,而这一级符号又与引申义构成第二级符号。如果这种引申的链条包括更多的环节,那么就是一种多级的符号。

将转义或引申义作为二级符号处理,这不是一个简单的术语置换,而深刻地体现了结构主义的原则:意义来自两项单位之间的关系。过去我们在处理字面义和转义、本义和引申义的关系时,常常采取"逻格斯中心主义"的态度,总认为喻体、字面义、本义是透明的,它们不过是达到本体、转义或引申义的中介,这种以深层的本体、转义、引申义为目的的解读观念,长期以来是修辞学和文学阅读主要原则,于是,表层的修辞技巧、文学创作手段,统统成了传达某种思想或事物的手段和中介。而二级符号观认为,喻体、字面义或本义是一级符号,本体、转义或引申义是二级符号,

---

① [法]罗兰·巴尔特:《符号学原理》,王东亮等译,北京:生活·读书·新知三联书店,1999年版,第84页。

这两个符号是建立在相似性的联想关系之上的,它们之间体现了聚合的或同义手段选择关系,体现了作者在两个同义单位之间进行创造性选择的过程,或者说体现了一级符号和二级符号之间双向运动的过程,这种创造性的运动过程就是修辞性或文学性的本质,它遵循的也是可能性原则:其一,一级符号和二级符号之间是同义手段,它们同时出现在语言链条上或一个符号单位之中,不是为了准确表达客观信息的需要,而是展示了表达现实途径的多项可能性或选择性,它破除了一个能指对一个所指的唯一性原则的神话,这种对可能性的展示体现了修辞和文学的创造性。其二,符号的多级性表现了对所指的悬置或推延,就如老子说,"道……曰大,大曰逝,逝曰远,远曰反","道"这个多级符号的终极所指我们几乎无法达到,达到一个所指却发现原来仍是能指,就像剥洋葱,剥掉一层皮得到的是另一层皮,直至最后也是空心的,这样,多级符号就展示了意义生成的无限可能的空间,这种意义无限生成的过程成了多级符号的主要内容,或者说,能指本身的可能性运动成了所指。

既然有二级符号,必然就有相对的一级符号。所谓一级符号就是纯粹音义结合的单义词。如"的士"(出租车)这个词,其能指即语音形式不包含任何意义,它与所指之间不像二级符号那样有一个表层义和深层义的转换过程,能指和所指完全是一种任意结合的关系,不存在动机性意义联系。索绪尔的语言学理论就是建立在一级符号基础上的,所以把任意性作为符号的最高原则。索绪尔的另一位继承者丹麦语言学家叶尔姆斯列夫则对符号结构进行了二级处理,他把符号能指叫做表达面,所指叫做内容面。无论是表达面还是内容面,又可再分析出实体和形式第二个层级。① 例如语言的表达面语音也可分进行二级分析,可区分出形式(结构)和实质(媒体)两个要素,用现代语音学的术语就是分出音素和音位两个概念。从通俗的意义上讲,音素就是我们实际能发出的最小的语音单位。人类运用其灵巧的发音器官能发出的音素是无限的,舌位的高低前

---

① [法]罗兰·巴尔特:《符号学原理》,王东亮等译,北京:生活·读书·新知三联书店,1999年版,第30页。

后变化、口型的开合、声带的松紧、发音器官的状况(如性别差异)等因素的不同,都能产生不同的音素。可以说,没有两个人发出的音素是完全相同的,甚至同一个人在不同时间发出的音也不会绝对相同。因此,音素具有物质材料的属性,它是语音符号的物质载体,属于符号能指的"实质"部分。而音位,是能够区别意义的音素。人们实际上发出的音素虽然无限,但用来区别意义的音位却是有限的。在「a」和[e]这两个汉语音位中间,实际上存在着大量的过渡音,有一些过渡音与[a]相近,有一些则与「e」相近。音位学的目的就在于把这些相近但互不区别意义的音概括为同一种音位,而能够区别意义的另一些相近的音属于另外一个音位。因此,所谓的音位,不过是一种抽象的区别单位,是对人类实际发出的音素的抽象概括;或者说,音位是音素的语音结构形式,同时音位又把音素作为自己的物质表现形式。

这样我们就可以把语言符号的能指再分析为两个关系项:能指的形式或结构即音位;能指的实质或媒体即音素。在这能指的二元划分中,媒体是内容,结构是形式。我想指出的是,能指的"媒体/结构"的二级性划分,进一步拓宽了可能性原则的领域,将同义选择的原则扩大到媒体的选择方面。其优越性之一,是可帮助我们理解符号的物质材料对符号结构形式的影响。比如用软笔(毛笔)和硬笔分别写一个"大"字,字的物理表现形式的不同并不影响字的意义或结构形式,但可能影响到字的传播效果(如在书写的便捷性方面),甚至影响到字的结构形体,毛笔本性上是要求汉字繁写的,而硬笔则更垂青于简体字。这涉及媒体对信息的传播效果问题,具有重要的理论意义。加拿大学者麦克·卢汉甚至提出了"媒体就是信息"的著名口号。而索绪尔在符号能指的媒体与结构的关系上是主张"唯一性"原则的。他认为符号的能指不是具体的语音声响,而是关于语音的抽象形象。例如一个棋子"将",它的能指与实际形状、材料无关。如果在棋盘上丢了一个"将",我们可以拿别的东西比如瓶盖、火柴盒等代替。可见,棋子的物质材料与其意义无关,媒体不过是反映所指的透义性手段,是从属的、第二位的。而叶尔姆斯列夫的能指双层分析理论将索绪尔的唯一性原则改变为可能性原则,这是符号学的一个重要进步。

在此以前,结构主义不太注意符号能指的媒体对符号意义所产生的影响,反映到美学领域,就是忽视媒体质料的美学性质。这就像一个服装设计师,只考虑服装的款式而忽略了布料及其色彩纹案。唯一性原则反映到语言修辞领域,就是忽略语音形式本身的审美价值。比如词汇,人们可能很重视词的概念意义的分析,不太关心词的"声像色彩",即词的语音媒体本身的美学特征,而这些特征的揭示和研究,对命名学具有重要的价值,命名学同时也是修辞学的重要组成部分。

综合雅各布森等值原则和巴尔特二级符号理论以及叶尔姆斯列夫能指的双层分析,这样我们就可以对结构主义的可能性同义选择原则做一总结了。简单地说,可能性原则,就是将表达过程中的可能性单位及其选择,作为主要对象进行研究的理论模式。可能性单位及其选择包括三种基本类型:一是线性的同义结构及选择,如诗经《苤苢》的例子;二是非线性的多级符号构成的同义结构及选择,如《闺意献张水部》这样的二级符号。三是一级符号的媒体的同义结构及选择,如一个产品的商标,我们可以采用文字媒体,也可采用图案媒体,它们传达的信息一样,但传播效果却不同。

这三类同义结构我们也可以用来概括、分析语言的修辞:

A. 阿里山的姑娘美如水。

B. 小船耕耘着波涛。

例 A 是明喻,喻体"水"和本体"美"都出现在语言链条上,它们之间是相似性的同义关系,因此属于线性同义结构。例 B 的"耕耘"是一个喻体,它所代表的本体"在波涛上航行"并未出现在语言链条上,但通过人们的联想可以把握它,这样"耕耘"就成了二级符号:表层的字面义和深层的比喻义,因此例 B 属于非线性的多级符号构成的同义结构。

汉语辞格中的线性结构如明喻、排比、衬托、对偶、对仗、反复、顶真、回环等都属于线性同义结构;而像暗喻、借代、双关、夸张、拟人、反语、反讽、婉曲等都属于非线性的多级符号构成的同义结构;汉语修辞中音节的合辙押韵、声调的平仄、音节结构的调配、语音象征色彩的运用等,都属于媒体同义手段的选择。

以上这三个部分都分别可作为独立的部门进行深入的研究和理论建构,但它们又统一于结构主义符号学的理论框架之内。由此可见,结构主义的可能性原则无疑将大大拓宽我们的研究视野,它打通了修辞学与文学、美学、语言学、符号学之间的内在联系,还将打通语言内部句子、词汇、篇章以及语法修辞之间的界限,将修辞学上升为一种符号学理论而非传统语言学的附庸。

原文《修辞学的可能性原则》,载《毕节师范高等专科学校学报》,2000年第 4 期。

第七节 聚合段与同义手段

【提要】 所谓同义手段,本节中指在言语链的某一位置上,所能提供的一系列可做同义替换选择的语言单位。这些单位序列就是聚合段。或者说,聚合段是语言运用平面上潜在的可能性选择系统。

根据索绪尔的观点,语言结构是由横组合轴和纵聚合轴二者相互作用构成的。如:

```
我们爱祖国      横组合
  热爱
  喜欢
  ……          纵聚合
```

组合轴上的各结构成分是通过线性组合,按约定俗成的语法规则依次出现在语言链条上的,因此,组合结构具有线条性、约定性和显在性的特点。而聚合轴上的各要素并不同时出现在语言链条上,它们通过联想结合在一起,以记忆的方式储存在人们的大脑中。因此,聚合结构提供了语言使用的备用单位、一个供选择的可能系统。它具有联想性、选择性、潜在性的特点,体现了说话者的主体选择和语言种种可能的表达手段。

现代语言学理论,基本上是建立在对语言横组合结构的分析、描写之上的。它们也研究聚合关系,如音位的归并、词类的确定、句型的划分等,但这些规则的研究无一不是以组合结构的描写为最高目的。这一点索绪尔的态度很明确。虽然区分出了聚合结构,他仍将语言线性的、显在的、约定的组合平面作为主要研究对象。而聚合结构,往往与语言意义、社会心理、语言变化有关,这些因素索绪尔都认为是非语言的东西。①

作为语言的选择轴,聚合结构的重要性引起了索绪尔以后的许多语言学理论的注意。功能语言学代表人物雅各布森认为,聚合结构反映了语言的垂直运动特性,它是按照类似于修辞格中的隐喻规则组织起来的,体现了语言的表现功能,因此,它是语言系统最基本的结构类型之一。②当代的系统语法理论,更是深入地研究语言结构的选择性问题:在语言中,有时人们面临的是一种很小范围的选择,譬如在 this 和 that 之间选择,或者在单数和复数之间选择,或者在现在时、过去时、将来时之间选择,也可能在肯定和否定之间选择等。这种选择不但范围小,而且是必须选择,非此即彼,不能中立,这种选择是封闭的,是语法选择。另一种选择则范围大得多,甚至可以无边无际。如"他坐在__上"一句中的空格,用"椅子、凳子、桌子、石头、地、树……"填充都有可能。这选择是开放性的,是词汇选择。③ 上述所谓的封闭性选择和开放选择,实际上是以聚合结构为主要研究对象所得出的结论。80 代初,王希杰先生在《汉语修辞学》中系统提出了以"同义手段选择"为核心的修辞理论,也是深深植根于语言的聚合结构分析之上的。所谓同义手段,指在言语链的某一位置上,所能提供的一系列可做同义替换选择的语言单位。这些单位序列就是聚合

---

① [瑞士]费尔迪南·德·索绪尔:《普通语言学教程》,高名凯译,北京:商务印书馆,1980 年版,第 30 页。
② [英]特伦斯·霍克斯:《结构主义和符号学》,瞿铁鹏译,上海:上海译文出版社,1987 年版,第 77 页。
③ 李学平、潘欢怀:《当代英语语法概论》,北京:北京师范大学出版社,1987 年版,第 86 页。

结构。

对聚合结构的研究,有助于深入了解语言的社会功能,并揭示语言结构的开放性、动态性特征以及语言运用规律。因此,聚合分析与社会语言学、语用学、修辞学等有关语言运动的学科有密切的联系。在本节中,我们试通过对聚合段的研究,探讨它与修辞学之间的联系。

聚合段是聚合结构的一种表现形式,指在言语链(组合段)中某一单位,同时与其他单位具有互换关系所形成的联想结构。如"小提琴是乐队的____(女皇、灵魂、核心)",括号内的三个词彼此相似,都可以出现在例句中的同一空格上,因此它们就构成了聚合段。可见,聚合段实际上是语言运用平面上潜在的表达系统,即修辞学中的同义手段。

聚合段按不同标准,可分为以下几种类型:

(一)按意义关系分

请看下例:

1. 小姑娘长得很(漂亮/美丽)。
2. 请把书放在(书桌/桌子)上。
3. 像小树那样(高/矮)。
4. 政府机关要(精简机构/消肿)。

上例各句括号内的两个语言单位,彼此间都具有可做同义替换的聚合关系,因此都是聚合段。但是,这些聚合段(同义手段)的意义类型是有区别的:例1是同义关系;例2是类义关系;例3是反义关系;例4是相似关系。

(二)按情态分

情态,这里指说话者的主观态度。聚合段内的各同义形式,在情态上往往有不同的对立特征。如:

1. 强调与非强调。在可以互换的几个同义形式之间,有的带有鲜明的感情态度,这就是强调成分;有的情态色彩不明显,这就是非强调成分:

听说你考上了大学,我很羡慕你(我真羡慕你/连我也很羡慕你/我不是不羡慕你/我是羡慕你的/我难道不羡慕你吗/可把我羡慕死了)。

括号内的各分句都具有某种强调色彩,它们与"我很羡慕你"构成了强调与非强调关系的聚合段。

2. 主动与被动。在一个既有主动者又有被动者的句子里,可以主动者作为陈述对象,也可以被动者作为陈述对象,两者的意思基本相同,说话者的着眼点有一定差异:

　　他是有名的企业家,十年前他当了厂长(他被工人选为厂长/被选为厂长/工人选他为厂长……)。

括号内的各分句均为被动情态的同义手段。

3. 可能与必然。这也反映了说话者对同一信息的不同态度:

　　明天一定下雨(恐怕下雨/也许下雨/可能下雨/未必不下雨……)。

表示必然性的同义手段其他如:会下雨/肯定下雨/不可能不下雨……

(三) 按结构单位层次分

处于组合段某一位置的结构成分,与它有聚合关系的其他语言单位在结构层次上并不一定相同:

　　商店(那个商店/我们去的那个商店)停业了

上例的聚合段中,构成同义替换关系的聚合单位在结构层次上不同类型;有的是结构单位不同,如"商店"和"那个商店",前者是词,后者是词组;有的是结构层次不同,如"那个商店"和"我去过的那个商店",它们虽然都是词组,但二者的结构层次不同。

另外,还可以根据语言结构形式给聚合段内的各单位分类,如肯定句和否定句、整句和散句、常式句和变式句等,它们彼此都可以构成同义手段。这类句子讨论的较多,此不赘述。

(四) 按结构功能分

请看下例:

　　1. 政府机构要消肿。

"消肿"可和"精简机构"构成聚合段。作为一个被选择了的在语言链条上出现的聚合单位,"消肿"具有多义性的特点。在其表的字面义以外,还包含了"精简机构"的深层含义。

我们把聚合段中具有多重涵义的单位叫做多义结构,把只有组合性字面义的单位叫做单义结构。在聚合段内,单义结构之间可以互换,如"书桌/桌子";单义结构和多义结构之间也可以互换,如"消肿/精简"。

此外,多义结构也可以构成聚合段:

陷阱、埋伏、暗礁、地雷、定时炸弹……

该聚合段由一组本来意义并不相同的词构成,但它们排列在一起后形成了一个特定的语境,在这个语境中它们除了有自己不同的表层指涉义外,还共同具有一个深层的比喻义:"隐患"。因此,它们都是多义结构的聚合单位。描写、整理这类多义聚合体,可以大大丰富语言中的修辞手段。①需要说明的是,此处的"多义结构"和"单义结构"是一个语用概念,它们是根据聚合单位之间在表达效果上的功能性差异划分的。

聚合段内的多义结构主要包括以下几种类型:

1. 指涉性多义。指一个表达形式涉及了多个客观对象、观念、用法。如多义词、兼类词、同音词、歧义句都属于这类单位。

2. 色彩性多义。指一个表达形式除了有指涉义以外,还有附加在指涉义之上的联想色彩,如词的语体色彩、感情色彩、形象色彩和文化涵义等。

此外,有些联想色彩是在语言物质结构基础上产生的,如一首诗歌的韵律特征所产生的美感;再如商标"柯达"二字,给人一种"响亮、悦耳"的听觉感受,这种由物理表现所引起的审美体验,我们也可以称之为"声象色彩"。声象色彩的研究在命名学中,比如商标、人名的命名,具有重要的理论指导意义。

3. 转换性多义。指一个表达形式存在表层和深层的双重含义。表层含义是过渡到深层含义的转换媒介,它起着隐喻、暗示、象征深层含义的

---

① 孟华:《试谈词的伴随意义》,《汉语学习》,1985年第4期。

作用。比喻、借代、双关、夸张、拟人、反语等修辞格，是具有转换性多义的表达形式。比如，一个小伙子冒失地问姑娘"多大岁数？"，姑娘笑答"我都100岁了"。答话的深层含义是"我不告诉你"。这个答话就是一个转换性多义结构。

聚合段内的多义结构主要有以上三种类型。其中的第一类是语境对立型的，即其中的一项意义在语链的某一位置出现，另一项意义一般不会再出现在那里。在同一语境、同一位置，各项意义是互相排斥的。修辞学研究语境对立型多结构，主要是一个如何排除歧义、准确表达的问题。

上述第二、三类多义结构是语境互补型的。这些结构的多重含义都可以同时出现在同一语境同一位置上，彼此形成象征、衬托、隐喻、暗示等互补关系，以增加语言的表现力。修辞学重点研究语境互补型多义结构，这是一个提高语言表达效果的问题。从广义上，所有的修辞格都是语境互补型的多义结构。

聚合段内的单义结构和多义结构虽然可以做同义转换，但这两种聚合单位却表现了不同的语言功能，因此具有不同的表达效果：

单义结构按照逻辑思维规律去组织语言，用合乎语法规则的符号序列来复制所表达的思想内容，尽量消除多义性、模糊性、不确定性，从而体现了语言的指示功能。

在多义结构（指语境互补型的）里，最重要的常常不在于所讲出来的是什么，而在于没讲出来的是什么。它给听话者提供了广阔的想象空间。人们从多义结构中体验到说话对客观对象的一种态度、一种反思、一种情感、一种独到的表达，这体现了多义结构的语言表现功能。

以上我们讨论了聚合段按不同标准所划分出的种种类型。这种相当粗略的划分，旨在说明语言中存在一个由聚合段构成的可能系统。如果说，横组合段的研究，主要是分析语言在静态结构平面上的线性组合特征、着眼于语言现实结构的描写，那么，纵聚合段的研究，则主要是分析语言在运用平面上所能提供的种种同义形式及其选择规则，着重于语言的潜在可能性和动态变异性的结构描写。静态的组合段和动态的聚合段虽然是语言自身的两个基本结构类型，但它们之间的对立往往导致了不同语言学理论分歧。布拉格学派的功能语言学,强调从交际功能的角度研究语言,因此非常重视对语言的各种功能变体、聚合段的描写。例如特鲁茨柯依的音位理论,就是从辨义功能出发,用对立的概念区别音位和非音位,这实际上就是在研究语音的聚合段。① 而美国的描写语言学则把语言看作"是具有线性实质的事物",他们用来分析语言的基本方法"切分"和"分布",就是把语言当作线性组合体来处理的。②

修辞学是关于语言表达效果的科学,它与功能语言学不同。功能语言学虽然注意对语言的动态本质及聚合段的研究,但它同样也重视语言静态的组合结构描写,并尽量揭示二者之间的内在联系。对于修辞学而言,它主要研究两个问题:1.语言的表达手段。2.语言的运用规律。所谓表达手段,就是指语言的种种可供选择同义形式、同义手段(聚合段)。修辞学研究它们的构成、分类,以总结出一套备用的同义手段系统。所谓运用规律,就是同义手段的选择规则,如王希杰先生所总结出的三条:"1.语言材料的规范和变异的适度性。2.信息的真实、切题、适量性。3.对语言环境的得体性。"由此可见,"修辞学核心问题是同义手段的选择问题"。③ 修辞学是以语言结构中的聚合段为研究对象的科学。它主要回答两个问题:语言中有哪些可能的表达形式,以及如何从聚合段中选择最佳的单位使其在组合链上出现。换言之,修辞学是研究语言最佳可能性的科学。

原文《论聚合段与同义手段》,载李晋荃主编《修辞文汇》,江苏教育出版社,1995年版。

---

① [苏]И.А.康德拉绍夫:《语言学说史》,杨余森译,武汉:武汉大学出版社,1985年版,第158页。
② [苏]柯杜霍夫:《普通语言学》,常宝儒等译,北京:外语教学与研究出版社,1987年版,第116、117页。
③ 王希杰:《修辞学新论》,北京:北京语言学院出版社,1993年版,第61、321页。

第八节　线性聚合关系

【提要】 聚合关系可以是非线性的也可以是线性的。非线性聚合关系重在替换和他指，线性聚合关系重在互补和自我指涉。线性聚合的自我指涉性在某种意义上也是一种元符号功能的表现。替换性、他指性我们称之为原语言功能：人们工具性地使用一种语言时并不对这种语言进行评论和反观。自我指涉的线性聚合关系则是一种元语言功能：在使用一种语言的同时又对这种语言进行评论、反观和有意调配。

以索绪尔为代表的结构主义理论认为，在"语言中只有差别"，一个语言符号之所以有自己的意义、价值，是在它与其他符号的区别对立中获得的。所以，组合关系真正体现了语言的结构原则：一个要素只是由于它跟前一个或后一个，或先后两个要素相对立才取得了它自己的价值，而且，这一结构原则是以线性排列为基本特征的，如"给我手帕，我去给她擦眼泪"这句话，其意义是在各个词的相互对立中产生，同时又是随着一个词一个词按先后说出的线性序列展开的。

按照索绪尔的上述观点，凡是具有对立性差别的单位，总是要在线性排列中显现出来。而聚合关系在本质上讲是以类聚性联想为基础的替换关系，也就是说，具有聚合关系的各单位之间是一种语境对立关系：一个词在句段的某个环节上出现，另一个词就不再在那里出现，而只能作为一个备用的、供选择的单位处于潜在的联想状态或人们的记忆中。如"他好下棋"中的"好"，与之有聚合关系的单位有"爱""喜欢""爱好"等，这些可作为同义选择对象的聚合单位，不能同时出现在一个句子中作线性排列，它们只能潜在于人们头脑的记忆中。由此可见，聚合关系是一种潜在的非线性的联想关系。

聚合关系一定是非线性吗？回答这个问题，涉及如何看待聚合关系的性质，取决于我们所采取的分析语言的理论立场。

结构主义符号学理论把语言看做是一个自主的系统,强调语言结构形式对意义的决定作用,强调语言形式的描写先于语言功能、意义的划分。因此,结构形式的线条性被索绪尔认为是语言最本质的特征之一:线条性的"重要性与第一条规律(作者按:指任意性)不相上下。语言的整个机构都取决于它"①。这样,索绪尔必然只从线性和非线性的结构形式角度去解释聚合关系:"它们不是以长度为支柱的;它们的所在地是在人们的脑子里。它们是属于每个人的语言内部宝藏的一部分。我们管它们叫联想关系"②。既然聚合关系是一种非线性的联想关系,属于非显在的结构系统,与语言的动态运用、言语行为有关,因此,在索绪尔看来聚合关系远不如属于静态语言结构的组合关系重要,因为后者体现了语言的线条性原则。

然而,一个聚合单位是在语言行使功能的过程中,在完成具体的交际任务基础上联系在一起的,它们围绕同一个表达意念或功能而类聚,成为具有互换性、互补性的同义选择单位。因此,如果我们从语言功能、意义的角度分析,聚合结构的本质就不仅仅是一个非线性的问题,同时还是一种意义或功能上的互补、互换关系,各聚合单位之间因具有等值性、相近性而成为语言表达的选择手段。换言之,不应仅从显在的外部结构形式、更要注意从隐性的语言意义和功能的角度来思考:凡是在意义、功能、语言风格上相近而具有互补、互换关系的,都是聚合关系。

根据我们对聚合关系的上述解释,下列语言事实也应该属于聚合关系,是一种线性排列的聚合关系:

1.<u>各位旅客注意了</u>,<u>各位旅客注意了</u>! 现在广播找人……

上例划线的两个单位,不是从对立而是以同义反复方式做线性排列的,二者相加并没增加新的信息,只是在表达效果上起到了排除噪音、突出主要信息的作用。

---

① [瑞士]费尔迪南·德·索绪尔:《普通语言学教程》,高名凯译,北京:商务印书馆,1980年版,第106页。
② 同上书,第171页。

2.这是唯一一个他无法与之争论的人。

以上划线的部分也是同义排列(有人称为"增链现象"),在表达效果上起到了语气上的强调、语义上的补足作用。

3.人家小王　首都北京　五一那一天

上例三个词组中的两个单位是一种同类词连用,它们之间具有等值性、互补性,在一定上下文中即使去掉一个单位也不影响意思的表达,二者连用在表达效果上起到了补充、限定、消除歧义的作用。

4.春节前一天的下午(在一个春节前一天的下午),我到重庆郊外去看一位朋友。

以上划线的也是两个聚合单位,后者对前者起到一种注释性的补充作用。

5.屋子有多长,铺就有多长,据说,当时每个工人的铺位是一尺半。不过实际睡的时候,可以向两边"侵略""扩张"。

以上连线的两个近义词连用,起到了一种增强语势的修辞效果。

6.月光如流水,静悄悄地泻在荷花和荷叶上。

上例中的"月光"和"流水"实际上是建立在相似性联想基础上的两个同义单位,二者相加并没改变命题的真值条件,并没有在已知信息基础上推导出新信息,而仅仅是对已知信息(月光)的一种新颖的表达(流水)。所以它们也是聚合关系。再如"阿里山的姑娘美如水"中的"美"和"水"也是相似性聚合关系,二者虽然不同,但它们是从互补而不是区别的角度排列的,这两个不同的单位并没有改变指涉意义,而是表达了同一个关于美的不同意象。倘若说"阿里山的姑娘美丽而温柔",其中的"美丽"和"温柔"便是两个相近概念的线性并列组合,而不是互补性、修辞性的线性聚合或同义手段。

近义组合("美丽而温柔")与近义连用(如例5的"侵略""扩张")应该区别:"美丽而温柔"是建立在差异基础上的并列性组合关系,每一个词在组合轴上都以差异性的表意价值(而非同义手段)而被串联在一起。"侵略""扩张"是互补性的线性聚合关系,去掉其中一个词并不影响指涉意义的完整,两个词的连用仅仅是为了增加语势和表达效果。追求差异的组合关系拒绝同义反复,凡是并列性组合关系总是有差异的并列。连用或线性聚合则出于修辞的目的而喜欢同义反复、重叠、补充、互释这类互补性同义手段的运用。

7.<u>礼堂肃静得很</u>,只有粉笔在黑板上的笃笃写字的声音,<u>似马蹄敲击山路</u>。

用粉笔写在黑板上的"笃笃响"和"似马蹄敲击山路"的声音,从反面来衬托礼堂的肃静。这划线的两个单位都是表达"肃静":前者是陈述的语言,后者是描写和修辞的语言,二者虽然手法不一样,但都是同一意念的不同表现,因而也是线性聚合关系。

8.天<u>苍苍</u>,野<u>茫茫</u>,风吹草低见牛羊。

不考虑意义而纯从结构形式看,上例两个划线单位都是叠音词,产生了一种富于节奏感、声音优美的语言风格。这种在语言风格上具有相同、互补关系的结构,也是一种线性聚合关系。

以上 1—8 例在意义、功能或风格上具有等值、互补、注释、强调等修辞作用,同时又是并置排列的两个单位的关系,我们称之为线性并列聚合关系——以线性依存排列的形式,表达了同一意念、同一功能或同一风格这样一种关系。

此外,有一些聚合单位不是以并存而是以互补分布的方式,分别出现在同一语境的不同位置上,如"北<u>之</u>晋,西<u>适</u>幽,东<u>极</u>吴,南<u>至</u>楚,越<u>之</u>交"中划线的词都是同义词语的交替使用,体现了有意追求表达多样性的修辞意识,这些单位之间的关系我们称之为线性分布聚合关系。线性分布聚合关系在表达上起到避免重复、单调,使语言生动活泼富于变化的修辞效果。请看下例:

9.之子于归,宜其<u>室家</u>。……之子于归,宜其<u>家室</u>。

"室家"与"家室"等值,分别在两章的末尾出现,以追求措辞上的变化。

10.门外飘来<u>那姑娘</u>远去的歌声,"洁白的羽毛……"。<u>这根"洁白的羽毛"</u>终于飘走了。

上例"那姑娘"与这根"洁白的羽毛"同义,这两个分布性的聚合单位仅仅是对同一对象的修辞表达。

以上9—10例属于同义关系的分布聚合。还有一种转义关系的分布聚合:互补分布的几个聚合单位之间不是同义互换关系,而是在语音上相同、意义上相关或相似、但又表达了不同的对象这样一种聚合关系。转义的分布聚合关系在表达上能产生一种相似或相关的喻义联想,使语言幽默含蓄、风趣生动。如下例:

11. A 靠<u>山</u>吃<u>山</u>,靠<u>水</u>吃<u>水</u>。B 一个<u>雷锋</u>倒下去,千百个<u>雷锋</u>站起来。

上例的两个"山"、两个"雷锋",都不同义,而是一种相关性的转喻(借代)关系。如两个"雷锋"分别代表雷锋本人和像雷锋那样的人。需要补充的是,线性聚合的特点是自指性的,它把表意的重点指向符号自身,这种自指性一般产生的是诗歌功能和元语言功能。诗歌功能关注构成线性聚合的两个单位之间的某种互补或同义关系(补充、重复、强调、相似等)所产生的修辞效果,元语言功能则强调线性聚合单位之间的评论、解释关系。如例4"<u>春节前一天的下午</u>(在一个春节前一天的下午)"的两个划线单位之间就是一种元语言功能。当然,诗歌功能和元语言功能的划分是相对的,二者之间常常相互渗透、难解难分。如例6"月光如流水"和本例"靠水吃水",前者是比喻后者是转喻,都是诗歌功能。但在例6中,比喻词"如"解释了喻词"流水"和本体(月光)之间的修辞关系,而本例中的"靠水吃水"却略去了这种关系解释词。因此,相对而言,例6更接近元语言功能,本例更接近诗歌功能。

还有一种谐音的分布聚合关系:呈互补分布的几个聚合单位之间,在意义上没有同义、转义等联系,只是在语音或结构形式上相同或相近,是

一种语音风格上的聚合关系,表达上产生富于节奏感、旋律感、生动和谐的修辞效果。如:

  12.武术功夫并非张飞杀岳飞,杀得满天飞。

  上例中的三个"飞"不同义,也没有转义关系,只是通过字形、字音上的相同造成一种语言风格上生动活泼、明快别致的表达效果。修辞学中那些利用语音条件或结构形式来体现修辞效果的表达手段,如平仄、押韵、谐音等,许多都是谐音的分布聚合关系。

小　结

  综上所述,线性聚合关系,是在表达功能上具有互补性(如例 1—7、例 9—10)或转义联想性(如例 11)、或者在结构形式上具有风格上的统一性(如例 9—12)的方式排列的一种语言结构关系。对于另外一种类型——以记忆方式储存在人们头脑中的聚合关系(即索绪尔所说的联想关系),我们则称之为隐性聚合关系。

  同义互补的线性聚合关系,如例 6 中的"月光"和"流水",是在意义上具有非对立性差异的单位的线性聚合,他们以不同的方式表达了同一意义、对象。两个聚合单位的线性排列,并没改变命题的真值条件,改变的只是表达效果;它们是围绕同一表达意念类聚在一起的同义手段。另外两类,即转义联想(如"靠山吃山")和语言风格统一的如("天苍苍,野茫茫")线性聚合关系,虽然在意义上具有对立性差异,各聚合单位分别代表了不同的意义、对象,但它们却在意义或结构上因具有相似相关的联系而类聚在一起,彼此之间产生一种意义上的或结构形式上的互补联想,并通过这种联想创造一种喻义美或音律美的语言效果。

  由此可见,线性聚合是从意义功能而不是外部形式、从互补而不是对立的角度所归纳出的一种线性结构关系。或者说,非线性聚合关系是他指的,指向符号结构之外的某个意义或对象的聚合;而线性聚合是自我指涉的,具有元语言功能,它指向构成组合体的聚合性同义手段本身。非线性或隐性聚合的语言结构着眼于对现实世界的分割和意义的区别,体现了语言的指涉和区分功能；那么线性聚合则强调对语言单位的同义选择和联想选择，体现了语言结构的突破，体现了语言的创造性和美学功能。俄国语言学家雅各布森认为语言的诗歌功能在于将同义原则"从选择轴（按：指隐性聚合关系）弹向组合轴"①，他所谓的组合轴，就是线性聚合关系。隐性聚合关系是组合轴的某个单位背后隐含的选择关系，它遵循二元对立的互换原则，"我爱（喜欢）她"中的两个聚合单位（爱/喜欢）只能二中择一，是语境对立型的。显性或线性聚合关系则是二元互补原则，选择性聚合或同义单位同时出现在组合轴上，彼此之间产生一种补充、强调、重复、风格多样、注释、反讽等自我指涉的修辞关系。线性聚合的自我指涉性在某种意义上也是一种元符号功能的表现。区分的、指涉性的我们称之为原语言功能：人们工具性地使用一种语言时并不对这种语言进行评论和反观。自我指涉的线性聚合关系则是一种元语言功能：在使用一种语言的同时又对这种语言进行评论、反观和有意调配。

原文《语言的线性聚合关系》，载《赣南师范学院学报（社会科学版）》，1998年第2期。

---

① ［英］特伦斯·霍克斯：《结构主义和符号学》，瞿铁鹏译，上海：上海译文出版社，1987年版，第78页。

第二章　符号学的命名理论

【本章概要】　符号学不仅要研究符号结构,更要关注符号化过程——尤其表现于人类的命名活动中。本章是在构词与命名、结构关系和意指过程这些二元范畴的区分基础上,重点考察汉语动态的命名和意指活动,即符号化过程或命名过程先于符号、先于对象而存在。

本章认为,命名主要是一种语言创造的活动(第一节),是一种使用符号创造和解释符号的元语言操作。因此,它主要采取动机性意指方式:符号的能指是含有意义的语言形式,它与所指共同构成了能指义和所指义二重意义或符码结构(第二节、第三节)。双重意指的命名活动主要关注意指关系,或者说在词语符号的结构性和意指性二者的关联中思考意指关系性问题。相对于符号的结构关系,意指关系体现了人、符号、媒介、对象、社会之间的复杂关联,体现了语言符号的异质性、创造性本质,意指关系产生的动态符号化单位是"命名与话语",它将动机性而不是任意性,将可能性而不是唯一性作为命名活动的主要原则(第四、五、六、七、八、九节)。

第一节　命名的构成方式

【提要】　本节从词语结构构成的角度,区分了积极的和消极的两种命名。象声、合成都是积极的命名,即人主动地创造词语符号单位的活动;衍生、类推、任意结合则是消极的命名,即主要通过语言系统自身的结构力量而产生新的词语单位。当然,音义任意结合的命名中,有两种:一是消极的约定,即由语言社会约定俗成而产生的词语;二是积极的规约,即由少数人命名的结果,如人名。

但狭义的命名,一般指积极的命名,即少数人积极的语言符号的创造活动。

一、引论

命名是关于创造语言符号单位的活动。命名理论的研究,有助于揭示语言符号的本质及其历史产生、演变的规律,并指导我们更好地对语言进行创新、规范。但是,对命名进行系统的理论研究,目前在语言学领域尚属薄弱环节。

在我国语言学界,命名一般与词的产生问题相联系。在论及词的产生时,人们往往以静态结构分析归纳出来的构词法,作为词语产生的规范,结果一个新的语言单位的诞生,便成了"主谓式、并列式、支配式、附缀式"等构词法的产物。为了纠正这种以构词法代替命名或者是将构词与命名混为一谈,国内词汇学界的几位学者提出了"造词说"。

造词说最早由孙常叙先生提出[1],尔后任学良先生有专著论及。[2] 然而,任先生"并没有从根本上认识造词法和构词法的本质区别",所以"把构词法混同于造词法,把构词法看成造词法的一种,于是整个构词法也等

---

[1] 孙常叙:《汉语词汇》,长春:吉林人民出版社,1956年版。
[2] 任学良:《汉语构词法》,北京:中国社会科学出版社,1981年版。

于被取消了"。① 真正将造词与构词严格区分,全面建立造词理论的是葛本仪先生。葛先生在其专著《汉语词汇研究》中首先区别了造词与构词,指出:"所谓造词就是指创造新词,它是解决一个词从无到有的问题。"或者说,"研究一个词从无到有的创造过程,就是造词的问题。""所谓构词是指词的内部结构问题。它的研究对象是已经存在的词,对现有词的内部结构进行观察和分析,总结出词的内部结构规律,这就是构词问题研究的范围和内容。"②

在区分造词、构词的基础上,葛先生又区分了造词法与构词法:"造词法指的就是创造新词的方法,也就是给客观事物命名从而产生新词的方法",并将造词法归纳为"音义任意结合法、摹声法、音变法、说明法、比拟法、引申法、双音法、简缩法"等八种。而构词法则"指的是词的内部结构规律的情况,也就是词素组合的方式和方法。"

造词说产生的意义在于,它打破了从静态结构分析角度考察词的产生的传统观点,把词的产生放到语言交际过程中进行动态的研究,并将人的主观动机、认知取向、文化背景等精神文化因素都考虑进来,进而系统地建立了以造词为主体的命名理论,开创了国内命名理论研究的先河。

由于造词说是从构词说的营垒中分离出来的,其研究范围不涉及词义的发生(即词义派生),因而"造词"与一般所谓的命名含义又不完全相同。

什么是命名?

哈特曼等主编的《语言与语言学词典》③中定义为:命名(naming)是"寻找一个合适的语言符号(语音序列或词),用以指一个新的物质实体或抽象概念,方法通常是利用具有近似意义的词,或用词义引申或隐喻。如skyscraper(摩天大楼)"。

---

① 西达:《造词法和构词法的两个问题——和任学良先生商榷》,《逻辑与语言学习》,1989年第6期。
② 葛本仪:《汉语词汇研究》,济南:山东教育出版社,1985年版,第54页。
③ [英]哈特曼等主编:《语言与语言学词典》,黄长著等译,上海:上海辞书出版社,1981年版,第226页。

该定义不仅包括了造词,而且将传统词汇学中的词义派生(或引申),也列入命名的范围之中。

基于以上分析,本节试从符号学的观点来重新界定命名:

任何词语符号都是能指(词的形式)和所指(词的内容)构成的整体。因此,命名就是按照某种意指方式将一定的能指与所指结合起来,构成新的词语符号来表示客观对象的过程。

根据这个定义,命名主要包括两个基本内容:

1. 一个词语符号是通过何种方式从无到有产生的——这属于命名的构成方式问题。

2. 命名动机(包括交际意图、认知取向、文化背景等精神文化因素)是如何制约命名过程中能指和所指的结合关系的,这种结合关系又如何影响人们对语言符号的理解和运用的——这属于命名的意指方式问题。

本节将集中讨论第一个基本内容:命名的构成方式。

二、命名构成方式的划分

命名的构成方式,简称命名方式,指创造词语符号的具体方法和途径,大致可划分为以下几种:

(一)音义任意结合命名

指利用与所指毫无意义联系的语音材料做能指,来构成符号的方式。例如"山、人、手、树"这些语言中最早产生的词,就是用音义任意结合方式创造出来的,它的能指和所指(音义)之间没有理据性可言。

(二)象声命名

指利用与自然声音相似的语音成分做能指与所指结合为符号的方式。

拟声词多数是通过象声命名的方式产生的。例如汉语中的"猫、鸭、蛙"等词,就是通过模拟这些动物的叫声,来给它们命名的。此外,音译外来词,由于它们是摹仿外族语言中某些词的声音来造词的,所以也是由象声命名方式产生的。

（三）合成命名

将既有的两个或多个词语符号合成在一起做能指，与所指结合为新的词语符号，叫合成命名。例如"黑板、白菜"这两个词的命名，就是分别通过将"白"和"菜"、"黑"和"板"合成起来做能指，与所指结合为新的符号。如下图：

词	能指		所指
白菜	语音	能指义	二年生草本植物，叶子大，花淡黄色，是普通蔬菜
	bái cài	白色的菜	

（四）派生命名

在已有的词语基础上又产生出新的意义，传统观点称之为词义的派生或引申。例如"砍"在汉语普通话中本是个单义词，其基本义是用刀斧猛力把东西断开。但近十几年它又产生了一项新义：取消；废除。如：九个科室砍了两个/砍了三个科研项目。

但根据符号学观点，我们把"砍"的新义派生视为新符号的派生更为恰当。因为所谓的新义派生，就是利用已有的符号整体做能指，与所指结合为新的符号单位的过程，所以我们称之为派生命名。如下图：

符号1	能指	所指	
	kan（砍）	用刀斧猛力把东西断开	
符号2	能指		所指
	能指音 kan	能指义 用刀斧猛力把东西断开	取消；废除

上图中的"砍"包含了两个层级的符号：1.能指 kan 与所指"用……断开"构成第一层级的符号；2.第一层级的符号整体构成了第二层级符号的能指（符号 1 的能指做了符号 2 的能指音，符号 1 的所指做了符号 2 的能指义）。于是，第二层级符号的形式不再是毫无意义的音响，而是一种

有意义的能指。① 其能指义和所指在"把……去掉"这一性质上有相似联系,人们可以根据能指义提供的已知信息通过联想来把握新信息——所指。

将词义派生解释为派生命名,有利于揭示词义派生的本质,即它与合成命名一样,都是利用已有的语言符号做能指指称所指的行为。

(五) 衍生命名

由于语言系统自身的发展演变,使某些词语单位发生了分化、粘合而产生新的词语单位,叫衍生命名。衍生命名又包括两小类:

1. 分化命名

由于语音或语义的分化,原来的一个词语单位分裂为两个,从而产生新的词语单位,这就是分化命名。

如"刻",在古代刻东西的"刻"与一刻钟的"刻"本为同一个词的两个相关的义项。但在今天,人们已感觉不到两者间的语义联系,"刻"的两个义项已分化为两个独立的同音词。再如"画"(动词)和"画儿"(名词),就是通过儿化的语音手段将同一个词分化为动、名两个词。

分化命名与派生命名的区别是:后者发生在同一个语音形式内部,使一个语音形式包括了有联系的两个意义单位(多义词);而一旦由于语言系统(语音或语义)发生了调整或变化,使派生命名产生的第二级符号(派生义)与原有的第一级符号(基本义)发生分离,即同居于一个物质外壳的两个意义单位演变成两个独立的音义结合体,这便是分化命名。可见,分化命名是建立在派生命名产生的两级符号发生分离的基础上的。

2. 粘合命名

由两个单音节词经常连用或逐渐结合、凝固而形成合成词的方式叫粘合命名。或如索绪尔所说:"原来分开的但常在句子内部的句段型相遇的要素互相溶合成为一个绝对的或者难于分析的单位,这就是粘合的过程。"

---

① [法]罗兰·巴尔特:《符号学原理》,王东亮等译,北京:生活·读书·新知三联书店,1999年版,第84页。

例如"央告"一词,它在近代汉语中有四种等义的结构形式。央、告、央告、X央X告,从这四种可以互换的等义形式到今天凝固为"央告"唯一的形式,其间经历了一个构词词素可分可合或可插入其他成分的"粘和"过程。

合:金老大无可奈何,只得再三央告道:"今日是我女婿请客,不干我事。"(《金玉奴棒打薄情郎》)

分:我去之时,也曾央朱三老对我丈夫说,既然有了主儿,便同到我爹娘家里来交割……只见几家邻舍一齐跪上去告到:"相公的言语,委实晴天!"(《错斩崔宁》)

该例中,"央告"的两个词素可分开单用而意义不变。

插入其他成分:心中割舍不下,依旧又往外边东央西告,只是夜里不敢进院门了。(《杜十娘怒沉百宝箱》)

再如"把守"一词在近代汉语中其构词词素的前后次序可以随意互换:

请兄长分一半头领,把守山寨。(《水浒传》第63回)
解珍、解宝守把山前第一关。(同上,第51回)

又如"造反"一词,在近代汉语中它其中的一个词素"造"可与另外一个同义的词素"作"随意互换:

妄造妖言,结连梁山泊强寇,通同造反,律斩。(《水浒传》第40回)

如此作反,自霸称尊,目今早晚兵犯扬州。(同上,第90回)

以上各例说明,"央告""把守""造反"三个词在近代汉语中处于组合比较自由的半凝固状态,它们或者可随意分合(央/告/央告/X央X告)、或可随意变序(把守/守把)、或者可随意换素(造反/作反),而到了现代汉语中它们的结构便已凝固定型。可见,这三个词由组合比较自由的半凝固状态到结构凝固定型,其间经历了一个"粘合"的过程,所以它们是由粘合命名的方式产生的。

粘合命名与前文的合成命名有时难以区分,下面简析一下两者的不同特点。

其一,从结构上分析。合成命名产生的符号,从诞生起其结构就比较凝固,不存在一个可分可合或可变序、换素的"粘合"过程。例如近十几年来现代汉语中出现的新词,像攻关、金牌、音像、余热、软件、攀比、松绑、长龙、出线、坐班、倒挂、导游、国格、大团结、红眼病等,都是通过合成命名的方式产生的。当然,"任何东西不经过在言语中试验是不会进入语言的"。合成命名产生的符号,也要经过——一个由言语单位到语言单位过渡的过程,这个过程大致分三个步骤:

A、言语词阶段。这是符号的发生阶段,此时的符号仅是言语活动中某个人或少数人的偶然用法、临时创造,因而共有个人性、言语性、偶发性的特点。

B、词化阶段。[①] 这是符号的约定俗成阶段,即言语创新中出现的言语词开始在人们口中、笔下反复出现,并有一定的普遍性。一方面,这些符号已开始脱离言语词的个人性、偶发性,另一方面它们又尚未完全取得语言单位的资格。

C、语言词阶段。这是符号的成熟阶段,此时的符号已具有了较高的使用频度和复现率,已为语言社会所熟悉,常用,具备了普遍性、稳固性的特点,取得了语言单位的资格。

粘合命名产生的符号,从其诞生到成熟则经历了一个结构形式由自由组合到逐渐凝固定型的"粘合"过程。这个过程也大致分为三个步骤:

A、自由组合阶段。表现在符号发生初期,符号的两个或多个词素在组合上带有随意性、偶然性,此时的组合形式纯粹是一种言语现象。

B、半自由组合阶段。两个或多个原可自由组合的词素逐渐凝固在一起,开始粘合成一个新的词语单位。但此时的组合形式仍有相当的自由,如可有限度地分合、变序、换素等。

C、定型阶段。此时由粘合而成的词语结构已趋于稳固、定型、不可

---

① 王邦安:《"词化单位"略论》,《辞书研究》,1988年第1期。

再随意变序、换素或分合。

其二,合成命名与粘合命名的区别还表现在命名动机上。

一个语言单位的诞生,从发生机制考察,主要取决于两个因素:一是人们运用语言的行为(精神因素),二是语言系统自身的规律作用(结构因素)。但是,这两个因素在合成命名和粘合命名中所起的作用并不完全相等。

合成命名是语言使用者有目的、有动机的创造语言的行为,尽管这个创造过程必然是要受语言系统自身规律的制约,但精神因素,即命名动机(包括主观认识、价值取向、文化背景等)在合成命名中起主导作用。例如北方人所使用的"蜂窝煤"一词,湖南人却命名为"藕煤"——这是他们在给该对象命名时,按照某种命名动机对符号的能指进行选择的结果。湖南是产藕区,藕是当地人熟悉、喜爱的物产,当看到一种多孔的圆形煤块时,湖南人自然感到它更像"藕"而不像"蜂窝"。命名动机使他们采用了"藕煤"的名称,用它更容易为当地人理解、认可。

粘合命名当然也是语言使用者的行为,但在粘合过程中起主导作用的是语言系统自身作用,即支配粘合命名的,主要是语言社会约定俗成的力量,是语言系统内部调整、平衡的结果,而不像合成命名那样具有鲜明的动机性。

(六)类推命名

由于受语言系统中与之相关的其他的词的影响,而相应产生出新的词语单位的方式,叫类推命名。

系统性是语言的重要特征。在词汇系统中,某个要素的变化引起邻近其他要素相应的变化,便是语言系统内部调整的表现。例如一对反义词,如果甲方产生了新的义项,那么乙方常常因受甲方的影响也产生新的义项。贬值的本义是:"货币含金量减少";升值则是"货币含金量增加"。但在"贬值"产生了新的义项:"事物价值降低"后,因受其影响,"升值"在近几年也产生了新的义项:"事物价值提高"。如:"改革,使懒人变勤,时间升值了。"(《人民日报》1985年3月30日2版)

近义词之间也有这种类推的情况。疏通、疏导的本义都是:"使水流畅通"。近年来,由于受"疏通"引申义(沟通双方的意思)的影响,"疏导"也产生了新的引申义:"(通过说服方式)打通思想"。如:"疏导不是简单的灌输,不让人有不同的意见,而是要通过生动活泼、有来有往的共同探讨,达到共同提高"。(《人民日报》1984年10月22日5版)

其他,像近几年产生的许多反义词,也都是通过类推的方式产生的。如:

| 已有词 | 女士 | 高雅 | 挂钩 | 无偿 | 小钱 | 外宾 | 强化…… |
| 新 词 | 男士 | 低俗 | 脱钩 | 有偿 | 大钱 | 内宾 | 淡化…… |

类推命名产生的语言单位,多数是由于语言系统自身出现"空格"而要求填补才出现的。所谓"空格",指语言系统因不平衡发展而出现的缺项。① 例如前例中的"贬值""升值"这一对反义词,当"贬值"产生了新义而"升值"尚未产生时,这一对反义词的义项比例便出现了不平衡,常常要求产生新的语言单位来填补"空格"。当然,填补空格的任务要有语言使用者来完成,但人们此时的语言创造力要受到语言系统很大的限制,远不如合成命名或派生命名有充分的创造自由。类推命名只是仿拟既成的语言模式制造另一个新的单位。例如:比照"无偿"制造一个"有偿",比照一个"女士"创造一个"男士",比照"小钱"制造一个"大钱",尽管类推过程掺入了人的命名动机等精神因素,但它更多的是定势思维和模仿,也即人们在类推时主要是遵从语言系统的力量而有限制地发挥自己的创造力。

从构成形式看,类推命名有的相同于派生命名(例如"升值",因受"贬值"的影响,也增加了新的义项,由一级符号变成了二级符号);有的相同于合成命名(例如"男士",是比照"女士",通过将两个符号合成在一起的方法创造的)。但从产生原因看,类推命名主要是因"填补空格"的需要而创造新的符号的方式,这一点与合成命名和派生命名还是有区别的,所以我们把它独立出来自成一类。

---

① 范干良:《词族和词族中的空格及其作用》,《汉语学习》,1989年第2期。

三、余论

以上我们分析了六种命名方式,其中的"音义任意结合""象声"两种命名,是以语音材料做能指,与所指结合为符号的命名方式,可将它们称为"语音命名"①,其他则是"符号命名"。语音命名和符号命名,是根据符号能指的不同特点划分的,这需要提及索绪尔和罗兰·巴尔特的符号学观点。

符号是能指和所指构成的整体,是索绪尔首先提出来的:"我们建议保留用符号这个词表示整体,用所指和能指分别代替概念和音响形象。"但是,索绪尔所谓的符号只是一个简单的符号(即语音命名产生的符号),他的理论还不具有对复杂的符号(即符号命名产生的符号)的解释能力。因此,法国当代文艺符号学家罗兰·巴尔特指出,索绪尔的符号系统只是第一级符号系统,还需从意义结构系统出发建立第二级符号系统,其过程仍然是:能指、所指,以及它们的产物——符号。第二级符号的特点是建立在它之前就存在的符号链上,即第一级符号在第二级符号中变成了能指,与新的所指构成了第二级符号。

语音命名,是以语音材料做能指,与所指结合为符号,所以它产生的是一级符号。符号命名,则利用已有的符号整体做能指,与所指结合为符号,它产生的符号,是建立在它之前就存在的符号链上的,所以是二级符号。

---

① 对于是否存在"音义任意结合"的命名方式,学术界还有争议。有人认为,不存在"原始命名中的任意性"那样的情况,原始命名即语言中最早一批词的产生,其能指与所指的结合也是有意义联系的,也含有人的动机,只不过因年代久远我们无法印证这种已磨灭的动机性罢了。因此,所谓的任意性只能是动机性中断的结果。本书认为,所谓"音义任意结合命名"方式,是通过共时构拟的方法得出来的概念。即,根据共时的语音系统中符号能指与所指的结构关系去构拟最早一批词语符号产生过程中的结合关系即构成方式。现实语言中确有一批历史最悠久的基本词,像"山、人、手、树、天"等,无法发现它们的能指(语音)与所指(词义)的结合过程中含有什么意义或动机性,所以,通过共时构拟方法将它们的命名构成方式归入"任意结合"一类,这样处理比较稳妥、方便。但也要看到,共时构拟是语言研究的方法而不等于语言本身。语言存在的历史与人类社会一样久远,它本身是不断变化的,或者说,语言是一种不可逆事件。由于我们无法贴近语言的原始状态去做实际考察,因而只能通过共时的语言事实和极为有限的历史材料去拟测最早一批词汇的命名构成方式。通过这种方法得出的结论,本身还有待于进一步证明、研究。对这个问题本书不准备进行更多地讨论。

语音命名与符号命名的这种区别,对于了解命名构成方式的划分及演变,具有重要的意义。

索绪尔认为,"在任何时代,哪怕追溯到最古的时代,语言看来都是前一代的遗产。"这意味着,绝大多数词语符号,都是建立在前一时代的符号链之上的,所以它们都是采用符号命名方式产生的二级符号。进一步说,无论从语音的历史演变的角度还是从语言的共时描写的角度来分析,符号命名都是产生词语符号最基本、最主要的方式。而语音命名,由于它不是利用已有的符号整体来命名的,所以除了少数拟声词(如音译外来词)仍是用语音命名产生之外,这种方式在成熟的语言中是一种极其有限的词语生成手段。

然而,索绪尔所谓的"追溯到最古的时代",是以语言的存在为前提的,他并没有涉及语言起源的问题。但在人类社会产生以前,语言并不存在。因此,任何语言都有起源,都要经历一个初始的发生阶段。在此阶段,最早的一批原始符号的产生,并不是建立在已有的符号系统的基础上的,因而必然采用的是一级符号命名方式——语音命名。通过语音命名方式产生出第一批原始符号之后,它们便成了整个语言大厦的根基,此后诞生的词语都是建立在已有的符号链上,基本上是采用二级符号命名方式——产生的,只有极少数拟声词除外。因此说,语音命名在语言的成熟期是一种极其有限的命名方式,而在语言的原始初期却是唯一的、最重要的生成词语的手段。

原文《命名的构成方式》,载《青岛师专学报》,1991年第3期。

第二节 命名的动机性意指方式

【提要】 主要从命名的角度,探讨符号创造活动中的种种意指方式。其中最重要的是动机性意指方式。动机性意指方式中,符号的能指是含有意义的语言形式,它与所指共同构成了二重意义或符码结构。

有意义(内部形式)的能指为表层结构,所指则是深层结构。在理解过程中,由表层结构达到深层结构,是以内部形式为中介完成的:

1. 表层结构:由语音感知到语义感性(内部形式)。

2. 深层结构:由语义感性(内部形式)到语义理解(所指)。

由此可见,动机性意指方式是一种双重意义、双重符码的翻译过程:其内部形式作为所指的理解媒介,对所指起着象征、示义、解释的作用;或者说,它提供了关于所指的翻译符码,规定了对所指的理解路线,从而成为所指理解前的理解。

命名是关于创造词语符号的活动。根据符号学的观点,任何词语符号都是能指(词的形式)和所指(词的内容)构成的整体。因而,命名,也就是一定的能指与所指结合起来、构成新的词语符号来表示客观对象的过程。在这个过程中,符号的能指和所指间存在着某种意义联系——命名的意指方式。

命名的意指方式,按能指和所指的结合关系中是否含有命名动机,可分为任意性和动机性两大类。

任意性意指方式,指词语符号的能指和所指的结合过程中不含有人的动机,完全是社会约定俗成的结果。如"鸟",其能指(niǎo)与所指(飞禽)之间就不存在任何意义联系,不含命名者的动机(但也有人认为,任何命名过程即能指和所指结合都含有人的动机,只不过有些词因年代久远我们无法印证这种已磨灭了的动机罢了,所以并不存在绝对的任意性意指方式)。

一、动机性意指方式的类型

动机性,指符号的能指和所指结合过程中带有人的动机、意愿,即命名者用含有某种意味或意义的能指去指称所指,是两者之间构成一种象征关系。

动机性意指方式按能指的不同特点又分为意味形式和内部形式两种类型。

(一) 意味形式

词语符号的能指是与自然声音相似的语音成分,它对于所指有某种象征意味而可称之为意味形式。命名过程中,意味形式的能指与所指间构成一种质料相似的动机性关系,我们就称这种关系为"意味形式的意指方式"。拟声词就是采用这种意指方式来命名的。例如"猫""鸭""乒乓(球)"这一类拟声词,就是命名者有意选择含有象征意味的语音做能指,与所指结合为符号,两者间构成了"意味形式"的意指方式。

(二) 内部形式

"内部形式"的概念是洪堡特提出来的。他指出,词也并不是浮现在感觉中的某一事物的等价物,而是语言创造活动在发明词语的某个特定时刻所作出的理解。这正是造成同一事物可以有许多不同表达的主要源泉;比如在梵语里,大象有时叫做"饮两次水的",有时叫做"双齿的",有时又叫做"用一只手做事的"动物,尽管指的是同一事物,却表达那些不依赖于事物、在语言创造中通过精神而构成的概念。这里谈的正是这种概念构成,它应被视为完全内在的,仿佛先于发音意识而发生的过程。①

在给事物命名时,命名者对事物的主观理解形式在词的能指中的意义表现,就是词的内部形式。

词的内部形式是命名过程中利用含有意义的符号做能指形成的,它与所指构成了一种语义象征关系,我们就称这种关系为"内部形式"的意指方式。

根据内部形式与所指间构成的语义象征的不同性质,又可把这类意指方式分为逻辑关系、修辞关系和复杂关系三种。

1. 逻辑关系

逻辑关系,是命名时按照逻辑思维的规律,按语义本来的意义、规则去选择符号的能指,其内部形式与所指构成一种相近的语义关系。

例如"黑板"一词的命名,就是将"黑"和"板"合成起来做能指,形成内

---

① [德]威廉·冯·洪堡特:《论人类语言结构的差异及其对人类精神发展的影响》,姚小平译,北京:商务印书馆,1997年版,第104页。

部形式"黑色的板",与所指"用木头等制成的可在上面写字的黑色平板"构成了意义部分一致的逻辑关系：

符号	能指		所指	意指方式
黑板	语音	内部形式	用木头等制成的可在上面写字的黑色平板	逻辑关系
	hēibǎn	黑色的板		

2.修辞关系

修辞关系,是命名时遵循创造性联想、想象的思维规律,采用与所指的意义不同的符号做能指,其内部形式与所指构成一种相似或相关的语义关系。

(1)相似关系 如"牛马"一词的命名,就是将"牛"和"马"合起来做能指,形成内部形式"像牛和马",与所指"比喻为生活所迫供人驱使从事艰苦劳动的人"构成了意义相似的意指关系。

符号	能指		所指	意指方式
牛马	语音	内部形式	比喻为生活所迫供人驱使从事艰苦劳动的人	相似关系
	niúmǎ	像牛马		

(2)相关关系 如"山河"一词的命名,就是将"山"和"河"合成起来做能指,形成内部形式"山岳和河流",与所指"指国家或国土"构成了意义相关(部分代整体)的修辞关系。

符号	能指		所指	意指方式
山河	语音	内部形式	代指国家或国土	相关关系
	shānhé	山岳和河流		

3.复杂关系

这是兼有逻辑和修辞两种关系的意指方式。如"冰糖"一词,是将"冰"和"糖"合成起来做能指,形成内部形式"像冰一样的糖",与所指"一种块状、透明的食糖"构成了复杂的意指关系。"像冰"与所指的形状特征构成了相似的意指关系,而"糖"则直接体现了所指的类属特征,构成了意义相近的逻辑关系。可见,"冰糖"是通过复杂关系的意指方式命名的。

符号	能指		所指	意指方式
冰糖	语音	内部形式	一种块状、透明的食糖	复杂关系
	bīngtáng	像冰+糖		

以上所列举的内部形式的几种类型,仅仅涉及了复合词,那么词义派生是否也存在"内部形式"的意指方式?本书认为,词义派生同样存在内部形式。

在已有的词语基础上又产生出新的意义,传统观点称之为词义的派生或引申。例如"砍",在汉语普通话中本是个单义词,但近年来它又产生了一项新义:

基本义:用刀斧猛力把东西断开。

新义:取消,废除。如"九个科室砍了两个"。但根据符号学观点,我们把词义派生视为命名更为恰当。因为所谓的词义派生,就是利用已有的符号整体做能指,与所指结合为新的符号单位的过程。再以"砍"为例:

符号1	能指		所指
	kǎn		用刀斧猛力把东西断开

符号2	能指		所指
	语音	内部形式	取消;废除
	kǎn	用刀斧猛力把东西断开	

上表中的"砍"包含了两个层级的符号(参见上一节):能指 kǎn 与所指"用……断开"构成第一层次符号;第一层级的符号整体构成了第二层级符号的能指(符号1的能指作了符号2的语音,符号1的所指做了符号2的内部形式),于是,第二层级符号的形式不再是毫无意义的音响,而是一种有意义的能指,其内部形式与所指间在"把……去掉"这一性质上有相似联系,人们可以根据内部形式提供的已知信息通过联想来把握新信息——所指。

把传统上的基本义解释为派生义的"内部形式",真正揭示了词义派生的本质。众所周知,任何客体自身都具有多种多样的特征,并与其他客体对象有着错综复杂的联系。譬如,甲类对象和丙类对象的某些特征也可能是乙类对象的某些特征。当我们给乙类对象命名时,既可以选择代表甲类对象的词语去指称乙类对象,也可以选择代表丙类对象的词语去指称它。假如选择了甲,那么,表甲类对象的词语也就产生了与之有联系的新义,故被称为词义的派生。但命名者为什么偏偏选择甲类对象的词语而没选择丙类对象的词语来为乙对象命名呢?

这正是命名动机所起的作用。

在命名者看来,表述甲类对象的词语,更符合他对乙对象的理解,更符合他的某种价值取向。这种理解、这种价值取向凝聚在为乙对象(所指)命名的甲对象的词语(能指)上,传统所谓的基本义便成了内部形式,也即,基本义成了命名者对新义的理解形式。传统观点把基本义和派生义看成是一种纯意义关系,而我们的符号学命名观则把内部形式(基本义)和所指(派生义)看成是命名主体对客体对象的一种理解关系、一种命名关系,从而,也就揭示了词义派生过程中人的动机性和创造性本质,并揭示出词义派生也同样存在内部形式的意指方式。

(三)意味形式和内部形式的区别联系

据上文所述,动机性意指方式按能指的不同特点可分为意味形式和内部形式两种类型。符号的能指是与自然声音相似的语音成分,它对于所指具有某种质料上的象征意味而可称之为意味形式。而更多的符号的能指是由含有意义的符号充当的,这种含有意义的能指因反映了命名主体对事物的主观理解,而被称为内部形式。内部形式的能指与所指间构成一种语义象征的动机性关系,我们就称这种关系为内部形式的意指方式。

意味形式方式和内部形式方式的共同之处,在于它们所选择的能指都不是毫无象征理据的语音材料,能指和所指的结合包含了命名者的动机,所以它们都是动机性意指方式。

但两者的区别也是明显的。

内部形式方式,其能指中的内部形式本身含有理性认知意义,这种意义反映了命名者对所指的主观认识,并与所指构成某种语义象征关系。

意味形式方式,其能指本身是质料(语音)而不是音义结合的符号,所以它不含有理性认知意义。命名者选择意味形式方式,主要着眼于能指的外部质料特征或区别性差异所表现出的某种象征意味或风格色彩,它与所指构成了某种意味象征关系。所以,我们借用克莱夫·贝尔的"有意味形式"[①]这一术语,来表示这一动机性意指方式。

二、动机性意指方式的性质

使符号的能指和所指之间有某种可解释的理据关系——这就是一般所谓的象征。动机性意指方式的本质就是象征。下面,通过对"内部形式"的分析,从三个方面讨论动机性意指方式的象征本质。

（一）形式和内容的统一

命名是要赋予有关客体的概念一个外在形式——名称。客体的概念在获得名称之前并不具有自己的存在形式,它只有借助语音材料或表其他概念的符号做能指来指称自己,才得以建构自身。内部形式产生的符号,包括两层意义关系:

1. 所指(概念)与客体的关系
2. 内部形式与所指的关系

从客体到所指,是主体反映客体、形成概念的认识过程,即主体对来自客体的信号流进行接收、筛选、加工、处理,从而形成了反映客体一般和本质属性总和的概念。因此,客体与所指(概念)间是一种反映关系。所指(概念)力求如实、正确地反映客体对象,以达到正确认识客体之目的。

从所指(概念)到能指的内部形式,是主体借助一定的符号形成内部形式来表现所指的命名过程,在这个过程中,内部形式是所指的意义表现形式,所指是内部形式表现内容。两者间是一种表现关系,是内容和形式的统一。

---

① [英]克莱夫·贝尔:《艺术》,周金环、马钟元译,北京:中国文联出版公司,1984年版,第4页。

采用何种内部形式来表现所指,并不存在必然联系而取决于不同语言社会的选择。例如,在不同的方言区,常常用不同的内部形式表现同一所指:

  玉米/苞米   马铃薯/土豆
  自行车/脚踏车   蜂窝煤/藕煤
  向日葵/朝阳花   羽绒服/面包服

以上六对等义词,就是不同的语言社会赋予同一所指以不同的内部形式而形成的。

选择何种内部形式去表现所指,要受命名动机的支配。命名动机使这个表现过程带有明确的指向性。不同的语言社会在选择不同的内部形式去表现同一所指时,总是力图按自己的交际意图,在有利于自己的方式上去选择内部形式。所以,从一般的命名过程看,选择何种内部形式去表现所指,存在无数可能性,是偶然的;而就每一个别的命名过程看,选择何种内部形式去表现所指,却要受命名动机的支配,具有必然的有理性。

内部形式与所指间的这种表现关系,说明了动机性意指方式是形式和内容的统一。

(二) 感性和理性的统一

动机性命名方式的一个显著特征,是赋予所指一种可理解的意义形式——内部形式(或意味形式)。但绝大多数内部形式在意义上与所指不是完全重合的,不能提供有关所指的全部的解码信息。内部形式只是选取所指的某个或某些特征来表现所指,因而提供的常常是对所指不完整的感性认识。

内部形式的感性特征具体表现在以下几点:

1. 模糊性

内部形式因其解码信息的有限性,在表现所指时常常具有歧义、意会、笼统的模糊特点。

有的内部形式含有歧义。如"夏至"一词,其内部形式有两种理解:(1)夏天到了;(2)夏天之最。当然,不论哪一种理解,都能帮助接受者最终把握该词的所指。但有的含有歧义的内部形式,却需要接受者做出自己的判断和选择。如"内耗"一词,其内部形式有两种理解:(1)内部的消耗;(2)内部地消耗。如果理解为(1),那么其所指的意义就是名词性的;如果理解为(2),其所指的意义则是动词性的。

有的内部形式所提供的解码信息只能"意会",需要接受者自己补充剩余信息。如"球鞋"的内部形式"球的鞋",意义不完整,我们只能意会出它所大致指出的意义范围,将其补充为"打球穿的鞋",然后再理解所指。

有的内部形式只表示一般的、笼统的意义。如"民主"一词,其内部形式为"人民做主",其所指是"人民所享有的参与国事或对国事自由发表意见的权利"。相比之下,所指的意义要精确得多。

2. 片面性

内部形式常选取所指的某些局部、个别的语义特征,通过"以点带面""以偏概全"来表现所指。如"甜瓜"的内部形式,着重表现的是所指的口觉特征;"独轮车"的内部形式"一个轮的车",着重表现了所指的结构特征,等等。通过这些局部、个别的特征,接受者可以推导出所指的全部意义。

有些内部形式甚至是错误地表现了所指的意义。如"鲸鱼",其内部形式意为鱼类,而其所指的意义却是一种"哺乳动物"。尽管"鲸鱼"的内部形式错误地表现了所指的类属特征,但它仍提供了有关所指的某些解码信息,成为理解所指的认识前提。

3. 形象性

内部形式常常被赋予某种形象色彩,使人们借助感性形象来理解所指。例如"冰糖、铁心、黑话、垮台、关系网、大锅饭"等词的内部形式都具有形象色彩。

模糊性、片面性、形象性构成了内部形式的感性特征;与之相比,准确性、完整性、抽象性则是所指的理性特征。因此,动机性意指方式也是感性和理性的统一。

区分感性义的内部形式与理性义的所指,至少有以下两方面意义:

其一,内部形式方式产生的符号,其理解过程要经过由感性义的内部形式到理性义的所指的转换。内部形式唤起人们的感性经验,在此基础上,通过以模糊识别、形象联想为主的综合心理反映,达到对所指的理解。

其二,内部形式和所指分别代表了两种不同水平的思维成果,在语言交际中它们亦发挥各自不同的作用。例如,"鲸鱼"一词,科学家可能会在理性的所指水平上使用它,而一般人则常常停留在感性的内部形式水平上使用它。再如,假若我们在一篇小说中看到"一只刺猬在吃甲虫"这样的描述,或许有人对甲虫为何物一无所知,但他起码可以在内部形式水平上了解到它是"带甲壳的昆虫"。这就足够了,完全不影响他对作品的欣赏、理解。实际上,我们在日常交际中所使用的词语,有些往往停留在内部形式水平上。

（三）历史与现实的统一

理解,对包括语言符号在内的任何事物的理解,都不是从精神空白的状态开始的。换言之,在任何新的理解产生之前,已经存在一种理解,这种理解前的理解被哲学解释学称为"前理解"或"先见"①。

"先见"主要有两种。其一,是"语言先见"。在进行任何理解之前,我们已经置身于自己所使用的语言当中。作为文化代码,语言是历史与传统文化的保存者。人们在使用语言进行理解时,渗透于其中的历史与文化,就要参与到理解中去,给认知主体提供了理解可能性的前提。这种先于认知主体而存在的理解前提,便是"语言先见"。

其二是"个人先见"。它包括个人的经验、知识、动机、意向等,没有这些个人后天经验而来的先见,人的大脑便是一片空白,当然也不能产生任何理解。

对语言符号本身的接受、理解,也是由"先见"到理解的过程。但是,任意性意指方式产生的符号(简称"任意符号")与动机性方式产生的符号(简称"动机符号")其意指方式不同,因而各自的理解"先见"也有差异。

任意符号的能指是由不含任何意义的语音材料构成的,它与所指具有任意但是固定的联系,这种联系在人脑中内化为稳定的神经通路。在

---

① 殷鼎:《理解的命运》,北京:生活·读书·新知三联书店,1988年版,第27页。

理解过程中,当能指(不含意义的语音)作用于人的感官并引起一定的神经脉冲信号时,便立即触发了能指联系着的所指(概念)的语义网络,从而直接达到对所指的认知和理解。

任意符号的这种特点,决定了其理解的起点是"个人先见"。

根据现代认知心理学①的理论,"个人先见"可看做是存储在人脑中的一种巨大的语义网络。这个网络通过一套接线把相互之间有关系的概念联结起来。一个特定的概念在这种网络中便是一个结点。一个概念可分解为若干个属性、特征,它们由网络中表示个结点之间关系的接线而表示出来。如"狗"这个概念,在人脑语义网络中分别与"动物""呼吸""吠""咬""有毛"等多个语义结点相联系,这些相关的语义结点形成了"狗"的概念语义网络。可见,个人先见也是一种语言性的先见,只不过它是以私语或个人语言的方式存在的,每个人都有不同于他人的语义网络,因此,个人先见在任意符号的理解过程中,赋予理解以个人言语性的感受和体会,使每个人都有异于他人的理解路线:当接受者听到"狗"时,在大脑的语义网络中首先被激活的,有人可能是狗的颜色特征如黄狗或黑狗,而有的可能是形体特征如猎狗或家狗。这种不同的理解路线,是受个人先见制约的结果。

动机符号的能指是含有意义的语言形式,它与所指共同构成了二重意义结构。有意义(内部形式)的能指为表层结构,所指则是深层结构。在理解过程中,由表层结构达到深层结构,是以内部形式为中介完成的:

1. 表层结构:由语音感知到语义感性(内部形式)。
2. 深层结构:由语义感性(内部形式)到语义理解(所指)。

由此可见,在动机符号的理解过程中,内部形式作为所指的理解媒介,对所指起着象征、示义的作用;或者说,它提供了关于所指的解码要素,规定了对所指的理解路线,从而成为所指理解前的理解。这种前理解,是命名之初形成的,它凝聚了命名者当时的命名动机,如交际意图、认

---

① 乐国安:《论现代认知心理学》,哈尔滨:黑龙江人民出版社,1986年版。

知取向以及他所从属的历史文化和民族心态。这些历史的精神文化因素以语言的形式被凝固在内部形式中,内部形式便成了反映一定历史文化的"语言先见"。

内部形式作为语言先见,主要包括两方面内容。

1. 命名意图和认知取向

例如"黑板"一词,其所指是"用木头或玻璃等制成的可以在上面用粉笔写字的黑色平板",它大致包括以下几个主要的语义特征:

材料:用木头或玻璃等制成的
内部特征功能:可以在上面用粉笔写字
类属:板块
颜色:黑色
外部特征形状:平的;方的

在上述的若干语义特征中,"黑板"的内部形式"黑色的板"仅仅选取了其所指的外部颜色特征和内部类属特征作为表现形式。这种选择,反映了命名主体的认知取向及他在命名之初对所指的最初理解。这种认知取向和最初理解,先于我们的理解而被历史地凝固在内部形式中,成为"语言先见"。在符号的接受过程中,内部形式为我们预设的"语言先见"像黑夜中探照灯的光柱,规定、限制了人们的理解视野,而只能按它所指出的方向去理解所指。"黑板"的内部形式(语言先见)要求我们从"黑"的颜色特征去理解所指;"甜瓜"的内部形式要求我们从"甜"的味觉特征去理解所指;而"哈密瓜"虽然也是甜的,但它的语言先见(内部形式)却规定我们要从地区特征(产自新疆哈密)这个角度去理解所指。

2. 传统文化、民族心理

命名主体总是属于一定社会一定民族的成员,在命名活动中,他(或他们)必然要受到本民族、本社会的思维方式、文化观念的制约。这些命名活动的背景因素作为命名者意识底层的东西,常常被无意地流露和铭刻在内部形式中,成为影响人们理解的"语言先见"。

例如,"敬老院"一词在美国华人区称为"养老院",这是两个同一所指而能指不同的词。"敬老院"的内部形式突出的是"敬老","养老院"的内部形式则强调的是"养老",它们的不同恰恰表现了东西方文化伦理观念的差异。在代表中国传统文化的儒家看来,对老人养且敬,谓之孝;养而不敬,和对待犬马没有区别,是谓不孝。所以,"敬老院"的内部形式突出了汉民族"孝"的传统伦理观念;而"养老院"的内部形式则体现了"老有所养"的西方价值观。人们在分别使用这两个词时,必然会不自觉地接受各自的内部形式中所蕴含的"语言先见"——不同的文化观念,它们卷入并影响了对所指的理解和把握。

内部形式作为一种语言先见,主要包括以上两个方面的内容。但是,充当符号内容的所指,因其与现实世界的某个客体概念相联系,而具有相对可变性。社会的发展、客观事物的变化、人们认识的更新,都会引起符号所指的相应变化。而属于符号形式的内部形式,它与命名者的命名动机相联系。它作为语言先见,凝聚、反映了一定的历史文化,因而具有相对稳定性。例如"马路"一词,在命名之初,其内部形式为"马走的路",其所指为"城市或近郊供马或马车行走的宽阔平坦的道路"。但随着社会的发展,马路现已主要供机动车辆行驶,马或马车反而几乎绝迹了。因此,"马路"一词的所指随着社会的发展变化,已演变为"泛指城市或近郊供车辆行驶的宽阔平坦的道路"。但"马路"的内部形式"马走的路"却具有相对的稳定性。它保留了命名时人们对所指对象的最初理解和记忆,因而反映了历史。可见,内部形式的能指与所指的关系是历史与现实的辩证统一。在符号的接受、理解过程中,其内部形式使接受者将自身置于历史的"语言先见"中,通过它来理解、把握所指,从而达到对现实的认识。

综上所述,形式与内容、感性与理性、历史与现实是动机性意指方式象征本质的表现,这也是词语符号的本质特征。

命名的意指方式(尤其是动机性意指方式)理论,是符号学重要的内容之一。它对于深入了解语言符号的本质、产生与演变,对于了解符号与哲学认识论、符号与文化等相关领域都具有重要的理论指导意义。

原文《命名的动机性意指方式》,载《青岛师专学报》1991年第1期。

第三节 译名和译名方式的文化透视

【提要】 从词语的跨语际传播角度,译名也叫做借词。本节之所以称为译名,是着眼于借词的动态命名创造活动。译名不是对事物和概念进行命名,而是用一种符号代替另一种符号。因此,译名本质上是一种元语言的解释活动:用本族语(元语言)翻译外族语(对象语言)。

  本节将译名方式概括为动机性方式和任意性方式两大类意指方式。其中汉语译名的文化特征表现为"汉语主要采取的是一种'抗拒音译转写,而乐于接受部分音译或全部意译'的动机性方式,而欧洲语言则主要采用的是任意性方式。"

  译名的动机性意指方式中音译+意译最值得关注。如"啤酒""卡车""扎啤""酒吧",有人认为是音译部分修饰意译部分,一种向心式的偏正结构[①]。但从动态的命名角度分析,这里面也包含了一个元语言的阐释活动:"啤酒、卡车"前音后意,"扎啤、酒吧"前意后音,但它们都是以意注音的译名活动。

译名,也叫借词,是产生新词的重要途径,同时也是一种跨文化的语言传播手段。本节着重从文化的角度,来探讨译名及译名方式。

一、译名的文化涵义

创造语言单位的命名活动,包括译名和一般命名两大类。揭示译名的文化涵义,须先将译名与一般命名加以分析比较。

译名,指用本族的语言材料去规定、解释异族的语言符号;一般命名,则指利用本族的语言材料去指称客体概念而创造出新的语言符号。

---

① 吴丹萍:《试论英语外来词的汉化翻译》,《长沙大学学报》,2006年第3期。

在语言学意义上,译名和一般命名是性质相同的语言生成手段,但从文化的角度透视,两者却有深刻的差别:一般命名是同质文化的延续,译名则是异质文化的碰撞。下面就着重从两个方面来分析这种差别。

(一)命名原因

社会是不断发展的,一个社会在自身文化进步的基础上不断产生出许多新事物、新概念,从而使现有的语言符号系统经常缺少相应的词语来指称它们,于是出现了"定名空缺"。这会促使该社会在本族语言基础上创造出一些新词新义来填补"空缺",以满足社会文化自我发展的需要。这就是一般命名。例如,近十几年出现的新词新义"离休、余热、特区、四化、官倒、消肿、专业户、一国两制"等,就是由一般命名产生的。

然而,社会的发展又不是孤立的。当两个或多个社会群体相互接触乃至产生文化交流时,它们的语言彼此间借用也就不可避免了。任何语言都是特定文化的负载者,都是一种为本社会所约定俗成的习得符号系统,它专用以表达该社会群体文化观念和生活经验。因此,不同的语言之间很少有音义绝对等值的词语符号。语言间这种音义不等值的状况,使得代表外来文化的外语词在进入本族语时,缺少相应的词语指称它们,由此便产生了"定名空缺",于是需要利用本族的语言材料创造出新的名称来指称它们,以填补空缺,这就是译名。例如,由于外来文化影响所产生的新词(外来词):"黑马(英 a dark horse)、快餐(英 fast-food)、代沟(英 generation gap)、桑拿浴(英 sauna)、迪斯科(英 disco)"等,就是由译名产生的。

可见,从命名原因分析,一般命名与译名的区别是明显的。

一般命名是某社会文化自身发展而产生"定名空缺"时,创造语言符号的手段。一般命名的结果是产生自源词。

译名是代表两种文化的语言发生接触而出现"定名空缺"时,创造语言符号的手段。译名的结果是产生外来词。

(二)命名过程

任何命名都是选择适当的语言形式去指称客体对象以构成新的词语符号的过程。在这个过程中,一般命名与译名亦有不同。

一般命名的过程包括两个阶段:一是内化阶段。即命名主体对来自客体的信号流进行接收、筛选、加工、处理,从而形成反映客体的概念的过程。二是外化阶段。即命名主体选择适当的语言材料,将概念物质化、外在化,或者说,是赋予有关客体的概念义某种物质存在形式的过程。例如,随着改革的深化,人们对"大锅饭"的僵化体制所带来的种种弊端认识越来越清楚,于是,语言社会就创造出"内耗"一词来概括、指称这类现象。可见,一般命名的主要任务,就是用词语形成、巩固人们的认识成果,以便交流。

而译名,自开始就面临一个外化了的、巩固了的概念——外语词,它面对的不是概念或对象而是一个符号,译名的全部任务仅仅是变换一下这个外来词语符号的语言形式:由外族语译为本族语。不言而喻,译名是在外语符号的基础上进行的,它着眼于对异族认识成果的借鉴而仅对其语言形式进行改造,译名并不像一般命名那样有一个概念的形成(内化)、巩固(外化)的过程。例如外来词"艾滋病",译自英语缩略语"AIDS",意指一种"获得性免疫缺损综合征"。汉语社会对它译名时,仅是将"AIDS"变换成"艾滋病"(开始译为"爱滋病")而已,其概念则是引进的而非本民族所创造。

所以,译名与一般命名相比其特点在于:它不是对事物和概念进行命名,而是用一种符号代替另一种符号。或者说,一般命名是形成、巩固本民族思维成果的语言手段,译名则是吸收、借鉴外族思维成果的语言手段。

通过以上从命名原因和命名过程两个方面的分析比较,我们便可以从中揭示出译名的文化涵义:译名,是在异质文化互相接触时,一种文化借鉴另一种文化的语言手段。

二、译名方式所反映的文化态度

译名方式,指译名过程中选择命名理据的方式。

由于译名的对象是音义结合的外语符号,因此译名者既可以选择外语词的语音特征作为命名理据(如音译词),也可将外语词的意义特征做为命名理据(如意译词)。根据命名理据的不同,学术界一般分为音译、意译、音译+意译、音意合译四种译名方式。

为了便于揭示译名方式所表现的文化涵义,本节将这四种译名方式概括为两类:动机性方式和任意性方式。

(一)动机性方式

动机性方式,指在译名过程中,人们利用反映本族语言理性内容的符号,侧重从意义的角度去释解外语词。动机性方式具体又包括意译、音译+意译、音意合译三小类。

1.意译

指用本族语中意义相近的词去解释外语词的意义。这是最典型的动机性方式,它所产生的是意译词。如:

(1)足球(英 football)、蜜月(英 honeymoon)

(2)铁路(英 train)、飞机(英 airplane)

上例两组词,(1)组的"足球、蜜月"在意译过程中适当保留外语词原有的意义结构形式,逐"字"翻译过来:football(foot 足+ball 球)→足球;honeymoon(honey 蜜+moon 月)→蜜月。(2)组的"铁路、飞机",则完全是根据本族语的意义结构方式把英语词 train,airplane 翻译过来。这两个英语词译为"铁路、飞机"后,其原有的语音形式、意义结构都彻底被汉语改造、完全汉化了,故难以察其"外来"痕迹。

我们把(1)组称之为半同化意译词,把(2)组称之为全同化意译词。

学术界一般不承认(2)组"铁路、飞机"的外来词资格,认为它们属于本族语言社会自造的。[①]

但是,倘若从跨文化传播的角度考虑便会发现,全同化意译词并非是在本族文化土壤中自行产生的,而是两种文化接触中对外语词翻译的产物,只不过译名时选择了纯粹的民族语言形式罢了。例如英语 helicopter

---

[①] 参见周振鹤、游汝杰:《方言与中国文化》,上海人民出版社,1986 年版,第 234 页;刘伶等:《语言学概要》,北京师范大学出版社,1984 年版,第 166 页;张永言:《词汇学简论》,华中工学院出版社,1982 年版,第 95 页。

最早的汉译名是"直上飞机"①,《现代汉语词典》采用"直升飞机",而《辞海》则采用"直升机"。"直上飞机、直升飞机、直升机"三个译名都是采用的是全同化意译方式,这种三个名称共存的情况,反映了汉语言社会对helicopter的汉译形式的选择。我们不能因为这些译名采用了纯民族语言形式而否认其外来词性质。如果将它们视为由一般命名产生的自源词,就完全抹杀了其文化意义上的"外来"特征。②

全同化意译词的根本属性在于:它们是由译名而不是由一般命名产生的。根据本书区分译名和一般命名的两个标准,可更清楚地揭示全同化意译词的本质特征。首先,从命名原因看,全同化意译词产生于两种语言间发生借用时的"定名空缺",而不是本族语自发的衍生物。其次,从命名过程看,全同化意译词并未经历一般命名那样的"内化""外化"的概念形成过程,它仅是赋予来自异族的概念以纯粹的民族化语言形式。因此说,全同化意译词也是两种文化接触时一种文化借鉴另一种文化的产物,应该属于外来词。

人们之所以将全同化意译词排斥在外来词之外,是采用了结构主义语言学的标准:这类意译词与"相当的外语词的内部形式和形态结构又并不相同",即它们之间在结构上不具有对应形式标记,故无法确认其"外来"性质,因而"这种词就只是一般的新造词而不能算作外来词"。③

本书将全同化意译词纳入外来词则是采用了文化语言学标准——这类意译词是异质文化碰撞的产物。结构主义标准是描写性的,文化语言学标准是解释性的,两者的出发点并不相同。

2. 音译+意译和音意合译

所谓音译+意译方式,指在音译外语词的同时再加上与其意义有关的汉语词素进行意译。例如"啤酒",是从英语词 beer 翻译过来的。其中

---

① 姜长英:《"直升机"辨》,《辞书研究》,1986年第1期。
② 有少数学者也把全同化意译词看做外来词。如葛本仪认为,"所谓外来词时指源于外语影响而产生的词,决不就是外语中原来的词",基于这种观点,她把全同化意译词"铁路、电话"等都归为外来词。见葛本仪:《汉语词汇研究》,济南:山东教育出版社,1985年。
③ 张永言:《词汇学简论》,武汉:华中工学院出版社,1982年版,第95页。

"啤"是 beer 的音译，"酒"则是 beer 的意译。其他像"艾滋病"（AIDS），"保龄球"（bowling）、"贝雷帽"（barret）等都是采用这种译名方式产生的。

音意合译，则是指选择语音和意义都近似于外语词的汉语词素，来翻译外语词的一种方式。如"绷带"，从语音到意义都与原来的英语词 bandage 相近。其他像"幽默"（humour）、"浪漫"（romantic）、"逻辑"（logic）、"维他命"（vitamin）等都是采用这种译名方式产生的。

以上两种译名方式尽管兼顾到了译名对象的音意两方面特征，但从本质上看，它们仍然运用了反映本族语言理性内容的词语符号去规定、解释外语词，也包含了一定的动机性认知因素，因此它们都属于动机性译名方式。

（二）任意性方式

任意性方式，指在译名过程中，人们选用不表示任何意义的本族语音材料，通过模仿外语词的语音形式的办法来为其译名。

所谓任意性，是指译名的语音形式不包含感性和理性认知因素而言，并非指命名理据选择上的任意性。

任意性方式也即通常所说的音译的方式。如"雷达"（radar）、"拷贝"（copy）、"坦克"（tank）、"尼龙"（nylon）等外来词都是任意性译名方式产生的。

将译名方式分为动机性和任意性两大类，有助于解释其文化内涵。我们知道，一定语言社会在为外语词译名时，可在动机性和任意性两种方式间做自由选择。如英语词 taxi 的汉译形式，既可意译为"出租汽车"（动机性），又可音译为"的士"（任意性）。表面看来，这种不同选择完全出于语言习惯，纯粹是一种语言现象。其实，它在某种程度上反映了两种不同的文化态度。因为，译名虽然是两种语言发生接触时所产生的现象，但从本质上讲，语言接触时通过说这些语言的人来实现的。译名实际上是译者社会文化心理的价值取向在译名方式上的反映，常常表现在对"动机性"和"任意性"方式的选择上。

由于任意性方式是利用不含意义的语音材料去模拟外语词的读音，所以它最大可能地保存了外语词原有的音译结合形态和结构特征，尽量减低本族语对外语词的同化程度,这在文化认知心理上,表现出一种以命名对象(外语词)为认同坐标的他者意识。

由于动机性方式侧重用反映本族语言理性内容的词语符号去解释外语词,使得外语词被借过来后部分或完全改变了其原有的音义结合形态和结构特征,外语词部分或完全被本族语所同化。这在文化认知心理上,表现出一种以本族语言为认同坐标的自我意识。

"一个值得注意的现象是,汉语引进外来词时以意译为主,很少音译。"[1]这与以音译为主的欧洲语言迥然不同。在译名时,汉语主要采取的是一种"抗拒音译转写,而乐于接受部分音译或全部意译"[2]的动机性方式,而欧洲语言则主要采用的是任意性方式。

汉语译名重动机性,欧洲语言译名重任意性,这既与各自的语言、文字系统的特性有关,又分别与强调主体意识的汉民族文化精神和注重客体意识的西方文化精神相契合。可见,不同社会在译名方式上的选择差异,在一定程度上反映了一个语言社会对外来文化的不同态度和价值取向。

原文《译名和译名方式的文化透视》,载《语文建设》,1992年第1期。

第四节　商名的符号性质

【提要】　从商名的能指结构、所指内容、功能等方面讨论了其符号学特征。

从能指结构看,商名具有异质性二级符号性质,"更多的情况下商名是一个综合体,如一个商标,除了语言符号之外往往还辅之以图案。商名的媒介,是一个有意义(语言)或有象征意味(图像等)的符

---

[1] 申小龙:《人文精神,还是科学主义?》,学林出版社,1989年版,第54页。
[2] 陈原:《社会语言学》,学林出版社,1983年版,第293页。

号,被用来指称第二级所指(商誉)"。这种图文并用的能指符号也叫做"超符号"(见第五章)。二级性使得商名更关注"意义产生了意义":第一具有某种意义或意味的能指诱导、产生了第二所指的意义。这样,对商名的观察就从语言结构系统本身转向了语言以外的因素:命名主体、命名对象、语境、其他符号等。所以,商名所具有的"情境符号的意义主要来自意指关系,它对线性语言结构的依赖性不大"。"它来自于少数人的深思熟虑,它可以不经过言语实践就直接进入语言。"商名的所指也具有多重性,我们称为"所指域"(见第五章)。商名的所指内容包括虚指和实指,"任何一种对实指(对商誉的实物感知状态)的破坏都会导致对虚指(商誉的观念印象状态)的修改。"

能指的异质性和非线性二级结构,所指的双重意义,是商名不同于词语的重要符号特征。

消费者选择商品、企业的行为主要有两种方式:1.实指选择。如在副食品市场购买鱼、肉、蛋等商品时,消费者凭商品自身显露的外在特征或实物形态进行挑选,而不是凭借符号媒介——牌子。"实指选择"是一种最古老至今还常用的购买方式。2.符号选择。在现代社会,多数情况下消费者只能通过企业的标志——商名(包括商标、产品名称、招牌、企业名称等)去选择商品和企业。这种通过商名来进行选择的行为,叫符号选择。

在现代市场经济条件下,商名不再仅仅是普通的语言符号,同时还是一种增值手段。因此,商名,既是一种语言符号现象,又是构成企业识别系统和企业无形资产的要素之一。研究商名具有重要的理论意义和实用价值。

一、商名的二级符号性质

任何一种符号都具有表达形式(能指)和内容方面(所指)两个部分,自然语言中的符号——词汇是以声音媒介作能指的符号,巴尔特称之为第一级符号。根据索绪尔的观点,第一级语言符号系统的媒介(能指)的研究，主要是一个纯语音关系的问题，如汉语词"鸟"的能指（niǎo）是不携带任何意义的纯粹音节，它与其所指概念（飞禽）构成一种任意性意指关系。但是有些词如"猫""蛙""鸭"，它们的发音带有某种模拟动物叫声的象征意味，索绪尔认为这不是语言符号的主要特征。我们可以把这类不携带意义概念，但携带某种象征意味的拟声词叫做意味形式的一级符号。而"鸟"这类能指由纯语音构成的词叫做任意性一级符号。索绪尔的语言理论主要是任意性的一级符号的理论。

如果把文学作品也看做是一种符号，这就产生了巴尔特所谓的第二级符号的情形：第二级符号指以语言符号作媒介（能指）来产生新的所指（文学形象）的符号。在这里我们可以拿第二级的文学符号与其他符号作比较：绘画是以色彩和线条为媒体（能指）的符号，舞蹈是以体态动作为媒体的符号，服装是以布料和色彩为媒体的符号。绘画、舞蹈、服装的媒介本身不携带概念，它们是以某种象征意味的质料来产生意义的，因此属于具有某种象征意味的第一级符号系统。而文学则是以第一级任意性语言为媒体的符号，语言本身就是一种意义符号系统，它作了第二级符号——文学作品的能指。

第一级象征意味的符号也可成为第二级的符号。如画一只鸽子，它以线条和色彩这类媒介（能指）模拟了现实中的鸽子，属于象征意味的一级符号。但是画中的鸽子被当做基督教中的"圣灵"或毕加索赋予的寓意"和平"的时候，第一级象征符号（鸽子形象）作了能指，产生了第二级所指（"圣灵"或"和平"）。同样的道理，某些场合下领导人刻意穿中山服而不穿西装，这时中山服由第一级符号（保护和象征身体的中国服装符号）转向第二级（表达了某种民族独立精神）符号。

商名也具有二级符号性质。商名的媒介（能指）可以是语言符号，也可以是其他如图像、旗帜、实物等象征意味的符号。更多的情况下商名是一个综合体，如一个商标，除了语言符号之外往往还辅之以图案。商名的媒介，是一个有意义（语言）或有象征意味（图像等）的符号，被用来指称第二级所指（商誉）。因此，商名与其所指之间就不再是索绪尔所谓的"任意性"一级符号，而是动机性的意指关系。这种动机性大大强化了商名能指对表达内容的符号诱导作用。

因此,商名的命名是一种有意义的创造活动。任意性一级符号——语言词语是在"关系中产生意义",即音位的区别性特征产生了不同词的意义。而二级的商名则是"意义产生了意义":第一级的具有某种意义或意味的能指诱导,产生了第二所指的意义。这样,对商名的观察就从语言结构系统本身转向了语言以外的因素:命名主体、命名对象、语境、其他符号等。

二、商名的意义结构

一个词一般处于两种意义关系中:(1)结构关系,即一个词与其他词的语言结构关系。包括组合搭配关系和聚合分类关系两种。(2)意指关系,即一个词语所代表的概念、事物之间的关系。

对于词义的这种二重现象,我们可借索绪尔用一张撕成 A、B、C 若干份的纸的例子做比喻。[①] A、B、C 各成分之间是结构关系,而每一部分的正反两面即 A/A1、B/B1、C/C1 是意指关系。

在语言符号中,按索绪尔的观点,词的意义主要是在语言结构中即线性组合和隐性聚合关系中获得的。美国的描写语言学就是这样去区分词义的。

但是,商名的意义则受两个方面的制约:语言结构关系和符号意指关系,这两种关系分别产生了商名的语言结构意义和符号意指意义。语言结构意义是商名自身结构要素组合搭配所产生的字面义,属于商名的能指部分(第一级符号),包括"姓"和"名"两个部分:其"姓"即商品、企业的类别、属性,我们可称为"对象含义";其"名"即商品、企业的商标或牌号,我们称之为"名称含义"。如"长城电扇","长城"是"名","电扇"是"姓",二者共同组成了字面义(结构义)。商名的字面义按其组合特点分为两类:(1)意指性组合,如"青岛电视""第二棉纺厂"。(2)喻指性组合,如"熊

[①] [瑞士]费尔迪南·德·索绪尔:《普通语言学教程》,高名凯译,北京:商务印书馆,1980年版,第160页。

猫电视""蓝天棉纺厂"。意指性组合是一种逻辑理性意义关系,喻指性组合是一种象征、喻义关系。在计划经济时代,中国的商名许多是意指性组合的;在市场经济时代则主要是喻指性组合的,这反映了企业追求区别、反映个性的历史要求。

商名的符号意指义即商誉,属于符号的所指部分。它也包括两个内容:(1)作为一种虚指观念,即商誉印象。如"茅台"酒商标所代表的产品质量、信誉,在即使没喝过这种酒的人脑中也有良好印象。(2)作为一种实指对象,即商誉的实感形态。如消费者在喝茅台酒时所真实感受到的产品品质状况。可见,当意指义虚指的时候,它是一种在抽象水平上的直观性操作。当意指义实指的时候,便是一种以实物对象做参照系的概念操作,具有可感知的特点。

语言中的词语意义的虚指和实指之间具有分离性。一般词汇所指义的概念远离所代表的实在对象本身,实在对象的变化对词汇概念的影响远不如商名那样敏感。

商名中意指义的虚指和实指是密切相关的,任何一种对实指(对商誉的实物感知状态)的破坏都会导致对虚指(商誉的观念印象状态)的修改。例如人们抽了掺假的烟后便会对牌子失去信誉,这一点也有些像人名。人的"名声"好坏,取决于实体的人及其行为。美国总统的支持率可看做一种"名声"的升降曲线,它的上升与下降直接来自总统本人的公众形象。

三、商名的结构特点

符号按其结构特点可分为两大类:系统符号和情境符号。系统符号的意义来自符号系统结构自身。语言中的词语便是系统符号,它的意义必须在线性语言结构中去实现,如句子、语段等,否则,它就是不自足的、不确指的。情境符号的意义主要来自意指关系,它对线性语言结构的依赖性不大。例如商名,它一般不在句子或篇章等大于自己的线性结构中实现自己。它独立于语言线性结构之外,而只与客体(命名对象)、主体(命名者、使用者)、其他符号(如图像)和使用环境发生关系。

符号学意义上的符号有许多是情境符号,如一篇独立的文学作品、图像、信号灯、一套服装等,当然也包括商名。商名作为情境符号并不真的孤立,它受来自语言和非语言两个方面的制约。在语言方面,商名主要受聚合关系的制约:如一切同名异义或同义异名的商名都构成了对商名区别性的威胁。而在异名异义的商名之间的区别,则使它们获得了各自的意义。在非系统方面,商名则受命名对象特性、用户消费心理、文化习惯等因素的制约。

聚合关系在商名的命名和使用中表现得尤为突出。在具有聚合关系(同义、类义、反义等意义关系)的不同商名中,处于某种优势地位的商名,其他商名有逐渐向其靠拢的趋势。这一点在其他符号中也有表现。例如警服是法律和秩序的符号,于是社会上各行各业的执法人员的制服从款式到色彩都向警服靠拢,直接威胁了警服的区别性,最后警察不得不在胳膊上再增加区别性标志。名牌商标也存在这个问题。如与"青岛啤酒"相近的有"琴岛啤酒""萃岛啤酒"。它们之间的聚合关系是研究商名的使用和维护的重要内容。所以,虽然索绪尔认为"在语言中只有差别",但商名中却也要研究"相同"的问题。

四、商名的命名

命名是一个符号从无到有的产生过程。一般认为,词语的产生,是全社会约定俗成的结果。新词新义首先以言语形式存在,逐渐为社会承认、使用后便成了语言符号。用索绪尔的观点说,就是语言来自于言语。

但商名似乎走的是相反的路径。商名一开始就是少数人而非全社会约定的产物。它来自于少数人的深思熟虑,它可以不经过言语实践就直接进入语言。从这个意义上讲,商名的命名,就是为加强和实现这种语言约定所付出的全部努力,这种努力不是来自语言群体,而是来自生产集团和企业的行为。

因此,商名的命名就是一种有意识的语言创造,而语言创造就是给对象赋予一个全新的、最佳的表达形式。所以,商名的命名原则在某些方面与诗歌的创作原则或修辞原则是一致的。

五、商名的功能

一般词语是为交际而产生的,所以交际功能是一般词语最重要的功能。而商名的功能与服装、建筑等符号的功能一样,具有二重性:(1)表达交流功能,它们都能传达一定符号信息。(2)实用功能,自身有实用价值,如服装可以御寒。商名的实用功能表现在它自身能创造价值,它是企业的一种不可侵犯的无形资产,可以像商品一样买卖、交换。商名的这种实用功能我们称之为增值功能。增值功能是商名命名的最高原则(修辞原则不过是实现增值功能的方式),也是商名区别于一般词语的主要特征。

支持语言词语的规则是全社会的习惯、约定俗成,人们可以共同改变它、占有它;支持商名的规则是法律,它具有专利性和排他性。它只为少数人占有,多数人不能用它来达到增值目的。商名的增值功能或含金量是由两个因素来决定的:

(一)字面义

即商名名称的字面意义和主观联想色彩,如"熊猫"商标的字面义是一只憨态可爱的"熊猫","柯达"商标的字面义是"响亮、令人愉快、带有舶来品色彩"。

(二)意指义

即商名所代表的企业、产品的质量和信誉,如"熊猫"品牌的意指义是它所代表的家电的质量和信誉情况。

字面义凝聚了命名者的语言艺术;意指义体现了企业为提高质量和信誉所付出的全部努力。商名的含金量并非全由意指义决定,在符号消费时代,导致企业和产品差异的往往不是商誉而是商名的字面义。符号学主要探讨商名"字面义"的含金量,即:如何通过命名艺术来提高商名的增值作用。

原文《商名符号性质简议》,载《东方论坛》1995 年第 3 期。

第五节　符号迷信与商名价值的关系

【提要】 符号迷信的形成与符号自身"指示性消失"的特性有关。

符号和它所代表的对象是相对分离的：第一，指符号可以指示某个不在现场的东西，即符号出现了，而其所指的对象可以不出现。第二，符号与它所代表的对象没有必然的联系。符号的这种"相对分离性"，使得符号经常处于"指示物消失"或"指示物缺席"的状态。在符号迷信那里，指示物消失后的符号不会被看成是间接的东西，符号不再是一个表达工具，而被认为是事物的纯粹显现；符号不再是客观对象的标志物而是客观对象本身，成了一种客观的存在。

符号迷信涉及符号的在场与缺席、真实与虚构、符号事实与对象事实等的关系问题。

一、符号迷信

人类在社会实践中所使用的符号是极为广泛的。它可以是实物的、色彩的、声音的、气味的、行为的、组织的等诸多形态。任何一种媒体，只要被用来代表其他对象，都可以看作是符号。建筑、服装、绘画、音乐、广告、影视、礼仪制度、风俗习惯等都具有一定的指他性，因此也都是符号。当然，最典型、最易理解的符号还是语言文字。

人类为自己编织了一个巨大的符号之网，每个人都生存于其中而不能自拔——尤其是在今天，我们生活在一个高度符号化的时代。

教育、文明的进步，平民百姓真正实现了"秀才不出门，便知天下事"；电子媒介的普及，电波把立体的多维的巨大社会空间浓缩加工成线性的或平面的信息符号，世界变成了地球村。

符号改变了我们感知世界的方式。

我们知道，现实世界是立体、多维的系统，而表达的符号却极不相同，最主要的有一维的(如线性语言)和二维的(平面图画)符号手段。符号与现实之间的这种不对应性,迫使符号的创制需遵循一个原则——用较少的要素表达较多的信息量。这种原则在语言或电子媒介符号中表现为二元对立的结构模式(是或非、有或无)。计算机的符号系统就是建立在0和1二元对立的基础上的。人类的自然语言也是如此。语言的底层结构即音位系统是按照二元区分的原则建立的。如汉语中的元音和辅音、清音与浊音、送气和不送气、阴平和阳平等。人类是通过符号来认知世界的,而认识的媒介——符号又是从最简单的"是或非""有或无"的二元对立中产生的。结构主义者把对二元对立的辨认看成是人类最基础的逻辑活动,如对上下、黑白、好坏、语象等的区分。在这种活动中我们看到文化对自然最初的独特介入。因此,二元对立性实际上反映了人类把握世界的符号化能力。

二元对立是语言符号的一种结构方式,是对多维的、多元的客观世界的理性概括。它并不是现实的结构本身。人们被迫在多元的世界作二元的选择。也就是说,由于语言符号所具有的二元对立结构,它呈现给我们的是一个被扭曲了的现实,它改变了我们认知世界的方式。

天气预报就是一种典型的二值对立语言:假如明天有40%的可能下雨,但天气预报却只在"有雨"和"无雨"之间做两极选择,根据这种二元对立的表达方式,人们要么一律带伞,要么都不带伞。从而使人们把本来具有多种可能性的晴雨变化误认为只有"有或无"两种可能,这就落入了符号的陷阱。因为,语言的结构是以有限的二元对立的模式建立起来的,而真实的客观世界则是多元的,无限的。也就是说,当我们用有限的二元对立符号模式去反映多元的客观对象的时候,现实世界总是深深打上二值性的烙印。人们是通过符号把握世界的,符号是我们经验对象的前提,是我们思考外部世界的先决条件,是形成概念的必要前提。因此,人们极容易将这个前提、中介的结构方式与它所代表的对象的结构混为一谈,错误地用二值性思维方式去规范、去反映现实世界。这就陷入了符号迷信。在符号迷信里,符号的二值性不会被看成是间接的东西,而成了事物自身结构的纯粹显现。于是,现实的结构反而成了人的二值思维的构成物。

这种由符号"暴政"而产生的符号迷信,对我们现代人生活的影响是极其深刻的。有人说总统是电视的产物。就总统本人而言,他也有个人生活的隐秘世界甚至是不可告人的东西。但是,他为了获得更多的选票和信任,总是借助于电视媒介把自己美好的一面展示给公众。于是,电视上的总统形象再也不是总统本人,而是经过符号媒介的二值结构(好或不好)过滤后的产物,或者说是一个高度符号化了的形象。总统本人是一个或然性的实体,他具有向好的方面或坏的方面发展的种种可能性,但电视里的总统却是一个非好即坏的二值形象(如落选失败的总统和大选获胜的总统)。现代人的悲哀在于,我们经常把被符号化了的总统的二值形象错当成总统本人的形象。诚如洪堡特所言:"人主要地是按照语言所呈现给人的样子而与他的客体对象生活在一起的。"① 符号结构的二值性,使得它在反映客观对象的时候总是令人遗憾地留下信息盲点:要么皆"是",要么皆"非",诱使现代人进入符号迷信的误区。

二、符号迷信是指示物消失后产生的思维方式

符号迷信的形成与符号自身"指示物消失"的特性有关。符号的"指示物消失"可能是后现代社会最重要的命题之一。

任何符号都是指示、代表了一定的客观对象的。语言学家、哲学家告诉我们,符号和它所代表的对象是相对分离的,两者不是一回事,人们能在意识上将它们自觉地区别开来。

所谓"相对分离"的含义有两个。第一,指符号可以指示某个不在现场的东西。即符号出现了,而其所指的对象可以不出现。符号在人的心灵中唤起了通常由这个对象、事物状态所唤起的种种概念、意向或情感。"苹果"这个符号代表的那个对象能吃,但"苹果"这个词不能吃。因为"苹果"一词代表的是关于苹果的概念而不是苹果本身。人们在使用"苹果"一词的时候,实在的苹果可不在现场出现。

---

① 转引自[德]恩斯特·卡西尔:《语言与神话》,于晓等译,北京:生活·读书·新知三联书店,1988年版,第370页。

"相对分离"的第二个含义是,符号与它所代表的对象没有必然的联系。一个男人的名字叫张三,另一个男人也可以叫张三;英语可以用拉丁字母标记,汉语也可以用拉丁字母(汉语拼音)……也就是说,同一个符号可以代表不同的事物,二者之间没有必然联系。

符号的这种"相对分离性",使得符号经常处于"指示物消失"或"指示物缺席"的状态。在博物馆里,讲解员向我们介绍展品时,符号(解说词)和指示物(展品)都是在现场的,我们对符号产生了一种现实感、真实感,这种指示物在现场的符号感知,叫做对象认识——人们更多地感觉到对象的存在而不是符号的存在。倘若不出席现场,我们只是通过广播了解博物馆的展品,这时指示物消失了,展品不再以实物形态而是以语言符号的方式呈现给我们,我们只能按照语言的指示去想象实物,真实的展品变成了虚构的符号,虚构的符号又在我们的想象中变成了真实的世界。人们感知到的不是对象而是符号的存在,符号而不是实际对象成了我们认识的起点,这种指示物缺席的符号感知,叫做符号认识。符号认识有两种,一是在观念中我们能自觉地把符号与不在现场的指称物区别开,把符号仅仅看作是事物的一种标记;二是把符号与指示物混为一谈,把符号认识错当成对象认识,这就是符号迷信。本节主要讨论后一种,因为现实生活中我们许多认识活动都是这种符号认识,比如,我们挑选商品时更多的是在"指示性消失"情况下进行的:商品好坏、真假不知道,只认牌子。对实物的挑选变成了对符号(商标)的挑选。

由于符号所具有的"指示物消失"的品格,由于我们经常处于符号认识的感知状态,这就给人类带来了一个难题——人们并非事事保持清醒、能自觉地区别符号和它所代表的对象。人类思维中有一种不能把符号背后缺席的指示物恢复出来的惰性。巴尔扎克笔下的守财奴葛朗台,除了金钱以外,对任何人都没有感情。妻子和儿女只是在与金钱有关时,在他心目中才有意义。金钱在葛朗台心中已不是价值的符号,而是价值的唯一、真正的存在。金钱被偶像化了,成了唯一崇拜的对象。葛朗台把金钱的响声当做世界上最美妙的音乐,他除了金钱以外看不到任何东西,除了赚钱的快乐以外体验不到任何的幸福。这就是人们常说的拜金主义。

拜金主义是符号的"指示物消失"以后所产生的一种符号迷信——把对象和符号混为一谈,把符号认识错当成对象认识。

人类的这种认识惰性贯穿整个人类历史。古代的人为了复仇,用泥木等物制成敌人的形象,用针刺它的眼睛,认为敌人的眼睛就会瞎的;刺它的腿,认为敌人的腿就会瘸的。泥木制品不过是一种符号而不是敌人本身,但复仇者却在意识上将泥木制成的敌人的形象当成了真人,将符号和符号代表的对象混为一体。因此,现代的聪明人称古人的这种错觉为"迷信"。这种所谓的迷信,就是符号化思维或者说神话思维。按卡西尔的观点,神话思维指人们不能在意识中将符号和它所代表的对象自觉地分开,错把符号当成客观实在的思维方式。在神话思维里,指示物消失后的符号不会被看成是间接的东西,它不再是一个表达工具,而被认为是事物的纯粹显现;符号不再是客观对象的标志物而是客观对象本身,成了一种客观的存在。

现代的文明人中的多数似乎已经摆脱了这种迷信,他们决不会做出把泥木制品当成仇敌本人那样的蠢事,甚至讥笑那些出高价购买吉祥电话号码"888"的大款们是在犯傻。然而,甚至连这些聪明的现代人,有时也难免落入另一类符号迷信的陷阱。即对商标、对名牌、对大众传播媒体、对书本、对数字、对口号、对传统及一切符号的盲目崇拜,把符号的意义等同于客观对象,把符号的结构方式等同于客观现实的结构,把符号的界限当成了现实世界的界限,这是一种深入骨髓的现代文明病。前不久有关媒体报道:某商业单位推行"禁语服务"取得了良好的社会和经济效益。于是,许多服务单位如铁路、医院也竞相推出了"禁语30句"之类的服务项目。而广大顾客并没有感到服务质量有明显的改善,照常是脸难看,事难办。问题就在于不改变管理机制而仅仅依靠几条语言规则是不能解决问题的。过分相信语言符号的力量是国人的一个顽症。什么"干部出数字,数字出干部""南方出广告,北方出口号"之类的现象,不也能看出符号迷信的魔力吗?

简言之,符号迷信就是指示物消失后的符号在人们的观念中成了唯一的客观存在,第二性的东西具有了本体的意义。

三、商名的价值是建立在符号迷信基础上的

由于高度符号化社会所造成的人类精神的空心化,对"语言陷阱""符号暴政""神话思维"的批判成了20世纪哲学文化思潮的主流。

然而,在实际的社会生活中,在政治、经济、文化等领域里,符号化从来就是社会进步的重要手段。这一点在企业的形象设计、广告设计、商标设计中显得尤为突出。下面我们重点讨论商名(企业牌号、产品商标的统称)与符号迷信的关系。

任何符号都是指别的,商名也不例外。商名作为一种指别符号,与其他专名一样,也具有两重性:1.指称关系。它代表一个对象,如某个产品、企业。2.意义关系。它含有某种主观评价或价值判断。如"海尔"商标,一方面它代表一种家电一种冰箱(指称关系),另一方面"海尔"的名称中又含有"优质、真诚、高科技、具有舶来品色彩"等社会声誉和字面意义(意义关系)。专名的这种二重性在语言哲学中得到了充分的讨论。经典的例子是"晨星(启明星)"和"暮星(长庚星)"这两个专名的指称相同(都指同一颗星)但意义迥别。这使我们获得一个重要的启示:包括商名在内的专名,其指称和意义是相对分离的,这种分离性我们在日常生活中司空见惯。笔者曾在一家小店铺门口的水泥墙上见到这样几个油漆字:"鲜啤酒"。这几个字用油漆写在墙上,其意义是稳定不变的,但它的指称——实际的啤酒永远是新鲜的吗?消费者一旦喝到当天卖不出去的隔夜啤酒时(这种情况经常遇到),"鲜啤酒"这个符号的意义和指称就发生了分裂。

认识到这种分裂对帮助我们了解商名与符号迷信的关系非常重要。

商名的意义和指称的分离性表现在以下几个方面:

(一)意义是稳定的,指称是变化的

"鲜啤酒"的例子已说明了这一点,人们在实践中也开始重视这种区别。比如,越来越多的企业正在由宣传其产品转向宣传企业的形象——品牌。企业家们开始认识到,产品的质量、性能、价格是变化的,而不变的是企业的精神和形象,只有好的形象才对消费者有永恒的魅力。"可口可

乐"公司曾夸下海口,即使该公司被一把大火烧光,仅凭"可口可乐"的牌子,一夜之间就可以建一个新的公司。这就是说,当"可口可乐"的指称消失以后,剩下的意义空壳仍然不会轻易变化,人们仍可以利用它建立起新的指称关系,商名意义的再造能力是巨大的。

(二)意义是显在的,指称是潜在的

商名是以线性语言或平面图画的方式标记产品或企业的。商名的一维或二维知觉方式,是对其指称对象(企业或产品)多维立体知觉方式的一种改变、一种简化。这种简化使得商名比它所指称的对象更容易流通或进行信息处理,人们可以在指称对象不出席的情况下,仅凭商名及其意义(如通过电话、电视、计算机)来进行贸易或销售活动。其次,在当今市场竞争激烈的背景下,企业及其产品日趋同质化,同类企业、产品之间的差异越来越小,商名指称(如产品的质量、性能等)的实际状况变得不那么重要了,普通消费者能分辨出"两面针"牙膏与"洁银"牙膏在质量上的区别?产品的销路更加依赖商名的意义。没有商名所独具的意义,企业、产品就处于一种不确定、不澄明的状态,这样再好的企业也是没有前途的。如果说工业社会人们选择的主要是企业的内在质量,那么后工业社会人们选择的则主要是企业的显在形象。

(三)意义是观念的,指称是实在的。

意义是人们价值评价的产物,是观念形态的东西,它在商名中能发挥巨大的作用。杭州一家抽油烟机厂,以前的商标是"红星"牌,后来改名为"老板"牌,据介绍,改名后产品的销路大增。为什么?是商名的意义,迎合了消费者成功、求富的心理。商名及其意义,是商品或企业的一部分,但不是物质性的,是精神的、观念的部分。商名的意义不是由指称对象的客观属性决定,甚至也不是由命名者的主体旨趣决定,而是取决于消费大众的意愿。对于他们的希望、习惯,对于他们的活动或行为来说是重要的东西,才是商名获得真正有价值的意义的源泉。世界品牌"万宝路",被成功地赋予了美国西部牛仔的形象意义,于是人们抽"万宝路"烟就变成了一种生活方式、生活观念的消费。因此,商名的意义不是对象特征的概括,而是人的精神的自我显现,人们选择企业和商品,再也不是物的选择,而是对商名意义、对产品中所包含的精神、生活观念的选择。

商名的意义和指称之间的上述差异,形成了二者之间的分离性:指称物消失了,意义浮在了表面。而商名意义所具有的稳定性、显在性和观念性的特点,使得商名符号经常处于"指示物消失"的状态,在指称物缺席的情况下,符号迷信产生了:商名及其意义成了消费者首要的甚至是唯一的选择。有人作过一个试验:把几种牌子的啤酒分别倒在相同的杯子里,请各品牌的忠诚者们品尝鉴别,结果很少人能准确地尝出他所偏好的品牌。可见,在指称物模糊不定或缺席的情况下,消费者落入了符号崇拜的陷阱:他宁愿忠诚于牌子(意义)而不相信实物;在符号迷信中,牌子不再是符号而成了商品自身,不再是间接的东西而成了客观存在,形式的东西变成了内容。这就是为什么"可口可乐"商标的价值竟高达几百亿美元。品牌的价值含量实际上是商名的意义含量,而意义含量又取决于消费者对品牌的迷信程度。

商名的价值是建立在消费者的符号迷信基础上的。品牌战略是造成符号迷信的艺术,商名塑造的基本原则之一,就是利用和追求符号迷信。当然,这种迷信与原始人的符号崇拜和神话思维是有区别的。"指示物消失"后产生的商名崇拜,实际上是在商名与对象相对分离的情况下,消费者对企业精神、企业人格、对人的本质力量的一种信赖和肯定。这种信赖与肯定,凝聚了企业为此所付出的全部努力,决不仅仅凭一些简单的宣传技巧、广告艺术就可轻易获得。因此可进一步认为,商名实质上是一种组织人类经验的方式,是一种文化的存在而不是实物的分类、指示符号。它遵循的是文化的法则,是企业的本质、人的本质的对象化和现象化。

原文《符号迷信与商名价值的关系》,载《青岛大学师范学院学报》,1996年第4期。

第六节　词语的符号性及其命名理论

【提要】 将结构关系和意指关系看做是词语的两个基本结构特征，并把词语的符号性归结为意指关系性。并把意指关系进一步划分为名实关系、意义关系、对应关系三种。并通过专名、术语符号的分析，论证了这些意指符号，较少地受语言结构规律的制约，较多地体现了语言的主体性创造性，集中体现了创造过程自身的规律，提供了研究语言创造性本质的最好范本，因此，命名学应该主要研究意指符号——专名术语的命名规律。

引言

对于什么是词语的本质属性，传统上有两种代表性的解释：一是认为词语是观念的符号（亚里士多德）、事物的名称；二是认为词语是语言中最小的能自由运用的单位（布龙菲尔德）。显然，前者着眼于揭示词语的符号属性，后者则强调词语的语言结构单位性质。尽管更多的语言学者倾向于调和上述两种对立的词语观，但语言学界往往较多地侧重于词语的语法即语言结构单位的属性，因而对于词语的符号性问题一直是研究的薄弱环节。

实际上，词语的符号性问题是探讨关于语言与外部世界、表达者与被表达者的关系，它对于从动态发生、表达的角度揭示词语的本质特征，尤其对于术语学、名称学、命名学、符号学的研究，具有重要的理论和实践意义。

一、词的结构分析

（一）词语的意指和结构关系

善用比喻的索绪尔，曾把一个个词语符号比成一张撕成 A、B、C 若干份的纸，A、B、C……几部分是结构关系，而每一部分的正反两面即 A/A1、B/B1、C/C1……是意指关系，词语符号一般都有这两种关系。

1. 意指关系　如"蜂窝煤"一词,它的字面义是"像蜂窝的煤",词汇义是"一种多孔的生活用煤球",字面义和词汇义构成了比喻关系;同时,这种由比喻关系构成的词的双重意义系统,指示、代表了客观实在的蜂窝煤。从符号学的观点看,"蜂窝煤"包括了两个层级的意指关系:(1)能指(字面义)和所指(词汇义)之间的关系;(2)整个词语符号与它所指示、代表的对象之间的关系。这种双重的意指关系可用下图表示:

$$能指 + 所指$$
$$\parallel$$
$$词语符号$$
$$\parallel$$
$$客观实在对象$$

2. 结构关系　指一个词语在语言符号系统内所处的地位以及与其他符号之间的关系。包括聚合关系和组合关系两种:

词的聚合关系指对一组词进行音、义、语法特征分析后,根据类同的原则划分出的相同、相近或相反的关系。如"蜂窝煤"与"藕煤"是同义关系,"公式"与"攻势"是同音关系,"正确"与"错误"是反义关系,"美丽"与"复杂"是同词类关系等,它们都属于聚合关系。

词的组合关系是一种线性结构关系。主要指:(1)在语言链条中一个词与另一个词的搭配关系,如"蜂窝煤"一词不可以受副词修饰;(2)一个词在构成更大的语言单位时所处的地位,如"蜂窝煤"在句子中可充当主语和宾语。

由此可见,以聚合、组合为内容的词的结构关系,是语言符号系统内部的联系;而词的意指关系则是语言符号系统与客观世界、与命名者之间的外部联系。一个普通的词语符号都处于横向的结构关系和纵向的意指关系的某一交点上,或者说同时具有这两种关系而不可分割。

(二)索绪尔和皮尔斯的符号观

索绪尔和皮尔斯被认为是现代符号学理论的创始人,而且,他们又分别代表了两种不同的符号学观点。当然,对我国学术界产生更大影响的是索绪尔,不是皮尔斯。对比两者观点上的差异,有利于我们认识词语的符号属性。

上述分成若干份纸片的例子,说明索绪尔非常清楚词语所具有的意指和结构两种关系,此外,他所划分出的语言和言语、共时和历时等两两相对的语言范畴,也都说明他充分注意到了语言自身结构与外部世界的区别和联系。但是,我们应当区别索绪尔的语言本体观和语言方法论。作为语言本体观,索绪尔以辩证唯物主义的态度揭示了语言的动态和静态、语言与社会、结构与功能等的对立统一关系;作为语言的方法论,他却站在唯理主义立场上,以描写语言自身的结构系统为最高目标,更重视语言结构而不是言语活动、更重视组合关系而不是聚合关系、更重视符号能指而不是所指、更重视共时状态而不是历时状态,进而有意排除了语言与外部世界关系的研究。这种结构主义观点表现在词汇研究上,则是轻视词的意指关系研究。词语的意指关系就是词语的符号属性,国内学术界在这个领域鲜有建树,与索绪尔语言方法论的影响有直接联系。

与此相反,词的意指关系却一直是皮尔斯符号学的理论重点。

皮尔斯把词语符号(也包括其他非语言符号)理解为代表或表现其他事物的东西,它可以被某人所理解或对某人具有一定意义。他认为符号由三个要素构成:(1)媒介关联物(大致等于索绪尔的符号能指);(2)对象关联物(大致等于符号的所指);(3)解释关联物(符号主体即解释者)。①

媒介关联物可以理解为词语的物质表现,它要求说明词语的可知觉性质,并说明可知觉性对词语表达的影响。例如同样的一个词"天",用口说出来和用笔写下来,就分别属于不同的符号,因为它们的物理表现不一样,一个是听觉符号,一个是视觉符号。再如,同样是听觉符号,汉语的"马"和英语的"horse"(马)声象色彩就不一样:前者有声调、以元音结尾,富于音乐感。

索绪尔不研究词语的物质属性。他所说的符号能指不是声音实体,而是抽象的关系单位。"天"字的物质表现手段如碑刻、印刷、书写或用

---

① [德]马克斯·本泽、伊丽莎白·瓦尔特:《广义符号学及其在设计中的应用》,徐恒醇编译,北京:中国社会科学出版社,1992年版,第19页。

嘴、用电话、用录音机发声都不重要,重要的是"天"字与其他符号的对立性差别。这好比象棋中的棋子,它的物质材料的属性不是关键因素,棋子用木料、塑料、或是金属表现都不影响它自身的价值,起决定作用的是棋子在整个棋盘中的关系,是关系而不是质料决定了它是"士兵"还是"将军"。因此,在结构主义语言学中,词语的可知觉性质严重地被忽视了,词语的物质材料仅仅被看成是可任意选择的意义载体,至于这些载体自身有什么表达特性,对意义产生什么影响可以忽略不计。这样就形成了词语物质属性及其表达作用方面研究的空白。

此外,由于索绪尔把语言看成是自足的封闭系统,他也不重视词语符号与外部世界的联系,即不重视符号的"对象关联物"的研究。他所谓的符号所指,不是真正的对象关联物,而是语言系统内部语义关系分配的结果。一个个的符号所指针对的不是客观对象,而是词义与词义之间的相互对立、区别。因此,在关系大于实体、结构高于表达的思想指导下,词语符号的"解释关联物",即词语与使用者之间的关系也被忽视了,而词语的这种主体性却是它的符号属性的重要表现。

所以说,皮尔斯的符号学理论是关于意指关系即符号性的理论,索绪尔的符号学是关于词语结构关系的理论。

(三)词语的符号性——意指关系分析

词语的符号性在本节中主要指的是意指关系。下面,我们重点探讨词语符号的意指关系。

意指关系包括名实关系、意义关系、对应关系三种。

1. 名实关系　即语言符号与外部世界即客观实体的关系。传统哲学的规约论与自然论之争,就是围绕这种关系而形成的不同哲学流派。柏拉图在其《克拉底鲁篇》[①]中就介绍了两派的观点,一派是自然论,认为名称是由事物的本质决定的;一派为规约论,认为词语符号是约定俗成的结果,是人为地给事物贴上的标签。现代语言分析哲学更是把语言符号与客观世界的意指关系看作是哲学的首要甚至是唯一的问题。英国哲学家

---

① 《柏拉图全集第二卷》,王晓朝译,北京:人民出版社,2003年版,第57页。

罗素就认为语言可以帮助我们了解世界的结构,同时又常常使人们误入歧途。我们可以借助于语言符号的分析来了解世界,因为语言符号和对象世界在结构上有对应关系。如"蜂窝煤"和"藕煤",不管这两个词语的意义看上去有多大的差异,它们总是与同一个客观对象保持对应关系。

规约论和自然论实际上探讨的是词语符号与客观对象的分离性和依存性的问题。规约论认为符号和对象是分离的,苹果这个东西可以吃,但"苹果"这个词不能吃,因为词和它代表的对象不是一回事。自然论认为符号和对象是依存的。吉祥电话号码"888"意味着发财,认为结婚时吃"枣"和"栗子"就能早生孩子,这都是受自然论影响的结果。

规约与自然这两种对立的理论又是互补的,它们从不同的角度揭示了词语符号名实之间两种基本关系类型:分离性和依存性。

一般的词语,其名实关系都保持一种分离性,人们能在意识中自觉地将符号和它所代表的对象分开;或者,我们在使用某个词语时它所代表的对象一般不在现场,如我们在谈论山、水、树时,这些词语代表的事物常常不在现场出现,这也是一种分离性。

但是有一些词语名实关系是依存性的。这有三类符号:第一类符号的名实是不可分割的。如感叹词"呸",该词表示人的一种憎恶的感情,这种感情状态与它的符号"呸"的声音之间有着自然的联系,或者说该符号的声音就是这种厌恶之情的本质直观,我们无法将符号的声音和它所代表的对象明确地区别开来。第二类依存性的符号,其名实之间本来是分离的,但人们在错觉中把它们当成一回事。这就是语言崇拜或符号迷信的情况,如诅咒敌人的名字就认为他一定会遭殃。第三类依存性的符号,其名实之间具有当下性的直接联系。如一个产品的商标,它一般总是印在产品身上与产品一起出现。依存性符号实际上反映了语言与思维的相对依存性。

上述第一、二类依存性,反映了对符号使用者的主体意识的依存性;第三类,则是一种对客体的依存。

2.意义关系 即语言符号内部能指和所指的关系。意义关系实际上是一种命名关系,它涉及命名者是采用何种方式将能指和所指结合成为一个词语符号的问题。人们是用他所熟悉的事物的词来为对象命名的,也就是说,人们总是以有利于自己的方式来创造一个词语单位的。在这个创造过程中,命名者面临两种选择:

(1)意味形式的选择。所谓意味形式指词的物质表现所具有的某种象征意味。如汉语词"马"和英语词"horse"(马),前者的读音有声调、以元音结尾,具有"音乐感"的象征意味;"柯达"商标在听觉上具有"响亮、悦耳、具有舶来品色彩"的象征意味;此外,像台湾两种著名洗发精的商标"脱普333"和"耐斯566"中的数字,与"松松松"和"乌溜溜"谐音,这种由符号的谐音而产生的语义联想也是一种意味形式;至于"猫""鸭""蛙"之类的取动物的叫声特点来命名的拟声词,更是一种意味形式的选择。

(2)内部形式的选择。词的内部形式是命名过程中利用含有意义的符号做能指形成的,它与所指构成一种语义象征关系。"艾滋病"和"爱滋病"就是两个内部形式不同的同义词。其实,内部形式是命名者对事物的主观理解形式在词的能指结构中的表现。

意味形式和内部形式通称为词的动机性意义关系。当然,词的能指和所指的动机性联系有强弱之分,如"鸟"这个词的能指"niǎo"和所指"飞禽"之间看不出有什么动机性,这种动机性接近为零的关系方式一般称之为任意性。任意性也是意义关系的一种。

如果说词语符号的名实关系主要探讨词语意指的客体性,即词语与客观对象的关系,那么词语的意义关系则通过词语自身语义结构的分析来探讨词语的主体性,即词语与命名者的关系。一般说来,术语学、词典学、语义学等主要研究语言符号与客观对象的关系,即意指关系中的名实关系;修辞学、商名学、人名学等则主要研究语言符号与主体即命名者之间的关系,也就是意指关系中的意义关系。

3. 对应关系　　即词的能指和所指的对应关系。这主要表现为单义词和多义词的划分。单义词就是一个能指对一个所指的关系,多义词和同音词就是一个能指对多个所指的关系。或许还应该把语言学中的"有标记"和"无标记"范畴纳入词语符号的对应关系之中。汉语中有一些所谓的"移位词",如"研究生、蛋、肉"等,这些词的意义经常在上下位概念中移动,"研究生"既可以包括博士生和硕士生,又可以专指硕士生;"蛋"既可以表示一切禽类的蛋,又可专指鸡蛋;"肉"也是如此。这三个词相对于另外三个词"硕士生、鸡蛋、猪肉"而言,前者意义是中性的、泛指的,是无标记成分;后者意义是狭义的、专指的,是有标记成分。"他们"和"她们"两个词也有这种对立,"他们"既可专指男人,也可包括女人;"她们"则专指女人,是有标记成分。顺便补充一句,社会语言学家认为"他们"和"她们"之间无标记与有标记的对立,反映了语言社会的性别歧视。

词语符号对应关系范畴的划分也很重要。术语学、专科词典、逻辑学、计算机语言信息处理、语言分析哲学等,更重视对应关系中的单义性、有标记性的利用和研究;修辞学、词义学、语文词典、商名学、人名学、解释哲学等更重视符号对应关系中的多义性、无标记性的利用和研究。

（四）词语是结构性和符号性的统一体

以上我们讨论了词语符号的结构关系和意指关系,并重点探讨了词语的符号属性即意指关系的三种类型:名实关系、意义关系、对应关系。综上所述,词语的结构关系,是就词的结构属性而言的;词语的意指关系,则是就它的符号性而言的。任何词语都是结构性和符号性的有机结合体,词语的这种双重属性可用下图表示:

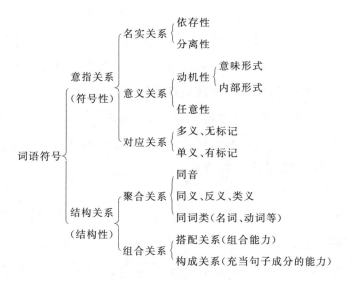

二、意指词语符号与命名理论

(一) 意指符号、结构符号、中性符号

一个普通词语符号同时具有意指和结构两种关系。哲学家侧重研究它的意指关系,语言学家则对意指和结构两种关系给予同等重视。我们还应注意到,在语言符号系统中,许多词语的这两种关系并非均衡地存在。例如语言中的虚词,一般认为它不表示某个客观存在的对象或概念,不具有实在的词汇意义,而只具有联系语言单位的功能,只能在语言链条的联结中表示一定的语法意义,也就是说,虚词只反映语言的结构关系。另一类词语却恰恰相反。例如商名(产品商标、企业名称或牌号等),就具有一般词语符号所没有的关系特征。一般词语必须到线性语言结构中去实现自己的意义,如句子、语段等,否则它就是不自足的、不确指的。如"文凭"一词,我们只能在具体的上下文中才能确知它指的是中学学历还是大学学历。商名的特点在于,它的意义主要来自意指关系,它对线性语言结构的依赖性不大。也就是说商名一般不在句子或篇章等大于自己的线性结构中实现自己的意义。它独立于言语链条之外,而只与客观对象(商品或企业)、使用环境发生关系。一个写在啤酒瓶上的"青岛"二字,代表青岛牌啤酒;而写在电视机上的"青岛"则是青岛牌电视的商标。上述两个"青岛"的区别,依赖于意指关系,依赖于名称和商品的结合。因此,商名主要反映了词语的意指关系或符号属性。我们把主要反映意指关系的词语称之为意指符号。专名就是意指符号。

此外,语言中大量的一般词汇,如"山、规律、美丽、进行、突然"等,它们的意指关系和结构关系具有同样重要的作用,无所谓哪种关系更为突出,这样的词语我们称为中性符号。

(二) 意指符号特性分析

语言学界长期关注语言中结构符号(虚词)和中性符号(一般词语)的研究,而意指符号一直受到冷落,这不能不说是一个失误。实际上,像专名、术语这类的意指符号,是词汇系统中最能产、最活跃、最丰富的部分。全中国有多少人名?有多少企业、产品名?有多少地名?有多少书名?

有多少专门术语？毫无疑问，如此浩如烟海的词语世界，应该也是语言学者大有可为的研究领域。下面就分析意指符号的特性。

1. 双重品格

结构符号和中性符号的最大特点是对语言线性组合结构的依赖性，一旦它们脱离线性语言结构，其意义就是不自足的、概括的、不确定的。而意指符号的最大特点是不依赖语言的组合结构而依赖于客观对象和情景：(1)它所代表的对象是独一无二的事物，如人名、地名、厂名等；(2)它和所代表的对象常常同时出现，书名写在书上、厂名挂在企业门口上、商标贴在商品上等。上述两个特点，使得专名、术语的意义更多地对事物、情景有依赖性，而较少受线性语言结构的制约。

当然这种区别是相对的。实际上任何专名和术语都具有双重品格：一方面它们可以作为名词出现在线性语言结构中，具有自己的语法特征，这时它扮演了中性符号的角色。另一方面，它又经常脱离线性语言结构独立存在，只和事物、情景发生关系，这时它无所谓词类，不能说它是名词、形容词还是动词，它只是一个名称、一个符号，扮演了意指符号的角色。由于专名、术语经常扮演意指符号角色，正是在这个意义上，我们才称它为意指符号。

2. 静态结构分析

下面以商名为例，重点考察意指符号的名实、意义、对应三项意指关系的特点。

(1)名实关系。即商名和它所代表的企业、产品及其质量、信誉情况的关系。名实关系代表了企业为提高质量和信誉所付出的全部努力。而假冒产品则是企业为歪曲这种名实关系所做的欺骗行为。名实关系是决定商名含金量大小的主要因素。

(2)意义关系。即商名符号结构的内部，其能指是如何意谓所指的命名关系。如"青岛"商标的字面义（能指）是从产地的特征去表达所指的；"熊猫"商标是用"一只憨态可爱的熊猫"的字面义（能指）去命名所指的；"柯达"商标是用"响亮，令人愉快，带有泊来品色彩"的字面义去象征所指的。意义关系起到诱导、影响客户选择动机的作用，也具有相当大的含金量。杭州的一个产品的商标从"红星"牌改为"老板"牌后,效益当年就翻了一番。"别的产品广告天天做,还不如老板牌广告一次的印象深",可见商名意义关系的威力之大。在竞争激烈、产品差异逐渐缩小的现代社会,导致企业和产品差异的往往不是商名的名实关系,而是意义关系,即字面义的诱导作用。

(3)对应关系。即一名多指或一指多名的关系。

对商名意指关系的上述三个方面的研究具有重要的理论意义和实用价值。语言命名理论更重视商名的意义关系和对应关系的研究。意义关系主要探讨其字面义的含金量问题,即:如何通过命名艺术来提高商名的增值作用。对应关系则主要探讨商名的合理利用和保护的问题,即如何利用已现有的商名使新产品迅速占领市场,以及如何保护自己的商名不被别人仿冒。

当然,我们说商名不具有语言结构关系,主要指语言的线性组合关系。作为意指符号的商名是无所谓词类的。我们不能说某个商名是名词、形容词或是动词。词类划分是线性组合关系分析的产物,既然商名是脱离线性语言结构而存在的,它自然无所谓词类。当然,这是有条件的。因为商名也可以作为陈述对象出现在句子和篇章中,这时它就变成了一个普通的名词,从而也获得了线性组合的语法特征。

此外,当商名作为一个脱离线性语言链条的孤立符号而只具有意指作用时,它还是具有聚合的语言结构关系的。例如,与"青岛"牌啤酒商标相近的还有"琴岛""翠岛"啤酒商标,在这些音义相近的商标之间就构成了聚合关系。商名要受聚合关系的制约:一切与之音义相近的其他商名,都构成了对自己区别性的威胁;而不同商名之间的差异,则使商名获得了各自的意义。

语言中的术语、专名在一定条件下都可以看作是非结构性的意指符号。如储存在计算机软盘中的术语分类库,图书馆里的书名索引,我们看到的都是脱离语言线性结构的意指符号,它们的语言结构关系仅仅是聚合关系而不具有组合关系。语言学中的命名理论重点研究的是上述的意指符号。因为对这类符号而言意指关系是最为重要的。人们为寻求一个好的术语、书名、人名、地名、商名而殚思极虑,以至命名专家、命名咨询业大量涌现,都说明了意指词语符号命名理论研究的重要性和迫切性。

3.意指符号的动态发生分析

即从一个专名、术语由无到有的命名过程的角度进行分析。

意指符号的特点在于,由于它不具备组合关系特征较少地受语言线性结构的制约,因而像术语、专名这一类意指符号在产生时与一般词语有所区别,主要表现在:

(1)专名、术语是少数人决定的产物。一个词语符号从无到有的产生过程就是命名。一般认为,词语的产生是全社会约定俗成的结果。新词新义首先以不稳定的言语形式存在,逐渐为社会承认、使用后才固定为语言符号。用索绪尔的观点说,就是语言来自于言语。例如"央告"一词在它诞生之初曾有几种言语形式:央、告、央告等(可插入其他成分)。从这几种可以互换的不稳定言语形式到凝固为今天唯一的语言形式"央告",期间经历了上百年的漫长岁月。而术语、专名等意指符号正好相反,它们一开始就是少数人而非全社会约定俗成的产物。它来自少数人的深思熟虑,它可以不经过言语实践直接进入语言:只要父母决定,婴儿的名字便可公布于世;只要少数专家认可,就可赋予一项新技术某个名称;只要不侵权,董事会可以为新产品任意定名、改名并向大众媒体发布……显而易见,术语、专名是少数人决定的产物。

(2)专名、术语具有较强的独立创造性。一般词语的产生往往是集体无意识的产物,它较多地受语言结构尤其是组合关系的制约。而术语、专名是一种有意识的语言创造。美国的一家石油公司为给自己的产品选择一个最佳的名称,汇集了语言学、社会学、心理学等各方面的专家花费几年的时间,才选定了一个被认为是在世界上任何一个地方都不会引起反感的名字"埃克森"。杭州的一个儿童营养品的生产厂家,从一首广为流传的儿歌中选择了极具幸福、欢乐色彩的感叹短语"哇哈哈"作为其产品的商标,产生了巨大的感染力;"黑妹"牙膏的商名使人联想到一位非洲黑姑娘那口洁白的牙齿……这些名称,都凝聚了命名者强烈的创造动机和艺术才华。所以,术语、专名的命名在某些方面与诗歌的创作原则、或是修辞原则是一致的。

(3)专名、术语的命名遵循"概念、实体在先"的原则。一般词语的产生更多地来自语言系统的自身调节:有限的语言单位跟规则结合可产生无限的言语单位,这些靠组合而产生的言语单位中,只有极少数的才能进入语言词汇系统成为正式的语言单位。这些获得正式成员资格的词语并不是因为先有一个概念,才产生一个词语,实际上绝大多数的事物、概念根本不用通过创造语言单位的方式来解决,因为语言系统通过有限单位的无限组合即可满足表达它们的需要。也就是说,一个概念、事物寻求表达,主要依靠言语单位,而言语单位要变成正式的语言单位,则不取决于事物或概念,而取决于语言系统的自身调节,即只有在语言系统的某个环节上出现缺链或空格时,它才有可能从无数个言语单位中选择个别成员纳入自己的体系,一个普通的词语因此而诞生了。可见,普通词语的产生是遵循"语言结构在先"的原则。

专名、术语的形成恰恰相反。它不经过言语阶段、无需语言系统的调节而是一种人为的语言创造,它主要遵循的是"概念、对象优先"的原则,即一个事物、或概念能否成为命名单位,不取决于语言系统而取决于命名对象自身的价值;其二,在命名过程中不是言语单位如何适应语言系统的问题,而是语言系统如何适应命名对象——概念或事物的问题:命名者首先面对一个独立的、外在的概念或事物,然后再寻求恰当的名称形式去表达它、指称它。"概念、对象在先"的原则,说明了专名、术语的非自发性、有目的的创造性。

(4)具有较独立的功能特征。既然专名、术语是一种有目的性的语言创造,它必然具有比一般词语更突出的功能特征。

语言功能有两层含义:1)指语言作为自足的封闭系统,其单位在该系统内的活动力,即语言的结构功能。2)指语言作为执行人的社会实践任务的工具,它体现了人的表达目的、交际需要,即语言的系统功能。

命名单位是应交际、表达的需要而产生的,因此,专名、术语的功能特征指的是语言的系统功能。一般认为,语言具有陈述、表现、命令三种系统功能。例如,"这屋子真冷"一句话在特定的交际过程中可能有以下三种功能：

1)告诉别人这样一个客观事实(陈述功能)。

2)表达说话者的主观感受(表现功能)。

3)暗示别人关上窗子(命令功能)。

专名、术语的产生具有较强的交际目的，在其命名过程中必然具有明显的功能特征。我们仅以科学术语、人名、商名为例来说明这个问题。

1)科技术语。一般由专家创造。在获得了一个新的科技成果后，需要为它确定一个相应的名称。专家们一般是从概念的准确表达这一角度去创造术语的，因此往往根据对象的某个基本特征为其定名。如三角线、交流电、超导体、臭氧层等，这些术语的名称义和其概念都有一定自然联系。人们更多地采用客体化的内部形式来为科技成果命名，这体现了按照事物的本来面貌去组织语言的表达原则——即语言的陈述功能。

2)人名。它也是少数人决策的结果。但命名者所面对的不是一个认识成果，而是活生生的人。命名者往往把自己美好的愿望寄寓名字之中，选取一些幸福、吉祥、美好的字眼。可见，人名的命名不是为了揭示对象的客观特征，而是为了体现命名者的主观愿望；不是为了陈述对象是什么，而是表达命名者的主观看法。因此，人名的产生更多地受语言表现功能的支配。在创作手法上较多的采用主体式内部形式和意味形式的意义结构。

3)商名。人们常常说商名是企业、产品的"脸谱""眼睛"，它的主要功能是为了方便用户和消费者的识别。但我们应注意到，企业在选择商名时，并非像科技术语那样准确地表达对象的客观特征，也不单纯像人名那样表现命名者的主观意志。商名命名的最大特征，是为了获得消费者、用户的注意和好感，诱导他们选择本企业、本商品。这种由经济利益所驱动的命名原则，自然表现为语言的命令或意动功能——通过语言的力量影响人们的消费态度。尤其在当今社会，那种自我表现型的商名诸如"兴隆、昌盛、福泰"等已显得不合时宜，商名的创造正在从自我表现走向对消费者接受心理的认同。"如果交流偏向信息的接受者或受话者，那么意动的功能就占支配地位。"①

(三)命名理论

命名理论主要研究语言符号的创造过程,即一个词语从无到有的产生过程。广义的命名学的研究范围包括一般词语的产生,即所谓的"构词""引申"等。但是,诚如前面所述的,一般词语的产生更多的受语言自身结构系统规律的支配,更多地受社会集体无意识习惯的制约,不能很好地体现语言的主体——人对语言进行创造的规律。而专名、术语这些意指符号,较少地受语言结构规律的制约,较多地体现了语言的主体性创造性,集中体现了创造过程自身的规律,提供了研究语言创造性本质的最好范本,因此,命名学应该主要研究意指符号——专名术语的命名规律。

由于意指符号所具有的人为创造性特征,以及意指符号在科技、文化、经济等领域所具有的巨大作用,研究命名规律已成为时代的要求。探讨意指符号命名的艺术规律,就成为命名理论研究的重要内容。

原文《词语的符号性及其命名理论》,载《解放军外语学院学报》,1997年第2期。

第七节 符号语言学的基本观点

【提要】 我们认为,语言是表情达意的符号化过程,而不是一套静态的结构关系或规则,符号化的单位是"命名与话语""名称与文本";其任意性、线条性、动机性、聚合性等符号化方式是主观选择的结果,而非客观规则。符号语言学理论是建立在汉语言文化的偶值性语言符号化方式中的二元互补结构基础之上的语言理论,在符号内部结构关系上它将动机性而不是任意性,在其外部关系上将空间性(聚合性)而不是线条性看作语言符号结构系统的最高原则,倒转了索绪尔

---

① [英]特伦斯·霍克斯:《结构主义和符号学》,瞿铁鹏译,上海译文出版社,1987年版,第85页。

在这两个方面的命题。

从某种意义上讲,现代语言学是建立在索绪尔关于语言本质的两个基本命题上的。索绪尔按照结构主义观点,把语言的本质特征概括为两个基本原则:1.符号内部能指和所指关系的任意性原则;2.符号外部符号与符号之间的线条性原则。也就是说,这两个原则把对语言静态单位的结构关系描写放在了首位,语言被处理为一个音义任意结合的、静态的符号规则系统。

本节试图以德国语言学家洪堡特"语言是一种活动"而不是形式结构的命题,探讨与结构主义语言学相对的、符号语言学理论的几个基本概念。文中的观点主要受惠于索绪尔的语言理论、当代的语言论哲学、结构主义诗学、符号学、后结构主义文论、周易哲学,以及国内文化语言学(申小龙)、动态造词理论(葛本仪)和语言修辞学(王希杰)等语言学思想。

符号学语言理论主要有以下几个范畴:

一、符号化

符号学语言理论把语言看作是表情达意的符号化过程,而不是一套静态的结构关系或规则。就语言内部的结构关系而言,符号化指创造、生成语言符号或话语的过程;就语言外部功能而言,指用语言给现实世界编码的过程。符号化还可进一步分为动态和静态两种存在方式:符号化过程和符号化结果。前者指动态地考察某个词语符号或话语的当下(共时)生成过程——如一个词实际的命名过程或一段话现实的表达过程;后者指对静态的语言符号进行动态历史演变的考察——如一个词的得名之由或重建一段话的发生过程。可见,符号化主要着眼的是语言符号的动态性、过程性。

苏联哲学家巴赫金就把语言看作是一种言谈活动。他分析了言谈的五个组成部分,即言谈的主题、意义、讲者、听者和音调。他甚至认为语言是一种意识形态:"问题的关键在于了解现实的存在(经济基础)如何决定了符号,符号又是如何反映和折射着存在的生成过程。"①巴赫金将语言符号作为考察意识形态的关键,实际上着眼的是语言的动态符号化过程。

　　国内学者申小龙就是强调了汉语语法非线性的意合特征::"句读本体""时序(事理)铺排""意尽为界"。② 实际上是把动态意指性看做是汉语语法的基本精神。葛本仪把"解决一个词从无到有的问题"看作是词汇学研究的重要内容,系统地提出了词语的动态研究理论。③ 王希杰先生把修辞学看作是研究语言的社会功能的语言学,并认为这种语言学主要包括四个世界:语言世界、物理世界、文化世界、心理世界,这四个世界之间的关系是互动、互补、不可或缺的关系。④ 实际上,它们之间的相互作用过程也就是符号化过程。因此,"四个世界"的语言理论把语言内部和外部世界以互补的方式结合起来,打破了传统的语言和言语划分的观念,消解了二者的对立,展示了语言的动态的符号化过程。

　　上述理论都着眼于语言的符号化过程的研究,体现了动态的符号学语言观。

二、符号化单位

　　传统语言学从静态结构关系的分析角度,将语言单位划分成语素、词、短语、句子、句组五级。而符号语言学从独立的表情达意过程出发,将语言单位分为"命名与话语""名称与文本"。

　　(一) 命名与话语

　　符号化包括话语和命名两个方面的活动。

　　"我们称这样的文章是'假大空'"——"假大空"即命名;"今天天气不错"即为话语。

　　从语言的内部关系分析,话语包括判断、推理、陈述、描述、说明等,表现在语言结构上,即以句子以上的单位为形式,通过语言的线性组合,达

---

① 刘康:《对话的喧声》,北京:中国人民大学出版社,1995年版,第111页。
② 申小龙:《中国句型文化》,长春:东北师范大学出版社,1988年版,第16页。
③ 葛本仪:《汉语词汇研究》,济南:山东教育出版社,1985年版,第46页。
④ 王希杰:《修辞学新论》,北京:北京语言学院出版社,1993年版。

到表情达意的目的。命名则主要是形成概念、指称或表现或区别对象,表现在语言上,以独立的符号——词为单位。

从语言的外部关系分析,话语主要是人与人之间的交流活动;命名则是人给世界赋予意义或名称的过程。由此产生两个学科:话语学——研究交际规律的语言学;命名学——研究词语符号产生规律的语言学。其中命名学的研究在学术界还是一个相当薄弱的领域。

命名与话语是从符号当下发生的角度划分出的语言单位。

(二)名称与文本

从符号化结果的静态分析角度考察命名和话语,它们就分别称为"名称和文本"。

名称是命名的产物。符号语言学研究名称,主要是考察它的历史发生即产生、演变规律及"得名之由",符号的能指和所指间静态的意义关系。文本是话语的结果或凝固,一般表现为书面形式。名称和文本的特点是非当下性和离境化,即它们是脱离了具体交际环境和表达主体的静态符号形式,因此对它们的研究主要是解释的、文化的——重建这些符号产生的语境及人文精神。由此产生了两个学科:名称学和叙事学。

三、符号化方式

符号化方式是利用符号为世界编码时所依据的结构原则或精神方式。结构主义语言学的一些范畴如任意性、线条性、动机性、聚合性等都可看作为某种符号化方式。所不同的是,结构主义者把这些范畴看作是语言客观的、理性的、唯一的法则;符号学理论则认为这些所谓的法则是人主动选择的结果,因此它们只是一种符号化选择方式,而不是唯一性客观规则。

符号化方式可分为表层和深层两种方式。

(一)表层方式

表层方式是符号的显性结构所表现出来的、符号能指和所指的关系方式。包括对应方式和意义方式两类。

1. 对应方式

指符号化过程中能指和所指的同构性或两者之间的对应程度问题。主要有四种对应方式：

(1)能指的有限/所指的多样：如多义词、同音词或一语双关、言简意丰的话语。

(2)能指的多样/所指的有限：如同义词或话语中围绕同一内容展开的多种表达手法(同义手段)。

(3)能指的多样/所指的多样：如多义同音词或话语中从表层语法结构到深层语义结构的多义情况。

(4)能指的有限/所指的有限：如单义词或话语中逻辑性、准确性强的科学语言。

以上四种对应方式可分为两类：第(4)种方式能指和所指保持最高的一致性或同构性，我们称之为零度的方式；第(1)—(3)种方式能指和所指间具有某种不对应性或不同构性，我们称之为偏离的方式。

零度与偏离，代表符号化对应方式的两极。这两极也体现在符号化的各个侧面：

(1)在命名中表现为形化和意化。形化(零度)即用能指和所指一一对应的方式为对象命名，例如专名的命名；意化(偏离)即用不对应的方式为事物命名，如用"长城"指代电视机，同时又是一个钢窗产品的牌子；或者用"长城"既指古代的伟大建筑，又转指解放军。

(2)在名称中表现为单义性(零度)和多义性(偏离)。

(3)在话语中表现为变异(偏离)和规范(零度)。

(4)在本节中表现为线条性(零度)——按语法规则组织起来的语言单位，空间性(偏离)——按修辞或同义联想原则组织起来的语言单位。

2. 意义方式

对应方式是从语言符号内部能指和所指的对应关系角度分析的，而意义方式则是从符号的外部关系——人与符号选择关系的角度划分的；换言之，意义方式主要研究符号化过程中的主体选择问题。在符号化过程中，主体选择性越强，语言越偏离客观的逻辑世界和语法规则；反之，则是客体意识增强,语言便越符合客观的逻辑世界和语法规则。概言之,符号化的意义方式,包括两大类:主体选择性强的意义方式为理据性,客体意识强的意义方式为任意性。其中理据性方式又包括动机性理据和对象性理据。如"面包服"和"羽绒服",前者突出比喻修辞的创造性,为动机理据;后者强调对象特征的呈现,为对象理据。如"马尿"(啤酒刚传入中国时某些地方的人对啤酒的戏称)、"啤酒""beer"(英语"啤酒"),这同一对象的三个不同词语符号中,"马尿"动机理据,"啤酒"对象理据,"beer"任意性。相对于动机理据而言,对象理据也是尽量淡化主体意识。

动机理据、对象理据和非理据性(任意性)在不同的符号单位中有不同的表现形式:

(1)在命名中表现为动机性和任意性。动机性是一种按命名者的主观动机和价值趋向去选择、创造符号的命名方式,任意性则是一种淡化动机选择性或突出对象客体特征的命名方式。

(2)在名称中表现为理据性和非理据性。理据性是指在静态的结构分析中,符号的能指(语音形式或字面义)与所指之间有某种意义或象征性的联系,非理据性则没有这种联系。

(3)在话语中表现为隐喻(动机理据)和转喻(对象理据),这是俄国语言学家雅各布森提出的一对术语。[①] 隐喻大致相当于艺术的、美学的、修辞的表达方式,转喻大致相当于科学的、逻辑的、语法的表达方式。

(4)在文本中表现为互文(理据性)和结构(任意性)。"文本"包括结构性文本和互文性文本两种。

结构性文本指一个文本内部的各要素是按等级对立的原则组织起来的,一个单位是更大结构的构成成分。如一段话可分出主语、谓语、宾语、定语、状语、补语六种成分,各单位之间不是一种意义互补关系而是等级对立关系,即一个单位的价值和功能来自与另一个单位的对立区别。一般而言,转喻性话语的静态形式就是结构性文本。

---

① [英]特伦斯·霍克斯:《结构主义和符号学》,瞿铁鹏译,上海:上海译文出版社,1987年版,第78页。

互文性文本指一个文本内部的每个单位彼此在意义上是平等互补的,它们互相联系互相指涉、互相阐释。"阿里山的姑娘美如水"中的"美"和"水"就是互文关系。再如《诗经·周南·芣苢》：

采采芣苢,薄言采之。采采芣苢,薄言有之。

采采芣苢,薄言掇之。采采芣苢,薄言捋之。

采采芣苢,薄言袺之。采采芣苢,薄言襭之。

该诗可看作是一个文本。全诗共三章十二句。其中六句完全是重句,"采采芣苢"这一简短的语言明快的节奏,构成了全诗的主旋律；另外又通过六个近义的动词"采""有""掇""捋""袺""襭",从不同角度描绘了妇女们轻快利落的劳动姿态。这是《诗经》常见的手法:重章迭句,回还反复。章与章、句与句之间是典型的互文关系。章句的重复并没有增加新的所指内容,复沓章法所强调的不是表达了什么,而是如何表达；不是所指对象,而是能指链的意义生成——互文性,后者恰恰是修辞或艺术的本质。

(二) 深层符号化方式

在对应和意义两种表层的符号化方式背后,还存在着一个使它们成为可能的深层符号化方式,深层方式是造成表层方式差异的根本原因。因此,语言学不应仅仅研究表层方式,还必须研究符号化的深层方式,当然,这种深层方式也是精神的、文化的。符号语言学就是从精神的、文化的、修辞的属性方面来研究语言的。

这就是二元对立和二元互补的深层符号化方式。

1. 语言的二元性

结构主义者倾向于认为,偶值性思维是人类把握世界的基本思维方式,也是结构语言的基本方式。所谓的偶值思维就是在认识客观世界时,从多元的复杂关系中找出最基本的二元划分,依次做为文化价值的架构或意义的来源。如下面常见的一系列二元划分:男女,昼夜,阴阳,曲直,高低等；在人类的哲学和宗教中更存在着大量的二元划分范畴:天人,主体客体,人神,精神物质,瞬间永恒等。结构主义者认为这种无所不在的二元划分是人类认知、交流的基础,也是语言的基础,所以在处理语言现象时,重要的是在多元关系中找出基础的二元划分。

偶值性结构的分析可能是结构主义最重要的哲学贡献。他们把偶值性看作是语言系统无处不在的基本结构原则。现代音位学告诉我们,语言中的音位是能够区别意义的最小语音单位。每个音位之所以不同于另一些音位,就是因为其中某些区别特征不相同。如汉语辅音音位[p]、[p']就是由送气和不送气两个区别性特征区分的。许多音位学家认为,音位的区别性特征具有二值性,人类创造语言时倾向于用一些二值特征(是或非)来构成音的对立。如送气不送气、清与浊、舌尖与非舌尖、前部与非前部等。现代语言学的一些概念如能指、所指,语言、言语,组合、聚合,共时、历时,主语、谓语等,也体现了整个语言系统的二值性原则。

语言的二元划分实际上反映了人类的一种把握世界的符号化能力。人类是通过符号来认知世界的,而认识世界的符号化过程又是从最简单的"是或非"的二元划分中开始的。一个好的符号系统,就是能以最少的要素表达最大的信息量。要做到这一点,就必须用二元划分的符号方式去反映千变万化的世界。如计算机语言符号系统,就是用0和1偶值对立来描写整个世界的。周易符号也是使用阴阳区分的二元方式表达世界的。

因此,语言的偶值性或二元性其实是一种深层的符号化方式,即语言符号化活动的二元化方式,它包括二元对立和二元互补的两种方式,这是两种具有深刻文化性的表达方式。二元对立体现的是信息论原则,二元互补体现的是修辞学原则。

2. 二元对立方式

偶值性在结构主义者那里有特殊的含义:二元对立。所谓的二元对立,是以两项之间的对立性差异为基础的。其基本原则是,我的价值在于与你的区别或对立。(计算机语言的)"0"和"1"在对立中获得了各自的价值,"有"在和"无"的对立中获得了自己的意义。所以,二元对立实际上反映了理性逻辑思维的抽象原则:从事物的相对静止的状态出发,发现偶值性事物之间其最简单、最基本的区别性对立特征,二者之间非此即彼、决不混淆,从而进一步进行思维抽象。理性逻辑思维所遵守的基本思维规律是同一律、矛盾律和排中律。同一律的公式是:A 是 A。矛盾律的公式是:不能既是 A 又不是 A。排中律则是:或者是 A 或者不是 A。由此可见,同一律、矛盾律和排中律反映了一条最基本的思维原则:非此即彼。这正是结构主义符号学二元对立思想的逻辑基础,也是西方哲学传统中理性主义思维方式的表现。索绪尔的语言理论,就是建立在二元对立方式的基础上的。他所区分出的两两相对的概念如"能指和所指""语言和言语""共时和历时""组合和聚合""内部语言学和外部语言学"等,这些两项对立的范畴并非平等互渗而是非此即彼、等级制的:前一项优于或先于后一项。前项是首位的、中心的、本源的,后项是次要的、边缘的、衍生的——二项之间有一种决定与被决定的因果关系。建立起这种形而上学的主次秩序后,索绪尔把语言、共时、能指、组合……这些范畴放在中心位置,语言被处理为一个静态封闭的符号系统。在我国的结构主义理论眼中,语法和修辞就是这种二元等级对立的关系,这两项分别代表语言与言语、共时与历时、能指(语音)与所指(语义)、组合(句法)与聚合(同义手段)的对立,前一项是语言的本质和中心,因此修辞被置于边缘的、从属的地位。

二元对立作为一种意指方式,确实是语言的一个重要的结构原则。它主要表现在两个方面:(1)在符号化的对应关系上,表现为显性即符号能指和所指的对应性和同构性。(2)在符号化的意义关系上,表现为零度即语言的逻辑性语法性规则。

3. 二元互补的符号化方式

所谓的二元互补是指任何事物都包含相互对立的两个方面,同时这两个方面都是互相依存、互相转化、互相包含的。二元互补的观点旨在消解对立双方的界限,强调彼此间的趋同和动态转化关系。互补的原则是:我的价值在于与你相似或趋同;对立的原则是,我的价值在于与你的不同或对立。可见,二元互补作为一种价值观、一种结构原则、一种符号化方式,在于强调两项单位之间的动态转化的辩证关系和相似性,而相似性具有联想性质,相似性联系又是主观联想、价值选择的结果,因此,二元互补

体现了符号化的主体性选择原则,它主要表现在以下两个方面:

(1)在符号化的对应关系上,表现为偏离即符号能指和所指的非对应性、非同构性。

例如聚合关系就体现了二元互补的原则。各聚合单位是在语言行使功能的过程中,在完成具体的交际任务基础上联系在一起的,它们围绕同一个表达意念或功能而类聚,成为具有互换性、互补性的同义选择单位。因此,如果我们从语言的功能、意义的角度分析,聚合结构的本质特征就不是一个线性(零度)的问题,而是一种意义、功能上的互补、互换关系的空间性(偏离)问题。各聚合单位之间因具有等值性、相近性而成为语言表达的选择性手段。换言之,不应从显在的外部结构形式而应从隐性的语言意义、功能的角度确定聚合关系:凡是在意义、功能、语言风格上相近而具有互补、互换关系的,都是聚合关系。聚合单位具有面对同一内容而存在无数可能性表达手段的性质,这正是语言符号系统能指和所指非对应性、空间性的表现。

(2)在符号化的意义的关系上,表现为理据性,即符号化过程中的主体选择性。尤其是动机理据如隐喻和互文,都是由互补性符号化方式所决定的。

索绪尔的任意性符号观认为,符号的能指是及物的:它指向它以外的某个概念、或某个实体,如我们一听到"niǎo"这个汉语音节,马上就会意识到"飞禽"的概念,这样我们便"得意忘形",把作为媒体手段的能指忽略了。任意观预设了能指与所指的分离性:事先存在某个概念,然后赋予它一个物质外壳。这实际上仅仅揭示了符号化二元对立的方式。

德国语言学家洪堡特指出:"词不是事物本身的模印,而是事物在心灵中造成的图像的反映。"[①]这是与二元对立的任意观相反的符号观,意思是一个词语符号不是直接体现了它所代表的事物或概念,词语不过是一种人们理解事物或概念的主观形式,因此,符号的能指和所指间的关系

---

① [德]威廉·冯·洪堡特:《洪堡特语言哲学文集》,姚小平译注,长沙:湖南教育出版社,2001年版,第298页。

不是任意性的而是动机性的,即词语符号的能指和所指结合过程中带有人的动机、意愿,命名者总是用含有某种意味或意义的能指去指称所指,使二者之间形成一种隐喻或象征关系。例如汉语中"猫""鸭""乒乓(球)"这一类拟声词,就是用含有象征意味的语音做能指,与所指为符号,二者间构成一种动机性的、互补性的意义联系。命名者对事物的主观理解形式更多的则是表现在词语的字面义上。例如,"洗澡"一词,南方人叫做"冲凉"。这说明命名者总是按照他所熟悉的、有利于自己的方式去为事物命名的,他的主观命名动机必然是凝结在词语的能指(字面义)上,洪堡特称这种命名动机为"内部形式"。

然而,语言中确实有大量的词语看上去是不含有任何命名动机的。如汉语中的"天""地""山""水""甜""酸""苦""辣"等,我们无法发现它们的能指(语音)与所指(语义)之间含有什么意义或动机。那么,这些词是否反映了命名的任意性?许多语言学家倾向认为,词语的命名本质上是动机性的,一个词语看上去是任意的,是因为我们无法重建出它命名时所具有的动机性联系。一个任意性符号只不过是过去的动机性符号的化石,我们无法将其动机的原貌还原,于是就断定为任意性。有人曾推测汉语的"酸甜苦辣"这四个词从历时结合关系上看是动机性的。众所周知,舌头的味觉是有分工的:舌尖对甜比较敏感,舌的两侧对酸比较敏感,舌根对苦比较敏感,辣感则分布在舌的各个部位。再看这四个词的发音:"甜"是一个舌尖音。"苦"是一个舌根音,"酸"的发音模仿了舌头酸出口水时的那种感觉,而"辣"所发出的元音"a"则表现了满口的辣感。当然,这只是一种猜测,是用共时构拟的方法去推测词语能指和所指的命名关系。语言存在的历史与人类的历史一样久远,它本身是不断变化的,而且语言是一个不可逆的事件——我们永远无法贴近语言的原始状态去考察词语最初产生的动机性方式,只能靠共时构拟。而共时构拟缺少事实材料的支持,所以绝大多数的任意性符号,是无法还原出它们原始的命名动机。

无论是动机性的意义关系,还是聚合性的对应关系,都是建立在二元互补的原则之上的。二元互补作为一种结构原则,是与二元对立的方式相对立的。

我们把偶值性看作是语言的一种符号化方式,看作是一种组织文化、组织经验、结构语言的深层符号化原则。这种符号化原则包括二元对立和二元互补两种基本方式。二元对立的符号化方式是根据意识到的在场客体的外在特征区分事物的。例如"黑暗"的概念是由我们对其对立面"光明"的感觉来界定的,"热"的概念是由我们对其对立面"冷"的感觉来界定的。在语言符号中,二元对立也是通过符号之间的显性差别来体现的,例如汉语中的音位[p]和[p'],通过送气和不送气的可感觉差异,区别了"波"和"坡"这两个词。因此,二元对立方式具有感觉、实证的认知特征。

二元互补的原则是我的价值在于与你相似或趋同,即在具有差异的两项中寻求相似性联系和相互转化。而相似性具有联想的性质,任何事物之间的相似性联系都是主体联想、价值选择的结果。

这两种方式是语言符号的基本结构原则,这两种原则又以互补的方式结合在一起,成为决定语言面貌的根本性的原因。它们本质上是精神的、文化的、修辞的,符号语言学就是从这些因素来考虑语言的本质的。一般而言,汉语更侧重用二元互补的方式来组织语言;西方语言更侧重用二元对立的方式组织语言。这也可能是东西方语言文化的最深刻的差异之处。而符号学语言理论,就是建立在汉语言文化的二元互补结构原则基础之上的。因此,符号学语言理论是一种二元互补的语言理论。它至少在以下两个方面倒转了索绪尔的命题:

(1)在符号内部结构关系上,将理据性而不是任意性看作是语言符号的最高原则。

(2)在符号与符号的外部系统关系上,将空间性(聚合性)而不是线条性看作是语言结构系统的最高原则。

原文《论符号语言学的基本观点》,载《云梦学刊》,1998年第1期。

第八节　修辞学命名理论

【提要】 如果说理性主义的命名"唯一性原则"侧重词语符号的静态结构分析以及词语形式对概念内容的服从,那么修辞学的"同义选择或可能性原则"则着重研究命名的动态过程,因为该过程具有动态的未完成性和同义形式选择的无限可能性。

一、理性主义命名理论

命名是关于词语符号单位的创造活动。在我国,随着市场经济的蓬勃发展,许多企业、产品为追求富有个性的品牌而呼唤命名专家给予指导。命名咨询产业在中国的目标市场巨大。因此,加强命名理论的研究已成为时代的要求。

长期以来,语言学界用对词语的结构分析来代替词语的命名过程的研究,忽视了命名活动的修辞本质,这可能是我国的命名理论研究比较薄弱的原因之一。

传统的命名理论主要有两种观点:一是语法结构分析的观点,二是理性主义的逻辑分析观点。第一种观点在论及命名或词语的产生时,往往把静态结构分析归纳出来的构词法,作为词语产生的方式,结果一个新的语言单位的诞生,便成了"主谓式、并列式、支配式、附缀式"等构词法的产物。这样命名理论也就被构词理论所代替,创造新词的活动被纳入了语法学的视野。

更具代表性的命名理论是理性主义的观点。

哈特曼等主编的《语言与语言学词典》中定义为:命名,是"寻找一个合适的语言符号(语音序列或词),用以指一个新的物质实体或抽象概念。"①

---

① ［英］哈特曼等主编:《语言与语言学词典》,黄长著等译,上海:上海辞书出版社,1981 年版,第 226 页。

该定义坚持这样一种二元对立的语言观或者命名观:语言与思维是相对分离的,词语符号的结构形式与它所表达的实体或理性概念之间,也具有一种相对的可分离性;而且这二者之间是一种等级制的依附关系,即语言是思维的工具、词语符号是概念或实物的表达形式。根据这种命名观,命名过程不过是人们根据逻辑的思维规律,去正确反映命名对象的客观属性的过程。命名对象的客观属性、命名者理性的逻辑分析,决定着被造成的词的根本面貌。因此,这种二元对立的命名理论便预设了这样一个前提:先有一个逻辑上的概念或客观的实体,然后再赋予这个静止的、已形成的概念或实体一个合适的名称。

这种"概念、实体先于名称"的理性主义命名理论,是目前学术界普遍接受的观点。根据这种观点,一个事物或概念能否成为命名单位,不取决于命名者的主动选择而取决于命名对象自身的客观性;其二,在命名过程中不是命名对象如何适应命名者的问题,而是命名者如何适应命名对象——概念或事物的问题。命名者首先面对一个独立的、外在的概念或事物,然后再寻求恰当的名称形式去表达它、指称它。因此,它所遵循的是命名活动的"唯一性"原则。

"唯一性"原则的理论假说是:在具体的命名活动中,只有一种词语形式是最为合适的,所以,命名活动就是为概念或实体寻找那唯一合适的词语形式。

有人考察,"直升飞机"的命名形式曾有如下几种:直上机、直升机、直升飞机,并认为直升飞机是不同于一般飞行器的,因此应该叫"直升机"。[①] 还有人著文批评"未婚妻"的名称不准确且违反法律:没结婚怎么能称"妻"?[②] 按照这类观点,名称应该有一个唯一合适的形式,一切违背"唯一性"的其他命名形式都不算是好的名称。

当然"唯一性原则"并不排斥修辞性的名称。如"仙人掌"这个词,其名称形式本身就是一个比喻。但按照"唯一性原则",修辞性的名称不过

---

① 姜长英:《"直升机"辨》,《辞书研究》,1986 年第 1 期。
② 卢传福:《"未婚夫(妻)"的提法还是可以的》,《汉语学习》,1986 年第 4 期。

是命名对象或概念的一件漂亮的外衣。所谓的"外衣",是指在命名之前已存在一个真实的概念或存在,命名者不过是为它找到一件最为得体的衣服。因此,修辞性名称只不过是表达概念的一种工具和形式。

可以从两个角度研究命名:一是命名活动过程,二是命名活动的结果。"唯一性原则",是从命名的结果即词语符号静态结构的逻辑分析的角度来研究命名的,它研究的是唯一实现了的静态表达形式。这实际上是根据因果关系去考察词语形式对词义概念的服从,最终导致命名者主体意识的丧失和命名选择的唯一性。这正是命名理论走不出结构描写、始终是逻辑分析的附庸的根本原因。

二、修辞学命名理论

修辞学的命名观把传统的命名观完全颠倒过来了。它首先把一个词语符号的形式与内容(准确的术语应该是能指和所指)看作是一种二元互补的隐喻关系,即词语的形式不是第二性或派生的,它和命名对象是互相依存、水乳交融的关系。它不认为词语是关于事物的观念的表达形式或工具,词语本身就是事物及其观念的结构原则和存在方式。由于词语是命名对象的一种理解方式,一种假想的存在形式,因此,词语的本质是隐喻性的、修辞性的,而非逻辑的、理性的。命名活动是依据修辞的原则进行的。命名的修辞原则表现为:对一切相异的事物通过联想寻求相同,在想象的同一中确定意义;而这种联想的方式就是相关性或相似性的修辞方式。例如,任何一种语言的词汇系统都可以看作是关于世界万物的命名集,然而同一类事物在不同语言中却没有完全相同的命名系统,这是因为,人们总是按照自己熟悉的语言方式通过相似性联想和相关性联想去为事物命名的,因此,事物的命名绝不是逻辑的分类、科学理性的分类,而是一种想象性的分类、修辞性的分类。

德国哲学家卡西尔批评了命名的"唯一性原则",认为命名就是给"对象或活动以一个名字,也就是把它纳入某一类概念之下。如果这种归类永远是由事物的本性所规定的话,那么它就一定是唯一的和始终不变的……指称独立存在的实体,倒毋宁是被人的兴趣、目的所决定的。……

如洪堡所指出的,希腊语和拉丁语的月亮这个词虽然都指称同一个对象,但并不表示相同的旨义或概念。……一个名字的作用永远只限于强调一事物的一个特殊方面,而这个名字的价值恰恰就在于这种限制与限定。一个名字的功能并不在于详尽无遗地指称一个具体情景,而仅仅在于选择和详述某一方面。把这个方面分离出来并不是消极的活动而是积极的活动"①。

卡西尔的这段话强调了两点:其一,命名主要是由命名者的兴趣和目的决定的,是命名者的积极的选择活动。其二,名称与对象之间是一种以点代面、以偏概全的隐喻关系而非真实性的逻辑关系。一个名称只能近似而永远无法准确表达对象的特征。即使"直升机"这个词比"直升飞机"更准确,也只是程度上的,仍改变不了它的修辞的本质。

但是,如果说"仙人掌"这个词与其对象之间是修辞关系还容易接受,为什么说"直升机"所表达的也是一种修辞关系?

根据理性主义的观点,"直升机"是用对象理据的方式,即逻辑的、客观的命名方式表达对象,它体现了准确、唯一的命名原则。但根据修辞学的观点,将一个飞行器命名为"直升机"还是"直升飞机""直上飞机",这本身就是命名者主观选择的结果,任何一种选择,都是近似性地而不是逻辑性地表达了对象,这种近似性(相关性或相似性)只是一种修辞性;而且,任何一种选择都由于命名者视角的不同而留下了他的主观印迹。虽然"直升机"比"仙人掌"在命名方式上更客观一些,但这个词充其量也只是局部地、片面地反映了对象的某些特征,并非完全的真实;其二,"直升机"本身也经历了"直升飞机、直上飞机、直升机……"这样的同义形式的选择过程,这个选择的过程完全是联想性的、动机性的价值选择而非逻辑性的。所以,貌似客观的"直升机"仍反映了命名的修辞本质。

什么是命名的修辞性本质?

修辞指人为着感染他人、确立或改变自己在社会和自然结构中的有

---

① [德]恩斯特·卡西尔:《人论》,甘阳译,上海:上海译文出版社,1985年版,第171、172页。

利位置而有效地运用语言,因此,命名的修辞性本质是指,它不是在一个静止的、已形成的概念基础上期待从现成的语言系统中选择那唯一合适的符号,而是一种想象的、非逻辑的意义创造和符号创造。具体来说,命名是一种"合目的"的同义选择过程,即命名者按照有利于自己的方式,通过相关性或相似性的联想,在若干同义的形式中选择适合于自己的名称来为事物命名。这就是命名的修辞性。不难看出,修辞学的命名观点,更注重在命名研究中突出人的中心地位和本质上的优先地位,强调人对语言符号的创造性和选择性,而不是语言符号的静态结构描写。这就势必更注重命名活动中的非逻辑性和动态的选择性。

因此,修辞学的命名理论所遵循的是"同义性原则"。如果说命名的"唯一性原则"侧重的词语符号的静态结构分析以及词语形式对概念内容的服从,那么修辞学的"同义性原则"则着重研究命名的动态过程,因为该过程具有动态的未完成性和同义形式选择的无限可能性,因此它遵循的是同义性原则。例如,巴尔特认为读者形成人物形象的过程实际上是一个将句子作意义转换的命名过程,我们可以以此为例来说明命名的同义选择过程。比方说我们在谈到"塞拉辛是个从来不把障碍放在眼里的人"这个句子,就不能不在诸如"意志力、精力充沛、顽强、倔强"等词语中作出选择,来概括对这个人物的印象;这种选择也就是在用相近的词语(同义手段)为人物形象命名。这个命名过程不是根据"唯一性原则"进行的,而是首先形成了一张不断交织、往复和相互照应的同义词语之网,这个同义之网是开放的、无限的,人物形象的命名也就是在对这个同义之网进行无数纷繁复杂权衡、取舍、归并、选择的过程中完成的。[①]

这样,修辞学命名理论就不像理性主义命名理论那样,把研究的范围建立在概念对词语形式、所指对能指的制约上,而把重点放在了符号产生过程的非终结性和选择的无限可能性,以及词语符号与所指内容之间的隐喻性、修辞性而非逻辑性上。这将导致命名理论研究的新突破:

1. 用同义选择原则代替了"唯一性"原则,用语言关系的分析代替了

---

① 转引自徐贲:《走向后现代与后殖民》,北京:中国社会科学出版社,1996年版,第88页。

逻辑关系的分析,为命名者的语言创造提供了无限可能的同义形式。

2.用动态的过程描写代替了静态的结构分析。命名的修辞过程包括两个方面:其一,就词语符号的共时发生看,词语的命名往往要经历一个对同义词语之网进行可能选择的过程。其二,就词语的历时演变看,一个词语也不是静止不变的,例如直升机、直上飞机、直升飞机或者失业、待业、下岗等词的不断换名就说明了这一点。随着市场经济的发展,目前我国各地的企业和产品出现了一个"换名热",这些都属于词语的历时演变。修辞学命名理论就是要研究词语的换名过程及其机理。

3.用修辞本质论代替了命名的语法论和逻辑论倾向,把命名看作一种隐喻的方式而非逻辑的表达,使命名理论摆脱了对语法描写、逻辑分析的附庸地位,真正将命名研究落实在语言自身的规律基础之上,使之成为一个相对独立的修辞科学。

原文《修辞学命名理论》,载《汉语学习》,1998年第2期。

第九节　命名的术语学原则和修辞学原则

【提要】　术语原则即唯一性的零度原则,修辞原则是可能性的偏离原则。二者是命名的两条基本原则。

世界上(无论是真实的还是虚构的)独一无二的事物,不一定只有一个名称。词汇中许多独一无二的事物,常常拥有众多的名称。这可能是由于思想的丰富、地域的差异、审美的多样、交际的需要等多种原因。如月亮,仅在河南一省就有"月亮、月亮爷、月亮帝儿、月明帝儿"等若干名字。语言中的这种一物多名现象,学者们一般看作是等义词,或者叫做"异名"。有人给异名下的定义是:"一事物有A、B两个名称,甚至有C、D、E等更多的名称,A、B、C、D、E等的外延和内涵完全相等,根据某种标准,我们把 A 确定为正名,其余则是它的异名。"① 例如:扬琴——(A)洋琴(B)蝴蝶琴(C)扇面琴(D)打琴(E)敲琴……;肩关节周围炎——(A)肩周炎(B)冻结肩(C)凝肩……

异名在语言中是大量存在的,请看下例②:

	正名	异名
1.地名	湖南	湘
	广州	羊城　花城
	清华大学	清华园
	东北平原	松辽平原
2.国名	日本	东瀛　扶桑
3.事件名	七七事变	卢沟桥事变
	戊戌变法	百日维新
4.作品名	古诗无名人为焦仲卿妻而作	孔雀东南飞
	石头记	红楼梦
5.人名	周树人	鲁迅
	李白	(字)太白　(号)青莲居士
	张英杰	盖叫天
6.译名	激光	镭射
	出租车	的士
7.科学术语	六氯化苯	六六六
	习惯性流产	滑胎
8.商名	青岛啤酒	青啤
	景阳春	老虎酒
	迎宾馆	总督府(该馆旧时为洋人官府)

……

---

① 朱景松、周维网:《汉语里的异名和民族文化》,载王希杰主编:《汉语修辞和汉文化论集》,南京:河海大学出版社,1996年版,第294页。
② 胡中文:《专名词语里面的本称和别称》,香港语文建设通讯,1997年,总53期。

异名的存在是消极现象还是积极现象？

符号学命名理论中认为，人们为事物创制名称主要有两种方式：零度和偏离。命名的新词如果其能指和所指、名称和事物之间是一一对应的（如单义词），这样的命名方式叫"零度"；如果其能指和所指、名称和事物之间是不对应的（如一物多名），这样的方式叫"偏离"。

从术语学的角度讲，命名应该遵循零度的原则。因为术语学不是从名称、语言出发来研究命名对象的，而是从命名对象（事物或概念）出发来研究名称的。① 因此术语学的命名遵循的是"概念、事物"优先的原则：其一，一个事物或概念能否成为命名单位，不取决于命名者的主动选择而取决于命名对象自身的客观性；其二，在命名过程中不是命名对象如何适应命名者的问题，而是命名者如何适应命名对象——概念或事物的问题。命名者首先面对一个独立的、外在的概念或事物，然后再寻求恰当的名称形式去表达它、指称它。因此，它所遵循的是命名活动的"唯一性"即"零度"。

所谓的"唯一性"或"零度"是指：在具体的命名活动中，只有一种词语形式是最为合适的，所以，命名活动就是为概念或实体寻找那唯一合适的词语形式。

有人考察，"直升飞机"命名形式曾有如下几种：直上机、直升机、直升飞机，并认为直升飞机是不同于一般飞行器的，因此应该叫"直升机"。按照这类观点，名称应该有一个唯一合适的形式，一切违背"零度"的其他命名形式（异名）都应该是规范化的对象，因此，异名被术语学看作是一种消极的现象。

但修辞学的命名理论恰恰相反。修辞学命名理论是从名称、语言出发来研究命名过程的。但修辞学不把准确传达概念看作是词语的唯一功能，它认为命名单位是适应人们表达不同的思想认识而创造出来的，因此，名称应该反映命名者不同的认识角度、命名心理和表达风格，同时也反映了事物自身属性的多样性。修辞学的命名理论所遵循的是"同义选

---

① G.隆多：《术语学概论》，刘钢等译，北京：科学出版社，1985年版，第12页。

择性":面对同一个命名对象,人们可能拥有哪些同义的名称形式?因此,修辞学命名理论坚持的是"偏离"的原则,把一物多名(异名)看作是一种积极现象。所谓命名中的偏离原则,就是围绕同一命名对象展开多种表达手法、同义手段——异名。它认为事物的命名绝不是逻辑的、唯一的零度分类,而是一种想象性的、多样化的偏离分类。

异名在古代汉语修辞学中称为代语。1984年程千帆先生在《古诗考索》中说:"盖代语之者,简而言之,即行文之时,以此名此义当彼名彼义之用,而得具同效果之谓。"作为异名别称的代语,既是言语命名现象——所谓的比喻、借代、讳饰、委婉、谐音、双关等都可纳入宽泛的代语概念;又是一个语言命名现象,如"月亮"的代语有"青娥、月娥、娥灵、娥月、娥轮、银兔、金轮、玉钩、幽阳、广寒"等。[①] 异名是修辞命名的结果,它使汉语词汇充满活力和丰富多彩:比喻代名——眼镜蛇、仙人掌;借代——大团结(人民币);拟人——孔方兄;婉曲——第三者、长眠;敬称——令堂、高足等。由于异名讲究表达手法的多样性,反映了生活的方方面面,并粘附着民族文化积淀的理据,其积极作用是不言而喻的。

原文《异名是积极现象还是消极现象?——浅谈命名的术语学原则和修辞学原则》,载《语文建设》1998年第6期。

[①] 沈孟璎:《代语:富有民族文化特色的语言成品》,载王希杰主编:《汉语修辞和汉文化论集》,南京:河海大学出版社,1996年版,第279页。

第三章 "异质性关联"的合治语言观

【**本章概要**】 坚持符号的可能性、偏离性原则(第一章),必然导致关注动态意指活动中的意指方式及其符号的异质关联性——人、符号、对象、社会、媒介之间,在异质性差别基础上的相互关联性(第二章)。本章延续了第一、第二章这种动态意指和异质符号学的逻辑,重点关注符号的异质关联性,这已涉及对统一性问题的思考。这种异质关联性主要考察:其一,语言文字之间的异质关联性——我们称为"言文关系"性。尤其关注汉字对汉语、汉文化的建构性(第三节、第五至七节、第九、十、十二至十五节)。其二,考察汉字形体的质料和形式的异质关联性(第二节)。其三,提出了汉字"两书论"(第一节、第八节)。

上述异质关联性我们总结为:在异质性符号要素(如实体和形式、言文象)的关联中研究和定义其中每一个要素。其中包括两个基本原则:一是异质性分离原则,即如何区分符号各种关联中的异质要素,如言、文、象的差异性、质料和形式的区别性等;二是关联性统一原则,即各异质要素之间是如何相互补充、相互关联、相互跨界的。这两个基本原则构成了本章的主题:"异质性关联"的合治语言观。

此外,本章在讨论有关汉字与汉语之间的关系方式时,根据合治观的思想提出能指投射（汉字影响汉语）和所指投射（汉语影响汉字）两种原则。并在这双重关系的格局中重点探讨了能指投射原则，即汉字对汉语的决定、支配作用。

第一节　动机性文字与任意性文字

【提要】 提出非工具论的汉字符号学文字观，将意指方式看做是文字的本质特征：文字是看待语言的一种符号方式，而不是被动记录语言的工具。运用符号学的任意性和动机性两种意指方式，将汉字和拉丁字母分别看做是动机性文字和任意性文字。并进一步运用这两种意指方式把传统汉字"六书"概括为"象义"（动机性）和"象声"（任意性）两书。

象声与拉丁字母相比，它的谐音性仍属于动机性文字的范畴。但象声与象义相比，前者又代表了汉字内部中任意性的一极。也就是说，在汉字象义和象声这两种基本意指方式中，象义代表动机性，象声代表任意性。而在汉字外部，与拉丁字母相成对比项时，整个汉字系统是动机性的，拉丁字母则是任意性的。

一、引论

难得有哪一种文化现象，能像汉字和拉丁字母那样集中而典型地反映出东西方文化的互补关系了。汉语社会在没有认识拉丁字母以前，不敢说曾有过真正系统的文字学理论——传统的汉字学不过是解读经书的附庸；同样的道理，西方语言学界在不了解汉字以前，所建立的文字理论很可能是跛足的。

本节旨在通过中西文字的比较，阐述一种符号学的文字观。

长期以来，西方占统治地位的文字观是"语言中心主义"。亚里士多德曾说"语言表达是心灵印象的符号,而文字则是语言的符号。"①这是典型的形而上学的等级观点:语言是心灵的工具,文字则是工具的工具。文字的一切特性,不过是语言的影子或折射。现代语言学奠基人索绪尔干脆说:"语言和文字是两种不同的符号系统,后者唯一的存在理由是在于表现前者。"②这种"语言中心主义"文字观的基本原则是:根据文字所记录的语言单位的性质,来确定文字的性质。汉学界对汉字性质的确定也是如此,如表意文字、意音文字、语素文字、表词文字、语素—音节文字、义素—音节文字等,这些提法尽管角度有所不同,但都未脱离以语言为坐标来确定汉字属性的窠臼。人们单纯地把汉字与它所固定的某个语言要素相联系,把汉字仅仅看成是语言标签或附庸。

任何研究对象,只要被当作一种工具、一种手段,它就只能具有从属的、派生的性质,从而难以在此基础上建立独立、系统的科学理论。"语言中心主义"文字观的最大不足在于,它主要研究文字记录或表达什么,主要研究文字的所指而不是能指,用文字表达对象的性质代替文字的性质,严重忽略了文字自身的符号属性和规律,因而难以形成真正意义的文字学理论。

如果把文字看作是符号能指,语言是符号所指,法国哲学家德里达指出:人们误以为"能指和所指不仅是统一的,而且在这一混同中,能指似乎抹去自身或者变得透明,从而允许概念按其本来面目呈现出来,并指涉它的在场。能指的外在性似乎被弱化了。"③德里达认为语言与文字不是从属而是一种平等互补的关系。他力图取消语言对文字的霸权地位,恢复文字的"外在性",把文字从语言的权力下解放出来。这样,文字作为独立的符号系统的自主权恢复了,文字与语言一样,本身也承载着社会、历史、文化赋予它的意识形态的权力,它是某种文化、文明精神的符号,同时又

---

① [苏]兹维金采夫:《普通语言学纲要》,伍铁平等译,北京:商务印书馆,1981年版,第27页。
② [瑞士]费尔迪南·德·索绪尔:《普通语言学教程》,高名凯译,北京:商务印书馆,1980年版,第47页。
③ [法]德里达:《德里达访谈录:一种疯狂守护着思想》,何佩群译,上海:上海人民出版社,1997年版,第72页。

对文化、文明产生巨大的影响。这种观点,反映了文字学从"语言工具论"到"文字符号论"的转向。

符号学文字观,主要研究文字是怎样记录和表达语言单位的,至于记录和表达什么则放到了相对次要的位置。

"文字是怎样记录和表达语言的?"这是一个典型的符号学问题。一旦进入这个理论视角,无论是汉字还是拉丁字母,都被看成是有意义的符号单位。这种意义不是由文字所记录的语言单位的性质所决定,而是指文字在记录语言时所具有的不同类型的符号化方式。例如,拉丁字母侧重于记录语言的物质层面,反映了一种客体精神;汉字侧重于语言的精神层面,体现了一种主体精神。这种符号化方式是文字记录和表达语言单位的功能性选择方式,符号学称之为"意指方式"。我们认为,意指方式是文字的本质属性,意指方式的不同是区分文字类型的基本准则。

二、文字符号的意指方式

按照符号学的观点,任何符号都由三个基本要素构成:(1)能指,符号的形式要素;(2)所指,符号的内容要素;(3)意指方式,符号的构成要素,即能指和所指的结合方式。

汉字的能指是由笔画和偏旁构成的平面二级结构。所谓二级结构,指汉字多数是合体字,即通过已有的汉字符号而合成的多级符号。拉丁字母的能指是线性的一级结构,字母按线性组合方式排列,每个字母都是不可再分析的单位。

汉字的所指是语言的意义单位。无论是表意还是表音的汉字,它们的符号功能都是区别意义而不是区别语音的(汉字里面有大量的同音字、近音字,但通过不同的字形,区别了它们的意义),它们对应的是语言的精神世界——汉语的语义系统。拉丁字母的所指是语言的音素单位,它对应的是语言的物质外壳——语音系统。

文字同其他符号一样,其意指方式有两种基本类型:任意性和动机性。汉字符号能指和所指的结合,含有造字者的主观动机,这主要表现在汉字能指(形体)的象形性、理据性上,因此汉字是由动机性意指方式构成的;拉丁字母的能指与所指间不含有这种动机,因此是由任意约定的方式构成的。所谓任意性,指这种意指方式更强调一种非主观的社会约定性,它深刻地反映了西方的文化精神。卢梭的"社会契约论"思想,就是主张权力来自于人们平等的约定,而不是某种历史动机。从某种意义上讲,西方是一种"约定性文化",东方是一种"动机性文化"。下面重点讨论文字的意指方式。

（一）意指方式的双重含义

意指方式(A)可以指个体的文字符号的构成方式。如汉字"明",其能指是由"日"和"月"构成的,字面上的"日月之光"意义与所指意义"光明",构成了一种有意义的动机联系。(B)还可以指整个文字符号系统的构成方式。有许多汉字从静态结构分析的角度看是不含有表意动机的,但从文字系统功能的角度看却仍然是动机性的。例如"水"字,就其个体结构分析,已无法建立其能指和所指间的动机性联系,但从汉字系统看,"水"字是一个区分意义而不是区分语音的功能单位,它是服从汉字形体结构系统与汉语语义系统保持一种同构性、一种象征性联系这一系统动机的。我们说汉字是一种动机性文字,就是从这两个方面分析的。

（二）意指方式是文字的本质属性

文字,是一个民族、一种文明合目的性的精神文化产品。它被创造出来,是要服从于一定的文化目的的。这种文化目的决定了文字的性质,在文字中表现为意指方式。汉民族的历史精神具有强烈地保持本民族传统的同质性、抵御外来传统渗透的文化色彩。

这种民族精神体现在汉字的意指方式上,就是强调文字能指与所指系统之间的象征性、依存性、动机性联系,强调汉字形体结构与汉语的精神(语义)层面的紧密联系,使整个汉民族借助于汉字而维系心灵时空的沟通和彼此一致。这又必然决定了汉字能指系统的象形性、表意性、二级性结构特点。所以说,是汉字的意指方式决定了汉字的结构体制。尽管汉字在信息处理中有诸多的不便和弊端,但它却维护了民族文化的整体性和连续性,这是汉字不废的根本原因。

拉丁字母本身就是跨文化交流或文明中断的产物。拉丁字母的"远祖"腓尼基字母,一般被认为是地处西亚地中海东岸的腓尼基人在古埃及象形文字基础上创制的。可以设想,当表意的埃及文字借用为表音的腓尼基字母时,这意味着一种文明的中断:文字仅仅与语言的物质层面相联系而不再依附于语言的精神层面,这样,借自于埃及文字的腓尼基字母就再也不是埃及文字、再也不属于埃及文化了,它与埃及文化之间产生了断层。动机联系中断了,取而代之的是字形与语音之间的任意性联系。拼音字母与高度抽象的语音层面相连而超然于民族的精神世界——语义系统之外,这表现了跨文化传播意识、一种文化变异意识。正是这种文化意识,导致了拼音文字的任意性意指方式,而这种意指方式又决定了拉丁字母线性/音素的结构体制。

因此,意指方式是决定文字类型的根本原因。

三、汉字与拉丁字意指方式比较

文字意指方式作为一种文化概念,它是对呈对立性差异的中西文字进行整体比较后的产物。单纯的汉字或单纯的拉丁字母研究都不能产生文字意指方式的概念。因此,本节关于文字意指方式的概念,就是在对中西文字比较和动机性和任意性这两种方式的比较基础上建立的。

(一)汉字的动机性意指方式分析

上文已经谈到汉字的意指方式具有双重含义:一方面指个体汉字的动机性方式,另一方面指整个汉字系统的动机性方式。前者我们称"个体动机",后者则称"系统动机"。

1. 就个体动机而言,汉字主要有"象声"和"象义"两种动机性意指方式。

大部分汉字,其能指的形体结构本身具有表意功能,可以解释汉语单位的意义。如象形字、指事字、会意字、形声字,其能指都含有一定的理性认知意义,它和所指构成了一种动机性意义解释关系,我们称之为"象义"动机性意指方式。"象义"是用含有语义信息的能指去代表所指,人们首先感知到能指中的表意动机,然后再由此推导出所指的含义,这个过程是要按造字者规定的理解方向去联想的。

还有一类字,如"难",本来指一种鸟,由于该字的读音在古代与另一词"艰难"的"难"同音,于是古人就借用了同音字"难"的字形,来表示本无其字的词艰难之"难"。这种谐音用字之法即传统上的"假借"。假借就是借用一个同音字做能指来表达新的词汇单位,本字和假借字的读音之间构成一种谐音联想的关系。假借也是一种动机性意指方式,有人称之为"用字的有理性"[①]。假借的动机性即本字与假借字之间的谐音联想,我们称之为"象声"动机性意指方式。

"象声"使本字与假借字之间形成一种语音联想关系。一个假借字就是一种暗示,它和本字之间是一个部分代替整体的关系:用本字的音去代替新词的音义。如果人们明白了这种语音联想,就能正确地解释假借字所暗示的所指,他的注意力被引到新的所指上的同时,仍然在一定程度上意识到本字的读音。这样,本字的读音就和假借字的所指融合在一起,假借字携带了本字的声音色彩和结构特征,这就是假借字的谐音动机。人们首先感知的是假借字能指中的谐音动机,由此再反映所指的意义。

可见,"象义"和"象声"这两种动机性意指方式再现了造字主体的思维进程,使每个接受者在感知符号时都要重温这个思维进程,进而延缓了思维速度,把人们的注意力首先引向能指,强化了造字动机的作用。

传统的六书"象形、指事、会意、形声、假借、转注"即动机性的意指方式。将"六书"归纳为"象声"和"象义"两种基本方式,绝不简单地概括。"六书"理论的其中一个局限是仅仅承认象形、指事、会意、形声为造字之法,而否认假借(象声)是汉字重要的符号化方式。许多人把假借看作是"六书"精神(造字理性)的异化,否认象声也是一种动机性意指方式。其实,没有象声,汉字无法组织起庞大的形体单位系统;否认假借,就会把"六书"各造字之法视为一个个局部的造字行为,而不能从汉字构成的整体原则去考虑。实际上,动机性意指方式是通过象义和象声两种对立性互补的手段,来创制汉字的。

2.从系统动机看,"象声"和"象义"则是实现系统动机的两种基本方

---

① 殷焕先:《汉字三论》,济南:齐鲁书社,1981年版第3页。

式。表面上看它们是针对个体的汉字的命名活动,但实际上它们是服务于同一系统目的的两种对立互补手段。

最初先民造字时,"仰则观象于天,俯则观法于地,观鸟兽之文与地之宜,近取诸身,远取诸物",通过对对象的直接观照来构筑自己的符号系统。这种"实物参照"的造字心理导致了象义方式。象义方式产生的象形字、指事字、会意字,具象地表达了汉语语义系统和汉民族的精神世界,符合动机性汉字的最高理想。

然而,象义方式最大缺陷是能产性不足,通过"实物参照"为语言单位造字不但困难,而且需要不断创造新的形体单位,才能跟上语义系统迅速发展的步伐。这是难以实现的。单单依靠象义方式造字根本不能维持汉字系统的生存。因而,当汉字"记录语言开始之日,即其'假借'之法产生之时"。[①]

象声(假借)方式利用已有的形体单位记录新的语义单位,省去了另造新字的不便,符合语言的省力原则。象声是为克服语义的丰富和文字的贫乏的矛盾而产生的,它是对象义能产性不足的一种补偿。尽管象声以牺牲形体表意为代价,但它仍维持了整个汉字能指系统和所指系统的意义同构关系(况且它还具有谐音动机),它不是动摇而是捍卫了汉字的动机制度。当然,象声与拉丁字母相比,它的谐音性仍属于动机性文字的范畴。但象声与象义相比,前者又代表了汉字内部中任意性的一极。也就是说,在汉字象义和象声这两种基本意指方式中,象义代表动机性,象声代表任意性。而在汉字外部,与拉丁字母相成对比项时,整个汉字系统是动机性的,拉丁字母则是任意性的。

象声的缺点是造就了大量的同形同音字,降低了汉字形体的区别度,这又与语言的准确性原则相矛盾。

单纯的象义能产性不足,单纯的象声区别性不强,于是,又出现了象声和象义结合使用的情况:形声。

"最早的形声字不是直接用意符和音符组成,而是通过在假借字基础

---

① 殷焕先:《汉字三论》,济南:齐鲁书社,1981年版,第26页。

上加注意符或在表意字基础上加注音符而产生的。"①这两种形声字的构成方式,就是"象声—象义"和"象义—象声"。象声、象义的结合使用,既保证了大多数汉字符号在能指与所指上保持了指示意义的动机联系,又通过合成的方式吸收声旁来灵活组成新字,大大提高了汉字的能产性和区别性,保证了汉字能指系统和所指系统彼此适应、同步发展。因此,没有形声即象声、象义结合,就没有汉字的今天。形声字是动机性汉字发展的最高阶段。

不难看出,汉字不论采取何种构成方式,都必须服从于一个最高的原则:汉字必须与汉语的语义系统保持同构关系。任何一种具体的构成方式都必须直接或间接体现这个原则。我们不能违背它,不能在这个目的以外寻求出路。造字者只有在三种选择中寻求平衡:要么运用象义方式,要么象声方式,此外就是两者的结合,即"六书"中的形声。这个最高原则就是汉字的动机性意指方式。

传统汉字理论"小学",从个体汉字符号记录语言的功能出发,研究个体的汉字与语言单位之间的关系。传统小学中所谓的偏旁、部首、六书等术语系统,就是建立在这样一种文字观基础上的。

现代汉字理论则从文字系统的结构功能出发来确定汉字的性质。无论认为汉字是表意文字还是语素文字等,都是从文字系统的结构功能"区别、标志的是什么?"的角度研究的。而传统的"六书"理论则从个体的汉字"区别、标志的是什么?"的角度研究的。

汉字符号学理论则既考虑到了个体汉字的意指功能("象声"或"象义"),又站在汉字符号系统功能的高度,认为"象声"和"象义"是服务于同一系统表意目的的两种互补性手段。同时,汉字符号学理论又从"汉字是如何区别、标志汉语的?"的问题出发,把意指方式放到了首位,揭示出了文字结构背后深层的命名动机或精神方式。

(二)拉丁字的意指方式

与汉字截然相反,拉丁字是按任意性原则创制的。

---

① 裘锡圭:《文字学概要》,北京:商务印书馆,1988年版,第154页。

所谓的任意性指符号或符号系统的能指和所指间不含有命名者的主观动机、不具有意义上的解释关系。拉丁字的任意性意指方式也包括系统（文字）的任意性和个体（字母）的任意性两个方面。

　　1.系统任意性　就系统的意指方式而言,汉字符号系统与汉语语义系统有一种相似的模拟性,二者间是一种动机性的依存关系;而拉丁字要记录的是一个物质的世界（语音）,这样拉丁字作为物质的替代性符号,语音系统把自己的物质特性——普遍性、抽象性、稳定性、非精神性赋予了拉丁字。由于拉丁字的形体结构系统是空洞的抽象之物,它与语音没有任何的动机联系,因而其能指与所指间有一种分离性:它可以记录英语、法语这样的西方语言,也可以记录汉语这样的东方语言。任意性的拉丁字与语言抽象的语音层面相联系而超然于民族的精神世界——语义系统之外,因而在拉丁字的符号系统中,民族文化的记忆淡化了;其能指系统与所指系统的相对分离性,也无法把拉丁字作为单独某个民族的文化图腾。

　　拉丁字的任意方式,表现了一种跨文化传播的意识、一种传统的中断意识;汉字的动机性方式,则是汉民族强烈的民族自我意识在汉字中的反映。

　　2.个体任意性　索绪尔曾把一个个单独的符号比作一张撕成若干碎片的纸,每一纸片的正反两面是符号的指示关系,各纸片之间是符号的结构关系。任何一个符号都具有指示和结构这两种关系。但不同类型的符号对这两种关系的依赖程度不同。如语言中的虚词,缺少明确的指示对象,其意义主要来自结构关系（语法）;而专名,像人名、地名、商品名等,其意义主要来自指示对象——对结构关系（语法）依赖不大。

　　汉字与拉丁字母也有这种差异。汉字对应的是语言中单个的意义单位,其所指意义主要来自汉字的指示关系;而拉丁字母并不与单个的语音而只与整个语音系统发生关系,单个的字母代表哪个音位,不是由该字母和所代表的音位决定的,而是取决于结构关系——系统分配的结果:重要的不是字母的所指,而是这个字母与其他字母的差别,这种差别就是结构性。"任意和表示差别是两个相关联的素质"①,也就是说,任意性方式在个体符号中表现为结构性或差别性,动机性方式在个体符号中表现为指示性。由此可见,从个体的意指方式看,汉字主要是一种指示符号,拉丁字母主要是一种结构符号。一个符号系统的任意性越强,其个体单位的指示性就越弱、对结构关系的依赖性就越大。反之亦然。

3. 对任意性的两种理解　在结构主义语言学鼻祖索绪尔看来,任意性是语言文字符号最本质的属性。传统的文字学就是建立在这种观点之上的。无论是汉字还是拉丁字,它们都是记录某种语言的任意约定的符号,因而文字与语言具有相对分离性:从理论上讲,一种文字可以记录不同的语言,一种语言也可以被不同的文字所记录。这种分离性使语言和文字之间具有一种等级关系:文字是语言的工具,是从属于一定的语言的。所以,文字的性质由它所记录的语言的性质所决定——这就是传统文字学的基本观点。

对任意性的第二种理解是符号学的,认为任意性是一种与动机性相平行的意指方式,是一种创制符号的精神原则,是文字对语言的一种表达方式。这样文字就成了一种自足的符号系统,它与语言符号是平行互补的关系。

本节中的任意性是在符号学意义上使用的。

四、小结

本节认为意指方式是文字的本质属性,是划分文字类型的基本原则。并通过汉字与拉丁字的比较,讨论了动机性文字和任意性文字两种基本的类型。这些探讨旨在阐述一种与传统文字学截然不同的汉字符号学文字观。

传统文字观认为文字只是用任意约定的符号去描写口语,它只能忠实地记录、凝固有声语言,是语言的从属工具。文字的能指属于语音、其

---

① [瑞士]费尔迪南·德·索绪尔:《普通语言学教程》,高名凯译,北京:商务印书馆,1980年版,第164页。

所指属于意义对象,但语音和意义对象都不是文字本身,文字离开了这两者什么都不是。这样,传统文字观就很难对文字符号的独立属性进行全面深入的研究,文字学也就很难成为一门与语言学平等并列的符号科学。

符号学文字理论阐述了这样一种观点:文字不是语言的工具而是与语言并列的符号系统,它不是对语言的忠实的记录而是对语言的一种表达方式,动机性文字体现了造字者以主观世界(语义系统)为认同坐标的主体精神,任意性文字体现了造字者以客观对象(语音系统)为认同坐标的客体精神,无论是动机性文字还是任意性文字,都是对语言的一种有意义、有选择的表达。因此,文字与语言之间不是事实性的因果关系而是思想关系、意义关系、符号关系;意指方式就是这种符号关系的集中体现,汉字符号学文字观主要是关于文字意指方式的理论,即,它不侧重研究(并非不研究)文字记录、表达了什么,而重点研究文字是如何记录、表达语言的。

原文《动机性文字与任意性文字——中西文字比较》,载(香港)《语文建设通讯》,1998年,总第56期。

第二节 汉字物质结构研究的合治观

【提要】 本节将文字的结构形式称为"软件",将结构形式的物质表现手段称为"硬件"。按照索绪尔的结构主义观点,文字的形体是抽象的结构形式,其物质媒体因素可以忽略不计。因此,受结构主义影响在当代汉字主流研究中,采用了一种硬件和软件"分治"的文字观。就是孤立地考察某一要素,要么只注意到汉字的"软件系统"即形体结构形式的研究,要么将软件系统悬置而重点关注文字的硬件,并将硬件的研究排斥在文字学之外:文字软件系统是汉字结构研究的中心内容;其硬件的研究一般不被列入汉字学著作或教材的内容。

本节提出一种"合治"的汉字符号学结构观:将文字结构的硬件

和软件二元要素看作是一种互动的关系,二者之间相互影响、相互渗透、相互转化,强调在二者之间的互动关系中研究其中的一个要素。并将汉字的硬件研究叫做汉字媒体学,将汉字的软件研究具体区分了汉字形体学和书体学两个概念。"形体学"研究文字的结构单位及其规则。"书体学"又包括三个子领域:汉字字体学、汉字书法学和汉字字迹学。

一、结构主义文字结构观

以往的文字学不太重视文字的硬件即媒体属性。比如"大"这个汉字,可以用钢笔写在白纸上,也可以用粉笔写在黑板上,还可以用打字机印在蜡纸上。也就是说,"大"在不同的物质状态下出现了三次。从记录语言的工具这一点讲,文字的物理表现的差别并不重要,它不影响人们对文字含义的理解,重要的是文字的结构形式相同,这种结构形式按照索绪尔的观点叫做符号能指,能指不是物质材料而是抽象的结构形式,能指的物质媒体因素可以忽略不计。索绪尔说:"符号书写的方式是完全无关紧要的,因为它与系统无关。我把字母写成白的或黑的,凸形的或是凹形的,用钢笔或是用凿子,这对它们的意义来说都是不重要的。"[①]在这里,文字的物理表现被忽略不计了。

索绪尔忽略文字的"硬件"是因其深刻的结构主义符号学思想。

任何符号都有两种关系:一是结构关系,即符号与符号、要素与要素之间的平面构成关系。如一个句子的主谓结构或一个"大"字的笔画结构。第二是意指关系,即符号能指与所指的关系。根据丹麦语言学家叶耳姆斯列夫的观点,意指结构是双层的[②]:如一个词可分出音(能指)和义(所指)两个部分,这是第一层意指关系。接着,我们还可对符号的能指面

---

① [瑞士]费尔迪南·德·索绪尔:《普通语言学教程》,高名凯译,北京:商务印书馆,1980年版,第167页。
② [法]罗兰·巴尔特:《符号学原理》,王东亮译,北京:生活·读书·新知三联书店,1999年版,第30页。

和所指面再进一步作意指关系的区分。比如,词语符号的语音能指还可划分出两个层面:一是物质媒介层面,即我们所谓的音素,一是语音的结构形式层面,即所谓的音位。或者说,音素是音位的物质表现,音位是音素的结构形式。同样,文字的能指系统——形体结构也包括两个要素:物质载体和结构形式。如汉字的"文房四宝"笔墨纸砚属于文字的物质载体要素,汉字的笔画构造属于结构形式。

在意指关系的双层结构中,其中每一层的二元成分(如物质载体与结构形式或词的音和义)也可看作是一种能指和所指的关系。在能指层内部,文字的物质载体相当于能指,我们也称为文字的"硬件";结构形式则是所指,也称为"软件";在符号层面上,文字的"形"相当于能指,它所表达的语言的音义则是所指。

索绪尔的结构主义强调符号的结构关系,认为一个符号或要素的价值来自它与另一符号或要素的区别和对立,因此,他对符号意指关系的研究持排斥态度。按照结构主义思想,符号的意指关系的二元要素(能指和所指)是等级制的:其中的能指(相对于结构形式的物质载体,或相对于意义内容的语音形式)是呈现所指的媒介和工具,它唯一存在的理由就是表现所指。能指并不想成为任何其他独立的东西,它只想成为表现所指的工具,并且它唯一的功能就是将自己让渡给所指,一旦过程结束,它的任务也就完成了。所以,在这个等级制的格局中,作为能指的符号要素没有独立的价值,不可能形成一个独立的研究领域。

二、分治的汉字结构观

这种忽略意指关系、贬低能指独立功能作用的结构主义,在汉字研究中采用了一种硬件和软件"分治"的文字观。就是孤立地考察某一要素,要么只注意到汉字的"软件系统"即形体结构形式的研究,要么将软件系统悬置而重点关注文字的硬件,并将硬件的研究排斥在文字学之外:文字软件系统是汉字结构研究的中心内容;其硬件的研究一般不被列入汉字学著作或教材的内容。

钱存训的《书于竹帛》和启功的《古代字体论稿》代表了汉字结构研究

中硬件和软件"分治"的二元对立格局。

《书于竹帛》①原以英文写作,1962年由美国芝加哥大学出版社出版,其后被译成中文、韩文和日文,受到国内外学术界的广泛重视。该书从文字考古的角度,充分利用传世文献和考古文物两方面极为丰富的材料,分别叙述了中国各个时代的主要文字载体,包括甲骨、青铜、陶器、玉石、简牍、缣帛和纸卷,以及书写工具的特质和历史演变。该书被誉为汉字媒体研究的经典之作,但人们一般只是从技术史、文化史和书史的角度评价它的价值,并不被看作是汉字学著作。至于汉字媒体与汉字结构形式之间的互动关系,更未纳入作者的研究视野。

汉字字体学属于汉字软件研究,代表作是启功的《古代字体论稿》。书法家启功对汉字字体进行研究已长达数十年之久。他的《古代字体论稿》②于1964年由文物出版社出版。该书出版后立即受到学术界的重视,其中的很多观点已成为后来文字学著作引证和立论的根据,在1978年再版。1999年,启功再次对此书进行了修订和补充。书中结合时代、地域、作者、工具等诸多因素,动态地说明了汉字大篆、小篆、隶书、八分等字体的形成、发展和流变。有评论者指出③,启功在该书中实际上已经为"汉字字体学"架构了体系,勾画了轮廓,指出了方向。该书因此被认为是"汉字字体学"的开山之作。

汉字字体学的研究范围基于人们对字体含义的理解。启功所谓的字体,指文字的形状,它包含两个方面:其一是指文字的组织构造以至它所属的大类型、总风格……其二是指某一书家、某一流派的艺术风格。启功指出了汉字传统"字体"的概念包括汉字的字形结构和书写风格两个内容。字形结构指由笔画构成的整字的结构形态,如简体字和繁体字、独体字和合体字、左右结构和上下结构的形声字等;书写风格则包括小篆、隶书、楷书等书写风格表现形式,还包括颜体、柳体等个人的书写风格。王

---

① 钱存训:《书于竹帛》,上海:上海书店出版社,2002年版。
② 启功:《古代字体论稿》,北京:文物出版社,1999年版。
③ 张洁宇:《学术界倡议"建立汉字字体学"》,《中华读书报》,2000年11月22日。

宁指出,[1]启功的"字体"不是指前者,而是指字的书写风格。她对启功的字体概念做了更明确的阐释:"汉字就在这个过程中具有了结构属性和书写属性两个大部分。字体属于书写属性,应当和结构分立。"她根据启功的论述总结了关于书写风格的主要内涵:

1. 笔势　也就是完成一个单笔画行笔的过程。它的特征主要表现在入笔和收笔的笔锋上。

2. 笔态　也就是完成以后单笔画的姿态。为了分析笔态,将笔画分解为头、胸、肚、尾四部,它的特征主要表现在各部分的肥细和均匀度上。

3. 笔意　也就是整个单字表现意义的样式。分为图画性强和图案性强两类。又分隆重的雅体和约易的俗体两种风度。

4. 结字　也就是整个单字笔画与部件的组合布局的状况。它的特征主要表现在疏密、匀称与否和重心三个方面。

5. 转折　也就是接笔与折笔转折处的轨迹。它的特征主要表现为圆转或方折上。

6. 行气　也就是字与字之间的连接状态。就走向而言,分横行气与纵行气两类;从连断的情状而言,有独立与牵连两种。

显然,启功阐释了一种分治的字体观:

其一,在文字结构的硬件(媒体)和软件(结构组织和书写风格)二元要素中,"字体"的含义主要指其软件性质。

其二,在软件内部的二元要素(字形结构和书写风格)中,"字体"又专指书写风格。

分治的字体观可简要地概括为:将构成文字字体的二元要素,如字体中的硬件与软件、软件中的字形结构与书写风格,处理为一种二元对立关系,通过悬置一方或切断二者的动态联系来孤立、静态地研究和考察另一方。

---

[1] 王宁:《汉字字体研究的新突破》,《三峡大学学报》,2001年第3期。

三、汉字结构的"合治"研究

将文字结构的上述二元要素看作是一种互动的关系,二者之间相互影响、相互渗透相互转化,强调在二者之间的互动关系中研究其中的一个要素——这是"合治"的文字结构观。

法国哲学家德里达从符号学的角度,提出了文字的硬件与软件相结合的问题:"……从风格和涵义的角度去考察这种结合;这些问题还涉及不同的书写符号形式与不同质料的结合,涉及不同的书写质料的外形(材料:木头、蜡、皮、石头、墨水、金属、植物)或工具(刀尖、毛笔等)的结合……"①他将这种对文字质料与形式间互动关系的研究叫做"文化笔迹学"。

在现代汉字学界,汉字结构的合治研究尽管没有形成一套自觉的理论纲领,但在实践中还是不乏坚持合治研究的个案。

李运富探讨了汉字物质载体与汉字形体即硬件和软件之间的关系:"由于汉字并非一时一地一人所造,写字用字时又往往受到书写工具、载体材料、字体风格、个人习惯、用字环境以及方言地理、人文风俗等因素和条件的影响,所以汉字不是一成不变的。"②

孟华在提出汉字结构应包括硬件和软件两大要素的同时,重点探讨了硬笔和软笔对字的结构的影响,指出硬笔的使用倾向于文字形体的简化,而软笔"从本性上是要求汉字繁写的"③。

王立军深入地探讨了汉字硬件对软件系统的影响:"在宋代以前,汉字曾有过多种载体形式,如用刀刻在龟甲和兽骨上的甲骨文,先在范上加工再用金属铸成的金文,直接用毛笔写在竹简和丝帛上的简帛文,用刀刻在石头上的碑刻文等。每种载体形式都有自己的独特之处,都曾对汉字

---

① [法]雅克·德里达:《论文字学》,汪堂家译,上海:上海译文出版社,1999年版,第129—130页。
② 李运富:《汉字形体的演变与整理规范》,《语文建设》,1997年第3期。
③ 孟华:《中西文字"硬件"的比较》,《现代语文》,1999年第6期。

发展产生过不同程度的影响。"①他重点以宋代的雕版印刷为例来说明汉字的硬件系统对字体形成的重要性。雕版印刷的出现,使汉字的大规复制成为现实。同样的字体,同样的字形结构同样的书写风格,经过大量复制而广泛流传,减少了辗转传抄过程中所极易产生的形体变异,给广大汉字使用者提供了相对统一的字形样式,对汉字的形体规范起到了重要作用。自雕版印刷问世以来,汉字的印刷字体基本上是楷书。字体没有改变,但其书写风格则发生了明显的变化,由最初的书法体演变为后来的刻书体,最终形成了风格独特的宋体字。雕版印刷与以前的传抄相比,受人为因素的影响较小,异体字、错别字等出现的概率也随之降低。同时,宋版印刷品流传速度比传抄本要快,流传面积也广,对文字形体的规范作用也较之传抄本要大得多。雕版印刷在制作程中也有其独特的审美要求,宋体字也就逐渐形成了笔画瘦硬、横平竖直的字体风格。

刘志基②、傅永和③考察了电脑时代文字的物理表现对形体结构所产生的影响。其影响可概括为四类:

1.字形的减省或改变。电脑媒体是用点阵来表现汉字的,有时因为点阵表现力和精确性的限制,不得不减省或稍微改变一下汉字字形的笔画。20世纪90年代国内广泛使用的15×16电子计算机,横超过八画的字就输不进去,勉强输入,只能求其轮廓,而这样的字形又不合法。如"量",九横,要以八横代替,不但上面的日字少了一横,日字中间的横变成了斜线,而且下部分口中的一横变成了两竖。类似的例子还有很多,如"属"(少了一撇)、"毫"(口变成了两竖)、"隋"(月字的两横变成了一横一竖)等。

2.对形似字的规范。点阵对每个字字形的表现有严格的点阵长短规范。"已""己""巳"三个字的手写体,因为每个人的书写习惯不同而不易分辨,但在电脑媒体上这三个字却是不易混淆的。

3.抑制字体简化的趋势。"撰文既然只需敲击键盘以调出储存的既

---

① 王立军:《雕版印刷对宋代汉字的影响》,《河南师范大学学报》,2002年第4期。
② 刘志基:《电脑对汉字命运的影响》,《语文建设》,2000年第6期。
③ 傅永和:《中文信息处理》,广州:广东教育出版社,1999年版。

成字形,传统的书写效率要求对文字体态的固有作用力自不免化为乌有。据此我们可以推论,基于书写效率要求的汉字的简化趋向,将因电脑书写方式的兴趣而基本上失去了意义。"

4.引起新的"书同文"运动。电脑媒体的字库里面储存的都是标准字体,一些不规范的字体将无法输入电脑。这些不规范的字将因电脑的不断扩大而失去存在的土壤。"在汉字文化圈内,'文字异形'乃是一个不争的事实。由是,我们不难作出这样的判断,正在不断扩张自己势力范围的电脑,将发动一场新的'书同文'运动。"

王宁则进一步对汉字字体软件系统内部的二元要素(字形结构和书写风格)进行了合治论的考察。她认为"汉字的研究分字形结构和字体风格两端",强调字体风格对字形结构的影响应该看作是汉字学的重要研究内容。她揭示出启功的《古代字体论稿》中也闪现着合治论的思想,如六国文字与秦文字由于政治分裂而引起的差异,首先是不同地域书写风格的差异,进而波及字形结构。再比如,隶变首先是书写风格的变化,而它带来的是一场深刻的结构变革。也就是说,"由于笔画方折的风格变化,已经影响到某些字的构造变化了"。王宁显然意识到了分治观目前仍是字体学研究的主流:"尽管一些文字学大家已经开始关注字体风格问题,但是,字体风格的论著在汉字理论研究领域仍然十分缺乏。在汉字学发展的过程中,字形结构始终是研究的主流,字体风格问题一直未能纳入汉字学的基础理论体系中去。"因此,王宁明确提出了一种合治的研究思路:"可见字体风格对字形结构的直接影响,不但研究字形结构的变异离不开字体风格;而且要想把汉字构形历史梳理清楚,不深入考察字体演变也是难以做到的。"①

四、汉字符号学的合治结构观

孟华于2001年系统地提出了一种合治的汉字符号学结构观。这是

---

① 王宁:《汉字字体研究的新突破》,《三峡大学学报》,2001年第3期。

一种二元互补的层累的文字结构观,①在下文阐发时我们对原作的某些分类有所修改。

首先,在汉字结构的第一层级,他提出汉字硬件和软件二元结构划分的概念,并将这二元成分归于汉字结构学内部的两个不可分割的相关要素。

汉字的硬件主要包括四个部分:

A. 书写工具:如毛笔字、钢笔字、楔形字。

B. 书写表面:如甲骨文、金文、黑板字。

C. 书写颜料:如粉笔字、铅笔字、彩笔字、烫金字、油印字。

D. 技术性书写手段:如刻字、印刷字(包括铅字印刷、电脑激光打印等)。

汉字的硬件研究他叫做汉字媒体学,主要研究汉字的上述四个要素即物质工具及其技术手段是如何影响了汉字的形体、如何影响汉字行使其各种符号功能的。

其次,在汉字结构的第二层级软件系统中,又进一步区分了汉字形体和书体两个概念。

"形体"即文字的结构单位及其规则,主要包括:A. 笔画与笔顺。B. 部件与部件组合。部件是由笔画构成,它是构成汉字的基本单位。C. 整字。部件组合的结果是整字。D. 行款。笔画和部件是文字结构内部的组织要素,行款是汉字系统即文字与文字之间的组织关系,即汉字的书写顺序或规则。形体是传统汉字学结构研究的中心内容。

"书体"指字的基本书写单位(线条和笔画)的物质手段不同而形成的风格。包括语言书体和言语书体二元要素。如毛笔和硬笔的不同形成的书体是因为普遍使用的书写工具的特殊性造成的风格,小篆、隶书和楷书是集体的书写习惯形成的风格,这些风格属于全社会集体习惯性规则,所以叫"语言书体"。汉字书法作品中如欧体、柳体、颜体之类的书写风格属

---

① 黄亚平、孟华:《汉字符号学》下编(汉字的共时研究,孟华撰),上海:上海古籍出版社,2001年版,第216—218页。

于个性化书写,我们根据索绪尔语言和言语的划分概念称其为"言语书体"。言语书体中又包括书法和非艺术性的个人书写字体。汉字书体学,主要研究汉字书写过程和物理表现所体现的社会特征、美学特征和性格心理特征,研究这些特征是如何影响了汉字字体、如何影响了汉字行使其各种符号功能的。书体学又包括三个子领域:汉字字体学(指"语言书体"的研究)、汉字书法学(指"言语书体"中的美学研究)和汉字字迹学(指"言语书体"中的个人心理研究)。

汉字符号学的结构观揭示了汉字结构中硬件和软件、软件中书体与形体、书体中言语书体和语言书体等层累的二元关系项,恢复了这二元关系项之间的意指关系性质——其中的前项是符号的能指,后项是所指。并强调二元关系项之间的整体性联系:我们无论研究哪一要素,都必须站在二元关系的角度来考察其中的一项。这种合治的汉字结构观不仅是对结构主义文字结构观的一个发展,而且尤其适用于分析表意汉字的结构特性。

原文孟华,王乐洋:《汉字物质结构研究的合治观——兼论索绪尔的文字结构思想》,载《语言文字应用》,2005年第2期。

第三节 "字本位"理论与汉语的能指投射原则

【提要】 字本位理论的主要含义是:具有意指性(非线性)单位性质的字,处于汉语语法结构的核心地位,以此为基础形成了独具特色的汉语语义语法。本节在"字本位"的基础上提出了能指投射原则:在非线性意指关系的两个相关单位如能指与所指、形式与内容中,能指、形式的结构性质决定了所指、内容的结构性质,所指结构是能指结构的投射。汉语的能指投射原则指,作为能指的汉字对作为所指的汉语的建构性,即从汉字与汉语的关系看,除了汉语对汉字的支配以外,还存在着一种汉字决定汉语、汉语模仿汉字的反向力量。这种反向力量即汉字的结构原则或意指方式在汉语结构中的投射。

一、"字本位"理论概说

徐通锵先生近十年来发表了一系列有关"字本位"语法理论的论文和专著,其主要观点是汉语的字是汉语语法结构中的基础单位。有些学者认为这里的"字"大致上相当于汉语的语素。但徐通锵区别了两者:"语素只是语言表达系统的一种结构单位,虽然它与内容系统有联系,但研究的时候不必涉及内容,以便有效地说明'语素由音位组合构成'的原理和语言结构的二层性"。① 徐认为这种观点来自结构语言学:"语言的结构可以分为表达和内容两个方面,语言学只研究表达的方面。语言的表达系统是一种线性结构……"(同上)也就是说,语素代表了一种线性结构单位,认为"字"是语素,其实是一种结构语言学观点。

徐通锵先生根据临摹理论认为语言是现实的编码体系,它的本质是一种非线性结构。这里线性和非线性就成了认识汉语性质的两个关键立场:线性涉及的是纯语言的结构形式关系,非线性涉及的是语言与现实的意指关系。如句法中的各个成分之间是结构关系,语言单位的音义结合关系则属于意指结构。因此,着眼于非线性的意指关系,必然考察的是语言单位的意指性质而不是结构性质:"语言非线性结构性质的基础是音义结合的统一体,它的各级结构单位都是音义结合的产物。"②

根据非线性的意指观分析语言的结构,其基本结构单位必须是意指性的语义单位(如汉语中的字)而不是线性的结构单位如语素。

那么衡量意指性的基础结构单位的标准是什么?徐通锵认为有三点:

一、现成的,拿来就能用;二、离散的,很容易和它相邻的结构单

---

① 徐通锵:《语义句法刍议》,载李瑞华主编:《英汉语言文化对比研究》,上海:上海外语教育出版社,1996年版,第1—12页。
② 同上。

位区别开来;三、在语言社团中具有心理现实性,即使是文盲,也能知道一句话中有几个结构单位,例如说汉语的人知道一个句子有几个字,说印欧语的人知道一个句子有几个词。①

这样,汉语的意指性或理据性的基础,就存在于字这一级符号中,因而字就成为汉语传统研究的重点。

拿意指单位的字和结构单位的词作为比较,汉语和印欧语的语法结构就发生了根本性的差异:汉语的字本位所决定的非线性或意指性的特点,使得汉语语法分析偏重音义关系以及以此为基础的语义结构分析。而印欧语以词为本位的线性结构单位的特点,决定了它的研究偏重通过符号的组合来弄清楚语言的线性结构,整理出以"主语-谓语"结构为纲的词法和句法。

徐通锵根据字本位理论提出的汉语语法研究的基本纲领是:

1. 汉语系统的非线性性质;

2. 语义在非线性的汉语系统中的核心地位;

3. 语义是汉语语句生成的基础。

汉字之所以是汉语基础结构单位,是因为它正好具备上述三个基本特征:

1. 汉语的字是一个非线性的意指单位。"语言非线性的实质是与理据性相联系的音与义的关系以及以此为基础的语义结构。汉语的字是体现这种结构性质的结构单位。"②因此,汉语字的意指关系远远大于结构关系。

2. 汉语的字在汉语句法结构中处于基础结构单位的核心地位。因为它"着眼于音义关联的基点和由此而形成的现成、离散、心理现实性三大特点"。

3. 汉语的字的理据性或语义性产生了汉语语义句法。"字是语言中

---

① 徐通锵:《语义句法刍议》,载李瑞华主编:《英汉语言文化对比研究》,上海:上海外语教育出版社,1996年版,第1—12页。

② 徐通锵:《说"字"》,《语文研究》,1998年第3期。

有理据性的最小结构单位,始终顽强地坚持它的表义性,因而以此为基础而形成的语法只能是语义句法。"①

这三点是笔者所理解的字本位的主要含义。用一句话表述就是：

具有意指性（非线性）单位性质的字,处于汉语语法结构的核心地位,以此为基础形成了独具特色的汉语语义语法。

二、理论价值

笔者认为,徐通锵的字本位理论是汉语界目前为止对汉语语法特性最有解释力的观点之一。它属于汉语研究领域近十几年来广义的功能语言学、认知语言学思潮的一部分。这个思潮的主要特征是,由关注语言自身结构系统的形式而转向关注语言与现实之间的关系,转向关注语言的系统功能和语义结构的描写。

这种转向是汉语研究历史发展的自然结果。

长期以来,汉语研究从"印欧语的眼光"出发,根据印欧语的结构符号性质,将语言符号的本质假定为结构（任意）符号系统,因此在许多语法著作中人们常常称语言符号为"结构体"。这成为汉语语法研究的共同纲领,相信汉语语法是自主的系统,是可以脱离它所代表的现实来进行纯结构的描写。无论是"句本位"（黎锦熙）还是"词组本位"（朱德熙）还是"小句中枢说"（邢福义）,都是在语言系统的框架内为解决结构问题而提出的。这些语法观关注的共同点是汉语的结构关系而非意指关系。

最近十几年来,汉语语法界开始注意结合汉语的功能和语义来研究汉语语法。例如"三个平面"理论、"配价语法"等。但是,尽管这些理论在语法研究中引进了对汉语语义的分析,但基本思路还是放在汉语结构关系的描写上,关注的仍是汉语语法成分的结构单位性质。

在三个平面理论中,所涉及的意义主要是语法意义："语法意义是指语法单位（或结构体）在组合和聚合中由一定语法形式所表现出来的关系意义,通常称之为结构意义或功能意义。""语法意义可从三个平面

---

① 徐通锵:《"字"和汉语语义句法的生成机制》,《语言文字应用》,1999年第1期。

进行分析：(1)表层意义,即成分与成分之间的关系意义。这是句法平面的意义……(2)深层意义,即词语之间内在的关系意义。这是语法的语义平面的意义。比如名词和动词发生关系时,在名词方面有所谓'格'范畴(施事、受事、工具、结果、处所,等等)方面的意义……(3)语用意义,即词语或结构体在使用中所具有的关系意义,这是语法的语用平面的意义。例如主题、评论的意义,句子的'行为类型'意义(陈述、祈使、询问、感叹以及主动、被动等),等等。"[1]

配价语法一般认为是由法国传入的,该理论是以词与词之间抽象的语义搭配关系的形式化描写为基础的。如：

小王歪着头/小王的头歪着/小王把头歪着

"歪"的配价能力要求一个主体成分与之同现,但对这一主体成分的句法性质却没有具体的要求。这一主体成分在表层句法结构中可以显现为主语,也可以显现为宾语等。这样,一价形容词"歪"的配价能力就描写出来了。配价语法的这种结构描写性质说明,"配价语法是一种结构语法。它主要研究以谓词为中心而构句时由深层语义结构映现为表层句法结构的状况及条件,谓词与体词之间的同现关系,并据此划分谓词的次类。"[2]由此可见,配价语法的语义与三个平面理论一样,都是一种语法义、结构义,这些意义涉及的主要是语言系统内部符号与符号之间的结构关系,而不是符号的意指关系。

至此,中国现代语法学的研究重心经历了从形式语法到语义语法的转变。但是,研究对象变了,而研究的方法并未发生根本转变。上述各学说的最终目的,是为缺少形态变化的汉语找到一套形式化的结构规则。这种形式主义的语言观在极大地推动了汉语研究现代化的同时,又遮蔽了语言的另一面,即语言的意指性所反映的主体精神,以及由此产生的与其他语言截然不同的结构面貌。形式主义的汉语观对意指性问题、对汉语理论批评的抑制和排斥,显然已成为一种官方意识形态,由国家财政支

---

[1] 范晓：《三个平面的语法观》,北京:北京语言文化大学出版社,1996年版,第33页。
[2] 沈阳、郑定欧主编：《现代汉语配价语法研究》,北京:北京大学出版社,1995年版,第6、7页。

持的汉语主要刊物、研究基金的申报和科研成果的评审等,其判定标准常常体现了轻理论反思和批评、重线性结构规则描写的取舍倾向。

字本位理论的倡导者显然将上述线性结构描写的研究倾向看作是"印欧语的眼光"。并明确宣布,字本位的纲领是将非线性特征作为汉语研究的核心。

索绪尔的语言学有两个最高原则,符号的任意性和线条性原则。二者是一个问题的两个方面,任意性通过强调语言符号的能指和所指的分离性而将所指悬置,使之成为自足的横向关系系统,这个关系系统主要表现为线条性。

字本位的非线性理论的基础是:语言是现实的一种编码体系,研究这种编码系统的最基本关系是语言与现实、词语的音义或符号能指和所指的结合关系。字本位重要的理论来源是功能和认知语言学中的"临摹性原则":语言形式反映了人们对世界的体验感知和认知方式,因此语言的结构特别是语法结构跟人们对客观世界的认知具有相当程度的相似。显然,他所说的语言的非线性特征,就是符号的意指性,以及在临摹性基础上产生的理据性或可论证性。例如形音义结合体的汉字单位与西方语言的语素单位相比,前者的"一个字,一个音节,一个概念"的意指格局,就是非线性关系。当然意指性或非线性这个概念不一定全部属于语义学的。汉语的一个完整的音节都有一个声调,这个声调具有非线性特征。但按照线性主义的语言观分析,这个声调只不过是平行于声母和韵母,或平行于元音和辅音之间的第三个要素:调位。但是线性语言观不能解释,汉语的声调是统领声母和韵母的一元化力量,这种超然于音段之上的旋律因素很可能是形成声韵二元互补结构的决定因素,而这种旋律因素形成的更底层的原因很可能来自汉民族的诗性动机。这种诗性动机我们不能归之于概念义,它属于一种意指方式,这种意指方式使语言的结构单位获得了一种人的视角或主体色彩。这种含有意味形式的视角和色彩,也属于意指现象,因此也可以处理为一种意指单位、非线性单位。

徐通锵将临摹性原则引入到汉语语法结构的分析当中,提出了"字本位"的语法观。这种语法观进一步说明,汉语是一种意指性强于结构性、或线性结构弱于非线性结构的语言。这一点正好与印欧语的"词"形成鲜明对照。印欧语的基本结构框架是以句子为本位,以词为句法结构的基本单位。一个句子必须有一个主语、一个谓语,而且也只允许有一个主语、一个谓语,相互之间由一致关系联系着。这种句本位的结构关系控制着句子以下的各层结构规则。尽管词可以发生各种不同的形态变化,但它必须接受一致关系(主—谓)和支配关系(动—宾)的制约。这样印欧语中的词就成了一个结构单位,它的价值来自大于它的句子结构的支配,它在这个结构中有明确的功能特征(动词、名词等),结构单位的前后选择限制由于受一致关系之类规则的制约,词与词之间的结构关系紧密,环环相扣,而像语境、交际意图等意指因素无法参与句子的构造。相反,由于汉语以"字"为基本单位句法结构具有开放性、功能模糊性等特点,语境、交际意图、主体动机等意义因素都参与到句子的构造中来,这使得汉语句法更受意指规则的制约而淡化了结构规则。

徐通锵的字本位理论的价值在于:

1.从认识论上看,明确地将非线性和编码关系作为研究的方法论基础,找到一条适合汉语研究的道路——这就是将汉语的意指关系作为主攻方向。这个方向将代表着21世纪汉语研究的主要倾向。

2.从本体论上看,字本位揭示了汉语基础性编码机制是理据性的,印欧语言是约定性(任意性)的。根据符号学的观点,意指性编码和结构性(任意性编码)是这两种语言的主要区别性特征。

3.揭示了基础理据性质决定了汉语结构的性质。理据是一种符号意指现象,符号动机关系切分出的单位是能指和所指,符号任意关系切分出的单位是结构体(语素、词、词组等)。汉语基础理据的切分点在字的动机性理据上,印欧语的切分点在词任意性理据上。正是由这些不同的基础理据决定了语言的不同面貌,这是学术界目前对汉语特征最为深刻和明确的揭示。

4.徐的字本位实际上属于广义的符号学理论思潮的一部分。符号学理论主要是一种关于意指关系、意指功能和意指方式的理论,尽管它的视野超出了语言学,但其主要活动领域还是在语言学。尤其在意指性的汉语中,这里蕴藏着无比丰富的符号学资源。

三、汉语的能指投射原则

字本位理论谨慎地使用"字"或"汉语的字",以示与"汉字"的区别:"字"是汉语语法的结构单位的概念,而"汉字"则是汉语书写单位或形体的概念。

但是,术语上的区别并不完全能克服理论上的模棱两可。即徐通锵先生一方面承认汉字是形音义不可分割的结合体,另一方面又强调"字"是一个语法结构单位,可以脱离书面形式而独立存在,比如口说的字(词)。

这种矛盾性表现为:

其一,在线性关系即汉语各级结构单位中,"字"是核心的、基础的结构单位,而不是语素。从结构关系上讲是"字本位"。

其二,在非线性临摹关系中,即"形音义"三要素的结合关系中,音义是中心,文字或形体是从属的:"'三位一体'中的'形'属于书写范畴,只能作为辅助的标准,重点应该研究音与义的关系,因为它们都是纯语言的问题。"①从意指关系上讲是"语言本位"。

以上第一点是关于对汉语事实的描写,第二点是关于这些描写事实的理论解释。但是,在这里不幸发生了矛盾,事实描写的理论与事实解释的理论相悖:一方面汉字在结构中是本位的、核心的;另一方面,在与汉语的关系中汉字又是从属的、非中心的、非本位的。这种自相矛盾,主要在于徐强行将"汉语的字"和"汉字"这两个不可分割的符号单位人为地划归为两个不同范畴。

我们认为,徐第一个结论是"汉语的眼光",深刻地揭示了汉语的事实;第二个结论却是"欧洲的眼光",即在汉语和汉字的关系上奉行"语言中心主义",对汉语的事实做出并非全面的解释。

---

① 徐通锵:《语义句法刍议》,载李瑞华主编:《英汉语言文化对比研究》,上海:上海外语教育出版社,1996年版,第1—12页。

因此笔者认为,结构关系字本位和意指关系语言本位的矛盾,是"字本位"的一个理论破绽。也就是说,徐发现了汉语结构关系的字本位现象,即汉字在汉语结构中的核心位置,但是很可惜没有再向前迈出第二步:没有进一步揭示出导致这种结构关系上字本位现象的更底层的原因——笔者认为是意指关系的字本位,即汉字对汉语语法单位所施加的巨大影响。

什么是意指关系的字本位?笔者将其概括为"汉字投射原则"。即从汉字与汉语的关系看,除了汉语对汉字的支配以外,存在着一种汉字决定汉语、汉语模仿汉字的反向力量。这种反向力量即汉字的结构原则或意指方式在汉语结构中的投射。

汉字的投射原则包括个体投射和系统投射两个方面。

个体投射即个体的、局部的汉字单位对个体的、局部的汉语单位在结构上所施加影响。如"'发酵'按照字典应当读 fājiào,但是很多人说 fāxiào。声旁'孝'发生了影响。'龋齿'按照字典应当读 qǔchǐ,但是很多人说 yǔchǐ。声旁'禹'发生了影响。"[①]部分汉字声旁对部分汉语词语语音结构所发生的影响,就属于个体投射原则。

系统投射原则指整个汉字系统对整个汉语系统所发生的影响,更准确地说,指汉字系统的结构原则或意指方式影响了汉语的结构原则或意指方式。

例如汉字约束了汉语的分化;汉字影响了汉语的构词法和组句方式(如语序);汉字的别义性使得汉语的语音别义下降;方块汉字使汉语音节趋减、增强了汉语的韵律特征等,都属于汉字的系统投射原则。

笔者认为,徐通锵先生揭示的汉语语法结构关系中的字本位现象,就是意指关系中的汉字系统投射原则所导致的结果。在《语言论》中,他已经涉及汉字系统对汉语的投射作用。徐通锵将汉语言文字的意指方式概括为"比类取象":"'比类'就是联想,比喻例证,通过事物间的横向比喻来解决'取象'和'尽意'两个问题。""'取象'就是把某种特定的现象

[①] 周有光:《语文闲谈》(下),北京:生活·读书·新知三联书店,1995年版,第104页。

与有关的现象联系起来,找出其间的规律性联系,借此去把握'象'的性质和特点。"①汉字的"比类取象"就是其表意性。汉字的表意有两个方面:一是造形表意,如象形字;二是造意表意,如形声字、(书面)意译、半意译外来词。象形字的"比类取象"是不言而喻的。什么是造意表意?即通过汉字符号的再组合,形成二级性、语义上的"比类取象"。例如像"供、恭、拱、栱"这类形声字的声符都含"双手托物"的义类,因此,声符在这里充当了"类"的作用。而形符所表示的意义仅仅是一种"象"。这些形声字说明,不同的"象"中隐含有一个共同的义类。② 这就是汉字造意的"比类取象"。

汉语复合词的意指方式或编码原则也是"比类取象":

  璧谢 称谢 酬谢 辞谢 答谢 代谢 道谢 凋谢
  感谢 鸣谢 申谢 推谢 婉谢 萎谢 谢谢 致谢

这组复合词的后一语素代表"类"义,前一语素则代表"象"即描述后者的语义特征。③徐通锵认为,复合词编码格局的义类和义象即"比类取象",是"单字编码格局义类与义象……的结构原理的延续和发展"④,"研究汉语的语义结构,首先得抓住字族"⑤。显然,这里已经涉及了汉字向汉语的投射问题。

汉字的"比类取象"不仅仅投射到复合词上,也投射到了汉语句法结构中:汉语句子中说话的主题或话题就是"类",是陈述的对象;用来衬托、说明主题即"类"的,则是"象"。因此,徐通锵建议放弃传统的"主语-谓语"结构框架,改用"话题-说明"的框架分析汉语的句法结构通道。⑥

当然,徐通锵在理论上并不承认能指(汉字)对汉语的投射作用,他主

---

① 徐通锵:《语言论》,长春:东北师范大学出版社,1998年版,第47、48页。
② 同上书,第302页。
③ 同上书,第365页。
④ 同上书,第366页。
⑤ 同上书,第296、297页。
⑥ 同上书,第421页。

要论证的是汉语和汉字在理据性编码方式(意指方式)即"比类取象"上具有一致性或同构性。在方法论上,徐通锵强调的是汉语对汉字的投射即"所指投射原则"。根据西方理性主义传统,语言是观念的符号,文字是语言的符号。也就是说,语言是模仿观念的,文字是模仿语言的。根据这种"所指投射原则",徐通锵认为,汉语体现了汉民族"比类取象"的思维方式,而"汉字是适应汉语结构特点的最佳书写形式,忠实地恪守着汉语的'比类取象'的临摹性编码方式"。① 这种"所指投射"的观点,可能与美国实用主义、科学主义的哲学语言学传统有渊源关系。

四、余言

汉字是建立在汉语之上的第二级符号系统。相对而言,汉字是能指,汉语是所指。汉字的投射原则属于符号语言学范畴,属于汉语中普遍存在的"能指投射原则"的有机组成部分。

所谓能指投射原则,笔者将其概括为:在非线性意指关系的两个相关单位中,如能指与所指、形式与内容等,能指、形式的结构性质决定了所指、内容的结构性质,所指结构是能指结构的投射。当汉字结构性质在某些方面决定了汉语音节结构性质时,这就属于能指投射原则。反之,则是所指投射原则。

再如汉语语句平面上的韵律结构对句法结构发生支配性影响,也属于能指投射原则:"我们认为韵律对句法的制约在汉语里表现得最突出、最深刻;其根本原因恐怕就是因为汉语里有如下两条基本规则:(1)'标准语素是单音节';(2)'标准音步是双音节'。单音节语素跟双音节音步的普遍性,使得汉语的词法跟组词造句时不得不顾及这两者之间的关系,不得不受到它们的影响和限制……"②

上述的两条基本规则,"标准语素是单音节""标准音步是双音节",就是汉语能指投射原则的重要表现。此外,在汉语的个体单位方面,如音节

---

① 徐通锵:《语言论》,长春:东北师范大学出版社,1998年版,第266、267页。
② 冯胜利:《汉语的韵律、词法与句法》,北京:北京大学出版社,1997年版,第100页。

的"声韵调"三个部分中"调"对音节结构的统领功能,汉字形音义三位一体中"形"对"音义"的统领功能,也都属于汉语的能指投射原则。汉语的能指投射原则是汉语的一个重要的区别性特征,这里展现了一个非常广阔的研究领域。

根据汉字投射原则或汉语的能指投射原则,笔者建议徐通锵先生在其字本位理论中取消"汉语的字"与"汉字"的区别,直接使用"汉字本位",以将结构关系的字本位与意指关系的字本位结合起来。

字本位理论以及建立在此基础上的汉字(能指)投射原则告诉我们:汉字蕴涵了汉语的最基本结构精神和编码原则,研究汉语,必须从汉字开始——这意味着新的汉语研究范式的形成。

原文《"字本位"理论与汉语的能指投射原则》,载《语言教学与研究》,2001年第6期。

第四节 索绪尔语言理论中的字本位思想初探

【提要】 索绪尔虽然强调文字对语言的依附性,但他的关系论思想却使他在处理语言和文字的关系时,不得不面对文字对语言的巨大的反作用这一事实。本节讨论了《普通语言学教程》中的有关文字对语言遮蔽和投射的思想,名之为"字本位"思想。文字的遮蔽原则是指:在记录和书写口语时,人们把本质上是偏离性的文字误当成是零度或等值的。文字的投射原则是指文字的结构力量投射到语言上,引起语言的变化。

一、言本位的索绪尔和字本位的索绪尔

学术界一般以索绪尔的下列论述来判定他的文字观的:

"语言和文字是两种不同的符号系统,后者的存在只是为了表现前者。"①这种文字观被德里达批评为"语音中心主义"或"逻各斯中心主义",②其基本立场是:文字是记录语言的工具,是以自己的消失唤出语言在场的透明媒介,因此,文字没有自己独立的价值,文字学从属于语言学。根据索绪尔的上述逻辑,语言的本质始终与文字无关,"语言有一种不依赖于文字的口耳相传的传统",所以,语言学可以在一种"去文字"的状况下研究语言,"语言学的对象不是书写的词和口说的词的结合,而是由后者单独构成的"。③

但是,索绪尔又不得不面对语言依赖于文字这样的事实:

"假如一个人从思想上去掉了文字,他丧失了这种可以感知的形象,将会面临一堆没有形状的东西而不知所措……声音脱离了书写符号,就只代表一些模模糊糊的概念,所以人们还是宁愿依靠文字,尽管那是会使人上当的。"④

尤其是在历史语言领域,我们只能按照文字呈现的面貌去研究古代语言,文字几乎成了古代语言唯一的存在条件。这就发生了次序的颠倒:作为工具的文字,反而变为语言的本原。

语言对文字的依赖或文字是语言存在的基本条件的性质,我们称之为"字本位"性。而相对的另一种属性,即文字对语言的依赖性质,我们称之为"言本位"性。

这样就有了两个索绪尔:一个是理论上坚持"言本位"的立场,另一个则承认语言中存在的"字本位"现实。所以德里达提醒我们要注意"索绪尔那里行为与意图的这种紧张关系。"⑤

学术界通常忽视了索绪尔关于"字本位"性的论述,而这种字本位性

---

① [瑞士]费尔迪南·德·索绪尔:《普通语言学教程》,高名凯译,北京:商务印书馆,1980年版,第47页。
② [法]雅克·德里达:《论文字学》,汪堂家译,上海:上海译文出版社,1999年版,第59页。
③ [瑞士]费尔迪南·德·索绪尔:《普通语言学教程》,高名凯译,北京,商务印书馆,1980年版,第47、49页。
④ 同上书,第59页。
⑤ [法]雅克·德里达:《论文字学》,汪堂家译,上海:上海译文出版社,1999年版,第40页。

恰恰是汉语言文字的重要特征,因此总结索绪尔这方面的思想具有十分重要的理论和现实意义。

二、文字的遮蔽原则

在《普通语言学教程》中,索绪尔字本位分析主要围绕两点展开:一是文字的遮蔽原则,二是文字的投射原则。先讨论第一点:

遮蔽原则是指文字遮掩了语言本来的面貌,导致人们把文字当成语言本身。索绪尔举了法语单词 oiseau(鸟)的例子,实际上该词应读[wazo],字母读音与该词的实际读音完全不同。据此索绪尔指出:"文字遮掩了语言的面貌,文字不是一件衣服,而是一种假装。"①人们常常把书写形式误作读音规则,结果产生了文字对语言的遮蔽。

遮蔽原则与文字的偏离性有关。

所谓偏离就是文字与语言单位不是准确的一一对应的关系,与之相对的是零度关系。世界上绝对的零度文字是没有的。如一个汉字"长"可读 cháng,也可读 zhǎng,甚至有多少个方言区就有多少个对该字的读音。当拉丁字母被借用来记录不同的语言时,字母与音素也经常是偏离的。如德语中就有所谓的间接写法。德语的 Zettel(纸条),Teller(盘子)等词的实际读音中虽然没有任何复辅音,可是要写成 tt,ll。英语中常要添上一个词末的哑 e 来表示前面的元音念长音,如 made,该词实际上只和一个元音有关,但书写形式却好像造成了第二个元音。拉丁字母的偏离一般表现为字母的线性长度超过了音节的长度,在字面上有了多余的、不出声的字母符号,也造成了字母对语音的偏离。

相对而言,英语比法语有更严重的字母与语音偏离的情况。例如:

两个字母表一个音值:

th \θ\ ; ds \ z \ ; ea \ iː \ ; ee \ iː \ ; ss \ s \ ; ph \ f \

一个字母表两个或两个以上音值:

---

① [瑞士]费尔迪南·德·索绪尔:《普通语言学教程》,高名凯译,北京:商务印书馆,1980年版,第56页。

s \ s \、\ z \;i \ ai \、\ i \;e \ e \、\ i \、\ i: \

好几个字母表同一个音值：e 、i \ i \

字母不表音值：

gh 在 light，hight 中；e 在 make，fate 中。

　　文字的遮蔽是建立在偏离基础上的：一方面文字单位与语言单位不可能绝对地对应，因此文字表现语言时总是有偏离性的。另一方面，文字的物质铭刻性又使它获得了一种恒定的、统一的视觉形象，这种视觉形象使人们容易把文字呈现的语言当作语言本身，误认为文字是零度的。这就是文字的遮蔽性。遮蔽性可进一步定义为：在记录和书写口语时，人们把本质上是偏离性的文字误当成是零度的或等值的。

　　法语词 roi，loi 的书写形式 oi 记录的是 13 世纪的发音，那时书写形式与音值之间是相对零度的关系。但文字的书写形象是凝固的，而语音还继续发展。到了今天这两个词在法语中仍写作 roi，loi，而实际音值却已经演变为[rwa][lwa]。由于语言不断发展，而文字停滞不前，最终二者发生偏离，这种偏离是一种历时的偏离。

　　文字的偏离遮蔽了语言的历史变化，使认知古代语言的难度增加。古高德语，ertha，erdha，erda（土地）或 dhri，thri，dri（三），其中的 th，dh，d 都表示同一个音值，但我们却无法断定是哪一个正字法所记录的音素。同一个词在相邻方言文献里写法不一样，如有的写作 asca，有的写作 ascha（灰），这也会造成复杂的情况：到底是两种发音，还是一种发音的两种写法？若是后者，又到底哪一种写法反映了真实的音值？

　　甚至语言学家也被文字的遮蔽所迷惑。索绪尔举例说："连葆朴本人也没有把字母和语音很清楚地区分开来；读他的著作会使人相信，语言和它的字母是分不开的。他的直接继承者也堕入了这一陷阱。擦音 p 的写法 th 曾使格里木相信，这不仅是一个复合音，而且是一个送气塞音：他在他的辅音演变规律或'Lautverschiebung'中就是这样派定它的地位的。"①

---

　　① ［瑞士］费尔迪南·德·索绪尔：《普通语言学教程》，高名凯译，北京：商务印书馆，1980 年版，第 49 页。

这里索绪尔是批评格里木实际上是根据书面语言的性质给口语定性,用文字的分类代替了语言的分类。文字遮蔽了语言本身的规则,甚至进一步影响了语言规则的制定。

文字不仅仅遮蔽了古代语言的原貌,其偏离性还常常造成言语应用中的误读。如法语初学者不知道 gageure(赌注)应该念成 o 还是 u,因为 eu 即可以读 o(如 heure),也可以读 u(如 geole)。在英语学习中,often(常常)和 soften(使柔和)通常没有 /t/ 的音,但有些人根据拼写,仍然把 /t/ 发出声。

作为英语的学习者,中国学生会有这样的经历,老师会经常告诫我们要注意一些字母的特殊或例外的发音情况,例如:在 many 中,a 要发成 /e/,而这个 a 许多学习者常发成 ei 或 æ。这是因为 ei 或 æ 是元音字母 a 的较为固定的音值,由于字母的遮蔽作用,人们就倾向于根据字母的常见形象来读具体的音值。所以索绪尔指出:"我们说某个字母应该怎么怎么念,那就是把声音的书写形象当作声音本身……意味着语言依附于书写的形式。这无异是说,人们可以容许有某种违反文字的东西,好像书写符号就是规范。"[①]这是对文字遮蔽原则的最好阐述。

汉字对语音的遮蔽更为突出。如汉民族言语活动中特有的"秀才识字读半边"的误读现象:造诣(zàoyì)中的"诣"读成"zhǐ",谆谆教导(zhūnzhūnjiàodǎo)的"谆"读成"hēng"。几乎每一个汉族人在识字之初都有过这种经历。tank,disco 的中译词是:坦克(tǎnkè)和迪斯科(dísīkē),其中克(kè),斯(sī)都以一个音节对应了英语词中的一个辅音字母 k,s。音节性的汉字将语言中的音素遮蔽了。瑞典汉语学者高本汉,根据英国汉学家艾约瑟的假设,提出古汉语语音中有复辅音 pl-、tl-、kl-。这些假说现逐渐被中外学者所接受,认为上古汉语有复声母的学者越来越多。但是,汉学界证明上古汉语复辅音的材料和手段都是间接的,主要通过古今俗语中的联绵词、古代典籍中的异文又读、汉字的谐声现

---

① [瑞士]费尔迪南·德·索绪尔:《普通语言学教程》,高名凯译,北京:商务印书馆,1980 年版,第 56 页。

象、同语系的语音材料等途径来间接证明和构拟。至今还缺少上古汉语复辅音的直接证明材料,仍有许多学者对复辅音说持怀疑和反对立场。复辅音假说之所以难以定论,其中一个原因是汉字的遮蔽原则所致。上古汉语的研究主要材料是古籍文献,汉字书写单位不能直接呈现和标记辅音这一级语音单位,这使得复辅音的研究扑朔迷离。林语堂说:"因为中国文字素来非用字母拼音,所以就使古时果有复辅音,也必不易直接由字形上看出来(譬如用罗马字母拼音便可一目了然,无待详辨)。"①陈独秀也指出:"自单音象形字固定以后,无法以一字表现复声母,而在实际语言中,复声母则仍然存在,于是乃以联绵字济其穷,张有《复古编》所举联绵字如劈历、玓珠、昆仑等,皆合二字为一名,二声共一韵,其为复声母所演化无疑也。"②

三、文字投射原则

当少数的文字误读现象突破了言语的范围,为整个语言社团所接受,演变成语言的变化时,文字对语言的遮蔽也就变成了投射。所谓的投射原则是指文字的结构力量投射到语言上,引起语言的变化。

索绪尔十分清楚地认识到了文字的投射原则:

"但是字母的暴虐还不仅止于此:它会欺骗大众,影响语言,使它发生变化。"③

索绪尔举了一个例子,来说明文字引起的语言的变化。法语词 Lefebvre 仅仅是 Lefevre(文绉绉的)讲究词源的另一种写法而已,b 音从未在这个词里真正存在过,而现在,人们可真照着这个念了。④ 语言中没有 b 这个音,仅仅是因为文字误读的结果,人们硬是按照书写的暗示造出了

---

① 林语堂:《古有复辅音说》,载赵秉璇、竺家宁编《古汉语复声母论文集》,北京:北京语言文化大学出版社,1998年版,第14页。
② 陈独秀:《中国古代语音有复声母说》,载赵秉璇、竺家宁编《古汉语复声母论文集》,北京:北京语言文化大学出版社,1998年版,第25页。
③ [瑞士]费尔迪南·德·索绪尔:《普通语言学教程》,高名凯译,北京:商务印书馆,1980年版,第58页。
④ 同上。

一个 b,这就是投射原则。

还有个例子。索绪尔说,现在巴黎已经有人把 sept femmes(七个女人)中的 t 念出来了(是误读的结果),而达尔姆斯忒(法国语言学家)预言有朝一日,人们会把 vingt(二十)这个词的最后两个字母也念出来。① 索绪尔的意思是,尽管 vingt 中的 gt 是哑音字母,但偏离和遮蔽所导致的误读,迟早成为语言社会普遍解释的事实。假如有朝一日 gt 读出声音,这就是文字的结构力量投射到语言身上,文字的事实成为了语言的事实,它是人们误把偏离的文字当成是零度现象来运用而造成的。

索绪尔还揭示了文字控制语言的另一个事实。如法语词 hache(大斧)、hareng(卷鱼)、honte(耻辱)中的 h,过去曾是发音的,这些词都服从"送气的 h 前不能有连读和省音"这一读音规则,但是现在这些词的 h 音已不发音,它们实际上只是以元音开头。但由于受书写形式 h 的制约,这些词在与其他词连读时仍受开头辅音规则的制约,还要继续禁止 h 前面的连读或省音。② 这也是一个文字的投射问题:过去字母结构与音素同构,后来音素变了,而文字相对稳定,结果某些字母就读不出音来。字母与音素发生了偏离,产生了冲突。在冲突中,如果是语言的力量战胜了文字的力量,文字的读法就要服从语言的现状,这是语言投射;而如果文字坚持自己的老规矩、老念法,继续控制实际的读音,这是文字投射。很显然,这个 h 的例子中,反映的是文字凝固的旧规则仍在继续控制着语音,因此是文字的投射。

我们还可以补充英语中文字投射的例子:18 世纪以前,大部分以 h 开头的词,是没有 / h /这个音的,因此,honest(诚实的)、hour(小时)、habit(习惯)、heretic(异教徒)、hotel(旅馆)、hospital(医院)、herb(药草)中的 h,在当时都是不发音的。现在,除了像 honest 和 hour 这样经常使用的词,其中的 h 仍然不发音以外,上述其余的词都已经发 h 这个音了,它是人们按照拼写读音而造成的文字对语言读音的改变。在汉字中文字

---

① [瑞士]费尔迪南·德·索绪尔:《普通语言学教程》,高名凯译,北京:商务印书馆,1980 年版,第 58 页。
② 同上书,第 58 页。

投射更是突出:当某个字"读半边"式的误读被整个汉语社团接受,纳入语言的范围之后,这个字就完成了自己从遮蔽汉语到投射汉语的过程。如:曝光的曝本来的读音是 pù,现在却已读作 bào,刽子手的刽本来读 guì,现在台湾却已读做 kuài——这些都是对声旁的误读造成的。

四、结语

文字对语言的遮蔽和投射构成了我们所说的"字本位"性。关于字本位性的思想,在索绪尔《普通语言学教程》那里已经十分成熟了,择其要点综述如下:

1.首先,词的书写形象使人突出地感到它是永恒的和稳固的,比语音更适宜于经久地构成语言的统一性。

2.在大多数人的脑子里,视觉印象比音响印象更为明晰和持久,因此他们更重视前者。结果,书写形象就专横起来,贬低了语音的价值。

3.以文字为载体的文学语言迫使人们遵守严格的书面规则,结果"人们终于忘记了一个人学习说话是在学习书写之前的,而它们之间的自然关系就被颠倒过来了"[①]。写战胜了说。

4.当语言的力量和文字的力量发生龃龉的时候,常常是文字占了上风,"于是文字就从这位元首那里僭夺了它无权取得的重要地位。"[②]

不难看出,索绪尔的上述观点尽管揭示了字本位性,但他仍是语言中心主义:将字本位性看作是对语言决定文字的"自然关系"的颠倒,认为是"僭夺了它无权取得的重要地位"。但索绪尔的关系论思想却使他在处理语言和文字的关系时,不得不面对文字对语言的巨大的反作用这一事实,因此,他全面而详实地分析了文字对语言的遮蔽和投射,揭示了字本位性质。学术界对于索绪尔这方面思想的总结、研究还十分薄弱,在我国甚至是空白。而遮蔽和投射是所有文字及其语言共有的现象,尤其是表意性汉字对汉语的遮蔽和投射是非常突出的,因此重新发掘、研究索绪尔的文

---

① [瑞士]费尔迪南·德·索绪尔:《普通语言学教程》,高名凯译,北京:商务印书馆,1980年版,第50页。

② 同上书,第57页。

字观,对于汉语学乃至整个语言学的研究应该是大有裨益的。

原文孟华、杜彩霞:《索绪尔语言理论中的字本位思想初探》,载《汉字文化》,2005年第2期。

第五节　在言文关系中研究汉语词汇

【提要】　本节将异质性的"言文关系"作为一对理论范畴来考察汉字和汉语。通过对汉语词汇异质性言文关系的考察,提出"在汉字和汉语即言文的关系中研究汉语(或汉字)"的合治语言观。言文关系主要包括分离性和统一性两个基本问题:言文分离性主要回答,如何从汉字单位中分离出"言"的因素,或如何从汉语单位中分离出"文"的因素;言文统一性主要回答,言文关系以谁为本(言本位还是字本位)和二者相互转化的问题。

一、言本位汉语观

传统词汇学研究实际上是以汉字为本的训诂之学,以汉字的在场代替了汉语的在场。"五四"前后的"去汉字化"新文化运动,使而后诞生的现代汉语学走向了反面,以汉语的在场取代了汉字的在场。汉语词汇学经历了词语单位形音义剥离的过程,将"形"的部分交给了汉字学,而词汇学主要研究音义结合的符号单位。词汇学中的这种淡化汉字、以汉语音义单位为本的研究倾向我们称为言本位的词汇观。

言本位汉语观弱化汉字的倾向,主要表现为一种平面的、分治的汉字汉语观:在汉语的研究中漠视汉字因素,而在汉字研究中悬置汉语。

言本位汉语观的典型代表是邢福义先生的"大三角"理论[1]。邢福义

---

[1]　邢福义:《语法研究中"两个三角"的验证》,《华中师范大学学报》,2000年第5期。

认为汉语存在"普—方—古"三角关系。研究现代汉语共同语语法时,为了深化对语法事实的认识,有时可以"普"为基角,撑开"方"角和"古"角,形成语法事实验证的一个"大三角":

"普"是"普通话"的简称,指现代汉语共同语的语法事实。一个语法现象,只要在现代通行,能够为全中国东西南北中的人们所理解和接受,它便是普通话的语法现象。对于现代汉语语法研究来说,普通话语法是最基本的研究对象,因此,"大三角"中的"普"角是"基角"。

"方"是方言的简称,指现代汉语里的方言事实。方言语法现象相当丰富复杂,并不像通常所说的那么单纯。方言语法研究,有必要在更细的线索上进行,在比较隐蔽的层次上作更深的发掘。在"大三角"的事实验证中,"方"角起着举足轻重的作用。

"古"是古代近代汉语的简称,指汉语里跟现代相对的古代近代的语法事实。"古"角所用的语料固然可以是文言文,也可以是《红楼梦》《儿女英雄传》等白话文作品中可以说明问题的现象。当然,从严格意义上说,"文言"和"白话"是有很大的不同的。

汉语"大三角"的研究是建立在"汉语的在场和汉字的不在场"这一理论预设基础上的。抽去了汉字这一要素后,所谓的"普""方""古"便成了只有语没有字、只有言没有文的汉语平面上的三个要素。

其实无论是古汉语还是现代汉语普通话,都有一个言文关系问题。就古汉语而言,对今人只是一种文本语言,汉字成了古汉语存在的基本条件。如果我们将古汉语研究看作是一个纯语言问题而不问构成古汉语的条件,那么这种研究得出的结论是不可靠的。书面文献是古汉语的主要存在形式,是过去的口头汉语消失的"痕迹",这种古汉语严格意义上应定义为"文字呈现的古代语言"。尤其是古文言,一般认为是先秦汉语口语的记录,是口语中消失了的语言在汉字书面中的存留。古文言是以汉语的历时不在场作为自己在场的理据的,也就是说,借助于先秦口语的不在场,文言成为古汉语的唯一在场形式。因此,古代汉语永远只能以汉字的眼光、汉字的方式被呈现。一切在文本条件下所研究的古汉语,只能是汉字呈现的古汉语而不是古汉语本身。所以在古文言中"汉字性"最强、"汉语性"最弱。最重要的是不要把"古文言"和"古代汉语"这两个概念混同。邢福义的"普－方－古"三角理论中的"古角",是一个"去汉字化"了的言本位概念,它预设了汉字能透义地记录、代表古汉语,而对古文言的"汉字性"可忽略不计。合治的汉语观就是要恢复古文言的"汉字性"问题:不能只研究古汉语材料,更要研究形成这些材料的条件,即言文关系思想;要在言文关系中研究汉语。

普通话也离不开汉字问题。语言,这里指的是索绪尔意义上的语言概念,作为一种规范,它在本体上具有一种缺失性,这种缺失性我们称之为语言的文字性,即语言必须借助文字和文本而存在。我们在词典里、在语法教科书里、在规范化教学中才发现标准语的存在。规范汉语只有在文本那里才获得自己的高级形式。所以从这个角度说,现代汉语或普通话作为一种标准语或汉语规范,它实际上是依赖于汉字而存在的,是一种"今文言",而不是真正的口语。

对于现代汉语或普通话的这种"文字性"或文言性,胡明扬指出:

"普通话实际上是在现代白话文的影响下,在北京话的基础上形成的,通行于广播、电影、话剧等群众性宣传渠道的汉民族标准语。普通话的基础方言不是哪一个地点方言,也不是泛泛的北方话,而是一种在现代典范的白话文著作的影响下通行于北京地区知识阶层的社会方言。因此,普通话既不是以北方话为基础的'官话',也不是作为一个地点方言的北京话"。[①]

这段话有两层含义:

其一,普通话存在于文本中,如"现代白话文""通行于广播、电影、话剧等群众性宣传渠道"。

其二,它是一种在书面状态下产生的标准语,不以哪一个地点方言为基础,具有超方言性质。

这两个特点都说明了普通话的"汉字性"。

既然普通话是一种汉字呈现的、超越口语的"今文言",那么它一定具

---

① 胡明扬:《北京话初探》,北京:商务印书馆,1987年版,第14、15页。

有和口头语言不一样的语言机制:"书面获得了有声语言里的高层语言体制。声旁表音、读音和语音,形旁表义、字义和语素义分别都是不同概念。书面舍弃了大音段里的韵律特征和韵律语音,是个小系统,因此需要特殊的书面规范来弥补缺损。"[①]书面汉语中这种与"口头语言不一样的语言机制",就是汉字性。普通话中存在的汉字性被言本位汉语观大大屏蔽了,他们将普通话中存在的"汉字性"和"汉语性"这两种要素的层累关系,压缩为一个平面的"汉语性"问题,仿佛穿了汉字服装的普通话就是赤身裸体的汉语。一个语言的文字样品被当作纯语言样品来研究的时候,其理论的可靠性值得商榷。

因此本节提出一种符号学的语言文字观,即将汉字和汉语看作是一种层累叠加的、合治的、互为能指和所指的符号关系,其基本立场是"从汉字和汉语的互动关系中研究汉字(或汉语)",这种互动关系我们简称为言文关系。"言"是汉语,"文"指汉字。

言文关系主要包括分离性和统一性两个基本问题。下面重点分析汉语词汇单位的言文分离性和统一性的问题。

二、汉语词汇中的言文分离性

言文分离性主要回答:怎样在异质性合治系统中确定言文的界限,也即如何从汉字单位中分离出异质性的"言"的因素,或如何从汉语单位中分离出异质性的"文"的因素。如"鲸"字,其意符"鱼"的意义即字义是指水生的脊椎动物,该字代表的词义"鲸鱼"却是指一种哺乳动物。可见"鲸"字的字义和词义并不相等,字义属于汉字单位,词义属于汉语单位。汉字汉语研究中的字音和词音、字义和词义、字和词、书写语法规则和口语语法规则等的异质性区别都属于言文分离性问题。

(一)汉语词的言文区别

书面汉语中有时很难区分词的不同书写形式与不同的词。如"暗

---

① 沈炯:《汉字形音义的广义语言学解析》,载《语言学论丛》第二十一辑,北京:商务印书馆,1998年版。

淡—黯淡",这两个词《现代汉语词典》(第 6 版)解释为:

【暗淡】àndàn 形 ❶(光线)昏暗;不明亮:～无光|屋子里灯光～。❷(色彩)不鲜明:色调过于～。❸(前途)不光明;没有希望:经济前景～。

【黯淡】形 暗淡:色彩～|前途～。

上述解释表明这两个词词义相同。但学术界对这组词有不同的看法,有人认为是一组异形词,有人认为是一组同义词:

《同音易混词语辨析词典》认为这是一组同义词。该书指出:"形容词。词汇意义完全一样,都可表示昏暗、不鲜艳、不光明,……但有时语体色彩和意味稍有差异。'黯淡'与'暗淡'相比,有时另有'缺少生气'的意味(因'黯'有时可表示感伤),有时书面语体色彩稍浓。"《异形词汇编》认为这是一组异形词,指出"今多作'暗淡'"。《现代汉语多形词使用研究》指出:"在语言实际中,二者的意义和用法完全一样。'暗淡'是相对低频词,但是它的笔画简单易写、易认、常见,字义和词义也比较吻合,所以把它作为选用词,'黯淡'作为异形词淘汰。"[①]

对于"暗淡—黯淡"这类词我们倾向于认为是表意汉字对同一个汉语词分别书写所导致的,属于同一个词的不同书写表现。类似的还有"片段—片断""精练—精炼""的、地、得""他、它、她"等。这些书写形式的差异所造就的对同一个口语词的分割,实际上是汉字符号以自己的意义系统干涉汉语的结果。这种干涉我们称为汉字投射原则。

由此可见,词的书写形式与词不完全相等。口语中不同的词是"言"的问题,同一个词的不同书写形式是"文"的问题。但由于汉字的表意性,常常掩饰了这种言文差异,将同一个词的不同书写形式误认为是两个词汇单位。所以,在汉语词汇研究中,一般是将它们处理为不同的词汇单位,这也比较符合汉民族的语感。但作为语言研究者,却不能混淆汉语词汇中的言文关系。

---

① 异形词研究课题组:《异形词整理例释》,《语文建设》,2000 年第 5 期。

如下列各组字的音义完全相同,王力认为应该是同一个词①:

姣佼、弢韬、雁鴈、窥闚、沧滄

但《说文》将它们分为不同的字(词)条,甚至作强生解释。如"鴈,鸟也""雁,鹅也。"

可见,分别说这些字组为同一个词,是"言"的问题;说它们是不同的书写形式,是"文"的问题。

(二) 本义与引申义

在单音节汉语词中,其本义往往存留在汉字字形中,因此,本义和引申义之间就相对地构成了一种言文关系。

王昌龄《芙蓉楼送辛渐》诗二首之一:"寒雨连江夜入吴,平明送客楚山孤。洛阳亲友如相问,一片冰心在玉壶。"这首诗的最后一句被英国汉学家 Herbert A. Giles 翻译为:Tell them, an icy heart in vase of jade. (告诉他们,一颗冰冷的心在玉石的瓶子里。) 原来富于意境和情韵的诗句就变得直白无味了。② 这涉及对"冰"的本义和引申义之间关系的理解。

汉字冰,《说文》:"水坚也。从仌,从水。"指水冻结而成的固体,这是个会意字,其意符"仌"两点水像冰冻结的文理。另有引申义"凝结",《说文》:"凝,俗冰,从疑。""脂膏",《尔雅·释器》:"冰,脂也。"郭璞注:"《庄子》云:'肌肤若冰雪。''冰雪',膏脂也。"段注:"《诗经》'肤如凝脂'本作冰脂。""洁白、晶莹"(《汉书·地理志下》):"(齐地)其俗弥侈,织作冰纨绮绣纯丽之物,号为冠带衣履天下。"颜师古注:"冰,谓布帛之细,其色鲜洁如冰者也。"③

可见,王诗的"冰"是一个层累的叠加意象系统,它们不在一个平面上。诗中的直接意义是"高尚、纯洁、光明磊落"的意思,这是"冰"字的后起引申义。但"冰"字的本义系统也参与了诗意的营造,它包括了从字面义"坚水"到"凝结""脂膏""洁白、晶莹"的层层符号链条。这种意

---

① 王力:《同源字典》,北京:商务印书馆,1982年版,第21页。
② 张永言:《词汇学简论》,武汉:华中工学院出版社,1982年版,第43页。
③ 《汉语大字典》,成都:四川辞书出版社,武汉:湖北辞书出版社,1993年版,第124页。

境是汉字所独有的。假如我们将"冰"字置换为汉语拼音"bīng",层累的语义场变为平面的、一级的某个词义的简单在场。拼音文字自身不携带意义,所以只能"唤出"所指,并不能参与意义的构成。而表意汉字的字形所负载的本义与后起的引申义之间构成了一种层累的意义系统,人们在理解"冰"的时候经历了从汉字最上位的能指(字面负载的"坚水"义)到最下位的所指("洁白、纯洁"义)语义运动,这是一个字本位的、书写本位的能指投射过程,这个过程犹如层层剥离的卷心菜,由最上层逐渐涉入里心:坚水→凝结→脂膏→洁白、晶莹。其中最下位的所指符号代表诗中的语言意义(言),那么叠加在它之上的能指链条则是由汉字凝结的字义系统、文本系统(文),恰恰是这个字义系统成为诗意的重要来源。

与字母写音的西方语言不同,写意的汉语多义词更倾向于一种历时的语义系统,表意字的形体义通过文字的物质铭刻性,获得了在多义系统中时间上的优先性,无论"冰"的意义将如何引申,其"从仌,从水"的本义因被汉字所凝固而将永远处于意义引申链条的最前端,这个字形所凝结的本义借助于最早的语言义的永远逝去,使自己成为本源,成为一个意义链条的开端。即字形义成了一个词内部意义系统的源头,和后起的意义之间构成了一种历时的意义投射关系,字本义经常影响、参与词义的构成和理解。因此,后起的引申义与字本义之间就构成了一种言文关系。平面汉语言文字观常常忽略了这种言文关系性。

由于汉语词的本义只保留在汉字字形中,因此学术界从语源的角度分析词的本义时常常"言文"不分、将造字理据等同于词的本义:

"我们研究词的本义,必须以汉字作为基础。当我们提到某个'字'的本义时,实际上就是指由这个字所形成的'词'的本义。"[①]

这种言文不分的情况显然是受平面符号观影响的结果,容易误将汉字呈现的古汉语当作真正的古汉语本身。

---

① 赵克勤:《古汉语词汇概要》,杭州:浙江教育出版社,1987年版,第80页。

三、汉语词汇中的言文统一性问题

言文的统一性主要回答言文关系以谁为本(言本位还是字本位)和二者相互转化的问题。限于篇幅,我们这里只讨论三点:其一是汉字的编码原则和汉语的编码原则的一致性,我们重点考察"构字和构词的同构性";其二是通过对"汉语中的'字化'问题"的考察,我们重点讨论一个汉字问题是如何转化为一个汉语问题的,即"汉字的投射原则";其三是通过分析汉字的分类掩盖了汉语词汇单位的划分,讨论了"汉字遮蔽原则"。

(一)构字与构词的同构性

徐通锵将汉字形声字的表达方式概括为"类"和"象"。例如像"供、恭、拱、栱"这类形声字的声符都含"双手托物"的义类,因此,声符在这里充当了"类"的作用。而形符所表示的意义仅仅是一种"象"。形声字的字义就是这种类和象的结合。①

徐通锵认为汉语复合词的构造方式也是"比类取象":

璧谢　称谢　酬谢　辞谢　答谢　代谢　道谢　凋谢
感谢　鸣谢　申谢　推谢　婉谢　萎谢　谢谢　致谢

这组复合词的后一语素代表"类"义,前一语素则代表"象"即描述后者的语义特征。他认为,复合词编码结构的类和象是"单字编码格局义类与义象……的结构原理的延续和发展"②,"研究汉语的语义结构,首先得抓住字族"。③ 显然,徐通锵的探讨已经涉及汉字表达机制和汉语复合词表达机制的一致性问题。

苏新春考察了汉字的造字机制与汉语复合词的造词机制后发现,"二者之间有着惊人的相似之处。它们都是在基本构件的基础上通过一种组织的方式来形成的。"④

---

① 徐通锵:《语言论》,长春:东北师范大学出版社,1998年版,第296页。
② 同上书,第366页。
③ 同上书,第296、297页。
④ 苏新春:《汉字语言功能论》,南昌:江西教育出版社,1994年版,第37页。

汉字合体字有两个特点：其一，它们是由独立的单体汉字符号组合而成的。其二，这种组合主要是一种意义的组合，它们是按照会意原则组合起来的。

会意字是由两个或多个有意义的构字部件（意符）构成的；形声字表面上看是一个声符加一个意符，但从发生的角度分析，形声字多产生于古今字，"今字的产生就绝大多数是在原已存在的古字基础上添加或改换一个新的义符来构成。如'奉—捧''受—授''张—胀—帐''竟—境''取—娶'。这种添加或改换，实际上就是在意义变化的基础上进行汉字字形新一轮的组合，以凸显字义的所在。可以说汉字的组合化，汉字形体与意义的组合是汉字内部构成的一大根本规律、基本的运作机制"[1]。这说明多数形声字是褪了色的会意字，也说明了合体字组合的会意性。合体字的会意性也叫意合性，"所谓的意合，就是在两个或三个字体拼合在一起，然后通过意念的作用合成一个新的意义"。如繁体字的"隻"（只）是"一只手抓住一只鸡"，"雙"（双）是"一只手抓住两只鸡"。汉语复合词的特点与汉字相同：其一，构成复合词的都是具有独立意义的实词素。这些实词素有一半同时是单音词如"人""提""天""美"等，即使是非独立的实词素在古代也是单音词如"基""威""妇""卫"等。其二，复合词也是按照会意或意合的原则组合起来的。"复合词的组合中充满着意合性。所谓的意合，就是说在复合词组合中，没有什么词语形式的标志，只是靠意义的粘合才成为一个词。"[2]

会意结构的字符之间的组合主要靠的是自身所携带的字义，而形体之间的区别是次要的，这样会意字的组合就倾向于用"意合"的方式表达丰富的意义内容，会意字的这种结构是非线性的意合，而不是线性的组合。

会意性具体包括相关性意合和相似性意合：

相关性意合包括说明关系和施事关系 说明关系是构成复合符号的

---

[1] 苏新春：《汉字语言功能论》，南昌：江西教育出版社，1994年版，第38页。
[2] 同上书，第43页。

其中一个意符承当主题或主要意义,另一个意符对它进行说明、补充衬托、修饰、限定等。如"屋"(从居住的角度说明"尸"即房屋)、"社"(以土地解释神的性质)、"幼"(从力的角度说明"小")、"仙"(以山衬托人所居处所)等。施事关系是动词性的,语义中心在动作。如:吠、戍、伐、祟、炙、看、睡等。

相关性意合也表现在汉语复合词中。说明关系的复合词:马刀(从用途的角度说明刀)、香蕉水(从气味角度说明一种黏剂)、皮鞋(从质料的角度说明鞋)、牛蛙(从声音如牛的角度修饰蛙)、全家福(从幸福的角度说明全家)、头疼(从疼的角度说明头)等。施事关系的复合词:罢工、司机、献疑、提高、扩大等。

相似或相对关系 两个或多个意符是按照相等、相近和相似的关系建立起来的。同义关系会意字的两个意符之间不是等级制、相关性的主从关系,两个意符之间相互说明、相互指涉、相互衬托,因此其中的每个意符既是意义的主要承担者,又是对另一意符的说明、指涉和衬托。如《说文解字》:"就,高也。从京,从尤。尤,异于凡也。""就"的两个意符"京"和"尤"都有高的意义,二者并列,是近义关系。又如"委",《说文解字》:"随也。从女从禾。"禾随风而倾,古代女性依随男子,两个意符在随顺义方面具有相似性。① 另外还有的会意字是同一意符的相加,字符之间是同义关系:如"林"字是两个"木"字的重复;"品"是三个"口"的相加,"北"(《说文解字》:"从二人相背")也是相同意符的对照。这类关系的复合词如:道路、美丽、进退、动静、窗户、妈妈等。

合体字和复合词的相关性和相似性意合,表明了这类符号的结构是一种非线性语法性的意义的结合。在这里,我们又一次看到了会意结构关系的原则是形式服务于内容。语法关系的结构原则是倾向于外部形态的差异来区别意义,而意合主要的不是来自线性的结构链条的形式差异,它是通过意符之间的相似性和相关性联想(意合)而获得了自己的意义,如"香蕉树"和"香蕉水"外部结构形态相同但意义差别很大。

---

① 李思维、王昌盛:《汉字形音学》,武汉:华中师范大学出版社,2000年版,第35页。

关于构字和构词的同构性,苏新春得出的结论是:"复合词的可释性、意合性,正好符合了汉民族人对文字、词语重视视觉的要求……汉语的组合机制中最根本的特征是什么呢?这就是'意合性'。即在汉语的组合中不带或基本不带形式的标志,不用前缀后缀,不用内部曲折,而是凭着基本要素中所含有的意义,在要素与要素的组合中实现新的一轮结构和意义的形成。"①

(二)汉语中的"字化"问题

苏新春认为汉字有着与"汉语单音词的内在统一性"②,徐通锵则进一步认为汉语语法的基本单位不是句子、词组、词或语素,不是纯粹的音义结合的语言单位,而是"字"即形音义结合的符号单位。汉语的"字"即"一个字·一个音节·一个概念"的一一对应的精神。③ 徐通锵实际上揭示了汉语基础单位的言文关系性或者说汉语语言单位的文字性:应该站在形音义结合体而不是音义结合体的角度分析汉语的基础单位。

下面的例子,就反映了汉语词汇的演变是如何受制于"形音义"对应规则的。

汉语中存在许多连绵词或多音节音译外来词如"蝴蝶""骆驼""蜘蛛""巴士""的士"等。这些词是多个形体、多个音节、一个语素。起初它们其中的一个单位不是真正的形音义结合体,如"蝶""驼""蛛""巴""的",它们都没有任何意义,不是语言中的语素,仅仅是记录音节的记号。由于这些记号字不满足汉字形音义结合体的意指关系的要求,不符合汉语基础结构单位"一个形体·一个音节·一个概念"的意指原则,于是在汉字结构力量的支配下,这些音节记号开始发生"字化"④:

蝶:粉蝶、凤蝶、彩蝶
巴:大巴、中巴、小巴
的:面的、的哥、的姐

---

① 苏新春:《汉字语言功能论》,南昌:江西教育出版社,1994年版,第44页。
② 同上书,第26页。
③ 参见徐通锵:《语言论》,长春:东北师范大学出版社,1998年版,第126页。
④ 陈保亚:《20世纪中国语言学方法论》,济南:山东教育出版社,1999年版,第371、372页。

蛛：蛛网、蛛丝、喜蛛

蟹；蟹肉、蟹角、蟹壳

驼：驼峰、驼毛、驼肉

这些无意义的音节记号变为有意义的汉字单位即汉字的"字化"现象。这种"字化"现象反映了汉字将自己的结构力量投射到了汉语身上并改造了后者，我们称之为"汉字投射原则"。

（三）汉字对汉语词汇的遮蔽

如果说"字化"是汉字投射的结果，那么汉语语素区分和合并则往往受汉字遮蔽原则的制约：

如"背面"的"背"和"脊背"的"背"是两个语素还是一个语素？"一支手杖"和"一枝手杖"，"支""枝"可以互换，但在"一支山脉"和"一枝红梅"中不能互换，它们是同一个语素还是两个语素？吕叔湘先生也谈到了这一棘手的问题：

> 如何根据分布来决定语素的异同似乎也是描写语言学未能解决的问题之一，因为两个同音的语素的分布固然不会相同，一个语素的不同意义的分布也不会相同。汉字的写法对我们的想法有很大的影响。比如"棵"和"颗"，"枝"和"支"，可不可以合并呢？我们不把它们合并，不仅是因为它们分布不同，也因为一直写成不同的字。可以跟"把"比较。"一把刀"的"把"和"一把米"的"把"分布也不同，可是我们觉得好像可以不分。[①]

描写语言学由于不是从言文关系的角度来区别、归并这些语素的时候，所以一直不能解决它们的异同问题。吕叔湘认识到了正是汉字影响了这些语素的划分："汉字的写法对我们的想法有很大的影响"。也就是说，"棵"和"颗"、"枝"和"支"实际上是同一个语素的不同书写形式，人们将它们分析为不同的语素，其实是汉字的遮蔽作用影响到了语素的划分和归并。人们将汉字符号系统自身的分类误认为是汉语符号系统的分

---

① 陈保亚：《20世纪中国语言学方法论》，济南：山东教育出版社，1999年版，第349页。

类,这种情况我们称之为汉字的遮蔽原则。它和汉字的投射原则一样,也是言文关系中汉字本位性的表现。

原文载于戚晓杰、高明乐主编:《汉语教学与研究文集》,高等教育出版社,2005年。本次收录有改动。

第六节　汉字与汉语"合治"的语言观

【提要】　在文字和语言的关系(简称言文关系)中研究汉语,这是一种新型的、迥然区别于西方语言学的"合治"语言观。

某种意义上讲,对汉字和汉语关系简称言文关系的不同认识,成了中国语言学发展史上的核心问题。本节试图在这个历史框架中讨论汉语理论价值。

一、整体语文观

中国传统语言学对汉语的研究是字词不分的,我们称之为整体论语言文字观。如下列音义完全相同的各组字:

　　姣佼、弢韬、雁鴈、窥闚、沧浪

王力认为每组都应该是同一个词的两个异体字[1],但东汉许慎的《说文解字》将它们分为不同的字(词)条,甚至作强生解释。如"鴈,鸟也""雁,鹅也。"将异体字解释为两个不同的词。显然,许慎并不关注字词的区别,他用字的分类标准取代了词的划分。从整体上说,传统小学的汉语研究是以汉字为本位的:"中国古代语言学是以汉字的研究为核心,《说文解字》之学始终处于小学的主导地位。"[2]

---

[1]　王力:《同源字典》,北京:商务印书馆,1982年版,第21页。
[2]　申小龙:《汉语与中国文化》,上海:复旦大学出版社,2003年版,第407页。

这种字词合一的整体语文观与汉字的无声性有关。

索绪尔认为汉字与"声音无关",而和"整个词发生关系",这种文字表现出代替口说的词的倾向"更为强烈"。① 所谓"与声音无关"是指汉字的表意性,即从表达方式上看,汉字是汉语意义系统的一种动机性或理据性表达式,汉字是按照自己的理解方式去提示汉语而非标记汉语。这种"无声"的方式就是人们所谓的"据义构形"。如《说文解字》:

又:手也,象形。三指者,手之多略不过三也。
牟:牛鸣也。从牛,象其声气从口出。
麦:芒谷,秋中厚埋,故谓之麦。
益:饶也。从水、皿。皿,益之意也。
盅:器虚也。从皿中声。

以上各例说明汉字主要是根据汉语的意义来构筑自己的形体格局的,即根据汉语的意义构造了汉字形体。与之相反,拼音字母的构造原则是"据音构形":"它的目的是要把词中一连串连续的声音摹写出来。"② 由于字母文字与所记录的语言的语音系统具有同构性,一个字母相对固定地成为某个音素的固定标记,看到某个字母组合根据读音规则就可读出语言的声音,所以这种文字是"有声的"。

汉字"无声"的性质不是说汉字真的发不出声音,而是指与拉丁字母做对比然后获得的一种文化特性。它是指汉字与汉语的意义直接相关而不是某个语音单位的必然形式,如"的、地、得"三个汉字区别了同一个有声单位的不同意义,"rén"这个汉语音节却可用"人、壬、仁"等不同汉字表示。所以,汉字的无声性可进一步表述为:

汉字长于靠"目治"来分别词义的功能,而短于靠"耳治"来区别词音的功能。也就是说,汉字与某项意义有直接的或理据性的联系,而与读音则是间接的、偶然的联系。

---

① [瑞士]费尔迪南·德·索绪尔:《普通语言学教程》,高名凯译,北京:商务印书馆,1980年版,第51页。
② 同上。

正因为汉字的这种"无声"的性质,使得汉字成为汉语的理解形式,二者间建立了必然的理据关系,使得人们在书面上难以将汉字与汉语分开。比如,"的、地、得"是口语中的同一个单位还是三个单位?我们很难判定。但汉字将它们一分为三,语言社会就接受了汉字的这种分类,词典里分别把它们列入不同的词条。历史上这种情况很多,传统文字学中的"区别字"是典型的例子。如"取"本来有"拿取"和"娶亲"等多个意义,后来为了别义,语言社会就另造了一个"娶"字承担了"娶亲"的义项。在早期这只是文字形体的分化,"取"和"娶"书写的仍是同一个词汇单位。但随着时间的演变,人们已将这两个字看作了两个词汇单位。也就是说,开始区别的仅仅是义项,后来就变成了区别词语。如"渔"是"鱼"的区别字,"婚"是"昏"的区别字,在今天我们已经把它们看成是不同的词了。

这个词的分别实际上是汉字的分类,是汉字强加给汉语的,但人们宁愿接受这个视觉的分类,宁愿相信汉字。人们经常把汉字呈现的汉语当作口说的汉语来研究,而看不到它们之间的区别。汉字或汉语的这种字词不分的性质,令中国古代语言学难以彻底将汉字与汉语分离出来。在此基础上产生的"小学"是一种"无声"的语言理论,即把汉字的意义作为整个"小学"研究的中心内容,无论是从造字还是从考字的角度看,字义始终是传统"小学"的出发点和落脚点。坚持字词整体合一、以汉字为本的小学与字词难分的汉语之间有着必然的联系。

二、分治的语言观

分治语言观的主要特征是:1.将语言和文字区分。2.对文字要素忽略不计而集中研究语言。分治语言观来自西方字母文化传统。如果说汉字的无声性与整体论的传统小学有着内在关系。那么拉丁字母的有声性与西方的语言理论之间也有着必然的联系。索绪尔就是在西方的文字与语言的分治关系基础上提出了一种分治语言文字观:

> 语言和文字是两种不同的符号系统,后者唯一的存在理由是在于表现前者。语言学的对象不是书写的词和口说的词的结合,而是

由后者单独构成的。①

这段著名的论述包括三个相关的命题：

其一，文字的本质是有声的，所以它存在的唯一理由就是记录语音，记音是文字的最高原则。其二，正因为文字是记音的，所以它没有自己独立存在的价值，文字仅仅是语言的记录工具。其三，文字的工具性质决定了书写的语言不过是口说的语言的复制品，因此语言学唯一的研究对象就是有声的口语而非书面语言，即：我们可以在一个悬置了文字的状态下孤立地研究语言。

但是，索绪尔在阐述完了其文字观后，又做了一个补充，他说世界上有两种文字体系，一是汉字为代表的表意体系，一是表音体系，然后强调"我们的研究将只限于表音体系，特别是只限于今天使用的以希腊字母为原始型的体系"②。

可见，索绪尔认同于有声文字的倾向很鲜明。他的文字理论是建立在西方文字与西方语言之间的有声性关联上，即有声性的文字产生了有声主义的文字理论。从方法论上讲，这种有声主义文字观是分治的：强调文字外在于语言的技术工具性质和对语言的从属性，强调言文分离、分科，并以语言研究为中心，贬低文字学的作用。

五四以后，中国语言学引进了西方分治的语言文字理论。

唐兰的观点比较有代表性："文字学本来就是字形学，不应该包括训诂和声韵。一个字的音和义虽然和字形有关，但在本质上，它们是属于语言的。严格说起来，字义是语义的一部分，字音是语音的一部分，语义和语音是应该属于语言学的。"③这段话的意思是，应该将汉字和汉语看作是相对分离的两种符号，因此传统汉字学"形音义"不分的局面应该改变："音义"交给语言学研究，汉字学只研究"形"。这种汉字与汉语"分治"的语言文字观至今仍是学术界的基本准则，用一种有声的文字理论来分

---

① ［瑞士］费尔迪南·索绪尔：《普通语言学教程》，高名凯译，北京：商务印书馆，1980年版，第47—48页。
② 同上书，第51页。
③ 唐兰：《中国文字学》，上海：上海古籍出版社，2001年版，第7页。

析、评判相对是无声的汉字。这种错位用申小龙的话来概括就是"汉语的人文精神与汉语学的科学主义"①的矛盾。

王力的一段话也颇代表这种有声主义精神：

> 文字本来只是语言的代用品。文字如果脱离了有声语言的关系，那就失去了文字的性质。但是，古代的文字学家们并不懂得这个道理，仿佛文字是直接表示概念的：同一个概念必须有固定的写法。意符似乎是很重要的东西；一个字如果不具备某种意符，仿佛就不能代表某种概念。这种重形不重音的观点，控制了一千七百年的中国文字学（从许慎时代到段玉裁、王念孙的时代）。直到段玉裁、王念孙，才冲破了这个藩篱。文字既是代表有声语言的，同音的字就有同义的可能：不但同声符，不同意符的字可以同源；甚至意符、声符都不同，只要音同或音近，也还可能是同义的。②

这种"有声主义"汉字观，其价值和进步性在于看到了传统"小学"所忽视的汉字表音性质，看到了汉字与汉语之间的相对分离性，要求对它们分而治之，从而产生了现代意义上的汉字学和汉语学，其革命意义不可低估。

但这种分治的语言文字观忽视了汉字与汉语之间本来存在的理据性联系，片面强调在一种仿佛是孤立的状态下分别研究汉字、汉语。传统小学"形音义"结合的研究方法被彻底丢弃，取而代之的是形体之学、词汇学、语音学、语法学的分治。

"分治"的语言文字观常常生硬地肢解汉族人的语感。如"背面"的"背"和"脊背"的"背"是两个语素还是一个语素？如"一支手杖"和"一枝手杖"，"支"与"枝"可以互换，但在"一支山脉"和"一枝红梅"中不能互换，它们是同一个语素还是两个语素？或者说它们是同一个语素的不同书写形式，还是不同的语素？吕叔湘对这一点也表示了困惑：

---

① 申小龙：《人文精神，还是科学主义？》，上海：学林出版社，1989年版，第178页。
② 王力：《中国语言学史》，上海：复旦大学出版社，2006年版，第129页。

如何根据分布来决定语素的异同似乎也是描写语言学未能解决的问题之一,因为两个同音的语素的分布固然不会相同,一个语素的不同意义的分布也不会相同。汉字的写法对我们的想法有很大的影响。比如"棵"和"颗","枝"和"支",可不可以合并呢? 我们不把它们合并,不仅是因为它们分布不同,也因为一直写成不同的字。可以跟"把"比较。"一把刀"的"把"和"一把米"的"把"分布也不同,可是我们觉得好像可以不分。①

基于"分治"观的要求,人们要么只能在文字学、要么只能在语言学的框架内解决"背","支"和"枝","棵"和"颗"之类的区分问题,而忽略了汉语单位在相当程度上是字词难分的,从而看不到汉语结构单位的"汉字性"问题或汉字的汉语性问题。这种割裂言文关系、在汉语研究中抛弃汉字的理论立场受到了当代语言学界的一些思想理论家越来越多的质疑。

三、汉语研究中汉字意识的恢复

20世纪80年代起,中国学者开始用批判的眼光重新审视中国语言文字学研究的本土化问题,探讨表意汉字既独立于汉语又内在于汉语的符号性质,随之中国语言学界出现了汉字本位性研究的思潮。所谓汉字的本位性是指汉字非工具的自主性质,即相对于汉语的自足独立符号性以及汉字与汉语和汉民族精神文化的直接相关性。汉字的本位研究意味着对长期以来汉字学是汉语学的附庸、汉字是汉语的工具这种等级观的反拨。

80年代中后期以来,以申小龙为代表的文化认同语言学对汉字的本位研究起到开风气之先的作用。申小龙用文化语言学的眼光重新审视汉字与汉文化的关系,认为文字绝不仅仅是语言的记录形式或外在设计,而是一个有意义的自主的符号系统。在文艺界,画家石虎1996年提出的"字思维"观点,主要探讨汉字的意象思维与汉语诗歌的语言特质有内在

---

① 吕叔湘:《关于"语言单位的统一性"等等》,《中国语文》,1962年第11期。

关系,将汉字思维看作是中国诗学的核心范畴。

20世纪90年代以来,引起语言学界更大争议的是以徐通锵为代表的字本位语言理论,其中一个重要的方法论特征就是其"据字理说语法"的理论立场。"字本位"语法研究的创新之处在于,通过分析汉字的结构和生成机制,去揭示汉语语法的结构关系,并认为汉字的结构里包含、反映汉语语法结构的理据:

> 我们应该重视字法的研究,探索字义的结构规律,从中透视汉字与汉语的关系:字法的实质就是如何根据字符的理据载体及字符间的组合关系而将字的理据性结构形式化、规则化。①

先看"字法":木+日→東;東+壬→重;重+力→動;……"東"由象形字"木""日"构成,而"東"又可以作为声符借助另一个字"壬"构成"重","重"借助"力"构成"動",依次类推。声符在生成过程中居于一种"纲"的地位,而不同的"形"则是语义上的限定,因而构成一种"义类(声)——义象(形)"的关系。由此徐通锵总结出一种语义组配规律:前字的位置+后字的位置义象+义类。②

根据字本位理论,汉字的这种语义生成机制同时也是整个汉语如词法和句法的语义组配机制。仅以构词法为例:虫草、稻草、灯草、干草、甘草、花草、粮草……"草"是义类,而"草"前的字是义象。义类是纲,义象起限定作用。它说明汉语的构词法与汉字的构字法精神是一致的。这种一致性,徐通锵称为"借助于另一个字,使人们能从两个字的相互关系中去把握字的语法化的进程"③。无论是构成合体汉字的两个字符,还是构成汉语复合词的两个"字",它们都具有相同的"两个字之间的义象关系"之规则。

据上所述,字本位"据字理说语法"的方法隐含了两条理论原理:

其一,汉字的二级性问题。汉字符号单位的产生多数是建立在已

---

① 徐通锵:《汉语结构的基本原理》,青岛:中国海洋大学出版社,2005年版,第117页。
② 同上书,第143页。
③ 同上书,第162页。

有的符号单位基础上的。如"東"这个字的能指是由"木+日"构成的,"重"这个字的能指是由"東+壬"构成的,"稻草"这个复合词的能指是由"稻+草"构成的。因此,二级符号的能指本身就是由有意义的符号来承担的。

其二,汉语的二级性问题。汉字不是外在于汉语的技术工具,而是内在地参与了汉语的构成:汉字是有意义的能指,它与所指(汉语)结合后构成了更大的二级符号系统。也就是说,作为能指的汉字不仅向所指(汉语)提供了理解的形式,同时还提供了形成二级符号的符号化方式。这种符号化方式就是徐通锵所谓的"借助于另一个字,使人们能从两个字的关系中去把握字的语法化的进程"。"字本位"理论通过分析汉字的生成机制来研究汉语的生成机制(即汉语的语义组配规则及语法化进程),从而揭示了汉语的二级符号性质。这显然是在"据字理说语法":建立了"字理"(汉字结构原理)与"语法"(汉语结构原理)之间的内在联系,表现了通过汉字来分析汉语基础单位的言文关系思想——站在汉字和汉语的关系角度研究汉语。据此,我们将第二条原理即汉语的二级性概括为:

汉字不仅仅是汉语的记录工具,同时还是汉语符号系统的能指或第二级符号。作为能指系统的汉字,不仅仅提供了理解汉语的意义形式,同时还提供了汉语形成的符号化(语法化)方式。

显然,字本位理论"据字理说语法"的方法将一种汉字意识灌输到了汉语研究中,这是一种久违了的本土化语言研究立场。自从五四运动将汉字驱逐出汉语研究的中心位置以后,中国语言学一直被一种"语音中心主义"的西方话语支配。"字本位"理论恢复了汉语研究中的汉字意识,提出了21世纪中国语言学研究的一个带有根本方向性问题。

四、合治的语言观

当然,真正从理论和实践上彻底打通由汉字造字机制到造词机制、再到句法生成机制之间的内在联系,恐怕还要走很长的路。况且"字本位"理论对"字"的定义和解释还有值得商榷之处。一切新的理论在初创阶段都有若干讲不清楚的问题，只有成熟的乃至陈旧的理论才是自明的系统。但"字本位"理论通过"据字理说语法"的方法，向整个汉语界乃至世界语言学界展示了一个新的研究范式，促使我们思考一种新的语言观：在文字和语言的关系（简称言文关系）中研究汉语①，研究二者之间相互投射、相互建构、相互依存的关系。这是一种新型的、迥然区别于西方语言学的"合治"语言观。"五四"以来，中国学术经历了一个"去汉字化"的革命（意为根本改变性质）洗礼，言文整体统一的传统小学被一种"分治"的西方语言观所取代。文字与语言势不两立的划界使得现代汉语学长期在悬置汉字的情况下，孤立地研究所谓的"汉语"。即使是书面的"汉语"，也被看作是口语的简单复制，人们常常把按照汉字的眼光呈现的汉语当作是纯粹的汉语本身，看不到汉字与汉语之间复杂的分合关系。"字本位"理论的"据字理说语法"的方法启示我们探索一种"合治"汉语研究立场：

我们既要看到汉字汉语的相分性，坚持五四以来分科研究的现代性立场；又要看到言文之间的相合性，继承、弥合被现代汉语学中断了的古代语言学传统。这样就会发展出一种在言文关系中研究语言的新的理论模式，以其独具特色的民族语言理论走向世界。

几千年来，中国语言学以言文关系为轴心，走过了"整体"→"分治"→"合治"的从肯定到否定、再到否定之否定的曲折历程。这是无声的汉字所赋予给汉语研究的最大区别性特征。言文关系成为中国语言学研究的核心问题，这在表音文字的语言研究者看来是不可思议的。西方的语言学传统至今也是被"分治"语言观所支配。因此，"合治"的语言理论的提出和建构，很可能会成为中国语言学为世界学术所献出的最为独特的理论视角之一。

本文写于 2007 年，未刊稿。

---

① 孟华：《汉字：汉语和华夏文明的内在形式》，北京：中国社会科学出版社，2004 年版，第 13 页。

第七节　汉语分词连写的性质

【提要】 汉语不分词连写,与汉语的结构有关,更与汉字的性质有关。分词连写的改革是伤筋动骨的语言文化运动,是五四精神的继续。是一种民族思维的数字化工程,它要从书写的词这一级语言思维层面上将中国人的整体性思维改造为分析性思维。

汉语是世界上少有的不分词连写的语言,这是一个值得深思的独特文化现象。关于它的性质以及维系它或改造它的意义,学术界的研究还是远远不够的。而在全球日益数字化的今天,对这些问题的回答又是如此的紧迫。

本节主要讨论有关分词连写的性质的几个问题。

一、它是一个语文建设问题而非纯语言理论探索

"分词连写"(即在书面语中词与词之间通过空格连结)是相对于汉语"不分词连写"而言的一种语言行为改革的设计方案。这是一个社会语言学命题,一个语文建设的规划,一个巨大的社会文化工程。学术界有关汉语分词连写的一切讨论,只不过是这个文化工程施工前的专家可行性论证和蓝图设计。

中国汉语界目前的策略是,悬置或回避分词连写问题,甚至干脆取消关于这个工程上马的讨论,而集中精力探讨一套分析性的语法理论方案,如制定一套指导如何给汉语切词的分析技术理论,给不分词连写的汉语穿上一身西方语言形态的理论外套。将一个语文建设问题转化为一个纯语言理论问题。

这是一种"中体西用"式的实用主义策略。所谓"中体"即保持汉语不分词的现状,"西用"即用西方形式化的语言理论和研究方法来克服汉语结构形态上的不确定性。这种研究思路使得汉语走向两极分化:一方面保持了汉语不分词连写的结构形态,另一方面又在理论层面上不停地为

它另创制一些切词的分析方案。例如一般认为汉语语法研究大致经历了句子成分分析、层次分析、变换分析、语义特征分析等几个阶段。这些研究的最终目的之一,就是为不分词连写的汉语找到一套形式化的替代性切词方案。这是一种二次代码转换:不分词连写的汉语是第一级代码,将这第一级代码再转化为可切分性的汉语语法分析规则是第二级代码转换。

中国汉语界回避了汉语的语文建设问题而走向了一条纯理论研究、一条二级代码转换路子。

二、它不单纯是一个汉字书写问题

汉语不分词连写,与汉语的结构性质有关。

徐通锵认为西方语言最小的语音感知单位是音素,而最小的编码单位是词;汉语则不同,它的最小语音感知单位和编码单位都是音节,书写形式是一个字[①]。这样汉语的编码单位就实现了"形音义"三位一体。英语的音节不是一个独立的编码单位,但汉语的音节一般都具有意义,李葆嘉叫它附义性。所以,汉语的基础单位是"1"即一个音节、一个意义,在书写上是"一个形体、一个音节、一个意义"。汉语基础单位"1"的性质,使它总是倾向于一种意指关系,总是关联某个意义。汉语基础单位不侧重于结构性差别,它更是一个功能性意指单位。"蚂蚁"的"蚁"是一个形式差别单位(纯音节),自身没有附义性,但在"蚁王"中"蚁"变成了附义性的意指单位。汉语不携带意义的音节数量极少,且经常被语素化。

汉语基础单位"1"或单体的性质减轻了它对线性结构关系的依赖,它的功能主要靠形音义意指链条来实现,而不是横结构轴上词与词之间的差异。这样导致了汉语结构单位的简化和区别性降低,在书写上表现为不分词连写。但在"字"这一级上却有区别性特征。所以,在徐通锵的"字本位"语法理论那里,不存在汉语分词连写的困惑。

当然,不分词连写更与汉字的性质有关。汉语的词双音节化为主以后,使得古代汉语的字词一致性发生了分裂:字的单体性与词的复体性的

---

① 徐通锵:《语言论》,长春:东北师范大学出版社,1998年版,第32页。

不一致是汉语书写单位与口语单位的基本结构矛盾。这个结构矛盾又要求汉语的书写形式突破"1"的结构框架。

另外,汉语一旦实行分词连写,实际上是改变了目前汉语结构"1"的格局,它可能会从根本上改变汉语基础单位的性质。根据符号学的观点,一个系统基础单位的性质决定了整个系统的性质。因此,实行分词连写后,汉语的基础单位可能由"字"这一级向"词"这一级组织靠拢,这将极大地影响汉语语法组织结构原则。所以,分词的改革是伤筋动骨的语言文化运动,是五四精神的继续。

我们应该站在汉字和汉语的互动的关系(言文关系)中来考虑汉语的分词连写问题,宁可将问题复杂化、困难化。

三、它不仅仅是一种信息处理方案或技术

分词连写,它更重要的是一种民族思维的数字化工程,它要从书写的词这一级语言思维层面上将中国人的整体性思维改造为分析性思维。

根据符号能指和所指在结构形态上的同构性程度,我们可以概括为两种基本类型:有标记方式和无标记方式。"标记"本来是语言学的一个术语,意为两个对立项中的一个带有区别性特征,这种区别性特征可以把它与另一成分区别开来,该成分即为"有标记成分"。从符号学的观点看,所谓有标记,就是强调符号能指和所指的一一对应,强调所指的差异一定要在能指上表现出来——能指的区别特征与所指的区别性是同构的。如国际音标符号的制定原则是"一个音素一个符号,一个符号一个音素",即强调记音符号的有标记性。反之能指与所指之间不具有这种同构性,就是"无标记成分"。例如汉语词缺少形态变化,词性(所指)变了,而词形(能指)仍保持原貌。"文件锁在抽屉里"中的"锁"是动词,它与"门上的锁坏了"的名词的"锁"在词形上并无区别。英语词"锁"(lock)也有名词和动词两种词性。但当它分别用作名词(to open the lock 开锁)和动词(the document is locked in the drawer 文件锁在抽屉里)时,其词形(能指)也相应发生变化。由此可见,汉语词"锁"的能指和所指之间不一一对应,是无标记单位;英语词"lock"则是一个形式(能指)只标记一种功能

(所指),因此是有标记单位。有标记单位通过符号的外部形式(能指)的差异来确定符号所指的意义,这种能指和所指间的同构性使得符号的信息确定性程度较高。无标记单位缺少外部形式的规定性,需要依靠语境的解释和接受者的主观判断才能确定符号所指的意义,因此其信息确定性程度较低。一般而言,汉语是一种缺少形态变化的语言,因而是无标记性强的语言,与之相比,英语则是有标记的语言。

分词和不分词连写,就是书写形式上的有标记和无标记的二元对立。

汉语句子"我是一个工人"在书面上词与词之间不加区分,不像英语"I am a worker"那样,词与词之间是分开写的。汉语的这种无标记性,非常不利于计算机信息处理,当然这仅仅是从信息传播的角度说的;如果从表达的角度,这种无标记性赋予语言一种灵活的、不拘形式约束的简便性。

互联网本质上是数字化的。"数字化"的基本含义就是信息的确定性和有标记性。

世界上大多数的语言都是分词连写的,从这个角度说这些语言的数字化程度都高于汉语。这样,数字化的语言和数字化的互联网之间,就具有一种编码规则的同构性,不同民族的数字化语言略加调整,就可适应互联网上通行的基本编码规则。也就是说,这些分词连写的语言在进入互联网时省略了再分词这一道编码程序,直接可进入互联网。这就是一级代码信息处理方式:由于数字化语言和数字化互联网的同构性,使得这种语言在信息处理时不必进行二次分词的信息编码便可直接进入互联网。

而汉语可能是世界上最不数字化的语言之一,它要进入互联网时代,最大的瓶颈是要进行二次代码转换。所谓的二次代码转换,指非数字化的符号在进入数字化符号系统时,必须按照数字化有标记、唯一性编码原则进行重新编码才获得准入。就像进入WTO世界贸易体系一样,你必须遵守国际通行的市场经济规则才行。例如文字,世界上重要的文字可能只有汉字是表意文字,其余则是表音文字。表音文字用有限的字母记录有限的语音系统,体现了一一对应的有标记、唯一性的编码精神;表意文字记录的是意义单位,文字的数量大,语言意义单位的数量更几乎是无限的,这样文字和语言之间就有极大的不对应性,同时,汉字这种无标记、可能性的编码规则与其他数字化的表音文字又有一种不同构性。因此汉字要进入数字化的计算机信息世界,就必须进行二次代码转换,于是出现了像"五笔字型""自然码""智能 ABC""微软拼音""全拼""郑码"等无数的汉字二次编码方案,它们是适应数字化规则的要求而编制的,这些方案的编制在中国成为一种产业,人称"万码奔腾"。人们不是在用一种代码创造信息,而是在用一种代码替代另一种代码,这样的工作甚至成为产业,这种现象在表音文字国家恐怕不多见。

不分词连写的汉语也是如此。汉语要进入计算机信息世界,必须要分词连写,否则有关的操作根本无法进行。于是就要投入大量的人力、时间和资金去搞分词的数字化规则设计和研究。比如现在搞中文自动分词的软件很多,这种"智能"分词软件,说到底,就是二次代码转换规则系统的设计。不仅在信息产业界,在汉语研究领域,二次代码的转换问题也成为重中之重。其最终目的就是为非数字化的汉语找到一套数字化的二次代码转换规则,以求取得互联网时代的准入证。

我们现在不能搞汉字拼音化,因为它涉及中华文明的存亡。但汉语的分词连写却是古老的中华文明进入数字化时代非常重要的接口,它将进一步使汉语数字化以与时代发展同步。尽管数字化有种种弊端,但数字化的历史进程却是不可抗拒的。就像今天的人们都不用毛笔而改用硬笔一样。当然,以汉语、汉字、周易为代表的非数字文化相对于数字化文化而言,是一种宝贵的稀缺资源,因此说"越是民族的越是世界的"。如果说高度数字化文化的稀缺资源是非数字化的思维的话,那么高度非数字化的文化最稀缺的资源就是数字化。从这个意义上讲,汉语实行分词连写,将极大地提高汉民族集体智能的数字化程度,从而大大加快中国的现代化历史进程。同时,语言的数字化,可能引入一种异质的思维方式,但不是取代我们的思想,不是取代我们的语言,要取代也是不可能的,而是使我们的文化朝多元化方向更有活力地发展。

原文发布于"汉语书写系统改进学术研讨会"(南昌,2004 年 6 月 12—13 日)

第八节　汉字两书论

【提要】 将传统"六书"的构造方式进一步概括为"表意"和"假借"两种功能性手段。根据符号学的观点,文字的表达语言方式主要有两种:一是动机性方式,如表意的汉字,其形体含有对汉语单位的解释理据;二是拼音文字,其形体和语言单位之间是任意结合的关系。而就动机性汉字系统内部而言,又包含了这两种表达方式:"表意"代表动机性方式,"假借"代表任意性方式。这就是我们所说的汉字的"两书"。两书论是对传统汉字"六书"理论的进一步概括,其主要目的是要解释汉字深层结构中的二元表达机制及其普遍的符号学价值。以实现汉字符号学与世界符号学的通约和平等交流。

一、从"六书"到"两书"

汉代许慎的六书"象形、指事、会意、形声、转注、假借",严格地讲只是对汉字具体构造规则的总结。六书理论直到清代的戴震,才产生"四体二用"的新说(前四书为"体",后两书为"用")。戴震的"体用"论是对传统六书进行理论化概括的一次尝试,站在汉字整体系统的角度,将其运行方式概括为"体"和"用"二元机制。

第一个真正打破"六书"窠臼的学者是沈兼士。他在20世纪20年代已经意识到汉字系统包含了功能性二元表达机制:

> 中国古代文字的创造和组织,相传有六种原则(就是指事、象形、会意、形声、转注、假借六书)。前三者可以叫做意符的原则,后者可以叫做音符的原则……[1]

---

[1] 沈兼士:《沈兼士学术论文集》,北京:中华书局,1986年版,第387页。

沈兼士已清醒地意识到表意和表音是汉字系统中两种最基本的表达方式,汉字"两书"思想初露端倪。但对于如何用表意和表音来对六书进行概括,尤其是对形声字归类,尚缺乏清晰的标准。稍后唐兰进一步突破六书圈子,试图建立汉字构造新理论。他在1935年写的《古文字学导论》和1949年出版的《中国文字学》中将六书概括为象形、象意、形声三书。而后陈梦家在1956年版的《殷墟卜辞综述》中认为三书应该是象形、假借、形声,并认为汉字从象形开始,在发展与应用过程中变作了声符,是为假借字,再向前发展而有象形与假借之增加形符与声符的过程,是为形声字。形声是汉字发展的自然结果。裘锡圭接受了陈梦家的新三书论,认为"表意字使用意符……假借字使用音符……形声字同时使用意符和音符"①。"最早的形声字不是直接用意符和音符组成,而是通过在假借字上加注意符或在表意字上加注音符而产生的。"②此外,与此相近的还有刘又辛的"表形""形声""假借",新三书说。③

值得注意的是,"新三书"说不仅触及了汉字的功能性二元表达机制,同时也意识到形声字是表意和表音的结合。但新三书理论仍没有解决形声字的归属问题,只好将它列为独立的一"书",这样汉字的二元表达机制由于"形声"一书的加入而变成了三种具体的造字手法。何九盈虽然在其《汉字文化学》中也分为表意、假借和形声三书,但值得注意的是他认为这三书是建立在二元化表达机制之上的:造字表达与借字表达。造字表达又分为表意类、形声类,借字表达即假借。④ 可见,何九盈的"造字表达和借字表达",也包含了两书思想。

我们在前人和时贤关于汉字二元表达机制研究的基础上,进一步将传统的"六书"由具体的构造规则明确概括为"两书":表意和假借。这两书不再是具体的造字手段或构造规则,而是基于符号学理论对整个汉字系统功能性运作方式的概括。表意方式即用含有具象或抽象意义的汉字

---

① 裘锡圭:《文字学概要》,北京:商务印书馆,1988年版,第107页。
② 同上书,第151页。
③ 刘又辛:《关于汉字发展的几个问题》,《语文建设》,1998年第11期。
④ 何九盈:《汉字文化学》,沈阳:辽宁人民出版社,2000年版,第8页。

形体来表现汉语单位的意义。传统上的单纯表意字如象形字、指事字、会意字,就是用表意的方式构成的,汉字形体的理据义与汉语的词汇义之间主要是通过"表意"的手法联系起来的。如"鸣"字是以鸟嘴喻指动作,"射"字以手和弓箭的合成喻指动作,"牢"画牛以为衬托等。假借大致相当于六书中的假借,它利用已有的文字去记录新的语言单位,使本字与假借字之间形成一种语音联想关系。至于形声,只不过是假借和表意两书相互作用的产物。① 既然形声字是在表意和假借基础上产生的,那么这就意味着汉字最基础的功能性表达手段只有"表意"和"假借"两书。在传统"六书"理论中,假借仅仅是一种用字之法,而在"两书"理论中,假借却是整个汉字系统运作的两种最基本的功能性手段(即两种基本的造字方式)之一:假借代表了汉字系统中的任意性方式,表意代表了动机性或理据性方式。两书论极大地提升了假借在整个汉字系统中的作用,并且推动了新三书论(唐兰、陈梦家、裘锡圭、刘又辛、何九盈)的进一步深化——用符号学的观点将三种具体的构造规则发展为汉字符号系统运行的功能性二元表达方式,将新三书的线性结构观改造成一个非线性的二元功能观:

          三书论   两书论

   象形—假借—形声   假借 表意
                            ／＼
                            形声

二、为什么说"形声"不算一书

"三书"论者之所以没有系统总结出汉字的二元表达机制,关键是没有解决形声字的归属问题。因此有必要对形声字性质进行重新分析,只有将形声排除在造字法之外,两书论才能成立。为此,我们首先要区别构

---

① 关于两书的提法较早见于孟华:《动机性文字和任意性文字》,《语文建设通讯》(香港),1998年,总56期。

造与衍生、造字与构字之类概念。

（一）形声字的构造与衍生

从历时发生的角度分析，一个符号从无到有的产生过程有两种主要方式：一是使用者有意识的创造或具有相对独立的人为设计动机，如商标的名称"海尔""海信"等往往是有意识的设计。二是符号系统自身调节、演化的结果，如"道路""美丽"这些词很难看出是少数人决定的产物，它们的形成，是全社会约定俗成和词汇系统本身自我调节的结果。对于这两种符号化方式，前者符号学叫做命名，后者叫做衍生，运用到汉字学中我们分别叫做构造和衍生。形声字的产生也包括这两种方式。

1.衍生性形声字

即由于形体的讹变或文字系统自我调节，从表意字演变而来的形声字。例如：

"穆"甲骨文作 ，像禾上有锋芒的穗，实际上也是一个象形字。小篆 则禾与穗一分为二。《说文》解释为形声字：穆，禾也。从禾㣎声。"

"俘"甲骨文作 ，像以手抓俘虏形，当为会意结构。小篆变为从人从孚，《说文》解释为形声字："俘，军所获也。从人，孚声"。

"闻"甲骨文做 ，像人耳听音形，秦汉时才出现了从耳，门声的"闻"字。

上述例字的甲骨文形式显然都是象形字或会意字，后来因为形体的变化，成为了形声字，即这个形声字明显有自己的初始形式，这个初始形式如上述的甲骨文形式，是作为象形字或会意字被创造出来的，一般叫做"本字"或"初文"；只是由于汉字形体系统演变，这些本字或初文最后才变成了形声字，也叫"后起字"。上述各例由初文到后起字变化的动因，主要是由于汉字形体的自然演化，因此属于衍生。这样产生的字我们称之为衍生性合体字。

2.构造性形声字

除了衍生以外，从初文或本字到后起字的演变还有一种方式，即在一个汉字二合（合体）结构中，其初文或本字是一个表意字或假借字，为了消除其形音义关系的多义性、歧义性而另加一个字符进行限定或说明，这样构成的新字叫构造性合体字。构造性合体字中的基础形式（初文或本字）成了合体字中被限定和说明的成分，我们也叫"字元"。构造性合体字变化的动因带有较明显的人为设计和动机性，其字元与附加字之间形成一种"未知"（字元）和"已知"（附加字）的会意关系。如："鸣"的字元为"乌"，其本义为表乌鸦的"乌"，后假借为表象声词的"乌"，这样"乌"就有本义和假借两义而成了"未知"。于是造字社会就拿一个"已知"成分即意符"口"来说明"乌"，构成了形声字"鸣"。

"曝"本字为"暴"，其字形原像双手捧着米在太阳底下晒，后来，从"晒"义又引申为暴露、残暴等意义，字形的表义性也没有原先那样明确单一了，从而变得"未知"化。于是人们借助一个"已知"的意符"日"加注在字元"暴"旁构成了形声字"曝"。这种通过借助已知表达未知的方式而构成的字就是构造性的合体字。所以，裘锡圭用"加注"这个术语，来说明形声字的"借助已知表未知"的构成性：

> 最早的形声字不是直接用意符加音符组成，而是通过在假借字上加注意符或在表意字上加注音符而产生的。①

3. 衍生性形声字与构造性形声字的区别

其一，基础形式的性质不同。衍生性合体字的基础形式（初文或本字）不具备生成合体字的能力，它仅仅是被动地分化为二；而构造性形声字的"字元"则是具有较强构字能力的单位。其二，主体意识不同。衍生形声字是结构系统自我调节的产物，而构造性形声字却有明显的人为创造的动机。其三，语义联系不同。衍生合体字的基础形式与后起字之间没有明显的意义法则，而构造性合体字的产生一般是遵循"借助于一个已知来说明一个未知"的语义构造规则。

（二）造字与构字

从历时发生的角度动态地看，汉字从无到有的生成和演变，这个过程

---

① 裘锡圭：《文字学概要》，北京：商务印书馆，1988年版，第151页。

我们叫"造字",造字包括上述的构造和衍生两种途径。与造字相对,从共时静态的结构层面上分析一个字的结构方式,我们叫做"构字"。如前面的"俘"这个字,从共时构字平面上分析它是一个形声字,但从历时造字角度分析,它的初文是会意字,造字和构字不一致,造字属于字的生成问题,构字属于字的静态结构分析问题。

即使是构字方式和造字方式一致的字,如果从造字和构字的角度分别理解,其性质也是不同的。试以"右文说"为例说明之:沈括《梦溪笔谈》云:"王圣美治字学,演其义为右文,古之字书,皆从左文,凡字其类在左,义亦在左,如木类在左,皆从木。所谓右文者,如戋,小也。水之小者曰浅,金之小者曰钱,歹而小者曰残,贝之小者曰贱,如此之类,皆以戋为义也。①"根据右文说,这类形声字的声符(右文)是有意义的。如上述例字的各个声符"戋"均有"小"义,也就是说,这些形声字从造字的角度看,其声符也是意符,实际上是由两个有意义的字符合成的结果。所以唐兰说:"每一个形声字的声符,在原则上,总有它的意义,不过有些语言,因年代久远,意义已茫昧,所以,有些形声字的声符也不好解释了。"②但从构字的角度看,我们无法从"浅"这个字的声符中看出它有什么意义,其声符"戋"纯粹是一个示音部件。

这说明一个形声字实际上有两种存在状态:一是意符+声符的模式,这是共时构字的角度分析的;一是意符+意符的模式,这是从历时造字的角度分析的。右文说就是一个动态的历时造字概念。

通过构造与衍生、造字与构字这两对概念的分析,我们得出以下结论:形声字仅仅是着眼于构字分析所得出的结果,如果从造字的角度分析(构造而非衍生的方式),形声字只不过是褪了颜色的会意字。如果说从共时上看,汉字的合体字主要是会意字和形声字,那么从造字也即合体字的历史生成角度分析,汉字合体字基本上都是会意(意符+意符)的方式产生的。下面我们详细分析这个结论。

---

① 沈兼士:《沈兼士学术论文集》,北京:中华书局,1986年版,第83页。
② 唐兰:《中国文字学》,上海:上海古籍出版社,2000年版,第93页。

三、形声字是褪了颜色的会意字

从动态生成即造字的角度将形声归入会意,这一点早有人认识到了:

> 形声,从构字原理上看,与会意完全相同,不同者,在于会合的意符中有一个是兼具声音性质的。街坊的坊,意思就是一个地方,故合土与方见意,可是方又代表了这个字的音。这即是形声。①

虽然形声字和会意字都是产生于会意原则,但形声字的会意原则还是有自己的特点。主要包括两种基本类型:左声模式和右声模式。形声字的组合规则大致有左形右声;右形左声;上形下声;下形上声;外形内声;内形外声;形居一角;声居一角;形被拆开,声居中间;声被拆开,形居中间等若干形式。② 其中前四种是形声字的主要模式。我们把左形右声和上形下声并称为"右声模式",其特征是遵循"先形后声"的位序规则;把右形左声和下形上声并称为"左声模式",它遵循的是"先声后形"的位序规则。我们对《常用汉字字源手册》③中 2500 个常用字中的 1124 个形声字进行了统计,其中:左声模式的 282 字,占形声字总量的约 25%,右声模式的 789 字,占形声字总量的约 70%,其他模式的共 53 字,占形声字总量的约 0.5%。

据以上资料分析可得出,右声模式(即"右文说"分析的类型)是形声字的主要结构模式,其次是左声模式。下面我们重点分析这两类模式的生成所体现的会意原则。

(一) 左声模式

即字元是意符,然后在其左(或上)加注声符而构成的形声字。如:鳳,在甲骨文时期还保持着它高冠华羽之形,后来在文字的长期使用中,为求书写简便,发生了省简现象,失去了特征而与"鸟"的字形相近,为了区分加注声符"凡",构成形声字"鳳"。另外"鷄"在初文时期也是一个独

---

① 龚鹏程:《文化符号学导论》,北京:北京大学出版社,2005 年版,第 65 页。
② 曲径:《汉字的演化与基本常识》,沈阳:辽宁古籍出版社,1997 年版,第 61 页。
③ 王平等编:《常用汉字字源手册》,广州:南方日报出版社,2002 年版。

体的鸟的形象,易与其它禽鸟的形体混淆,后来借了一个"奚"字做声符,构成了形声字"鷄"。如下图:

（凤）　　（鸡）

这类形声字,起初产生的原因都是为了区别象形字,也就是说别义是其加注声符的主要目的。象形字在发展过程中,单义的符号越来越多义化、歧义化,即字义、字形在发展过程中未知化了。如"凤"和"鸡"的古字均是纯象形字,而鸟的种类、名称很多,有的羽毛长,有的嘴短,实在难以一一加以区分,当面对二者时,其意义是未知的,所以为了区别确定二者,借了一个"凡"和"奚"字做声符,分别构成形声字"鳳"和"鷄"。

我们说"鳳"和"鷄"是形声字,是就它们的结构分析而言的,但从生成的角度,该字造字的方式应该是会意。因为,作为声符或假借字的"凡"和"奚"代表的不是单纯的音节,而是连同声音所携带的概念一起参与了这些字的构成。也就是说,声符是一个表示概念的形音义结合体,它作为"已知"对变得"未知"的形体进行限定、修饰。这个形声结构类似于西方字母文化中字母词与图像的结合(见下图):

图像相当于形声结构中的意符,字母词相当于声符。但是作为声符的字母词并非纯粹的声音记号或字母,它是携带意义的形音义结合体。所以,汉字合体字的左声模式其实是一对言文关系范畴:左边的声符相当于"言",是有声语言的记号单位;右边的意符相当于"文",是图解"言"的视觉符号。

所以,造字的声符和构字的声符是不一样的:造字的声符是携带意义参与了合体字的意义构成,是形音义结合体;而构字的声符则变成一个纯粹的示音符号,是形音结合体。学术界常常不注意区分这两个概念。从造字的角度分析,左声模式的"声"是一个"意化"了的声符而与作为字元的意符相加,二者在造字上显然是会意的方式。所以王宁说:"形声字凭借义符来知类,以声符做义符的背景来别词。"①这里的"声符作背景"一说已经强调了声符的载义功能,说明声符不仅仅是一种表音手段,同时还是一种别义手段,声符和义符都相负了表意功能。李葆嘉也认为"借字即因声达义、以义附音。因此假借音符是一个完整的、能满足单词需要,因而与词(字)对应的语音单位,注定难以摆脱语义的羁绊。"②

从造字而非构字的角度说,携带意义的声符+意符构成了"左声右形"的结构,由于本质上还是意符+意符的结合,只是其中的一个意符同时还是表音单位,常常位左,所以我们称其为"左声"的会意模式。

(二)右声模式

即字元是携带意义的声符,然后在其右(或下)加注意符而构成的形声字。

这类形声字是"由一个语根作声符,而加上一个形符来作分别的,主要的意义在声符",即"声符+意符"的方式:"假如有一条河叫做'羊',一个部落的姓也叫做'羊',一种虫子也叫做'羊',古人就造出从水羊声的'洋',从女羊声的'姜',从虫羊声的'蛘'……又如:目小是'眇',木末小是'杪',水少是'浅',贝少是'贱'。"③

显然,作为河名、族姓、虫名的"羊"是一个假借字,且多义,是"未知"。为了区别这个多义假借字,汉字社会就在字元即声符"羊"上,加上了意符"水""女""虫",分别构成了三个形声字。这里的声符是有实际意义的形音义结合体,它和意符相加完全是会意的方式,所以徐通锵明确地指出,"'声'与'形'都是表面形式,它们的实质都是'义'……字义的结构就是这样由'声'表示的义类(或义象)和由'形'表示的义象(或义类)的结合,体

---

① 王宁:《〈说文解字〉与汉字学》,郑州:河南人民出版社,1994年版,第76页。
② 李葆嘉:《当代中国音韵学》,广州:广东教育出版社,1998年版,第7页。
③ 唐兰:《中国文字学》,上海:上海古籍出版社,2000年版,第86页。

现'类'与'象'的合二而一"。① 相加后构成了"左形右声"的结构,所以我们称为"右声"的会意模式。

"右声"模式实际上就是宋代王圣美的"右文说"。右文说发现了多数形声字"左形右声",且声符兼示意义这一事实,这样形声字"形"主义、"声"主音的意义一元化格局就被声符和意符均表义的二元化方式取代了。右文说到清代发展成为"右文学",尽管其理论认为"同一声符的字,意义一定相同"过于武断,但右文说所揭示的形声字二元化意义结构还是有重大意义的:一般而言,意符或形符的意义如"亻、刂、厂、口、土、女、宀、山、巾、彳、忄、扌、戈、户、日、木、气、氵、火、牛、犭、疒、目、石、衤、禾、穴、竹、米、纟、艹、虫、讠、贝、足、车、钅、门、饣"等还是更多地代表了一种"取象"即物象或事象,这是一种具象性意义。而声符的意义则是代表了一种"比类"即抽象的、类化的意义,如声符"非"在"排""斐""菲""辈""诽"等中表示分背义;"皮"在"被""坡"表蒙覆义;"农"在"浓""脓"中表浓厚义等。如果我们将意符的"取象"意义简称为"形",将声符的"比类"意义简称为"义",那么右文说就是揭示了一种"形义"二元结构。当然,右文说将这种结构绝对化了,如我们所分析的"左声"结构说明,形声字并非都是"左形右声"的结构格局。

汉字形声字生成的"左声"和"右声"模式相比,作为主流的"右声"在创制之初是典型的会意方式,都是表意字符的结合。有趣的是,纳西族象形文字中的形声字多为注音形声字即"左声"模式,它是纳西文形声字的"主要构成方式",而且纳西文字最终没有向"形声字发展,而是创制了纯表音文字体系的纳西表音文字。"②中古埃及圣书字③的形声字其结构规则也毫无例外是左声右形。而在汉字形声字中,右声模式始终占主导地位。可见不同文字体系的形声字中,其意符和声符的排序是有规则的,这种字序规则与不同文化的认知方式以及文字制度有关,它与语序有何种

---

① 徐通锵:《语言论》,长春:东北师范大学出版社,1998年版,第286页。
② 刘又辛、方有国:《汉字发展史纲要》,北京:中国大百科全书出版社,2000年版,第167页。
③ 古埃及象形字包括三种字体:圣书体,又称碑铭体;2 僧侣体;3 人民体。其中圣书体最悠久,最典型,主要是铭刻或涂绘在神庙、石碑、墓室、棺椁等神圣或庄重的场合。

关联,值得深入研究。

我们将形声字的会意模式由"右文说"的一种,扩展为"左声"和"右声"两种基本类型,旨在从汉字符号整体系统的生成机制角度,分析它们各自扮演的不同角色及其规律。

再次申明有关"形声字是褪了颜色的会意字"的命题:当我们说形声字是"褪了颜色的会意字时",是从造字(准确地说是造字中的"构造"而非"衍生"方式)的角度分析的;如果仅仅从静态结构即构字上考虑形声字,是不会发现左声和右声的划分以及形声字的会意性质的。当我们仍叫它"形声字"时,则是从构字的角度而言的。传统汉字学并不严格区分形声字的这种复杂情况。

四、汉字的动机性意指定律

(一)动机性意指定律的含义

根据动机性意指定律,一个符号的意指关系(如汉字的形音义关系)越是理据的、动机的,在符号结构生成上就越是倾向于意合的、会意的或语义说明的。越是理据的、意指的符号如象形字,便越是容易产生符号的偏离性,即能指和所指之间的不对应性。比如一字多词或一词多字,以及形体之间区别性不强的情况。如甲骨文时代汉字的异体字是非常突出的,"越是早期的甲骨文字,异体字越多"[①]。早期象形字的字形因为着重于意指关系即形体对事物的形象描摹而不太关注形体之间的区别,如独体象形字(凤)和(鸡)在字形上易混淆,这也是汉字的偏离性。偏离性即多义性或歧义性,它产生一种"表意无能"或"未知化",即表达信息的不确定。未知化是象形字发展的一个必然结果,克服这种"表意无能"的方式就是会意式二合结构:在一个变得"未知"的象形字旁附加一个大家熟悉的字来说明解释,限定那个"未知"的象形字,这就是徐通锵所说的"借助于已知表达未知"的汉字生成模式。从造字的角度说,汉字合体字都是由这个规则生成的,如:木+日→東;東+壬→重;重+力→動……

---

① 邹晓丽等:《甲骨文字学述要》,长沙:岳麓书社,1999年版,第36页。

这样我们就可以再总结一下汉字的动机性意指定律:汉字造字方式的动机性、理据性,决定了它的信息或意义的不确定性(表意无能);汉字克服"表意无能"的需要又进一步决定了汉字结构生成过程中的二元意合性或会意性,这个二元会意性的生成机制也就是"借助于已知表达未知",二元会意性生成机制是汉字再符号化的最基本手段,它仍然遵循动机性、理据性原则。

(二)汉字意指定律的二元性分析

汉字的造字即动机性定律内部存在一种二元机制:表意定律和假借定律。

表意定律是:表意性文字形体的未知化(易混淆)导致区别化或别义化。"左声模式"典型代表了这种情况。如"鸡"和"凤"的象形字容易相混,于是各自加一个假借字作声符以别义。

假借定律是:假借性文字或表意字的未知化导致再理据化。这主要表现在"右声模式"中。右声模式产生的合体字往往与表意字的假借化有关,然后在假借字基础上加注意符构成形声字。比如象形字"其"字,原像簸箕之形,意指簸箕。但在《诗经·卫风·氓》"桑之未落,其叶沃若"中假借作虚词。这样"其"字就身兼本字和假借字两职,这是假借导致的"其"字的未知化。后来人们给本字加上一个意符"竹"写作"箕",从而使"其"字再理据化了。再如"栗"字,本是一种植物的果实名称,而在《诗经·豳风·七月》"二之日栗烈"假借为寒冷义,后来人们又给借字加上一个意符造了一个"凛"字,使假借的"栗"字理据化了。需要说明的是,别义化并不全是左声模式,理据化也不必然是右声模式。

表意定律导致汉字的别义化,假借定律导致汉字的再理据化;表意的别义化运用的是假借手段,而假借的再理据化运用的却是表意手段。这深刻地反映了汉字生成机制的两书性:表意和假借既相互区别,又是统一于动机性定律的两种相互依存、相互转化的造字方式。所谓的"形声"一书,其实是这两种方式按照会意的动机性原则综合运用所产生的结果,而且无论是"别义"还是"再理据化",都是种更高阶段的"表意",都是按照会意的原则进行汉字符号的再生产的。所以假借是汉字表意的一种再生产手段。

五、"两书"的理论意义

从造字即汉字的生成机制的角度取消"形声"这一"书"(在构字上我们仍可以保留这一概念),具有重大的理论意义。传统上所谓的象形、会意、形声,从符号生成的角度看其实都是动机性、理据性的"表意"方式,形声既然是"褪了颜色的会意字",那么表意字主要有两种:一是独体的象形,二是合体的会意。"形声"一"书"的取消,真正使汉字造字研究上升到了符号学的理论水平:

其一,"表意"内部揭示出了基础性的意指单位(即独体的"文"或象形字)和派生性的合体汉字单位(即合体的"字"或会意字)之间的二元生成机制:由"文"而"字"的生成规则是汉字最基本的结构生成法则之一,可简单地描绘为"借助于已知表达未知"。这是汉字最基本的编码原则,是一个语义的法则、隐喻的法则、意合或会意的法则,也是汉语和汉文化的构造法则。没有"形声"一书的取消我们无法发现和揭示这个法则,而对这个法则的研究将大大推动汉字、汉语乃至汉文化的表达机制的研究,这个法则构成了汉字文化的内在形式。

其二,形声字的取消凸现了"假借"的重大作用。汉字"假借"的研究有三个理论模式:一是传统小学模式,认为假借是用字之法。二是语言学模式,认为假借是表音符号。三是本书作者提出的符号学模式,认为假借是汉字两种基本的造字方式之一,它是与表意相对的造字方式,它代表了汉字的言本位倾向。表意是动机性方式,假借是任意性方式,而动机性和任意性是人类任何完备的符号系统都具有的最基本的两种符号化表达方式。假借和表意两书的提出,实现了与国际符号学术语"动机性"和"任意性"的接轨。这种接轨的重大理论意义在于,这不但使汉字造字法研究达到一个符号学理论的新高度,同时实现了与国际学术话语的真正平等的交流:一方面可以让国外学术界超越传统"六书"只可意会不可言传的术语障碍,顺利地理解汉字文化的精髓,另方面又使汉字研究能真正走向世界,为国际符号学贡献一种迥别于西方的东方符号学理论。

原文《汉字两书论》,载《东方论坛》,2006 年 5 期。

第九节　符号学的对象及语体哲学

【提要】　合治符号观包括了以下几点：其一，在结构和意指二者的关系中研究每一个符号，并以意指关系为主导。其二，要在符号投射和遮蔽二者的关系中了解意指方式。投射强调了符号对现实的建构性，遮蔽则凸显了对这种建构的自我遗忘。其三，要在语言和文字的关系中了解意指方式。文化的本质是文字性问题，文化最终是按文字的方式被呈现的。有两种最基本的文字（文化）思维：文本位取向和言本位取向。表意汉字是文本位的，表音的拉丁字母是言本位的。

一、符号学的研究对象

符号学是研究包括语言文学在内的人类文化现象的符号意指性的科学。简言之，符号学的研究对象是符号的意指性及其意指方式。

（一）符号的两种关系

先看索绪尔给的例子①：

上例涉及符号的两种关系：横线是符号与符号的关系，我们叫结构关系；纵轴的是能指和所指的关系，我们叫意指关系。

任何符号都有这两种关系。如一幅图画，画面与所描述的题材是意指关系；该画面内部的结构布局以及外部与其他不同流派的绘画作品之间，是结构关系。每个电影镜头反映的现实是意指关系，不同镜头的联结

---

① ［瑞士］费尔迪南·德·索绪尔：《普通语言学教程》，高名凯译，北京：商务印书馆，1980年版，第160页。

是结构关系。就语言的词语而言,音义之间是意指关系,词与词之间则是结构关系。当然,与其他符号系统相比,语言系统更强调结构关系,而绘画符号则意指关系更重要。所以,索绪尔认为语言中最重要的是组合和聚合两种关系,它们都属于我们说的结构关系。

(二)意指关系与符号学

符号与对象、能指和所指之间的二元关系叫做意指关系(signification)。① 但可以将它上升为一个与索绪尔的结构关系相对的范畴:所谓意指关系,是在和结构关系做对比项的条件下来解释的,不了解结构关系,就无法定义意指关系,反之亦然。我们进一步认为符号学就是重点研究意指关系及其与结构性的关系的科学。传统语言学主要研究结构关系。索绪尔虽然是符号学奠基人之一,但他的语言学理论其实是排除意指性研究的,所以被称为"结构主义"。

二、符号学的两个基本问题

自哲学的语言学转向以后,符号的意指性便成了人类思想文化史的核心问题,它主要思考两个问题:

其一,我们在面对现实世界的时候是否意识到了语言符号的参与?本书称之为符号的投射问题。它与现实的"无言性"有关。其二,我们面对一个符号世界的时候,是否意识到了它仅仅是不在场的对象世界的替代物?本书称之为符号的遮蔽问题。它与符号的"自我遗忘"有关。

(一)符号的投射问题

符号的投射是人运用符号将自己的理解加诸于外部世界的进程。它是人有目的的运用符号的活动及其产物。作为一种活动,它体现了人的需要和目的,是人的本质力量的对象化过程。这种目的和动机的符号化过程,就是符号的投射。包括表达主体和结构主体两种投射。如下例:

《春秋·僖公十六年》:"春王正月戊申朔,陨石于宋五;是月,六鹢退飞,过宋都。"

---

① [法]皮埃尔·吉罗:《符号学概论》,怀宇译,成都:四川人民出版社,1988年版,第26页。

上例中有两个数词,其语序位置相反:"陨石于宋五",是先闻"陨",后见"石",数之则"五",这是一个"耳治"的过程,所以数词"五"位于句末。

"六鹢退飞"中的数词"六"前置,是因为先见"六"个东西,再看才知是"鹢",察之则"退飞"。这是一个"目治"的过程。以上"耳治"或"目治"的过程,说明该句子的语序是根据人的观察点的变化而变化的。所以,申小龙说"汉语的句法与人观察、理解世界的自然顺序相映射",他进一步把西方语法精神称为"以形统神",汉语的语法精神称为"以神统形"。① 中西方这两种语法精神都是符号对世界的编码、投射。

1. 表达主体投射

指一次具体的符号化过程中,表达者将自己的表达主观性投射到事实对象身上。如上例中表达者按照"耳治"或"目治"的不同观察点来自由安排数词的语序,就体现了表达主体的投射。

2. 结构主体投射

即符号能指结构自身的习惯法则成了所指内容建构的内在依据。或者说,能指将自己的结构力量强加到了所指身上。这也叫做"能指投射"。如申小龙总结的"汉语的句法与人观察、理解世界的自然顺序相映射",汉语具有"以神统形"的结构精神,每个汉语句子的编织都受制于汉语的这种"能指投射"。

(二)符号的遮蔽问题

我们面对一个符号世界的时候,是否意识到了它仅仅是不在场的对象世界的替代物?遮蔽性问题也就是符号与现实的间距性或距离感的问题,包括间距性缩小和间距性扩大。

1. 间距性缩小

就是将能指掩饰为所指,将符号掩饰为对象,符号能指被自我遗忘。

例如"王"字。《说文》:"王:天下所归往也。而参通之者,王也。孔子曰:一贯三为王。"后人经考证认为《说文》的释义是错误的:"王"字甲骨

---

① 申小龙:《汉语语法学》,南京:江苏教育出版社,2001年版,第8页。

文、金文作斧形,"斧形是用来标志王位的。'王'字是权标……"。① 而《说文》却将儒家的"王权神授"和"天人合一"的政治伦理思想内容看做是"王"字的本义。显然,这是将"王"字的符号引申链条人为切断,把符号衍生链条某一节点上的后起义看做本义。这种将引申义掩饰为本义、将能指掩饰为所指的符号化行为,就是"间距性缩小"的符号遮蔽行为。遮蔽行为的背后有着意识形态的目的:当"王"的后起义按照儒家观点被阐释为本义时,意识形态的权力就被掩饰为语言的本义,借助于这种掩饰,统治者攫取了叙述历史的话语权力。

笔者曾在媒体上看到一张电视记者在采访行人的新闻照片,这位记者的同事却站在背着镜头的地方,高举一张写着答案的纸给被采访者看,要求被采访者按照记者的提示的内容回答问题。显然,这是一个被记者操纵的采访事件,而它一旦在电视上播放,观众不会看到那背后操纵的一幕。观众会误把由记者操控的事实理解为事实本身:本属于能指的东西被人为地掩饰为所指——这就是能指间距性缩小。这无疑是一种意识形态霸权。

间距性缩小的符号化思维,东西方文化表现方式不完全相同。西方的间距性缩小表现为把符号能指的透义性绝对化(德里达所批判的"逻格斯中心主义",即主张"言语与存在的绝对贴近,言语与存在意义的绝对贴近,言语与意义的理想性绝对贴近")。② 所谓透义性的绝对化,就是相信符号具有逼真地反映现实的能力。

我们知道,语言文字符号的"投射性"问题决定了语言不可能是思想和现实的透明的镜子,语言文字参与了现实和思想的构成。但西方的"逻各斯中心主义"将语言的事实与现实画了等号,看不到语言对现实的遮蔽和投射,这显然是"间距性缩小"。因此,德里达的解构哲学的使命就是暴露符号的间距性,它告诉人们,语言文字符号不仅仅是科学的一种辅助手段,而是它的对象,是它的客观性的先决条件;历史和全部知识都取决于

---

① 张其昀:《"说文学"源流考》,贵阳:贵州人民出版社,1998年版,第43页。
② [法]雅克·德里达:《论文字学》,汪堂家译,上海:上海译文出版社,1999年版,第15页。

语言文字符号的可能性。

2.间距性扩大

当人们意识到语言符号与现实的差异,并看到它对现实的投射和遮蔽,并自觉地反思这种差异关系,这就是符号间距性的扩大。我们进一步将"间距性扩大"表述为:

意识到符号与对象、能指与所指之间的距离感和差异性,以及能指对所指、符号对现实的构成性。间距性扩大恢复了人们麻木了的符号意识,尽可能地将符号事实与客观事实相分别,揭露现实世界构成的符号性本质。

间距性缩小是一种符号迷信,是人类自身的一种局限性,认识到它的局限便成为思想解放的前提。

3.间距性扩大分析:《诗经》究竟是一个还是两个?

这个问题的提出似乎有些荒唐,常识给人们的答案是前者,但符号学的间距性扩大理论告诉我们,中国古代的《诗经》是两个:

一个是散落于民间的、未经官方编删、加工的方言口语形态或虽书写但未成结集形态的"诗";一个是经过据传是孔子编删后成为"六经之首"的诗,即通过汉字或文人的加工而经典化了的《诗经》。

间距性缩小的符号思维使人们常常不能区分这两种"诗",而把汉字呈现的"诗"误当作口语方言形态的"诗"本身,属于能指的东西被掩饰为所指。间距性扩大的理论告诉我们,现在阅读的《诗经》是经过了汉字"中介"和文人编删的,借助于方言口语形态的"诗"的不在场或永远的消失,汉字形态的"诗"成了口语的"诗"的必然在场形式。然而问题是,这个汉字呈现的《诗经》仅仅是一个能指,是一个经过了编辑、加工、删削和取舍之后的符号,即一个经过文人的意识形态动机投射和经典化了的符号能指。如果不能有效地区别这两种"诗",就会被符号能指的某种意识形态动机所蒙蔽。我们认识到《诗经》的二元性、能指性、间距性、修辞性或动机性,就是能指间距性扩大意识的表现。这种扩大对于中国文化史研究的思想解放意义重大。

三、符号的两个基本意指方式:言文关系

(一)意指方式的外部形态划分

所谓的意指方式,指符号看待世界或成为对象编码的符号化方式。上述讨论的符号间距性扩大和缩小,就是两种不同的意指方式。如果从符号的外部物质载体分析,人类最基本的意指方式有两种:

一是视觉的方式。如图画、影像/雕塑/文字、体态等各种诉诸视觉来传达意义的符号化方式。二是听觉的方式。如音乐、语言、号声、汽笛等。

在视觉符号中,最基本的符号是文字,尽管现代文字已经丧失了图画性特征,但仍保留了一切视觉符号的最基本特点:空间性和转义性(言此意彼性)。在听觉符号中,最具代表性的是语言,其基本特征与文字相对:时间性和透义性。

"听觉符号在特征上与视觉符号有本质的不同。前者把时间而不是空间作为主要的结构力量。后者使用空间而不使用时间。听觉的、'时间的'符号就其特征而言,倾向于象征(引者按:指任意性),视觉的、'空间的'符号在特征上倾向于图像。得到充分发挥的听觉符号,在艺术方面产生了口头语言和音乐等重要形式。视觉的和空间的符号则产生绘画、雕塑、建筑等艺术形式。"①

下面我们将要讨论到,"时间/透义"和"空间/转义"是两种不同的生存体验,是人们运用符号看待世界的两种不同方式。所以我们把语言和文字看做两种意指方式。

我们把文字及其作品统称为"文",将语言及其作品统称为"言"。二者的关系称为"言文关系"。

(二)言文关系的不同认识

1.所指论

亚里士多德说人是"理性动物",认为人能够运用自己的理性直接应

---

① [英]特伦斯·霍克斯:《结构主义和符号学》,瞿铁鹏译,上海:上海译文出版社,1987年版,第139页。

对一个现实的世界。"人是理性动物"这个命题使用的方法是经验观察和逻辑分析,它认为真理为某种现成的东西,靠思考者独自去把握和传递给别人,对客观物质世界的认识,是建立在主客分离、语言与思维、语言与文字分离的基础上的。所以,亚里士多德说观念是事物的符号,词语是观念的符号,文字是符号的符号。这种等级制的主客分离、符号与思维、语言与文字分离的哲学立场我们叫"分治观"。分治观被法国哲学家德里达称之为"逻格斯中心主义"①:语言成了心灵的在场,文字成了语言的在场。所以文字、语言的终极目标是努力真实地呈现那个先验的所指如真理、存在、逻格斯等。显然,分治观也是"所指本位的":符号以真实地模仿对象为最高目标。

欧洲文明来源于"两希"文化,除了古希腊文化的逻各斯中心主义以外,犹太教的《圣经·旧约》中的耶和华也是一种神话"逻格斯"。在分治观中,语言和文字被媒介化、工具化了。刘勰也说:"心既托声于言,言亦寄形于字。"②在"心、言、字"三者关系中,心是第一位的,是本原:"心"派生出"言","言"派生出"字"。被派生物是本原的媒介和工具。这个观点与亚里士多德的分治论有相似之处。

2. 能指论

随着世界范围的人文科学所发生的"语言学转向",人们认识到了"现实的无言性"和"符号的不可说性",逐渐明白语言成了构成我们现实的基本条件。作为能指系统的语言,反而成了意义的生产者、成了现实世界的构造力量。

这种以符号自身结构力量为认同坐标的语言观,我们称之为能指论或能指本位论。我们简单地介绍两位语言学家的能指本位思想:

洪堡特认为语言是一种人类的创造活动而不是活动的产品,强调语言是一种世界观,是指人类有意识地运用符号来构造现实的活动。例如北方人叫做"洗澡",南方人则叫"冲凉",这两个词实际上反映了不同的生

---

① [法]雅克·德里达:《论文字学》,汪堂家译,上海:上海译文出版社,1999年版,第14页。
② 陆侃如、牟世金:《文心雕龙译注》(下册),济南:齐鲁书社,1982年版,第241页。

存体验。所以,卡西尔也同意洪堡特的观点,并强调"(符号)不单纯地摹写,而是体现出一种本原性的、赋予形式的力量。它不是被动地表示出事物在场这一单纯的事实,而是包含着一种独立的人类精神能量,通过这种能量,现象的单纯在场获得了一种确定的'意义',获得了特殊的、观念化的内容。"①

索绪尔也认为,所指概念并不是明确地预先存在,而是能指系统分配的结果。② 这实际上认识到了对象世界的"不可言说性",必须由语言符号来构造。

于是,语言成了我们看待世界的方式,我们赖以生存的基本条件。

但是,语言学转向后,人们仍然长期把文字看做是语言的附属品,一种语言的透明载体。索绪尔就认为,文字存在的唯一理由就是表现语言。上个世纪下半叶,西方世界出现了哲学的"文字学转向"。以法国哲学家德里达为代表。他认为语言的本质是文字性的:

> 我们要以更根本更具体的方式追问,语言如何不仅成了一种'类似于文字'——索绪尔奇怪地说(引者按:索绪尔在其《普通语言学教程》中谈到,文字、象征、礼节形式、军用信号等都是符号学的研究对象,而语言学只是这个符号学的一部分)——书写符号,而且成了文字的一种,或者毋宁说,既然文字与语言的关系不再是一种扩展关系或临界关系,语言怎么成了一种以文字的一般可能性为基础的可能性。③

"语言是一种以文字的一般可能性为基础的可能性"的命题,似乎揭示了文字对语言的本位性。比如,他的"普通文字学"认为,"语言学-音位学则只是这种文字学的一个附属的专门领域。"

为什么说音位学反而成了文字学的产物?

我们先从索绪尔的"语言/言语"的划分谈起。

---

① [德]恩斯特·卡西尔:《语言与神话》,于晓等译,北京:生活·读书·新知三联书店,1988年版,第209页。
② [瑞士]费尔迪南·德·索绪尔:《普通语言学教程》,高名凯译,北京:商务印书馆,1980年版,第158页。
③ [法]雅克·德里达:《论文字学》,汪堂家译,上海:上海译文出版社,1999年版,第72页。

有两种语言：一是动态运用的语言，如人们在交谈中发出的一连串的有声符号；一种是静态的储备状态的语言，如语法教科书和词典里的语言。动态的语言是时间的连续体，具有不可分割的整体性特征；静态的语言则是从连续体中切分下来的离散组织和单位。这些离散单位具有：A 可分析性，如语法书中分析句子结构层级性的树形图；B 相对独立性，如词典里一个个的词条。索绪尔分别将动态的语言称为"言语"，静态的语言称为"语言"。我们已经看到，所谓的"言语"可以脱离文字而存在，而索绪尔意义上的"语言"作为一个离散的、可分析的、抽象的符号系统是以视觉的空间文字符号作为自己的载体或存在方式，而不是有声语言。或者说，语言的离散性是靠文字来发现、来实现的，从这个意义上讲，人类史前的非文字社会是一个没有"语言"的社会。史前人类说的言语如同他们的表情、动作、叫喊，是身体的一部分。语言以及依附于它的思维潜伏在人们的身体内处于无意识状态。他们发出的言语之流不过像叫喊和手舞足蹈一样，是心灵和肉体的不由自主的表达。史前人类没有对语言的自觉意识，因而也没有理性的思维。

语言的结构是靠文字发现和凝固的。这就回到德里达的"文字音位学"的问题，表音位的拼音字母发现了语言的音位这一结构单位。在表词的汉字文化中，中国人从来没有产生音位意识。不是因为我们语言中没有音位单位，也不是我们不够聪明，而是汉字单位遮蔽了我们对语言结构的认识。

文字导致了对语言系统的自觉意识、加工意识。文字是对无形的语言的固态化，使语言得以被物化、被凝视，使语言从言语连续体中、意识从无意识之流中分离出来，使它成为可自主加工、反思、批评的对象。因此文字不仅是人类对语言有意识地分析的结果，同时是人类主体意识诞生的标志。"文字是在不同程度上有意识地进行的语言分析。"①当人类能利用文字来反思语言的时候，也就意味着人类对自己的思维本身、对自我、对精神的反思意识的诞生。语言在文字那里发现了自己，思维在文字

---

① ［法］海然热：《语言人》，张祖建译，北京：生活·读书·新知三联书店，1999年版，第89页。

中获得自己的高级形式,人类在文字中实现了自己的理性和主体性。从这个意义上讲,人类可以没有文字,但文明不可以没有文字。前文字社会是人类意识的前"镜像阶段"①,也即所谓的蒙昧社会。

文字与语言结合的过程是人类的语言意识觉醒的过程,是语言之山浮出人类无意识海面的过程,是语言以及人类精神产品获得自觉的存在形式的过程。是文字学导致了语言学。巴赫金也曾指出,现代西方语言学是建立在书写(语文学)基础上的。② 德里达的文字哲学则完成能指论的最后一章:语言是人类看待对象世界的基本条件→文字是构成语言的基本条件。

3. 意指方式论

当德里达将能指本位确定为所有不同语言文字的普遍特性时,已经悬置了具体的语言文字之间的差异,而把一个统一性的理论模式强加在不同文字和语言身上。本书的符号学文字观则把文字理论处理为一种符号性意指方式,即文字是看待语言的方式,有的文字更接近所指性,有的文字更接近能指性。索绪尔已经意识到了这一点。他说有两种文字体系:一是以汉字为代表的表意文字体系;一是表音文字体系。并认为汉字的字本位性更强,即汉字以书写的词代替口说的词的倾向"更为强烈"。③

既然语言是以文字作为自己的存在条件的,那么就有两种呈现语言的文字方式:文本位的和言本位的。我们试比较一下汉字和拉丁字母:

汉字是一个意指单位,形音义结合体,是通过意象方式有理据地结合起来的,根据意指定律,④决定了它的生成规则是一种空间的会意组织法则。所以,意象性(转义性)和会意性(空间性),体现了汉字思维特征,同

---

① 见[法]拉康:《镜像期:精神分析实践中所揭示的"我"的功能构成》,载汪民安等主编《后现代性的哲学话语》,杭州:浙江人民出版社,2000年版。

② "语文学的需求产生了语言学,是它的摇篮,并且把语文学的竖笛插入其中。……语言学是语文学地道的孩子"。——[苏联]巴赫金:《周边集》,李辉凡、张捷等译,石家庄:河北教育出版社,2001年版,第418、419页。

③ [瑞士]费尔迪南·德·索绪尔:《普通语言学教程》,高名凯译,北京:商务印书馆,1980年版,第51页。

④ 意指定律指"一个符号的意指性质,决定了该符号的结构性质。"——孟华:《汉字:汉语和华夏文明的内在形式》,北京:中国社会科学出版社,2004年版,第62页。

时也是一切视觉性符号的本质特征。因此,汉字思维更具视觉符号的特征,我们称之为"文本位"的。

拉丁字母是一个结构单位,是形音的任意结合体,形音结合的任意性决定了它的生成规则是一种时间的线性组合法则。任意性(透义性)和线条性(时间性)体现了拉丁字母的思维特征,也是听觉符号的特征。索绪尔因此说语言的两个本质特征一是任意性,二是线条性,都是对字母文字符号的理论概括。所以,拉丁字母是"言本位"的。

我们将"文本位"和"言本位"概括为文字看待语言的不同方式即两种意指方式。

本书的"意指方式论"认为,语言乃至文化的高级发展形态就是文字化的存在。或者说,凡有文字的语言和文化都有一个"文本位"的问题,即语言或文化的文字性问题。尤其在汉文化中,"文化"一词的涵义具有较强的"文本位"性。

汉字甲骨文的"文"字取象于文身的人体,"人体花纹"大概是"文"的最初含义,也是汉语文化中的"人文"一词的最初精神内涵:人的取象、意象谓之"文"或"人文"。后来视觉形象的"文"进一步定格为一个文字概念,许慎《说文·序》:"仓颉之初作书,盖依类象形,故谓之文;其后形声相益,即谓之字。文者物象之本,字者言孳乳浸多也。"后来"文"的核心意义是文字及其文字性作品(典籍),并且也泛指一切礼乐制度和精神文化。所以,中国"文化"的本质含义就是"文象化""文本位"生存:"文本位"的"文"既是书写性符号,也是物象礼乐符号。《周易·贲》:"文明以止,人文也……观乎人文,经化成天下。"唐孔颖达疏:"圣人观察人文,则诗书礼乐之谓,当法此教而化成天下也。"这就是以"文""化"天下的文本位精神。[①]

由此可以导致对文化的重新定义:文字看待语言的方式。

不仅语言的典型形式是文字,文化的典型形式也是文字。文字是看待语言的方式,也是看待文化的方式,文化是看待世界的方式,所以文字

---

① 转引自孟华:《汉字:汉语和华夏文明的内在形式》,北京:中国社会科学出版社,2004年版,第285页。

也是文化方式。

文化的本质是文字性问题,文化最终是按文字的方式被呈现的。有两种最基本的文字思维:文本位取向和言本位取向。表意汉字是文本位的,表音的拉丁字母是言本位的。文本位思维更强调官方的、大一统的、雅文化的意识形态,言本位思维更强调民间的、分权的、大众文化的意识形态。二者构成一种新的主体间性交流模式,它们互相发现、互相补充、互相依存。这就是文字符号思维。

四、语体哲学

汉字符号学将语言和文字处理为一种意指方式的观点,导致了对一种语体哲学的思考。

(一)语体哲学的两个基本语体单位或范畴

我们区分出两类最基本的语体范畴:文体和言体,即口语为本的言体和文字为本的文体。

文体和言体的关系简称"言文"关系[①]。二者的区别是:

言体	文体
面对面交流	非面对面交流
对话性	独白性
所指在场	所指不在场
意义确定性	多义性

现实社会文化中的许多现象,都可以纳入语体哲学中文体和言体这两个基本范畴。像普通话与方言、雅文化和俗文化、文言文和白话文、书写史和口述史等二元关系项,前者属于"文"的范畴、后项则属于"言"的范畴。

(二)语体哲学的应用分析

中国哲学、语言文字等文化传统的主流是一种文体本位的、典籍主义

---

① 孟华:《汉字:汉语和华夏文明的内在形式》,北京:中国社会科学出版社,2004年版,第13页。

至上的雅文化,在言文关系的两极力量对比中最终占主导地位的总是"文"的一极。这种"文体本位"的文化传统,常常自觉不自觉地对"言体"采取抑制态度。

例如,狂欢体是"言体""俗体"的重要特征,我们也可称之其为"狂欢体"。这是巴赫金的概念,① 主要是指在摆脱等级制、正统观念后的一种思想解放和对语言禁忌、世俗规矩的超越。典型的狂欢体是狂欢节和广场演说及游行。下面我们分析一下中国文化语境中的狂欢体的特征,以及文体对言体的抑制。

方言体 方言作为典型的"言体",一般不能在官方媒体上出现。尽管出现了许多用方言配音的外国影视译制片,但是最终还是由国家广电总局 2004 年 10 月出台了《国家广播电影电视总局关于加强译制境外广播电视节目播出管理的通知》,明令禁止使用方言配音。再如,依附于方言的地方戏种,随着普通话即"文体"的普及,以"言体"为表达手段的地方戏日渐萎缩。

酒席体 借酒所获得的相对的语言解放,一种卸下面具后所产生的轻松和宽容的语境。政治笑话和黄段子以及相互调侃、戏谑,类似广场式的语言狂欢。许多民间的顺口溜就是在这里诞生和传播的,但不能登大雅之堂。

短讯体 也是私密信息、禁忌话题的滋生地。

聊天室 更是语言和思想放纵的场所。

涂鸦体 课桌、墙壁以及一切公共场合上涂画、铭刻的个性化表达。

民谣体 如讽刺官方的各种民谣、黑色幽默等。

(三) 狂欢体的中西差异

在西方,狂欢体常常是雅文化的对话者,其本质是公开性、自由表达性和对"文体"的强大解构力。但中国文化语境中属于"言"的狂欢体常常被抑制在集体无意识状态中。在"文本位"的典籍的文化传统中,我们很

---

① [苏]巴赫金:《托思妥耶夫斯基诗学问题》,白春仁、顾亚铃译,北京:生活·读书·新知三联书店,1988年版,第 173 页。

难看到属于狂欢体的作品,文人反抗现实的常用语体是寓言体,即使用类似春秋笔法那样微言大义、迂回曲折地表达自己的声音。清代的文字狱其实就是捕风捉影地拿寓言体开刀,遑论狂欢体。

中国狂欢体具有匿名性特征。所谓匿名性就是不能公开发表或传播。当一种本属思想解放和公开性的语体不得不采用匿名的方式,这种文化语境导致"狂欢体"除了满足感官上的低级需求、发泄私人感情或仇世情绪、破坏既定现存秩序以外,很少有或很少被看做是有建设性的进步意义。由于对来自民间"言"的思想萌芽和创造火花的长期抑制和扼杀,中国的狂欢体很难被升华为一种积极的文化建设力量,消极的破坏性成了其主要特征和标签。

我们认为,对言文关系的反思,尤其是"言"的解放和升华,既是语体哲学也是中国文化现代性建设最重要的问题之一。

原文《符号学的对象及语体哲学》,载顾嘉祖、辛斌主编《符号与符号学新论》,东南大学出版社,2006年版。

第十节 中国话语的四次"重新解释"

【提要】 文化的本质是言文关系方式。中国文化史上的每次转型,常常是以对言文关系的"重新解释"为核心展开的。第一次对语言文字的"重新解释"是由孔子为代表的先秦文人完成的,主要标志是将属于仪式符号要素的非线性文字转化为线性书写的典籍符号。第二次"重新解释"的代表人物是东汉的许慎,他通过《说文》弥补了古文字与今文字之间的文化断层,将汉字书写与经学建立内在联系。第三次"重新解释"是五四"新文化"的"去汉字化"运动,确立了白话文和现代汉语较之于文言和典籍的优先地位。第四次"重新解释"发生在上世纪末到本世纪初,其本质就是自觉地把汉字与汉语的关系处理为中国文化转型的根本问题。

一、中国历史上三次大的"重新解释"

"重新解释"(reanalysis)本来是个历史语言学概念,即对语言发展中出现的新现象、新认识进行新的解释。北京大学徐通锵教授在其新著《汉语结构的基本原理》中使用了这个概念,我们可以再引申一下,赋予它一个更宽泛的含义:指在一定历史条件下社会精英阶层对语言与文化的关系、语言自身性质及功能的重新思考和定位。由于语言文字涉及一个民族历史文化的话语方式,每次对中国语言文字的"重新解释"都给中国话语乃至文化转型带来极为深刻和久远的影响。

第一次对语言文字的"重新解释"是由孔子为代表的先秦文人完成的。

> 传有之:"三代无文人,六经无文法"。无文人者,动作威仪,人皆成文;无文法者,物理即文,而非法之可拘也。([明]宋濂《宋学士文集》卷六十六)①

其意思是夏商周三代没有我们今天意义上以书写为业的文人。这段话中的"文"有两个意思:"文1"的含义是指事物的外在形象,这是更本源意义上的"文",如上例"动作威仪,人皆成文""物理即文"中的"文"。我们今天说的"天文""水文"还保留这个原始的意义。"文2"是引申义,主要指语言文字、文章等意思,如上例中"文人""文法"的"文"。

显然,这两个"文"其实代表了两种不同的话语阐释方式:"文1"是视觉形象符号,属于具象的、非线性的阐释方式;"文2"则是语言文字符号,属于线性的书写性符号阐释。

"无文人者,动作威仪,人皆成文",说明在夏商周三代历史记忆的符号化手段,主要包括与祭祀活动密切相关的如祖庙、牌位、礼器、占卜、歌舞、服装、威仪、诗歌等视觉的、听觉的、行为的综合性符号系统。这时,思想和知识还没有从具象性符号形态中分离出来,因而掌握这些视觉性符

---

① 转引自申小龙:《汉语语法学》,南京:江苏教育出版社,2001年版,第4页。

号的人仅仅是"文 1"意义上的文人,他们是代王行使神权的巫祝之类的神职人员。所以,所谓"三代无文人",是强调三代还没真正出现"文 2"意义上的文人。

使用书写文字的文人作为一个整体阶层来出现,是以孔子为标志。例如他通过对六经的整理、创办"私学",培养了一大批以"记事""记言"为业的文人,这象征着华夏文明进入了典籍文化时期。历史阐释的符号化手段由"文 1"转向"文 2":"子曰:"夏礼,吾能言之,杞不足征也;殷礼,吾能言之,宋不足征也。文献不足故也。足,则吾能征之矣。"(《论语·八佾》)他说的"文献"显然指书写性文本即"文 2"。这里孔子提出了一个重大命题:历史的可能性是建立在文献的可能性基础上。这个命题就是孔子对中国话语、对汉民族线性书写语言符号的第一次"重新解释",从此文献、典籍成了华夏文明历史记忆的最基本条件。

第二次"重新解释"的代表人物是东汉的许慎。

秦汉代完成了华夏文明的大一统基业,但在历史文化上却面临一个传统的断裂问题。这主要表现在两个历史事件上:一个是秦火,一个是隶变。中国最早的历史典籍和传统文化的主流——儒家经典是用古文字即图画性很强的小篆写成的,但秦始皇"焚书坑儒"后这些典籍大都散失,是谓"秦火"。此外,秦汉以来汉字形体经历了一个"隶变"过程,古文字"隶变"后变成了图画性锐减、抽象性大大增加的方块字。这样当时的汉代人就读不懂先秦用古文字写成的历史文化典籍。

"秦火"和"隶变"所导致的与儒家原典的断裂、现代与传统的隔绝,自然威胁着大一统汉朝乃至华夏文明的存在,听任裂痕扩大,汉民族的历史认同将无所傍依。于是汉代"古文经"派的许慎编纂了一部烁古耀今的《说文解字》,对先秦的古文字(主要是小篆)与当时的今文字之间的历时联系进行了梳理。许慎强调,想接续历史传统、读懂儒家典籍,就必须对汉字的形音义关系正本清源,字义明乃经义明,小学明乃经学明,强调汉字是"经艺之本":

盖文字者,经艺之本,王政之始,前人所以垂后,后人所以识古。故曰"本立而道生"……(许慎《说文解字序》)

许慎的"本立而道生"实际上借助字学（小学）建立了经学与识古（史学）之间的同构关系，消解了典籍散佚和文字变异所带来的历史认同危机。孔学建立的"典籍本位"的传统话语被许慎用"小学（汉字）本位"进行了重新阐释。从此，孔学与许学、经学（典籍）与小学（汉字）的相结合，成为中国最主要的话语阐释模式。

第三次"重新解释"是20世纪初的五四新文化运动。

五四"新文化"的本质是挑战儒家典籍和汉字的本位性，提倡汉字拉丁化和白话文运动，确立了白话文和现代汉语优先于文言和典籍的历史地位。这是引进了西方有声的拼音文字的文化立场，并把汉字、汉字书写的典籍看作是传统性话语，而把口语、白话文看作是现代性话语。这样，五四运动用一种"去汉字化"或"语音中心主义"的话语模式对汉语言文字进行了"重新解释"。但与先秦两汉不同的是，五四将否定汉字和文言文，看作是民族文化复兴的关键要素，鲁迅甚至提出了"汉字不废，中国必亡"的激愤口号。这种"重新解释"后的语音中心主义话语模式，直到20世纪80年代一直是中国学术和文化界的主流意识形态。

然而，在世界传统语文学的三大传统（古希腊、古印度和古中国）中，中国语文学最大的特点是在表意汉字制约的条件下，文字与语言的结合，字义与经义的结合，语言与文学、史学的结合。在这种"融合"的学术背景中，中国传统的文人同时可以是语言文字学家、经学家和文学家，三者往往兼通。五四新文化运动以后学科逐渐分家，使中国传统语文学的话语模式发生了现代性的嬗变，这具有巨大的历史进步意义。但不容忽视的是，"去汉字化"话语模式亦有割裂传统的一面，它让哲学、文学、史学从语文学中独立出去各自分治，剩下语言学（小学）成了工具之学。接下来又是语言和文字的"分治"：传统以文字为本来探求形音义关系的小学，五四后将音韵学送给了语音学，将训诂学送给了词汇学，只剩下字形的研究叫做文字学（唐兰语）。① 经过这样层层的"剥离手术"后，传统语文学深厚的人文精神被抽空，现代汉语言文字被处理为一套抽象的、形式化的符号

---

① 唐兰：《中国文字学》，上海：上海古籍出版社，2001年版，第7页。

规则系统和交际工具。其结果是汉语言文字作为交际工具、信息工具、思维工具的作用加强了,而汉语言文字作为中国历史文化的精神中枢和话语阐释模式的功能却被忽视了。

二、第四次"重新解释"

20世纪80年代起,"去汉字化"所造成的传统断层越来越受到关注和批评。美国的林毓生教授提出,"五四"运动将封建传统文化与包括汉字在内的文化符号建立了一种必然的有机式因果联系,导致了一种整体性分析的态度:"要么整体接受,要么全盘拒斥。"[①]尤其是对包括汉字在内的中国传统文化遗产全盘否定的态度,给中国的文化传统造成了毁灭性破坏,造成20世纪中国的文化危机。国内也出现了"文化热",学术界试图在比较中西文化利弊中对传统文化进行重新评判。80年代有两种对立的力量:一是"继承五四精神",坚持彻底的反传统文化立场;一是批评"五四"运动立场的文化保守主义话语。在文化保守主义话语的阵营中,引人瞩目的是复旦大学申小龙教授和他的文化语言学同仁提出的"五四"运动的文化改革造成文化断层的观点。我们这里无意对双方的价值立场作出评价,本书所感兴趣的是,正是这场"文化热"以及"文化语言学"的兴起,引发了学术界对中国语言文字第四次"重新解释"的思潮。

文化语言学认为,"五四"运动以来,中国学术界对汉语汉字的研究基本上是在西方话语理论框架内讨论的,主要表现在以下三个方面:

1. 无视表意汉字与汉语之间互为条件的紧密关系以及汉字的独立符号性质,而参照西方拼音文字的理论立场将汉字看作是随意改造的和透明的科学工具。

2. 偏离汉语语法结构的"意合"精神,让它去适应印欧语形态语言的理论框架。

3. 看不到汉语言文字与汉文化的通约性,将人文精神逐出语言学。

对于以上三个理论偏向,申小龙简要地概括为"汉语的人文精神与汉

---

① [美]林毓生:《中国意识的危机》,穆善培译,贵阳:贵州人民出版社,1988年版,第24页。

语学的科学主义"的矛盾。在文化语言学的推动下,汉语界逐渐开始重新思考汉语学与汉语的关系、汉字与汉语的关系。由于语言学在人文学科里的中心地位,遂使这种思考带有了全局性质,推动了学术界对"五四"运动所造成的"文化断层"的整体反思。正是从这个意义上讲,文化语言学拉开了对汉字汉语乃至中国话语"重新解释"的序幕。因此,进入20世纪90年代以后,对母语和中国话语的"重新解释"真正成为一种学术思潮,以汉语界为中心向各人文学科蔓延。

在文论界,曹顺庆1996年初提出,当代中国文学理论最为严峻的问题是理论"失语症"。他认为,今天我们关于诗学的大部分谈论在基本的知识质态和谱系背景上都是西学的。在西方理论面前我们失去了自己特有的思维和言说方式,失去了我们自己的基本理论范畴和基本运思方式。因此,他将中国文论话语的重建归结为一个语言问题,强调要对传统文论的思维、言说方式进行重新审视,对其传统文论的范畴和言说方式的内在文化意蕴进行更深入的发掘,从而回到汉民族的母语精神中。① 诗人郑敏在其系列论文中指出,"五四"运动以来新诗取代了古典诗歌,但在整体上远远没有达到古典诗歌的艺术水平。原因是白话文运动引进了一种西方拼音语言立场,但对于诗歌来说,语言就是诗的灵和肉。"汉语拼音化的倡导和废除汉字的主张实际上是废自己的母语及依附于其中的母文化,而认西方语言为语言及文化之母。"② 画家石虎提出了"汉字思维"的诗学概念。他认为汉字具有"非言说性",这涉及到一种视像的、重沉思默想的思维方式。并将它提升到一种诗学的价值高度,指出汉字的"字象"和"象象并置"是汉语诗歌诗意的本源。③ 作家王蒙在2004文化高峰论坛上做了《为了汉字文化的伟大复兴》④的发言,这标志着对母语和中国话语"重新解释"的思潮得到了文化界越来越多高峰人物的呼应。

---

① 曹顺庆、李思屈:《重建中国文论话语的基本路径及其方法》,《文艺研究》,1996年第2期。
② 郑敏:《一场关系到21世纪中华文化发展的讨论:如何评价汉语及汉字的价值》,载谢冕、吴思敬主编《字思维与中国现代诗学》,天津:天津社会科学院出版社,2002年版,第51页。
③ 石虎:《论字思维》《字象篇》《神觉篇》,载谢冕、吴思敬主编《字思维与中国现代诗学》,天津:天津社会科学院出版社,2002年版,第1、11、15页。
④ 王蒙:《为了汉字的伟大复兴》,《汉字文化》,2005年第1期。

第四次"重新解释"的本质就是自觉地把汉字与汉语的关系处理为中国文化转型的根本问题。

三、"字本位"理论的新探索

对母语或中国话语进行"重新解释"的核心问题是什么？

是如何看待汉语与汉字（言文）的关系。

无论许慎将汉字看作是"经艺之本"还是五四运动用白话战胜文言，都是围绕言文关系这个中心问题展开的。第四次对母语的"重新解释"思潮的主要表现，就是对汉语"语文性"的重估以及汉语研究中汉字意识的恢复。

20世纪90年代以来，汉语学界出现了以徐通锵为代表的一些学者倡导的"字本位"汉语语法理论。其核心观点是认为一个语言系统的性质是由其基本单位的性质决定的，找到了这个基本单位，即"以什么为本"，整个语言的性质也就描写出来了。这就是语言研究的"本位性"问题。针对印欧语言及其理论以"词"为本位的特点，"字本位"理论认为，汉语的基础单位是以"字"为本的。当然这个"字"不是简单意义上的汉字，而是一个音义结合的语言单位。

徐通锵2005年的新著《汉语结构的基本原理》一书，是"字本位"理论的最新思考。其中最令我们感兴趣的是其"据字理说语法"的理论立场。根据该书的观点，汉字的结构里包含、反映了汉语语法结构的理据，因此通过分析汉字的结构和生成机制，就能揭示汉语语法的结构关系和语法化进程。

无论是构成合体汉字的两个字符，还是构成汉语复合词的两个"字"，它们都具有相同的"两个字之间的义象关系"之规则。

这就促使我们进一步思考汉语符号系统的二级性问题：

一个汉语符号单位的产生都是建立在已有的符号单位基础上的，因此，二级符号的能指本身就是由有意义的符号承担。

汉语符号系统的二级性包含了两条原理。

第一条原理：在二级符号中，其能指（字形）不仅向所指（字义）提供了理解的形式,同时还提供了形成二级符号的符号化方式。这种符号化方式就是徐通锵所谓的"借助于另一个字,使人们能从两个字的关系中去把握字的语法化的进程"。

第二条原理:字法即语法。"字本位"理论认为汉字的生成机制中隐含了汉语句法生成机制,因此可以"据字理说语法",由此建立了二者之间的理据关系。这显然包含了一种新型的言文关系思想,汉字不再是透明的语言包装,它同时也是汉语句法生成机制的理解形式。这就形成了对语言中心主义文字观的巨大挑战,迫使人们对"去汉字化"的汉语研究进行理论反思。

而"字本位"理论的重大价值在于,它恢复了汉语研究中的汉字意识,进一步推动了21世纪中国语言学研究中一个带有方向性的思潮:对母语文化和中国话语的"重新解释"。

原文《中国话语的四次"重新解释"》,载《当代中国话语研究》第2辑,2009年。

第十一节　华夏意识形态的双峰并峙——孔学与许学

【提要】　汉字内在的深层涵义系统,是生成表层经学经义的意义生产方式。因而,小学甚至比经学更本源,更本质。如果想认识经学,必须认识小学;如果想解构经学,必须首先解构小学;解构孔子,必须首先解构许慎。

孔学——孔子的儒学和许学——许慎的小学,二者在中国学术和中国思想史上"双峰并峙"。传统认为小学是经学的附庸。但是通过汉字涵义系统的分析,我认为小学甚至比经学更本源,更本质。想认识经学,必须认识小学;想解构经学,必须首先解构小学;解构孔子,必须先解构许慎。

首先通过一个例子来引入符号学的两个概念：指物意义和涵义。"蜂窝煤"和"藕煤"这两个词同指一个对象：多孔的煤球，这是它们共同的指物意义。但是它们的字面义不同，"蜂窝煤"体现的是北方人在为一个新事物命名的理解方式；而"藕煤"的字面义则体现了南方人的水乡特征。指物意义是一个符号表层的实际的内容（如"多孔的煤球"），涵义则是这个符号表层意义背后的那种生成意义的方式。涵义成了形成、理解指物意义的一个方式，因而更为本源。

在中国学术史、思想史的二元结构中，孔学即以仁礼为核心的一套世界观，一套显在的意识形态，一套指物意义系统。许慎通过六书整理汉字，整理了汉民族的思维方式，整理出了华夏文化的深层的精神结构。因此，许学或小学代表了中国学术和思想史中的涵义系统。当我们把汉字看作是涵义系统的时候，汉字就不是简单的书写工具，而是一种意义生产方式，是形成经义的更根本、更深层的价值系统和思维方式。

许慎的涵义符号系统，共有四个特征：

第一个特征是名物思维，即将符号或文字理解为一个名物集。我们不能把《说文》和《新华字典》等同起来。因为前者既不是语言学意义上的分类，也不是纯粹的逻辑范畴的分类，而是词与物、字与词不做充分区别的一种整体性分类。比如，《说文》"一"部，一、元、天、丕、吏。"一"，"惟初太极，道立于一。""一"是天地万物初始的一个本源，这是哲学理念上的解释，它不是一个纯粹语言学的定义。元，"气之始也"，"元气"它分阴阳二气。阴阳互动，始有天地。故"元"之后是"天"，它既是自然的天又是世间最高统治者，孔子曰"唯天为大"。"天"字后次以"丕"，进一步强调了"天"的至高无上和王权的绝对性。"丕"后是"吏"字，"吏，治人者也"，是为王权服务的人。《说文》"一"部所属字的"始—终吏"的排列，反映了许慎的名物思想，将本属于能指的字义经义化、名物化、所指化了。第二个特征是意象思维，它本质上是一种视觉的隐喻方式。许慎把"六书"的思维原则贯穿于汉字的整理和阐释中，从中可见中华民族一些最基本的视觉隐喻思维方式，比如意合原则。因此，字法本身就是汉语的语法，汉语写作的章法，汉语历史叙事的笔法，也是中国美学的最基本原则。

第三个特征是能指本位。汉字用自己的方式把汉语呈现出来的时候，汉字经常把自己的理解，把自己的结构原则强加给汉语，投射给汉语。这就是能指本位。汉字"鲸"，它的词义指的是一种哺乳动物，鲸鱼是个哺乳动物。但是那个字形"鲸"的意符却表示为鱼，在"鲸"这个字上，字义和词义发生了冲突。当我们把字义误当作是词义来理解来解释的时候，这就是能指本位原则。许慎在解说汉字的时候，这种能指本位的问题是大量存在的。

最后一个是假借思维。假借，如表耳朵的"耳"假借为表语气词的"耳"。假借是用谐音而非记音的方式来突破汉字表意的局限。假借字来表某个音是偶然的，随意选择的，它不像字母那样是某个语音单位的固定符号。所以，假借并不代表汉字的拼音化方向，它只是一种汉字制度内部的调解力量。假借思维是一种修辞理性，实用思维。它看到了表意的不可能性，为了挽救这种不可能的制度而采取的补救手段：我不革表意体制的命，我只是改良。

以上四种思维方式比孔子那些仁义道德意识形态更深层，更根本。孔子的思想虽然统治了中国几千年，但是汉代统治者就曾尊崇黄老之学而冷落孔子，在"五四"时期更是彻底打倒、砸烂了孔家店。可许慎的小学思维到今天还是我们每一个中国人的思维方式。汉字内在的深层涵义系统，是生成表层经学经义的意义生产方式。因而，小学甚至比经学更本源，更本质。如果想认识经学，必须认识小学；如果想解构经学，必须首先解构小学；解构孔子，必须首先解构许慎。孔学和许学应该是"双峰并峙"的。

过去我们低估了许慎的力量，因此现在有必要重新思考许慎，重新思考《说文》，重新思考汉字，重估作为涵义系统的汉字的历史作用。

原文写于 2005 年，未刊稿。

第十二节　汉字的两难选择

【提要】 以意符为代表的规范化、稳定倾向,和以为音符代表的革新、工具化趋势,这二者之间的博弈和制衡,既是汉字的结构性矛盾也是其生命力所在。

汉字繁体字是否恢复？如何看待间接书写(键盘整字输入)逐渐取代直接书写(用笔写字)的趋势？当下这些有争议的热点问题,再次印证了一条规律:汉字在每一个历史时期遭遇到的方向性困惑,总是与文化转型密切相关。

现当代历史上,汉字遭遇了两次文化转型,第一次转型是五四前后的新文化运动,在反封建的旗帜下,汉字首当其冲地成为改革的对象,其结果是汉字发生了脱胎换骨的结构性变化:在中国大陆废除繁体字改用简化字,以及汉语拼音方案的推广使用。这两个变化使得汉字的音符性、工具性大大加强。但它的传统文化蓄水池的意符功能也被削弱,因此备受传统派诟病。

第二次文化转型是随着 21 世纪网络时代的到来而产生的"反汉字书写"倾向。主要表现在两个方面:其一是博客、微博之类的自媒体的崛起,打破了传统主流纸质媒体单一控制书写和出版的局面,由此产生了汉字书写的狂欢化,如谐音(河蟹＝和谐、zf＝政府)、自造字或表情包(⊙_⊙),等等。"反汉字书写"的第二个方面是以间接书写(键盘整字输入)代替直接书写。二者的本质区别是,键盘输入主要是拼音输入法,书写者按照拼音整体地输入一个个汉字,从而导致了民众在网络时代普遍存在"提笔忘字"的尴尬。间接书写的音符化体现了汉字使用中的工具化、表音化倾向,它向表意汉字维护传统之功能发出了挑战。

规范还是反规范,意符化还是音符化？这既是汉字在文化转型期中遭遇的两难选择,也是汉字自身的结构性压力所使然,相对而言,字母文字不存在这种结构性矛盾。

汉字与字母文字的本质区别是,字母的规范主要靠语言支撑,汉字的规范主要靠语用支撑。

拼音文字是建立在对母语音系系统的替代上,而表意汉字不代表音节,汉字对应的主要是词的概念而不是音节。再者,汉字字形的构字理据(如形声、会意等)对字义字音有着阐释和规定作用,这使得用字者的规范也需倚重于传统。对概念而不是对音节的依赖,让汉字使用者获得了很大的用字自由(比如把"和谐"写成"河蟹");对字形构字理据的依赖又使这种自由必须尊重传统——受构字理据的制约。这双重结构力量,使得汉字结构极具弹性,容易形成各执一端的"选择性执法"用字行为:来自工具化、表音化诉求的大众文化与来自传统化、表意化诉求的精英文化、官方文化都参与了汉字的建构,都参与了汉字的规范与改革。没有以意符倾向为代表的规范化,汉字会"部落化"为六国文字那样的混乱局面,国将不国;反之,没有汉字音符化的革新、工具化趋势,汉字将失去自己的生命力。两种力量在博弈中达到一种制衡,才是汉字的生命力所在。

我想表达的观点是:汉字音符化不是洪水猛兽,它是汉字自我更新的根本动力和源泉所在。面对当前音符化趋势与向意符、向繁体字回归倾向这两种力量的对垒,我们的态度是:"稳定现状,顺其自然,控制极端"。回归繁体和意符、随意变动文字体系的路子不可取;但迎合群众的创造,有字必录也不可行。可以采取分而治之的中间路线。如建立正体和俗体的分类,甚至在语文教学中适当涉及一些新俗体字、类文字,会拉近教育与现实语言生活的距离。同时教学中也要为精英化倾向——如繁体字的辨识与书写、书法的训练等留下一席之地。

原文载《社会科学报》,2013 年 9 月 12 日。

第十三节　合治文字观

【提要】 合治文字观也即一种合治符号学思想:将异质性的语言、文字和图像(言、文、象)三者看做是既分离又统一、既保持各自的异质性又互相关联的符号关系场。在这个符号关系场内,一种符号的价值来自于和其他符号的关系。具体说,汉字是在它与汉语、与汉文化中的象符号的关系中被定义的,汉语则是在它与汉字和象符号的关系中被定义的,汉文化中的象符号的性质也取决于它与汉字和汉语的关系。

这种异质的符号关联理论即"合治文字观",提出了一种新的方法论:它要求语言学、文字学以及符号学联合起来,在语言、文字和图像的关系中研究其中的每一个要素。

"字本位"理论是继上世纪末的文化语言学思潮之后,再次在中国大陆出现的饱受争议的本土化语言学理论。值得深思的是,多数反对者,也包括相当一部分赞同者,甚至还没有认真研读过字本位的代表性著作,就匆忙做出了赞同或反对的意见,结果造成了许多的误解、误读。另一方面,字本位理论本身的不完善之处也会给读者带来迷惘,这就是"字本位"理论中"字"与"汉字"的区别问题。

我在研读徐先生的字本位理论著作时发现有两个徐通锵:

一个是发现了汉语的汉字性的徐通锵。他的字本位理论研究实际上旨在揭示一个事实,汉字不但是汉语基础单位的物质存在形式(如他说汉语的基础单位具有"一个形体·一个音节·一个概念"的结构特征),同时还是汉语语法的深层结构规则(如他说形声字的向心和离心造字法是汉语语法结构的"两种最重要的规则")。我把徐先生的这两个发现概括为:汉字既是汉语存在的基本条件,同时又为汉语提供了语法化规则。

但是徐先生拒绝使用"汉字",而只说"汉语的字"。这就是第二个徐通锵:他在理论上还不能彻底承认汉字汉语因其各自的独立性所产生的张力和相互投射的关系,而宁愿将汉语基础单位和语法规则的"汉字性"归结为一个纯语言现象。其结果是消解了汉字与汉语的界线及其张力,最终导致字词的整体不分。

第一个徐通锵是从汉字汉语异质性出发,来看这两类符号的相互作用,尤其是异质的汉字对汉语所产生影响。第二个徐通锵则是基于同质的语言观立场,将汉字相对于汉语的异质性消解于汉语性之中,进而取消了汉字的独立性。

这两个徐通锵造成了一种"伟大的迷惘",人们正是从字本位的这种结构性矛盾中选取自己的立场,去误读、误解字本位理论的;而恰恰是这种迷惘和误读,反而成了汉语言理论创新的重要灵感源泉。那些具有开创性的学术著作常常具有这种令人"迷惘"的魅力,这种未完成性是思想原创的普遍特征。

我曾著文建议徐通锵先生直接使用"汉字本位"一词来替代"字本位",用"汉字"代替"汉语的字"。[①] 但由于这触及到了异质语言观,涉及到对语言与文字、汉字与汉语关系的重新阐释等深层理论问题,徐先生生前已没有时间来解决它。但是我相信徐先生已经清楚地认识到了语言的异质性问题,他在为《汉语字本位研究丛书》作的总序中已经明确地指出:"语言与文字的关系是语言研究的一个基本问题。"特别需要强调的是,同质语言论者是不考虑语言和文字的关系问题的,在他们看来,文字仿佛是透明的东西而消融于对语言的呈现中,因此对文字可以忽略不计。

我所撰写的《文字论》一书[②],就是遵循"第一个徐通锵"所开辟的异质语言观的路径,将语言、文字和图像(言、文、象)三者看做是既分离又统一、既保持各自的异质性又互相关联的符号场。在这个符号场内,一种符号的价值来自于和其他符号的关系。具体说,汉字是在它与汉语、与汉文化中的象符号的关系中被定义的,汉语则是在它与汉字和象符号的关系中被定义的,汉文化中的象符号的性质也取决于它与汉字和汉语的关系。

这种异质的符号场理论我叫做"合治文字观",它提出了一种新的方法论:它要求语言学、文字学以及符号学联合起来,在语言、文字和图像的关系中研究其中的每一个要素。

为什么不是"合治语言观""合治符号观"而偏偏叫"合治文字观"？回

---

① 孟华:《"字本位"理论与汉语的能指投射原则》,《语言教学与研究》,2001年第6期。
② 孟华:《文字论》,济南:山东教育出版社,2008年版。

答是,语言是听觉性时间符号,图像是视觉性空间符号;而文字,当它与语言结盟时,它具有时间听觉符号的性质,当它与图像结盟时,它又属于空间的视觉符号。文字的这种双重性我叫做文字的第三空间性质:它既是语言又是图像,既不是语言又不是图像。因此,文字成了语言、文字和图像三类符号的关节点和轴心——这是一种新的字本位理论。

原文《伟大的迷惘——谈〈文字论〉》,载《中华读书报》2008年7月4日。

第十四节　中国文化语言学的再认识

【提要】申小龙的文化语言学研究提出了一个语文学研究范式,我们可以简单地将其概括为:汉字为本,以神统形,散点透视。语文学范式的提出涉及了一个汉语建设,也是汉文化建设的根本问题。"五四"新文化运动的反传统,其实反对的就是汉字、汉字本体的语文学文化阐释模式,我们称之为"去汉字化"运动。语文学范式是作为一个文化拯救方案提出的,代表着"再汉字化"的文化思潮,表达了文化语言学对五四"去汉字化"导致的"文化断层"的深深忧虑和人文关怀。

由上海复旦大学申小龙所倡导的以本土文化认同为导向的文化语言学,兴起于20世纪八九十年代,它是作为主流语言学(工具论和普遍论的理性语言学)之对立面出现的,其异端邪说曾掀起的"龙卷风",震荡了当时整个语言学界,甚至波及其他人文学科领域。

中国学术本质上不喜欢异端立场,对于今天的部分学术史家来说,文化语言学已成唯恐避之不及的旧时话题。扼杀一种学术的最好方法之一,就是不讨论、集体失语、逐出历史记忆、让它变成冷事实。

然而,文化语言学在国外并没有被遗忘。申小龙诸多在西方的学术知音中,德国汉学家布里吉特.欧恩里德是其最为系统而深入的研究者。她的《中文的中文性研究——申小龙与文化语言学》①作为第一本系统地研究中国大陆文化语言学的学术专著,敏锐地抓住了文化语言学有关汉语的人文性或文化性(译为"中文性")这个核心问题,以翔实的历史资料和科学求证精神,展示了文化语言学的基本观点、发展过程、代表人物,并通过这些分析,作者对"中文性"问题做出了自己的回答。

中文有中文性吗?或者用文化语言学的术语:汉语有文化性吗?这个文化的含义是什么?文化性发现的意义何在?下面我们就这些问题,对文化语言学再做一番重新反思。

一、关于"文化"的内涵

申小龙认为,文化是一个民族的思维方式和意义价值体系,而语言是文化最重要的形态。在他那里,文化和语言具有统一性,②一定的语言学传统是由一定的语言的文化性质所决定的。这样就必须重估、积极阐释中国的语文学传统,建立符合汉族人语文感的、有自己深厚、鲜明的文化哲学的汉语学。③

申小龙所谓"有特定内涵的文化哲学"指的是什么呢?或者说,什么是汉文化的特定内涵?回答这些问题成为解读文化语言学的一把钥匙。

我们先从辞源的角度比较一下中西"文化"一词的差异。

在西方,"文化"一词的英语、法语和德语形式均来自拉丁文 cultura,其辞源义是对土地的耕作,由此引申为培育人的公共生活所必需的品质和能力等含义。在中国,"文化"的辞源体现在"文"这个汉字上。许慎《说文》,"文:错画也",即花纹的"纹"乃至事物的外在形象。《礼记正义·儒行》,"言谈者,仁之文也"中的"文",即事物内质的外在表现形式。我们今

---

① [德]布里吉特·欧恩里德:《中文的中文性研究——申小龙与文化语言学》,李欣捷、刘静译,德国 Peter Lang 出版公司,2004年版。
② 申小龙认为,语言"不仅仅是一个符号体系或交际工具,而是该民族认识、阐释世界的一个意义系统体系和价值体系。无论是东方还是西方,语言都是一个民族看待世界的一种样式,……人文性是语言的本质属性。"(申小龙:《汉语与中国文化》,上海:复旦大学出版社,2003年版,前言)。
③ 申小龙:《汉语语法学——一种文化的结构分析》,南京:江苏教育出版社,2001年版,第3页。

天说的"天文""水文"还保留了这一层意思。当然,古汉字"文"的另一个常用义是"文字",《孟子·万章上》:"故说诗者,不以文害辞,不以辞害志。"朱熹注:"文,字也。"也就是说,古汉字"文"包括视觉图画符号和语言的书写符号(文字)两层含义,二者并不严格区分。据臧克和考证,"文"字演化至周代的金文,该字象形的人体中间"相当清楚地在内部画上了一个'心'符。犹如古代说'文'者所谓'文心'……",因此他认为,"'文'这个古文字符号的构形,应该理解为内在的'灵巧的''文心'与外化的复综的形式的统一"。这种文心统一的造字理据,成了后世"文化"的核心理念:"'文'后来不久就主要作为'立言'的概念而被广泛地使用着。"[①]所谓"立言"的概念,就是以语文典籍为主要符号载体的文化形态。后世使用的一些词语如"文化""文明""文人""文德""文雅"等,都与"文"的"立言"义有关。

关于中西"文化"的词源差异我们可以概括为两点:

其一,西方"文化"一词的原始义寄托在词语上,是语源学意义上的,语本位的、所指性的;中国"文化"一词的原始义凝结在字形上,是字源学意义上的,字本位的,能指性的。

其二,语本位的"文化"一词具有透义性和对象性的特征,它直指该词所代表的概念或文化内容。如今天西方关于"文化"内容的经典解释是包括制度文化、物质文化和精神文化三个要素。而字本位的"文"一字具有能指性、符号性和语文性特征,它首先关注的是文化的载体及其符号化手段如图像、文字、语言、典籍、礼乐、服饰等。其中最重要的文化载体是"立言"即汉字书写的典籍。杨乃乔说中国文化是书写中心主义[②],叶秀山也明确地指出:"西方文化重语言,重说,中国文化重文字,重写。……中国文化在其深层结构上是以'字学'为核心的。"[③]

书写中心主义不仅仅是汉文化的特点,同时也是汉语的重要特征。

---

① 臧克和:《汉语文字和审美心理》,上海:学林出版社,1990年版,第14—16页。
② 杨乃乔:《悖立与整合——东方儒道诗学与西方诗学的本体论、语言论比较》,北京:文化艺术出版社,1998年版,第102页。
③ 叶秀山:《美的哲学》,北京:人民出版社,1991年版,第26、27页。

唐兰说：

> 在中国,几乎可以说没有语言学。但是,中国人把文字统一了古今的殊语,也统一了东西南北无数的分歧的语言,所以,从纪元以前就有了文字学,而且一直在发展。西方的语言学,中国的文字学,是两个不同的学科,充分表现出两种倾向不同的文字里所造成的极明显的差别。①

孔子为代表的儒学成为中国书写性文化的经典,以许慎为代表的小学成为汉语之汉字性的范式。许学(小学)和孔学(经学)的双峰并置,紧密围绕"汉字性"建立了中国文化的核心内涵,二者我们合称为中国文化和汉语的"语文性"。因此,文化语言学之文化的核心意义就是书写性、语文性、经典性及其所携带的各种意识形态。

二、文化语言学对"语文性"的重新发现和阐释

文化语言学的主要学术贡献之一,是对汉语"语文性"的重新发现。主要表现为以下几点:

(一)汉语与汉字的相互认同

申小龙所创建的以中国文化为主体的汉语句型体系,依据的是对汉语书面文本的解析。他研究的是语文性的汉语,强调的是汉语基础单位的汉字性,这就是汉语与汉字的相互认同。

众所周知,由于汉字独特的表意体制,实际上形成了两套汉语:一是异质的汉语,即人们日常的生活方言口语,各地或不同时代差异很大。这种异质性常常表现为因语音的阻隔而导致不能相互通话。一是同质的汉语,即超越方言的书面语、官话或雅言,它的同质化是靠了汉字的规范而形成的。中国的传统语言学不区别汉语的这种双轨性,且常常以同质化的书面汉语的研究取代异质汉语的研究,因此人们叫这种语言学为"语文学",传统上叫做"小学"。

---

① 唐兰:《中国文字学》,上海:上海古籍出版社,2001年版,第5页。

申小龙的汉语句型体系的创建显然表现出对同质性汉语的偏好和恢复语文学传统的使命感:

> 我们力求用朴素的眼光看汉语,期望通过对《左传》的专书研究,建立先秦汉语句型系统的一个典型模式,并以此为基础,观照古代汉语的历史延续——现代汉语,建立汉民族语独立的句型理论。①

他的代表作《中国句型文化》根据古文言文的经典《左传》的书面材料,总结出传统汉语句子的三个要素:"句读本体,时序(事理)铺排,意尽为界。"他所说的这些要素都是书面语言的范畴。以句读为例:它"本质上是文章音节运行中一种暂时的休止。……古人最初意识到的造句法则,正是这种声气止息的法则"②。句读实际上是诵读文言文时由声气止息而形成的句法基本单位。与句读相关的还有"文气"概念,"以意统形的句法观同以'读'为本体,以'气'统形的句法观相互结合时,立刻形成了传统语文学的成熟的句法观"③。"'文气'就是念诵文句时的一口气。它常可于诵读之中领略出来。当一个句读接一个句读流转顿挫而进的时候,句子组织就自然发生'流动',形成声气'场'。"④

这种"有意"选择同质的、书面的、目治的汉语作为研究对象,其实是对汉语语文性的重新评估,代表了汉语学研究的"再汉字化"倾向。这种价值立场是对现代汉语学的"新语言观"——我们称之为"去汉字化"的汉语研究的一种反拨。

什么是"去汉字化"的汉语或"新语言观"? 简单地说就是强调研究口语的、耳治的、异质的汉语。沈兼士将这种"新语言观"概括为三条:

> 一,向来的研究是目治的注重文字,现在的研究是耳治的注重言语;二,向来只是片断的考证,现在须用有系统的方法实行历史的研究和比较的研究,以求得古今方言流变之派别,分布之状况;三,向来只

---

① 申小龙:《中国句型文化》,长春:东北师范大学出版社,1988年版,第17页。
② 同上书,第11页。
③ 同上书,第14页。
④ 同上书,第140、141页。

是孤立的研究,现在须利用与之有直接或间接关系之发音学、言语学、文字学、心理学、人类学、历史学、民俗学等,以为建设新研究的基础。①

在申小龙看来,新语言观"在获得新理论、新方法、新成果、新视野的同时,也付出了沉重的代价,那就是传统语言研究对汉语本质的一些精髓认识和蕴藉其中的人文精神与文化关怀的失落。这种失落使西方语言学中的科学主义倾向与汉语的文化形态与人文内涵产生深刻的冲突"②。

申小龙所说的汉语人文精神的"失落"其实就是汉语的语文性的失落。他尖锐批评了新语言观用一种耳治的、"去汉字化"、异质的语言理论来研究具有语文性、同质化的汉语所导致的矛盾冲突。

属于拼音文字文化的西方语言具有相对的"言文一致"性,这一点我们在电脑的文字输入中感觉尤为深刻:使用拉丁字母的西方人终身使用一套字母表进行文字输入,形音一致的编码使他们进入"想打"的状态,几乎感觉不到文字的存在。而汉字由于形音不对应而导致了汉字编码处于万"码"奔腾的局面,使用者不断要对新出现的输入码进行选择。另外在输入过程中汉字对思维的介入也较大,譬如想输入一个"衷"字,屏幕上会出现"中、重、种、众、衷"等若干同音、近音的书写形式供人选择——人们在输入汉语过程中始终保持对汉字自觉意识,一种言文分离的双重语感。在某种意义上讲,言和文实际上是两种文化方式,"言"的要素与大众文化、现代性、异质性有关;"文"的要素与精英文化、传统性和同质化有关。这种"言文"双重语感就是汉语和汉文化的语文性,它与西方拼音语言"言文一致"的单轨性形成鲜明差异。所以,建立在言文一致基础上的西方语言学里,是没有文字学的地位的:

> 语言学的对象不是书写的词和口说的词的结合,而是由后者单独构成的。③

---

① 转引自申小龙:《中华文化通志·语言文字学志》,上海:上海人民出版社,1998年版,第185页。
② 申小龙:《中华文化通志·语言文字学志》,上海:上海人民出版社,1998年版,第187页。
③ [瑞士]费尔迪南·德·索绪尔:《普通语言学教程》,高名凯译,北京:商务印书馆,1980年版,第47页。

正是这种"语音中心主义"的西方语言观,在中国新文化运动以后成为汉语学的支配性意识形态,人们在汉语研究、汉语教学中去掉了汉字性、语文性这一要素,严重背离了汉族人的双重语感以及汉字所负载的传统文化内涵,从而导致了汉语"人文精神的失落"。

这正是申小龙的汉语研究认同于汉语的语文性、同质性的原因。基于同样的理由,他的语言观也认同于中国传统语言学传统。

中国传统的语文学或小学是汉字本位的,即言文一体、文道一体,以文代言、以文代道。申小龙在《中华文化通志·语言文字学志》中引用了古人祝允明对言文关系的论述:

> 文也者,非外身以为之也。心动情之,理著气达,宜齿颊而为言,就行墨而成文,文即言也,言即文也。(《祝子罪知录》卷八)

言文关系是语言学研究的最基本问题,围绕对此的不同回答形成了不同的语言观。中国传统语言学持一种整体论言文关系观,即在文字为本的等级制格局下强调言文之间的整体一致性。申小龙肯定了古人"文即言也,言即文也"这一用"文"的研究来取代"言"的整体论立场。譬如在论述语言的社会功能及其世界观性质时,均分析的是"文"而非"言":他以古人所谓的"结绳之政""八卦之政""书契之政"这些书写范畴来取代语言范畴;以许慎关于文字的功能是"盖文字者,经艺之本,王政之始,前人所以垂后,后人所以识古。故曰'本立而道生'"来阐述语言如何成为人类文化"本源"的。① 所以,他也认为传统语言学是"以文字为核心"的:

> 中国古代语言学的学术规范形成于汉代。……这个被称为"小学"的学术规范,以文字为核心,不仅形成了说形、说音、说义的丰富的体例和方法,而且形成了一整套的释义、考证、校订的术语。……更能体现小学学术体系之完备的是汉代递相出现的小学专著。这些专著建立了三种相关而又各具特点、自成体系的学术范式,从整体上

---

① 申小龙:《中华文化通志·语言文字学志》,上海:上海人民出版社,1998年版,第22页。

创立了中国古代语言学。①

申小龙同意,即使是古代的方言口语研究也是汉字本位的:

> 汉语的传统方言学,自扬雄以后,将研究的重点放在词源的考证、书面语的诠释上,而诠释的单位是"字",它主要是一个意义单位。……并未越出传统小学以今证古、经学考证的框架。②

申小龙对传统汉字本位语言学的认同,其目的一是以此为基础建立独立的现代汉语语言理论,二是通过解释汉语的"语文性"来阐释汉字所蕴含的文化传统和人文精神:

> (古代语法学)和古典的文化阐释紧密结合在一起。这一方面是由于它所寄生的古籍诠释母体注定了它要在文化阐释中寻找自身的法则,另一方面也是由于中国古代的语言观具有"世界观"的本体论的意义,古代语文学家必定循着人对自然、人文世界观察与理解的逻辑顺序与轨迹去把握汉语的语法规律。③

他深刻揭示了"汉语/汉字/汉文化"之间的依存关系:汉语寄生于汉字负载的古籍文化的母体之中,倘若去掉了汉字之本,汉语的人文性将丧失殆尽。因此,"从某种意义上说,中国古代语言学是以文字的研究为中心的"④。这里表现了申的意识形态性:坚持同质汉语研究的目的之一就是他的文化立场。

(二)汉语语文性和汉文化的相互认同

关于"文化"的定义学术界众说纷纭:或者被解释为人的意识性活动及其产物,或者定义为人所创造的物质和精神财富的总和,或者理解为生活方式;而更多的则倾向于认为文化是作为一个特定社会或民族所特有的一切行为、观念和态度。⑤ 每一种定义都源自一定的理论立场,各有其

---

① 申小龙:《中华文化通志·语言文字学志》,上海:上海人民出版社,1998年版,第49页。
② 同上书,第184页。
③ 同上书,第312页。
④ 同上书,第92页。
⑤ 韩民青:《文化论》,南宁:广西人民出版社,1989年版,第5页。

合理性,而申小龙主要持一种符号学文化观,即文化是人类使用和制造符号的方式。卡西尔认为文化活动起始于符号的运用,符号作为意义的载体,是文化的根基:

> 人类在思想和经验中取得的一切进步都使这符号之网更为精巧和牢固……从某种意义上讲,人是在不断地与自身打交道而不是应付事物本身。他是如此地使自己包裹在语言形式、艺术想像、神话符号以及宗教意识之中,以致除非凭借这些人为媒介物的中介,他就不可能看见或认识任何东西。①

人类学家利奇也从符号学的立场出发,认为文化只有在交流中通过意义载体即符号而形成。② 譬如进餐行为,中国人用的筷子和西方人用的刀叉就成为一对符号,它们分别代表了一种技能性和技术性的文化方式。不过符号学更倾向于将语言看作是文化的典型形式,或者是文化的基本模式,其他文化现象是它的投射。埃科认为"文化现象必须看作语义作用的手段(即有能力产生语义作用的东西)。苏联的塔图(Tartu)符号学派将语言看作是创造性文化活动的基本模式和中心,非语言文化现象看作是语言的'第二次模式化体系'"③。

申小龙也是把文化的符号性质集中于对语言的阐释上。他受到德国语言学家洪堡特和美国语言学家萨丕尔－沃尔夫文化语言学的影响,相信语言不仅仅是反映文化,认为语言是民族文化的典型形式,语言认同于文化:"汉语与中国文化的结构通约,即汉语语法与汉民族思维方式的同构,把语法作为一种文化的结构类型来研究。"④

建立了语言与文化的同构性联系以后,文化必然表现为一种特定的编码方式;汉文化的编码方式就表现在汉语语法当中。我根据申小龙的论述,将文化语言学所认定的汉文化编码方式概括为:汉字为本,以神统

---

① [德]恩斯特·卡西尔:《人论》,甘阳译,上海:上海译文出版社,1985年版,第33页。
② [英]利奇:《文化与交流》,卢德平译,北京:华夏出版社,1991年版,第14、15页。
③ 转引自[日]池上嘉彦:《诗学与文化符号学》,林璋译,南京:译林出版社,1998年版,第128、156页。
④ 申小龙:《汉语语法学——一种文化的结构分析》,南京:江苏教育出版社,2001年版,第5页。

形,散点透视。

汉字为本 申小龙 1988 年在《中国句型文化》中总结了中国传统语言学的汉字本位思想:

> 以"字"为本体,以意统形的句法观同以"读"为本体,以"气"统形的句法观相互结合时,立刻形成了传统语文学的成熟的句法观,即"先意气,后辞句","凡为文以意为主,以气为辅,以辞彩章句为之兵卫"。这种句法观体现在句子分析上,就是以句读为本体,以句读的循序铺排为局势,以意尽为句界。这种句子观是意(神)与气(形)的统一。①

需要指出的是,这种汉字本位与后来徐通锵提出的汉语"字本位"语法是有区别的。徐通锵的字本位指的是汉语语法的基础单位是"字",更侧重于语言的结构描写,这个"字"带有更多的描写语言学特征,所以他叫"字"而不是"汉字";申小龙的字本位关注的是汉语语法系统功能的汉字性,作为汉语存在条件的汉字性,无论是字还是句都是以汉字为其存在方式的,这个"字"就是"汉字",带有更多的古典语文学特征:

> 中国古代语文传统把"字"看作语法的基本单位,认为"句者,局也。局言者,联字以分疆"。"夫人之立言,因字而生句,积句而成章,积章而成篇。篇之彪炳,章无疵也;章之明靡,句无玷也;句之清英,字不妄也。振本而末从,知一而万毕矣。"(《文心雕龙·章句》)正因为以字为本而字义又很有弹性,所以汉语形式松弛而容许有丰富的语义解释。字的灵活组合为神的解释提供了自由空间。②

根据符号学的意指定律③,一个符号系统基础单位的性质,决定该系统组织的结构方式。申小龙所阐释的汉字"振本而末从"的本位性也说明了这一点:汉语基础单位的汉字性质,决定了申小龙汉语组织表达的"以神统形"即"汉语形式松弛而容许有丰富的语义解释。字的灵活组合为神

---

① 申小龙:《中国句型文化》,长春:东北师范大学出版社,1988 年版,第 14、15 页。
② 申小龙:《汉语语法学——一种文化的结构分析》,南京:江苏教育出版社,2001 年版,第 20 页。
③ 孟华:《汉字:汉语和华夏文明的内在形式》,北京:中国社会科学出版社,2004 年版,第 231 页。

的解释提供了自由空间"。

以神统形 符号有两个维度：一个是表达的维度，即表达层面和内容层面的关系（符号学叫能指和所指的关系），这种关系方式我们称为意指方式；一个是组织结构的维度，即符号与符号之间的组织法则。申小龙所提出的汉语"以神统形"着眼的是表达层面，指的一种迥异于西方语言的意指方式，以意义控制形式的符号化规则。这个术语本质上带有符号学特征，是从表达或意指的维度探讨汉语语法的人文特性的。

申小龙认为，汉语体现中国文化主客体统一、"言不尽意"的哲学，字的语义弹性和灵活组合为意义的理解提供了充裕的空间，意义的理解对句法的结构作了最终的认定。语言表意之"神"控制着形，稳定着形，解释着形，语义和功能执行对句法的解释权——这就是"以神统形"的含义：

> 文法即意法，意之表达非"法"之可拘，而是"文成法立"，所以只要专注意义，就把握了语言的组织。①

譬如"都说这本书好，可我怎么一点儿也不懂，都把我给看腻味了"这个句子，它没有严格的形式规则，力求以意统形，只要能够意会，形式上就可以"人详我略"。

以意义控制形式的"以神统形"，还表现在形神之间的理据性原则，即汉语句子中句读段的铺排遵循事理逻辑的连贯性。

散点透视 "散点透视"考察的是符号的第二个维度即结构组织法则的人文特性。

根据意指定律，一个符号系统在意指关系上越是理据的、动机的，它在结构关系上便越是非线性的、意合的。反之，若是任意性的，则是线性的、形合的。而申小龙对汉语结构组织"散点透视"性的总结，就是强调了其非线性的意合特征，具体表现为汉语句法三个特征："句读本体""时序（事理）铺排""意尽为界"，②这三点从视觉心理上讲就表现为"散点透视"，申小龙认为这种句子建构方式和中国画的建构一样，采用散点透视

---

① 申小龙：《汉语语法学——一种文化的结构分析》，南京：江苏教育出版社，2001年版，第4页。
② 申小龙：《中国句型文化》，长春：东北师范大学出版社，1988年版，第16页。

的方法,没有一个动词核心组织句子成分,而以句读段为单位将不同视角的事象按事理顺序移动展开,句读段之间相互制约形成一体。根据申小龙的统计,"汉语交际中90%的句子都不是SVO型以动词为中心作焦点式的句子,那么,'主动宾'之类的句子模式在心理机制上就不适宜于汉族人的语感。汉语句子是以'流水句'的面貌出现的。一个个句读按逻辑事理的铺排才是汉语句子构造的本质"[①]。

这样,我们就可以将申小龙发现并提出的文化语言学理论概括为"汉字为本、以神统形、散点透视"的语文学范式。具体可表述为:汉字、汉文化存在基础的汉字性,决定了其文化编码的动机性、理据性(以神统形),以及组织结构上非形式化的事理铺排(散点透视)。这种范式既是中国语言的语法特征,也是中国文化的深层结构方式和民族思维特性,进而实现了汉语和汉文化的相互认同。

(三)语文学范式的新发现推动了对中国文化的重新阐释

通过汉语和汉字、汉语言文字与汉文化之间的相互认同,申小龙发现并提出了一个新的语文学范式,这个发现揭示了中国文化的根本问题是语文关系问题:如何看待汉字与汉语的相互关系,这既是汉语建设、也是汉文化建设的根本问题。因此,新的语文学范式的提出,推动了在中国文化转型期对语文关系的重新阐释。

事实上,中国历史上的每次思想、学术、文化的重大转型,都与对中国语文或中国文化的重新阐释有关。

1."《诗》亡然后《春秋》作":中国语文的第一次历史阐释

前孔子时期的华夏文明是一个巫史文化的时代:"三代无文人,六经无文法。无文人者,动作威仪,人皆成文;无文法者,物理即文,而非法之可拘也。"([明]宋濂《宋学士文集》卷六十六)这实际上揭示了在夏商周三代,历史记忆和传统保留主要借助于巫术符号形态,这些符号形态主要包括与祭祀活动密切相关的如祖庙、牌位、礼器、占卜、歌舞、服装、威仪等视

[①] 申小龙:《汉语语法学——一种文化的结构分析》,南京:江苏教育出版社,2001年版,第166页。

觉的、听觉的、行为的各种符号系统。所以"三代无文人"是说"三代"知识分子主要是操持巫术符号的"巫史",而不是后来掌握汉字符号以记事、记言为业的"文人",这也就说明了早期汉字书写文本的篇章连缀和叙事功能尚不发达的状况。

  孟子所谓"《诗》亡然后《春秋》作",深刻地揭示了华夏文明的文化记载和阐释方式由仪式、巫史时代的象征符号《诗》,转向了汉字书写性、典籍性象征符号《春秋》。这是汉文化由巫史文化向典籍文化、语文文化转向的标志性事件。它是由以孔子为代表的一批先秦文人完成的。孔子通过对六经的整理,将汉民族的历史记忆由多元符号形态转化为一个单元的书写性文本、一个由汉字铭刻而成的典籍问题。汉字记载阐释了它本身出生定型之前的历史,即史前史。以孔子为代表的一批文人的出现,中国开始进入一个以"六经"为代表的文献文化的时代。"六经"一名始见《庄子·天运》:"孔子谓老聃曰,丘治诗、书、礼、乐、易、春秋六经,自以为久矣。"司马迁综合了他以前的说法,叙述了孔子与六经的关系,认为孔子对诗书礼乐进行过整理,并作《易传》和《春秋》。近现代学者有保留地接受了司马迁的意见,但多不相信《易传》是孔子所作,对孔子删诗,笔削鲁国史记而作《春秋》,也都有争论。"但大体上,则都承认孔子对古代文献的研究和整理,承认孔子继承和传授这些古籍对中国传统文化的特殊贡献。"①所以,第一次历史阐释是以语文和书写文化的形成为标志的。

  2."本立而道生":中国语文的第二次历史阐释

  中国最早的历史典籍和传统文化的主流——儒家经典是用古文字即图画性很强的小篆写成的,但秦始皇"焚书坑儒"后这些典籍大都散失,是谓"秦火"。此外,秦汉以来汉字形体经历了一个"隶变"过程,古文字"隶变"后变成了图画性锐减、抽象性大大增加的方块字。这样当时的汉代人就读不懂先秦用古文字写成的历史文化典籍。"秦火"和"隶变"所导致的与儒家原典的断裂、现代与传统的隔绝,自然威胁着大一统汉朝乃至华夏文明的存在。于是汉代"古文经"派的许慎编纂了一部烁古耀今的《说文

---

① 李申:《中国儒教史》(上卷),上海:上海人民出版社,1999年版,第160页。

解字》,对先秦的古文字(主要是小篆)与当时的今文字之间的历时联系进行了正本清源的梳理。许慎强调,想接续历史传统、读懂儒家典籍,就必须对汉字的形音义关系进行正本清源,字义明乃经义明,小学明乃经学明,强调汉字是"经艺之本"。许慎的说文学实际上建立了小学与经学、小学与汉文化之间的同构关系,消解了典籍散佚所带来的历史认同危机,使得经学建立的记载、阐释历史的文化模式得以延续。

孔子的经学和许慎的小学相结合,使汉字在历史文化记载上具有了上可溯源、下可固本的超文字性功能,支持了中国历史文化的超稳定形态。与其他民族的文字符号相比,汉字不仅是历史文化的记载方式,还被赋予着生成历史的使命。许慎小学模式的建立,标志着中国语文的第二次历史阐释。

3. 去汉字化:中国语文的第三次历史阐释

五四新文化运动的反传统,就是反汉字、反汉字本体的语文学文化阐释模式。"五四"引进了西方话语中心的反文字立场,重语轻文,从而导致了中国传统学术话语的崩溃,促成了语言与文字、语文与文学、文史哲等统一体的分裂:文字成了语言的工具、语言成了文学的工具、文学成了哲学和历史的工具。在这种层累的工具与中心的二元关系项中,前项属于"文"的范畴,后项属于"语"的范畴。"五四"以来中国学术的主流是将"文"贬低为工具,这意味着一场持续近一个世纪之久的"去汉字化"运动。中国的传统语文学最大的特点是在表意汉字制约的条件下,文字与语言的结合,字义与经义的结合,语言与文学、史学的结合。在这种结合或融合的背景下,传统的文人同时可以是语言文字学家、经学家和文学家,三者往往兼通。五四新文化运动以后语文分离主义使各学科逐渐分家,哲学、文学、史学从语文学中独立出去,剩下语言学成了工具之学。接下来又是语言和文字的剥离:传统以文字为本来探求形音义关系的小学,五四后将音韵学送给了语音学,将训诂学送给了词汇学(唐兰语),只剩下字形的研究叫做文字学。经过这样层层的"剥离手术"后,传统语文学深厚的人文精神被抽空,现代汉语言文字被处理为一套抽象的、形式化的符号规则系统和交际工具。其结果是汉语言文字作为交际工具、信息工具、思维工具的作用加强了,而汉语言文字的研究领域却越来越平面化,对相关人文学科的贡献率越来越小。

五四以来的话语中心的文化阐释模式,极大地推进了中华文明向现代社会的转型,以及中国传统学术的现代性转换。在语言学界,语文分离、以语文本、贬低文字的新语言观占了主导地位:"文字学本来就是字形学,不应该包括训诂和声音声韵。一个字的音和义虽然和字形有关,但在本质上,它们是属于语言的。严格说起来,字义是语义的一部分,字音是语音的一部分,语义和语音是应该属于语言学的。"①正是由于这种唐兰式的语文分离手术,才形成了现代意义上的语言学、文字学:"音义"交给语言学研究,汉字学只研究"形"。这种汉字与汉语"分治"的语言文字观至今仍是中国学术界的基本准则。在史学界,以顾颉刚为代表的"疑古"思潮,就表达了对汉字及典籍书写性史料的深深不信任。但也正是这种反汉字、反语文的激进倾向,中国才诞生了现代意义上的考古学、民俗学、民族学、人类文化学等,而这些学科主要是运用"可视"史料(实物符号而非语文符号)来思维的。

但是,五四话语模式又在相当程度上割裂了传统。"去汉字化"是一种"分治"的文化观,在语文分离的状态中悬置"文"的要素而突出"语"。这种"语本位"的分治观并非不考虑"文",但它主要是从如何有效地表达"语"这个角度来确定"文"的价值的。"文"的要素被工具化以后,汉字、中国语文所携带的文化精神也就被抛弃、被清除了。比如当代的汉字学,都是以如何有效地记录汉语的角度来建立自己的理论框架,其结果是汉字学成了汉语学的附庸,它从未真正地获得自己的学术话语和独立的学科地位;在语法学方面,句读为本的中国传统语法精神也被西方话语中心的词本位"主-谓"语法体系所取代。在文学创作领域,"去汉字化"思潮导致了所谓"母语的危机",尤其是诗歌创作方面,传统的植根于汉字性的一些古典创作手法如格律、意象、偶对等为白话和自由体所取代……中国语文学汉字为本的话语方式整体上被西方语言中心的话语方式所压制而

---

① 唐兰:《中国文字学》,上海:上海古籍出版社,2001年版,第7页。

失语。

4.再汉字化:中国语文的第四次历史阐释

在20世纪80年代的学术多元化背景下,国内出现了文化热,知识分子在试图比较中西文化的利弊中形成了截然不同的文化立场。以电视片《河殇》作者为代表的学者将长城、黄河看作封闭、专制及黄土文明的象征;而西方文化的"蓝色海洋文明"成为中国现代化进程效仿的榜样。与此同时也出现了维护传统文化的声音,即文化"寻根热"和"国学热",也称为文化保守主义,申小龙是其代表人物之一。他从语言学角度阐明了五四运动中的文化改革是"文化断层"的观点,并提出了一套"汉字为本,以神统形,散点透视"文化语言学范式。这种文化保守主义的呼声在80年代还仅仅是多元思潮中的一元,但到了90年代,"去汉字化"所造成的传统断层越来越受到关注和批评,在文化语言学的影响下,中国学术界逐渐形成重新评估汉字文化的思潮,主要集中于:

(1)强调写意汉字与写音字母之间的文化差异,包括:对汉语、汉字特性重新评估,强调汉字对汉语的影响及汉语的字本位性质,提出或倡导文学的"字思维"原则,提出汉字书写的"春秋笔法"是中国学术的话语模式,中国经学是"书写中心主义",提出以汉字和汉语的融合为特征的"语文思维"概念,提出中西文化的差异在于"写"和"说"、"字"和"词",提出汉字是华夏文明的内在形式。

(2)批评、反思"五四"的去汉字化运动,包括:批评五四以来汉语研究的西方语本位立场,五四以来现代汉语研究是"印欧语的眼光",将"五四"以来的新文化运动归结为"去汉字化运动",五四以来中国学术在西方文论面前患了"失语症",五四白话文运动过于强调语言的断裂性,要对20世纪以来的中国文化走向进行重估,反思现当代文学中的"音本位"和"字本位"思潮,对八九十年代出现的以汉字本位为特征的"母语写作"思潮进行总结,《诗探索》从1995年第2期起开辟专栏,发表了大量有关"字思维"的文章。有论者认为,关于母语思维与写作的讨论,"将是我们在21世纪的门槛前一次可能扭转今后中华文化乾坤的大讨论"。(郑敏语)

需要强调的是,笔者并非持文化保守主义立场,但在中国语言文化根本问题是一个汉字问题、语文问题这一点上,与申小龙持相同观点并深受其影响。事实上,申小龙的文化语言学是中国文化"再汉字化"思潮主要倡导者之一。这个思潮代表了对中国语文的第四次历史阐释,尽管这种重新阐释是在文化多元思潮的背景下产生的,并不一定完全处于主流意识地位,但它对推动中国文化的发展无疑具有重大的历史意义。

三、文化语言学对世界学术的意义

文化语言学对世界学术重要贡献之一,是通过其语文学范式的阐述而提出了一种迥异于西方的东方语言文化哲学,这种哲学以其独特的视觉思维理论而引起人们对语言、文字和图像关系的重新思考,它对世界哲学的"文字转向"和"图像转向"研究具有重要借鉴意义。

法国哲学家德里达提出了一种广义的文字观,他所谓的文字除了一般的语言性文字如汉字和拉丁文字之外,还包括一切视觉符号,像图画、服装、舞蹈、建筑甚至音乐等。① 当然,他的"文字"概念更多的是指一种意指方式,即造成能指和所指之间相互依存又相互否定的那种意指活动。德里达的文字哲学是对世界学术的"语言学转向"的进一步深化,人们因此叫做哲学的"文字学转向"。这种转向与后现代的"读图社会"亦有内在联系。

后现代社会的一个重要特征是大众文化的类象化。商品、消费都是以符号尤其是视觉图像的方式进行的,电影、电视、互联网以及各种数码视觉技术成为当代人接触最为频繁的媒体,因此读图成为当代青少年最主要的阅读方式,图形、图像成为当代青少年阅读的主体内容。当读图取代了印刷符号深度思考的阅读习惯而成为一个时代的主要思维方式时,

---

① [法]雅克·德里达:《论文字学》,汪堂家译,上海:上海译文出版社,1999年版,第7页。除了德里达以外,在中国学术界也有人探讨广义的文字概念。裘锡圭在《文字学概论》中提及了狭义和广义文字概念的区别,黄亚平则从文字历史发生的角度提出了建立"广义文字学"的构想(黄亚平:《广义文字学刍议》,《青岛大学师范学院学报》,2004年第3期),他将广义文字主要定格在"史前文字符号",强调史前文字与图画的交叉互补性。一般而言,国内广义文字的定义着眼于文字外延的扩大即实体性质的分类。本书的广义文字则是一个关系概念,更接近德里达的含义:造成可视性的符号化活动及其活动的产品。

必然造就大众认知方式和审美趣味的感性化。这种感性化反过来促使人们更倾向于对直观形象的接受。因此德里达意味深长地预见了一个时代的到来:"书本的终结和文字的开端。"①这里的"文字"显然泛指一切构成视觉性的符号形态,它终结了人类知识系统被书本统治的时代。

有了广义文字以及"读图"的概念后,人类的思想、文化、历史、哲学、文学就不仅仅建立在语言和书本的可能性基础上,器物、建筑、民俗、艺术、礼仪、数码视觉技术等一切视觉符号性手段都成了与语言相互补充的"被理解的存在"。知识不仅仅由书籍来提供,而越来越多地依赖于图像之类的符号。

在这个时代,重新思考语言、文字、图像之间的关系成为最重大的哲学文化命题。这个命题的核心内容,就是对所谓的"可视性"问题的哲学思考。

海德格尔在分析世界图像的兴起时指出:"世界图像并非意指一幅关于世界的图像,而是指世界被把握为图像了。"②譬如看到一张某人的照片,我们可以有两种表述:(1)"这是某人";(2)"这是某人的照片"。表述1即"关于世界的图像",观看者关注的是图像背后的世界或对象,而不是图像与世界之间的关系。表述2则是"世界被把握为图像",它引出并注意到"某人与照片"之间的意指性关系或显示性过程,这种关系是将世界把握为图像的过程和活动。这就是"可视性"的含义:不是指物的形象或可见性,而是世界显示自己的符号化活动,是使物从不可见转为可见的符号生成机制。或者说,可视性"不是视觉对象本身的物质性或可见性,而是看的行为,是隐藏在看的行为中的全部结构关系或者说对象的可见性何以可能的条件"③。

这样我们区别了两种"看":一是"世界的图像"意义上的看,它可称为"可视",指一种直接作用于眼睛的视像,是直接看的对象,其信息焦点是

---

① [法]雅克·德里达:《论文字学》,汪堂家译,上海:上海译文出版社,1999年版,第7页。
② 《海德格尔选集》(下),孙周兴选编,上海:上海三联书店,1996年版,第899页。
③ 吴琼:《视觉性与视觉文化》,载吴琼编《视觉文化的奇观》,北京:中国人民大学出版社,2005年版,第14、15页。

看的对象。二是"世界被把握为图像"即"可视性",其信息焦点是生成看的方式。显然,"可视性"的命题属于哲学意识形态范畴:人们的眼睛能呈现视觉领域的一切景象,这是所谓的"可视"或"看";但"可视性"却只注意其中的某一点而对其他景物"视而不见"。去幼儿园接孩子的母亲,一眼就能在人群中认出自己的宝宝,这就是"可视性"。"可视性"已经超越了一般意义上的"看"或视觉经验,它是一种精神表达式,一种用心灵观看的方式:西方人的色情观通过三点式暴露的泳装来表现,而中国人则采用了旗袍那种若隐若现的方式。这是两种不同的"可视性"和视觉价值观。

如若再细分,我们会发现即使在人类普遍的"可视性"符号思维的深处,又存在着深刻的文化差异,我们可叫做可视性方式的差异:按照二元对立的方法进一步具体分为"可视"和"可视性"两种方式。相对而言,西方文化是"可视"的,中国文化更倾向于"可视性"。我们在上述泳装和旗袍的对比分析中已经展示了这种区别。泳装体现了"可视"原则,以身体的自然呈现为目的,体现了一种视焦点集中于对象本身的"在场"意识。我们说旗袍的设计理念是"可视性"的、写意的,在于它的意会性而非直视:"亚洲人使目光变得谦卑,并将其重要性移至第三只眼。"①所谓的"第三只眼"是"可视性"的比喻说法。人们避免直视对象,在一种迂回的方式中间接地呈现对象。旗袍的设计取消了肉体和服装的对立,避免人们在服装中直接"看"到肉体,通过若隐若现的表现使人通过"意会"的方式透过服装"看到"对象。这不是直视,而是强调对"看"的方式的体验,一种想象身体的过程,它引出并注意到了服装与肉体之间的意指性关系或显示性过程,这种关系是将服装把握为肉体图像的过程和活动,这就是"可视性"的含义:不是指物的形象或可见性,而是想象物体的符号活动,是使物体从不可见转为可见的符号化机制和读图意识形态。

我们再看据说源自古埃及象形字的克里特岛象形字和甲骨文的对比:

---

① [美]卡米拉·帕格利亚:《性面具》,王玫等译,呼和浩特:内蒙古大学出版社,2003年版,第33页。

克里特象形字　　　甲骨文

这两个字都是表示人的眼睛,但可以发现,克里特象形字图画性强,甲骨文的抽象性、象征性强。这两种不同的表达方式我们分别称为图像性和意象性方式。意象方式的甲骨文不追求形体与对象之间的形似,而更强调"神似"即对表现手法的运用和人的动机性把握,譬如将眼球做了变形处理并加以人为的突出,形体虽不酷似对象却能使人们意会到对象,人们不能用眼睛去复制对象而要借助于心灵去复原对象。而图像性方式则尽量以逼真的方式去再现对象,使人们直视对象的过程中淡化了对图像本身的关注。意象性方式和图像性方式,就是"可视性"和"可视"的同义语。

文化语言学"汉字为本、以神统形、散点透视"的语文学范式,恰恰为世界学术提供一种难得的东方视角:可视性、意象性思维。申小龙的"以神统形"就是对汉民族视觉思维的意象性原则的深入发掘:"意义控制形式,形式本身不自足且不独立,只是意义的化身,或曰一种'有意味的形式'。"[1]这种以神统形的可视性原则表现在汉语语法上,就是"汉语语法的线性次序与经验结构和概念结构同构",语言结构"映照着概念结构","汉语句法结构的背后正是思维过程和概念结构"。[2]

一般说来,这与美国认知语言学的象似性原则没有什么区别,二者都涉及一个当代热门话题:图像性和意象性、可视与可视性的问题。

认知语言学在一定程度上可以说是皮尔斯的图像符号理论在语言学中的应用,它关注的是语言尤其是句法结构中的意指性和图像性问题。例如:汉语的指示代词"这""那",英语的"this"(这)、"that"(那),其共同的规律是近指的代词(这,this)发音不如远指的(那、that)响亮,英汉指示代词的这种聚合关系上的发音分工其实是对经验现实的模仿,说话者在指示较远距离的事物时必然要增强音量。这说明,语言的结构关系(聚合

---

[1] 申小龙:《汉语语法学——一种文化的结构分析》,南京:江苏教育出版社,2001年版,第5页。
[2] 同上书,第8页。

关系和组合关系)反映了所述对象、事件自身的事理和逻辑关系。再如恺撒的名言"Veni,vidi,vici"(我来了,我见到了,我胜利了)是一个典型的组合结构,其中三个句法组成部分的顺序与历史事件的次序完全吻合。①认知语言学所揭示的这种现象有以下几点意义:

(1)它关注的是句法的意指关系,即符号能指和所指的关系、句法结构和背后的概念结构及其逻辑事理的关系。(2)这种意指关系是理据性的(与任意性原则相对),它强调的是句法结构跟人的经验结构之间有一种自然的联系,被叫做"象似性"(iconicity),即语言结构直接映照人的概念结构。(3)这种"象似"或"映照"本质上是视觉思维性的、图像性的。美国哲学家皮尔斯把符号分为 symbol(象征)、index(指号)、icon(图像)三类。其中的 symbol 即我们所说的任意性符号,icon 则指图像符号,如照片、绘画等。在图像符号那里,图形与背后指涉的对象之间具有某种程度的象似性(iconicity)。所以,句法上的象似性概念源自视觉性空间思维。也就是说,它讨论的是语言结构中非线性的图像问题,这对传统语法学的线性思维是一个重大突破。

然而再进一步深究,我们就会发现认知语言学的象似性与文化语言学的"以神统形"之间的重大区别:前者探讨人类语言结构普遍存在的象似性规则,而后者看重不同语言的象似性结构的文化差异,即语言是一种独特的看待世界的文化方式——"看待"就是指象似性方式的视角差异。文化语言学和认知语言学都研究句法的象似性问题,但在方法论上,认知语言学将象似性看作是一种客体性原则,看作是一个语言对现实的一种被动的镜像、映照和反映,二者之间的关系是"本质主义"的,语言服从于它所映照的概念结构和现实事理结构。因此,根据认知语言学的观点,无论是汉语还是英语,它们之间的都存在着相同的象似性规则,所区别的仅仅是程度上或量的差异而已。目前国内研究汉语句法象似性的成果几乎无一例外地将汉语语法的象似性等同于源自英语语法的象似性模式,就

---

① 文旭:《论语言符号的拟象性》,载陈志安、刘家荣主编:《语言与符号学在中国的进展》,成都:四川科学技术出版社,1999年版,第91页。

是受这种普遍主义、本质主义观点的影响。

而文化语言学则将象似性处理为一种"看待"方式,强调不同的语言结构的象似性方式的文化精神:

先看英语的例子:

(1)the famous delicious Italian pepperoni pizza.

(2)the famous pepperoni delicious Italian pizza.

上例(2)是不可接受的。例(1)遵循了图像邻近原则:pepperoni 是 pizza 这种烤馅饼的内在成分,故必须直接放在中心词 pizza 之前;Italian 表明了这种馅饼的产地,应紧靠 pepperoni 之前;而表示 pizza 特点的形容词 delicious(可口的)以及评价的词 famous(有名的)则应远离名词中心词。这种图像邻近是所联想的物体范畴与形容词范畴之间的邻近关系。[①] 或者说,形容词范畴是对客观的物体范畴的临摹。

在这里我们看到了形容词范畴(能指)和物体范畴(所指)之间的一种象似性关系;形容词范畴是从物体范畴中抽象出来的形式结构,是主体观念;物体范畴是客体,是形成主体的前提。申小龙指出,西方语言"力图从独立于自我的自然界中抽象出某种纯粹形式的简单观念,追求一种纯粹的单一元素,来建构客观世界。客观世界是前提,人的认识由客观给予,作为认识载体的语言,其意义也由客观到主观。于是确定性和形式化成为西方人思维和语言的特质。"他称这种客体优先的临摹精神为"以形摄神"。[②]

西方的"以形摄神"和汉语的"以神统形"是申小龙总结的两种视觉思维或象似性方式,二者都是建立句法与背后的逻辑事理之间的理据性、象似性联系,但这种"象"思维的本质区别在于:汉语的"以神统形"是一种"意象性"或"可视性"。所谓"意象",指符号结构呈现的形象并非直接

---

① 文旭:《论语言符号的拟象性》,载陈志安、刘家荣主编:《语言与符号学在中国的进展》,成都:四川科学技术出版社,1999年版,第90页。

② 申小龙:《汉语语法学——一种文化的结构分析》,南京:江苏教育出版社,2001年版,第1、2页。

"看"到而是通过主观视角展示对象、意会对象,譬如中国传统的写意画,它是画家在室内进行创作的,作者凭借对景物默记和想象来表现对象,这时符号能指和所指在想象中被融为一体。这种所谓"师自然",是对自然现象有感而发的主观活动。古人谢赫的《古画品录》提出的中国绘画"六法"之一的"应物",就是强调主体对物象的感应,主客体的融合。西方句法学的象似性方式从语源上来自"图画"符号(icon)的概念,这种象似性更具有"图像性"或"可视",即在追求句法结构与客体对象范畴准确对应中,最终体现一种无中介的、直接"看"到的客观认知目的,竭力淡化、遗忘图像中介本身,造成句法拟象仿佛就是对象本身的仿真效果。这就是"图像性"的含义:由于逼真的临摹而将事物的拟象把握为事物本身。

综上所述,申小龙所概括的"以神统形"和"以形摄神"两种象似性方式,其实隐含了对东西方文化两种视觉思维方式"意象性/可视性""图像性/可视性"的二元划分和深入思考,这就使他的文化语言学为今天世界范围的"图像转向"或"视觉文化"研究提供了一个难得的东方视角。

皮尔斯对象征符号(symbol)和图像符号(icon)的划分,使抽象、任意、听觉的语言符号(symbol)与具象、理据、视觉图像符号截然对立而成为两种不同的知识形态,这种划分代表了一种传统本质主义视觉文化观,"本质主义的纯粹性假定是基于对视觉的与非视觉的东西的一种简单切分"①。根据这种切分,一切被眼睛"看"的都属于图像,一切用耳"倾听"的都属于语言。在本质主义视觉哲学中,图像的"看"被赋予一种视觉在场的形而上学,视觉及其图像被认为能够提供有关对象的"客观"信息。(1)视经验和其内容的发生具有同时性,我们眼前的一切都是同时展现于此的。(2)"看"还具有"动态的中立",即人们在观看某个对象的时候可以无须进入与它的某种关系。被看的对象不必通过直接作用于认识者来让自己被看到。② 因此,视觉及其视觉符号被赋予了无中介性和透明地呈

---

① [荷]米克·巴尔:《视觉本质主义与视觉文化的对象》,载吴琼编《视觉文化的奇观——视觉文化总论》,北京:中国人民大学出版社,2005年版,第128页。
② 吴琼:《视觉性与视觉文化》,载吴琼编《视觉文化的奇观》,北京:中国人民大学出版社,2005年版,第15页。

现对象的介质性质。

然而,海德格尔反对将"看"与所看的对象建立直接关联,他强调"看"本质上是把世界把握为图像的过程和符号化活动:不是指物的形象或可见性,而是世界显示自己的符号化活动,是使物从不可见转为可见的符号生成机制。或者说,视觉性"不是视觉对象本身的物质性或可见性,而是看的行为,是隐藏在看的行为中的全部结构关系或者说对象的可见性何以可能的条件"[①]。可见,海德格尔区分了"可视"和"可视性"两个概念:"关于世界的图像"为"可视"的范畴,而"世界被把握为图像"则属于"可视性"范畴——西方后现代的视觉文化观主要研究"可视性"或叫做"视觉性"问题:

> 视觉性是展示看的行为的可能性,而不是看的对象的物质性。正是这一可能性决定了一件人工产品能否从视觉文化研究的角度来考察。甚至"纯粹的"语言对象,如文学文本,都可以用这种方式作为视觉性加以有意义和有建设性的分析。实际上,有的"纯"文学文本"只能"从视觉的方面来理解。[②]

不难看出,"可视性"命题已经超越了纯粹"看"的媒体,而转指任何一种媒体所使用的"看的方式"那种性质。文化语言学的"以神统形"所坚持的意象主义、表意汉字的意符(如"森"、"尖")所产生的形象感、汉语诗歌中的"诗中有画"等,虽然不能被直接地"看",但却与图画创作属于同一种生成"看"的表达方式和编码机制:这就是"可视性"。

相对而言,西方学术传统是一种二元对立的思维方式,当代西方理论界对"可视性"研究,是建立在对传统的"可视"文化观的批判和解构基础上的,它更关注的是"可视性"的普遍价值和适切性,并且将"可视"与"可视性"处理为一种极性对立的概念,以"可视性"命题取代了传统视觉文化

---

① 吴琼:《视觉性与视觉文化》,载吴琼编《视觉文化的奇观》,北京:中国人民大学出版社,2005年版,第14、15页。
② [荷]米克·巴尔:《视觉本质主义与视觉文化的对象》,载吴琼编《视觉文化的奇观——视觉文化总论》,北京:中国人民大学出版社,2005年版,第137页。

的"可视"命题。

申小龙的文化语言学的"以神统形"和"以形摄神"暗含了对"可视性"和"可视"的区分和并立,但它将这种区分转化为一个二元互补的关系范畴:相对而言,西方语言文化是"可视"的,中国语言文化是"可视性"的,二者作为一对关系项,其中一个要素的性质要靠另一要素来定义。也就是说,"可视/图像性"和"可视性/意象性"这两个范畴由一种极性对立的相互取代概念,被文化语言学转换为一对互补性同义手段、一对东西方文化得以区分和互补的表达式。这种相对主义视觉文化观显然对世界学术界的"可视性"研究具有巨大的参照和启发意义,它预示了中国语言文化对世界学术提供一种独特的"可视性"思维的可能性及其重大价值,遗憾的是学术界对于这一点却严重低估。

四、文化语言学的悖论

人类的思维和学术的觉醒,源自对二元性认识范畴的切分。如词语对知觉世界的划分:上下、好坏、天地、进出、昼夜、冷热等;哲学对认识范畴的划分:精神与物质、主体与客体、人与自然、现象与本质、唯心与唯物等。结构主义符号学将这种二元切分的能力看作是人类最基本的、独特的心灵创造活动——在各种素材中寻求功能性的二元区分形式。我们也可以叫做偶值性或二元关系性思维。中国与西方文化传统的差异同样表现在二元关系性思维上。譬如同样是表达人与自然的二元关系,中国哲学崇尚"天人合一"的二元融合精神,西方则强调"天人相分"的二元对立原则。

文化语言学遵循了一种深刻的关系论思想:不管是肯定还是否定申小龙,自他的文化语言学问世之后,汉语学界不得不在汉语与西方语言、汉语学与西方语言学、现代汉语和古代汉语、传统与现代、东方文化和西方文化等二元关系格局中重新思考他们的研究对象和研究方法。基于对这些二元格局进行反思的关系论思想,申小龙打通了"五四"新文化运动造成的古代汉语和现代汉语、汉语和汉文化之间的阻隔,建立二者之间的通约关系;同样,他提出了"以神统形/以形摄神""散点透视/焦点透视"

"文化语言学/科学主义语言学"等二元对立的范畴。申小龙在他的文化语言学著作中始终贯彻了二元关系论思想,如古今汉语的关系、形合语法与意合语法(语法的语义性、意合性)的关系、汉语和汉文化的关系、汉语和英语的关系、人文主义语言学与科学主义语言学的关系、中国语言学传统和中国现代语言学的关系、中国语言学传统和西方语言学传统的关系等。

这些二元范畴(学术界可能有不同的称谓或术语形式)已经成为汉学界基本的学术话语,一些学者使这些对子势不两立,另一些人则让它们展开对话。

在这些二元范畴中,无论是通约的融合关系还是不通约的对立关系,所包含的关系论思想都极大地开拓了汉语研究的学术空间和理论张力。关系论思想是学术界理论走向成熟的标志。一元的、没有学术争鸣和学术对话意识、没有关系概念的学术界,本质上是没有理论的学术界。

耐人寻味的是,申小龙的二元关系论思想具有深刻的悖论性质。这一点往往被他的批评者所忽略。

一方面,他所用来反思"五四"所造成的文化断裂、批评科学主义语言学的理论武器,却是二元对立的理性思维。申小龙将西方语言观支配的中国语言学还原为一种科学话语、一种被科学化的话语模式,在科学化过程中被真理化,在真理化的过程中权力化,成为唯我独尊的真理。文化语言学解构了这种汉语学的真理性,运用二元对立的方式区别了汉语的人文性和汉语学的科学主义两个关系项,揭露它们之间存在的矛盾。二元对立实际上反映了西方理性逻辑思维的抽象原则:从事物的相对静止的状态出发,发现偶值性事物之间最基本、最简单的区别性特征,二者非此即彼,决不混淆,从而进一步进行思维抽象。例如文化语言学所建立的科学主义与人文主义、以神统形与以形摄神、散点透视与焦点透视、形合与意合等范畴都是建立在二元区别性或差异原则基础上的。如同当年中国第一代现代语言学家,也是运用二元对立的方法,区别了语言与语文、语言与文学、语言与文字、语言与言语等范畴,从而确立了现代汉语学的边界,中国语言学第一次获得了自己的主体性和独立的学科价值。文化语言学通过二元对立的差别化理性思维,再次恢复了中国语言学的主体性,确立了中国语言学的边界及其独立于西方语言学的价值。

在20世纪中国语言学史上,真正有关系论思想的语言学家屈指可数,以马建忠为代表的第一代现代汉语学者,他们从传统语文学中"分离"出了现代汉语,造成了现代汉语和传统语文学的二元关系意识,中国汉语界正是在这种关系性反思中诞生了现代汉语学。但是,第一代现代汉语学者厘定了传统语文学与现代汉语的关系后,他们的追随者遂以经学的态度看待现代汉语学,他们把某种西方理论视野中的汉语当作了汉语本体,看不到汉语和汉语学之间的关系性问题。申小龙的可贵之处是打破了《马氏文通》以来在汉语学与汉语之间建立的"神学"联系,将科学主义的真理变成了一个问题,看到了汉语学与汉语之间的断裂,这个断裂就是"汉语的人文精神与汉语学的科学主义"的对立。[①] 自申小龙之后,汉语界开始重新思考汉语学与汉语的关系。由于语言学在人文学科里的中心地位,使得这种思考带有了全局性质:文化语言学的批判触发了对"五四"所造成的"文化断层"的整体反思。正是这个意义上讲,申小龙的文化语言学代表了自《马氏文通》以来现代汉语学乃至整个中国学术界的第二次学术转型。这种转型恰恰是二元对立的关系性思维的产物。

具有吊诡意味的是,科学主义的汉语学照搬西方的语言学理论,其思想方法论却是非关系的一元论,当主流的汉语学者建立了科学主义汉语学与汉语之间的神性联系以后,人们不再反思汉语和汉语理论之间的关系,常常把科学主义汉语观呈现的汉语误当作汉语本身来研究,在印欧语的框架内界定汉语的性质,从而丧失了对汉语主体性思考。这种一元论的整体性思维,恰恰是中国传统的经学态度:将某种理论看作不言自明的真理而不加反思地盲目认同。

申小龙运用关系论思想揭示了汉语研究的方法论危机,文化语言学将汉语从印欧话语体系中分离出来以后,不仅解放了汉语学,同时使东西

[①] 申小龙:《人文精神,还是科学主义——20世纪中国语言学思辨录》,上海:学林出版社,1989年版,第178页。

方语言学相互成为对方的"他者":一种语言学的价值要靠与另一语言学的区别来实现。文化语言学所揭示的东西方语言的二元差异,就是相互发现自我价值的一种方式。没有印欧语及其语言学理论这个他者的确立,汉语和汉语学就不能发现自身的特性;同样,没有汉语、汉语学的独特视野的介入,任何世界性的语言学理论都可能是瘸足的。譬如,西方语言学由于其拼音文字文化的背景,其理论一般是不思考文字与语言的关系的,而中国语言学的汉字文化背景却将文字与语言的关系处理为语言研究的一个核心问题,这就是中国的语文学传统。它强调在言文整体关联中研究语言。再如文化语言学所总结的汉语意象性语法及其视觉思维特征等,这些东方理论视野,相信一定会对西方语言学带来巨大的理论启示。

但是,申小龙的二元关系论思想亦存在深刻的悖论性质:他的语言哲学在更深的思维方式层面上与他所批判的"中国科学主义语言学"理论有相通之处。林毓生在《中国意识的危机》一书中深刻地反思"五四"知识分子在反传统的文化革命中,"借思想文化以解决问题的途径,是受根深蒂固的、其形态为一元论和唯智论思想模式的中国传统文化倾向的影响",他将这种"一元论中国传统文化"说成是一种"整体论思维模式"①按照我的理解就是建立了某种理论形态与现实之间、文化形态的各要素之间的神性联系而不加反思。林毓生批评的意义在于,"五四"知识分子的主流是全盘的反传统文化主义和全盘西化,但是他们追求西化和反传统仅仅是在表层意识形态层面上,但在深层的意识形态即思维方式层面上,仍是中国传统的整体论思维模式:"中国传统的所有成分都与这个传统的整体有机式地联系在一起,那么整体的瓦解,从定义上讲就意味着它的所有部分都丧失意义和用途了。"②这种整体性思维模式看不到文化的各个部分之间、传统文化与西方文化之间的"间性"问题。所谓"间性"是与"神性"相对立的概念,间性强调"整体"的二元可分性质,即两个要素之间相互对

---

① 林毓生:《中国意识的危机》,穆善培译,贵阳:贵州人民出版社,1988年版,第48、49页。
② 同上书,第286页。

立、区分又相互补充、依存的性质。五四知识分子将中国文化的各个部分统一为一个整体，即申小龙所谓的相互认同；将传统文化与西方文化对立为不同的整体，即申小龙所谓的中西文化的"不可通约性"。在这个整体性思维的框架下，中西文化之间极性对立、中国文化的内部各要素之间整体融合。在整体性思维的框架下容易导致极性观念，即对传统文化或外来文化采取要么全盘否定、要么全盘肯定的态度。

申小龙的文化语言学也带有明显的整体思维特征。他非常强调同质文化内部各要素之间的相互通约（认同）和异质文化之间的不通约性："汉语与中国文化的结构通约，即汉语语法与汉民族思维方式的同构。"譬如他在论述"汉语句子是以'流水句'的面貌出现的。一个个句读按逻辑事理的铺排才是汉语句子构造的本质"，这种句子思维"不是采用焦点透视的方法，而是采用散点透视的方法，形成独特的流水句的格局。这很像中国画的透视。中国画的透视是一种移动视点的透视法。它不受视域的局限，在同一个画面上，可以画出不同视域的景物。这种绘画语言思维的核心就是'移动'"①。汉语句子与中国画在视觉思维方式上的同构说明了"汉语与中国哲学、艺术、文学、美学乃至思维方式方面所具有的文化通约性。这种通约性使我们可以从中国文化的其他样式入手反观汉语的建构特点，从较深的层次上把握汉语的文化性征，以此规定汉语的整个结构蓝图"②。与此相对应，这种整体性思维必然导致异质的语言、文化之间的"不通约性"："'散点视'和'焦点视'反映了中西语言向各自民族文化心理结构的认同，显示了不同文化现象、文化精神的不可通约性。"③

文化语言学"同质文化的通约和异质文化的不通约"的整体性思维，有似于五四知识分子的极性对立立场，只不过是肯定的一极摆向了中国传统而非西方文化。也就是说，在深层思维方式上，申小龙站在了他所批

---

① 申小龙：《汉语语法学——一种文化的结构分析》，南京：江苏教育出版社，2001年版，第166、167页。
② 申小龙：《走出麻木与悲凉》，《学林》，1989年第2期。
③ 申小龙：《汉语语法学——一种文化的结构分析》，南京：江苏教育出版社，2001年版，第456页。

评的五四知识分子一边。在这种极性观念支配下,使得文化语言学在传达中国传统文化、传统语言学独特价值的时候,含有某种优越感甚至是独白倾向,从而强化了与西方语言文化的疏离和不通约性。譬如他强调中国语言文化的"不可说性":"这不仅是因为中西语法体系的不同,更重要的是西方语言的形式和意义都具有'可说'性、确定性,汉语的形式和意义却难以用'说'来驾驭。"①基于这种"不可说"的理念,申小龙的语言理论充满了诗性表达,他的语言学术语更具意会性而"不可译",难以与国际学术话语通约。

具有讽刺意味的是,申小龙的语言文化思想并不见容于他所认同的中国文化语境。20世纪90年代的一本《20世纪中国语言学方法论》②,勾勒了中国语言学百年历史画卷:从马建忠的《马氏文通》以及赵元任、吕叔湘、朱德熙等为代表的"中国结构主义"语法研究,到当代汉语界的"三个平面"(语法、语义、语用)语法理论、配价语法理论(强调语法单位的语义基础)以及字本位语义语法理论研究等做了详尽的描述,但唯独不提文化语言学及其哲学方法论。显然,该著采取了"笔则笔,削则削"的春秋笔法,取消了申小龙及他的语言学理论的历史在场资格——没有被诉诸汉字的历史现象,人们权当不曾存在。历史总是通过文字、通过被书写来实现自己的在场的。而文字和书写往往又被主流学术和意识形态所把握。中国现代语言学把语言理解为与人、与现实世界、与文字相对分离的自律系统,可以在相对封闭的条件下研究语言结构本身。由于身居主流中的学者掌握了书写权和学术资源支配权,从而使主流语言学上升为"国学"意志。当一种具有真理性的理论被意识形态化、权力化、书写化以后,这种理论就成为遮蔽乃至扼杀其他学说的力量。同时,中国现代语言学对语言的狭隘理解及其浓厚的美国科技主义、中国实用主义色彩,令中国的语言学、汉语学研究变成了一种应用技术培训中心,而忽视了语言学作为一种人学的核心价值,而后者恰恰是文化语言学追求的目标。

---

① 申小龙:《汉语语法学——一种文化的结构分析》,南京:江苏教育出版社,2001年版,第4页。
② 陈保亚:《20世纪中国语言学方法论》,济南:山东教育出版社,1999年版。

最后,我们再来回答本节开头所提出的问题:中文有中文性或汉语有文化性吗？德国汉学家布里吉特·欧恩里德有保留地肯定了这一点,但她也批评申小龙的文化语言学立场带有意识形态的偏见。我想这个"偏见"的帽子也要送一顶给"主流"语言学。在文化语言学那里,语言被揭示为一种按照社会价值体系(民族精神)生产的法则,申小龙强调"文化认同"的观点表明,他并不忌讳自己的意识形态立场。其实任何理论都是意识形态,但是,有两种意识形态:一是公开自己的理论的意识形态性质,一是将自己的意识形态掩饰为普遍真理。

凡是有意暴露自己意识形态立场的理论都是对意识形态的抑制,凡是掩饰自己价值立场的理论却是最大的意识形态。文化语言学揭示了"主流"语言学不承认自己理论的意识形态性,后者以貌似真理和科学的面貌执行一种偏狭的科技主义、功利主义、经学主义、独白主义的意识形态。这种揭示是文化语言学对中国语言学界最大的思想启蒙,它闪烁着科学主义的光辉。未来中国语言学的每一个重大进步,都将与这种揭示有关。

原文系为申小龙《中文的中文性研究》[①]所作的序言。

第十五节　汉字符号学理论的形成及其基本观点

【提要】　合治符号观的核心是一种辩证符号观:强调两个符号要素之间是既对立又互补的关系,任何一个要素的价值都是通过它与构成对比项的另一要素来定义的。汉字符号学是运用合治符号学方法研究汉字的"文字间性"的理论:站在言、文、象的关系中研究其中的每一个要素。

---

① 申小龙:《中文的中文性研究》,上海:复旦大学出版社,2019年版。

一、汉字符号学提出的背景

20世纪上半叶,中国的汉字学经历了从传统小学到现代文字学的转变。这种转变的早期代表是章太炎和唐兰的二元分离的汉字工具论观点。此前,中国的小学传统是将"形音义"相结合进行研究,字形研究为本,字义研究为核心。章太炎在《论语言文字之学》中说:"今日言小学者,皆似以此为经学之附属品。"他改称"小学"为"语言文字学",这标志着汉字研究从传统的小学到现代语言学的转向。① 而唐兰的语言和文字分离的观点更有代表性:"文字学本来就是字形学,不应该包括训诂和声音声韵。一个字的音和义虽然和字形有关系,但在本质上,它们是属于语言的。严格说起来,字义是语义的一部分,字音是语音的一部分,语义和语音是应该属于语言学的。"②因此,我们将这种语言、文字二分的文字观称之为"分治观",而传统小学的汉字观则叫"整体观"。③

所谓汉字研究的整体观的基本特征是不严格区别语言和文字,并以文字研究为中心。有人将汉语汉字之间的整体相关性特征比作"瓜皮和瓜穰"的关系。所谓分治观也有一个形象的比喻,即言文关系是脚与靴子的关系。汉语是脚,汉字是可以随时换掉的靴子(如可以走拼音文字的道路)。这种观点有两个特征:其一是强调语言和文字的二元分离性,其二是言本位,认为文字仅仅是记录语言的工具。章太炎和唐兰等人开辟的语言文字分治观至今仍是汉字研究的主流。而分治观其实是舶来品,它植根于西方表音文字传统。

但从20世纪80年代起,开始越来越多的学者开始用批判的眼光重新审视汉字分治观,开始探讨汉字的主体性质。所谓汉字的主体性是指汉字非工具的自主性质,即汉字相对于汉语的自足独立性以及汉字与汉民族精神文化的直接相关性。主要有以下几种代表性观点:

---

① 宋永培、端木黎明:《中国文化语言学辞典》,成都:四川人民出版社,1993年版,第110页。
② 唐兰:《中国文字学》,上海:上海古籍出版社,2001年版,第7页。
③ 孟华:《文字论》,济南:山东教育出版社,2008年版,第23—27页。

(一) 汉字文化认同论

80年代中后期以来,以申小龙为代表的文化认同语言学对汉字的主体研究起到开风气之先的作用。申小龙用文化语言学的眼光重新审视汉字与汉文化的关系,认为"文字作为一种代码形式,绝不仅仅是语言的记录形式或外在设计,它是全部交流活动的'意义'的一种必要的构成"。"当我们面对文字的时候,我们不是简单地面对一种无意义的语言包装,而是面对一个有意义的自主的符号系统。"①该定义恢复了汉字的自主性,汉字不再是单纯记录语言的符号。这一点对于认识汉字本位性具有重要意义。他还认为汉语言文字和汉文化及汉民族思维具有通约性,汉字有着与汉文化和思维的同构性:"在世界文字体系中,汉字的构形洋溢着浓郁的人文精神。这不仅表现在汉字构形所描绘的上古社会的方方面面的文化风景,而且表现在汉字构形所体现的汉民族传统思维方式上。其中最显著的是主体思维方式……这种建立在主客观统一、人与自然合一意义上的主体思维方式,在观察和理解自然现象的具体运动作用,很自然地将主观理念和情感投射到自然界,使自然界具有人的特点。这种'主体投射'在汉字的构形中充分反映出来。"②"从根本上说,汉字的建构精神是一种以人为立足点的人本精神。汉字以象形为基础来表示物体。除了有形体之外,汉字表意都是以人为本的。"而反过来"汉字构形的主体思维和人文主义,体现了汉民族的文化心理结构"。③

持类似汉字文化立场的其他学者还有张玉金、王作新、石虎等人。

张玉金在探讨了汉字词素—表词文字的性质后,说道:"汉字的这种性质,是有其特定的语言与文化成因的",而且"还与传统思维方式的影响有关。传统思维是一种意象思维,它是把感性形象与抽象意义结合起来的思维,是通过具体形象表现抽象意义的思维,也是从具体形象符号中把握抽象意义的思维;它是一种符号性思维"。"汉字把字形同语素意义结合起来,书写时是'以形表义',认读时是'据形索义''由形知义',这种性

---

① 申小龙:《汉字人文精神论》,南昌:江西教育出版社,1995年版,第4页。
② 同上书,第96页。
③ 申小龙:《汉语与中国文化》,上海:复旦大学出版社,2003年版,第450、464页。

质的汉字与传统思维方式有着文化特征上的通约性。"①

而王作新的表述则更为直接、明确:"既然语言形式映载文化内容,特别是基本核心的观念形态、思维方式,汉字与所记载录的汉语(语词)不仅在音义上达成一致,而且在结构形式上有同致性,那么,认真地审视和研究汉字,从而以获得对民族的思维方式和观念体系的深刻认识与把握,不仅是可能的,而且是十分有意义、有价值的。"②

在王作新的《汉字结构系统与传统思维方式》一书中,他认为汉字的结构系统与汉族人的思维的同构性表现在汉字体现汉族的意象思维、整体思维、偶对思维等。在谈及汉字结构与意象思维时他说:"意象思维便是深蕴于民族文化体内,体现着民族文化特质的一典型认识方式。""意象思维,本源在'象'。"③汉字的结构恰恰体现了这一点。

画家石虎1996年提出的"字思维"理论,虽然主要探讨汉字的结构与汉语诗歌的语言特质的关系,但该文对于汉字的文化研究提供了新的视角。

石虎认为:"与洋文不同的是,汉字字象的思维意义是绝对的、第一性的。而字音与字意则不是绝对的,他仅仅是字象的外部属性。不管历史或环境怎样迫使字音和字意发生变化,字象都超越时空恒庸不变。""汉字有道,以道生象,象生音义,象象并置,万物寓于其间。这就是'字思维'的全部含义。"④为了进一步阐释他的观点,他又另撰一文《字象篇》,进一步阐释其字思维理论:"字象是汉字的灵魂,字象与其形相涵而立,是汉字思维的玄机所在。"⑤

石虎的观点也引起文学界的很大兴趣。王岳川说:"汉语不同于其他语言的根本存在特征在于其汉字(方块字)、单音节、多声调。汉字不仅是

---

① 张玉金:《当代中国文字学》,广州:广东教育出版社,2000年版,第55、56页。
② 王作新:《汉语结构系统与传统思维方式》,武汉:武汉出版社,1999年版,第10、11页。
③ 同上书,第17页。
④ 石虎:《论字思维》,载谢冕、吴思敬主编《字思维与中国现代诗学》,天津:天津社会科学院出版社,2002年版,第2、3页。
⑤ 石虎:《字象篇》,载谢冕、吴思敬主编《字思维与中国现代诗学》,天津:天津社会科学院出版社,2002年版,第11页。

汉语的书写符号世界,更是汉语文化的诗性本源。在这个意义上可以说,汉字的诗意命名奥秘隐含着东方文化的多元神秘性和历史象征性。""汉字是物质性的,又是观念性的,所以汉字被人思,又能促人思。""字思维作为汉语文化圈的'母语思维'的集中形式,有其自身的逻辑展开方式。汉字不仅提供了思维的原始字象的鲜活感和神秘感,而且使人通过这一符号(尤其是象形文字)把握到汉字背后深蕴的'原始意象'(archetype),在意象并置多置中,将具体的象升华抽象之象,从而以一寓万,万万归一。这种字思维本质上是一种不脱离汉字本源的'象喻'或'象思维',其逻辑过程为:本象→此象→意象→象征→无形大象。这一神秘的符号链表征出中国人通过文字反映和把握世界的独特方式,以及其不同于拼音文字的思维展开形式。""汉字以及汉字思维或汉语思维,铸就了中华民族的集体无意识和显意识,这使得汉字与汉语具有一致性,汉字与中国文化具有一致性。"[1]

(二) 文化载体论

王宁、何九盈为代表的学者提出的汉字文化学理论,主要通过研究汉字来揭示其载负的文化信息。与认同派的区别是,后者强调汉字与汉文化的同构性,前者则强调二者之间的相关性,持一种文化工具论的观点。王宁认为汉字文化学研究"有两方面的目的:一方面是宏观的,即把汉字看成一种文化事象,然后把它的整体放在人类文化的大背景、巨系统下,来观察它与其他文化事象的关系,这是宏观汉字文化学;另一方面则是微观的,即要研究汉字个体字符构形和总体构形系统所携带的文化信息,对这些文化信息进行分析、加以揭示,这是微观汉字文化学。"[2]在其参与主编的《汉字与文化丛书·总序》中,王宁又进一步解释:"汉字文化学的内容有宏观和微观两个角度:宏观的,是把汉字也看成是一个文化项,来探讨它与其他文化项的关系;微观的是把汉字字符及其系统作为文化的载

---

[1] 王岳川:《汉字文化与汉语思想——兼论"字思维"理论》,载谢冕、吴思敬主编《字思维与中国现代诗学》,天津:天津社会科学院出版社,2002年版,第107、111页。
[2] 王宁:《汉字构形学讲座》,上海:上海教育出版社,2002年版,第12页。

体,来探讨它所载负的文化信息。"①另外,何九盈在其《汉字文化学》一书的论述中也持类似观点。

(三)原型理论

臧克和借鉴西方原型理论,提出"语象论",从发生学的角度探讨汉字与汉语、汉文化的关系。他提出:"具体汉语语象的基本取象即为'语象原',这个'语象原'在古代汉语里又往往体现、凝结为一字一形的取象。"②而"古汉字的结构取象过程,在一定意义上就是初民'正名''致物'的具体物化过程",因为"中国古代人类的一种基本思维方式,那便是一种前逻辑的,主客不分的思维方式"。③ 所以通过语象分析可以看出汉字的造字取象的文化心理和思维方式。如"文"字取象于人体,其字源取象理解为"文身"。而"古代文献资料表明:一切事物的交错复综都可以称之曰'文'"。④ 如《文心雕龙·情采篇》中说:"……小风,水成文,转如轮也。"另外,"金文'文'字从'心'取象,又表明'文'字还具'文心'"。分析之后,臧克和说:"'文'的字源取象,应该理解为:内在的'灵巧''文心',与外在的复综形式的统一,苟缺一边,便不成'文'。"通过对哲、唫、誩("悖"的或体)台等字的分析,他认为"'心'类'言'类相通,表现在文字构形上面,'言'符'心'符,同构一体"。⑤ 据此可以看出"在心为志,发言为诗"的诗学观念具有悠远的字源学、语源学即民族思维的历史背景。

持同一观点的学者叶舒宪从弗莱的原型分析理论着眼看中国文化,认为"与西方哲学相比较,中国哲学并没有向形而上学的抽象思辨方向获得长足发展,反而在相当程度上保留着神话思维即象征思维的特征。""原型批评注重再造文学与原始文学的联系,其溯本求源式的历史透视眼光对于发掘汉字中的原型表象,重构华夏文明的发生线索,是颇有启发的"。叶舒宪还具体分析了数例汉字,其中讲到"美"字分析说,"美",从羊

---

① 何九盈:《汉字文化学》,《汉字与文化丛书·总序》,沈阳:辽宁人民出版社,2001年版。
② 臧克和:《语象论——〈管锥编〉疏证》,贵阳:贵州教育出版社,1992年版,第15页。
③ 臧克和:《古汉字结构的取象类型原始移情考略》,《学术研究》,1995年第5期。
④ 臧克和:《语象论——〈管锥编〉疏证》,贵阳:贵州教育出版社,1992年版,第33页。
⑤ 同上书,第37页。

从大,可见游牧民族在融入中华大家庭时把基于肉食饮食习惯的味觉美观念输入到意识形态中,形成汉语里美、甘互训的情形。留存在美字中的原型表象不仅使我们可以直观把握由具体到抽象的概念发生轨迹,而且对美、善、羌、姜等从羊的字例的系统分析还将具有文化寻根的重要意义。[①]

臧克和与叶舒宪运用原型理论分析汉字与汉文化的关系,建立了汉字符号与深层的民族文化心理之间的象征性联系。

(四)汉字汉语互动论:

苏新春也是这一阶段对汉字独立性问题进行积极探讨的学者之一。他认为汉字不是汉语的附庸,汉字一经产生就和汉语处于一种互动之中。他指出:"中国传统小学研究中将字与词分得不很清楚原来有着深刻的内在道理,而并不像纯语言结构观的研究家们所认为的那样是一个基本理论的误区。这不仅仅是因为古代的语言是通过字才得以记录,还因为古代汉语的单音词世界本身就借以汉字的外形才得以裸露。词义通过字形的分布与组合来显示,字形以整体之形或局部之差来显示词义的存在状况和发展轨迹。汉字与汉语出现明显的'互为因果''互为促动'的关系。"继而他通过对"词的原始性与字的原始性相吻合""立足于汉字形体之上的字本义保存了词的最初词义状态""词的繁衍与字的繁衍同步进行"和"汉字对形式词语身份的参与和表达作用"等四个方面进行论述,最后得出结论:汉字与汉语词是处于"同生共长"的历史过程中。[②]

作为"字本位"语言理论的倡导者之一,潘文国在言文关系问题上更倾向于互动理论。他说表音文字是"从概念经过语音的中介再到文字,也就是说,与概念直接联系的是词的读音,然后再用文字把读音记下来";而表意文字"从概念直接到文字,或者说,是用文字直接表示概念,语音只是在这过程中的附加物,当然是必不可少的附加物,否则就不成其为文字"。表音文字中的"文字对语音负责,语音才直接跟概念发生关系,在这种文

[①] 叶舒宪:《原型与汉字》,《北京大学学报》(哲学社会科学版),1995年第2期。
[②] 苏新春:《汉字语言功能论》,南昌:江西教育出版社,1994年版,第55页。

字体系里,语音是第一性的,文字只是'符号的符号'";表意文字中"文字直接表示概念,语音是同时的附加物,这就使文字取得了至少跟语音相同、如果不是更重要的地位。文字绝不是'符号的符号',相反,它是如同索绪尔所说,它就是汉人的第二语言,它在汉民族的社会生活中同样起着语言的作用"。① 他把汉字放在了与汉语同样的地位,这种观点具有汉字独立符号性质研究的特色。

（五）二次约定论

黄亚平提出了二次约定的汉字发生观:史前的图画性文字与它所表达的事物之间的结合关系他称为"第一次约定",而汉字史前图画文字以写意为主,"它并不直接与客体发生联系,而是借助事先已有的,从不同氏族集团那儿借来的意象符号,它是文字与史前意象发生了间接联系,是借了人家的符号连带原本就有的意象,在此基础上表达自己的心智,所以是'二次约定'"。② 他还指出二次约定的方式主要有写实和写意两种,但以写意性的为主:"史前文字的表达手法分为两种:一是写实的,它是以实物为模仿对象的艺术创造;它表现为象形或图绘,是整体的象形的符号,其本质是写实的图画。一是写意的,它是以前代的意象表征为基础的二次创造,是由'局部'组合而成的符号;它表现为象意,其本质是写意的符号。"③ 黄亚平用二次约定的观点研究汉字的发生问题,试图揭示所谓的史前文字符号其实仍是建立在已有的符号基础上的二级符号,而今天的汉字符号又是建立在史前已有的意象符号的"二次约定"基础上的。而且这种"一次"或"二次"的约定都是一种有理据、图画性的意象关系（写实或写意）。这样,他就在史前的图画与成熟的汉字系统之间建立了一个过渡性符号链条。在此之前,学术界人为地划分一个文字/非文字的截然界限,这个界限的划定是以是否记录语言为标准的,从而造成成熟文字与史前图画符号之间的断裂。"二次约定"观则把断裂的文字演化链条重新联结起来,这对于认识文字的性质、史前文字的研究都有重要理论意义。

---

① 潘文国:《字本位与汉语研究》,上海:华东师范大学出版社,2002年版,第89、90页。
② 黄亚平、孟华:《汉字符号学》,上编（黄亚平撰）,上海:上海古籍出版社,2001年版,第144页。
③ 黄亚平:《符号学视阈的史前文字研究》,《汉字文化》,2004年第2期。

(六) 字本位汉字观

徐通锵[①]所提出的"字本位"语言理论对汉字的主体性研究也起到了很大推动作用。虽然他所说的"字"不是文字学单位,而是指汉语的结构单位。但是,他的语法研究的创新之处在于,通过分析汉字的结构(如形声字的类和象的关系)去揭示汉语语法的结构关系,并认为汉字的结构里包含、反映汉语语法结构的理据。

他通过分析汉字的生成机制来研究汉语,并且从动态的生成角度看待语言问题。尤其重要的是,他将汉语的"码"即基础单位看作是形音义三位一体,认为汉语的基本单位形式是一个形体、一个音节和一个概念。这实际上默认了汉语单位具有"汉字"的性质。因此,他的"字本位"语言理论恢复了对汉语的"汉字性"问题的关注,启发人们在言文(汉字和汉语)关系中研究汉语或汉字,并促使我们认识到汉字对汉语的重大影响以及二者之间不可分割的紧密联系,这显然对汉字研究的主体性或本位性具有重要的启发意义。

字本位理论虽然看到了汉语的汉字性或汉字与汉语的互动性这一客观事实,但在 20 世纪 90 年代徐通锵还是持工具论文字观:

> 文字是语言的书写工具,也是语言的书写符号系统,必须适应语言的结构特点。汉字是适应汉语特点的最佳书写形式……"[②]

这样,字本位观就存在一个理论破绽:对汉语事实的描写和对这些描写事实的理论阐释之间存在矛盾。一方面,在语言事实描写方面,字本位理论揭示了汉语的汉字性,即汉语对汉字的依赖性以及汉语和汉字之间高度的互动性质;另一方面,徐通锵又坚持工具论的文字观,说他的"字"不是汉字,而是指汉语结构单位,从而在理论上又抹杀了汉语的汉字性问题。这种理论矛盾导致了他对"字"解释的模糊性,这也是招

---

① 参见徐通锵:《在"结合"的道路上摸索前进》,香港:Newsletter No. 13,May,1992。徐通锵:《语言是什么》,北京:北京大学出版社,2007 年版。徐通锵:《"字本位"和语言研究》,《语言教学与研究》,2005 年第 6 期。

② 徐通锵:《语言论》,长春:东北师范大学出版社,1998 年版,第 266、267 页。

致学术界诟病字本位理论的主要原因。孟华指出了字本位理论存在"事实描写的理论与事实解释的理论相悖"的问题。① 并认为解决这一理论困境的唯一出路就是将"言文关系问题"处理为汉字或汉语研究的核心问题。

徐通锵在中国海洋大学讲学期间,孟华、黄亚平就语言和文字的关系等问题与徐通锵进行了讨论。事后徐先生对杨自俭教授说:"有两个没想到,没想到海大有这么多学生喜欢语言学,没想到海大的教师对字本位这么感兴趣,而且有了这么多的了解和这么深入的研究,提的问题很有水平,还给我提供了不少关于字本位研究的资料与信息,这次访谈我收获很多,我要进一步深入系统地思考。"② 一年后,2004年12月徐先生再次来海大讲课时,他就增加了语言与文字关系问题的内容,并使用了"言文关系"这一概念。这标志着徐通锵的工具文字观开始发生变化。这种变化体现在他去世后出版的《语言学是什么》一书中:

> 现在流行的文字定义就是本章一开始就说的"文字是记录语言的书写符号体系"。这是根据印欧语的语言与文字的关系总结出来的一种理论,有其一定的局限性。……对表意文字与语言的关系来说,这一理论就不适用,因为表意文字的结构单位以语义为中心,突出视觉,同一个字的字形所表达的意义相同,但读音古今不同,各地有异,也就是说,形义一体,'形'已成为'义'的标志,不与特定的语音相联系,因而很难将它看成为符号的符号。两大文字体系的这种差别必然会对语言研究产生不同的影响。③

徐通锵的这段论述已经说明,他的文字观已经开始了从汉字工具论向汉字主体论的转化。

---

① 孟华:《"字本位"理论与汉语的能指投射原则》,《语言教学与研究》,2001年第6期。
② 杨自俭:《跟随徐通锵先生学习"字本位"——沉痛悼念我最敬仰的中国语言学大师》,载非公开刊物(德馨居论坛),2007年。
③ 徐通锵:《语言是什么》,北京:北京大学出版社,2007年版,第146、147页。

二、汉字符号学理论的提出、形成与发展

孟华于1994年1月在"全国第三届文化语言学研讨会"上宣读的论文《论汉字是一种动机性文字》，首次提出了他的汉字符号学观点。李葆嘉在《参与：中国文化语言学的当代意识——第三届全国文化语言学研讨会评述》一文中对孟文作了介绍：

> 孟华的《论汉字是一种动机文字》认为，文字的基本要素除能指和所指，还有这二者之间的"意指方式"，正是后者决定了文字的性质。与采用任意性意指方式的拉丁字母不同，汉字采取动机性意指方式。①

1998年，《论汉字是一种动机性文字》改名为《动机性文字与任意性文字》后正式发表②。论文中首先提出文字是一种意指方式："文字不是语言的工具而是与语言并行的符号系统，它不是对语言的忠实的记录而是对语言的一种表达方式，……因此，文字与语言之间不是事实性的因果关系而是思想关系、意义关系、符号关系。"

潘文国认为：

> 孟华的《动机性文字与任意性文字》，这篇文章通过中西文字比较，阐述了一种符号学的文字观。值得注意的是它引用了法国当代著名哲学家德里达的"文字学"理论，这一理论重新论述了文字与语言的关系，对于索绪尔以来的当代语言学理论形成了巨大的冲击，它将可能发生的深远影响还有待于我们进一步观察。③

王菊泉、郑立信也对孟文做出评论：

> 正如作者所言，"这些探讨旨在阐述一种与传统文字学截然不同

---

① 李葆嘉：《参与：中国文化语言学的当代意识——第三届全国文化语言学研讨会评述》，《解放军外国语学院学报》，1995年第1期。
② 孟华：《动机性文字与任意性文字——中西文字比较》，载刘重德主编《英汉语比较与翻译》，青岛：青岛出版社，1998年版。
③ 潘文国：《汉英对比研究百年》，《世界汉语教学》，2002年第1期。

的符号学文字观",因此值得一读,并借以对照反思一下我们所比较熟悉的传统文字学理论。①

孟华在1999年出版的《符号表达原理》②一书中运用二级符号理论,论证了汉字独立的符号性质。他指出单独的拉丁字母a,b,c只是抽象的差别性单位,不表示任何意义,它只有在与其他字母符号的组合中才能发挥表意作用。但是,单独的汉字如"休""江""说"等就有自己相对独立的意义(237页)。因此他认为"表意的汉字是不分节的符号","表音的拉丁字母是分节的文字"(229页)正是这种基于汉字是建立在汉语和汉文化符号基础之上的二级符号观,他在该书中深入探讨了汉字意义系统对汉语的深刻影响:

> 汉字的六书中渗透着汉民族的心理、习俗、生活方式以及价值取向等动机因素,在这个符号系统中,能指不仅仅执行中介功能,它本身就是意义系统,具有自我指涉的功能,它与汉语的意义系统构成某种类比的隐喻关系。汉字系统的自我指涉性和对所指的支配性,必然导致汉字对语言的僭越,导致对汉语的专制……(第143页)
>
> 汉字的表意性质使它作为一套独立的意义符号系统而存在,它凌驾于各方言之上,成为至高无上的文化统一力量。文字作为记录语言的符号属性,在汉字这里发生了颠覆:汉语的发展,首先要服从于汉字的需要,汉字成了目的,语言成了表意汉字的手段……汉字成了汉语的一部分甚至是决定性的部分。(第147页)
>
> 纯粹的表意方式……容易造成文字霸权而影响文字记录语言功能的发挥。文字的表意系统使它自成一套意义系统,超越于具体语言之上,结果本末倒置,记录语言的工具反而成了语言的支配者……(第159页)

在两年后出版的《汉字符号学》(下编,孟华撰)中,孟华进一步完善了

---

① 王菊泉、郑立信主编:《英汉语言文化对比研究》,上海:上海外语教育出版社,2004年版,第26页。
② 孟华:《符号表达原理》,青岛:青岛海洋大学出版社,1999年版。

汉字符号学理论,他系统地讨论了汉字的二级符号性质主要表现在:一、从发生看,"指汉字形体符号是建立在已有的形体符号基础上的";二、"就汉字形体符号系统而言,它的形体因具有理据性而产生了二级性"。建立在二级符号理论基础上的汉字符号学,所得出的结论是:"汉字与汉语不是记录与被记录的关系,而是相互指涉、相互影响的关系。"①

2003年,孟华为复旦大学文科基础课重点教材《语言学纲要》②撰写了"文字章",汉字符号学的观点首次进入高校教材。同年,孟华撰写的汉字符号学部分术语共13个被《大辞海》语言学卷所收录:"汉字表达方式、汉字媒体形体、汉字符号学、语本位、字本位、语言投射原则、文字投射原则、汉字的二级性、汉字的分离性、汉字的统一性、汉字的层累性、汉字的功能、汉字形体系统"。③

2003年9月,孟华在全国词汇训诂学术研讨会(济南)上宣读了论文《在言文关系中研究汉语词汇》,正式提出了汉字符号学的言文关系观点:

我们提出一种符号学的语言文字观,即将汉字和汉语看作是一种层累叠加的、互为能指和所指的符号关系,其基本立场是"从汉字和汉语的互动关系中研究汉字(或汉语)",这种互动关系我们简称为言文关系。"言"是汉语,"文"是汉字。④

言文关系主要包括分离性和统一性两个基本问题。

2004年,孟华出版了第二部汉字符号学著作《汉字:汉语和华夏文明的内在形式》。他将文字定义为看待语言的方式即言文关系方式。强调言文关系是汉字和汉语研究的根本问题,指出要在汉字与汉语的关系中研究汉字或汉语。并将其言文关系的汉字符号学理论称之为"合治"观:

本书的目的就是以符号学的观点恢复汉字学的独立性质。它不是对传统语文学的简单回归,它倡导的是一种"合治"的新语文学术

---

① 黄亚平、孟华:《汉字符号学》,上海:上海古籍出版社,2001年版,第232、204页。
② 申小龙主编:《语言学纲要》,上海:复旦大学出版社,2003年版。
③ 王德春、许宝华主编:《大辞海语言学卷》,上海:上海辞书出版社,2003年版,第27—37页。
④ 孟华:《在言文关系中研究汉语词汇》,载戚晓杰、高明乐主编《汉语教学与研究文集——纪念着伯英教授从教50周年》,北京:高等教育出版社,2005年版,第124页。

观。我们将这个"新语文"观定义为：

言文关系是文化的生存方式，它既是东西文化的区别性特征（汉文化重"文"，西方文化重"言"），又是汉文化内部不停地自我重建的二元机制。在汉文化的言文二元格局中，文本位是其主要特征，汉字既是汉语和汉文化存在的基本条件，又是这种语言和文化不停地自我重建的主导力量。

本书的全部内容就是实践这一"新语文"思想：站在"文本位"主导的言文关系格局中研究汉语和汉文化的每一个问题。①

在孟华的《文字论》②一书中，他将汉字符号学由言文关系的研究推进到语言、文字、图像三者关系的研究，口说的语言、视觉的图像和介于前二者之间的文字，它们是互为能指和所指的二级符号系统，另一方面又相互区别。因此，汉字符号学就有了两个重点研究领域：一是言文关系，而是言（文）象关系。这代表了汉字符号学研究的最新进展。

三、汉字符号学的基本观点

（一）二级符号

认为大部分符号如语言和文字都是产生于已有的符号，产生的结果就是二级符号。二级符号包括同质性的，如在已有文字单位基础上再派生出的文字符号（如合体汉字）；也包括异质性的，如视觉的文字符号对听觉的语言符号的再符号化，语言（或文字）符号对图像符号的再符号化等。由语言、文字、图像所构成的二级符号系统就是异质的。与拉丁字母相比，汉字是二级符号系统。

（二）意指方式

符号能指和所指结合的方式，包括任意性方式和动机性方式。在二级符号中，其能指是有意义的，因此它与所指的结合必然是理据的、动机性的。汉字是动机性文字，相对而言拉丁字母是任意性文字。

---

① 孟华：《汉字：汉语和华夏文明的内在形式》，北京：中国社会科学出版社，2004年版。
② 孟华：《文字论》，济南：山东教育出版社，2008年版。

(三)文字间性

即语言、文字、图像之间的关联性质,即其中的每一个要素的性质,都是在与其他两个要素的关系中被定义的。汉字符号学认为,在这三个要素中,文字是核心要素,它具有联结语言和图像的中介性质。相对于语言,文字是视觉图像符号;相对于图像,文字又是听觉的语言符号。文字间性包括言文关系、言(文)象关系两种基本类型。

(四)文字间性方式

语言、文字和图像的关系方式,包括替代和补充两种基本关系类型。就言文关系看,汉字对汉语是有意义的补充而非语音替代,拉丁字母则是对语言音位系统的替代。因此,汉字在言文关系方式上是补充性文字;拉丁字母是替代性文字。从文象关系看,汉字由于自身的象形性而对图像具有抑制和替代作用,而拉丁字母因其自身的抽象性质需要图像对自己进行补充。因此,汉字在文象关系方式上是替代性文字,拉丁字母在文象关系方式上是补充性文字。这里的文象关系方式和言文关系方式都是文字间性方式。

(五)言文关系

汉字符号学认为言文关系是语言学研究的最基本问题之一。

言文关系的研究主要包括两个问题:言文分离性和言文统一性。所谓的言文分离性,就是指如何从汉字单位中分离出汉语要素或如何从汉语单位中分离出汉字要素。所谓的言文统一性,指汉字和汉语单位之间如何相互渗透、相互依存、相为条件。

从结构类型上看,言文关系包括意指性言文关系和对比性言文关系。意指性言文关系指一种能指(汉字)和所指(汉语)的符号意指关系,二者之间共同构成一个二级符号体系。对比性言文关系是指,汉字体系与西方文字体系相比,汉字更倾向"文"的性质,拉丁字母更倾向"言"的性质。因此,"汉字与拉丁字母的差异是文字与语言差异的延伸"。

(六)合治观

合治观的核心是一种辩证符号观:强调两个符号要素之间是既对立又互补的关系,任何一个要素的价值都是通过它与构成对比项的另一要素来定义的。"文字间性"就是合治观体现：站在言、文、象的关系中研究其中的每一个要素。

（七）媒体间性

根据合治观研究符号不同媒体间的关系所形成的概念，主要指，一种媒体的性质，是由其他媒体的性质所制约的。一种媒体的功能是在与其他媒体的关联中发挥作用的。媒体间性主要由媒体之间的局限和剩余所决定的。包括媒体剩余、媒体局限和媒体编码原则的转移三个核心概念：

"媒体剩余"就是一种媒体的功能特性，有可能成为对其他媒体的补充和功能特性，以自己的优势补偿其他媒体的缺陷。如文字的物质铭刻性对语言"稍纵即逝"性的补充，具象的图画符号对抽象的语言符号的补充。

"媒体局限"指一种媒体的功能都有自己的表达局限，需要借用其他媒体符号的功能特性来补足自己。如语言的"气态"特性有稍纵即逝的媒体局限，这需要"固态"的文字来补偿；再如汉字的非表音局限使它借用了汉字拼音字母系统作为补偿，汉语的同音性质需要汉字的视觉分辨，汉民族传统的写意画需要文字（诗）来补偿，听觉的歌曲需要画面来补偿（如MTV）等。

"媒体编码转移"指一种符号媒体的编码方式受到与之相关的另一媒体编码方式的支配或重大影响。如中国传统诗论和画论中的"诗中有画、画中有诗"，就是在书写性诗歌媒体中使用了绘画语言，或在图像性媒体符号中使用了书写性编码方式。文化语言学中所谓的汉语语法组织具有"散点透视"的特点，其实就是中国传统绘画语言向汉语语法渗透、转移的表现。

（八）汉字的功能

指汉字符号系统整体行使的职能。主要包括：1.造字功能，是指从造字的角度分析汉字是如何看待语言的，也即汉字用什么样的方式来表达汉语，主要包括象意和象声两种方式（称之为"两书"）。"两书论"是对传统汉字六书理论的符号学总结和概括。2.构字功能，是考察已创造出的汉字符号系统在共时态中自身的运行机制，考察汉字的二级符号性质，以及它与汉语是如何互动、如何运行和再生产的,包括言文分离性和统一性两种结构方式。3.信息功能,主要是通过汉字与汉语之间的同构性、对应性程度来考察汉字对汉语的映真和规约关系,这种映真、规约关系也即信息的确定性程度,包括零度方式和偏离方式。4.文化功能,指汉字整合汉民族社会文化的作用。汉字的文化功能主要表现为:汉字既是汉文化的基本条件,又是它自我重建的机制和历史目的。

原文《汉字符号学理论的形成及其基本观点》,载黄亚平、白瑞斯、王霄冰主编《广义文字研究》,齐鲁书社,2009年版。

第四章 证据和物语

【本章概要】 与第三章的汉字"能指投射"原则不同,第四章《证据和物语》,重点通过对证据符号和物语,探讨"所指投射"原则。

符号由三要素——表达面(能指)、内容面(所指)和意指方式构成。但本章重点考察的证据符号,更关注符号的内容面(所指方式)。结构主义符号学把形象(能指)和现实(所指)的关系看做是符号学的根本问题,但在某种程度上具有反"逻各斯中心主义"的倾向,关注的是现实的形象性和缺席性。笔者从合治观出发,强调符号的双重投射性:能指投射和所指投射相互补充。本章通过对证据符号和物语的分析,重点探讨符号的所指投射问题,即强调符号所指优先于能指的性质、强调所指是一种"真实关联度",一种以求真为目的的符号化方式。这种符号化方式从符号内容面看,包括原点性所指(起源)和原典性所指(记忆性起源);从符号表达面看通过言、文、象多重符号的相互补充来完成事实和真相的重建。根据本章的所指投射的立场,进一步丰富了"意指定律":证据的真实关联度决定了其补充关联度(多重异质符号之间的补充关联程度),也即证据真实关联度决定证据间性。

基于所指投射和真实关联度的立场,本章的第四至十节重点探讨了"物语"及其相关的概念:物语是让物自己出场说话,让写作成为物语自我言说的工具,让书写的法则服从于物的法则(第四节)。第五节重点讨论了物的叙事问题:现实是由物语而不是纯自然物构成的,物语是人与自然、词与物的关联点。它受自然法则和符号法则的双重制约,包括先名后物和先物后名两种方式。并运用物语的观点分析对外汉语的教学(第六节)、物的景观化(第七节)以及海洋文化符号研究(第十一节)。通过"文化元素"这一概念论述了物语的实体性、异质性、视觉性、约定性等符号特征,并申明文化元素理论所强调的是一种回归原点和所指的、以地方异质性、非书写物语为本的新文化观(第八节)。通过文化元素或物的叙事理论而提出一套乡村文化调研大纲(第九节),从表达机制看,物语包括:后台化、私语化的信号表达;二次性的前台化表达;三次性的词语化表达。并根据所指投射的立场将物语的这三重表达机制概括为:在对"物"不断的符号反观中坚持和重建其原点性(第十节)。

第一节　符号学的三重证据法

【提要】　本节讨论的是证据符号学,主要关注的是真实世界的符号性问题,这属于符号的所指范畴。通过区分原点和原典这两个概念,说明无言的现实对象总是以符号的方式向人们显示它自身的。因此,探究、证实客观对象的手段总是符号化的操作活动。本节将这种符号化证实活动概括为三类即"三重证据":语言(口语)、文字(书写)和广义的包括实物在内的图像。因此,符号学的"三重证据法"研究对象就由对证据事实的研究转向对证据的符号性的研究。

符号学的三重证据法主要包括两个问题:

一是真实关联度,即造成证据符号与证据对象之间真实距离感大小的符号化方式。我们把符号表达中更接近本原性、起源性、未完成性的符号事实叫做"原点",把符号化程度较高、记忆性事实叫做"原典"。原点和原典就是两种基本的真实关联方式。

二是证据间性,是指一种证据符号的意义和真实性不仅与原点事实有关,同时也与其他证据符号发生关联和交互作用,一种媒体类型的证据符号是在与其他媒体类型证据符号的对比或关联中实现自己的真实性和意义的。如果说传统三重证据法重点关注是实证问题,那么符号学的三重证据法更关注异质符号之间的互证即符号间性问题。

本节把证据的真实关联方式及其证据间性,看做是证据符号学的核心内容。

一、何谓三重证据法?

"三重证据法"不是一个新鲜的提法。它的渊源可从王国维著名的"二重证据法"说起。

中国向来有"信古"的传统,这里的"古"主要是指汉字书写的古代经典著作。清代经学家章学诚在其《文史通义》开卷便宣称"《六经》皆史也"。① 他将经书与历史画了等号,实际上是让人们相信,汉字呈现的历史就是历史本身。在"信史"时代,人们唯一的选择就是相信汉字、相信书写、相信经书。汉字及其文献是历史和文化记忆最重要的手段,一切没有被汉字书写的历史永远被遗忘了。因此中国的传统史学研究关注的主要是传世文献:

> 孔子曰:"夏礼,吾能言之,杞不足征也;殷礼,吾能言之,宋不足征也。文献不足故也。足,则吾能征之矣。"

这里的"文献"被朱熹解释为:"文,典籍也;献,贤也。"② 后世一般理解为"汉字书写的史料"③,它成为证史的唯一理据和历史记忆的唯一

---

① 章学诚 叶瑛校注:《文史通义校注》,北京:中华书局,2004年版,第1页。
② 孔子:《论语·八佾》,载[宋]朱熹,陈立校点《四书章句集注》(一),沈阳:辽宁教育出版社,1998年版,第66页。
③ 宋末元初学者马端临在《文献通考·自序》(中华书局2006年版)中对"文献"作了明确的界说:"凡叙事,则本之经史而参之以历代会要,以及百家传记之书,信而有证者从之,乖异传疑者不录,所谓文也;凡论事,则先取当时臣僚之奏疏,次及近代诸儒评论,以及名流之燕谈,稗官之纪录,一话一言,可以订典故之得失,证史传之是非者,则采而录之,所谓献也。"也就是说,"文献"都是指用于考证而又可信的历史遗传下来的书写性史料。

载体。

直到近代王国维,才出现了一种新史学观:将地上传世的文献材料和地下的考古材料视为同等的历史记忆手段:

"吾辈生于今日,幸于纸上之材料外更得地下之材料。由此种材料,我辈固得据以补正纸上之材料……此二重证据法,惟在今日始得为之。"①

二重证据法的提出代表了中国学术的一次重大转型,它动摇了传统的"一重证据法"、即传世书写文本为唯一历史记忆手段的经学史观,开辟了史学中的文献研究和考古研究相结合的方法。但是,我们还要看到,王国维所谓的"地下材料"还不是完全意义上的非文字符号:

地下材料仅有两种:(一)甲骨文字。(二)金文。今兹所讲乃就此二种材料中可以证明诸书或补足纠正之者一一述之。②

显然易见,王国维所谓的"地下材料"仅仅是指出土文物中的甲金文,仍是指汉字;这反映了王国维仍带有浓厚的书写中心主义的历史观色彩。

为了弥补二重证据法之不足,学术界又提出了"三重证据法"。李学勤曾说:"听说香港饶宗颐先生写了文章,提出'三重证据法',把考古材料又分为两部分。如果说一般的考古资料和古文字资料可以分开,这第三重证据就是考古发现的古文字资料,像楚简就是第三类。考古学的发现基本上可分为两种,一种是有字的,一种是没字的。有字的这一类,它所负载的信息当然就更丰富。有字的东西和挖出来的一般东西不大相同,当然也可以作为另外的一类。没有字的东西,在我看来,对于精神文化的某些方面,甚至于对古书的研究也很有用。"③李学勤所提到的三重证据法多了一个重要元素,那就是非语言文字性史料。这种"没有字的东西,在我看来,对于精神文化的某些方面,甚至于对古书的研究也很有用",这显然是对王国维的二重证据法的重要补充和发展。

---

① 王国维:《古史新证》,北京:清华大学出版社,1994版,第2页。
② 同上书,第4页。
③ 李学勤、郭志坤:《中国古史寻证》,上海:上海科技教育出版社,2002年版,第56页。

然而真正自觉地将三重证据法作为一种方法论提出并付诸实践的，是文学人类学者叶舒宪。他在"二重"之外加上了人类学的元素如民俗学、神话学的材料："可以说从'二重证据'到'三重证据'的演进在某种程度上正是考据学、甲骨学同人类学相沟通、相结合的结果。"①叶舒宪以郭沫若、闻一多、鲁迅等人为代表的现代学者对第三重证据（主要是民间神话、口头文学、少数民族等的材料）的应用经验，指出了这些证据的研究在国学现代变革中的意义。人类学的方法从本质上讲迥别于传统史学，后者主要是阅读和书写的学问，而人类学研究的是人类社会文化为研究对象，它所分析的领域不仅包括典籍和人类的语言文化，还包括器物、社会组织、宗教、仪式等各种人类文化现象②。因此，德国人类学家阿斯曼就批评了那种将文化记忆的功能完全归于文字符号的看法，他认为无文字的社会仍有自己的历史和史料，比如宗教、仪式也是构成文化记忆的符号要素，它们同文字一样发挥记忆的功能："无文字的社会并不是没有记忆，而是以另一种方式来记忆。"③法国哲学家德里达也有类似的看法："事实上，被认为'没有文字'的民族只是缺乏某种类型的文字而已。"④这样，从二重证据法到三重证据法的演进，从符号形态上就是从史学的文字书写中心主义到人类学的书写与其他各类视听符号并重的转型。这是三重证据法在方法论上的重大意义。

叶舒宪于2006年又提出第四重证据法，即历史和文化记忆的手段除了上述三类符号之外，还要加上"图像"这一元素：

> 我将比较文化视野中"物质文化"（material culture）及其图像资料作为人文学研究中的第四重证据，提示其所拥有的证明优势。⑤

叶舒宪在该文中以猫头鹰的形象为中心，分析了它的图像文本和书

---

① 叶舒宪：《人类学"三重证据法"与考据学的更新——自序》，载叶舒宪：《诗经的文化阐释》，武汉：湖北人民出版社，1994年版。
② [英]马凌诺斯基：《文化论》，费孝通译，北京：华夏出版社，2002年版，第49页。
③ [德]阿斯曼：《有文字的和无文字的社会》，王宵冰译，《中国海洋大学学报（社科版）》，2004年第6期。
④ [法]雅克·德里达：《论文字学》，汪堂家译，上海：上海译文出版社，1999年版，第123页。
⑤ 叶舒宪：《第四重证据：比较图像学的视觉说服力》，《文学评论》，2006年第5期。

写文本的差异。在中国文化史上的图像文本中猫头鹰的形象是神圣而威严的,而在书写文本中则是一个邪恶、恐怖的形象。作者已经敏锐地触及到学术研究中如何看待文字与图像关系的重大理论问题。严格讲,叶舒宪的第三重证据和第四重证据并没有本质的区别。它们实际上囊括了传统历史文本以外的所有符号形态:神话、民俗、仪式、实物、图像等。这些符号构成了与书写符号并重的另一种文化记忆手段。但值得注意的是,在叶舒宪的上述论文中将第四重证据法看作是"人文学研究"的方法,这意味着他的"证据"理论已从人类学的视野转向对普遍方法论的探求,显然具有重大的理论价值。

二、符号学的三重证据法

王国维、李学勤、叶舒宪,他们的"证据"理论基本上是为特定的学科研究之需要而提出来的,或者说,他们是为了研究证据的对象才关注证据本身的,所探讨的是新的证据所带来的研究对象的新的可能性:"除了直接来自地下的甲金文材料之外,还有没有足以使考据学刮目相看的材料和旁证途径呢?王国维以后的学者们带着这个问题在自觉或不自觉地摸索着、尝试着第三重证据的可行性……"[①]

人类学、历史学或考古学的证据理论的根本出发点是证据对象而非证据本身。他们共同的方法论特征是,历史或文化事实无论在时间上还是在逻辑上都优先于证据符号而存在,开辟新的证据符号的目的在于求证背后的事实本身。

其次,上述证据理论还忽略了一个基本的证据手段:口述证据。它在证据法学中属于"言证"或"人证";此外"言证"也被现代史学界广泛应用于"口述史"的研究:"用口头证据呈现出来的历史,开启了各种新的可能性。"[②]

---

① 叶舒宪:《人类学"三重证据法"与考据学的更新——自序》,载叶舒宪:《诗经的文化阐释》,武汉:湖北人民出版社,1994年版。
② [英]保尔·汤普逊:《过去的声音——口述史》,覃方明、渠东、张旅平译,沈阳:辽宁教育出版社,2000年版,第287页。

再次，上述证据理论既然着眼的是证据对象而非证据符号本身，所以就不太关注不同类型的证据符号之间的关联性研究。譬如书证、物证和言证这三类符号的真实关联方式的差异问题，以及这些证据符号之间的相互补充、相互证明的问题等。

下面我们根据符号学所提出的证据理论，在以下三点不同于上述的"三重证据法"：

其一，符号学证据理论认为，证据作为一个符号现象本质上是一种意义生产机制而非证据事实本身。证据的本质是，它一个符号现象，一种力求建立符号事实与客观事实之间真实关联性的一种方式，一种努力消除符号事实与客观事实之间偏离性的意义生产机制。这就由对证据对象的事实性研究转向了对证据本身的意义性研究。

其二，符号学证据理论认为，人类文化记忆和证实的最基本方式包括"听"（口述证据）、"看"（图像证据和实物证据）以及介于这二者之间的第三状态"写"。"写"或"文字"作为第三手段具有中介性：当它与"看"的图像或物象构成对比项时，它属于"听"的语言符号；当它与口说的语言构成对比项时，文字又属于"看"的图像符号。我们将这三类最基本的证据符号概括为言（语言）、文（文字）、象（图像和物象）。

其三，符号学更关注不同的证据符号间的关联方式的研究，我们叫做证据间性研究，即一种证据符号的性质不仅取决于它与待证事实之间的真实关联性，而且取决于它与其他证据符号之间的互动关系。这种互动关系的最基本类型就是言、文、象综合运用，我们称之为三重证据法。

下面就根据以上三点简要地阐述符号学三重证据法的基本观点及其应用。

（一）证据的意义性及其分类

证据的意义性是指，证据是一种逼近原点性事实的意义生产机制，而非事实的透明载体或对事实的简单复制。

符号学认为，任何事实，历史的、文化的、社会的、自然的，对于人类而言都具有双重性质：第一是无言性。即事实自己不能表述自己，也不能有意义地解释他者。事实的价值和意义只有借助于符号——尤其是语言文字符号才能表明自身。客观事实的这种"借助于符号来表明自我"的特性就是无言性。所以,对于人类而言,一切没有被符号化、没有被编码、被指称的客观事实都等于不存在。客观事实的第二个特征是事件性。任何事实都是一个变化的事件或运动过程,事实作为一个事件总是有始有终、稍纵即逝。比如历史事件,它一旦发生后就过去了,人们只能凭符号性的记忆来了解和挽留这段历史。记忆性的符号成了让历史或事件存在的唯一方式。

  事实的无言性和事件性这双重性质,决定了事实对符号的依存,离开了符号,任何事实等于不存在。事物只有让自己符号化、让符号进入自己的身体后它才能完成自己。比如我们看到了天空与大地的区别,称人类居住的地方为"地球"。如果我们没有"地球"这个词语来概括、称谓该事实,我们便永远不了解我们所栖居的地方。而一旦我们栖居的地方获得了符号性存在方式,它又已经不是那个纯自然的事实了——其实地球三分之二是水,而我们却叫它"地球"而不是"水球"。名称或符号决定了我们对地球的片面理解,也决定了地球向人类呈现它自己的方式。我们所看到的是被符号化了的地球,我们眼前的大部分事物都有自己的名称,都可以被表述和描写,它们都是符号性事实。符号性事实包括文字记录、口传、图像、器物等一切能传递事实信息的符号形态。这里还有一个问题,痕迹是否属于符号性事实?比如脚印表示某人曾经经过这里,石器表明它曾是原始人的劳动工具,遗址表明某个逝去的文明。这些都是痕迹。痕迹所包含的那些历史和事实的信息如果没有被破译,没有被理解、被阐释,它们可称为"待证事实"。待证事实仍是非符号性事实,我们日常肯定要接触无数的待证性事实,但我们对它们熟视无睹,没有感觉、没有理解、没有认识、没有意义,因此对我们而言它等于不存在。而这些痕迹一旦成为破译事实的载体,它能告诉我们某个历史事件或某种真实情况,它就成了符号性事实。当然,痕迹的符号性常常还要借助语言、文字、图画符号的进一步介入。

  我们把符号表达中更接近无言性、起源性、未完成性的符号事实叫做"原点",把符号化程度较高、记忆性事实叫做"原典"。比如书证和物证都是符号性事实,但相对而言物证比书证更接近原点,书证则是原典性的。但就书证而言,历史档案显然比散文随笔更具原点性。可见,原点和原典作为符号性事实的范畴,它们是一对关系项,一种符号的真实关联度。所谓"原点性"事实,只不过是最接近"原点"的符号性事实。或者说,更接近事件真相和初始状况的符号事实是原点的,反之则是原典的。

因此就符号学而言,纯粹自然事实是不在场的。尤其是过去发生的事件,它只能以符号化的方式留存。符号学关注的不再是证据符号背后的自然事实,而是关注证据符号本身是如何逼近和呈现原点的。也就是说,传统的证据学研究的出发点和落脚点是自然事实;符号学证据学的出发点和落脚点则是原点,或者是从原典到原点的真实关联度。

这样,证据学的研究对象就由对证据事实的研究转向对证据符号化方式(原点和原典的关系方式)的研究。

证据的符号化方式研究的首要内容,就是对一切可能成为证据符号的现象进行总结、分类,并描写出它们的真实关联度。

我们把证据符号概括为三类:语言(口语)、文字(书写)和图像。其中第三类需要说明,这里的图像我们定义为一切以视觉性方式呈现事实的符号。这就包括了图像、建筑、服装、仪式、器物、痕迹、体态、舞蹈等一切视觉性表意的符号。

这样,证据符号就包括言、文、象三大类,也就是本节所阐释的"三重证据"符号。

接下去的一个问题是研究不同证据符号的真实关联方式。所谓真实关联方式,就是符号事实接近原点事实的程度。或者说指造成证据符号与证据对象、原典与原点之间真实距离感大小的方式。真实关联方式的研究要求描写出每一类证据符号的证据能力及其特点。比如图像符号与原点事实之间自然理据性强,真实关联度大,但缺点是无言性,需要借助于语言文字来生产意义。语言文字可以自我生成意义,但它们的约定特征又使得这些符号具有更强的权力和意识形态的选择性。文字性证据符号与口语性证据符号的差别也很大:口语与心灵和现场情景直接关联,而书写则是"离境化"的;但口语稍纵即逝,书写却具有对语言的物质铭刻性,使信息超越时空局限得以留存。诸如此类的种种差异就是证据符号的真实关联性方式,我们只有充分研究、描写了它们各自的语法和真实关联度,历史、事实才能在一个更为可靠的基础上被认知和呈现。

(二)证据间性

所谓证据间性,是指一种证据符号的意义和价值不仅与原点事实有关(真实关联度),同时也与其他证据符号发生关联和交互作用,一种媒体类型的证据符号是在与其他媒体类型证据符号的对比或关联中实现自己的价值和意义的。如果说传统三重证据法重点关注是实证问题,那么符号学的三重证据法更关注异质符号之间的互证即符号间性问题。比如我们上面说一幅肖像画是比较真实地描摹对象的符号,这是它与漫画符号构成对比关系后所获得的性质,如果肖像画与照片构成符号对比关系,那么肖像画又成了非临摹的意象符号——因为它的人为创作动机要大于照片,而画面与对象之间的逼真度要小于照片。这就是符号间性的本质:在符号与符号的关联中来确定一个符号的真实关联方式和价值。除了对比关系以外,证据间性更关注异质符号之间的关联性。孟子所谓"《诗》亡,然后《春秋》作",①就高度概括了口语化的"诗"符号的衰落与《春秋》这类书写性符号的兴起之间的关联性。以《春秋》为代表的书写时代的到来,是对消亡了的以《诗》为代表的口语化时代的补偿。再比如像中国明清小说(书写符号)的繁荣,是与说唱、戏曲(口语和图像符号)的发展有着内在的联系。因此,我们必须在不同媒体符号的关联中来定义每一种具体符号系统的性质。本雅明指出:

> 摄影导致了微型肖像画家这一伟大职业的消亡……随着通信技术的发展,绘画的信息官能渐渐失去了意义。绘画作为对摄影的反映,开始注意强调意象的色彩因素。随着印象派的衰落,立体主义的兴起,绘画为自身开拓了摄影尚无法到达的更为广阔的领域。②

---

① 《孟子·离娄下》,载朱熹、陈立校点《四书章句集注》(二),沈阳:辽宁教育出版社,1998年版,第318页。
② [德]本雅明:《达盖尔与西洋景》,转引自何尚主编《人类精神的高地》,广州:广东经济出版社,1999年版,第225页。

以上讲的是证据符号之间历时的关联性。从共时的形态关系看，每一种证据符号都有自己的"剩余"与"局限"，这双重特性使得不同符号之间的共时关联成为必要和可能。比如关于言象关系，法国符号学家巴尔特就认为，物品、图像、动作可以表达意义，并且它们实际在大量表达着意义，但是，这种表达从来不是以自主的方式进行的，所有的符号系统都与语言纠缠不清。① 他因此下定义说符号学乃是语言学的一部分。

他的意思是，像物品、图像和动作这类符号的表意功能是不自主的，它们必须借助于语言符号的帮助才能发挥表意作用。这里触及了两个概念：第一，是符号的"局限"：指任何一种符号都有自己的表达局限，因此需要借用其他类符号来补足自己。如上述图像符号的"不自主性"就是它们的局限。第二，是符号的"剩余"：就是一种符号的功能有可能成补偿其他符号的局限。如上述的语言符号在对图像符号进行补偿时，就是它的"剩余"。

建立在符号剩余和局限基础上的相互关联，德里达叫做"补充"："只有通过让符号和指代者填满自身才能填充自身和完成自身。"② 一种符号自身有局限，因此需要让另一类符号来"填满自身才能填充自身和完成自身"。这就是"剩余"和"局限"的辩证法，这就是证据间性或符号关联性。不同的"局限"符号之间互相补充、互相替代，只有让对方"填满自身才能完成自身"。譬如电影艺术中语言与影像画面就是补充关系，没有影像的补充，电影语言是片段的、跳跃的、多义的因而不能完整表意；没有语言的介入，电影画面同样是朦胧的而不知所云。双方只有邀请对方进入自己的肌体才能完成自身，构成完整的表达。

再看言文关系的共时关联性。语言符号属于听觉的符号系统，听觉符号自身有许多局限，需要固态的视觉文字符号来弥补自己的不足。例如汉语中同音词多而导致自身的区别性降低，于是就靠汉字的形体差异来区别同音词。这说明汉字参与了汉语的结构，汉语依靠汉字来区别自

---

① ［法］罗兰·巴尔特：《符号学原理》，王东亮等译，北京：生活·读书·新知三联书店，1999年版，引言。
② ［法］雅克·德里达：《论文字学》，汪堂家译，上海：上海译文出版社，1999年版，第209页。

身,汉字汉语之间的这种互构关系就是互补性。再如语言的声音特性使它具有"气态"的稍纵即逝的性质,因此需要"固态"的文字来凝固。符号关联性或证据间性这一概念的引进,揭示了一种新型的言文关系:语言只有通过让文字"填满自身才能填充自身和完成自身"。因此,我们既可以说没有语言就没有文字,也可以说文字之外无语言。正是由于言文关系之间的这种关联,所以在历史学领域发展了"口述史"的记录方法,口述和书写各自有自己的局限和剩余,二者相合,或者另外再加上图像(现在已经有了"影像历史学"),实现言、文、象三者的统一,历史的原点事实才能更真实地得以披露。

我们提出的证据间性或符号间性理论表明,"三重证据法"的核心不仅仅是言、文、象这三类符号的划分,更重要的是它们之间的对比和关联。这是符号学的三重证据法与传统三重证据法的根本区别,传统的三重证据法是将这三类符号工具化,分别研究这些符号背后的事实,而非从形态关联的角度研究证据符号。符号学方法则是将三重证据变成一个自足的符号系统,重点研究这些符号的意义性以及相互关联性规律。

三、三重证据法在证据法学中的应用

证据法学中的言证、书证和物证就相当于符号学三重证据法中的言、文、象三类符号。我们认为,法学中的证据作为一个符号现象,本质上是一种意义生产机制和证据符号间的关联方式,而非案件事实本身。从这个观点出发,法学中的证据研究的核心内容应该有三个:一是证据的符号性,二是证据的真实关联方式,三是证据间性。

(一)证据是符号现象

法学中的证据本质上是一种符号现象。它因其与案件事实有某种真实关联度而成为证明案件事实存在的表征符号。从最一般意义上讲,所谓的符号就是:设 A 代表、替代、关联、反映 B,则 A 就是 B 的符号。如词语(A)与它所代表的概念(B)、绘画(A)与所描摹的原型(B)、照片(A)与它所拍摄的实景(B)、凶器(A)与犯罪行为(B)的某种关联等,这些二元关联项中的前项(A)都是后项(B)的符号。

在索绪尔的结构主义符号学中，A 和 B 共同构成一个符号整体，代表项 A 叫做能指，被代表项 B 则叫做所指。在证据学中，有人将证据定义为："出示给法官并希望在法官的脑海中产生某种事实存在或不存在之说服效果的另外一种事实。"① 该定义隐含了两种事实：一是出示给法官并对他产生说服效果的"另一种事实"即证据（事实），一是客观存在的但需要待证的事实，即案件事实。证据学中的这两种事实，就是符号学中的 A、B 两个关系项，证据事实是 A，是符号或能指；案件事实是 B，是客观对象或所指。

构成符号的 A、B 两项之间，只存在真实关联度而不存在事实的同一性。所谓的真实关联度，是指符号与对象、A 与 B 之间在时间、空间、因果或主观认知上存在某种客观联系，人们凭借这种联系，可以通过 A 来达到对 B 的了解和把握。比如现场中的头发（A）与被害人（B）之间存在某种相关性关联；根据目击者陈述所描绘的肖像（A）与犯罪嫌疑人（B）之间则存在某种相似性关联等。A 与 B 之间可能存在较大的真实关联度，但 A 绝不等同于 B。即使证据事实比如血迹（A）与案件事实（B）之间的真实关联度为零距离，在理论上这也是一种距离，因为血迹仅仅是证据事实而不等于案件事实本身，证据事实仅仅是案件事实的符号形态而两者绝不等同。以真实关联度、原点性最强的实物证据符号为例，它对案件事实的证明一般是静态的、片段性的。像凶器上的指纹，只能表明该人接触过凶器，却无法说明它是什么时候接触的。因而，实物证据符号与案件事实之间也存在着距离，这种距离存在于一切证据符号中，只不过程度大小而已。所以，真实关联度就是证据事实与案件事实、原典事实与原点事实之间距离大小或逼真性大小的程度。

与真实关联度相关的另一个术语是真实关联方式。比如，物证和言证相比，前者客观性较强而后者则带有更多的主观色彩。这里的"客观性"和"主观性"的区分，就是两种真实关联方式。所谓真实关联方式，就是指造成符号与对象、A 与 B、证据事实与案件事实之间真实距离大小的

---

① 陈卫东、谢佑平主编：《证据法学》，上海：复旦大学出版社，2005 年版，第 53、54 页。

方式;或者说,是原典事实与原点事实之间、能指与所指之间、A 与 B 之间真实性关联程度大小的方式。

(二) 证据符号的真实关联方式

下面我们从物证、言证和书证三个方面来讨论证据符号与案件事实之间的真实关联方式。

1. 物证符号的真实关联方式　物证是指能够以其存在形式、外部特征及内在属性来证明案件真实情况的物品和痕迹。[①] 物证符号主要是以视觉的感知方式表达意义的,因此它相当于三重证据法中的图像符号。物证形成于案件的发生过程之中,在诉讼案件发生之前已经存在。它最显著的一个特点是形成于犯罪分子无意识之中。物证的符号学特征是 A 和 B 两项之间在时空或因果上的有某种自然联系。落叶是秋天的符号,闪电是雷雨的符号,脸红是激动的符号,脚印是人行动的符号,划痕是某物体碰撞、擦划另一物体留下的符号等。犯罪分子无意识留下的作案痕迹和物品,也都属于这类具有自然联系的符号。

物证符号的这种自然化的真实关联方式,决定了它有以下几个特点:

(1) 自然理据性。在诸多的符号的真实关联方式中,最重要的包括动机性理据和自然理据两种。前者指人为动机性较强的理据关系,如与肖像相比,漫画形象的人为改造的成分更多,而肖像画保留了较多的对象的自然特征。相对而言,漫画属于动机性理据,原典性事实;肖像画属于自然理据,原点性事实;而一幅犯罪现场的照片与保留案件信息的犯罪现场相比,照片有了较多的人为视角和制作因素,而犯罪现场留下的痕迹、物品则是更为接近案件事实的符号系统,所以照片是动机性理据,现场证据符号是自然理据、更接近原点性事实。可见,所谓动机性理据和自然理据、原典性事实和原点性事实的划分是相对的、关系性的:只能在两个确定的对比项之间寻找它们真实关联方式的差异。

我们说物证符号是自然理据性的、原点性的,是指它与以语言为载体的证据符号(言证)相比而言的。言证符号的物质载体语音与它所表达的

[①] 陈卫东、谢佑平主编:《证据法学》,上海:复旦大学出版社,2005 年版,第 163 页。

对象和意义之间没有内在联系,而物证符号,例如,通过化验犯罪现场血迹的血型最终确认了罪犯,是因为血迹(物证符号)与犯罪行为之间存在内在的、自然的、客观条件联系。

物证符号的自然理据和原点性,决定了它起证明作用的特征与待证事实之间存在客观的不受人的意志影响的关系。"物证本身不会说假话",这是与言词证据最大的不同。

(2)中介性。物证符号最大的特点是无言性。它不能自我阐释,也不能有意义地说明他者。物证在证明中的意义,即物证与待证事实的真实关联度通常是需要解释的。解释的方法包括对其性状以及所在位置等相关情况的语言描述,而更多的是使用鉴定等科学技术手段对其所含信息及其证明意义做出阐述。也就是说物证符号不能自行展示其信息内容,必须借助于其他类符号中介才能使其具有证明力。物证符号这种"借助于他者来完成自我"的特性就是中介性。所以人们把物证称为"哑巴证据",通过他者的填补来完成自身。物证符号的这种不能"言证"只能"佐证"的特性,说明了物证符号局限:它所展示的也是一个充满意义和阐释性的世界。

(3)高语境性。物证符号是片段的、局部的、缺少外部组织形态的,作为证据被使用的"物"并不是物的自然体系中的一部分,它是按照符号的法则,按照意义的关系法则被组织起来、被认知的。因此,物证符号只有放到一个符号意义场中才能明确自己的价值和意义。例如,我们不能称"刀具"为物证符号,只能称"某处有一把刀"是物证符号,或者"这把刀是杀人的工具"是物证符号。在盗窃犯罪嫌疑人的家中搜查时,只有被盗窃的物品本身才是物证,其家中的同类物品不是物证;痕迹也是如此,只有与案件有客观联系的痕迹才是物证,无联系的同样痕迹,并不是物证。这说明,作为物证的物与客观存在的物的区别在于,前者是按照"实际发生的案件活动"这个意义链条被组织起来的。物证来源于案件现场或者案件发生的过程,它是案件过程的一部分。这个围绕案件活动所构成的意义链条或符号场,就是语境。物证作为案件语境的构成部分而对语境的高度依赖,就是高语境性。反之是低语境的。

2. 言证符号的真实关联方式　证人证言是证人就其所感知的案件情况向办案人员所作的陈述。证人证言一般是口头陈述形式,有些情况下也可以是书面的形式。语言作为人类思想的衍生物,同主体紧密地结合在一起,主体对于语言有直接的影响。相对而言,言证符号的主观性、原典性大于物证符号。

(1)动机性理据。物证与言词证据的主要区别就是:前者以物品起证明作用,物证符号与案件事实之间存在时间、空间、因果等内在的联系。而言证符号则以当事人的陈述语言作为证据,是人运用语言对案件事实的感知、认识、记忆的描述,具有主观性和原典性。

从符号学的角度分析,言证符号的动机性理据和原典性表现在三个方面:

其一,从言证与人的关系看,言词证据以当事人为贮存载体,这就决定了言词与证人所想、所知、所见之间存在着某种真实关联性,语言即心灵的在场;但另一方面,言证的其贮存主体即证人容易受某些主观动机或认识局限性的制约,而不能如实地陈述。

其二,从言证符号与案件事实的关系看,言证事实是由语言概念构成的,观念形态的符号事实与物质形态的案件事实之间只是主观反映关系而不存在客观上的时空、因果的关联性,这也导致了言证符号的两可性,既可能真实地反映了案件事实,又有可能掺有虚构和失真的因素。所以,相对而言,言证更带有人的主观动机色彩,属于动机性理据的原典符号。

其三,从言证符号自身的形式与内容的构成分析看,言证是以语音为物质载体,以思想内容发挥证据作用的。它的物理表现形式(语音)和内容之间具有人为约定的特点,因此作为物理表现的语音并不具有证据作用,这一点与物证符号有着本质区别。

(2)无中介性。物象符号具有无言性,不能自我表述;它只能借助于语言符号或其他媒介手段才能将自己的意义阐述出来。而言词符号无须借助于其他符号中介便能自足地产生意义。一只朱德的扁担(物象符号)没有语言文字的介入,我们无法知道它的意义和价值;而"在井冈山斗争时期朱德曾用一只扁担挑粮"这句话,它能够阐述一个事实的真相。在证据学中,言词证据与待证事实的无中介性比较明显。言词证据常常具有明确的意思表示,它所表述的内容能够比较形象、生动地反映客观事实。实物证据一般需要通过其他符号的介入才能认识其意义,而言词证据可直接说明待证事实,这种直接说明待证事实的特性就是言证的无中介性。

语言符号的这种无中介性也可称为元符号功能。即语言符号是能够被用来解释其他一切符号的符号。电影、音乐、文物、手势、雕塑、绘画……一切无言的画面或物象符号都可以用语言来产生意义。这种可以用来解释其他符号、补偿其他符号无言性局限的功能,是语言符号最大的长处,我们称之为语言的"符号剩余";而语言符号真实关联度弱或理据的动机性,则是语言的"符号局限"——它只能观念形态地反映和虚构事实而不能直接与事实相关,它只能概念化地、原典性地反映事实而不能具象地展示和呈现事实。

(3)低语境性。言证符号的无中介性使其成为意义自足的符号系统:它不是作案活动内在的一个要素而是通过对案件的叙述来生成意义。

例如刑事法庭审理中的"交叉询问规则"有以下要求:第一,证人证言必须直接出庭以口头陈述方式做证,否则交叉询问无法进行;第二,诉讼双方以一问一答的方式进行交叉反复式的询问。第三,交叉询问方法的实施建立在律师代理的基础上,要求代理律师有较高的素质,特别是通过反询问发现虚伪证词的本领。

可见"交叉询问规则"体现了言证自身的意义生成逻辑——它是按照所谓"对话性原则"所进行的证据活动。对话性原则预设了意义或证据的完整性是由问和答两个部分组成的,任何一个单独的"问"或"答"都不具有证据的完整性和意义的完成性,只有通过两个单位的互构才能产生完整的意义和证据。交叉询问的对话原则从两个方面来克服言证符号所带来的主观性:其一,对话体现了多角度观察的方法,即从不同角度去搜集证据;其二,对话也使用质疑的方法,即当事人为了各自的利益,从相对的立场寻找对方证据中的毛病。由于当事人最了解案件事实真相,所以常常能击中要害,使对方证据中的虚假之处暴露无遗。所以,言证符号的"对话性原则"说明了它迥别于物证符号的意义生产机制,言证更依赖于话语自身的意义规则。

物证符号是按照"实际发生的案件活动"被组织起来的,因此物证符号是在诉讼前或诉讼外形成的,物证符号展示的是一个当下的经验世界,并且是那个当下的经验世界和案件活动的一部分。而言证符号本质上不是产生于"实际发生的案件活动"过程,而是产生于诉讼过程即对案件活动的回顾性陈述,展示的是一个不在场的意义世界。这种离开案件现场和过程来复述案件的符号化活动,必然将意义生产的重心落在词语、概念、记忆单位的组合上,为了克服这种"离境化"的叙述所带来的主观性,就必须通过话语实践自身的规则来避免语言符号的局限性,譬如使用"交叉询问规则"。这样,在言证符号中,受语言自身逻辑即语言语境制约要大于案件语境的制约。也就是说,物证符号依赖的是一个经验世界,言证符号依赖的是一个语言构成的意义世界。在言证符号中,对语言自身组织法则的依赖要大于对案发现场和过程实际经验法则的依赖,这种离开案件活动本身去陈述案件事实的性质,离开经验世界去意义性地陈述经验世界的性质,就是低语境性。

3. 书证符号的真实关联方式　书证符号是在诉讼以外形成的,并以文字、符号、图画等形式所表达的思想内容来证明案件真实情况的书面文件或其他物体。① 书证的最根本的特点是通过文本内容的分析来达到破案的目的,从静态上实现对案件的证明。文本的概念是在西方学术的"语言学转向"之后被提出的,除包括书写性证据外,也包括录音、录像资料等一切以文本的形式发挥作用的证据。

书证是介于物证和人证(言证)中间的符号形态。其真实关联方式主要表现为:

(1)理据的双重性。书证符号具有动机理据和自然理据、原典和原点双重特征。

典型的书证是以书写语言的符号形态作为证据的,因此,它重点是以其内容信息来证明案件真实情况。反映行为人主体身份,如出生证、身

---

① 刘金友主编:《证据法学》,北京:中国政法大学出版社,2007年版,第146页。

份证、工作证、营业执照等;反映人们各种民事经济关系,如行为人之间往来的账册、票据、书面遗嘱、经济合同等;反映犯罪行为的内容,如诬告、陷害案件的诬告信等;反映人与人之间关系,如车票、船票、个人日记、工作日志等;反映规范内容,如村规民约、各种章程、管理制度等;反映各种机关单位的行为,如各种红头文件、公证文书、判决文书等。

虽然书证和物证一样具有直观性的外部形态,但是,物证以其内在属性、外部形态、空间方位等特征对案件起到证明作用,而在书证中,其物理表现(书写表面、书写工具、书写方式、书写颜料等)却是从属于书证的内容信息,只起到凝固、表现的形式作用,而物理表现与信息内容之间没有必然的、内在的理据联系,这一点与言证符号相同,这就决定了书证符号通常存在被伪造也容易被伪造的可能。所以,书证符号具有动机理据性的特征。

另一方面,书证符号产生于案件现场或发生过程,是人的行为留下的活动痕迹。书证符号是人运用书写语言进行活动的行为符号,属于语言的"以言行事"的功能,书写本身就是人的行为的自然符号,成为人的行为和客观事实的直接载体,因此书证符号与案件事实之间又具有内在理据联系。比如,刑事案件中犯罪嫌疑人的书信,民事案件中合同、票据、房产证等,都是人运用书写行事的自然行为符号。语言具有两个主要功能,一是以言叙事,运用口说或书写的语言叙述一个事实;二是以言行事,即说话和书写就是在做事,如写诬告信和使用硬器行凶一样,都是侵犯他人的犯罪行为。相对而言,言证符号主要行使以言叙事的功能,而书证符号主要行使以言行事的功能。在以言行事的书证符号中,它与案件事实之间存在内在的理据或原点性联系,又属于自然理据性方式。

(2)无中介性。书证中的案件事实信息能够直接为人们认识和理解。一般而论,物证里的案件事实信息,通常需要通过语言阐释以及鉴定等符号中介的方法,人们才能知晓这一物证与案件事实之间的关系。但是,书证是以人与人之间互相能够认识和理解的文字、符号、图画等方式来交流和传播思想的有关事实信息。因此,对于书证来说,其蕴含的案件事实信息一般并不需要专门的识别方法,人们就可以一目了然地知晓。也就是说,书证蕴含的案件事实信息通常都不需要特殊的媒体或者中间环节,人们可以直接认识和理解。这也是书证与物证的一个重要的区别。

(3)高语境性。书证符号与物证符号一样,也是以片断的、局部的符号文本,如合同、公文、信函、证书、票据等,围绕"实际发生的案件活动和过程"这个意义链条和语境被组织起来的。书证符号发生在诉讼之前,来源于案件现场或案件活动过程,所以它从属于、依赖于"案件活动"这个意义链条和语境,因此也具有高语境性。

(三)证据间性

符号间性理论引入到证据法学中,可表述为:任何一种证据符号都有自己特定的编码规则即真实关联方式,一种证据的意义和价值不仅与案件事实有关,同时也与其他证据符号发生关联和交互作用,一种媒体类型的证据符号是在与其他媒体类型证据符号的关联中实现自己的价值和意义的。

所以,对"证据间性"的研究主要包括两个内容:一是描写出不同媒体类型的证据特有的编码方式即真实关联性方式;二是研究不同媒体类型证据符号之间的相关性。

先看第一个问题,对不同证据符号真实关联方式的描写:

物证符号	言证符号	书证符号
自然理据性	动机理据性	双重理据性
中介性	无中介性	无中介性
高语境性	低语境性	高语境性

通过以上对比可以看出,物证符号和言证符号是最具有区别性特征的互补性符号,书证符号则处于物证符号和言证符号的中间状态。

第二个问题便是研究不同媒体类型证据符号之间的相关性即"证据间性"。

证据间性主要包括两个方面:一是证据符号局限,即一个符号自身不能完成意义,它必须借助于另一符号来补充自己,才使自己具有自足的意义。二是符号剩余,即一类证据符号所具有的补充其他符号局限的功能,或者是指通过补充他者来实现自己的能力。下面以物证符号和言证符号为例分析证据间性问题：

物证符号具有自然理据性、原点性、高语境性，因此更贴近案件事实，与言证符号相比它的真实关联度更大，这是它的"符号剩余"；但是物证符号是"无言的"，必须借助于其他中介手段才能将自己的证据能力发挥出来，这是它的"符号局限"。相对而言，言证符号具有动机理据性、低语境性，这使得主观信息增加，影响了其真实关联度，这是其"符号局限"；但另一方面，言证的无中介性、直接表意性、原典性、低语境性，使它有可能补偿其他证据符号的媒体局限，因此这是言证符号的"符号剩余"。

无论哪类证据符号都有自己的符号局限，这或多或少地影响了证据的真实关联度；而各类符号也都有自己的符号剩余。因此，根据符号学对话理论，"借助于一个他者，才能完成自我"，只有借助于其他媒体符号的剩余才能克服自己的媒体符号局限，才能更好地增加证据的真实关联度。

"真实关联方式"和"证据间性"这两个概念揭示了证据的符号本质。有的教科书对证据的定义是："成为证明根据的事物、事实、定理、真理等就是证据。"[1]这显然是一种"逻各斯中心主义"的定义，它将证据的符号性外衣抹去使其仿佛变得透明，仿佛证据符号就是事物、事实、定理和真理本身。这种证据观将注意力指向证据背后的事实而忽略了对证据自身意义性的研究，使得证据学成为逻辑学、考据学、观察试验科学等学科的附庸而难以使自己真正获得独立的学科地位。

而本节的证据符号学告诉我们，证据作为一个符号现象本质上是一种意义生产机制和符号间的关联方式，而非事实本身。研究证据的符号性、它的真实关联方式及其证据间性，是证据符号学的核心内容。

原文《符号学的三重证据法及其在证据法学中的应用》，载《证据科学》，2008年第1期。

---

[1] 何家弘主编：《证据调查》，北京：中国人民大学出版社，2005年版，第77页。

第二节 真实关联度、证据间性与意指定律

【提要】 本节通过镜像、雕塑、物证、书证和图证符号的分析,探讨了证据符号学的三个基本概念:1.真实关联度,证据符号所反映的内容真实程度的大小。2.证据间性,一个证据符号因其真实关联度不足而有赖于其他证据符号的补足,这不同证据符号之间的相互关联和补足关系就是证据间性。3.意指定律。真实关联度属于意指间性或所指间性的范畴,证据间性属于符号间性或能指间性的范畴,因此,意指定律也即意指间性决定符号间性的定律。

一、证据符号的真实关联度

符号所反映的内容真实程度在大小、真假之间摇摆,这就是一种真实关联度,真实关联度强的符号我们也叫做证据符号。下面我们重点通过镜像符号、雕塑符号、物证符号、书证符号和图证符号来分析证据符号的真实关联度。

(一)镜像符号

以类似镜子方式反映现实的符号叫做镜像符号。镜子和它所反映的事实之间有一个同时性的映真关系:形象与对象是同时产生、互为依存条件的,这叫做相关性或存在性原则。

相对于绘画,照片也属于镜像符号。我们看到,照片与绘画不同,除了形象逼真度有差异以外,绘画可以在对象不在现场的条件下去描写对象,而照片的对象必须在现场,拍摄过程与对象或事件之间具有一种同时性、存在性的关联,此所谓"伟大的瞬间"。这种存在性原则使得照片与它所反映的事实之间具有较高的真实关联度。

当然,照片也有原典性的问题,即它是关于某物的图片而非某物本身。照片一旦形成以后,它的图像便与对象脱离了当下的在场联系,而仅仅成为对象的一种逼真模仿,这是它的镜像性原则:对象不在场但形象仍

在,形象与原型之间是一种镜像性的模仿关系。

看来,照片符号的存在性原则和镜像性原则是两种不同的真实关联度,它们如此矛盾又如此统一地结合在一起:在拍摄的瞬间照片与原型有着内在的同时性存在关系,而照片一旦脱离拍摄的语境,它又仅仅是原型的一种镜像性模仿,原型不在场之后,使得照片与事实的距离拉大,甚至使造假成为可能,如轰动一时的"假老虎照"[①]。

所以说,即使是真实性最强的镜像性图像符号(如照片),也存在一个真实性程度大小的问题,这种在真实性程度摇摆徘徊的性质,就是一种真实关联度。

(二) 雕塑符号

在法国格勒诺布尔市郊的一条路旁有一个拿破仑骑马的塑像。据说是纪念拿破仑第二次称帝返回巴黎时,在此地受到保皇党的阻拦并被拿破仑斥退的一个历史事件。我们看到,这个塑像坐落在事件的发生地点,它们之间具有空间上的内在关联性,因此相关性、存在性较强,成为一个历史见证符号。但是我们设想,如果把拿破仑雕像移入博物馆,切断它与事件发生地之间的关联性,那么,这个雕塑符号就成为那个历史事件的一个象征或者是像似性符号,真实关联度大大降低。所以,许多历史文物或遗迹都具有在像似性和相关性之间徘徊的这双重属性,也是真实关联度的问题。

(三) 物证符号

假设一:根据某犯罪嫌疑人的口头供述,我们事后找到了犯罪现场,并获取了某些物证。

假设二:我们这些物证的获得不是通过口供而是直接通过对犯罪现场的侦探分析过程中发现的。

这样我们就看到两种不同的物证。

根据假设一,物证已经被口供从现场事实系统中分离出来(或者整个现场事实体系已经被破坏),不成系统的物证成为补充口供的一个证据

---

① 见《新闻晨报》,2008 年 1 月 2 日。

符号。

假设二中,物证从属于整个现场的事实体系,它是在与其他物证体系和犯罪事实的整个事件过程中被思考、被论证的。

因此,同样是物证,它们涉及语言与物不同的相互关系:假设一是先语言后实物的关系;假设二是实物在场,然后进行语言论证的关系。相对而言,假设二的真实关联度更大。

(四)书证符号

书证,在一般意义上被理解为书写的证据或书写的事实。但在符号学看来,包括书证在内的一切事实的证据,都具有所谓的"第三空间"性质:它既是事实又不是事实。以历史学为例,就历史主要寄生于书写材料而存在,并且书写确实具有替代和铭刻历史事件的功能而言,书证就是事实本身;但是,就书证本身仅仅是一个史实的替代性书写事件而言,书证又仅仅是史实的符号而绝非史实本身。书证的这种既是史实又不是史实的"第三空间性"状态,就是书证的符号性问题:书证以否定事实的书写方式来呈现事实。因此,根据这个符号学观点,我们给书证下的定义是:书写的事实与事实真相之间具有某种较强的真实关联度,这样的文字材料我们叫做书证。

下面我们分析一个书证的真实关联度的案例。

我的同事李玉尚博士负责一个国家项目,为此他做了一篇《清代以来黄渤海的真鲷资源》(待刊)的论文,主要考察人类的历史活动是如何影响了这种鱼类的生存。他的研究所依据的材料主要是书证——有关的档案文献对于这种鱼类的记载。李玉尚遇到的第一个问题就是文献中关于嘉鳍鱼(真鲷的一类)名称的认定。

首先是名近实异。他引用了清人郝懿行《记海错》对登莱地区嘉鳍鱼记载和考证,兹转录如下:

> 登莱海中有鱼,厥体丰硕,鳞鬐赫紫,尾尽赤色。啖之肥美,其头骨及目多肪䐃,有佳味。率以三四月间至,经宿味辄败。京师人将冰船货至都下,因其形象【1】谓之大头鱼,亦曰【2】海鲫鱼。土人谓之【3】嘉鳍 qi 鱼。按许氏《说文》:"【4】鱼夫鳍鱼出东莱。"《广韵》云:

"鱼夫鲯鱼,【5】鳊鱼也",谓之鳊鱼,亦因其形似耳。其鳞色赤黑者,谓之海鱼夫,味不及嘉鲯。许云出东莱者,今兹鱼独登莱有之(旧唯出登州,故海人言嘉鲯不过三山,今亦过莱而西矣)。是鱼夫鲯即嘉鲯,盖一物二种或古今异名也。

郝懿行是一位经学家和训诂学家,他通过文献考证,认为海渔夫和鱼夫鲯名称相近但实际上为两种鱼——此即名近实异的情况。

另一种情况是名异实同。如下面的名称都是指的嘉鲯鱼,但名称不同[①]:

清代和民国登、莱两府县志记载的类真鲷鱼名

府	县	志书中的鱼名	土名/别名	志书年代
莱州府	胶州	鱼加鲯	俗名家鸡	康熙
	胶州	嘉鲯		乾隆
	胶州	嘉鲯		民国
	即墨	佳期鱼		万历
	即墨	家鸡		乾隆
	即墨	嘉鲯		同治
	掖县	鱼加鲯		乾隆
登州府	莱阳	鱼加鲯		康熙
	莱阳	嘉鲯		民国
	海阳	鱼加鲯		乾隆
	文登	鱼夫鲯	土人谓之嘉鲯鱼	光绪
	荣成	嘉鲯		道光
	威海	嘉		乾隆
	宁海	嘉鲯		同治
	牟平	鲷	即加级鱼,一作嘉鲯。	民国
	福山	鱼加鲯		民国

---

① 引自李玉尚:《清代以来黄渤海的真鲷资源》,待刊。

续表

府	县	志书中的鱼名	土名/别名	志书年代
	蓬莱	家鸡		道光
	蓬莱	家鸡		光绪
	黄县	嘉䲠	一名达头鱼	同治
	招远	鱼加䲠	俗作家鸡鱼	道光

这种名近实异和名异实同的现象,是表意汉字在记录对象时最常见的现象,我们称之为汉字符号的偏离性,即名实的不对应性。这种偏离性决定了书证材料的第三空间性质:它在记载事实的同时又偏离事实,因此书证不是透明的事实,它仅仅与事实具有一定程度的真实关联而绝非事实本身。书证的偏离性使得考证者在面对书证材料时必须解决两个问题:同一性和分离性的问题。同一性是指:如何在不同的名称中确定其所指的是同一个对象?分离性是指:如何在相近的名称中确定它们指的不是同一个对象?这两个问题不解决,相关的研究就无法进行。

假如有嘉䲠鱼的写真图像和实物标本遗留,我们结合书写材料一眼便可认定那种鱼类。但中国学术研究在传统上轻视图像和实物考古之类的视觉考据资料,于是,书证材料构成了学术研究的基本前提。但由于表意汉字与地方性方言"异声"的冲突,导致名称系统极为混乱,因此历史考据的首要工作是辨名,名称的认定成为复原历史的前提。从这个意义上讲传统训诂学就是书证学,它主要关注的是这类符号的真实关联度问题。

(五)图证符号

图像作为事实依据的符号,它自身也有证据力的差异即真实关联度的问题。下面是一个有趣的对比,清人徐鼎纂辑的《毛诗名物图说》[①]和今人高明乾等著的《诗经动物释诂》[②],两书都是使用书证和图证二重证据,考据的对象同是《诗经》的名物(后者仅仅考证《诗经》中的动物)。下

[①] [清]徐鼎纂辑,王承略点校:《毛诗名物图说》,北京:清华大学出版社,2006年版。
[②] 高明乾等:《诗经动物释诂》,北京:中华书局,2005年版。

面我们省略其书证部分，仅对比一下两书中的图证符号对同一对象在描绘上的差异，徐著中的绘图分别标记为 A1、A2、A3，高著中的绘图分别标记为 B1、B2、B3：

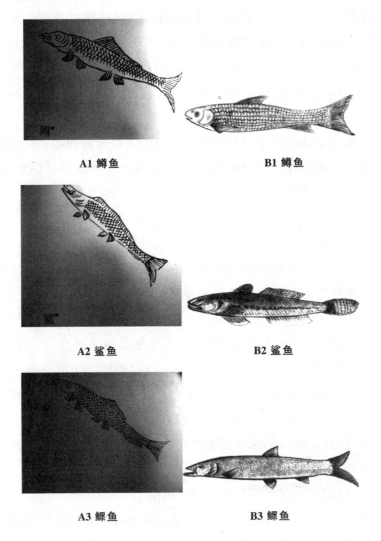

A1 鳟鱼　　　　　　　B1 鳟鱼

A2 鲨鱼　　　　　　　B2 鲨鱼

A3 鳡鱼　　　　　　　B3 鳡鱼

图 A 是清人的绘图，图 B 是今人的绘图。可以看出，清人的鱼图使用的是传统写意的画法，今人则是现代写实画法——前者的图证力显然不如后者，因为写意"神似"的画法使各类鱼图看上去其外貌区别不大。这里的写实和写意作为两种不同的绘画方式，在符号学中叫做意指方式，本节从所指的角度叫做证据的真实关联方式或真实关联度。也就是说，写实画法的真实关联度要大于写意画法，前者更容易帮助我们识别图绘的对象。因此，写意和写实就成了图证符号的两种真实关联方式。

以上符号（照片、雕塑、物证、书证和图证）都可以被看作是某种事实的证据。但证据符号真实关联度的分析，有利于纠正一个习以为是的看法：证据即事实。人们常常说打官司就是打证据，打证据就是打事实。这种看法应该纠正：证据仅仅是一种真实关联度的符号而绝不等于事实本身。

既然我们承认任何证据符号都存在真实关联度的问题，这就意味着，各种证据符号都存在着自己的局限，存在着人为操作或阐释的意义空间。这就引出下一个问题：证据间性。

二、证据间性

一个证据符号因其真实关联度不足而有赖于其他证据符号的补足，这不同证据符号之间的相互关联和补足关系就是证据间性。

结构主义的"文本间性"强调各文本（或符号）在某种相互关联中生产意义。有人说"哥吃的不是面，是寂寞"，于是就有人模仿："哥抽的不是烟，是寂寞""哥喝的不是酒，是寂寞"……这就构成一个原作和摹本之间的互文或间性关系。结构主义符号学是悬置了事实的在场而对符号结构关联性自身的一种操弄。而我们所说的证据间性，还是承认事实对于符号的优先性，只是强调不同的证据符号在求真的道路上各有其差异而需要相互间的补充。

符号间的差异我们叫做"剩余"和"局限"。

所谓剩余就是某种符号的真实关联度具有补足其他类符号缺陷的功能，所谓局限就是该符号在真实关联度上具有某种不足而需要其他符号的补充。比如，同样是图像符号，照片符号的"剩余"是见证性强、真实关联度高，其"局限"是没有意义的阐释空间；相对而言，人们能在王维的山水画中领悟"雪山童子"的深奥禅意，但其"局限"是真实关联度降低（比如画中把热带的芭蕉和北国的雪景糅为一体）。

再如,书写是意义性最强的符号,在书写性文本中我们什么都看不见,但却可以通过文字的概念来生成意象去"观看",这叫做"可视性":不是真正的视觉效果,而是通过符号化方式造成一种可视性效果。真正用眼睛看到的东西叫做"可视"①,如在图像符号中,我们凭视觉经验即可"看"到景物、人物等。所以,书写符号的"剩余"是"意义性",其"局限"是不可视或非见证性;图像符号的"剩余"是"可视"或"见证性",其"局限"是意义的贫乏。正是它们各自的剩余和局限,使其互补成为可能——于是出现了连环画。

在王国维以前,中国的学术或知识体系是由汉字书写文本来承载的,书写符号成了知识和真理的终极存在方式。王国维提出了"二重证据法",即(历史)知识的构成除了地上的典籍之外,还应包括地下的考古材料。从此,视觉的图像或物证符号开始逐步进入中国的知识体系。考古学、民俗学、民族学、人类学等这些以视觉符号为载体的知识型开始进入我们的学术史。所以,王国维的"二重证据法"其实就是证据间性的概念:由一种符号或证据构成的事实是有局限的,我们应该借助于其他符号的剩余来相互补足,来复原事实。我们在上文谈到书证符号的偏离性,这是它的"局限"。克服书证的偏离性的一个有效手段是同时提供有关待证事实的图证和物证,借助于视觉的图证和物证的"剩余"来补充书证的"局限",以更加逼近事实。所以,采用多重证据法,就是一个证据间性的问题。

譬如上文提到,如果在书写的名称材料上附之以图像证据,即使用二重证据,则有利于克服书证的偏离性。清人徐鼎纂辑的《毛诗名物图说》主要是考证诗经中的一些名物如动物、植物,他提出了事实考证中图文并用的二重证据法:"物状难辨者,绘图以别之。名号难识者,荟说以参之。"②这里所谓的"绘图以别之""荟说以参之"就是同时使用书证和图证二重证据。例如,他在考据鱼类的时候,在书证材料("荟说以参

---

① 孟华:《文字论》,济南:山东教育出版社,2008年版,第6页。
② [清]徐鼎纂辑,王承略点校:《毛诗名物图说》,北京:清华大学出版社,2006年版,第3页。

之")的基础上附上该鱼类的图像——"绘图以别之"(见图 A1、A2、A3)。

"绘图以别之""荟说以参之"的二重证据法涉及一个证据间性问题：书证具有阐释性，它的剩余就是能以言说来代替对象，它的局限就是偏离性；图证的剩余是具有仿真性和见证性，其局限就是无言性。所以，书证的剩余可以补充图证的局限，反之亦然。当然，我们所说的剩余和局限，是一对对比项，是在关系中产生的：书证的剩余是相对于图证的局限而言的，反之亦然。

三、意指定律：证据的真实关联度决定补充关联度

根据符号学的意指定律：符号的意指间性方式决定了符号(结构)间性方式[①]。该定律在证据符号学中我们进一步表述为：

证据的真实关联度决定了证据间性(不同证据符号之间的补充关联度)。真实关联度属于意指间性或所指间性的范畴，证据间性属于符号间性或能指间性的范畴，因此，意指定律也即意指间性决定符号间性的定律。

比如说写意性图画，因其自身的局限它更需要书写符号的补充。或者说，在意指方式上越是写意的，在结构关系或证据间性上就越需要书证符号的介入；而写实性图画相对排斥书写的介入。请看以下案例：

张俊贤在《清代方志中地图与文字》[②]一文中，分析了中国传统地图与西方地图的差异之一，就是写实和写意。清代方志中的地图使用山水画般的写意手法，其中一个表现是没有严格统一的比例尺。作者指出：

> 比例尺的应用使人们依靠一张地图就可以丈量出任意两点之间的实际距离，所以不需要用专门的文字去说明；否则，人们常用的地

[①] 孟华：《汉字：汉语和华夏文明的内在形式》，北京：中国社会科学出版社，2004 年版，第 62 页。
[②] 张俊贤：《清代方志中地图与文字》，载孟华主编《三重证据法：语言·文字·图像》，长春：吉林大学出版社，2009 年版，第 119、120 页。

图册就需要和专门配备说明距离的文字书籍同时使用。在方志中，没有使用比例尺的地图，必然在后面的文字部分进行说明，而这些文字是经过作者精心选择的。

以浙江处州府丽水县为例，在同治版《丽水县志》中的《丽水县境全图》（见下图）上，我们只能看到各个单位之间的相对位置关系，根本看不到任何数据来表示各个单位的具体所在位置以及相邻区域之间的距离，而这种科学性的丧失只能依靠文字来补充。

同治《丽水县志》之《丽水县境全图》

《丽水县志·疆域》对该疆域的文字说明如下：

> 丽水县属处州府附郭，东西广一百二十里，南北袤一百三十里。东至青田县界十五里，至县治一百五十里，南至青田县界三十里，西至松阳县界五十里，至县治一百二十里，北至武义县界一百里，至县治一百六十里，由治所至布政使七百五十里，至京师四千五百八十里。①

---

① 张俊贤:《清代方志中地图与文字》，载孟华主编:《三重证据法：语言·文字·图像》，长春：吉林大学出版社，2009年版，第119—120页。

以上这段文字,是写意性的地图的有机组成部分。因为写意性地图的真实关联度降低,所以对其他符号比如汉字书写符号的依赖性增强;而在写实性的地图那里,书写符号的参与度则大大降低。这就是证据符号的意指定律:

证据的意指间性方式(真实关联度)决定了它的证据间性方式(不同符号之间的相互补充关联度)。

四、小结

真实关联度、证据间性和意指定律理论的提出,旨在说明证据符号学的基本理论原则:证据处在一个符号关系场内,该关系场由意指关系(真实关联度)和结构关系(证据间性)构成,意指定律就是支配该符号关系场的基本规则。这个证据符号关系场与事实真相的交织而构成了一个神秘的意义世界,科学研究的全部任务在于承认并接受这种神秘性的同时,力图澄清它。

证据符号学还告诉我们,档案学、证据法学、历史学、考古学、人类学、民俗学等学科的研究对象,其实是以符号证据的形态而存在的,其中最基本的符号形态就是言、文、象三重证据(即言证、书证和类像证据,其中类像证据又包括图证和物证)。也就是说,言、文、象构成了上述学科研究的可能性条件——言文象的可能性,构成了上述学科的可能性,它告诫我们不要把符号证据呈现的事实当作事实本身来对待。

原文《谈证据符号学的三个基本概念:真实关联度、证据间性与意指定律》,载《证据科学》,2011年第1期。

第三节 图像证据的符号学分析

【提要】 从符号学角度研究图像与待证事实之间的真实关联度或意指(所指)间性,从而诞生了图像证据符号的概念。本节主要讨论了两种图像证据(理据):结构理据和意指理据。图像的结构理据相当于索绪尔的"语言":它作为一种形成图像意义的社会化、结构化模式,是潜在地生成图像的一种意义生产机制。这种语言在按照社会约定的规则生产出图像的同时,又留下了自己存在的痕迹,这种痕迹即图像学所谓的套式。套式并非通过画面事实提供证词,而是提供自己在形成画面过程中所留下的套式痕迹来证明某种事实,尤其是心灵事实的存在。意指理据是符号与所指对象之间的真实关联性。意指理据可以直接通过画面提供证词,但存在着真实关联度大小的问题:主要包括类似性理据与镜像性理据这两种真实关联度方式。类似理据更接近原典性事实,镜像理据更接近原点性事实。

本节通过图像证据符号的分析所得出的结论是:所谓的证据,无论是言辞证据还是图像或实物证据等,本质上是一种意指间性,即向原点不断逼近的真实关联度。

一、图像证据符号

证据——这里主要指广义的而不仅仅指法学意义上的证据——是证明事实存在的中介而非事实本身。也就是说,它是一种符号。孔子《论语·八佾》:"夏礼,吾能言之,杞不足征也。殷礼吾能言之,宋不足征也。文献不足故也,足,则吾能征之矣。"这里的"文献",就是证据,是证明某一历史事实存在的符号,失去这些证据便"不足征也"。

证据符号面对的事实是过去式的、不在场的,因此需要借助于证据符号将过去的、不在场的事实进行复原。当然这种复原是一种符号性的仿真或推导,而非事实本身的重现。我们凭借指纹可以确证某人曾在案发现场,凭借殷墟可以想象商代都城的历史面貌,但这个指纹、这个遗址仅仅是事实存在的相关物而不是事实整体面貌。人们就是通过这个相关物——证据符号来推论、想象事实的存在。逝去的过去永远以这种符号的方式而存在。

可以充当证据的符号媒介几乎是无限的,但最基本的有三种:语言证据、文字证据和图像证据。文献考古以及中国传统的文字考据,基本属于文字证据范畴;法庭上的证人证言、电视谈话节目中某讲述者陈述自己的亲历事实,这属于语言证据范畴;前面讲的指纹、殷墟则属于广义的图像证据符号范畴,它们都是视觉性媒介,是一种具象的或实体形态的符号方式,包括实物、痕迹、症候等符号形态。但本节重点讨论的是狭义或通常意义上理解的图像证据符号。

(一)图像符号与图像证据[①]

我们常说的图像(符号)主要包括各种画像、雕塑、浮雕、照片、影视画面、时装玩偶等工艺品、奖章和纪念章上的画像等所有可视作品,甚至还包括地图和建筑在内。与实物符号(如拿破仑的头发、毛泽东用过的钢笔、孔子栽的树、案发现场的脚印、羊肉摊上摆放的羊头等)相比较,图像符号遵循的是像似性原则,实物符号主要遵循的是相关性原则。图像符号的像似性,指图像与原型或描绘对象之间是一种虚构模拟关系,而不着眼于它们之间的时空、因果等方面的相关性即现实的真实关联性,其主要功能是被观看而不是被当作某种事实存在的直接证据。"图像或至少是大部分图像在被创作的时候并没有想到将来会被历史学家所使用。"[②]因此,根据像似性功能创制的图像符号主要是艺术研究的对象,或者说,美术学主要研究图像的像似性问题。

如果图像的主要功能不是被观看、被欣赏,而是当作某种事实存在的证据,这样的符号便叫做图像证据,它是图像学、也是图像证据符号学研究的对象。图像学"所关心的不是'艺术',而是'图像'。……抛开图像的美学性质不谈,那么,任何图像都可以用作历史证据。"[③]譬如,人们在拿破仑返回巴黎时所经过的格勒诺布尔市某处为他塑了一个骑马的雕像,该雕像因其与某个历史事件的发生地点建立了空间的真实相关性,它便

---

① [英]彼得·伯克:《图像证史》,杨豫译,北京:北京大学出版社,2008年版。这是一部研究图像证据的著作。该书提供了甚为丰富的图像学和符号学案例,且在精辟的剖析中处处显出作者深刻的学术洞见以及熟练驾驭各学科知识和观点的超凡能力。本节主要是在阅读该书提供的材料和思考的基础上,运用符号学的观点对图像证据的一些核心概念进行了再思考或重新阐释。
② 同上书,第41页。
③ 同上书,第12页。

具有了某种历史证据功能。所以,同样是图像符号,当我们主要关注的不是它的像似性艺术功能,而是对于某种事实的相关功能,那么它就是图像证据。

(二)图像证据的真实关联性分析

图像学将图像的像似性美学功能转向对其真实关联性的实证功能的考察,着眼于研究图像与待证事实之间的真实关联度,从而诞生了图像证据的概念。图像证据,在符号学看来,就是其符号形态与待证事实之间存在某种相关性真实关联的图像符号。反映某个真实生活场景的照片,如果场景是摄影者事先安排好的"摆拍",而不是自然的即时"抓拍",那么照片的真实关联的方式就有"摆拍"和"抓拍"之分。一般而言,抓拍的真实关联度要大于摆拍。符号学对图像证据的真实关联性研究,主要研究图像符号与待证事实之间的真实关联度。关联度越大,证据力越大。

我们根据结构主义符号学的二分原则,将图像符号也分为表达层面和内容层面。以图画为例,表达层面包括图画的硬件部分(如颜料、画布等物质要素)和软件部分(如线条和色彩等形式要素);内容层面指图画中所反映的客观生活,潘诺夫斯基分为三个层次,[①]而贡布里奇则将图证符号的内容研究集中于图像套式与社会、历史、文化之间的关系。[②]

无论是图像的表达层面还是内容层面,都可以充当图像证据,但本书把表达层面的硬件部分归于实物证据范围,仅对图证符号的内容层面的真实关联性进行分析——图像内容中的套式和生活真实。

二、结构理据:图像中的套式

图像学所谓的"套式",指图像内容中为社会所约定俗成的一些习惯

---

① "第一个层次是前图像学的描述,主要关注于绘画的'自然意义',并由可识别出来的物品(例如树、建筑物、动物、人)和事件(餐饮、战役、队列行进等)构成。第二个层次是严格意义上的图像学分析,主要关注于'常规意义'(将图像中晚餐识别为最后的晚餐,或把战役识别为滑铁卢战役)。第三个层次,也是最后一个层次,是图像研究的解释,它不同于图像学,因为它所关注的是'本质意义',换句话说就是'揭示决定一个民族、时代、阶级、宗教或哲学倾向基本态度的那些根本原则'。图像正是在这个层次上为文化史学家提供了确实有用的和不可缺少的证据。"(引自[英]彼得·伯克:《图像证史》,杨豫译,北京,北京大学出版社,2008年版,第43页。)

② 同上书,第44页。

性表达模式。例如,"在中世纪的艺术作品中,儿童的形象很少见,即使有的话,中世纪的儿童形象看上去像是微型的成人"。"那个时代被认为适合用画像来表现的主题,主要是宗教主题,而在这种主题中,除了襁褓中的基督,很不适合表现儿童。"①"文化大革命"期间的文学艺术作品中我们也会看见这样的套式,塑造"高、大、全"的英雄人物成为各类艺术形式中普遍的创作原则,谈情说爱的题材成为禁区。

(一)套式即语言

图像中的套式相当于结构主义符号学中的"语言"概念:从实际的话语中抽象出一套社会化的符号结构模式。

这套结构模式的第一个特点是习俗化,即它为使用同一语言的人们所共同遵循。图像创作中共同遵守的某些套路"语言",在王权时代尤其普遍:"统治者本身也被视为图像,就像圣像一样。他们的服装、姿势以及身旁的物品都带有王权的意义。……意大利政治理论家特拉扬诺·博卡利尼也描述过西班牙驻那不勒斯的总督,说他如此庄重而且毫无表情,'我简直不知道他究竟是个活人,还是一座木雕'。"②无论是现实中的统治者形象的"木雕化",还是他们在图画形象中的"圣像化",这都出于同一种套式语言:"……我们不应当把皇帝或国王的雕像或'国家肖像'看作它们出现的那个时代的个人幻想;而应看作戏剧,看作表现理想化的自我的公共展示。"③统治者这种"理想化自我的公共展示",成为他们在生活中的做派或在图像中的形象呈现都要共同遵守的套式语言。在中国的图像语言中我们也可以看到这样的套式:画家们心照不宣地遵守同一个规则——避免给领导人画漫画,因为漫画的本质是反套式,它容易成为偶像崇拜的颠覆元素。这种套式甚至成为某些领导人的公众形象准则,他使自己成为一个活的、行走的图式,一个抽去个性而无论在哪里都保持自身同一性的标准像。某个被集体所约定俗成的套式,是那个集体的文化观念和意识形态的必然反映,二者有着内在的理据关联性,因此,在我们分

---

① [英]彼得·伯克:《图像证史》,杨豫译,北京:北京大学出版社,2008年版,第143页。
② 同上书,第89页。
③ 同上。

析出图像中的套式的时候,同时意味着已经超越了图像艺术本身而转向对其背后某些社会文化事实的求证。

图像套式的第二个特点是典型化、概念化。"摄影家们一般会把注意力集中在他们认为具有典型性的特点上,例如中产阶级拍摄工人的照片时,警察拍摄罪犯的照片时……都会把个人简化为表达某种类型的标本展示在相册中,就像蝴蝶标本那样。"[1]这些工人或罪犯的形象显然是根据某种一般的套式或概念被呈现的,而他们本人的个性化特征则被套式过滤掉了。每个摄影者或绘画者都有自己所遵守的这样那样的套式,但是,符号学的图证研究更关心的是那些具有习俗性的、不同创作者共同遵守的概念化套式。例如,"1830年革命以后,在法国绘画中,群众形象也发生了十分显著的变化。在这以前,就像贺加斯画中反映的英国那样,群众场面中的个人一般都表现为粗人、乞丐或醉汉的模样,表情几近于丑陋。相反,那次革命以后,群众形象就像德拉克洛瓦的《自由引导人民》所表现的,越来越干净整洁、衣着得体,变成了理想化的形象"[2]。这种革命观念所带来的群众形象的变化,同样可以在中国1949年革命前后的图画中找到鲜明对比。比如图画中的中国农民,从卑下乞怜的负面形象转为翻身做主的正面形象。这种绘画套式的转变是1949年革命的逻辑结果,是农民形象的概念化、理想化写照。叶尔姆斯列夫将索绪尔的"语言"称之为图式——这个转向符号学的术语打通了语言与图画的关系。图式犹如康德所说:"狗这个概念意味着一条规则,我们的想象力可以根据它来普遍地描画出一个四足动物的形状,而不局限于经验向我们呈现出来的任何一个唯一特殊的形状,也不局限于我能具体地表现出来的每一个可能的形象。"[3]任何图画中的形象一旦套式化,它都是概念化、语言化的结果,它必然表现为一套规则,根据这个规则,人们描画出的不是"任何一个唯一特殊的形状"的狗(索绪尔意义上的"言语"),而是典型地画出一个具有普遍特征或理想形式的狗("语言"或图式、套式)。由此可见,图像套式

---

[1] [英]彼得·伯克:《图像证史》,杨豫译,北京:北京大学出版社,2008年版,第188页。
[2] 同上书,第156页。
[3] [德]康德:《纯粹理性批判》,邓晓芒译,北京:人民出版社,2004年版,第140、141页。

的一个基本特征就是概念化、典型化、语言化。

图像中的套式之所以能够成为事实的证据符号,不是因为内容而是因为那些习惯性表达元素凝结了特定的历史文化信息和集体观念,我们通过在这些图画中反复出现的套式,便可了解它们所关联的社会文化事实,套式因而成为那些事实的自然理据或存在证据。或者说,图像中的套式就是我们的集体心态本身,就是某种集体意识的直接在场和存在形式。人们在利用图像表达对象的过程中留下了受套式支配的印记,这种印记就是证据,它类似嫌疑人作案时留下的踪迹。下面我们就从图像的不同内容侧面来考察套式的证据功能。

(二)主题性套式

在一定历史时期的图像中反复出现的类型化的主题,即主题套式;这些主题的演变昭示了集体观念的演变史:

> 只是在17世纪,艺术家才把风景当作一个独立的题材来画。早先的艺术家——不管是佛兰德尔的、德国的、还是意大利的——都把他所最了解或在旅行中看到的风景记下了,然后以这些写生为基础,来为圣经或神话故事做背景。背景上的风景往往表现主题的气氛:它们或如诗、或抒情、或神秘、或恐怖……但风景从属主题的需要却意味着:由真实风景中得来的那种直接感受——当我们在风景中漫步时风景对我们的影响——就很少能表现出来。[①]

风景画从宗教主题的背景中分离出来成为独立的主题,与文艺复兴反对宗教对艺术的束缚的思想解放有着内在关联性。17世纪是笛卡儿的理性主义时代,画家只有在人神分离、物我分离的主客体二分意识支配下,才能独立地画出逼真的景物。

即使宗教主题的图像,也经历了套式性的历史演变:

> 阐述某一主题的一系列图像如果按年代排列起来可为宗教史学

[①] 马德琳·梅因斯通等:《剑桥艺术史》(第2册),钱乘旦译,北京:中国青年出版社,1994年版,第99页。

家提供一种特别有价值的史料。例如,法国历史学家米歇尔·伏维尔夫妇在20世纪60年代曾经研究过普罗旺斯的一批教堂组塑。这批塑像表现了炼狱的灵魂,伏维尔夫妇把它们用作研究心态史、情感史和虔诚史的史料。他们把这批图像描述为"记录了长期以来人类对待死亡的态度随着时间而发生变化的最重要的记载之一"。……他们对这些图像进行了主题分析,注意到了把圣徒描绘为代祷者的图像数量越来越少,17世纪的图像着重反映灵魂受难,而到了18世纪,主题的重点转变为灵魂的解救。伏维尔夫妇还指出,这种转变最初确实是靠某些宗教僧团发动的,接着又得到了宗教团体的推动,最后才达到广大俗众当中。①

(三) 情节性套式

主要是指构成图画叙事内容的一些人物、自然事物在动作、排列或表现手法方面表现出的套式。

例如摆出某种特别姿势的人物是画家"备用的"画面人物,是艺术家储备的一部分,需要的时候,就可以随时拿出来满足不同的要求。关于这一点,最突出的例子是从十字架取下的基督形象。18世纪的艺术家把这个形象移到了沃尔夫和马拉的身上。②

套式使画面的每一事物被再符号化,即这些事物本身又是具有某种约定性、套式化的观念符号:"传统的象征之一是把国家比作一只船,统治者和他的主要大臣是领航员。例如,在1558年神圣罗马帝国皇帝查理五世出殡的队伍中可以看到他正在发表演说的形象。他站在一艘与实物大小一般的船上,这艘船被拉行在布鲁塞尔的大街上。……表现统治者的另一个传统象征是马和骑马人……至少在古希腊已经开始了。正义、胜利、自由等抽象概念的化身通常为女性。"③船、骑马、女性形象,成为西方绘画史上反复使用的象征性视觉符号。

---

① [英]彼得·伯克:《图像证史》,杨豫译,北京:北京大学出版社,2008年版,第59页。
② 同上书,第200页。
③ 同上书,第81页。

情节性套式还表现在图像内容中各视觉形象之间的系统搭配上:"被画者的姿势和手势以及他们身边的附加物或物品都遵循着一定的套式,而且带有符号的意义。"①"在肖像画中,人物身旁放置的附属物品强化了他们的自我表达。这类附属物品可以视为类似于戏剧中的'道具'。例如,古典的圆柱象征着古罗马的荣耀,而皇冠状的座椅赋予画中人物君王的外貌。……在文艺复兴时期的意大利,男性的人物肖像身边往往画有一只大狗,表明画中人正在狩猎,同时也为了体现贵族的阳刚之气。在仕女或夫妻的身边往往画有一条小狗,可能是为了象征忠诚(意指妻子对丈夫的忠诚犹如狗对人的忠诚)。"②这些约定俗成的情节套式折射了那个时代的观念和风尚。

(四)凝视性套式

"凝视"是法国哲学家拉康的视觉文化概念。人们的"眼睛"能呈现视觉领域的一切景象,但"凝视"却只注意其中的某一点而对其他景物"视而不见"。去幼儿园接孩子的母亲,一眼就能在人群中认出自己的宝宝,这就是"凝视":

> 在我们与物的关系中,就这一关系是由观看方式构成的而言,而且就其是以表征的形态被排列而言,总有某个东西在滑脱,在穿过,被传送,从一个舞台到另一个舞台,并总是在一定程度上被困在其中——这就是我们所说的凝视。③

显然,"凝视"被解释为一种看的方式,它已经超越了一般意义上的"看"或视觉经验,它是一种精神表达式,一种用心灵观看的方式:"在任何一个设定为空间的要素里,我们的意识都设定了无数的潜在方向,这些方向的总和构成我们空间直观的整体。"④"凝视性套式"就是在表现图像中

---

① [英]彼得·伯克:《图像证史》,杨豫译,北京:北京大学出版社,2008年版,第26页。
② 同上书,第27、28页。
③ 吴琼:《视觉性与视觉文化》,载吴琼编《视觉文化的奇观》,北京:中国人民大学出版社,2005年版。
④ [德]恩斯特·卡西尔:《语言与神话》,于晓等译,北京:生活·读书·新知三联书店,1988年版,第236页。

各种形象时,所流露出的那些习惯性的特殊视角,主要是指创作者在制像时,有意无意地将一种集体价值取向投射到了描绘对象上,形成了一种套式性的表达。无意识的偏见是作者不知道他在作弊的情况下发生的,因此对了解他所代表的那种集体感受更具有证据力。例如中世纪的地图,像著名的赫里福德地图,把耶路撒冷置于世界的中心,提供了有关中世纪如何看待世界的极有价值的证据。①

当然更多的图像的套式带有鲜明的概念化、意识形态色彩:"偶像以与摄影写实主义的套式完全不同的非常明确的方式表现宗教的力量。基督、圣母和圣徒的姿势永远正面而立,直视观众,从而能够促使他们把偶像当作真人对待。"②这种偶像化的套式也出现在统治者的图像作品中:

> 把抽象转化为具体的一种更通常的手段是展示体现某种思想或价值观的个人图像。在西方的传统中,把统治者表现为英雄甚至超人,从古代以来就已经确立了各种套式。……罗马帝国的兴起需要与集中化的目标相一致的和标准化的新视觉语言。奥古斯都原名屋大维,他的图像从公元前27年以后按照理想化的方式来绘制,最著名的是现藏于格雷戈里亚诺·普罗法诺博物馆中的那座比真人还要高大的大理石雕像。……宣告胜利者的形象……(不)是要表现他的谦恭,而是要把奥古斯都比成神。奥古斯都的官方形象在他长期的统治内一直保持不变,好像这位皇帝找到了一种驻颜术。③

(五)同化套式

指以同化的立场对待其他异质性文化的一种习惯性方式。所谓异质性文化,包括国家、民族、阶级、社群等之间具有异质、对立性质的文化,也就是以某一文化的套式去看待、去同化与其相异的他者文化。"例如非犹太人眼中的犹太人形象,基督徒眼中的穆斯林形象……都持敌对的、蔑视的或至少是居高临下的态度……以及下意识地把己所不欲的方面投射到

---

① [英]彼得·伯克:《图像证史》,杨豫译,北京:北京大学出版社,2008年版,第33页。
② 同上书,第63页。
③ 同上书,第86页。

他者身上的行为。"①

同化套式有两种。一是顺同化：以自我的眼光去同化异质的他者文化。如 17 世纪荷兰的一幅铜版画"把西藏的喇嘛画成了天主教的教士"，"18 世纪初的另一位意大利旅游者也试图将未知同化于已知，于是将喇嘛帽比作主教的法冕。"②另一种同化套式我们称之为逆同化③，即以将自我文化置于异质的他者文化眼光的支配和控制之下。

（六）套式的动机性与见证性

我们已经反复强调了这一点：图像中的套式是群体性的文化动机支配下的产物，它的本质上是社会的、语言的、文化的。但是，图像证据中的套式的符号学特性在于：它既是一种观看的方式又是这种观看的结果。作为观看方式，套式具有人为的或集体无意识的选择性；而作为某种观看的结果，套式又是某种集体感受和心灵状态存在的真实见证：一方面，套式所反映的这种文化的、社会的集体感受，带有鲜明的民族或历史特征；另一方面套式的变化体现了这种集体感受的变迁。正是在这个意义上，即套式作为看的结果，它具有了对某种集体感受的证据力，尤其是创作者在遵循某种套式而又意识不到这种套式对他的支配时："当见证人告诉了我们他们（这里指艺术家）并不知道他们已经知道的某些东西时，他们的证词往往是最可信的。"④所以，套式是某种精神文化形态的稳定的踪迹和证词，它作为证据符号在证明某种心态或心灵演化史方面具有特别的价值。

三、图像中的意指理据

（一）结构理据和意指理据

把图像中的内容元素看做是符号还是所指对象，是结构符号学（如索

---

① ［英］彼得·伯克：《图像证史》，杨豫译，北京：北京大学出版社，2008 年版，第 172、173 页。
② 同上书，第 171 页。
③ 顺同化、逆同化的概念引自孟华《符号表达原理》的"同化性独白""顺应性独白"。青岛：青岛海洋大学出版社，1999 年版，第 104—109 页。
④ ［英］彼得·伯克：《图像证史》，杨豫译，北京：北京大学出版社，2008 年版，第 34 页。

绪尔)与意指符号学(如皮尔斯)的根本区别。如前面分析的文艺复兴时期意大利的肖像画：男性的人物肖像身边往往画有一只大狗，表明画中人正在狩猎，同时也为了体现贵族的阳刚之气；在仕女或夫妻的身边往往画有一条小狗，可能是为了象征忠诚(意指妻子对丈夫的忠诚犹如狗对人的忠诚)。画中的狗可以有两种理解：其一它是对现实对象的模仿，代表了现实当中的某个狗。其二，画中的狗仅仅是索绪尔符号学意义上的符号，即它的意义与现实当中的狗关联度远远小于和其他符号的关系——比如画面中的不同狗的"阳刚"或"忠诚"的象征含义主要来自狗和主人之间的关系以及不同画像中的狗的对比关系等，这些关系都是社会约定俗成的套式。

我们把图像中的形象区分为两种符号：第一类，是将其看做是对现实模仿的符号，这类形象促使人们忽略画面自身的意义结构系统而将注意力指向画面背后的真实对象。这种以真实对象为认同坐标的画法或解读方式，我们称之为"原点的方式"或"原点性符号"。所谓"原点"，是指最贴近客观实在和起源的符号所指。第二类，是将画面中的形象看做是脱离原点的符码，它的意义主要来自画面自身的关系场以及不同画面之间的相关符码的对比关系。这类符号促使人们将注意力指向形象自身的意义构成和它从属的符号关联场以及那些规则、套式，而悬置或忽略了符号指涉的真实对象。这种以形象自身的符号性为认同坐标的画法或解读方式，我们称之为"原典的方式"或"原典性符号"。所谓"原典"，指的是符号化、意义化、社会化程度较高的符号所指。

可见，图像中的原典的方式就是我们前面所研究的图像的套式，由于套式的意义和理据来自符码之间的结构关系性，所以我们称之为"结构理据"。结构理据的研究就是套式的研究："结构主义者与潘诺夫斯基的不同之处就在于他们表现出来的兴趣在于画像中具体元素之间的关系而不是给元素本身解码。他们所强调的是批评家海登·怀特所说的'形式的内容'。"[①]相反，图像中的原点的方式就是图像的临摹性、仿真性或意指

---

① [英]彼得·伯克：《图像证史》，杨豫译，北京：北京大学出版社，2008年版，第252页。

方式的真实相关性,它的意义或理据来自画面形象与客观对象之间、整个画像与产生它的一切背景因素之间的真实关联程度,这样的理据我们称之为"意指理据"——这是下文要讨论的问题。

(二)图像的"见证者原则"

如果我们把图像中的视觉形象单位看做是原点性符号,那么它就是图像证据的意指理据。"18世纪的日本卷轴画不仅提供了中国各种舢板的准确尺寸,还让历史学家详细地看到了船上的设备,从铁锚到火炮,从灯笼到厨灶,一览无余。"①日本卷轴画中的各种舢板,是被当作真实对象的复制品来看待的,因此,它就提供了18世纪有关中国舢板制造工艺等多方面的历史信息和证据。由于图像具有某种程度的原点复制功能,因此图像学认为这些原点性符号"如同文本和口述证词一样,也是历史证据的一种重要形式"②。这种由原点性符号充当的意指理据,被贡布里奇称之为"见证者原则",意思是艺术家在绘画时要让一幅绘画看上去尽可能地真实,合乎作为证据和证言的通行标准,即艺术家应该像一个事实的见证人那样去表现对象,这个"见证人能够而且只能够表现在特定的时间从特定的角度所看到的东西。"③这里所谓的"见证者原则",显然与结构主义的套式理据有明显的区别。结构理据关注的是"画像中具体元素之间的关系而不是给元素本身解码",而"见证者原则"的意指理据关注的是给"元素本身解码",即图像中的视觉元素与实际对象之间的原点性关联所产生的证据力。

实际上,图像所提供的证据远比意指理据或"见证者原则"还要丰富得多,如图像制作过程中的物质表现与原点性事实在时空上也具有某种真实相关度。图像的物质表现是指形成图像的那些物质条件如图像的载体(画布、纸、石头等)、颜料(油彩、墨汁等)、工具(画笔、凿子等),这些物质因素负载了丰富的人类历史文化信息而成为某种证据。例如考古学家早前在西班牙阿尔塔米拉岩洞发现一系列旧石器时期壁画,当时技术检

---

① [英]彼得·伯克:《图像证史》,杨豫译,北京:北京大学出版社,2008年版,第109页。
② 同上书,第9页。
③ 同上书,第10页。

测认为,古人在约 1.4 万年前绘制完成这些壁画。但英国布里斯托尔大学一项最新研究发现,阿尔塔米拉岩洞中一些壁画绘制年代介于 2.5 万年至 3.5 万年前,最新一次绘制在 1.1 万年前。传统年代检测技术只能检测木炭和其他绘画颜料的年代,而非作品完成年代,因此并不精确。而英国的考古学家使用铀系检测技术。这项技术由地质学家发明,原用以检测岩洞中岩石年代,如钟乳石、石笋等。随时间推移,水分渗透进岩层,带来少量可分解的放射性铀元素。铀元素随后缓慢分解为另一种元素钍。研究人员只要对比岩石浅层的铀和钍元素含量,就可以推算出绘画作品年代。①

通过一定科学技术对图画的绘画颜料(如木炭)或绘画表面(如岩石)进行检测,来推断作品产生的年代,实际上就是把某些物质或实物看做是皮尔斯所说的"标志"(又译作"指号""指索符号"等):"它通过被某个对象所影响而指示那个对象。……就标志被对象影响而言,它必然与那个对象共同具有某种质,就此而言,它指示那个对象。因而它包含了一种图像,虽然是一种特别种类的图像。"② 也就是说,岩画中的颜料、岩石成了某种历史信息的标志或"特殊图像",二者之间具有自然存在性意指理据关系:颜料、岩石因为与某种历史时间因素具有因果关系而成为那些因素的标志或证据符号。标志性证据符号的能指与所指之间就主要存在这种真实自然的时空或因果的关联性,如手指与所指物之间、风帆与风之间、烟与火之间等。因此,这种关联性一般被符号学称之为"自然意指理据"。

但是,我们不把这些由图像的物质因素构成的"自然意指理据"纳入到本书所讨论图像证据符号的研究范围,而宁愿把它们看做是一种实物符号证据。也就是说,当一个图像被当作考古文物或实物符号时,它属于与文物或法学证据学中的物证相同类型的证据符号。尽管物证符号与图像证据符号都属于视觉性的证据符号,但二者之间还是有差别的,因此有

---

① 新华网 2008—10—7 9:33:00。
② 涂纪亮编:《皮尔斯文选》,涂纪亮、周兆平译,北京:社会科学文献出版社,2006 年版,第 281 页。

关实物证据符号不是本节研究的范围,笔者拟别处讨论。

下面我们重点分析的图像意指理据主要包括类似理据和镜像理据两个方面的内容。

(三)图像证据符号中的类似理据

指图像中的事物形象与它所表现的现实中的事物之间具有类似性关系。例如,无论是画家描绘的太阳还是儿童胡乱涂画的太阳形象,只要观众能够辨认出所画的是太阳而不管它画得是否逼真,那么这些形象与真实的太阳之间就是类似关系。类似关系不是图像与原型的绝对吻合或逼真模仿,而是指所画的形象符合人们关于那个事物外在面貌的普遍心理期待、主观印象或典型形式。例如,人们孤立地画一个月牙的形象时,一般被解读为月亮而不是香蕉或切开的西瓜片,尽管这个图画形象与那些实物对象都具有相似性,但人们的习惯印象中那图像总代表月亮的形象。也就是说,在类似性理据的图画中,图像的理据是建立在绘画形象与人们关于对象的视知觉模型或意象的相似性基础上,而不是形象对实物对象直接精确的临摹。相对而言,视觉艺术品中的图画形象都包含了这种类似性理据:"相似性不是形象与其对象之间的关系,而是形象与一在先就被文化化了的内容之间的关系。"[1]类似性理据"不存在于形象和作为对象的太阳之间,而是存在于形象和作为科学实体太阳的抽象模式之间",它们是"图像系统的一个适当单元和一个依赖于知觉经验的、在先的被码化的语义系统的适当单元之间的关系(艾柯)"。[2]

尽管类似理据符号不能提供关于个别对象的绝对真实的全部细节,但它能够帮助我们认识和分辨图像形象所代表的那个事物的类型。它的主要功能在于模式化区别,在于对象的抽象类型的辨识而非个别对象的真实再现。我们通过对类似性理据图像的分析,就能确定它画的是什么,从而进一步提供某类事物存在而不是某一具体现实物存在的证据。譬如甲骨文的"家",画的是房舍内的一头猪,这个类型化的猪的形象,就提供

---

[1] 李幼蒸:《理论符号学导论》,北京:中国人民大学出版社,2007年版,第534页。
[2] 同上书,第534页。

了商代中原地区有关猪的家庭豢养的历史证据。另如有一幅关于上下青岛村的早期手绘图画,它描绘了青岛市起源地之一青岛村的全景轮廓。但我们发现这幅图画中的民房顶上都有烟灶,再结合一些19世纪上下青岛村的历史照片,发现照片中的村舍并无烟灶。而烟灶是德式建筑的特征。这说明,该幅绘画反映的是德国占领以后(1898年)至上下青岛村未被德国拆迁以前那段历史的面貌。这里,烟灶的有无,成为某种史实的证据。这些画面中的历史证据,都是以它们的类似性理据而非个体真实的理据来产生证据力的。

类似性理据不仅仅是指图像能够提供对象的类似性证据,还能够提供对象之间时空结构关系的类似性证据。例如,典型的中国古代文人书房绘画场面中,一般常常看到花园,室内有文房四宝、字画古玩等。这些物件的摆放形成一种内在的关联性和整体性。假如我们考察的是这些物件摆放和安置的绘画套路,那么它们是图像的套式理据;如果考察的是这些摆放和安置与真实生活场景的类似性,那么它就是类似性理据、一种符合生活的真实和逻辑的证据。

(四)镜像理据

顾名思义,就是像镜子般真实反映原型的图像,其图像形象与对象外观之间的极其吻合、逼真的关系就是镜像理据。这是最具"原点性"的符号化方式。相对而言,属于镜像理据的图像符号有:

现实主义绘画中的形象与模特原型间的关系。

镜中的影像与原物间的关系。

照片中的形象与原物间的关系。

电影中的形象与原物间的关系。

舞台上的形象与实物原型间的关系。[①]

显然,镜像理据符号是一个相对的概念,我们看到上述镜像理据符号的真实度或原点性是有差别的,如电影的镜像度高于照片,而照片的镜像度又高于现实主义绘画。另外,即使最逼真的镜像理据符号也是与

---

① 李幼蒸:《理论符号学导论》,北京:中国人民大学出版社,2007年版,第541页。

原点有距离,绝不会是原点绝对真实的再现。例如照片"中的街道往往会表现得难以置信的空旷,因为他们不愿让匆匆而过的行人造成画面的混乱,……摄影家还会依据自己的政治态度,选择最破旧的房屋来加以表现,以支持铲除贫民窟的主张。同样,他们也可能选择其中最好看的房屋来表现,以支持相反的政治主张。"①

镜像理据符号的特点在于:它"既是代表性的,又是存在性的。镜像不仅'意指'或'指称'原物,而且同时进一步指称其物理的存在性。"②

所谓"代表性",意思是符号与原点之间具有高度逼真的临摹性质;所谓"存在性"意思是符号镜像与原点之间存在着某种同一性关联,因而镜像能够证明原点的物理性存在。譬如镜子中的影像,如果原点不出现,影像也不会出现,这就是存在性关联,这种关联使镜像就成为原点确实存在的证据。所谓"存在性"关联,我们还可以在人称代词那里找到例证:人称代词"将约定性关系与存在性关系集于一身。'我'其实只在某一约定规则下,才能代表其所指对象。但另一方面,在指示出言说者的同时,也不能不与言说行为发生存在性关系。"③

人称代词的"存在性"特征表现在:假如实际的指称对象不存在或不出现,代词就无法确定自己的所指,因此,说话时人称代词与它的实指对象同时出现,这就是二者的存在性关联。与不在场的书写文本相比,话语本质上是存在性的,它总是倾向于言说行为与其所指对象的共同在场。

我们再回到图像上来,同样也有"存在性"关联的问题。如写意画与写生画,写意一般像成语"胸有成竹"所形容的,画家并非直面对象,而是把竹子的形象装在脑子里,凭借心中的意象去绘画。而写生是直接面对对象进行描绘的一种绘画方法,基本有"风景写生""静物写生"和"人像写生"等多种分类。写生画与写意画相比,前者显然更具有"存在性"关联:

> 以素描为例,它直接画出了生活的场景,而且不受"宏大风格"的

---

① [英]彼得·伯克:《图像证史》,杨豫译,北京:北京大学出版社,2008年版,第113页。
② 李幼蒸:《理论符号学导论》,北京:中国人民大学出版社,2007年版,第542页。
③ [法]罗兰·巴尔特:《符号学原理》,王东亮译,北京:生活·读书·新知三联书店,1992年版,第12页。

限制,作为证词,它比艺术家回到画室后创作的绘画更加真实可信。①

与写生或素描类图像相比,照片则更倾向于镜像般地在特定的时间、特定的空间中固定特定的事物,照相与原点之间的存在性关联更强,所以常常在法庭上当作证词。当然,照片中的事实也有证据力大小或虚构性的问题。譬如"摆拍"和"抓拍",前者实际上是导演后的生活或场面,是符号化的原典性事实;而"抓拍"相对而言是原点性事实,更接近真相。无偏见的照相机是没有的,因为相机必须由人操作。照片的偏见有两种,一是有意识的偏见,如周正龙拍假虎照骗取奖金的事件;二是"凝视性"偏见,即眼睛、照片本身永远是有选择地捕获视觉对象,总带有观看者自己无法克服的特定视角和立场。但是比之绘画,照片证据的"偏见"更少。

四、小结:证据符号是一种真实关联度

本节讨论了两种图像证据(理据):结构理据和意指理据。这种划分糅合了索绪尔结构主义符号学和皮尔斯实证主义符号学两种传统。图像的结构理据相当于索绪尔的"语言":它作为一种形成图像意义的社会化、结构化模式,是潜在地生成图像的一种意义生产机制。这种语言在按照社会约定的规则生产出图像的同时,又留下了某种集体意识和心灵状况存在的痕迹,这种痕迹即图像学所谓的套式。套式并非通过画面事实提供证词,而是提供自己在形成画面过程中所留下的套式痕迹来证明某种事实,尤其是心灵事实的存在。

意指理据相当于皮尔斯符号学中的"解释项",它是符号与代表对象之间的真实关联性方式。意指理据可以直接通过画面提供证词,但存在着真实关联度大小的问题:类似性理据与镜像性理据就是两种真实关联度方式。即使是镜像理据,也不是对原点性真实的绝对复原,而仅仅是在更高程度上的逼近。最真实的意指理据永远是逼近事实的一种方式、一个中介、一种逼真度而非事实的本身。

---

① [英]彼得·伯克:《图像证史》,杨豫译,北京:北京大学出版社,2008年版,第12页。

通过这两种证据(理据)的分析,使我们认识到,所谓的证据,无论是言辞证据还是图像或实物证据等,本质上不是待证事实本身,而是一种真实关联度,一种符号化活动。简言之:证据符号是一种符号性的真实关联度而非事实本身。这个定义同样适合于图像证据符号学:图证符号学一方面提供了获取图像证词的一系列操作程序,另一方面又告诫我们在使用图像证据的时候不要纠缠于图像是否可信,而是要关注图像实现其可信度的种种方式和途径。

原文《图像证据的符号学分析》,载《江苏行政学院学报》,2010年第6期。

第四节　物语写作

【提要】　提出了"物语写作"或"物语叙事"的概念:一种让物出场的写作,就是让实物自己说话,让写作成为物语的工具,让书写的法则服从于物的法则。

我本来要做关于图证和物证的发言,但因为时间关系,就简单地谈一谈我对人类学写作的看法。我个人不搞文学,也不是搞人类学的,重点研究符号学。从符号学的角度,我觉得人类学写作主要有三种方式:一个是词语写作,一个是术语写作,一个是物语写作。词语符号表达的对象具有抽象灵活的特点,词语写作主要与虚构有关;术语符号追求准确地表达对象,这种写作主要与科学有关;而物语写作呢,我认为它是类像写作或视觉写作(包括图语写作和物语写作)的一个重要方面,是一种让物出场的写作。提出物语写作这个概念,最主要的是提醒大家注意到我们虽熟悉但又没有认真总结的一种写作,在这种写作里,物和书写、物和语言的关系发生了颠覆。

什么是物语写作呢?简单地说吧!就是让实物自己说话,让写作成为物语的工具,让书写的法则服从于物的法则。刚才叶先生已经举了例子,很形象地说了什么叫"物语写作"。比方说,我们上超市,我们选商品,首先我们根据品牌、品名、术语分类系统、广告语言所造就的消费印象去选商品,这个时候,你是从语言、文字到达了这个物。如果我们去农贸市场选商品,我们首先选的是物的品相,然后围绕物进行阐释、展开话题。你不是由语言而到物,而是由物到语言。这个时候,语言和物的关系发生了变化。它和超市是不一样的。

所以说,我个人认为,物语写作是人类学写作最重要的方式。当然,人类学写作也要词语写作、术语写作,但是最重要的是物语写作,它典型地体现了人类学写作的学科属性。如果我们把物语写作(包括图语写作,二者也可以合称为视觉写作),当作为人类学写作的一个主要的表达方式的话,那么,我们人类学写作的研究范式可能就要发生变化。那种碎片式的、那种博物馆式的、那种考据式的、非宏大叙事的研究范式就突显出来了,那种实证性的、临场性的、体验性的视觉的研究就出现了,这是一个重大的研究范式的改变。而且,我所提出的"证据间性"这个概念还可以进一步深化物语写作的内涵:一种写作是在与其他写作方式的关系中进行的,并不是说我们提出物语写作的时候,就没有词语写作,就没有术语写作,它们都在被使用。任何写作虽然可能是多种方式的综合但都有一个侧重点,这种侧重体现了不同学科的特点:文学侧重于词语,科学侧重于术语,人类学侧重于物语。我就简单地谈这些吧。

在第四届"文学人类学年会"会议(贵阳贵州民族学院,2008 年 11 月 30 日)上的发言,原题目为《从"词语·术语·物语"三种写作方式看人类学写作》。

第五节 物是如何叙事的

【提要】 每一物体总是处于一个由符号(尤其是语言符号)建构的意

义空间中,总是通过符号(元语言)来显示自己的存在。这种物体与符号(语言、文字、图像等)的关系一般称为词与物或名与物的关系。词与物的关系,作为一种形式而不是实体,存在于一切符号化过程中,有两种关系方式:1.先物后名或由物而词的物名关系;2.先名后物或由词而物的名物关系。通过指号进行自我言说的物,就叫做物语。物语是一种由物而词的关系,我们称之为物名关系;名或语言成为物的元语言,物的客观内容的一部分,而不再是不在场的物的意指性语言,后者我们称为名物关系。

名物关系强调"名"或"词"对物的建构和投射;物名关系则体现为对这种建构和投射力量的解除:抛弃"符号先见",让物出场、自我言说。

物名关系和名物关系的区分,是我们理解物语叙事和词语叙事的基础。

在名物关系条件下,词的写作和术语写作,构成了物的词语叙事的两种基本叙事方式。

在物名关系条件下,当物充当能指物来行使自我指涉或他者指涉的功能时,是物语叙事。

物语叙事遵循事物自身存在的空间并置法则,它一方面导致了离境化词语叙事统一性的丧失,物亲自出场进行自我道说;另一方面也造成了自然世界统一性的丧失:物从自然界脱离出来成为被注视、赋意、移情的景观或物语。

一、物语:词与物关系重新思考的产物

在传统的语言学、符号学或哲学认识论中,词与物、名与物的关系是对立的、不平等的:从发生的角度看词后得于物,后者派生了前者,人们谈物不谈词(名)。从阐释的角度分析,词是物的替代,词(这里的"词"或"名"是广义的符号,包括语言、文字和图像等)取代了物的出场,使得物在言谈、书写或图像层面上被心智广泛而深入地加工,人们谈词不谈物。在

这种二元对立的词与物的关系中,物的世界和词的世界被隔离,相对而言,考古学、人类学更倾向于物的世界,文学、历史学则更关注于词的世界。

在后现代主义符号学中,词与物的关系由对立变为互渗或者成为德里达意义上的"织品",一切物都可以被看做是"词"——世界被泛符号化了。成为"词"的物,或被赋意的物,我们称之为物语。英国哲学家怀特海深入地分析了词与物的这种新型关系(序号和划线部分为引者所加):

1."该单词(按:指 tree)和树本身是<u>平等地进入我们的经验的</u>;抽象地看待这个问题,<u>既把该单词当作表示树的符号,也将树当作表示单词'tree'的符号</u>,这样做才是合情合理的。"

2."这当然是对的,人的天性有时就是那样活动的。举例来说,如果你是一位诗人,想写一首关于树的抒情诗,你就会走进树林,以便<u>树会暗示一些词语</u>。因此,对于那位处于创作的狂喜中(也许是极度痛苦中)的诗人,<u>树便是符号,词语便是意义</u>。他集中精力于树,以便获得词语。"

3."然而我们当中的大多数人并非诗人,尽管我们怀着适当的敬意阅读他们的抒情诗。对于我们来说,诗的词语是符号,它们使我们体会到诗人在树林中的那种狂喜。诗人是那样一种人,对于他来说,有形的景象、声音以及情感经验是指代词语的符号。诗人的读者则是另一种人,对于他们来说,诗人的词语是指代他所想唤起的景象、声音和情感的符号。所以在使用语言的过程中,存在着一种双重的符号指称——<u>说者以物指词,听者则逆而以词指物</u>。"

4."当人的某桩经验行动中存在着符号指称时,<u>首先便存在着彼此间有一种客观关系的两组成分</u>,这一关系在不同的情况中会有很大的不同。其次,知觉者的<u>整个构造必须将出自一组成分(既符号)的符号指称,应用于另一组成分(即意义)</u>。第三,至于哪一组成分构成符号,哪一组成分构成意义,这一问题也取决于那一经验行动的独特构造。"①

---

① [英]A.N.怀特海:《宗教的形成/符号的意义及效果》,周邦宪译,贵阳:贵州人民出版社,2007年版,第68、69页。

以上引文有以下四点值得我们重新思考词与物的关系：

1. 词与物的关系由对立走向互补

它颠覆了传统的词与物的等级制对立关系，而强调二者之间的平等、互渗、相对性："既把该单词当作表示树的符号，也将树当作表示单词'tree'的符号"。在后一种情况中，作为物的树成为一个符号、一个物语，它的内容或所指就是"tree"这个词语。

2. 能指和所指之间的关系不再是任意约定性的

当物成为符号时，比如诗人看到树，"树会暗示一些词语"，这些词语内容诸如"繁茂""宁静""绿色""喜悦"之类。树的这些意义与诗人的当下经验有关。这时树便是物语，承载诗人个体当下经验的词语便是物语的所指。能指和所指之间的关系不再是任意约定性的（词典中的"tree"与它的所指概念之间是任意约定性的），而是指索性、理据性的：树的物质形象与人的当下经验之间有着自然的或联想性的关联。也就是说，词语符号的意指编码是约定性的，而物语的编码相对而言是指索性的。

3. 区分出"能指物"和"所指物"

怀特海区分了两种符号指称现象："说者以物指词，听者则逆而以词指物"。他说的"以词指物"的现象相当于我们日常所指的词语，而"以物指词"的现象则是本书所谓的物语。我们也可以物为参照点，把"以词指物"中的物叫做"所指物"，把"以物指词"中的物叫做"能指物"。

4. 词与物的关系、所指物和能指物的界线是相对的、动态的

"所指物"与"能指物"之间的界线是动态的，"这一关系在不同的情况中会有很大的不同"，"至于哪一组成分构成符号，哪一组成分构成意义，这一问题也取决于那一经验行动的独特构造"。也就是说，物作为所指物还是能指物，它的身份的确定要取决于词与物之间关系的不同。比如某汽车（物）的品牌（词），当广告上只出现这个品牌而其产品并未共同现身，这时的汽车成为所指物；而在汽车展上，汽车与它的品牌宣传共同在场，相对而言这时的汽车便是"能指物"（作为词语的品牌成了作为物的产品的意义补充）。但是，当我们看着一辆汽车，然后猜出它的品牌（不在场的词语）时，这时的汽车又成为能指物，相比之下在汽车展上的汽车反而成

了所指物,因为车展上的品牌或词语是在场的。

以上有三种物与词的关系:

a.词在场,物不在场。

b.词与物共同在场。

c.物在场,词不在场。

相对于 a,b 中的物是能指物,因为物亲自出场并使得在场的词语被"贬为"补充、说明的地位,而 a 中的物并未现身,它要靠词语来替自己出场,因此是所指物。但 b 中的物也可以看做是所指物,因为在它与 c 的对比关系中,b 的物更多地受到在场的词的支配和指涉,而在 c 的关系中则由能指物来唤出词语的出场,词语被贬入潜在状态。

由此说明,b 中的物是所指物还是能指物,这要"取决于那一经验行动的独特构造",取决于它与 a 和 c 的对比关系。

二、物的两种叙事:物的词语叙事和物语叙事

当我们说到"tree"(英文"树")时,这个词做能指,它指涉的是现实当中存在而在现场不出现的物,树充当了被指涉的对象,我们称之为"所指物"。这种先名后物、由词而物的关系即传统上所谓的名物关系。

当我们看到一棵树,而想到"tree"的指称,这棵树成了"tree"的符号或能指,具有指涉他者的功能,我们称之为能指物。这是一种先物后名或由物而词的关系,我们称之为物名关系:名或语言成为物的元语言,物的客观内容的一部分,而不再是不在场的物的意指性语言。

名物关系强调"名"或"词"对物的建构和投射;物名关系则体现为对这种建构和投射力量的解除:抛弃"符号先见",让物出场、自我言说。或者,借用现象学的概念,我们把物语或物名关系表述为:不需要词或名等符号前提的物的自我显现和言说。①

这两种词(名)与物的关系是一种形式而不是实体,它存在于一切符

---

① 现象学的"明见性"概念,指"不需要前提推理和逻辑论证的直观自明显现"(见[美]罗伯特·索科拉夫斯基:《现象学导论》,高秉江等译,武汉:武汉大学出版社,2009 年版,第 2 页译注。)物名关系接近"明见性"的概念,可以表述为不需要词或名等符号前提的物的自我显现和言说。

号化过程中,也是我们理解物的词语叙事和物语叙事的基础。

(一)物的词语叙事

在名物关系的条件下,物充当不在场的所指物而被词语叙事,便是物的词语叙事。词语叙事可以进一步划分为两种:词的写作和术语写作。请看以下两例:

1."那是力争上游的一种树,笔直的干,笔直的枝。它的干呢,通常是丈把高,像是加以人工似的,一丈以内绝无旁枝;它所有的丫枝呢,一律向上,而且紧紧靠拢,也像是加以人工似的,成为一束,绝无横斜逸出;它的宽大的叶子也是片片向上,几乎没有斜生的,更不用说倒垂了;它的皮,光滑而有银色的晕圈,微微泛出淡青色。这是虽在北方的风雪的压迫下却保持着倔强挺立的一种树!哪怕只有碗来粗细罢,它却努力向上发展,高到丈许,二丈,参天耸立,不折不挠,对抗着西北风。"①

2.榕树(学名:Ficus microcarpa)为桑科榕属乔木,原产于热带亚洲。榕树以树形奇特,枝叶繁茂,树冠巨大而著称。枝条上生长的气生根,向下伸入土壤形成新的树干称之为"支柱根"。榕树高达30米,可向四面无限伸展。其支柱根和枝干交织在一起,形似稠密的丛林,因此被称为"独木成林"。②

上述两个文本都是物的词语叙事,但关于白杨树的文本是文学性的,更关注物在被叙事过程中词语的调配和表述方式的个性化表达,这种方式我们称之为"词的写作";而关于榕树的文本是科普性的,它更关注被叙事对象自身的客观信息,我们称之为"术语写作"。词的写作和术语写作,构成了物的词语叙事的两种基本叙事方式。

(二)物语叙事

在物名关系条件下,当物充当能指物即行使自我指涉或他者指涉功能时,是物语叙事。我们以梁衡的散文为例来分析物的词语叙事和物语叙事:

---

① 茅盾:《白杨礼赞》,载《文艺阵地》月刊第 6 卷第 3 期,1941 年版。
② 引自"百度知道"。

梁衡的散文《桥那边有一个美丽的地方》，描述了贵州黄果树天星桥景区的各景点：奇石、秀水、榕树……，这些现实物成为被叙事的对象而自身并不在现场出现，它们仅仅充当词语符号的叙事对象或意象对象，即我们说的所指物。当物以所指物的角色出现时，读者或观众接收到的不是物自身而是它的符号替代品。读者只能通过作者的文笔去想象那不在场的"美丽的地方"。物被书写它的词语符号所编码，它遵循的不是物自身出场的语法（物法）而是其文法（这里主要是文学编码或"词的写作"）——书写符号按照自己的线性方式去安排物语的出场。

但在天星桥景区现场，我们看到梁衡的散文被制作成石刻碑文，以片段的方式散布在它所描述的各景点里（见图1）。各景物以自身的在场充当了叙事的物质承担者，观众或接受者可以直接面对景点（物语亲自出场），梁衡的散文片段变成石刻竖立于它所描写的景点，文字成了在场物的所指内容而不再是（缺席）物的替代者，借助于这些文字编码的指引和对在场景点物语的亲身体悟，人们进一步领略到了天星桥景区各物语的美妙意蕴（所指）——这就是所谓的旅游文学——纯虚构状态下的文学文本变成实物景点中的文学性脚注，从而实现了由纯文学到旅游文学的转变，这种转变就是"物的词语叙事"与"物语叙事"的根本分野。

图1

1. 时间和空间编码

"景观的起源就在于世界统一性的丧失……景观不过是这一分离的共同语言。"①物从自然界脱离出来成为被注视、赋意、移情的景观或物语,导致了自然世界统一性的消失,而造成这种统一性破碎的最重要手段虽然是词语,但这时的词语遵循的却是物的空间法则而非词语的时间安排。

梁衡的散文由纯文学文本转变为物语的文字内容后,虽然还是那些文字,但其编码方式发生了根本性转折:散文变为物语的所指内容,被各景点切分为不同的独立片段而寄寓于物语能指(各景点)之下,纯文学文本那种大一统的线性叙事模式被碎片式的空间并置模式所取代,在场的物语能指为叙事提供了视觉性、空间性、触摸性等不同于词语叙事的诸多编码特征。这是符号能指的实体性区别(词还是物)带来的叙事法则的根本差异:文字书写性能指必然追求线性叙事法则,强调词语对物语的支配权;而实物性能指则追求非线性的空间并置、可验证性等叙事语法。因此,"物的词语叙事"和"物语叙事"之编码方式的不同,在一定程度讲是因其能指的实体性差异所导致的叙事策略的改变。

符号能指的实体差异,是梁衡散文由时间铺排到空间切分的编码方式转换的主要原因之一。法语或英语的 table,有"台子、台面"和"图表、一览表"双重含义。福柯认为这两层意思代表了事物分类和安置的两种法则:"图表"是词语层面上的事物分类,如百科知识词典对物的分类;而"台子或平台",则为不同实物放置、存留提供了一个共同的场所,如博物馆就是这样的一个放置各种物类的场景或平台。② 我们若将"图表"置换成词语法则,将"台子"或"场景"置换成物语法则,就会发现:1. 词语(或图表)是按照语音先后排列的秩序来结构和组织事物的秩序的,它又可包括叙事文本(如散文)和分类文本(如图表),这两种文本的时间结构法则可用索绪尔的组合结构和聚合结构来表述。2."台子"或"场景"则是提供实

---

① [法]居伊·德波:《景观社会》,王昭凤译,南京:南京大学出版社,2006年版,第9页。
② [法]米歇尔·福柯:《词与物》,莫伟民译,上海:上海三联书店,2001年,前言第3、4页。

物类聚的实体空间,这个实体空间还可进一步区分出景观(相对"自然"形成的空间)和场所(更强调人为安置或摆放的空间),在这个空间里遵循的是"并置"的组织法则。

显而易见,所指物主要存在于词语的秩序中(当然也可以图的方式存在),它被时间法则所组织;能指物则存在于场景中,它必然遵循物的并置法则,词语则作为所指内容寄寓于能指物的躯壳之内。

2.叙事编码的相对性

物的叙事包括了两种词与物的关系方式:物的词语叙事和物语叙事。这两种关系方式既存在于物的词语叙事内部,也存在于物语叙事内部。我们曾讨论了所指物与能指物的相对性,确定它们的性质常常取决于物在符号体系中的位置。这种相对性也表现在物语叙事内部——进一步再区分出物的词语叙事和物语叙事两个范畴。比如,同样是在博物馆的文、物并置的符号场中,物既可以更多地被词语编码而成为所指物,也能以物语编码为主导而充当能指物。当然这种区分是相对的:

图2　(孟华摄)

图 3 （孟华摄）

在井冈山博物馆中(上图2),陈列物的摆放更多地服从于词语的线性规则,物被书写的文字所支配,物成了书写的所指物;而在法国商博良故居中(上图3),陈列物则更多地服从于物自身的空间法则,尽管也有说明性文字,但这些文字更倾向于充当能指物的内容即补充、说明性语言。

三、物语叙事中两种关系方式的进一步分析

上文指出,物的叙事包括了两种词与物的关系方式:物的词语叙事和物语叙事。这两种词(名)与物的关系是一种形式而不是实体,它存在于一切符号化过程中:既存在于物的词语叙事内部,也存在于物语叙事内部。下面我们对物语叙事内部的这两种关系方式再进一步分析。

物是无言的。因此,物的自我言总是处于一个由指号(尤其是语言符号)建构的意义空间中,物语总是通过指号(元语言)来显示自己的存在,固化自己的意义。指号不仅成为物语的意义内容,同时也是物自我敞开的方式和分类原则。譬如一杯未烧开的自来水和一杯矿泉水,它们可以

成为"不可饮"和"可饮"两个不同意义的物语。但是这两个能指物外表无差异,倘若不做记号我们无法区别它们,能指物也无法显示和建构自身。拉康曾经分析过,厕所的实用功能取决于标示它们的指号(男或女的图标)。当然,拉康从结构主义语言中心论的立场出发,把这些指号看做是能指[①],而我们则认为是元语言——充当物语所指的语言。

但是充当物语的所指意义的语言包括先物后名和先名后物两种关系方式。

譬如面对同一棵树,植物学家、诗人和游客,可能对其有不同的解说和理解。这是一种先物后名的物语关系方式:我的所指意义是在人与物当下交流的情景中产生的,属于个人性的解说和理解语言:首先面对一个在场物,然后对它进行解说和理解。

但是,当我们面对一个物进行解说和理解时,关于物的意义作为一种"语言先见"先于我们的理解而存在,这种"语言先见"支配了我们对物的解说和理解,这就是先名后物的词语关系方式。譬如,我们在超市购买"砂糖"的场景中,砂糖作为一个在场性物语,常常受背后的公众约定的词语意义的影响:

埃柯举砂糖和糖精为例来认识意识形态所具有的这种本质。砂糖被视为肥胖的原因,肥胖则成为心脏等疾病的病因,因此,在某个时期,人们普遍使用糖精作为美容食品。但是,1969年发现糖精致癌,于是,情况为之一变。美容食品不但标明不使用糖精,而且销售时甚至强调起用了砂糖。到1969年为止,砂糖和糖精被如下地代码化了:

砂糖＝肥胖＝心脏病发作＝死亡(一)

　对　　对　　对　　　　对　对

糖精＝苗条＝(不患心脏病)＝生存(＋)

但是,1969年以后,代码如下地改变了:

[①] 汪民安等主编:《后现代性的哲学话语》,杭州:浙江人民出版社,2000年版,第185页。

砂糖＝（无癌）＝生存（＋）

　对　　　对　　对　对

糖精＝　癌　＝死亡（－）

如这个代码变化所表明的那样，曾经被赋予负面价值也即否定的价值的砂糖，现在被赋予了正面价值也即肯定的价值。在这种变化中，按理说，肥胖总比得癌症死去好这个极其正经的判断起了作用。但是，砂糖即肥胖这个意思标志并没有消失。尽管如此，为什么连美容食品都要夸耀般地标明"加砂糖"呢？这不外乎是因为，由于和糖精的关系，砂糖获得了正面价值，而这种价值不知何时又扩展至肥胖对苗条这根对立轴，于是砂糖悄悄地带上了苗条这个意思标志。这里面大概存在一种隐蔽的因素。砂糖针对糖精只有正面价值，胖比死好的前提，这些便是隐蔽的因素；由于这种隐蔽的因素，砂糖一直理应具有的肥胖这个意思标志便被忘却了，事态发生了如此的变迁。如上所述，埃柯在成为问题的代码的部分性质的隐蔽中看到了意识形态操作的本质。①

上述引文中的"糖精"和"砂糖"，是当做两个物语叙事来被分析的。尽管词语成为这两种物语的意义内容，但我们发现，处于潜在状态的词语叙事仍然将自己的编码特征悄悄施加于物，使得物的叙事在更隐蔽的层面上被词语叙事所控制。这种隐蔽的词语叙事表现为：

1.物语的意义内容（充当所指的词语或元语言）与物自身属性之间的分离性和任意约定性。如砂糖由"肥胖"的含义向"苗条"的含义做任意转移。

2.词语的结构关系制约了物语的客观意义：砂糖含义由"肥胖"向"苗条"的转移，是与另一指号"糖精"之间产生结构性对比的结果，没有"糖精"的"致癌"这一词义的出现，砂糖的"苗条"义不会出现。

虽然结构主义者对词语的建构作用有些夸大，但我们不能否认，即使

---

① ［日］篠原资明：《埃柯：符号的时空》，徐明岳 俞宜国译，石家庄：河北教育出版社，2001年版，第110、111页。

在物语叙事中也不可能彻底摆脱词语叙事。其根本原因在于,物无论在哪种叙事格局中都切不断它与词语的关系,叙事的语言始终要由词语来充当,唯一的区别是这种语言是充当词语叙事中的能指(工具语言)呢,还是物语叙事中的所指(元语言)。在后一种情况下,词语叙事的原则是通过隐蔽的方式伪装成客观内容的方式,刻写在物语身上,暗中决定着我们对物的看法。比如,山东潍坊生产的青萝卜,人们一般把它当做蔬菜。但山东有"烟台苹果莱阳梨,不如潍坊的萝卜皮"的民谚,当我们看到潍坊萝卜时想到这段民谚,这便是物的被叙事——关于潍坊萝卜的民谚成了这种物产的所指内容。问题就出在这里。本来人们把萝卜看做是蔬菜,但这段伪装成物的客观内容的民谚,影响了我们对物的态度:

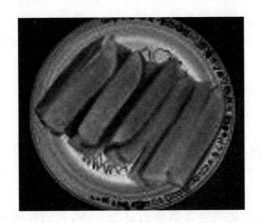

图 4 (百度图片)

在图 4 中,潍坊萝卜被放到果盘里,这已成为人们的一种习惯,它标志着潍坊萝卜的意义由"蔬菜"向"水果"的转移。在这个转移过程中,词语(将潍坊萝卜与水果相提并论的民谚)作为元语言悄悄地成为物语萝卜的客观内容,人们把对那段民谚的主观认同转移为对萝卜自身属性的客观认知,把词语的隐蔽叙事看做是物语透明地自我敞开。这时的物语仿佛擦去语言的侵蚀而只剩下实物的在场和其实用功能的赤裸展示,但词语叙事对物语在元语言意义上的操作性,常常被人们忽略了。这是物语叙事最大的意识形态。

因此,物语叙事内部也有两种关系方式:公众约定的词语主导的物语叙事,以及物主导的个人化言语的物语叙事。

原文系 2010 年的文学人类学年会(广西)上提交的论文。

第六节　对外汉语的物语教学刍议

【提要】　本节通过对词语、字语和物语的符号学分析,在区分词语教学模式、字语教学模式和物语教学模式的基础上,重点探讨了物语教学模式。其主要教学理念是:在对外汉语教学中让语言附着于物,或者说让物出场而使语言成为物的标签;表现在具体教学法中就是尽量建立词与物共同在场的实景或虚拟实景,让学习者在物的出场中习得语言。

一、词语、字语和物语

词语　我们从老师那里听到"鲅鱼"这个汉语词,知道了它是指一种美味的海产鱼类。如果老师讲得再详细一些,我们知道鲅鱼的学名叫马鲛,牙齿锋利,游泳迅速、性情凶狠一般长 0.26－0.52 米,长可达 1 米,重 20 公斤,分布于北太平洋西部,我国黄渤海均有,为北方经济鱼之一。

然而我们所了解的"鲅鱼"这个词的意义,是通过老师的阐释获得的,真正的鲅鱼并不在现场出现,我们了解的仅仅是鲅鱼的替代符号、一个关于鲅鱼的名词。词语关注的是语言的交际和指称作用,这种教学我们称之为"词语教学"。

在符号学中,"词语"的含义是指一个语音和一个概念的结合。词语与它所指称的实在对象之间是一种替代关系:借助于实在对象的缺席和不在场,词语成为那个对象的替代物或概念形式。基于这种符号特性,词语教学是在概念层面上完成的,是在"离境化"的课堂中完成的。词语教学的主要内容是词的概念意义及其指称功能的习得。

字语 老师在讲解"鲅鱼"这个汉语词的时候,其关注重点不是它的概念和相关知识,而是着重分析它的形音义结构,比如其中的"鲅"是一个形声字、音"bà"、意指一种海鱼、它是一个非常用字(不自由语素)等。一个音义结合的词语被汉字书写后变为形音义结合体,这个单位就是"字语"。"字语"教学是指:它以汉字或以书写语言单位为中心,老师教学的重点不是"鲅鱼"这个词的概念和相关内容的指涉,而是关于这个词的书写形式(字形),以及它与词语(字音和字义)的关系。

在符号学中,字语具有双重不在场性:其一,和词语一样,汉字指涉的实际对象不在场;其二,词语不在场,我们首先关注的是词语的形体单位或书写形式,然后才由视觉认知过渡到或唤起该字语的听觉认知。因此,字语具有双重意指:首先它以视觉符号单位的方式指涉听觉的语言单位,其次再以形音义结合的书写性语言单位(字语和词语的结合)的方式指涉实际的对象。

物语 词语和字语所代表的实指对象都是不出现在现场的,但是我们儿时所习得的母语最先不是在课堂中完成的,而是类似于卢梭所憧憬的那种"自然教育"条件下掌握的生存所需的最基本词汇。比如,我们顺着母亲的手指,看到一个物并同时听到母亲的声音——"这是桌子""这是手""这是电视"……

物语在符号学中叫做"实指定义",语言或词语不再满足于对它的所指对象的替代,而是要让对象出席现场,语言反而成为物的注释、物的附庸或标签。在物语状态下,人们注意的焦点不是语言、不是字语或词语而是物,是物而不是物的名称唤起了我们对它的思索和好奇,所以在物语的情况下"注意先于名称"——先是对物的注意然后才过渡到对物的名称及其意义的分辨和阐释。

以上分析可以看出:

1.词语的重点是词义以及它的各种用法;

2.字语的重点是书写性语言单位以及视觉书写语言与听觉有声语言的关系;

3.物语的重点是物出场条件下对物的名称和意义的习得。

1、2是物的缺席状态下通过对物的替代符号(词语及其书写)的规则进行训练,是离境化的。3是在物的在场条件下经验语言的方式,是高语境化的。

二、主导型

实际上没有哪一个对外汉语教师会孤立地使用某一种手段教学。我们在课堂上讲授汉语时常常借助于一些实物或实景即物语的方式。也就是说,字语、词语和物语总是被综合使用的。因此,在词语、字语和物语(当然还包括图语,本节暂不讨论)中有一种关联性。我们关注的是这种关联的规则或方式:在词语、字语和物语综合运用的对外汉语教学中,总有某种"语"成为教学的主导因素,其他的"语"处于从属的地位,这种情况我们称之为"主导型"。

我们提出"主导型"的概念,不仅仅是指一种具体的教学法,更是强调它是一种教学理念或教育哲学:字语主导型的教学强调的是文本语言的重要性,词语主导型的教学强调的是有声语言对概念世界即它对概括性的现实生活的指涉性,物语主导型的教学强调的是身体、物、语言共同在场的情境下对语言的习得。

有一本初级对外汉语教材,第一课的题目就是"中国大,日本小",该节课文的教学重点是"大"和"小"这两个字。为什么以"大"和"小"作为教材的开篇内容?这是基于教材编写者的"字语"主导型教学理念:编者首先以汉字而不是汉语的词作为基本语言单位。因为"大"和"小"则是汉字中最常见、最基本的字汇。所以,根据这种"字语主导"原则编写的教材,具有较强的书面性,课文内容更适合表达中国传统文化。

更多的初级对外汉语教材的第一课往往是"您好,再见"之类的交际词语,这反映了教材编者关注的是语言所指涉的概念世界,关注的是词义所负载的抽象现实生活内容而不是字义系统——这显然属于词语主导型的教学理念。

下面我们要讨论的是物语主导型教学模式。

物语和词语最大的区别是：作为词语的"鲅鱼"这个词，是抽取了个别鲅鱼的特性而对某一鱼类的本质特征的概括，它指的是整个鲅鱼的类的同质概念而不是指具体的"这一个"鲅鱼。而作为物语的"鲅鱼"，那个具体的鲅鱼就呈现在我们面前，它的形状、色泽、气味、体温以及我们当下注视它的条件下所产生的一切语言阐释和称谓，总之，物语的"鲅鱼"总是唯一的、个别的、在场的、可见的、异质的、能被体验的。

词语的不在场性、概念化、同质化与物语的在场性、可视化、异质化，显然构成了一种二元对立的教学理念。我们试着根据这种二元对立的路径设想一下物语的对外汉语教学，当然，这里着重探讨的物语教学模式，而不是指具体的物语教学法。

我们设想，按照物语的原则编写的对外汉语教材，就是强调教学的"语言附体"和"当下体验"性。根据这个原则，我们在编写教材内容时，首先是给出一个"生存物语系统"。

一个来华的外国汉语留学生，他总是求学于某一特定的地区——北京、上海、南京、广州……他学习的是普通话词语，但面对的却是当下体验状态下的物语系统，这个物语系统中的核心要素是"生存物语系统"[①]，就是指留学生在求学所在地生活所需求的最基本信息，成为汉语教学的基本内容。比如，设计出中国海洋大学所在地青岛市的医院、银行、超市、火车站、飞机场、集市等生存元素，围绕这些基本的生存元素去设计语言交际能力训练方案，其最终目的是让留学生的汉语学习和他的生存经验直接结合起来。

在过去"词语主导型"的汉语教材中，青岛地区的留学生学习的课文内容都是宏大的"国家叙事"，比如北京的胡同、西安的兵马俑等，学生了解的语言内容与他当下的生存经验没有关系。而在物语主导型的教学理念中，语言教学内容要与学生的当下体验、当下生活直接关联，所以，青岛的留学生最急需了解的不是远隔千里的北京或西安，而是青岛的本土的

[①] 我的女儿孟佳培的硕士毕业论文，就是针对青岛市外国留学生的需求而设计出一套多媒体的"生存汉语系统"，对本节观点的形成有很大贡献，特此致谢。

地理、历史、文化和社会状况,留学生们在汉语附着于这些物的条件下去习得汉语。

物语教学内容设计的第二个系统是"名片元素系统",即留学所在地的知名的企业、物产、名胜古迹、特有的风土人情等。围绕这些元素去设计汉语教学内容,进一步扩大和加深了留学生对生活和汉语的体验。

可能还有物语教学的第三、第四系统……。与词语教学(突出语言能力本身的训练)、与字语教学(突出文本语言能力的训练)相比,物语教学的优势在于语言与本土社会、语言与本土文化历史的结合,让悬置现实的概念语言训练变成以人的身体在场的、有着充盈生活内容之生命语言的习得。

原文载王庆云、刘中富主编《现代汉语与对外汉语教学研究》,中国海洋大学出版社,2011年,第91—93页。

第七节 景观化的"土豪金"

【提要】 符号景观意味的"光韵"概念,即物语所散发出的独一无二的精神气质和意义。"惬意"和"土豪金",也是两种景观化的物语。

"土豪"("俗气而豪华")这个新流行语,最初可能用来指涉当下消费领域中的某种文化现象。譬如苹果公司推出一款金色版智能手机,专门卖给那些舍得出高价买颜色不同、但硬件相同手机的"土豪"们,该款手机由此获得了"土豪金"的称呼。部分富裕起来的中国人,开始通过消费某些形象来区分自己的身份和社会地位。这部分"土豪"表征着经济崛起的中国正在悄悄进入象征消费阶段。较之中国匮乏时代的"无差别"消费,差序化的象征消费是一种进步。"土豪金"显然属于炫耀性象征消费:热衷于和金钱或经济资本相连的社会地位和荣耀。正像福塞尔在《格调》一书所揭示的,暴富的人更喜欢炫耀性消费。而真正有品位的人士,他们对

"高贵"的理解更侧重于布尔迪厄所谓的"文化资本"的象征消费：通过消费所体现出的较高的文明程度和文化艺术的修养水平。如追求优雅的仪态和健康休闲的生活方式，向往丰富多彩的精神生活而拒绝沉溺于物质官能的享乐和炫耀。

世人瞩目的是，中国2％人口消费着全球1/3奢侈品。这些"土豪金"作为文化符号正在改变红色中国的文化底色，它虽并不代表真正的中国却又如此地抢眼。在许多城市中，最气派、最豪华的建筑，不是权力部门就是金融资本机构。"土豪金"作为一种文化符号，一种集体美学，深深地铭刻在我们的视觉空间中。在山东某些地方，许多富裕起来的农民、老板们密集地在景色秀丽的山区盖豪华别墅，不中不西的欧式建筑既无个性又不考虑整体环境布局，打破了山区"人中有景，景中有人"的自然格局，充斥人们视野的仍是"土豪金"美学。

20世纪30年代，本雅明基于对机械复制时代的资本主义工业文明的反思，提出了颇具符号景观意味的"光韵"概念，即物象所散发出的独一无二的精神气质和意义：

> 在一个夏日的午后，一边休憩着一边凝视地平线上的一座连绵不断的山脉或一根在休憩者身上投下绿荫的树枝，那就是这条山脉或这根树枝的光韵在散发。[①]

这里的"光韵"是物象作为视觉符号被人解读时，所产生的独特回味感和情致。在机械复制的工业文明时代，最先消失和凋谢的就是这种回味感、这种闪耀着田园风光和人文精神的"光韵"。而"土豪金"建筑闪烁的则是资本、金钱和权力的辉煌，缺失的恰恰是本雅明所谓的"光韵"。

进入后工业社会，人类对"光韵"凋谢后的替代性补偿，符号的景观化特征被符号学家巴尔特用"惬意"这个概念来表述：

> 我的祖父B，晚年的时候，他在窗户前安放了一个台子，以便一

---

① ［德］本雅明：《机械复制时代的艺术作品》，王才勇译，北京：中国城市出版社，2002年版，第13页。

边干活一边更好地看看花园。对于这种个人的舒适,我们可以称之为:惬意。惬意接受一种理论尊严("对于形式主义,我们不需要保持距离,而只需要保持惬意")。①

"光韵"和"惬意"作为两种文化景观,它们的主要区别是一个距离感问题。"光韵"符号是"在一定距离之外但感觉上如此贴近之物的独一无二的反映"(本雅明,出处同上),诸如各种人文和自然景观,它们通过与人拉开一定距离,远离人们的日常生活,靠朝圣般的凝神专注才能发现其散发的韵泽。而"惬意"却是我们日常环境的一部分,"我们不需要距离,而只需要保持惬意"。比如日常生活环境中的绿树、鲜花、蓝天、宁静感、独特的文化风情、较低的住宅容积率和人与人之间的亲密感。

在人类的城市化、现代化进程中,出于对田园般悠闲的"光韵"的替代,"惬意"开始成为人类的主导色和文化景观。如果"光韵"是专属精英阶层的文化标签,那么"惬意"则是去阶层化的大众符号。但是在当下的中国城市化建设中,建筑和公共空间普遍地缺少"惬意"感:超前、宽大的马路使一个老人在绿灯熄灭以前走不到对面;代表欲望和经济冲动的广告符号占据了城市有限的视觉资源,严重挤压了人性化的空间识别、文化记忆符号空间;政府门前空旷的、布满鲜花绿草的公共广场,更适合于仪式而不是惬意的游憩处:不能摆摊、没有零售、草坪不准踏入、缺少儿童设施……这种公共空间摆设化、仪式化所表露出的宏大气派,恰恰也是"土豪金"景观化的表现。

"土豪金"文化仍是关于人的文化,但它缺失的却是人本身。它是金钱、资本、权力和GDP中心主义的混合产物。人类或许不能摆脱它,但必须正视、反思、抑制它。

原文载《社会科学报》,2013年11月14日。

---

① [法]罗兰·巴尔特:《罗兰·巴尔特自述》,怀宇译,北京:中国人民大学出版社,2010年版,第50页。

第八节　文化元素

【提要】　本节从物语符号学的立场出发,不是把"文化元素"看做是一个抽象的观念物,而是一个具象的物质实体符号。物语符号学视阈下的文化元素理论,旨在发掘和呈现被主流的书写文化遮蔽了的视觉性实体文化、物语文化。这种物语文化与书写文化具有同等地位甚至比后者更本原。书写文化观认为概念是更本质的东西,而文化元素观认为直观的物象文化更接近事实和真理。这些物语单位是以地理、景观、器物、生物、工具、建筑等实物形态表现的文化符号,它们同文字一样具有记录、负载、生产着历史和文化的功能。

文化元素的物语符号性质,表现为实体性、异质性、视觉性、约定性等特征。

因此,文化元素或文化物语理论所强调的是一种回归原点的、以地方异质性、非书写的物语为本的新文化观。

2005年夏去法国看望女儿,短短一个月的欧洲之行给我带来很大的视觉震撼。过去我一直以为中国文化是一种象思维,这种思维模式典型地表现在周易的"立象尽意",表现在汉字的"依类象形"或中医的"取类比象"中。但欧洲城乡中那无处不在的雕塑、纪念物、古建筑、博物馆、完善的空间识别系统,令人深刻感受到西方视觉文化的发达和悠久传统。中国的象思维是一种由汉字营造的"意象"而非可见的图像。我甚至认为西方民族的文化记忆主要靠的是视觉形象而非文字。回国后我的学术兴趣发生了一次转向:由对语言和文字关系的研究转向了语言、文字、图像三者关系的研究,由语言文化的研究转向了语言文化和视觉文化并重的研究。今年出版的拙著《文字论》就反映了这方面的思考成果。

在2005年之后所发生的视觉文化兴趣转向之际,我有了较多的机会与年轻的同事、搞历史地理学的李玉尚博士进行交流,很多想法是在我们攀登浮山的路上形成的。历史地理学主要研究历史时期在人类活动影响下的地理环境,人与地理环境的关系成为其关注焦点。玉尚君专治流行病史尤其是鼠疫史,鼠疫其实是人类与自然环境接触中产生的文化现象。他这方面的研究成绩卓著,并因此获得国家优秀博士论文奖。他同时也关注青岛地区的历史人文地理研究,并从自己学科的角度提出"大青岛"的概念。我从他那里领悟到:一个学科有一个学科的思维。历史地理学主要是一种空间思维,研究的是社会历史的空间形态,关注人与环境的互动关系,在方法上又十分强调田野调查。这种重空间形态、重看得见的自然之物的人文性、重现场观察的学科思维方式,不就是视觉文化吗?

于是我在与李玉尚博士的交流中获得了思想的第二次解放:由对图像的关注再转向对物象的关注。田野、山河、草木、建筑、街道、器物、工具、动物,它们都是自然,但同时又深深打着人类活动的烙印,是人类创造的文化的一部分。所以它们也都是文化的视觉形象。我把历史地理学所研究的这些渗透着人文精神的物象单位叫做"文化元素"。

通常学者们心仪的中国文化研究对象,往往指的是像"儒家""京剧""汉字""红楼梦""农耕""中医"诸如此类被全民认同、上升为国粹的文化现象。人文知识分子无论身处何地,他们的眼睛总是习惯性仰视,满脑子是国粹、民族文化、国家意识形态这些宏大主题。而对当地的地理物产、历史风情视而不见。搞文学的文必秦汉,诗必盛唐;搞历史的言必称二十四史,搞哲学的口不离孔孟老庄、四书五经……学者精英们也研究地方文化,而某个文化现象研究一旦被冠以"地方"二字,其实就是在国家叙事框架下的一种续写,地方文化不过是国家文化的脚注。在国家叙事主导的话语下,地方叙事被边缘化。更多的成为政府决策研究的一部分。地方文化成为国家叙事和地方政策的双重婢女,地方学术被边缘化、政策化,国家学术、民族文化躲进了高墙深院。

正因为如此,地方文化研究者多是高校以外的民间爱好者或各级政府文化部门的官员。职业人文知识分子则自诩为学院派,精心地维护着自己"国家队"身份,扮演着为芸芸众生请命或启蒙的角色。他们研究地方文化多为客串,鲜有人作为自己的主业。

于是,文化从它赖以生存的土壤中被剥离出来,成为同质化的国家意识的结晶体。学者们关注的是文化所体现的国家意识和民族精神,关注的是文化的同质性——在共同体内部的抽象普遍性。于是文化成为一个抽象物、一个观念形态的现象,如果它有自己的物化形态的话,那就是书写、文字。人们更多是通过文字来看国家文化、汉文化,这种文化本质上属于不可见的书写范畴,这种书写文化与人们平时目视可见、手触可及的实态文化完全相反,后者本质上属于视觉文化。人们用来解决书写文化与实态文化割裂的唯一途径,就是使用更多的书写。

难道只有书写才是知识分子,难道国家学术必须藏于书院,难道文化一定是不可见的东西吗?

本节探讨的文化元素理论,就是要发掘和呈现被主流的书写文化遮蔽了的视觉性实体文化、物象文化。这种物象文化与书写文化具有同等地位甚至比后者更本原。书写文化观认为概念是更本质的东西,而文化元素观认为直观的物象文化更接近事实和真理。这些物象单位是以地理、景观、器物、生物、工具、建筑等物样形态表现的文化符号,它们同文字一样具有记录、负载、生产着历史和文化的功能。大地的万物都是人文世界这部大辞海中的一个个单词,每一物象都有自己的意义和独特的文化功能。既然它们被看做是单词,那么人们眼中的物质世界就不是按照物的法则,而是按照人的精神、意义的规则、视觉的语法被组织起来。这个意义系统、这个视觉物象符号世界的每一个具体单位,我们就叫做文化元素。文化元素理论的提出,显然是对传统书写文化的一种纠正和改写,同时又超越了历史地理学那种非意义、对象化的研究模式。

文化元素是实物形态的文化符号,它具有实体性、异质性、视觉性、约定性等特征。

一、实体性

从最本原的意义上讲,文化就是"自然的人化和人化的自然":指人类与自然接触时所发生的变化。例如与野猪相比,家猪就是文化的产物。"被驯化的动物彻底告别了其野生祖先的生活习性,它们的生命存在本身也成了驯化者的意志和功利需求的某种附属物和保证。从这种互动关系上看,被驯化之畜群不是这个星球上生物种自然选择的结果,而是人类中心主义价值观开发、利用和改造自然的活例证。"①这样,自然物已经不被看做是物自身而成为人类活动或意向的投射物,一种物质符号现象。

既然自然被人化后成了文化载体,那么经过文化熏陶的自然物也就成了一种人的符号、一种人类看待或应对世界的方式。比如,同样是猪,中国传统上是在家里圈养,而游牧民族却习惯于放养。这样,在猪的身上就凝结游牧文化和定居的农耕文化不同的象征意义。因此,在人化的自然里,每一物都是人的独特发现,都是人的表达式,都是有意义的符号。

传统的文化观关注的是纯观念形态的文化,这种精神文化与实物形态构成"主客观"的二元对立:自然物从人的世界中被剥离出来而成为冰冷的客体,成为科学处置的对象。全世界的猪都是同一物种,如果有差别,也仅仅是自然生物学意义上的差异,而与文化无关。相反,在谈到文化时,传统观念是抽去文化单位的实体感性特征而将其处理为一个个的观念单位,如"鲁文化重义,齐文化重利"之类的抽象表述。而文化元素理论就是要思考和处理实体物质世界而非观念世界的文化性问题。它重点研究实物形态的文化性,这就是所谓的文化元素的实体性:从实体中发现文化,将文化寄寓于实体。或者说,实体性的文化元素就是强调了精神的文化因素与自然的物质之间整体的不可分割性。主要表现在三个方面:

第一,从实体中发现文化。譬如,人既能按照动物品种的性能来进行畜牧,如一般意义上的养猪、养牛;同时也能够自由地对待自己的产品,不仅使产品符合人的需要,而且在产品上面打上人的印记,如同样是养猪,欧洲传统上采用放牧的方式,而中国则是圈养的方式,因为后者更有利于农耕。这样,"放牧"和"圈养"的猪就成了两个文化元素,它们分别代表游牧和农耕文化。在这里,"猪"具有双重属性:它既是一个自然物又是文化物。作为文化物,在它身上体现的被畜养方式,其实是人的本质力量的对

---

① 叶舒宪:《亥日人君》,西安:陕西人民出版社,2008年版,第26页。

象化。再譬如，纯正的青岛啤酒是依赖当地的水源——青岛崂山矿泉水。但近年来青啤厂搞品牌扩张，发明出可用其他水源来生产青啤的配方。从此青啤实现了异地生产，产量大增。这就是可口可乐的模式：使用同一个配方，进行跨地区的大规模复制。可见，从崂山矿泉水到替代性水源的选择，在青啤身上实际上体现了两种文化模式的选择：守护自然模式和人工复制模式。这使得青啤成为一种文化符号，人们在他所创造的啤酒世界中直观自身——对自然的主观态度。

第二，文化寄寓于实体。一定文化元素单位总是与一定的实物形态相结合。传统文化理论也分析实物的文化性。比如中国人使用筷子，西方人使用刀叉，这两种进食工具分别体现出"技能性和技术性"的文化差异。但是，传统文化理论主要关心的是从实物形态中抽绎出的纯观念形态的东西，如"技能性""集体主义""意象思维""爱面子"等，这些观念文化才是研究的出发点和落脚点，它们最终是以语言文字的形态被总结和呈现的。

文化元素理论却认为文化是视觉形象单位，是其物化形态和观念形态的有机结合体，特定的文化选择特定的物态，特定的物态导致特定的文化。

当青岛啤酒离开了崂山矿泉水时，它已经偏离了一种文化，一种"守护自然"的文化模式，这种文化就在那种水中，二者犹如一张纸的两面而不可分割。所以文化元素理论认为文化不能从它物质的形态中被分离出来，如果要问什么是青岛文化？回答则是，它不在书本里、不在官方的报告里，青岛文化就在青岛的海滨、欧式建筑、青啤、海尔、崂山、栈桥、青岛人的行为举止……这一个个具体的物象符号中。所以，文化元素具有"反文字"的实体性特点。

第三，这种实体性还表现在自然因素对人文因素的制约和决定作用。崂山是青岛的一个重要的文化元素，它所提供的丰富自然资源成为疲惫的城市人逃离现实的最好去处。每到周末，驾车族拥进绿荫覆盖的深山，去享受那天然氧吧，去品尝山鸡野菜。崂山从此一改过去"穷山僻野"的形象，而成为一种与现代化生活相对的、令人向往的、回归自然的生活方式。人们突然发现,文化的真谛是它的自然本真性、本源性。真正的文化在于它与自然的关联度,越是接近自然本原,文化性就越强。所以,使用任何一种水源制作的青啤(缺少)文化只重科技,而使用最为本原的崂山矿泉水制作的青啤,不仅可口,同时在品味和守护一种文化。崂山里有三种菜:野菜、大田菜和大棚菜。这三种菜构成一种反自然的等级制格局:野菜最为本真、自然,其次是大田菜,最次是大棚菜。这种最接近自然本真状态的文化物我叫做"原点",对自然物的人工干预或替代品我叫做"原典"。野菜是大田菜的"原点",大田菜是野菜的"原典",同时又是大棚菜的"原点"。根据文化元素理论的"实体性"原则,越是接近原点的东西反而越具有文化性,越是本土的、越是土著的、越是自然的,便越是文化的。这里的"原点"、这里的自然,已经不是自然本身,而是一个文化元素概念,是人类返璞归真的行为指向,是人类在超越自然以后对自然价值的一种文化重估:文化即对原点的回归和积极评价。

二、异质性

文化与客观实物的整体结合所构成的文化元素符号,实际上就是文化意义实物化和实物价值意义化二者的统一。其一,实物价值的意义化,指的是由于客观实物的价值是通过人、通过文化意义来实现的,因此,作为文化创造者的人的观点、立场、文化传统、社会环境的不同,必然导致对实物不同的价值判断,进而文化元素的差异性和异质性是无法排除的。其二,文化意义的实物化,则强调文化意义的承担者是实物,而与文化意义有内在理据关联的客观实物是千差万别的,文化意义一旦被不同的实物客观化,同样也导致文化元素的异质性。意义被不同事物客观化的同时也造成了自己的差异,海尔冰箱和青岛啤酒都可以看做是青岛文化的实物符号和文化元素,但它们以不同的实物形态告诉我们两个不同文化意义的青岛:质量第一的青岛和激情、悠闲的青岛。

这种意义和实物、主观和客观的双重差异所造成的人文环境系统必然是一个异质的物象世界,异质的物象世界必然产生异质的文化。

我的家乡潍坊市是一个平原,来青岛定居以前我长期生活在一个二维平面的视觉世界中。潍坊市区平坦的大道一直向前方延伸,很少有太陡的上下坡。人们只能平视而无法仰视或俯视这个城市。而青岛是一个山城,群山环绕大海,房屋高低错落,整个海洋仿佛是球场,高于海平面的街道、住宅就是球场上的高低不等的看台,这种地势解放了眼睛,人们可以从各个角度观察这个城市,获得了一种立体视野。我忽然想到,中国画的平面画法与西洋的焦点透视画法是否也与东西方民族的地理生存环境有关?从另一方面讲,同样的地理环境又可被赋予截然不同的人文内涵。我国西北地区的"河西走廊"是"丝绸之路"的重要组成部分。这里水草丰美,物产丰富,是靠祁连山积雪和冰川的融水滋养、灌溉而"造就",曾经是游牧民族的天堂,"失我祁连山,使我六畜不蕃息"——汉代被霍去病击败的匈奴人,曾发出如此悲歌。到了胜利者的汉民族手中,草原被开垦为耕地,河西走廊由游牧天堂变成了"西北粮仓"。农耕民族和游牧民族处置自然的不同文化方式在河西走廊历史发展中对比尤为鲜明:游牧民族将河西走廊看做是草原,汉民族则看做是耕地。不同文化塑造了两个不同的河西走廊。今天河西走廊危机四伏的生态环境,在相当大的程度上是农耕文化的必然结果。

  这里想强调的是,人与环境是相互塑造、相互渗透的,人与自然构成了一个密不可分的文化整体。在文化元素理论看来,地理、环境、物象系统已经不再是自然本身,而被看做是文化发展的场所或者是人与自然发生互动的联结点。而这些物象系统一旦被称作文化元素,那么它们一定是异质性的。如果我们把青岛的海看做是自然,那么它就被置于一种普遍的同质观之下,青岛的海洋就会变成一个定义什么是海洋的事例之一,它可以被同样的其他事例所代替。而一旦我们把青岛的海看做是青岛的一个文化元素,一个根元素,那么它就与青岛的历史、经济建设、传统风俗、城市面貌等产生整体性关联,而自然现象一旦与文化关联,这些被"文"化了的物象系统"就不是依据于它与其他现实的相同之处,而正是依据于它与其他现实的相异之处"[①]。既然青岛的海洋是一个异质性的文

[①] [德]李凯尔特:《文化科学和自然科学》,涂纪亮译,北京:商务印书馆,1991年版,第72页。

化元素,那么它就产生了属于自己的、区别于其他海洋的一些文化特性:宜居休闲、前殖民地、海洋文化和农耕文化以及崂山文化的多重混杂等。因此,一旦把海洋看做是青岛的一个文化元素,它一定是个别的、异质的、区别于任何同类的文化现象。或者说,要想把自然事物物象化或者文化元素化,就一定要保持它的异质性。同质科学观关注的是自然地理现象的量化特征,个别事物只是同类事物的事例,它们是同质的,所发生的只是量的变化。而文化元素理论关注的是物象的质和精神文化因素的区别性特征,任何文化元素都是独一无二的"这一个",绝不重复。所以,文化元素理论关注的必然是个性迥异的地域性文化,而不是超地域的、大一统的全民文化,这是文化元素理论必然的逻辑。

三、视觉性

消除饥饿的方式,如肉食还是素食,这种行为方式本身就是一种文化。但是文化元素理论不是研究这种抽象的行为,它要将行为落实在实体上,于是我们可以从人们进餐时对动植物制品的实体选择上来区分这两种文化:它一定是实实在在的可见物或场景,使我们在亲历目睹中接触文化。文化元素理论强调文化的实指性:我们按照自己的习性指着饭店的蔬菜或肉制品进行选择时,可以说就是在区分素食和肉食文化。所谓实指性就是观念和它所代表的实物的共同在场,我们说"这是苹果"这些词时,真实的苹果同时在场,并通过我们的手指将观念词语形态的苹果与真实可见的苹果联结起来。所以实指性与指涉物的可见性有关。文化元素符号的物质外壳不是一个抽象的语音或文字,它以实物为载体,它的意义必须落实在一个具体的典型形象上。比如青岛的总督府、俾斯麦兵营、炮台等典型事物……成为青岛殖民文化的象征符号,成为青岛文化元素之一。这就是视觉性:在描写一个历史事件或文化精神时总是要借助于一个具体象征性实物来代表该历史或文化,而不通过词语直接描述该事件或文化;反过来说,在理解一个文化元素时,该元素使用的象征物表现的不是它自身而是它代表的地方文化的典型特征和象征意义。比如我们在把青岛啤酒看做是一个青岛文化元素时,那么我们主要关注的就是青啤的象征意义：名牌文化、滨海休闲文化等。青岛元素就是通过一个个具体可视的象征性符号，去负载、传达、保留青岛的历史文化信息的。

对于视觉性的文化元素的接受，不是阅读式的思考和理解，后者是同质的语言文字符号的逻辑。语言文字符号提供的是供大脑处理的一些现成的概念、命题和结论，它是离境化的、脱离现实的抽象说教。而文化元素则提供的是供眼睛认定和身体体验的一些文化征象，提供的是一种在场性、情境性的视觉性体验：看见青岛的栈桥，亲身感受到这是一个走向海洋的城市；走近总督府，联想到这个城市的殖民历史……。这种符号意义的接受是体验而非认识、是意会的而不是言说，是视觉感受而非听觉思辨，这种由视觉性产生的意义接受模式，实际上是在体验一种文化的生成，它比观念性文化更直接、更真切、更感人。这种对实物性文化元素的视觉体验性接受模式，我称之为"物教"。人类接受知识和教育的符号化方式习惯上概括为两类：言教和身教，而我在这里新增加了"物教"这一类。言教主要是以语言文字为载体，它们传达的是抽象的、观念形态的东西。身教属于视觉符号表达，人的一行一动所传达的人格品行在无声地感染着他者。而物教也是视觉性符号表达，它更为普遍却容易被忽视。比如，我在井冈山博物馆里看到了朱德的扁担、在毛泽东旧居里看到当时艰苦的生活设施，那些农具、日用器物、住宅以及红军踏过的一草一木，它们都已经不是事物自身而成为"井冈山精神"的符号载体，它们本身就成了意识形态符号。所谓的物象符号的意识形态性，并非事物自身的客体属性，而是使用、制造它的人将自己的意识形态和价值观投射到实物本身，实物成了那种意识的见证和基本存在方式。消灭一种实物常常意味着在消灭一种意识形态或文化现象。这种"毁"与"建"的背后实际上是意识形态的博弈。文化元素是那些被大众所约定俗成、被集体所认同的视觉物象符号，人们保护、提炼、建设一个文化元素系统，就是设置一个空间性的文化"物教场"，人们生活在这个"场"内，就是对一定的文化传统进行视觉性、沉浸式的感受，这是习得一种文化的最佳方式。

四、约定性

文化元素是意义与实物的有机结合,但这种结合带有人为约定性:同样是河西走廊,在汉民族和游牧民族那里就有不同的文化意义。这种约定性还表现在文化元素的多义性上:青岛的伸向海洋的栈桥,你可以把它看做是大陆的终点也可以理解为大陆的起点。栈桥所具有的文化意义取决于当地人们约定俗成的主观阐释。

文化元素的物质形态与意义内容的这种约定性特征使得每个元素都成为意义性符号而非自然物。作为科学研究对象的自然物是按照物的法则排列的:自然物都占有一定空间和时间,都具有连续性,渐进转化没有飞跃;另一方面,每个自然之物都具有自己特有的、个别的特征,现实中的一切不是绝对同质的,而是互不相同的。如山海相连的青岛地貌,一方面二者是一个连续的整体,同时山海又截然区别。文化元素理论也是以现实物、自然物为载体,但是这些物象遵循的不是物的法则,不是自然的时空关联。它们是按照意义的、视觉类象的时空法则被组织起来的。

文化元素首先把现实的连续体改造为异质的间断性,从连续体中概括出一个个独立的元素符号单位,如青岛市区的总督府、青岛炮台、俾斯麦兵营、信号山……这些物象符号相互间并不具有物理的连续性,各自保持自己的异质的间断性和离散性。但它们又按照"殖民地"这个文化意义被组织起来构成一组同一主题的元素群。所以,文化元素在物质上保持各自离散性的同时,又按照意义的原则被组织为一个连续体。这就是文化元素的现实的离散性和意义的连续性法则。这种法则是由文化元素的约定性所决定的。文化元素是把实物当作一个约定性的单词来看待,因此,这些物象的组织法则就不是物的法则而成为像语言的语法那样的文化规则。描写一个文化元素系统其实是在描写一种文化。

以上我们总结了文化元素的五个特征,它显然不属于在"国家""民族"这些主流话语支配下的地方文化研究,它强调和发现的是一种人本主义的、以地方异质性、非书写的视觉样态为本的新文化观。这种文化观是对传统上的同质文化观的反思和对话。所以,本节企图通过文化元素理论来重新排列国家文化与地方文化的关系。"项庄舞剑,意在沛公",我们研究的是青岛文化,其实真正的理论出发点和落脚点是一般的文化理论研究。另外,今天我们生活在一个"文化强国、文化强省、文化强市"的文化意识普遍觉醒的时代,本节的思考也是这个时代背景下的必然产物。

原文系孟华、李玉尚主编的论文集《文化元素·国家·地方》[1]"导论"的节选。

第九节 乡村振兴调研大纲

【提要】 本节是以物语符号学即"物的叙事"理论指导下设计的调研大纲。首先是将文化看做是一个物语主导的符号表达活动,即文化不是一种纯粹精神或形象,而是一种物语活动。传统的文化观其实是以一系列概念范畴和逻辑论证为前提,即在文本叙事的前提下被总结和建构的。"物的叙事"的文化观则具有现象符号学的立场,即文化是不需要借助文本负载的上述前提的"直观自明显现"[2]。因此,文化首先表现为一种物质生活的行为模式,具体包括了生存、生活、生产、行为、记忆、传播六个文化物语(元素),文化研究就是对这六种物语的直观,是借助书写性文本让它们"显像"的种种符号策略。

---

[1] 孟华、李玉尚:《文化元素·国家·地方——以青岛文化为例》,长春:吉林大学出版社,2009年版。
[2] [美]罗伯特·索科拉夫斯基:《现象学导论》,高秉江等译,武汉:武汉大学出版社,2009年版,第2页译注。

一、乡村振兴的文化问题

1. 为什么说农村发展模式是一个文化问题？

从文化的角度，乡村振兴是一种农村发展模式（此前有联产承包、新农村、农业现代化等模式）。

发展模式本质上是一种发展观、一种文化理念。

人类处理天与人关系、人与人关系的不同文化理念，导致了发展模式的不同。

2. "土地载体化"的发展模式

长期以来青岛崂山是一种"土地载体化"主导的乡村发展模式：崂山农村社区的土地孵化出了崂山科技城、崂山金融商务区、蓝色经济区……乡村土地成为城市化意志的载体。

3. "土地家园化"的发展模式

土地成为社会发展的母体而非载体，引申为一切本土化的文化行为。崂山部分乡村也有大量中青年劳动人口留乡或返乡搞绿色经济、旅游民宿、农家宴等产业，这体现了"土地家园化"的发展模式、乡村振兴的本质是一种文化现象，一种以"土地家园化"为诉求的农村发展模式。

二、如何理解乡村振兴中的文化引领？

1. 不同的文化观，定义了乡村振兴不同的事业领域

（1）文化是精神现象

（2）文化是乡村记忆

（3）文化是青山绿水

（4）文化是产业经济

（5）文化是文化形象

上述定义都是精英话语。

2. 文化是一种生活行为模式

大文化概念：一种生活行为模式，具体说是综合了精神、环境、生活、记忆、制度、产业、传播等要素的行为模式。

乡村发展的三种文化模式:载体建设、平台建设和家园建设。

载体建设,乡村是城市意志的载体,外力为主。

平台建设,城市意志和家园意志的对接,外力和内生力结合。

家园建设,家园意志为主导的发展模式,内生力为主。

3. 文化引领就是寻找正确的发展观和发展模式

重蓝(海洋文化)轻绿(乡村文化),是长期以来崂山政府的主导发展观。

如果把农村看做是一个城市进步的障碍而予以扶持,这种振兴也值得警惕。

4. 谁是文化引领的主体?

政府话语、学者话语、农民话语三者互动。

后二者常常忽略不计或被抑制,学者话语成为政府话语的翻版,农民话语则处于失语状态。根本原因在于把文化精英化、书本化了。

大文化的概念:文化是一种生活,它渗透在我们生存、生产、生活行为的每个细节中。它的主体应该是多元的。

三、如何文化引领——文化元素库的调研与撰写

1. 大文化观的六个基本元素

生存条件、生产活动、日常生活、行为理念、传播识别、文化记忆。各要素有着内在的逻辑关系。要素关系大于要素内容。

2. 操作原则

(1)两个故事

六个文化元素就是六个具体叙事情节,它们讲述着关于该农村社区的两个故事:人与自然的关系(生存、生活、生产),人与人的关系(行为理念、文化记忆、传播识别)。

(2)三个维度

每个要素以现在为主,厚今薄古。按照过去、现在、未来三个时间维度去观察它们的不同意义。尤其注意过去、现在、未来变化过程中的关节点及其标志性事件、人物。

(3) 内容扁平

a. 词条式、主题表式,而不是史志档案写法。

b. 尽量在文献层面解决问题。

c. 录音、影像、访谈、经验观察材料以摘要方式进入文化元素写作。

d. 可证性。每个事实都经得起考验。

(4) 生成文本

文化元素是一个生成文本,它既隶属于一个更大的物的叙事脚本,自身又包含着一个下位物的叙事脚本。最终形成一个具有整体系统性的文化元素库和乡村的基本画像描述。

附:解家河文化元素库生成框架的图示

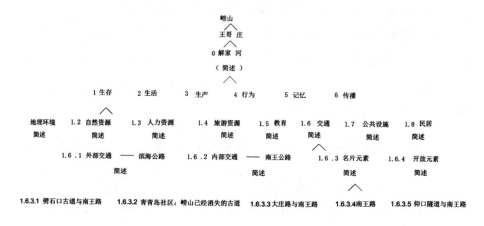

四、如何文化引领——乡村文脉系统的调研与撰写

1. 文脉

文脉是指在文化元素库的基础上,找到文化元素系统各要素之间的内在逻辑性,及其整体独特性。

每个文化元素库都有自己的根元素和名片元素,以及非根元素和非名片元素。一般而言,前者承载了文化元素的区别性和独特性;后者体现了文化元素的普遍性。区别性元素是文脉调研的重点,普遍性元素可淡化甚至忽略不计。

2.根元素

根元素是指文化元素系统中起主导作用和中心地位的元素。

从普遍性的角度,生产活动和行为理念(尤其是政权建设和制度行为)是两个根元素。

从区别性的角度,根元素指形成乡村独特文脉的主导元素。如谢家河的田园性和唐家庄的政权建设。

3.名片元素

找出本社区六个文化元素(尤其是根元素)中各自具有典型性、故事性、展陈性的元素。描写出它们的叙事框架以及搜集它们的各种见证材料:(1)基本情况简述;(2)文化涵义阐释;(3)它们的各种见证材料。

4.操作原则

(1)更注重田野、观察主导下的文献、口传、图片、实物各种符号的综合使用。

(2)专家、政府、村干部、村民四种视野的融合。

(3)根元素和名片元素的相对性。根元素通过名片元素显示自身,名片元素在系统的某个位置上可能成为根元素。

五、如何文化引领——乡村文脉系统的景观化

1.景观化

景观化即一套文脉系统的可视化文案及其结果。

2.成像元素

在根元素和名片元素中找出可以视觉化展示和体验的元素,并形成具体文案。

一切用于景观化目的的文化元素文案都是成像性文化元素。具体如:

(1)展陈元素文案

(2)景观元素文案

(3)地标元素文案

(4)演示元素文案

(5)标识元素文案

(6)字标语、宣传栏等(标系统)元素文案

(7)特色文化设施文案

(8)故事元素文案

(9)村史文案

(10)民间艺术、手艺元素文案

3.展陈方式:名物化和物名化

(1)名物化指实物跟着名称走,呈现出离境化的集中分类范畴化展陈的格局。

(2)物名化则是语言跟着物走,以散点式分布的物和生活场景为中心,语言成为它们的意义内容。

原文是为马树华教授主持的崂山乡村文化振兴项目(2018年)撰写的调研大纲,参与本文撰写的其他主要成员包括马树华教授、赵成国教授。

第十节 在对"物"不断的符号反观中重建其物证性

【提要】 任一"物有所说"之物都是物语。从表达机制看,物语包括(1)后台化、私语化的信号表达;(2)二次性的前台化表达;(3)三次性的词语化表达。《物尽其用》中的"物"即物语包含了这三重表达机制:赵湘源对"物"的后台积攒(私语化)、宋冬对"物"的前台展示(前台化)、巫鸿对"物"的文字总结(词语化)。我们把这三个阶段的"物"既看做是三种不同类型(物证符号、装置物符号、词语符号)的符号物,又可看做是三位一体、彼此融通的人类学整体表达机制。本节将这种人类学三重表达机制概括为:在对"物"不断地符号反观中坚持和重建其原点性。

手头有一本名为《物尽其用：老百姓的当代艺术》①的书，为美国华裔著名艺术批评家巫鸿编写，描述了主人公赵湘源女士一生积攒、收集日常生活物品的执着行为。她与丈夫和两个孩子在城里住了60多年，极小的房子塞满了各种杂物，以备不时之需：衣服、书、厨房用具、化妆品、购物袋、玩具、药品、学习用具、锅碗瓢盆等。该书还描述了赵湘源的艺术家儿子宋冬如何把这些生活杂物搬进艺术馆，以《物尽其用》为名使上万件残缺、破旧、过时的生活杂物变成了装置艺术品，并在中国、德国、英国、美国、韩国等地展出，吸引了成千上万的世界各地观众，激起强烈反响。

引起我兴趣的，不是《物尽其用》作为一个超大型的当代艺术装置作品所产生的震撼，而是该作品在生成、传播过程中被其书写文本作者巫鸿所展示出的人类学表达机制。这个表达机制中有赵湘源对"物"的后台积攒、宋东对"物"的前台展示、巫鸿对"物"的文字总结。我们把这三个阶段的"物"通称为《物尽其用》的物"，这个"物"既非存在于自然连续体世界中的客观实体，亦非百科知识分类框架下的概念物；《物尽其用》的物可看做是三种不同类型（物证符号、装置物符号、词语符号）的符号物，又可看做是三位一体的人类学整体表达机制。或者说，《物尽其用》中的"物"有三个作者，赵湘源、宋东、巫鸿。他们共同完成了《物尽其用》的人类学表达或人类学写作。本节在巫鸿的思考基础上，将这种人类学表达机制概括为：在对"物"不断地符号反观中坚持和重建其物证性。

一、赵湘源的"物证性"物语与潜存的人类学事实

巫鸿对赵湘源日常积攒的上万件生活物品的符号意义概括为"物质性"。何为"物质性"？

（一）"物质性"即实物的物证性

《物尽其用》中的"物"，不是散乱无序的物品或百科全书中的知识物，而是从属于一个共同的生活场景，更具体说是围绕赵湘源本人的身体及其日常活动而安置的：物的秩序背后隐含着人类某种生活秩序，物成了某

---

① 巫鸿：《物尽其用：老百姓的当代艺术》，北京：世纪出版集团，2011年版。

种人类文化的符号化载体。我们稍微仔细地看看围绕赵湘源的身体辐辏了一些什么样的什物：孩子们丢弃的玩具、废电线铁丝、木工用具、嗑了边的搪瓷脸盆、胶布缠裹的塑料水桶、线团、旧杂志课本、台灯、钟表、电话、不再使用的电动唱机、空牙膏皮、各种瓶瓶罐罐、化石般的肥皂、纸袋和塑料袋、堆积如山的中药和西药等。巫鸿对此总结道：

> 所有这些看似无关的物件都具有法律意义上的同种"物质性"。根据这种法律意义，"物质性"所指的并不是一个物品的物质形态或视觉呈现，而是对"所牵涉问题或事件具有决定性意义的事实"。（在法律的术语里，一个证据成为"物质的"，是因为它被证明与某一成为事实的后果有关，尤其当所关系到的是责任和所有权的问题。）①

巫鸿所谓的"物质性"，就是物证性——物充当决定某个事实存在的实证符号，我们也称这种符号为证据性物语②。本节从赵湘源的文化符号世界中选取出"肥皂"这一物语，看看它是怎样体现"物证性"的：

> 当时（1960年代）肥皂有两个品牌：一个是上海固本肥皂厂出的固本牌，0.56元一条；另一个是北京一化工厂出的长城牌，0.44元一条。上海的要好用一些，但北京的便宜，我常使用北京的，把上海的存起来，不舍得用。把肥皂晾干，为的是使起来节省，软的肥皂洗衣服很浪费，一块肥皂用不了多少次就没有了。所以每次都是买了之后晒干存放起来。我们单位有的男同事是集体户口，有"个人购物证"，他们洗衣服少，用不了太多的肥皂。有些人不想浪费了供应指标，就把购物本给我用，我去买回来存起来。我就怕以后我的孩子长大之后还像我一样，为每个月的肥皂发愁，想留到他们结婚的时候给他们。没想到他们根本用不着了，现在都用洗衣机了。我舍不得扔，一留就是几十年，其中有的肥皂比宋冬的年龄还大。③

物证性物语有三个特征：

---

① 巫鸿：《物尽其用：老百姓的当代艺术》，北京：世纪出版集团，2011年版，第11页。
② 孟华：《汉字主导的文化符号谱系》，济南：山东教育出版社，2014年版，第341页。
③ 巫鸿：《物尽其用：老百姓的当代艺术》，北京：世纪出版集团，2011年版，第11页。

1. 它"不是一个物品的物质形态或视觉呈现,而是对'所牵涉问题或事件具有决定性意义的事实'",即物的出场实证或决定着它背后的某个事实,实物成为这个事实的物证符号。上述赵湘源撰写的回忆,就是关于"肥皂"物语的某个事实的叙事脚本,在没有形诸文字之前它存在于赵湘源的记忆中。这个脚本为我们提供了物所隐含的有关世事变迁的文化叙事:生活贫困(为节省而将肥皂晒干)→物资匮乏(购物证)→对匮乏的忧虑(存留肥皂)→忧虑解除(肥皂用不上了)→成为记忆物(舍不得扔)。这个叙事脚本不是由任意约定的词语符号表述的,而是凝固在"肥皂"这个"物证性"载体上,肥皂与叙事脚本之间有着证据性的原初自然关联,肥皂为叙事的真实性提供物质性担保。

2. 这个叙事脚本伴随人们对物的使用而产生,它隐藏于实物形态背后,以致人们在实践中难以将物与实证的事实相区分。赵湘源在使用肥皂时并不能自觉意识到肥皂对某种人类生活(如经济匮乏)的记忆功能,那种记忆无意识地潜存于肥皂的使用和存放中。

3. 物语的物证性产生于对物与所关涉的事实之间、物的实用功能与符号实证功能之间关系的自觉反观。当赵湘源的肥皂失去实用功能,而被她用文字来记忆、记录和反观时,肥皂的物证性才得以实现。

由此,我们对物证性进一步表述为:在对物与事实之间的反观中,坚持二者之间的证据性关联。

(二)物语或实物"物证性"表达的两极

根据符号人类学的观点,人类的物质性、技术性或记忆性行为活动都包含着表达行为:都会传递某种人类文化信息。例如上述的物语(肥皂)就有几种不同的表达情况:一是被节俭地使用或消费的物(北京长城牌肥皂),二是由于对匮乏的担忧而有意储存的物(上海固本牌肥皂),三是失去实际用途而成为记忆场所的物(随着时代的变迁,肥皂由储存物变成收藏物)。这三种物语或肥皂包含了两种基本的物证性物语表达类型:信号表达和符号表达。这二者也是"物证性"概念的两极:信号表达代表了"物证性"中实物与事实之间建立等值的物质因果关系的一极,物与它所代表的那一事实建立自动的条件反射关系。符号表达则代表了"物证性"中对事实"有意识地反观和解释"一极,如对物与事实之间的因果性关系保持高度的警觉。

1. 信号表达

指前件与后件①之间的关系是自动的、机械的、条件反射的:前件触发后件。赵湘源讲述的那些被实际消费了的北京长城牌肥皂,就包含了一种信号表达关系:洗衣服(前件)→使用长城牌肥皂(后件),似乎只要洗衣就用长城牌。但利奇指出,人类技术行为(如用肥皂洗衣服)中的信号表达与动物纯粹条件反射活动不同,实际上人类的行为活动常常是一个有意图的符号表达,只是我们意识不到它的意图性或符号性而误以为是被动的自然信号活动②,也就是说,人们在有意图地做事的时候常常不能同时反思或自觉意识到他的意图本身。赵湘源在洗衣时选择长城牌而不是固本牌肥皂,有着她自己的意图——长城牌肥皂因价格低,它作为代表"便宜"的符号而被选用。这种含有意图但当事人又不能自觉反观的物的秩序,被海德格尔称之为"上手性",物品根据与赵湘源身体意向的远近被放置和选用:"近"说的是:处在寻视着首先上手的东西的环围之中。接近不是以执着于身体的我这物为准的,而是以烦忙在世为准的,这就是说,以于在世之际总首先来照面的东西为准的③。

赵湘源的物语系统也是因为"上手"而被某种生活意图所选用、放置的:那些"总首先来照面的东西"即对赵湘源最有实用价值的东西才能入选她的物体系。正是这种"上手性",使得赵湘源的物体系成了含有生活意图的物语,成为表征人类学生存意义符号。

但是,人们在使用物的时候并不能同时反观实物对某种意义的"物证性",不能反观人们"有意图地使用"本身,这使得物的实用功能和有意图的符号功能、物的实物形态与它背后的某个事实之间的关系成了一种二

---

① 符号与对象、能指与所指、载体与信息等这些具有意指表达性的二元成分,符号学有时也统称为"前件"和"后件"的关系。
② [英]埃德蒙·利奇:《文化与交流》,卢德平译,北京:华夏出版社,1991年版,第14页。
③ [德]海德格尔:《存在与时间》,陈嘉映、王庆节译,北京:生活·读书·新知三联书店,1987年版,第133页。

而一的信号反射关系：它们既不能区分又不能反观。所以，赵湘源在选择肥皂时并不认为是在选择肥皂的意义（节俭的方式）而是在选择"物"；人们通常认为在寂寞时抽的是"烟"，而不是"寂寞"；在谈话时嗑的是"瓜子"而不是"交流"。对上手物（被有意图地带到身边的物）的信号式使用时，人们并不自觉地对"上手性"本身进行反观，他似乎是在面对纯粹的物的世界作出当下的信号式、工具式反应。所以利奇认为，我们大量的日常行为活动中的这类信号交流和符号交流"相互混淆的这一边缘地带，值得人类学家密切关注。"①而这一"相互混淆"，就是"物证性"的双重作用机制：信号交流使得物语和事实之间建立仿佛是等值的自然关联，但这种所谓"自然关联"又潜藏着人们难以反观的"上手性"表达意图；符号交流则对这个包含着人的"上手性"意图的自然关联保持一种意识性的反观。相对而言，信号物更接近"物证性"中"自然关联"的一极，而符号物则更接近"物证性"中"意识性反观"一极。

2. 符号表达

与长城牌肥皂相比，赵湘源的上海固本牌肥皂更具有符号物（对匮乏的担忧而有意储存的物）的反观性质。巫鸿指出，在很长一段时间里，赵湘源"收存东西的原因确实是由于贫困和对未来生活的担忧"。② 一个物是如何从一个自然物或信号物变成符号物的？"在日常经验中，当某物作为工具被给予我们时，我们恰恰不能将之作为符号；相应的，被作为符号的东西，也恰恰失去了其实用性。"③肥皂被看做是肥皂，它不是符号；肥皂被看做是对某种事实的反观、一种包含使用者的解释意图、一种有利于消除对匮乏担忧的物质担保时它便成了符号。区分一个物的信号表达和符号表达，一个简明的区别方法是"物有所用"呢还是"物有所说"，是根据潜意识的"上手性"选择物呢还是对物的"上手性"及其物证性本身进行反观。在物的符号表达中，物的使用价值虽未消失但逐渐让位于表达价值

---

① ［英］埃德蒙·利奇：《文化与交流》，卢德平译，北京：华夏出版社，1991年版，第33页。
② 巫鸿：《物尽其用：老百姓的当代艺术》，北京：世纪出版集团，2011年版，第17页。
③ 董明来：《符号与在场性：胡塞尔与海德格尔的分歧》，载中国中外文艺理论学会编：《中外文化与文论》第20辑，成都：四川大学出版社，2011年版，第166—175页。

主导:重点在于"说"了什么,在于对物的上手性如对肥皂价值的深刻体悟和反观。赵湘源的上海固本牌肥皂并不是在当下的使用中发挥其价值的,它的价值恰恰在于它未被派上用场,前件被用于表达或"说出"后件(即赵湘源主动对肥皂价值的反观):消除对匮乏的担忧。而这恰恰是那个时代所有中国人的普遍意愿。当然,即使固本牌肥皂更具有符号性,作为当事人赵湘源也仍是把它当做一个以备不时之需的实用品看待,其中隐含的意图性或符号性更多地有赖于符号学和人类学的解读,如后来赵湘源对肥皂的文字性追忆和反观。

当物的实用价值开始消退而赵湘源仍然坚持保存(此时应该使用"收藏"这个词)的时候,她实现了从信号物到符号物的更自觉地转换:后件不是由前件自动地触发、而是由人自觉地解释和反观而产生。巫鸿向我们描述了赵湘源的这一符号化转换过程:

> 她也开始感到,虽然有时候一件东西很明显失去了它的使用价值,但是她还是"舍不得"把它扔掉。这类物品包括两种。一种是随着时间的推移和生活的改进,原来所保存的某种东西的实用意义基本上消失了。上面说的洗衣肥皂就属于这样的东西……在另一种情况下,她之所以保留无用的东西是由于它们所含有的情感价值,如孩子们用坏了的玩具和世平没有吃完的药物。……这些东西最后都成为了"记忆的场所";它们承载记忆的功能最终会超越、取代它们真实的或想象的实用功能。[①]

这一转化过程显示了物的信号表达(实用功能)和符号表达彼此交集、难分难解的状况。因此只能相对地说:1.在使用物(如长城牌肥皂)中是信号表达主导,符号表达潜意识地隐藏于内而有待于人类学和符号学的解释;2.在符号物(如被赵湘源有意收藏为记忆物的肥皂)中是符号表达主导,其实用功能仅仅成为记忆功能的物质承担者;3.储存物(如赵湘源以备不时之需的上海固本牌肥皂)则介于信号表达(实用功能)和符号

---

① 巫鸿:《物尽其用:老百姓的当代艺术》,北京:世纪出版集团,2011年版,第17页。

表达之间的边界。可见,物语经常处在一种实用性信号表达与反观性符号表达纠缠不清的状态,这恰恰是文化的符号性本质。符号人类学倾向于认为,文化是人有意或无意的表达行为的产物,而文化符号的最基础单位就是负载着人的种种意图的物语,人类学就是通过对这些物语的剖析来还原它背后隐含着的人类的普遍意图、文化行为和生存方式。

我们通过对赵湘源的肥皂物语的上述符号学分析,旨在将辐辏于人的身体周围的物体系转换为物语,使之成为文化人类学的研究对象的物证。需要强调的是,人类学关注的不仅是那些有意表达的物语,而尤其要关注那些处于信号表达状态但需要进行符号学解释或人类学还原的"物证性"实物。或者说,物的"物证性"之人类学含义就是:在"物有所用"中反观其隐藏的"物有所证"和"物有所说"。这些需要说出但尚未说出的内容,就是潜存的人类学事实。在整体上讲,赵湘源的物语系统属于信号表达,指涉的就是尚未被反观、但有待被说出的潜存人类学事实。

二、宋冬的前台化物语与显现的人类学事实

上文已经论及,物证符号产生于人们对其物证性的自觉反观。但总体而言赵氏物语还停留在信号表达和潜存人类学事实阶段,它们包含了物证功能但一是不能被自觉反观,二是仅存于赵湘源的私人语言空间,因此还不具备文化人类学的显性意义。

如果说赵氏的物证符号代表了人类学层累表达机制中的底层潜在单位,那么她的艺术家的儿子宋冬,则使这些处于后台化的实证物语走向前台,得以被新的符号化手段重建和反观。

(一)物的前台化:在进一步符号反观中重建其物证性

结构主义符号学为我们区分了两种符号:个人化的言语和集体性的语言,并将后者——为社会共享的符号确定为研究对象。显然,赵湘源的物语属于个人化"言语"或叫做"私语",它表现为三点:"一是这些物品都属于赵湘源,二是它们的积蓄过程使这些物品形成了一个特殊的集合体"[①],三

---

① 巫鸿:《物尽其用:老百姓的当代艺术》,北京:世纪出版集团,2011年版,第20页。

是这些物语多数是在实际使用中形成的,不是有意用于符号表达。也就是说,赵湘源的物语体系是围绕她的身体被安置和组织的私人言语,处于信号表达状态缺少主动反观性,且不属于社会共享的部分,处于公共视野之外;这形成了赵氏物语的"后台化"状态。一切处于后台化的私人物语都难以成为人类学事实。从符号学角度看,私人物语所潜存的人类学事实要成为社会共享的事实,取决于两个基本条件:

其一,对个人物语与某个人类学事实的实证关系进行重建和反观,使之成为某个文化事实的实物性符号表达。这一点巫鸿通过对赵氏之物的实证性反观,揭示出它背后存在的人类学事实和意义:

> 它所反映的是一个深刻的历史潜流:当多年的政治运动拆散、瓦解了无数家庭以后,人们心中出现了一个重组家庭,治愈历史创伤的深切愿望……这个集合体——而非任何一件单独器物——述说着一位普通中国妇女一生的生存奋斗和她对家庭的巨大爱心。①

其二,这个物证所表达的人类学事实只有对物语第二次符号性"反观",才能重建为社会共享而具有普遍价值。私人物语中也存在符号表达之物,但它们不为社会共享,仍处于公共视野之外的"后台化"或潜存状态。只有那些二次符号性反观即通过"前台化"来实现的符号表达,才能最终变成共享的人类学事实。巫鸿对此总结道:

> 在被转化成艺术作品之前,《物尽其用》中的物品和局外人几乎没有关系……当这些物品存在于湘源的私人领域时,人们尚听不到这个声音;只是当《物尽其用》被展示为公共空间中的当代艺术计划,这个声音才触及和震动了公众的耳膜。②

把赵氏的生活物变成宋冬的展览物,后者就是对前者的进一步符号反观:

> 放在湘源的生活中去观察,这个整体可以被看成是一个统一而

---

① 巫鸿:《物尽其用:老百姓的当代艺术》,北京:世纪出版集团,2011年版,第8页。
② 同上书,第20、21页。

持续的项目的结果。但是这个项目的统一性和持续性只有通过反观才能被发现。[1]

这个通过视觉展览使物语得以被公众反观的过程,我们称之为"前台化"。巫鸿显然看到了问题的实质:围绕赵湘源的身体组织起来的物语,其人类学的意义价值当事人并不能自觉发现,而需要借助他者的符号性"反观"。这个"反观"是通过再符号化——如巫鸿所说——将私人物品放到公共空间中有计划地展示,使之成为艺术装置物,让公众注视、审思、解释、反观这些物品,从而将其隐性的人类学事实二次转化为显性的。

下面我们将看到赵湘源的儿子宋冬的出场,他成了《物尽其用》中这种前台化表达机制的执行者,成了进一步"反观和超越"赵湘源私人物语的"再符号化"和"前台化"的主体。

作为实验艺术家的宋冬在计划将母亲的物语系统搬上艺术展厅时,执行了两个主要的实施方案:第一项是"将我家将要拆的30平米的小房的房架拆至北京东京艺术工程重建";第二项是"将我母亲家的所有的可移动的用于《物尽其用》的物资移到北京东京艺术工程进行再创作"。这里的两个关键词"重建"(维持前台符号与后台符号之间的真实关联度、坚持某种物证性)和"再创作"(前台对后台的"反观和超越")显然是对前台化过程中那种悖论性的表达机制的最好说明。我们看看宋冬是如何"重建"和"反观"(再创作)的。

首先看"重建"物证性的逻辑。如同传播学所谓的"一种媒介成为另一媒介的内容",前台性物语被看做是后台实证性物语的直接内容:重建的展品尽量原汁原味地保留赵湘源的私人话语。展览中"不包含任何二维和再现类型的作品(如绘画、照片和录像)","一是把湘源的所有物品从家里移到展览厅进行组装,二是湘源直接卷入全部迁移、组装和展览过程","最后形成的装置作品将具有一种强烈的'真实性',如同是历史自身造就的、具有内在逻辑的整体"。[2] 在这个"重建"的真实性表达逻辑中,

---

[1]　巫鸿:《物尽其用:老百姓的当代艺术》,北京:世纪出版集团,2011年版,第20页。
[2]　同上书,第25、26页。

展品与私人物品之间、前台与后台之间、初始符号与再次符号、现实生活中的赵湘源和作为巡回于展品中的赵湘源之间的距离感消失了,展品成了后台的物品的直接在场。前台化的展品只有最大限度地贴近后台化的物品,二者之间只有建立最大的物证性关联,才能使它获得普遍的人类学价值。

其次,我们看"反观"(再创作)的逻辑。当宋东"将我母亲家的所有的可移动的用于《物尽其用》的物资移到北京东京艺术工程"以后,原本属于赵湘源的"物语"发生了质变:

1. 由实物性符号转向物的形象符号。展厅中的物品已经不再属于生活用品,就像杜尚将小便器搬上艺术展厅,它成了一个装置物,一个像雕塑那样的艺术形象。人们注视它而非使用它,就像从眼睛上取下来拿在手中端详的眼镜,它不是被感性直觉的实用物而是被思想反观的意义物,物成了关于它自己某种本质或特殊事实的形象。

2. 由身体化转向祛身化。赵湘源的物语体系辐辏于她的身体周围,围绕她的"上手性"的生活场景被安置。展厅中的物语虽然逼真仿拟了那种生活场景,其实是通过完全切断这些物语与赵湘源的身体和生活场景的真实关联来实现它的真实性的。这种祛身化的逼真仿拟本身就是创作,就是符号性"反观"得以形成的条件。

3. 由后台走向前台。在使用或信号表达状态的赵氏之物那里,物的文化意义处于使用者的无意识盲区,海德格尔称之为上手之物(使用之物)的"不触目性"。[①] 比如我戴的眼镜,我通过它看世界时却看不到眼镜本身——眼镜被后台化了。除非我摘下眼镜拿在手中端详、鉴赏、审视,使它处于一种非实用的、反观性的触目状态——眼镜才被前台化。物品行使实用功能时,它自身的意义却被视而不见,处于非触目的后台化状态;而物品被前台化、被触目、被反观的符号意义,却产生于物品实用功能缺席之时。

---

① [德]海德格尔:《存在与时间》,陈嘉映、王庆节译,北京:生活·读书·新知三联书店,1987年版,第129页。

4. 由存在语法转向摆放语法。无论是赵湘源的物语还是宋冬的物语,它们都遵循着空间性组织法则而非语言文字的时间叙事语法。但赵湘源的物体系是存在性、身体性空间语法,尽管这种包含身体意向的"上手性"或意图性的物体系已经具有物语或符号性,但相对于宋冬的有意展示的物体系而言,前者仍是后台化的、无意识使用状态的实用性存在物而不是刻意摆放和表达的装置物。根据与赵湘源身体意向的远近而形成的"上手性"物体系代表了人的现实存在,而宋冬的物体系则属于艺术家创造的观念空间;存在语法服从于以原初物品使用者身体为中心的生活世界;而对于摆放语法而言,这个生活世界服从于再符号化主体的有意安排。

综上所述,宋冬的"重建"与"反观"构成的前台化表达机制包含一个互动关系:

私人物语中的潜存的人类学事实,只有通过再符号化或符号性反观才能走向"前台"而成为显性的人类学事实;反过来说,前台化符号只有在指涉、不断重建与后台化物语的物证性关联中才实现自己价值,才获得坚实的物证性、真实性基础。我们把这种互动性人类学表达机制概括为:在前台化物语的不断反观中重建后台化物语的物证性。

在接下来的(二)中,我们将通过物语摆放语法的研究来进一步考察前台化表达机制。

(二) 前台化过程中以摆放为中心的场语法

巫鸿提出了一个重要的人类学表达原则:赵湘源的物体系"只有通过反观才能被发现"("反观"相当于宋冬的"再创造","发现"相当于宋冬的"重建")。这个"反观"是通过宋冬的符号化、前台化、摆放语法的手段,对原初的物证符号——赵湘源的物语体系及其意义的真实还原来实现的。在信号表达主导的赵氏物语及其存在语法中,只有身体意识和个体记忆而缺乏这种反观性。然而在宋冬的摆放语法中,物语的展示发生在真实还原和符号性反观相互协调之中:既原汁原味地还原赵氏物语(如实物整体搬移、以物的摆放为本而有意排斥一切平面表达的东西如照片和录像),又对这种真实还原保持一种反观姿态——在摆放的同时还有观念性语言文字的介入。或者说,摆放语法使得存在语法具有反观性,而语言文字的介入又使得摆放语法的这种反观性更具有了真理性,真理性的东西最终是由语言文字来完成的。

下面重点考察前台化过程中,是如何以摆放语法为主导综合运用各种符号手段对赵氏之物进行"反观"的。

1. 话语与摆放语法

首先是赵湘源的话语参与了《物尽其用》作品的创作,话语成为作品摆放语法设计中的一部分。宋冬在作品中有意安排了这样的场景:

> 在展厅中她常常坐在一套老旧的沙发(她的一件收藏品)上休息或写作。渐渐地围绕着这套沙发形成了一个不间断的座谈会:人们围着她,听她讲述往日的故事。她也不时带领来访者穿过展厅中的装置,一边指点着这个或那个东西,一边告诉人们它们原来的所有者以及为什么她一直没有把它们扔掉。①

与不在场的书写相对,话语是面对在场物进行阐释。赵湘源的话语使得展品的意义直接在场,话语让物有意义地或被反观性地存在着:"言谈本质上属于此在的存在机制,一道造就了此在的展开状态。"②也就是说,不仅是物的直接摆放和显现、而且关于物的话语本身也构成了物语的前台化和摆放语法的一部分:言谈就是物向观众展开它自身的方式。没有赵湘源对着展品"讲述往日的故事",观众就难以理解这些展品的意义。所以,关于物的言谈是一种带有反观的指涉:"在被说出的东西背后已有一种领悟",同时"使听者参与向着言谈之所谈及的东西展开的存在"。③ 在赵湘源的个人物语中,物主要被使用而非谈及;而展厅中的物则通过赵湘源的言谈被唤出、并向观众展开它自身。所以,赵湘源的言谈又包含着对这些物语的领悟、解释和反观,正是这种言谈性反观,使得赵氏物语由存在物变成装置物。这种言谈还不仅是指涉性的,还包括针对装置物的话

---

① 巫鸿:《物尽其用:老百姓的当代艺术》,北京:世纪出版集团,2011年版,第42页。
② [德]海德格尔:《存在与时间》,陈嘉映、王庆节译,北京:生活·读书·新知三联书店,1987年版,第205页。
③ 同上书,第204页。

题讨论和访谈。如巫鸿建议由宋冬和他姐姐对赵湘源就物件进行访谈：

> 这些访谈往往在"物尽其用"展览现场，对着实物本身进行。每次谈话中当湘源说起有关某件东西的故事，宋冬总是请她在笔记本写下来，积累成稿。①

这个访谈值得注意的几个方面：1.它是整个作品中的一个内容，使得视觉摆放性作品得以进行话题性、对话性反观；2.这个话题不是物的缺席条件下的"物质书写史"，而是面对在场物的言说，因此不是对缺席物的追忆而是使在场物敞开自身的意义表达方式；3.谈论某件东西的故事时宋冬总是请湘源记录下来，这意味着书写也进入了摆放物的表达方式。

2. 成像文本与摆放语法

更具反观性或解释性的符号不是话语而是书写，因为书写"保留显现的声音与声音的显现之间的区分"②。"显现的声音"是话语的缺席由文字代替话语出场，"声音的显现"是话语直接在场发声。当人们保持书写与话语的区分意识时，必将进一步拉大与话语、与物体之间的反思距离，这种距离感导致更进一步反观。在宋冬的物体系中，书写使得展物"灵魂附体"，成为不可或缺的前台化、反观性符号方式。书写介入了《物尽其用》装置物的摆放过程，主要指成像文本——为了观看而非阅读目的所写作的文本。

成像文本包括前成像文本和后成像文本：

（1）前成像文本。指文字在前，用来生成图像或形象的文本。如影视、图像或展览的脚本、文案、策划案或设计方案等：

> 我（巫鸿）也建议他（宋冬）把对这个艺术计划的设想写成一份方案。几个月后我收到了这份方案，内容包括一份他对展览目的的陈述和一些具体构想。由于这份陈述为整个《物尽其用》艺术计划提供了一份基本文本，我把它全文转录在这里……。③

---

① 巫鸿：《物尽其用：老百姓的当代艺术》，北京：世纪出版集团，2011年版，第47页。
② ［法］雅克·德里达：《论文字学》，汪堂家译，上海：上海译文出版社，1999年版，第92页。
③ 巫鸿：《物尽其用：老百姓的当代艺术》，北京：世纪出版集团，2011年版，第22页。

前成像文本使得摆放语法脱离自然存在状态而成为被有意安排或隐性书写的空间组织,这种被隐性书写的摆放语法当然具有高度自觉的反观意识。

(2)后成像文本。如果说前成像文本是通过书写来建构某种视觉作品或物的摆放秩序,那么后成像文本则是对已经完成了的视觉作品或摆放展品进行文字说明,人们是为了观察图或物的目的来读文字,这些文字不是纯粹阅读之物,而是成为观看性摆放物的意义之直接出场。从广义上讲,一切关于图像、视频、实物的文字说明都是后成像文本。如:

> 出现在展厅的最前部——是展览的一个文字'框架'……宋冬和我都认为这样的一个艺术项目必须有充分的文字解释,使观众了解它的历史背景和目的,不然的话突然面对着这个'破烂'构成的装置,人们很可能会不知所云甚至会产生误解。①

《物尽其用》展厅中的文字解释就是一个后成像文本:服从于观看目的而进行的阅读,文字给观看物注入意义。文字与物、书写与摆放语法之间构成一种既真实展示又被有意义地反观的表达关系。在多数情况下,缺少说明的物,人们只会把它当做自然物或功能物;而在文字介入的条件下,物才得以被反观,物的真实才获得一种更本质的真实:反观性的真实存在。物语的真相和意义是前台化或符号化的产物:唯有在反观的目光下物才是可见的。

3. 场语法

以上我们讨论了《物尽其用》之物的多种语法:包括实物符号的存在语法、形象符号的摆放语法、话语话题的口语语法和文字书写的书面语法。这些语法被有机组织起来统一地表达某个主题意义,这些由异质符号构成的多元语法我们叫做"场语法"。在构成场语法的诸种具体语法中,其中起主导作用的语法,我们称之为"主导语法",主导语法决定了整个场语法的基本性质或类型。例如宋冬的《物尽其用》展览中的主导语法

---

① 巫鸿:《物尽其用:老百姓的当代艺术》,北京:世纪出版集团,2011年版,第39页。

是摆放语法,但存在语法和线性语言文字语法都介入其中。

《物尽其用》为我们提供的场语法样本至少有以下几点理论启示:

1. 场语法中隐含了一个层累递进的前台化二元表达机制:原初的存在性语法→摆放性语法→话语语法→书写语法。这个层累机制中的前项代表后台化的人类生活原点,后项代表对原点的前台化表达。这种关系是相对的:充当前台化的语法在相对的层累关系中可能成为下一前台化语法的后台化原点。如摆放性语法是原点性存在性语法的前台化语法,但它又是话语语法的原点,话语则是书写的原点。

2. 这个场语法的二元表达机制是悖论性的:在对原点的回望、复归中实现前台化,在对原点的前台化反观中坚持与原点的物证性关联。引用巫鸿的话就是"只有通过反观才能被发现":"反观"就是对后台化原点的不断否定、使之前台化;"发现"就是在这种反观中重建和回归原点,保持与原点的物证性关联。我对巫鸿这一观点用符号学表述为:前台化进程是在对"物"不断的符号反观中重建其物证性。

这也是《物尽其用》的基本创作原则:宋氏装置物在对赵氏存在物的原点性回望中实现对存在物的前台化;赵氏言谈在对装置物的回望中实现装置物的进一步前台化;书写文本在对装置物的话题的记录中实现话题的前台化,整个作品是建立在对赵氏物语的重建上的创新。这种"以重建或回望原点为创新"的表达机制与一般的装置艺术品是不同的:

《物尽其用》与近年国际展览中的一些使用现成品的大型装置有着本质的不同:虽然那些作品常常使用废弃物品和回收物件,但是其材料的来源通常或是不加注明,或是多样而混杂,从来不具有《物尽其用》中物品那种强烈的确定性和个人联系。[①]

一般装置艺术切断了物品与特定人类生活的物证性因果联系,成为观念物;而《物尽其用》之物始终保持这种物证性关联,从而具有了人类学价值。

---

① 巫鸿:《物尽其用:老百姓的当代艺术》,北京:世纪出版集团,2011年版,第5页。

三、巫鸿的类文本物语与有意义的人类学事实

《物尽其用》作为一个层累叠加的符号表达系统,在某种意义上讲主要有三个作者:第一个是物证性、存在性物语的使用者和蓄存者赵湘源;第二个是使用摆放语法使存在物变成艺术装置物的宋冬;第三位作者是将视觉性存在物和装置物离境化且转换为书写物的巫鸿,将成像文本转化为阅读文本的巫鸿。这三位作者共同完成了"在物的不断符号反观中重建其物证性"的人类学表达。

(一)"物质史"写作:重建与反观的逻辑及其类文本性

宋冬的装置物摆放语法中已经有书写的介入,但那是面对视觉物而书写的成像文本:文字的语法服从于图像或实物的空间组织法则。但作者在展览过程中已经有了阅读文本的书写计划:

> (经过巫鸿与宋冬的讨论,)我们决定由他和宋慧对他们的母亲进行访谈,配合湘源回忆有关《物尽其用》中物件的点点滴滴。湘源然后把这些回忆写成短篇,每篇集中谈一件或一组物件。我和宋冬将对这些回忆录进行整理,将其组织进一个统一的结构。这个过程以及其结果也将成为《物尽其用》的一个固定内容。这意味着这个艺术计划的定义和内涵再次发生变化:它将不仅包括装置作品以及艺术家与观众之间的互动,而且将促成历史记忆的回收和文本化。[①]

湘源在展厅现场受访而书写的这个回忆录具有成像文本与阅读文本双重性质。首先,这些文字的写作是展览过程的一部分,是作者面对装置物进行谈论的记录,具有后成像文本(面对在场物的书写)的性质。第二,它们也是供读者做纯粹阅读的文本。如巫鸿建议宋冬:

> 由你妈妈谈展览中的某件物件,比如洗衣皂、脸盆和脸盆架、暖瓶、布头、药,等等,请人访谈,记下来,编成短文。最好至少有20分

---

① 巫鸿:《物尽其用:老百姓的当代艺术》,北京:世纪出版集团,2011年版,第47页。

钟,成为一个微型"物质史"。①

巫鸿提到的"物质史",具有成像文本和阅读文本双重属性,一方面,它是面对在场物的情景化书写,是对已完成的在场装置物的文字性反观(后成像文本)。另一方面,这种书写又具有纯粹阅读的目的:物质史的写作产生了"将促成历史记忆的回收和文本化"的纯粹阅读性文本——在话语和实物不在场的离境化条件下去"反观"和"重建"其物质性的书写符号。"重建"就是阅读文本中包含成像文本的编码,使得这种书写始终与原初的物质性、物证性物语保持"决定性"联系。"反观",就是对存在性物语、摆放性物语的离境化书写,通过悬置物语在场的方式去思考、反观物的普遍意义,这种"反观"是通过阅读文本来实现的。

1. "重建"和"反观"的逻辑

即在书写性反观中坚持向物证性物语的回归。巫鸿的"物质性"概念指的是与原初事实有着最直接和决定性联系的物证符号。巫鸿进一步描述了赵氏物语的"物质性"特征:"一是这些物品都属于赵湘源,二是它们的积蓄过程使这些物品形成了一个特殊的集合体……(可以把这些物)概念化为一个自传性的叙事。"②赵氏物语负载了最原初、最本真、最具原型性或本源性的人类生活叙事,这种原点性的生活叙事对后续叠加、逐级前台化的符号"具有决定性意义"。所以,物质史的写作,就是在离境化书写的条件下始终保持对原点性物证物语的回归和守护,并坚持原点性或物证性符号对书写符号的决定性意义——这就是人类学写作。符号的物质性或物证性就是人类学的田野性。物质史的写作就是人类学的田野写作。物质史写作的田野性在符号形态上表现为遵循成像文本的语法规则:面对在场物进行情景化书写,对既存的在场性物语进行文字性记录(后成像文本),在保证书写与物证性物语之间的在场性关联中重建物语。

"反观"的逻辑则是脱离赵氏物语对书写的物质性制约,在离境化条

---

① 巫鸿:《物尽其用:老百姓的当代艺术》,北京:世纪出版集团,2011年版,第47页。
② 同上书,第20页。

件下——摆脱对物的直接观看的条件下——对物进行纯粹的线性文字阅读。这种书写性符号"反观",是通过巫鸿编著的《物尽其用》一书实现的。该书使得《物尽其用》之物成为继存在物语、装置物语之后的第三级符号存在形态:书写性物语。或者说,书写性物语是存在物语和装置物语的再次前台化,以推迟前项物语直接在场(处于后台化状态)的方式来实现对前项物语的再现和理论反观。

"反观"的逻辑追求文本的阅读性,"重建"的逻辑追求文本的成像性。人类学的物质史写作既然是这两个逻辑的双重奏,必然强调类文本性:成像文本和阅读文本的兼容性。

2. 物质史写作的类文本性质

物质史(人类学)写作的重建逻辑,要求《物尽其用》一书与赵氏的存在物语、宋冬的装置物语维系着牢固的因果和在场性关联:本书的全部意义来自对这些视觉性物语的不断回望和发现。正是这种人类学书写的姿态,决定了它的书写保留了鲜明的成像文本特征:在对物的在场直观中书写物。如本书半数以上的篇幅是赵湘源面对自己的物语所写的文字记录,她从"衣、食、住、用"四个方面描述各种物语,这些文字很多形成于物的展览现场,是面对在场物而写就的关于物的叙事脚本。即使那些不在现场的描写对象,也都是赵湘源身边的"上手物",对它们的描写也具有成像文本性质。虽然这些文字被收录进巫鸿的著作后变成纯阅读文本,但赵氏脚本仍未脱离与那些实物的直观性、"上手性"关联,仍带有强烈的成像文本色彩。另一方面,巫鸿的书又是一个脱离物的在场来书写物的纯阅读文本,他的物语是书写性物语。因此,该书的写作原则又遵循"反观"的逻辑,通过离境化的文字反观来发现赵氏物语的人类学意义。

在关于赵氏物语的物质史写作中,隐含着多种异质符号的混合编码或语法,如存在语法、摆放语法、话语语法和书写语法,我们把隐含有这种混合编码性质的书写性文本叫做"类文本"。巫鸿提议的"物质史"写作就是类文本写作:其"重建"的逻辑,强调书写中遵循存在性和摆放性的视觉语法,书写符号成为"后成像文本"、成为在场性物语的内容说明;其"反观"的逻辑则要求书写之物对存在之物、摆放之物的理论超越,要求把赵氏的潜存人类学事实和宋冬的显现人类学事实变成显现的、有意义的人类学事实。

我们把这种类文本概括为：以（反观性）阅读文本与（事实重建性）成像文本相兼容的文本。

（二）《物尽其用》一书是如何进行类文本写作的

巫鸿著作的类文本性表现为：书写文本叠加着宋冬和赵湘源的物语文本但以书写为主导，叠加着存在语法和摆放语法但以书写语法为主导。巫鸿也绝不是像一般史家那样靠操弄文献和词语概念来建构事实，他首先是一个人类学田野工作者或物语的代言人——亲身参与了对赵氏物语、宋冬装置物语的考察、整理并担任了《物尽其用》展览的策展人。这种特殊身份使得巫鸿的书呈现出鲜明的类文本特征。

从巫鸿文本的平面结构看，该书采取了像似表达法——将书中的图片和文字处理为一个成像符号，造成客观的视觉再现的表达效果。《物尽其用》书中的图片绝非（对文字补充的）插图，而是与文字并列的物语展示媒介；书中的文字也不是纯线性概念式叙事和论证的书面词语，而是高度物语化、话语化且依照摆放语法和话语语法的规则进行的书面表达。本书不仅包括了巫鸿撰写的学术专文，也有媒体的访谈、评论家的短文和普通人的观后感，更有赵湘源对各类旧物及背后故事的回忆、她与子女的对话（这部分的内容形成于展览过程中）……有图、有对话、有访谈、有评论、有说明、有描述、有叙事、有论证，使得《物尽其用》一书呈现出多重语法综合运用的类文本、类书写性质。类文本之所以呈现非线性的文体杂糅，是因为它服从于物法（存在语法、摆放语法）和话语语法而不是线性书写语法。而这种类文本语法又服从于一个更高的人类学表达原则的产物，这个表达原则就是像似性书写：通过各种异质性媒介语法的综合运用，建立文字书写与物语之间的像似关系，使得书写成为回归和守护物语的本源性或物质性的透明媒介。人类学表达决定了像似性书写，因为这种书写必须基于作者对实物和使用物的人进行长期观察和交流。也就是说，人类学写作必须建立在对在场物及其使用者的观察、交流基础上，建立在面对面的"田野性"直观基础上。历史学、哲学、文学性书写不是依据在场物而是依据不在场的观念物和语义物进行写作的,因此它们的主导语法是纯线性文法。而人类学写作更尊重物的存在和摆放法则,因此它具有后成像文本性质。从这个意义上说,任何依据人类学表达机制书写的著作,都是一个成像文本:面对视觉化人类学事实而做的文字表达。

然而,巫鸿的著作虽具有成像文本的性质,但它毕竟还是一个以阅读为目的的文本。真正的成像文本是以观看为主导、实物在场为存在条件的文字说明。如面对一个文物或展品而做的文字说明。而《物尽其用》之书具有阅读文本或书写符号的基本特征:通过物和话语的缺席而对它们进行反观性地再现。文字通过使语言和对象不在场的方式呈现后者,使得言文之间产生一种距离感和间距性。这是一个反思的距离,引出对在场与不在场关系思考的间距性。德里达称之为"分延":

> 如果没有铭记在现在的意义中的他物的缺场,如果不与作为活生生的现在的具体结构的死亡发生关联,这些习以为常的东西就不会出现。①

纯粹的存在之物和摆放之物不具有真理性人类学意义,一切实物必须通过书写才获得其人类学理性意义:通过让存在之物和摆放之物离境化而用文字进行反观,赵氏物语的人类学真理意义才得以彰显。理性思维产生于书写造就的延时思考。存在语法、摆放语法和话语语法三者的共性是"面对面"的直观,人们在通过形象或话语直观对象时往往不能同时反观这种直观本身。但书写进一步制造了它与话语、它与对象的理解距离,这种距离导致了一种思考的延时性,使得人们在表达语言及其事物过程中同时反观文字措辞本身。就像斯诺克单局限时赛,人们来不及思考而凭直觉击球;而一旦延长击球的时限,运动员都会用理性而非直觉击球。书写造成了非面对面,造成了延时思考,只有在这种延时的条件下,符号才能获得关于它的对象的真理。所以,在巫鸿的书写文本中,赵氏存在物语和宋冬摆放物语得以被理性反观,进而获得了人类

---

① [法]雅克·德里达:《论文字学》,汪堂家译,上海:上海译文出版社,1999年版,第101页。

学的真理。这些真理既包括了巫鸿对赵氏物语"物质性"的人类学文字总结,也包括了对"只有通过反观才能被发现"的人类学书写机制的理论概括,更包括了巫鸿本人将人类学书写原则自觉运用到他的类文本书写实践中。

(三) 小结

巫鸿《物尽其用》这本书,具有阅读文本和后成像文本双重属性:成像文本所坚持的观看性像似原则,使得该书始终与赵氏物语或人类学田野性原点保持高度真实关联,以及不断前台化的符号叠加关系;阅读文本则使这种关联通过理论反观而获得,使得赵氏存在物和宋冬摆放物具有了人类学的真理性。也即,赵氏存在之物潜藏了人类学事实,宋冬摆放之物显现了人类学事实,巫鸿书写之物则使这种显现事实变为有意义的、真理性事实。这种人类学的类文本写作原则告诉我们:唯有在文字反省目光之下的人类生活才是本质性可见的,而书写的真理唯有在不断地向人类学的田野原点的复归中才能获得。

原文《在对"物"不断地符号反观中重建其物证性——试论〈物尽其用〉中的人类学写作》,载《百色学院学报》,2015 年第 3 期。

第十一节　符号学视野下的复合型海洋文化观

【提要】　本节着重从符号性和结构性两个方面,讨论了符号学视野中的海洋文化,并提出一种复合型的海洋历史文化观:海洋文化的性质是从与农耕文化的对比关系中获得的。因此,根据中国的具体国情,我们必须站在"海洋"和"农耕"的二元关系中来研究、确定其中的一个要素。或者称作"复合的文化观":在海/农的复合关系中研究海洋文化或农耕文化。

根据符号学的观点,文化是人类看待世界的样式及其结果,它是按照语言的方式建立起来的①。也就是说,符号学假定人类的文化活动可以以语言体系为模型而能够加以符号化处理②。本节着重从符号性和结构性两个方面,讨论符号学视野中的海洋文化,并提出一种复合型的海洋历史文化观。

一、海洋文化的符号性问题

文化语言性的第一个特征是符号性,即一个文化现象也像语言符号那样具有能指和所指的二元结构。能指即文化现象本身,所指则是文化背后的行为规则和精神原则。所以,从符号性的角度考察文化现象,人们更关心的不是做了什么,而是"说"了什么③,也就是说任何文化现象都具有一种超越自身而指向他者的符号功能。

首先从对比分析的角度,随意选几个案例,看看我们司空见惯的文化现象究竟"说"了些什么,考察这些文化现象是怎样"超越自身而指向他者"的,从而揭示出海洋文化的一些本质特征。

猪肉和海鲜 在汉语中,单独提到"肉"这个词时一般也专指猪肉,而不是牛肉、羊肉、鸡肉、鱼肉之类,这说明汉民族肉食是以猪肉为主要食品的。中国传统上是农耕社会,地少人多,家庭居住固定,没有游牧民族大规模发展牛羊畜牧业的牧场条件和生活习惯,只有养猪能提供较多的肉食量,比较适合小农经济的状况,于是就形成了汉民族在肉食中以猪肉为主的格局。在汉民族的主流饮食文化中,其菜系的格局主要是以猪肉为核心建立起来的。猪肉口感的特点是"香"。猪肉的"香"具有较明显的熟食性特征,需要较复杂的烹制技术才能使"香"充分挥发出来。常见的熟食性烹调技术有:炒、煮、炖、涮、烩、烧、烤、酱、蒸、煎、炸、焖、煨、熘等,若再细分炒又可派生出生炒、熟炒、清炒、滑炒、爆炒种种,爆炒里又可分出油爆、酱爆、葱爆、芫爆、汤爆……

与熟食性猪肉的"香"相对的,是生食性的海产品的"鲜"(汉字"鲜"的

---

① 孟华:《汉字:汉语和华夏文明的内在形式》,北京:中国社会科学出版社,2004年版,第3页。
② [英]埃德蒙·利奇:《文化与交流》,卢德平译,北京:华夏出版社,1991年版,前言。
③ 同上书,第6页。

本义就是指鱼)。海产品则具有生食性特征,过分熟食化的烹调过程反而会降低其鲜美度和营养价值,故"鲜"的特点使海产品对烹调技术的依赖程度相对低一些。据说中国的豆腐有 1000 多种烹饪方法,但是我们很难设想大虾有 1000 种吃法,因为大虾自身鲜美的味感胜过最好的烹饪技术。海产品的通俗叫法是"海鲜",生猛活鲜是海产品最重要的特征,像清水煮虾、清水蛤蜊、清蒸螃蟹、葱拌八带、鲜鱼汤、生鱼片……复杂的烹饪技术反而会影响海产品的鲜美度,这些自然主义的烹饪作品完全可以与色香味俱全的人工烹调菜品相媲美。另外,尽管海产养殖业已有了很大发展,但占地球三分之二还多的海洋为人类贡献的食品绝大多数是天然的、非养殖的。因此,养殖和非养殖(野生),这是另一种形式的生—熟的对立。养殖意味着人类对自然的强制性改造,意味着食品科技含量的增加、食品天然营养结构的非自然化。而海产品的非养殖性在某种程度上代表了回归自然的价值取向。因此,我们可进一步认为,猪肉的"香"代表了一种熟食性饮食文化,海产品的"鲜"代表了一种生食性饮食文化。

生食文化的含义是,以食品的新鲜感、天然营养的保持即原汁原味为价值取向的群体性饮食行为——这就是海产品背后的行为原则:淡化食品制作中的人工成分,尽量凸显和保留食品的自然属性。

如果说猪肉的"香"的背后是内陆农耕文化的产物,那么海产品的"鲜"则属于海洋文化范畴。这里的"鲜"代表了一种对象化的精神原则:以自我以外的他者为认同坐标,以逼真地模仿客体对象为主要原则。

而这种对象化原则是海洋文化的重要特征。需要强调的是,不是作为口感的"鲜",而是作为对象化符号原则的"鲜"才是我们真正意义上的海洋文化。它是具有海洋生存方式的一种具有普遍意义的行为模式。[1]这个对象化原则,就是海鲜或生食文化所"说"出的意义。从一个文化现象中分析出背后的意义,就是文化的符号性分析。

汉字和拼音字母 我们再试分析一下这两种文字的文化精神。人类

---

[1] 孟华:《试谈海洋饮食文化的特点》,载《中国海洋文化研究》(第一卷),北京:文化艺术出版社,1999 年版,第 179—184 页。

最初的原始文字都是象形图画文字,以后分化为"自源"和"借源"两类文字:一是始终与象形文字保持血缘关系的自源文字,如汉字;二是从象形文字中分裂出来的借源文字,如拼音字母。

自源文字得以延续的最重要社会条件是农耕的生产方式。这是一种定居的文明,它使得社会普遍土著化,今天我们普遍实行的户籍制仍是这种"定居性"文化的制度化表现。稳定的居住环境有利于文明的积累和延续,而文字则是这种文明得以积累和延续最重要的条件之一,任何文字改革的企图都意味着文明的中断。所以西方汉学家高本汉指出:"中国不废除自己的特殊文字而采用我们的拼音文字,并非出于任何愚蠢的或顽固的保守性。……中国人抛弃汉字之日,就是他们放弃自己的文化基础之时。"①

作为自源文字的汉字另一个重要特征是象形性,即用形象的形体结构表达汉语词汇单位。尽管今天的方块汉字似乎失去了早期象形字的图画感,但大多数汉字至今还保留了表意的意符,如"江""松""岩""吃"这些字我们通过它们的意符即产生"水""木""山""口"视觉联想,借此帮助我们理解它们所代表的词义。所以,表意性汉字的形体意符系统至今仍与中国人的观念系统、生存经验、历史文化保持着密切的象征联系。一个定居的文明需要一个稳定的象征系统作为自己的精神家园和认同纽带。所以,自源的汉字背后反映的就是这种定居的文明方式。

人类第一代定居文明是以象形文字为标志的。而借源文明的出现,则是以文字制度的改革——拼音字母的诞生为标志的。在古埃及人和苏美尔人所处的中东,是一个民族杂居、文化形态复杂多元的地区。古代除了这两个以象形字为代表的核心文明以外,还存在许多印欧族的小国家小部落和闪族系统。前者一般以游牧为主,后者则从事世界性的商业活动。这些边缘文明有两个特点,其一是从空间上看它们并不依附于任何核心文化,是流动的文明。这种流动性包括战争、贸易、文化往来等文化交融手段。正是靠了这种流动性,使中东地区以及地中海各文明之间发

---

① [英]帕默尔:《语言学概论》,李荣等译,北京:商务印书馆,1984年版,第99页。

生横向联系,建立起多元化的交往空间。其二,从时间上看这些边缘文明,尤其是闪族的腓尼基文化又是第一代埃及、两河文明到第二代希腊文明之间的承前启后者。

一般认为,地中海东岸的腓尼基人是近东闪族的一支,居住在今黎巴嫩一带。由于靠山面海,且海岸狭窄出船方便,命中注定腓尼基人成为一个航海贸易民族。腓尼基的来源已无文献可征,据说先世来自波斯湾。从埃及第六王朝起,腓尼基人的商船就已充斥海上。公元前1200年左右,埃及式微,她便成了地中海霸主。腓尼基人用商业及文化,把东方和西方连成一气,促进了野蛮的欧洲进入文明。①

这个文明我们可以叫做"借源文明"。借源文明的含义是,文明的发展动力主要来自不同文化的历时继承和共时之间的相互影响。

腓尼基和希腊的借源文明主要特征是航海和贸易、由此产生的契约文化和拼音文字。学术界公认的事实是,欧洲的字母文字来源于希腊字母,而包括希腊字母在内的世界各种字母文字共同的祖先是以腓尼基字母为代表闪族文字。腓尼基字母出现于前1500年,由22个音节字母组成,又称西闪语音节字母。腓尼基人的航海经商活动范围遍及地中海沿岸各国、中东地区,远至英伦三岛沿岸。同时也把字母文字带到了这些地区。这些字母文字使腓尼基人在人类东西方文明交流史上充当了重要的角色。腓尼基字母向东传播,产生了希伯来字母、阿拉米亚字母等。今天的阿拉伯字母,印度的天城体字母,我国的维吾尔字母、蒙文字母、藏语字母等都可溯源到阿拉米亚字母。腓尼基字母向西传播,在公元前10—前9世纪之间产生了希腊字母。古希腊人也是一个航海商贸民族,是借源文明的典型代表。随着希腊人商贸和殖民活动范围的扩大,希腊字母遂成为斯拉夫字母和拉丁字母的源头。据统计,截至1988年世界上121个国家使用拼音的拉丁字母。②

学术界一般认为腓尼基字母借自古埃及象形文字,通过假借的方式

---

① [美]威尔·杜兰:《世界文明史·东方的遗产》(上),幼狮文化公司译,北京:东方出版社,1999年版,第348—355页。
② 王钢:《普通语言学基础》,长沙:湖南教育出版社,1988年版,第185页。

使象形字变成了抽象的记音符号。这样,象形字的表意动机和意象被切断了,这种断裂意味着文字与它所系联的民族文化的断裂,象形文字所蕴含的全部文化传统和历史记忆被记音符号所抽空。因此,拼音字母的产生是文明中断和交流的产物。如果不切断象形字系统中的民族文化动机,表音字母无从产生,而表音字母一旦取代象形字,就意味着与本源文明联系的中断。这一点在汉字改革中表现得尤为尖锐:如果舍弃表意汉字而使用拼音字母,华夏文明的中断或走向多元化是不可避免的。拼音字母的借源模式诞生于航海贸易、发生于借源文化间长期交流过程中,文化变异的发展链条所形成的对异质文化的宽容精神,反映在文字选择上,即用不表达特定文化动机的抽象线条(音位字母)去记录语言的物质层面(语音)。这种字母文字对历史记忆的淡化,有助于超越对特定文化的依赖而具有国际性、超民族性。这正是借源文明的重要特征。

所以,拼音字母背后的符号化原则就是流动的、交流的方式,它是海洋文化的又一个重要特征。

以上我们通过对海鲜和拉丁字母所进行的文化符号学分析,概括出了海洋文化的两个主要特征:对象性和交流性。

符号学文化观与经验实证主义文化观的区别　经验实证主义的海洋文化观,一般把与海洋有关的文化形态看作是海洋文化,其界定标准是事物外部形态和可观察到的外部经验事实。据此我们可以很方便地区分出海洋文化、大陆文化、山文化、茶文化、服饰文化、体育文化等。因其具有较强的实证性和可操作性,它仍是目前文化研究的主流方法。但符号学的文化观强调的是外部形态背后的符号性问题,即文化的外部形态背后的行为和精神原则是文化的本质。考察一种文化的区别性特征,不仅仅依赖于它的外部形态,更重要的是背后的行为原则。假如不同的外部形态是基于同一行为模式,那么它们应属于同一文化。譬如一个内陆地区的文化可能具有海洋文化的某些观念特征。相反,同一外部形态也不一定基于同一行为模式。比如涉海的生活未必都属于海洋文化。中国北方沿海的一些渔民在使用机帆船以前,其海上活动区域总是限制在可以望见大陆的范围内,这种根深蒂固的大陆意识和土地情结是在耕耘大海而非将大海看作是交流平台,是将海洋看作是陆地的延伸。中国著名的神话故事《精卫填海》讲的是炎帝小女儿东游大海,溺水而亡。后变成精卫鸟,她为了复仇,每天衔高山的木石,去填充大海。在经验实证主义文化观看来,这个表现涉海生活的故事应该属于海洋文学。但按照符号学的标准,该神话反映的是中国古代先民将大海变成陆地的愿望,渗透着农耕意识而不是严格意义上的海洋文学。

从符号学的角度,在一切文化现象背后受海洋精神支配着的,都属于海洋文化。海洋文化或精神的本质就是对象化的、交流的行为方式。

海洋文化的符码化 我们将文化解释为外部生活形态背后的行为方式,这个形而上的定义最大的不足是缺少可操作性和外部规定性。因此,需要对这个深层结构或行为方式进行符码化处理,使它成为一个看得见摸得着的意象或符码。具体步骤是:找出最具代表性、最典型地体现海洋精神的文化现象,使它成为海洋文化的符码。这是一个以点代面、以一驭多的符号化方法,我们对典型符码的分析就意味着对整个文化系统的分析。

据笔者个人的观点,海洋文化的典型符码有两个,一是拉丁字母,一是港口码头。相对而言,"拉丁字母"是一个抽象的、理性的海洋符码,"码头"符码则更直观、更加意象化。限于篇幅,本节暂时将海洋符码定位在"码头"意象上,该符码蕴涵了海洋文化的典型特征。

黑格尔是这样概括海洋精神的:

> 大海邀请人类从事征服,从事掠夺,但是同时也鼓励人类追求利润,从事商业……他便是这样从一片巩固的陆地上,移到一片不稳定的海面上……这种超越土地限制、渡过大海的活动,是亚细亚各国所没有的,就算他们有更多的政治建筑,就算他们自己也是以海为界——像中国便是一个例子。[①]

这段话里包含了海洋文化的两个本质特征:

---

① 黑格尔:《历史哲学》,王造时译,上海:上海书店出版社,2001年版,第93页。

一是对象化意识。"大海邀请人类去征服,从事掠夺……,从一片巩固的陆地上,移到一片不稳定的海面上"。海洋引发了人类的他者意识,这个他者就是自然、彼岸、未知世界,它呼唤人类走出封闭的自我,转向一个对象化的他者。这个对象化意识我们也可以用诸如"外向""流动""慕利""进取"等关键词来描述。①

"码头"就是这样一个充满他者和对象化意识的符码。码头港口最大的特点就是充当"从一片巩固的陆地上,移到一片不稳定的海面上"的中介,码头作为陆地的起点,它永远是不自足和开放的,它总是指向一个他者、指向彼岸,召唤人类去远航、去开拓。

二是交流意识。海洋"鼓励人类追求利润,从事商业",而商业贸易本质上是一种交流行为②,贸易中的互惠原则是人类交流最基本的原则,正是靠了物质上的、精神上的、语言上的、文化上的互惠,社会才联为一体、世界才联为一体。

码头港口恰恰是这样的互惠的产物。大凡繁荣的码头港口总是作为商埠而不是渔埠出现的。以通商为特征的商埠与码头港口密切相关,它成为不同地区、不同国家之间交流的联结点。所谓的"洋泾浜"语言,就是产生于中国沿海通商口岸的中英混合语,它和商埠一样,都是交流的产物——码头意味着人类的交流。

这样,被符码化了的"码头"就成了海洋文化的代名词,它的内涵我们用两个关键词表述:对象化、交流。

二、海洋文化的结构性问题

文化的语言性的第二个特征是结构性。索绪尔对语言结构的解释是:在语言里,每项要素都由于它同其他各项要素对立才能有它的价值。③

---

① 曲金良:《关于海洋文化基本理论的几个问题》,载《中国海洋文化研究》(第一卷),北京:文化艺术出版社,1999年版,第3—13页。
② [英]埃德蒙·利奇:《文化与交流》,卢德平译,北京:华夏出版社,1991年版,第7页。
③ [瑞士]费尔迪南·德·索绪尔:《普通语言学教程》,高名凯译,北京:商务印书馆,1980年版,第128页。

这句话的意思是，一个符号的意义不来自于自身，而来自于它与其他符号之间的关系。譬如"筷子"作为一个文化符号，它的文化意义只有在与"刀叉"形成对比项时才能显示出来。汉民族在没有发现刀叉等其他用餐工具以前，只能把筷子当作一种天然的工具看待，只有接触了刀叉以后，才能将筷子看作是若干用餐方式中的一种，才能发现这两种不同用餐工具背后不同的文化精神。

文化的结构性问题是指，不同的文化之间是一个关系场，它们彼此不是孤立的、毫无联系的。因此，确立一种文化就同时意味着与另外一种文化相区别，一种文化的性质不来自于这种文化自身，而来自于它与其他文化的区别。当我们说"鲜"或"生食性"是海洋饮食文化的特点时，这个性质的概括来自它与汉民族的"香"或"熟食性"农耕文化的区别，所谓的"鲜"的性质来自它与"香"的区别，没有"香"做参照系，"鲜"也失去了自己的意义。同样，拉丁字母的海洋文化性来自它与表意汉字所代表的自源性定居文化的区别。

所以，海洋文化是一个结构性的、关系性的概念：说某种文化现象属海洋文化，不是由该文化的自身性质决定，而是参见其他文化做对比项来确定的。这是一个非常重要的原则。中国有漫长的海岸线和悠久的海洋文化传统，如自汉代起中国就发展了与海南诸国的海上交通，开辟了海上丝绸之路[①]。所以黑格尔说中国文化中缺少海洋因素未免有些武断。但是，这种海洋文化传统是根据它与汉民族主流的农耕文化传统相对比而描述出来的，也就是说，华夏文明内部的海洋文化要素作为一个结构项，它的性质是根据与另一结构项即农耕文化的对比来确定的。当我们拿华夏文明中的海洋文化因素与西方的海洋文化作为对比项时，就会发现中国的海洋文化在整体上仍属于农耕文明的一部分。例如笔者所住的青岛市作为一个通商口岸是海洋文化的产物，它与内陆城市相比具有更多的海洋文化的特征。但在闭关自守的计划经济时代，青岛变成了一个大陆

---

① 郑一均：《郑和下西洋的历史背景及其海洋发展方略的特点》，载《中国海洋文化研究》（第一卷），北京：文化艺术出版社，1999年版，第74—79页。

的终点，它更多的是以陆地的方式来经营海洋。改革开放前的青岛与国外沿海口岸城市相比，它更带有农耕文化的色彩。所以，当我们在为某种文化现象定性时，主要是把它放在一个关系网中，一个参照系中讨论，是一个相对的概念。

传统的文化观将人类文化系统分割为一个个孤立的要素：如海洋文化、农耕文化、游牧文化……在这种原子主义思维的指导下，中国文化的学术研究采取一元化方式，目光紧紧盯住"大陆性、农耕型、内向型"等单元文化特性，而忽略了华夏文明自古以来就携带的海洋文化元素，忽略了这种亚文化元素始终与主流的农耕文化相伴随。在中国的典籍、正史以及主流的学术研究中，海洋文化的要素一直被遮蔽、压抑，处于失语状态。进入21世纪后，随着民族海洋意识的觉醒，全国许多高校相继出现了若干海洋文化研究单位，海洋文化研究遂成为热点。但目前学术界对海洋文化的研究主流仍是一种一元的方法论模式：将海洋文化处理为一个与农耕文化相对立的要素，孤立地研究与海洋有关的文化现象，农耕的、大陆的文化被排除在海洋文化研究的视野以外。研究"海"的不研究"农"，研究"农"的不研究"海"，彼此相互对立，不相关联。

复合型的海洋文化观 本节根据结构论、关系论的观点，提出一种新的海洋文化观：海洋文化不仅仅是一个实体概念（与海洋有关的文化现象），更是一个关系概念：它与农耕（大陆）文化有关，海洋文化的性质是从与农耕文化的关系中获得的。因此，根据中国的具体国情，我们必须站在"海洋"和"农耕"的二元关系中来研究、确定其中的一个要素。或者称作"复合的文化观"：在海/农的复合关系中研究海洋文化或农耕文化。

这种复合的海洋文化观也被我国的"新地理观"所肯定。随着国家地理概念的转变，中国"国土"的含义中出现了"海洋国土"的概念，并计算出中国海洋国土面积约300万平方公里，大陆岸线1.8万公里，岛屿岸线1.4万公里，中国的版图由于海域的加入而增加了三分之一。人们突然发现，传统上被认为是大陆文明、农耕文化的中国实际上是一种二元复合结构：土地＋海洋。然而，在这种地理的新发现面前，我们的人文研究落后了。

显而易见,时代呼唤以一种二元复合性的汉民族文化理论取代一元论文化理论,这种新历史文化理论可以帮助我们揭示出中国历史、地理中实存但却被人们忽视了"土地+海洋"的二元复合结构,揭示出"土地"与"海洋"两个文化要素相互竞争、相互补充、相互渗透、相互促进的复合的历史演进形态。这种复合型的新海洋文化观的提出具有重大的理论和现实意义:

其一,它有利于克服长期存在的"重陆轻海"的官方意识,并提供一种逆向的思考路径,促使国家总体战略目标在"陆海"关系上更趋平衡。

从历史上看,中国历代统治者一贯缺乏海洋战略思维,绝少想到以扩大海权来繁荣国家,也从来没有想过要控制海洋和海上交通。一个比较典型的例子是康乾盛世,中国在亚洲大陆把疆域拓展到2200万平方千米,但面对海洋却裹足不前,甚至颁布闭关锁国的"禁海令"。据有关资料,截至2001年,中国海洋国土的基础数据资料尚处于空白状态,海洋开发前期基础工作不足,给海洋资源开发造成诸多不便。例如,中国海洋大部分区域缺乏实测的基本图(1:20万至1:50万);海岸长度、内海、领海、专属经济区等的面积数据不够精确,海岸变化情况不能及时汇总掌握。由于海洋资源的基础调查研究、动态监测跟不上经济发展的需要,使当前海洋开发活动呈现无序和失控状态,甚至已经造成很多海洋典型态系、生态区功能发生不可逆转的变化和破坏。显然,"重陆轻海"的大陆意识制约了我国对海洋国土资源的总体调查,甚至影响了国家的总体战略目标。因此许多专家学者呼吁:应该将开发海洋与目前的西部大开发放到同等重要的战略地位。[①]

显然,"陆海二元并重"的战略开发理念呼唤一种二元复合型的海洋文化观作理论指导。

其二,复合型海洋文化观的提出有利于学术界将"海洋文化"从一个学术理念提升为一个综合性学科,有利于创立一种具有中国特色的海洋

---

① 夏台:《从"撞机"透视中国海洋战略忧患》,中国报道周刊网,2001年总184期。

文化理论体系,深入揭示中国历史演变的深层结构,还中国历史以真面貌。

复合型海洋文化观中"陆/海"这个对子同时又代表着:传统文化/现代文化、官方文化/民间文化、农耕文化/商业文化、大陆文化/海洋文化、雅(精英)文化/俗(大众)文化、中国文化/外国文化、汉字文化/字母文化等的二元复合关系。

中国历史实际上是"陆海"两个元素相互交织、复合发展的,但长期以来,一元论的历史文化观遮蔽了其中的一翼。只谈农耕文化的中国历史文化研究是残缺不全的,只关注海洋的中国海洋文化研究同样是瘸足的,只有复合型新海洋文化观才是更全面、更具时代性的社会文化理论。其理论意义重大而深远。

墙与码头——复合型文化观研究方案 根据符号学的意指理论,我们将具有二元对比性质的农耕文化和海洋文化符码化,将海洋文化的符码定位在"码头"意象上,将农耕文化的符码定位在"墙"的意象上。前面我们已经讨论了"码头"符码的一些特征,下面简单地考察一下"墙"的符码含义。

作为农耕文化符码的"墙",是中国文化的一道风景线。[①] 家有院墙、单位有围墙、都市有城墙、国有长城,甚至在饭店里,也喜欢用包间、屏风等"墙"把人们彼此分开……这是有形的墙。无形的墙更是多种多样:地方保护主义、以邻为壑意识:"邻国相望,鸡犬之声相闻,民至老死,不相往来"(老子)。

墙意识中最有代表性的是汉字。汉字是一道无形的"文化长城"。全世界的文字几乎都是表音文字,不同的表音文字之间在形态、组织原则上具有同构性,它们之间进行代码转换或文化交流比较方便、经济。表音文字之间追求"交际零度"——旨在消除不同文明之间的障碍。而表意的汉字最常用的也有几千个,几千个汉字与几十个表音字母之间是不同构的,它们之间的沟通需要二次代码转换。这在计算机汉字输入编码上就可以

---

① 孟华:《符号表达原理》,青岛:青岛大学出版社,1999年版,第114页。

看出,自然码、五笔字型、太极码、智能 ABC、微软拼音输入法等。这种不同构性对于族际、国际交流而言不啻是一道文化长城,阻碍了双方的交流。但也正是这道文化的"墙",保护了汉民族文化的纯洁性、完整性和凝聚力。

墙的本质是在自我与他者之间拉起一道选择性的屏障。墙的这种屏障功能给世界带来了稳定的结构秩序和安全感,使人生活在熟悉的、稳定的环境中。它作为一种文化意识形态,是农耕的定居文化的产物,因此"墙"是农耕定居文化的典型符码之一,其主要的区别性特征有定居的、内倾的、自我认同的、保守传统的、非交流的等。这些特征恰恰与海洋文化的"码头"的对象性、交流性特性形成二元对比关系。

根据符号性、结构(复合)性的文化观,本节总结了两个基本研究方法:

其一,我们研究某些文化现象,首先要找到它们的典型符码,研究了这些符码,就揭示了它所代表的文化样式的典型特征。因此,本节提出将"墙"和"码头"作为两个文化符码进行个案研究,其目的不仅仅是考察作为实物形态的墙和码头,更重要的是根据"超越自身而指向他者"的符号意指原则,揭示这两个符码背后的文化精神。

其二,"墙"和"码头"两个符码是一对关系项,我们不能在孤立的状态下,譬如脱离"墙"来研究"码头"或者脱离"码头"来研究"墙",其基本原则是站在"墙"和"码头"的二元对比关系中研究其中的一个要素,这也是海洋文化研究的基本原则:海洋文化重点研究"码头",但必须以"墙"作为参照系和关系项。

根据上述两个研究方法,我们最后提出一个复合型的、双管齐下的海洋文化研究草案:

墙的研究　中国墙的功能研究:遮蔽功能;防护功能;美学功能;社会功能等。中国墙的类型研究:城墙、院落墙、单位墙等;墙的变体如屏风、茶色玻璃、餐厅的隔挡或包间等。中国墙的意义研究:农耕文化、封闭、亲缘、高语境。中国墙的空间分布:各地域不同风格的墙。中国墙的历史演变:不同时代的墙的研究。

码头的研究 中国码头的功能研究:交流功能、商业功能、社会功能等。中国码头的类型研究:海码头/河码头、商埠/渔埠等。中国码头的意义研究:海洋文化、开放、多元、低语境。中国码头空间分布:沿海/内地、南方/北方等。中国码头的历史演变:不同时代的码头研究。

原文写于 2007 年,未刊稿。

第五章　超符号与合治观

【本章概要】　上一章重点关注符号的内容面,即所指的真实关联度和"意指定律":符号所指的真实关联度决定了其补充关联度(多重异质符号之间的补充关联程度)。这里的补充关联度,就是指异质符号之间相互关联、跨界、补充的超符号关系。超符号关系着重从符号表达面即能指入手分析符号的结构形态,这是本章探讨的主要内容。

　　超符号基于一种合治的符号观,主要表现于在言文象三者关系域中研究每一个要素(第一节)。这个关系域也叫做"符号间性""媒体符号间性""文字间性"等。其中类文字,介于图像和文字之间的视觉符号,是超符号的典型形态(见第二、三、四、六、七、八节)。类文字或超符号可从三个方面考察:类能指(如图文的跨界)、类编码(如像似性和相似性的跨界)(类意指方式)、类所指(如观念物和现实物的跨界)。类文字的研究旨在说明,符号的意义来自一个区间、一个异质符号之间相互跨界的区间。它们分别属于能指域、意指域和所指域(第三、五、七至九节)。

　　合治符号观持一种中性的结构立场:异质符号之间区分和对立的解除或中间状态(第五节)。具体又可分为 AB 移心型和 AB 执中型(第四、五节),移心型指异质符号之间在跨界、中性化的同时,又保留了跨界的痕迹和区分的张力;执中型则抹去或掩盖了这种跨界和区分的张力。汉字文化符号倾向于 AB 执中型的超符号范式。

第一节　言文象的合治观

【提要】　本节是在符号学三重证据法"证据间性"理论基础上,进一步提出了言文象的合治观,就是强调言、文、象每个要素的性质是在与其他各要素之间的关系中被定义的,这导致了一种异质的、文化的、多元的世界观和认知世界的方式。合治符号观告诉我们,知识、现实、历史、真理的存在方式不仅仅是语言或文字,要求我们在言文象三者关系中研究每一个要素,并利用这三种手段来呈现、表达、创造和复原现实世界。这也是"图像转向"的含义,图像时代并不是抛弃了语言文字,而是加强了言文象之间的有机、整体关联性。

　　言文象的合治在本节中叫做"媒体符号间性",作者也称之为"文字间性"(见本章第四节)或"超符号"(见本章第七、八节)。

一、整体观、分治观和合治观

　　所谓整体观,就是语言、文字和图像三者整体通融而不严格区别。

　　首先看言文关系,如传统字本位语文观:语言文字不严格区分并以文代言,中国传统"小学"就是这种整体观。对此王力总结道:

"训诂是研究字义的,字书是研究字形的,韵书是研究字音的。但是,研究字形的时候不能不讲字形和字音/字义的关系,而韵书又兼起字典的作用,所以三者之间的界线不是十分清楚的。只有一点可以肯定:'小学'是有关文字的学问;古人治'小学'不是以语言为对象,而是以文字为对象的。"[①]

---

① 王力:《中国语言学史》,太原:山西人民出版社,1981年版,前言。

再看文象关系的整体观。古代汉字的"文"与"象"是两个相通的概念。许慎《说文解字》说,"文:错画也",即花纹的"纹",我们今天说的"天文""水文"还保留了这一层意思。许慎的"文者,物象之本"的"文",也是包含了文字与图像的。古汉字"文"的另一个常用义是"文字",《孟子·万章上》:"故说《诗》者,不以文害辞,不以辞害志。"朱熹注:"文,字也。"①也就是说,古汉字"文"包括视觉图画符号和语言文字符号两层含义,二者并不严格区分。清顾炎武说:"三代以上言文不言字,李斯、程邈出,文降而为字矣。"②明宋濂则说:"三代……动作威仪,人皆成文。"③这里透露出一个信息,夏商周三代的"文"这个字包括了今天的文字、图画、仪式等一切视觉性的符号。也就是说,华夏文明的历史和文化记忆的手段绝不仅仅是汉字,"动作威仪"之类的仪式也同样行使文字的记忆功能。《易·系辞上》所谓"成天地之文""定天下之象",其中的"文"和"象"也是互通的。

所谓分治观,是强调言文象三要素各自独立,分而治之。

首先,从言文关系的角度看分治观。这种观点有两个特征:其一是强调语言和文字的分离性,其二是言本位。

自亚里士多德以来至今的西方语言文字学传统,基本上都遵循了一种分治的言文关系理论立场。其经典表述当数现代语言学之父索绪尔:

"语言和文字是两种不同的符号系统,后者的存在只是为了表现前者。语言学的对象不是书写的词和口说的词的结合,而是由后者单独构成的。"④

其次,分治观在看待文象关系上,表现为强调语言文字和其他符号的分立自治。法国符号学家皮埃尔·吉罗就说:"我们可以把符号学定义为'对非语言学符号系统的研究'。"⑤这里的"非语言符号",就是语言文字以外的其他符号,尤其是视觉性的图像符号。在学科分治的状况下,图像

---

① [宋]朱熹,陈立校点:《四书章句集注》(二),沈阳:辽宁教育出版社,1998年版,第330页。
② [清]顾炎武:《日知录校注》,陈垣校注,合肥:安徽大学出版社,2007版,第1171页。
③ 转引自申小龙:《汉语语法学》,南京:江苏教育出版社,2001年版,第4页。
④ [瑞士]菲尔迪南·德·索绪尔:《普通语言学教程》,高名凯译,北京:商务印书馆,1980年版,第47页。
⑤ [法]皮埃尔·吉罗:《符号学概论》,怀宇译,成都:四川人民出版社,1988年版,第1页。

符号的研究和语言文字常常被处理为两个孤立的符号系统。导致了符号学与语言学相对立、分治。

在史学界,除了传统的书写历史以外,还有口述史料史和影视史料史,后二者丰富了历史记忆手段。但是,仍由分治观统治的史学界,将书写、口述和图像看作是三个相互独立的历史记忆要素,分而治之地考察它们各自在历史记忆中的功能和作用。例如,德国埃及学家阿斯曼认为文化记忆方式包括无文字的(如神话传说和仪式行为)和有文字的(如历史记载和经典著作)两类。① 这里的"无文字文化记忆手段",就包括了图像符号系统。阿斯曼仅仅指出了文象这两种历史记忆手段的差异,但未能将它们处理为一对关系项。按照合治观,言、文、象三者不但构成了人类知识、真理、现实和历史存在的基本条件,而且三者既相互区别又相互关联,共同组成一个有机的民族或文化的记忆系统而不可分割。

下面重点讨论本节所提出的言文象的合治观:认为言文象每个要素的性质是在与各要素之间的关系中被定义的。这种关系是指在言文象三要素之间对立互补和相互包含所导致的相互关联性,我们也称之为媒体符号间性或符号间性。

(一)言文象相互包含的关系

即言文象的每一要素,都包含了一个否定自我的他者、一个与己相关的其他异质要素。这使得符号获得了所谓的"第三空间"②的性质:既不是这个也不是那个,既是这个也是那个。

下面我们探讨言文象的"第三空间"性质。

1.语言的第三空间性

就是指作为时间媒体的语言符号内含了否定自我的因素——空间视觉符号的非线性特征,即语言的图像性。语言内部的非线性结构因素就

---

① [德]阿斯曼:《有文字的和无文字的社会》,王霄冰译,《中国海洋大学学报》,2004年第6期。
② "第三空间性"指"既不同于物理空间和精神空间,或者说第一空间和第二空间,又包容二者,进而超越二者"。见[美]Edward W. Soja:《第三空间——去往洛杉矶和其他真实和想象地方的旅程》,陆扬等译,上海:上海教育出版社,2005年版,第11页。在本章第五节中叫做"中性",二者在"亦此亦彼"的涵义上是互换的概念。

是它的第三空间性。我们从五个方面来说明：

(1) 物质载体的非线性空间性质　语言的媒体是时间性的语音材料，所谓索绪尔说语言的本质特征之一是"线条性"。但是，除了线条性这种特性以外，语言还包括了非线性的空间特征，如重复、韵律、对称、节奏、声调、重音等元素。如《诗经·采采芣苢》：

采采芣苢，薄言采之。
采采芣苢，薄言有之。
采采芣苢，薄言掇之。
采采芣苢，薄言捋之。
采采芣苢，薄言袺之。
采采芣苢，薄言襭之。

该诗使用同义反复、结构对称、韵律和谐等空间手法，使得语言表达具有时间上的可逆性，使得流动的信息在重复中被凝固。这种空间性质具有了类似文字的凝固信息的功能，这也是一种物质铭刻性。在没有文字的原始社会，人类常常通过反复吟唱的这种空间手法来凝固他们的历史记忆。

(2) 语言结构对外部事物的图像性临摹

句子语法的结构摹写和反映外部现实的结构，这也是语言的图像性表现。

(3) 高语境　与书写性语言相比，口语是情景化的语言，我们称为高语境性。书面语则是离境化的，因此是低语境的。在高语境的口述中，相当部分的表达信息存在于当下交际所面对的情景和现实中，因此而使得语言信息大为简约，其句法结构具有省略、跳跃、不连贯、蒙太奇等非线性空间特征。这也是语言图像性的表现。

(4) 表达规则的意象性　语言中大量使用形象或图像化的表达手法如隐喻、象征等修辞和文学手段。

(5) 内部语言的图像性　语言分为外部语言和内部语言。后者是指不能发出声音的内省的、思考时使用的语言。请看：

Last week I went to the theatre. I had a very good seat. The play was very interesting.

（上个星期,我去了剧院。我有一个很好的座位。这个戏非常有意思。）

这段话是外部语言。但思维导图的研究者将它还原成内部图像语言：

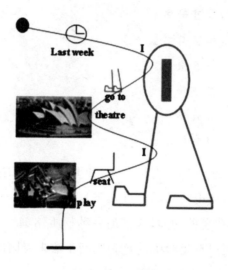

图1

实际上是把线性的外部语言转化成一个空间性的图式,被称为"思维导图"。这种思维导图也是我们内部语言的结构特征。也就是说,我们说出和写出的语言是线性的、时间的。而我们思考中的内部语言却往往是非线性非连贯的,是一些关键词、一些主要概念和意象的空间聚合体。

2.文字的第三空间性质

文字是表达语言的视觉符号,它具有典型的第三空间性质:既不是语言又不是图像,既是语言又是图像。

(1)文字的语言性　文字首先具有有声性。不能发出语言的某个语音单位的视觉符号绝不是文字,即使是图画性最强的象形字,它也是因为代表了某个词语的语音而成为文字的。有声性是文字的语言性的本质特征。其二是线条性。文字是按照线性顺序排列的,这与图画不同。文字的线性是从它记录的语言那里获得的性质。第三是任意性。这是索绪尔认为的语言的最基本特征。文字的任意性表现在它抽象记号性和社会约定性,即使象形字它也具有非常强的社会约定性和任意性,必须经过专门训练才能读懂它的含义。这种任意约定性也是从语言那里获得的。

(2)文字的图像性 第一,它的媒体是视觉性的。因此文字具有非线性的空间特征,如可以打破线性顺序来阅读,也可以重复修改;文字将听觉单位视觉化、空间化,从而把语言单位从它的整体中分离出来,变得可以被注目、被加工、被思考、被铭刻。这样文字也就切断了它与语言语境的联系而变成一个自足的视觉符号系统。第二,文字的图像性的另一个表现是早先的文字本身就是从图画一类的符号(象形字)演变而来的,至今汉字还带有早期图画的痕迹。

3.图像的第三空间性质

图像的第三空间性就是它的语言性。主要表现在以下三个方面:

(1)图画能叙事 下图 2 为 8 万多年以前的图画,静止的描写,不具有情节叙事性。图 3 为原始部落的具有叙事性的图画,大意为用野牛、海獭和绵羊交换三十只猎获(猎枪符号)的海狸。①

图 2　　　　　　　　图 3

一切像右图那样具有叙事、可说性的图画、影像、镜头都离不开语言

---

① 图 2、图 3 引自 B.A.伊斯特林:《文字的产生和发展》,左少兴译,北京:北京大学出版社,1987 年版,第 59、64 页。

的介入。

(2)图画召唤语言的参与　下面图 4 是一个烟斗的图片。① 没有文字的说明,该图片的主旨就不知所云。它的题字"这不是烟斗"揭示一个哲学性命题:图片展示的烟头仅仅是烟斗的符号而非烟斗本身,但我们平时经常将二者混为一谈。由此可见,语言文字成为该图片的有机部分而不可分割。

图 4

(3)图画的文字化(语言化)　各种图标如表情包,它们是图画的简化和抽象,具有类似象形字携带概念的表词功能。一个视觉符号简化性抽象性越强,它的约定性就越强,就越依赖于语言的说明。图画的这个向语言靠拢的过程我们称之为图像的文字化。人类早期文字的产生就是经历了这样的过程。这也说明了图画与文字和语言的密切关联。

二、言文象的对立性

主要考察这三类符号的不同媒体特性所产生的差异。主要介绍两个概念:剩余和局限。

即每一种媒体都有自己的特性,这种特性既是一种局限又是一种剩余。

(一)媒体剩余

就是一种媒体的编码方式,有可能成为对其他媒体的补充和编码方

---

① 图 4 引自叶起昌:《论后印刷时代话语中图象与文字的关系》,《北京交通大学学报》,2005 年第 4 期。

式,以自己的优势补偿其他媒体的缺陷。如文字的物质铭刻性对语言"稍纵即逝"性的补充,具象的图画符号对抽象的语言符号的补充。

(二)媒体局限

指一种媒体编码方式都有自己的表达局限,需要借用其他媒体符号的编码方式来补足自己。如汉语的同音词较多,它需要汉字复杂形体的视觉分辨。汉民族传统的写意画需要文字的补偿。

另如下图5,去掉了文字的图画或去掉了图画的文字,它们在意义上都是不自足的。只有借助于文字的参与,画面的三角形才具有了冰山或鲨鱼的指涉义;而借助于图画,"冰山"和"鲨鱼"这两个抽象的词语概念也获得了具象性呈现。

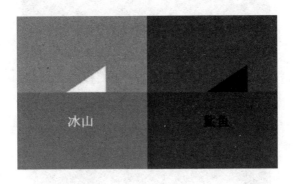

图 5

描写出每类符号的剩余和局限,是言文象对立性研究的主要内容。

三、媒体符号间性

既然每一种媒体符号都具有第三空间性质,每一种媒体编码方式都有自己的表达局限,需要借用其他媒体符号的编码方式来补足自己。这样言文象之间、不同的载体符号之间的关联性研究就变得非常重要。这个问题我们称之为"媒体符号间性":一种媒体编码方式的性质,是由其他媒体的性质所制约的。一种媒体编码的方式在与其他媒体编码方式的关联中发挥作用。

下面我从历时关联、共时关联和媒体符号间性方式三个方面来讨论媒体符号间性的问题。

（一）历时关联

一种媒体符号或新媒体方式的兴起或淡出引起了相关的其他媒体符号编码方式的变化。

如下图6是毕加索的《亚维农的少女》，它将绘画自身的编码优势发挥到照片符号不可企及的高度，人们关注的不是画面对现实的准确临摹，而是它的形式语言的自由创造和解放。这种绘画语言的解放来自于摄影符号的冲击，照片的出现使绘画发现了自己的编码特性和优势，增强了自我编码意识。

图6

（二）共时关联

从整个共时符号系统的分配关系角度，不同媒体编码方式之间相互分工、相互渗透、相互转移的现象。我们主要讨论包括互补分布和媒体编码转移两种情况。

1. 互补分布

由于对比项（其他媒体符号）的存在，而加强了媒体及其编码的独立意识或自觉区别。如动画片《三个和尚》，不需要语言文字的介入，其图像符号在意义上具有自足性。所谓图像符号的意义自足性,指一个图像符号有意识地排除其他符号编码方式(如语言文字编码)而坚持本媒体编码特性的现象,这是由于另一种对比性符号(如语言文字)存在而有意识强化自身特性的表现。一个动画片是否允许配语言文字,它画面的组织结构肯定有不同的面貌,任何画面的组织结构和构图方式,都是根据它与语言文字或其他媒体编码的关系来确定的。

互补分布主要包括语境性分布(一种媒体符号及其编码与另一种构成潜在的对立;一种媒体符号出现,构成对立的另一种就不在场),并置性互补(构成对立的两种媒体符号及其编码方式共同在场、并置而形成二元对峙关系)。下列是文象关系的语境性分布:图7是照片与绘画的"混搭"。照片建立在"在场物"基础上,诉诸观看;绘画则是"意象物",诉诸想象。图7是这两种视觉语法的混搭。图8则是并置性分布,图和文既区分并立,又相互补充说明。

图7　(引自新浪微博@广告也疯狂)

图8　(引自新浪微博@求是设计会)

2. 媒体编码转移

一种符号媒体的编码方式受到与之相关的另一媒体编码方式的支配或重大影响。如中国传统诗论和画论中的"诗中有画、画中有诗",就是在书写性诗歌媒体中使用了绘画语言,或在图像性媒体符号中使用了书写性编码方式。文化语言学中所谓的汉语语法组织具有"散点透视"[①]的特点,其实就是中国传统绘画语言向汉语语法渗透、转移的表现。

我们看下列两个图像符号,图9是照片(摘自《摄影世界》1998年第7期),但它使用的是绘画语言;图10是绘画(摘自《美术大观》1998年第2期),但它使用的是摄影编码方式,即所谓的照相写实主义。这类现象就是媒体编码的转移。

图 9

图 10

3. 媒体符号间性方式

媒体符号之间相互关联的方式。主要有替代性和补充性两种方式。

替代性 一种媒体符号遮蔽、抑制另一种媒体符号,二者之间建立等级制的替代关系。

补充性 两种媒体符号之间相互补充的非等级制关系。

下面我们仅仅从文化的角度,分析文象关系的东西方差异:中国文化是替代性的、字本位的;西方文化是补充性的,文象互动的。

图11是比利时布鲁塞尔街头的景象,其店铺招牌多数是文象并置的设计。

---

① 申小龙:《汉语语法学》,南京:江苏教育出版社,2001年版,第167页。

图 11 （孟华摄）

图 12 是中国青岛市街头的景象，其店铺招牌多以汉字符号为主，文字替代图像。这种情况在中国很普遍。

图 12 （孟华摄）

图 13 是法国某小镇的一个小摊上的肉制品，有文字和图像（雕塑）两种符号互补分布，构成一种形声（图像和拼音文字）并置的关系。

图 13　（孟华摄）

下例图 14 是青岛市政府为救险而牺牲的英雄立的纪念碑，文字替代图像；图 15 是法国 la mure 市为纪念一位被纳粹无辜枪杀的少年立的碑，是图文并置的。

图 14　（孟华摄）

图 15 （孟华摄）

下例图 16 是中国城市公交站玻璃窗,张贴的主要是文字性广告;图 17 是欧洲城市的公交站玻璃窗,一般都贴有导向的地图,是图文并置的符号。

图 16 （孟华摄）

图 17 （孟华摄）

四、结语：符号学与读图时代

与印刷时代相区别的是以读图为中心的多媒体（言文象互动）时代。语言学研究语言和文字，传统符号学主要研究非语言文字的图像符号。本节的合治符号学重点研究言文象三者的合治性问题。这导致了一种异质的、文化的、多元的世界观和认知世界的方式。这种合治的符号观告诉我们，知识、现实、历史、真理的存在方式不仅仅是语言或文字，要求我们在言文象三者关系中研究每一个要素，并利用这三种手段来呈现、表达、创造和复原现实世界。这就是"图像转向"的含义，图像时代并不是抛弃了语言文字，而是加强了言文象之间的有机、整体关联性。

原文《言文象的合治观》，载孟华主编《三重证据法：语言·文字·图像》，长春：吉林大学出版社，2009 年版。

第二节 试论类文字

【提要】"类文字",简单地说就是介于图像和文字之间的视觉符号。它们具有一般文字的语言指涉功能,但又保持了图像性而没有完全成为语言的替代品。本节根据符号学合治观的方法确立类文字,包括两个基本原则,一是分离性原则即如何区分图与文;二是统一性原则即文字与图像之间亦此亦彼的中介性质。从统一性原则来看,符号场的各成分在某一符号的主导型所支配下,异质符号之间由差别性对立转向区别性特征的消失或趋同,异质符号同质化了,这种现象就是符号的统一性问题。

类文字的图文中介化包括两类:一是文趋图的"离心化类文字",二是图趋文的"向心化类文字"。类文字与符号场的概念有关。符号场是指一个由语言、文字、图像等异质符号构成的一个符号表达域。符号场在本章第四节中叫做"文字间性",在本章第七、八节中叫做"超符号性"。

异质符号关联场内,其中一类符号或要素起主导作用,它决定了各异质符号之间的关系性质,决定了整个关联场的性质,这个起主导作用的符号及其要素就叫做主导型,因此,我们把文趋图即离心化类文字,看做是文字主导的类文字;把图趋文即向心性类文字,看做是图像主导的类文字。有了主导型这个概念后我们会发现,类文字无处不在:在图像那里有文字现象,在文字那里也有图像现象。

一、"类文字"概念的形成

"类文字",简单来说就是介于图像和文字之间的视觉符号,它们具有一般文字的语言指涉功能,但又保持了图像性而没有完全成为语言的替代品。学术界对于类文字现象的关注由来已久,主要集中在两个领域:一是文字起源研究领域的"意符说",如沈兼士1946年发表的《初期意符字之特性》中指出：

> 由文字画蜕化为六书文字，中间应有一过渡时期，逐渐将各直接表示事物之图形变为间接代表言语之符号。其形音义或由游离变为固定，或由复合变为独立，今姑名之为初期意符字…①

显然，这里的"初期意符字"或"文字画"就属于我们说的类文字范畴。"类文字"这个术语见于文献的最早记录，是语言学家徐通锵先生在回答"史前文字"这个概念时的一段评语：

> "史前文字"这个概念值得推敲，因为"史"的标志是文字，有文字才有"史"，因而史前的种种记号不宜叫做"史前文字"，建议叫做前文字、类文字。②

徐通锵把"类文字"概念与"前文字"并列，大致相当于沈兼士的"初期意符字"或"文字画"，都指的是史前非文字视觉符号向汉字符号过渡的中间状态，属于汉字起源的研究。

关注类文字现象的第二个领域是语言符号学中的"图像符号文字说"，它是从共时的文字与图像的关系来讨论这类符号现象的。如著名语言学家赵元任放宽了对文字的理解，将图像符号看做是文字，认为"凡是视觉符号，用来代表语言的就是文字"。他举例交通标志符号＜━┐，如果在上面打上\，表示"禁止左转"，那它就是文字。我们若按此类推，一些公式符号或标点符号也就属于文字了。他还举例，一个骷髅跟两根骨头的图画，如果专指"有毒"这个意义，那它"就有文字资格了"。③值得注意的是，赵元任虽然没有区分常识中的文字与类文字，但他这里所分析的显然是类文字，而且包括两类：一是图画性类文字——本书称之为"类象形字"，如表示"有毒"概念的骷髅图；二是图形性类文字，如抽象的交通标记、标点符号等——本书称之为"类记号字"。我们把"类象形字"和"类记号字"都称为类文字。

---

① 沈兼士：《沈兼士学术论文集》，北京：中华书局，1986版，第207页。
② 徐通锵：《汉语结构的基本原理》，青岛：中国海洋大学出版社，2005年版，第295页。
③ 赵元任：《语言问题》，北京：商务印书馆，1980年版，第140、141页。

当然,沈兼士的"意符说"、徐通锵的史前"类文字说"以及赵元任的"图像符号文字说"虽然涉及类文字研究,但仍停留在现象描述阶段,还没有上升为理论范畴。

孟华在 2005 年 10 月上海同济大学召开的"亚美古代文明的文字和礼仪"学术会上发表了论文《记忆文化的中法比较》[①],借鉴德里达的泛文字论思想,从他所提出的"文像关系方式"(文字与图像的关系方式)这个范畴出发,将地图、图像招牌、纪念性的器物、文物、雕像等称之为"图像文字",他还指出:"图画性文字思维使用的符号主要包括两类:'独体的象形字'和'合体的形声字'。"他在该文中分析道:

> "独体的象形字"通过一个单纯的视觉符号单位与它的指涉对象建立一种"象形"关系。如我在法国某集市上看到卖烤鸡摊的招牌没有文字,而是画一只鸡的卡通形象来替代。地图或方位示意图是城市最重要的"象形字"之一。
>
> 语言性文字和图像性文字共同构成一个画面,就是比喻意义上的"合体形声字"。……法国人习惯于这种"形声"的表达方式。如传统的店铺招牌常常采用"形声字"的方式:图案与文字说明相结合。
>
> 从文字与图像的关系上来看……至少可分为两种类型:替代型(汉字文化)和补充型(拉丁字母文化)。……我们在此看到了中国古代象形字和埃及圣书字的区别:图文关系的替代性和补充性。古埃及圣书字所表现出的书写符号与图画之间的补充关系,似乎一直维持在今天的西方的字母文化里,而甲骨文式的替代关系似乎从开始就奠定了图纹将被汉字所取代的发展趋向。因此我们猜想,古代汉字象形字与古埃及象形字早已内在地规定了发展为两种不同文字文化的可能。[②]

孟文有三点值得注意:第一,他区别了图画性文字与语言性文字;第

---

① 孟华:《记忆文化的中法比较》,载王霄冰、迪木拉提·奥迈尔主编《文字、仪式与文化记忆》,北京:民族出版社,2007 年版。
② 同上书,第 307 页。

二他的图画性文字(如图像性招牌)已经属于类文字概念,强调的是异质符号之间(文字符号和图像符号之间)的趋同或同质化;第三他使用了符号学的"图文关系方式"这个理论范畴来研究文字,开始形成了他的合治观符号学类文字思想——把语言性文字与图画性文字放到一种外部趋同或自我异化的关系论的方法①中来思考文字的同质性和异质化问题,而不是把图像符号与文字符号的类似点做简单的对比。随后,孟华在2008年出版的《文字论》一书中,进一步完善了他的这种合治观的文字思想:"文字是在言文关系、图文关系中被定义的。"②他说的这种关系论,不仅包括二元对立关系(即分离性原则:如何区分图画符号和文字符号),而且更包括二元互补关系(即统一性原则:文字符号与图像符号的趋同或文字符号的自我异化)。

　　类文字包括图文的趋同与文(或图)的自我异化。上述孟文讨论的"图画性文字与语言性文字"就是图文的趋同概念,重点考察的是图趋文

---

① 关系论的观点是孟华借鉴结构主义符号学和中国周易哲学而建构的分析文字符号的基本方法论。最早是他在1994年1月在全国第三届文化语言学研讨会上宣读的论文《论汉字是一种动机性文字》中使用的方法,他将动机性汉字和任意性拉丁字母看做是一对关系项,一种符号性质要靠在与另一种符号的关系对比中才能确立。根据关系论的思想,他在该文中提出了任意性和动机性这两种意指方式的二元对立关系,是研究中西文字的基本方法论,他进一步指出:"汉语社会在没有认识拉丁字母以前,不敢说曾有过真正系统的文字学理论——传统的汉字学不过是解读经书的附庸;同样的道理,西方语言学界在不了解汉字以前,所建立的文字理论很可能是跛足的。"李葆嘉对该文介绍说:"孟华的《论汉字是一种动机文字》认为,文字的基本要素除能指和所指,还有这二者之间的'意指方式',正是后者决定了文字的性质。与采用任意性意指方式的拉丁字母不同,汉字采取动机性意指方式。"(李葆嘉:《参与:中国文化语言学的当代意识——第三届全国文化语言学研讨会评述》,《解放军外国语学院学报》,1995年第1期。)孟华在其专著《符号表达原理》(1999)第四章"结构方式:对立与互补"中,全面讨论了关系论方法:"所谓的二元对立,是以两项之间的对立性差异为基础的。其基本原则是,我的价值在于与你的区别或对立。……二元互补的观点旨在消解对立双方的界限,强调彼此间的趋同和动态转化关系。"(第222、223页),两种符号(或关系项)之间的这种既对立又互补的关系论思想,孟华在《文字论》中进一步称之为"合治观"。孟华在其撰写的《汉字符号学·下编》(黄亚平撰上编)、《汉字:汉语和华夏文明的内在形式》《文字论》《三重证据法:语言·文字·图像》等著作中运用关系论的思想初步建构了汉字符号学理论体系,其主要的二元关系论概念包括:汉字二级符号性(汉字能指和汉语所指)、两书论(表意和假借)、动机性文字和任意性文字、造字与构字、圣书字的写实与甲骨文的写意、左声与右声、分离性与统一性、意指关系与结构关系、记音原则和谐音原则、一次代码转换和二次代码转换、原点和原典、补充与替代、文字主导和图像主导、文字媒介的硬件和软件、文字间性、言文关系、文像关系、文字的第三空间性、文字的功能(语本位与字本位;零度与偏离……)等。

② 孟华:《文字论》,济南:山东教育出版社,2008年版,第12页。

的类文字性,如图像性招牌。下面,孟华在其《文字论》中使用"汉字的中介化"这个术语来分析文字画,则是指文字符号的自我异化即文字异化为图像的趋势:

亦书亦图的"马"

孟华指出,上述"马到成功"的文字画具有"介于书写符号与图画符号中间的性质"。①

这样,孟华就区分了两种类文字现象:一是就文字的外部关系即图文关系而言的"图趋文"的类文字现象,如图像性招牌的类文字性;二是就文字内部看它自我异化为图像符号即"文趋图"的类文字现象,如文字画"马到成功"。

文字与图像之间这种既否定又肯定,既趋同又自我异化的这种性质,孟华称之为符号的"第三空间性"。②

研究生吕会在 07 年的毕业论文开题报告中,与其指导老师孟华共同商讨后,选定了《类象形字与甲骨文的比较》这一题目(报告中提到"孟华老师近期的研究重点也向类象形字转移"),所使用的"类象形字"这一术语就是类文字概念。后来她的毕业论文定名为《在图像与文字之间——图形符号和汉字的比较研究》,文中交替使用"类象形字"和"类文字"两个概念,重点研究了交通符号如 ↰(左转)和公共标示符号如 ☂(防潮)、

---

① 孟华:《文字论》,济南:山东教育出版社,2008 年版,第 137 页。
② 孟华主编:《三重证据法:语言、文字、图像》,长春:吉林大学出版社,2009 年版,第 64 页。

(铁三项)、（男女厕所）等符号的类文字性。2008年上学期，研究生王敏的符号学课程论文《标点符号的第三空间性》将孟华的"文字符号第三空间"即类文字理论运用到标点符号的分析中。她在"标点符号的类文字性"这一标题下，分析了标点符号的三个"类文字"特征：1.形式上以独体为主的个体性。一个标点符号，类似于一个汉字。2.在意义上，同样能够表达语义。3.在表义方式上多为约定性表达。这与文字的约定俗成性类似。尔后，孟华指导的研究生毕业论文石智勇《甲骨文金文文象关系比较研究》，①则把甲骨文以前的接近文字性质的结绳、锲刻等符号看做"'类文字'的图像符号"。2010年贾锦锦的汉字符号学课程（孟华讲授）论文《试论"类文字"本质上的约定性》，对孟华提出的"类文字的约定性"观点做了进一步的阐发。上述这些学生论文主要讨论的是第一种类文字现象："图趋文"的类文字问题。而研究生李艳写的汉字符号学（孟华讲授 2010）课程论文《艺术汉字的文象关系析》，则集中讨论了汉字异化为图画的问题，如：

这类在文字保持自己的字义和笔画基本特性基础上，线条化、图像化的现象，就是类文字的第二种情况"文趋图"：文字符号自我异化为图像符号的类文字性。

2011年2月出版的申小龙主编的《现代汉语》第四章《汉字》（孟华撰）②中，正式使用了"类文字"和"类象形字"的术语。至此，"类文字"由一个对史前视觉符号向文字过渡现象的称谓，被改造为一个合治观的符号学理论范畴：一个徘徊于语言、文字和图像之间的符号间性现象。

---

① 吕会：《在图像与文字之间——图形符号和汉字的比较研究》，硕士毕业论文，2010；石智勇：《甲骨文金文文象关系比较研究》，硕士毕业论文，2010。
② 申小龙主编：《现代汉语》，上海：上海外语教育出版社，2011年版。

二、确立"类文字"的关系论方法

关系论方法包括分离性原则(二元对立)和统一性原则(二元互补),我们也称之为"合治观",这是我们与结构主义符号学的主要区别。结构主义符号学强调二元对立和符号结构项之间的同质性;我们的文字符号学的方法是将"二元对立"处理为与"二元互补"相对的编码方式,是异质性与同质性的辩证统一。

(一)类文字的分离性原则

类文字不是"广义文字"的研究。因为后者是一种实证性研究,带有人类学和考古学的材料描述性质,更关注的是对文字与其他符号之间类似性现象进行客观描写。"类文字"首先是一个文象关系的符号学理论范畴,它基于图像与文字之间既区别又关联的所谓"第三空间"属性这一符号学理论命题,从分离性和统一性两个理论范畴出发来确立类文字。

类文字分离性原则的基本问题是:如何区别图与文?

先看下图:

如果把上图说成为"人和鹿",那么就是当作图画来理解了;如果理解为"大鹿",则是当作象形汉字(分别是甲骨文的"大"和"鹿")来理解了。①由此可见,象形字本身就徘徊于文字与图像之间。根据分离性原则,我们就要分析出图像和象形字的区别性特征:

1.认定性和约定性

图像主要是"看",是通过"看起来像对象"的像似性原则建立的,人们仅凭自己的日常视觉经验便可分辨出图像表达的原型。而象形字主要是"读",即它的字形虽然也像原型,但更重要的是它的字形与表达对象之间建立联系的途径主要是社会约定性,人们把像人体的 大 当作大小的"大",

---

① 裘锡圭:《文字学概要》,北京:商务印书馆,1988年版,第3页。

这种理解是建立在全社会共同约定基础上的,即"大"与汉语中的 dà 这个词的意义有着约定性的替代关系,并有固定的发音。所以,图像的"看"是基于日常视觉经验对表达对象的**认定**;象形的"读"是经过专门的训练和全社会的公共**约定**。认定性和约定性是"看"和"读",以及"图"和"文"的第一个区别性特征。

当然,图像也会有某种程度的约定性。如青岛的滨海有一块山石(即所谓"象形石")被称作"石老人",它虽形似一个老人,但也有人们的约定因素。这种约定保证了意义的共享,这是文化的本质。如果某甲称它"石老人",某乙则称其为"石猴",这就只是个体的"看",而非共同的"读"。尽管图像也会有一定的约定性,但从根本上说,图像是基于不同认知主体各自的纯视觉经验,而文字的象形则是不同认知主体共同约定的符号。从另一面讲,象形字也有"看"的图像性质,如甲骨文中的"鹿""日""山"等都具有图像的认定性特征。但是,无论是图像符号中的约定因素还是象形字中的认定因素,这些都不是它们的主导编码原则。一个符号,往往具有多个编码原则,如图像符号和象形字这两类符号都有认定性和约定性两种编码特征。一个具有多个编码原则的符号,其中的主导性编码(我们叫做"主导型"),决定了该符号的性质。如图像符号的主导型是认定性而不是约定性,象形字的主导型是约定性而不是认定性。这种区别就是分离性原则。

2.语言性和言语性

如果说图像的认定性和象形字的约定性是从这两类符号能指的角度分析的,那么,从符号的所指或表达内容的角度分析,图像的所指是言语性的,象形字的所指是语言性的。

根据索绪尔的划分,"语言"是一套全社会约定的符号系统,它的基本结构单位有音位、语素、词等(句子这一级单位一般认为具有语言和言语双重属性)。象形字一般记录和对应的是汉语单词,这些单词有明确的读音、有全社会通行的含义,这个读音和含义不以个人的意见为转移。图像的含义或表达对象也需要语言的阐释,譬如一幅关于"鹿"的图画,它并未与特定的语言单位相对应,它没有确定的读音,也没有确定的语言形式和含义,对图画的语言解释完全因人而异,处于一种个人话语状态:"鹿!""这是一头鹿。""一头漂亮的鹿。""多么逼真的鹿。"……这种因人而异的个人话语状态就是索绪尔所谓的"言语",图像符号的语义内容是由言语构成的。

这就是二元对立的分离性原则:从能指编码的角度分析,图像的主导型是认定性,象形字的主导型是约定性;从所指的内容角度分析,图像的主导型是言语性,象形字的主导型是语言性。

(二)类文字的统一性原则

在上文我们提出主导型①这个概念,它与符号关联场问题有关。符号关联场是指一个由语言、文字、图像等异质符号构成的一个符号表达域,如多媒体的互联网就是一个符号关联场。另外,符号关联场还指一个符号内部所具有的语言、文字和图像等异质要素所构成的空间结构,如一个象形字由这些异质性要素构成的微型符号关联场。符号关联场内,其中一类符号或要素起主导作用,它决定了各异质符号之间的关系性质,决定了整个符号关联场的性质,这个起主导作用的符号及其要素就叫做主导型。例如,在 MTV 中,符号关联场的主导型是音乐,而不是画面。

从统一性原则来看,符号关联场的各成分在某一符号的主导型所支配下,异质符号之间由差别性对立转向区别性特征的消失或趋同,异质符号同质化了,这种现象就是符号的统一性问题。

根据统一性原则,我们发现:象形字与某些图形符号有相通之处,象形字的符号结构规则也成为这些图形符号的主导型。试分析如下:

1. 象事与象物

象物是指形体直接描摹具体物象的象形字。如甲骨文:

▱像日之形、⋏⋏像山之形、✦像鱼之形、◆像目之形。

---

① "主导型"这个概念,借自结构主义语言学家雅各布森的"主导":"一个艺术品的核心成分,它支配、决定和变更其余成分。正是主导保证了结构的完整性。"(赵毅衡编选:《符号学文学论文集》,天津:百花文艺出版社,2004年版,第7页)。但雅各布森的"主导"是一个同质化的结构概念,强调异质符号被某一"主导"同质化为整体结构以及"主导"的绝对性。本节中的"主导型"是一个异质的概念,更强调异质符号之间主导关系方式以及主导关系的相对性。

下图为甲骨文和金文的象物字与器物之间的描摹关系①：

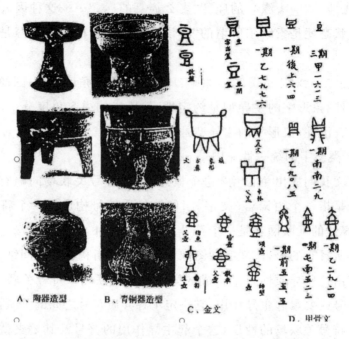

象事是指用象形的方式来描写某些抽象的概念或意义内容的字。如甲骨文象形字：

　　🯄（大）"'大'的形状是画不出来的，就只好把大人的'大'，当作一般的'大'了。"②

　　🯅（射）"以引弓将射，矢在弦上，以象射事。"③

还有一些象形字本来是象物字，但成为合体字的构字字符以后，便成了象事，以静表动了：如 ⊔（口）→吠； ⼽（趾）→武（字面义为"持戈行进"）。这说明，象事字和象物字之间可相互转化，有时界线并不很清楚。

下面是图形符号的象事和象物：

---

① 引自黄亚平、孟华：《汉字符号学》（上编），上海：上海古籍出版社，2001年版，第63页。
② 唐兰：《中国文字学》，上海：上海古籍出版社，2001年版，第80页。
③ 姜亮夫：《古文字学》，昆明：云南人民出版社，1999年版，第76页。

机动车道　　 非机动车道

上例的 a 组是对电话的真实描摹，是象物的方法，代表电话这；b 组图像中的汽车和自行车分别代表的是机动车道和非机动车道，它们不能从画面上直接解释，属于象事的方法。

2. 局部与全形

全形就是描摹事物的整体，局部就是以局部代整体的描摹方法。

如"车"在甲骨文中有 、两种书写形式，前者是局部画法，画车轮代整体；后者则是整体画法。汉字象形字的动物多是全形的画法，如虎、鹿、犬、马等，只有牛、羊等极少数象形字是局部画法（如画牛头代表牛）。

图像中的局部和全形画法：

以上的 a、b 两例都是厕所标志，但 a 为"全形"手法，b 为"局部"手法。

3. 写实与写意

尽量逼真地描摹原型对象的方法是写实。写意的方法则是只大致画出对象的轮廓、骨架，或者只是神似而非形似。

如古代象形汉字的"大""刀""虎"分别有两种书写形式[①]：

---

① 王蕴智：《字学论集》，郑州：河南美术出版社，2004 年版，第 51 页。

上例三对字中的前项是写实的,后项则是写意的。但与许多其他语言的象形字系统相比较,汉字象形字系统总体上更倾向于写意。如"衣"字的象形字,甲骨文写作 ,纳西文写作 ,显然后者更加写实。

图形符号中的写实与写意:

这两组标识中,a 组为写实的,b 组则是写意的。

4. 独体与合体

独体是指字作为一个整体像某一对象,其中任何一个部分都不可再分析出字符。如前例中的汉字象形字"大""刀""虎"都是独体象形。

合体象形这里不是指合体字,而是说在某个象形字基础上再附加上某些非字符性图像所构成的象形字,有人叫做"附托象形"[①]。如"羌",甲骨文写作 ;"鬼",甲骨文写作 ;它们都是在 (人)这个象形字基础上附加羊头或鬼头的形象构成的。再如"眉",甲骨文写作 ,是在 (目)字之上添加眉毛而构成。

合体象形的手法已经蕴含了汉字基本的生成规则:借助于已有的、有限的符号衍生和创造出更多的符号。这在认知心理学中叫做"借助于已知表达未知"。这种衍生规则在汉字合体字中得到了充分表现。

图形符号中的独体与合体:

a 晴　　 阴

b 小雨　　 小雪

这两组标识中,a 组是独体的,b 组是合体的,是在独体的晴、阴符号基础上附加雨点和雪花构成的。

---

① 李思维、王昌茂:《汉字形音学》,武汉:华中师范大学出版社,2000 年版,第 28 页。

5.类象形字

某些图形符号与象形字之间具有某种同构性或相似性,它们都具有相对固定的形体和固定的意义内容,都具有象形字的某些编码特征——这就是我们说的"类象形字"。类象形字是类文字的一种,某些不具有象形的特点但也具有文字的某些编码特征的图形符号,则是类记号字。类象形字与象形字共同的特点是:

其一,具有较强的约定性和规定性。如一辆自行车的交通图形只能**约定或规定**为"非机动车道"而不能直接**认定**为"自行车"。

其二,在表达方式上相通。如"全形/局部、象物/象事、写实/写意、独体/合体"八种表达方式既是造字法也是图形设计法。我们还可以根据符号学的观点将这八种方式概括为两大类:直接意指和含蓄意指①。直接意指就是字面或画面的形象与对象之间有直接对应关系,人们凭借视觉形象就能直接分辨出原型;含蓄意指则是形象与原型之间不对应的情况,需要经过阐释或专门训练才能理解原型对象。相对而言,"全形、象物、写实、独体"是直接意指的,而"局部、象事、写意、合体"则是含蓄意指的。越是直接意指的表达方式,其图像性就越强;反之,含蓄意指的表达方式则更具文字性、语言性和约定性。象形字和图形符号之间在表达方式上的这种相互影响、相互近似的特征就是统一性原则。

其三,表达内容的相似。象形字的所指对象是汉语中固定的单词,是固定的形体、发音和语义的三位一体。这些图形符号虽然不是记录语言的文字单位,但也是固定的形体与固定的词组相结合的产物,具有较强的"语言性":

晴、机动车道、男(或女)厕所

也就是说,这些图形符号的所指被某个固定的语言单位所"锚固",具

---

① [法]罗兰·巴尔特:《符号学原理》,王东亮等译,北京:生活·读书·新知三联书店,1999版,第83页。

有了"准"书写符号的性质。

因此,我们把上述具有较强约定性、规定性和语言性,在表达方式上接近象形字的图像符号叫做"类象形字"——我们站在二者区别的角度研究是分离性问题,站在趋同或差别化消失的角度研究则是统一性问题。类象形字就是从统一性原则出发来分析图文关系所得出的结果。

以上是从共时的图文关系上分析的类象形字,从象形字的历时演变看,它可能经历了一个由图画到类象形字再到象形字的过渡过程。这种过渡性的类象形字在古代族徽中也体现出来。王蕴智认为:这些族徽字"在构形上应该与……表意字同属一个范畴,但其记录语言的功能却是十分有限的"[①]:

类象形字或类文字的研究揭示了一个文字与图像相互区分、相互关联的广阔的符号场:它既是语言、文字和图像相互博弈的空间,又是它们相互妥协的产物。这种研究对读图时代,尤其是对汉字文化而言具有深远的理论意义。

三、"图趋文"和"文趋图":两种类文字现象的分析

下面进一步分析本节第一部分所概括的两种类象形字现象,图像符号向文字靠拢的类文字现象(图趋文)和文字内部自我异化为图像符号的现象(文趋图)。

(一)类文字的图文中介化性质

文字在看与读、图像与文字之间徘徊的性质,我们叫做"文字的第三空间性""图文中介化"或"类文字性"(本章第五节叫做"中性")。下面我们着重以汉字为例分析这种图文中介化性质。

从汉字的形体结构看,其构成要件都具有像素(笔画)和线条双重性。

---

① 王蕴智:《字学论集》,郑州:河南美术出版社,2004年版,第50、51页。

"像素"是我借自数码图像的概念,在本节中泛指能够重复使用的构成图像的最小视觉单位或基本结构单元,它本身不含意味或意义。如下图:

这是一个"猪"的写意图,但它的基本单元不是依类赋形的线条,而是固定的可以重复使用的区别性单位,它们具有"像素"性质。汉字的笔画"点、横、竖、撇、捺"就具有像素性质。

"线条"在这里中是与"像素"对立的关系概念:"线条本身有其特殊的语言和习语。""全长的横线不仅能唤起宽广的感觉,而且还能唤起重量感、静止感,确实,还有悲哀感。曲线易于使人联想到运动……"①

线条有两种:一是本身具有抽象意味(如尖锐的齿形线条与柔和的流线型相比);二是具象摹状(如象形汉字的"口"是对嘴的具象摹状)。

由此,我们得出的结论是:像素(笔画)与文字有关,线条与图像有关。

汉字的形体具有第三空间性质或图文中介性质:它既是像素(笔画)又是线条。作为像素(笔画),它构成字形;作为线条,意味线条构成汉字书法,摹状线条构成汉字美术字或文字画。作为线条,它包含某种意味形式和摹状形式,为图像符号做准备;作为像素(笔画),它是任意性差别化的手段,为文字符号做准备。因此我们对汉字的这种图文中介化或类文字性质概括为:

1. 笔画的自由化就是线条;线条的习语化、程式化、规范化、像素化就是笔画。

2. 二者之间的徘徊构成了字法(汉字形体构造)与书法(包括美术字、文字画)的两极,这种在两极之间徘徊和中介的性质就是类文字性。

---

① [德]玛克斯·德索:《美学与艺术理论》,兰金仁译,北京:中国社会科学出版社,1987年版,第372、373页。

（二）类文字的图文中介化的类型

类文字的中介化包括两类："离心化类文字"和"向心化类文字"。

1. 向心化类文字

指的是"图趋文"的趋势：线条的笔画化、或图像的文字化，就是"向心化类文字"。如沈兼士所讨论的"初期意符"或"文字画"，揭示了图像向文字靠拢的过渡现象，就属于"向心化类文字"。广而言之，一切图像假如具有了笔画化、像素化的编码特征，都可以看做是向心化类文字，都具有类文字性。

2. 离心化类文字

指的是"文趋图"的趋势：笔画的线条化、文字的图像化。如汉字书法是笔画向意味形式的线条转化的类文字化；而下图的"舞"则是汉字笔画向摹状性线条转化的类文字化：

汉字"舞"经历了从象形字的 、到现代汉字的"舞"，再到美术化的"舞"三种形态，这体现了一条"线条化－笔画化－再线条化"的路径。对这种图文中介性或第三空间性或类文字性的揭示，让我们打通了象形字与文字、文字与图像的关系。那些具有笔画和线条双重特征的文字，有可能成为"文字化图像"或"图像化文字"。

根据符号关联场主导型的观点，我们把文字的图像化即离心化类文字，看做是文字主导的类文字；把图像的文字化即向心性类文字，看做是图像主导的类文字。有了主导型这个概念后我们会发现，类文字无处不在：在图像那里有文字现象，在文字那里也有图像现象。

由于这些类文字范畴具有图像和文字双重编码特性,它极有可能成为一种独特的视觉语言,这种宝贵的视觉符号资源对美术设计、图画创作、文字研究、视觉符号理论都有重要的理论指导意义,而且,这种类文字很有可能成为当今无所不在的表情包的基本符号属性。这些饱含语义的、可重复使用的类文字图像,将表情包时代提供理论基础。

第三节　从造词到类文字

【提要】　类文字是类符号学研究的一部分。类符号,即不同的异质符号之间所出现的亦此亦彼的跨界性质。汉字的类文字或类符号性可从能指、编码、所指三个方面考察。从能指或汉字形体的角度看,类文字性表现在笔画和线条、字符和图符的中介化现象。从编码或构意方面分析,类文字性表现为像似性和任意性的中介化,即意象性。从所指或字义的角度分析,类文字性表现为观念物和具象物(现实物)的中介化,即名物性。

这样,类文字和类符号的研究就分为三个层面:类能指、类编码(类意指方式)、类所指。类文字的研究旨在说明,符号的意义既来自一个符号内部多重的异质关联域,也来自各异质符号之间相互跨界的关系域。这个区间在本章第四节中叫做"文字间性",在本章第七、八节中叫做"超符号"。

一、关于造词

说起造词,当然就要从我师从葛本仪先生说起。

我曾经是一个文学青年,后来将自己写不出像样东西的原因,归结于个人的"词汇贫乏"。这个"误判"却致使自己走向词汇学。我在工厂做工人时便开始搜集各种语汇,建立自己的词典,并在《汉语学习》《辞书研究》等刊物上发表了几篇学术文章。那时学术界对词汇的理解,主要还是受斯大林的"建筑材料"和结构主义的"结构单位"等观点的支配,把词语看做是静态的语言备用单位,研究者主要的工作就是确定各种边界:词与非词的分辨,词的内部意义结构划分,词汇与语法的区别,词的各种形式或功能参数的定量分析……

这种观点与我对词汇的实际感受相差太远,当时无法把这种感受总结出来,但用今天的学术语言分析,我当时心目中的词语还应该是一种人的精神活动及其产品,它是人类语言生活的全息胚,它不仅有着自己的内部结构规定性,同时还关联了语法、修辞、书写,还关联了整个人的交流活动。总之,它还具有跨界的、动态的、异质的、开放的、人文的等另一面属性,词语就是一个文化符号世界。

1987年,我带着这种懵懂的感受入葛本仪先生门下后,思路很快就被她的"造词理论"激活了。当时词汇学界的主流是"构词说",鲜有学者在研究构词的同时还考虑造词问题。构词与造词,一字之差,理路迥异。"构词"是后得于词,即人们从一个既有的词语成品出发,静态地分析它的结构规则及其类型,诸如偏正式、主谓式、联合式、补充式等。而"造词"是先得于词,即重点思考一个词"从无到有"的问题(葛本仪语),先有"造词"的活动而后才有活动的产品——"词"。

造词说蕴含着一个语言学研究方法论的根本分野:从语言静态的结构分析转向动态的、开放的言语活动的研究,转向静态结构与动态功能、人与语言的相关性研究。

当然,造词的研究又可以从两个具体路径入手:一是面向词汇系统,通过语言的现成结构单位,概括出它们是如何被生成的那些机制和规则。葛老师就是走的这个路子,譬如她通过对现成的汉语词语的结构分析,概括出音变法、摹声法、音义任意结合法、说明法、比拟法、引申法、简缩法等。显然,这种研究已经超出了传统语法学构词法的纯结构描写,已经引入了动态的修辞、语用等要素和规则。这些观点在20世纪80年代的词汇学界还是相当另类的,当时的词汇学家们很少有人关注造词问题。正是在葛先生的启发下,我走向了造词研究的第二个路径,即直接面对人们的言语活动,去观察一个词是如何从言语活动片段演变为语言结构单位

(词)。这个过程就是"命名"。我的硕士毕业论文就是《命名简论》(1990年),现在看应该这是学术界比较早的系统研究命名学的论文,分两期发表于青岛师范专科学报。后来也连续发表了几篇关于命名的文章,遗憾的是我所憧憬的命名学还没有建立,兴趣便匆匆转移了。

正是有了师从葛老师进行造词(命名)研究的经历,我此后的学术研究始终关注的是语言的异质性质。即任何一个语言单位,譬如说词,它总是在与人、与社会、与语境、与语言结构自身、与其他异质符号(书写、图像、标记、实物等)的关联中定义自身的。这个学术立场成为我始终不渝的基本原则,它显然受惠于葛师的造词说。后来我发现,实现这个学术理想的最好领域是符号学。而词汇学与符号学有着天然的联系。现代符号学的奠基人之一索绪尔,他的代表作《普通语言学教程》,提出了符号学的一些基本范畴,诸如能指和所指、任意性和相对可论证性、语言和言语、组合和聚合、语言符号和非语言符号、语言和文字等,我们会发现,他的符号学或语言学的基本研究对象不是句子、不是图像或其他非语言符号,而是语言中的词汇。索绪尔的宏旨是基于词语符号去寻找一般符号学的普遍规则。

但是,索绪尔的语言学和符号学是结构主义的,或者至少是,他的阐释者们把索绪尔的观点"结构主义化"了。而我在研究符号学(语言符号、文字符号、视觉符号、实物符号)的过程中,始终秉承"造词说"的学术立场,注意符号的动态、异质、开放性质的研究,注重与修辞学和文化语言学的结合,以弥补索绪尔结构主义的局限。因此,我现在的主要学术兴趣是对汉字的符号学研究。它不是严格意义上的汉字学,而是以汉字为符号样品的普通符号学理论研究。我的基本观点是,汉字是在它与汉语、图像符号、实物符号以及其他汉文化符号的关联中定义自身的。[①] 汉字处于最基本的两种异质关系中:一是言文关系(汉字与汉语的关系),一是文象关系(汉字与视觉符号的关系)。汉字相对于汉语时,它具有视觉符号的性质;而它相对于视觉符号时,汉字又具有语言符号的性质。汉字的这种

---

① 孟华:《文字论》,济南:山东教育出版社,2008年版,第11页。

中介性我称之为"第三空间性",也叫做类文字性①:它既是文字符号又不是文字符号的跨界、中介性质。

类文字或者类符号学,可能成为我的学术生涯的最终归宿,但我每次前进一步,总是要从词汇学、造词说那里寻求原发的灵感和动力。

二、关于类文字

类文字是我所提出的类符号学研究的一部分。类符号(本章第六至八节又叫做"超符号"),即不同的异质符号之间所出现的亦此亦彼的跨界性质。譬如这个视觉符号:

(来源:《广州日报》2012—03—18)

人们会误以为它是张照片,其实是一幅铅笔画。作者有意按照片的编码原则(镜像原则)去创作图画符号,将异质符号的符号原则转移过来,使图画符号兼具图画和照片两种符号特性。这就是类符号现象。

所有和文字相关的类符号性,我们统称为类文字性。如高玉宝的入

---

① 参见孟华主编:《三重证据法:语言·文字·图像》,长春:吉林大学出版社,2009年版。孟华:《试论类文字》,《符号与传媒》,四川大学出版社,2011年,总第3辑。

党申请书:

该文(抑或图画)的意思是:"我从心眼里要入党。"但作者当时是文盲,不会写的字便用图画代替。这里的图画兼具文字属性,成了类文字、类符号。

(一)汉字能指的类文字性

主要指汉字或图像形体所表现出的图文中介化现象。

1. 线条与笔画

我认为,无论图像(图形)还是汉字,都具有线条和笔画两种属性,只不过文字是笔画占主导,图画则是线条性占主导。笔画是能够重复使用的构成图像的最小视觉单位或基本结构单元,它本身不含意味或意义,具有习俗性、规范性和重复使用等特征。线条则是与笔画相对立的概念,它本身具有意味性或摹状性,比如,"全长的横线不仅能唤起宽广的感觉,而且还能唤起重量感、静止感,确实,还有悲哀感。曲线易于使人联想到运动……"①线条有两种:一是本身具有抽象意味(如尖锐的齿形线条与柔和的流线型相比);二是具象摹状(如三角形是山的具象摹状)。

如果从异质符号区别性的眼光看,笔画与文字有关,线条与图画有关。但是,类文字性(譬如汉字)的能指则表现在:它既是笔画又是线条。作为笔画,它构成字形;作为线条,意味线条构成汉字书法,摹状线条构成

---

① [德]玛克斯·德索:《美学与艺术理论》,兰金仁译,北京:中国社会科学出版社,1987年版,第372、373页。

汉字美术字或文字画。作为线条,它包含某种意味形式和摹状形式,为图像符号做准备;作为笔画,它是任意性差别化的手段,为文字符号做准备。因此我们对汉字的这种图文中介化或类文字性质概括为:

笔画的自由化、意味化就是线条;线条的习语化、程式化、规范化就是笔画。二者之间的徘徊构成了汉字的字法(汉字形体构造)与书法(包括美术字、文字画)的两极,这种在两极之间徘徊和中介的性质就是类文字性。

当然,在汉字形体演变史中也存在这种类文字现象,古文字(如甲骨文和金文)与今文字(汉字隶定后)的区别就是:古文字更具线条化倾向,今文字则走向笔画化。但古文字其实也具有线条化和笔画化双重性即类文字性。

2. 图趋文与文趋图

"图趋文"指的是线条的笔画化、或图像向文字靠拢的情况,我们也称为"向心化类文字"。如沈兼士所说的"初期意符字"或"文字画":由文字画蜕化为六书文字,中间应有一过渡时期,逐渐将各直接表示事物之图形变为间接代表言语之符号。①

"文趋图"指的是笔画的线条化、文字的图像化,我们也称"离心化类文字"。如下图的"茶壶"则是汉字笔画向摹状性线条转化的类文字化:

(二)汉字编码的类文字性

符号编码,指一个符号的能指和所指被某种编码方式或规则组织起来产生意指的过程,或这种过程的结果。如汉字的"六书",就属于符号编码的范畴。

---

① 沈兼士:《沈兼士学术论文集》,北京:中华书局,1986年版,第207页。

每一种异质符号都具有多种编码方式,但总有自己主导性的编码方式。譬如照片的主导编码是镜像原则,图画的主导编码方式则是像似性或肖像性:在图与原型之间的保留某种(可观察到的)失真度的视觉模拟关系。至于语言符号的主导编码,索绪尔则认为是任意性和线条性。当一种符号使用了异质符号编码方式,它便具有类编码性质,譬如前例的图画符号使用了照片编码。

1. 汉字的类文字编码

汉字在像似性和任意约定性之间跨符号地徘徊,具有一种类编码性质。或者说,它不仅有着文字编码的性质同时还兼具图像编码的性质。

如"凸、凹"这两个字,字形是对某种现实形状的像似性模仿,具有图像编码的性质。当然这是相对而言的,真正的图像编码(如照片、油画)是"所见即所得",图形与原型对应;而象形字的图像编码中已经包含任意约定性编码:并不对应某个现实形象,而是被约定性地专指某个固定的意义。因此象形字是一种类编码,具有像似与约定双重编码性质。但"凸、凹"与汉字"委"相比,前者显然更具有像似性编码特征,而后者则是一种"意象性"编码:"委"这个会意字从"禾"、从"女"。"禾"随风摇摆产生随顺的意象,"女"也具有柔顺的意象,二者意象性地结合在一起,并且意象性地表达"随顺"这个字义。

什么是意象性?其形象并不是由字符的形体画面直接提供的,而是通过对字符的意义联想而产生的。意象性就是通过对符号的意义联想所产生的形象感,是一种心象而非直觉的视象。意象性编码也是文学的基本编码原则。

相对而言,汉字"六书"中的"象形"主要是像似性编码,而"会意""形声"中的意符,则更侧重于意象性编码。就整个汉字系统而言,古文字(甲骨文、金文、篆文)阶段的表意汉字侧重于像似性编码,今文字(隶定以后的今文字)阶段的表意汉字则是意象性编码。

相对于像似性(所见即所得)编码,意象性(所想即所得)更具有约定性编码的特征:一个"禾"的意符具有"随顺"的意象,是汉字社会任意约定的结果而并无必然的理据。但是,汉字的意象性意符(如形声字或会意字的意符)与汉字记号字(形体失去意义理据的字,如现代汉字"女""水"等)、假借字以及声符相比,后者又更具有任意约定编码特征,而意符的意象性则可看做是像似性编码在现代汉字中的转移,或者说是代表了汉字向图像编码靠拢的倾向。

　　汉字的三种字符代表了三种编码方式:形符(像似性)、意符(意象性)、声符(任意约定性)。但就汉字系统的本质而言,意符所代表的意象性原则,是汉字的主导编码。

　　汉字的主导编码在坚持文字的约定性编码的同时,还表现出向图像编码靠拢的性质,这属于"离心化类文字"范畴。而下面我们将讨论的是汉语编码向汉字编码靠拢的情况,这属于汉语的类文字问题,也即我们说的"向心化类文字"现象。

　　2.汉语的类文字编码

　　合体的形声字与独体的象形字的重大区别在于:后者更侧重于像似性、图画性编码,而形声字主要是针对一个具有音符化倾向(任意约定编码)的汉字单位所做出的理据化、意象化的标注,即在一个音符旁边增加了表意象的意符:"假如有一条河叫做'羊',一个部落的姓也叫做'羊',一种虫子也叫做'羊',古人就造出从水羊声的'洋',从女羊声的'姜',从虫羊声的'蛘'……"①象形字"羊"被借作河、姓氏、虫子的名字时,它是一个假借字即表音性字符,在这个假借字(音符)基础上加上意象性的意符分别构成形声字"洋、姜、蛘"以后,形声这种造字法就表现出用意象编码的方式(意符)去阐释、界定、标注约定性的音符。这个"音符+意符"的基本原则之所以是意象思维,是因为它代表了一种可视性地看待有声的汉语的一种文字类编码方式:既承认汉字具有音符的任意约定性质以及汉字向汉语靠拢的一面,又坚持汉字的表音一定要建立在图像编码的基础之上,强调汉字意符之意象对汉语的阐释和标注功能,强调意象性是形声字的主导编码原则。

　　汉语,相对于汉字而言,它的主导编码还是索绪尔所说的任意性和线

---

① 唐兰:《中国文字学》,上海:上海古籍出版社,2001年版,第86页。

条性原则。尽管徐通锵说汉语是一种非线性的、理据的语言①,他的这个论断是就汉语和印欧语的对比而言的,印欧语相对地说更具任意性编码特征。但是如果我们把汉语放到文字(汉字)符号的对立面,就会发现汉语编码的主导型还是属于语言的任意约定原则,而汉字的主导型则是意象性原则。

当汉字形声字的这种"音符+意符"的意象思维,转移到汉语编码中,使得汉语编码兼有了汉字编码(意象性)的类编码性质,这便是汉语向汉字靠拢的"向心化类文字"现象。如唐代孟棨在《本事诗》中写道:"白尚书姬人樊素,善歌,妓人小蛮,善舞,尝为诗曰:'樱桃樊素口,杨柳小蛮腰。'"此处,诗人在形容樊素的口(或者更准确地说,她的唇)非常红艳,而小蛮之腰十分纤细。但他并没有使用"红"和"细"这类字眼,而是用"樱"比喻"樊素口",以"杨柳"比喻"小蛮腰"。②

显然,"樱桃""杨柳"这些意象性的比喻代替了直白的概念"红""细",相当于形声字的意符;而"樊素口""小蛮腰"则是直接表达有声语言的概念单位,相当于"音符"。它们的结构式为:

樱桃(意符)+樊素口(音符),杨柳(意符)+小蛮腰(音符)

汉语中的"<u>雪</u>白、<u>碧</u>绿、<u>天</u>大、<u>海</u>量、<u>樱</u>口、<u>鼠</u>窜、<u>蛙</u>跳、<u>猫</u>步、<u>菜</u>色、<u>仙</u>逝、<u>奶</u>白、<u>油</u>滑、(一)<u>捧</u>水、(一)<u>把</u>米、(一)<u>包</u>书、鬼哭狼嚎、<u>枪</u>林弹<u>雨</u>"等词语,也属"音符+意符"的意象思维结构:划线的语素相当于意符(视觉意象),其余的则相当于音符(听觉的语言概念单位)。

意象性虽然是汉字和汉语共享的类编码方式,但从逻辑上而非发生学意义讲,我们认为汉语中的意象性编码是由汉字提供的。汉语中的这种汉字意象性编码即我们称之为"向心化类文字"现象——汉语的编码或语法因具有(汉字)字法的特征而变成一种类文字编码。徐通锵先生的汉语字本位理论较早地意识到了汉语的汉字性问题。但我认为站在类符号学的角度能更好地阐释此类现象。

---

① 徐通锵:《语言学是什么?》,北京:北京大学出版社,2007年版,第34页。
② 参见[美]徐平:《"物"与"意符诗法"》,涂险峰译,《长江学术》,2006年第2期。

(三) 汉字所指的类文字性

异质符号在能指和编码方式上差异，必然与其所指的差异有关。比如图画符号的能指是线条性的画面，它的编码方式是像似性，进而它的所指便倾向于指涉一个现实物象而非概念——所见即所得。当然，有的图画的所指是指涉概念的，比如中国传统画中的"梅、兰、竹、菊"，被隐喻为四种君子之精神品格。当一幅画不是为了状物而是表意，它已经被类文字化、类所指化了。图画符号的所指当然也可以表达概念，但其主导型却是物象而非概念。

文字符号的所指显然是语言，其能指则是高度笔画化的图形，编码方式是任意约定的。而当汉字的所指不仅是语言而且还指"言外之物"，那么它就异化为其他符号的所指而呈现出"类所指"的情况。

汉字是表词文字，按照文字的约定性原则，它的所指应该是语言中某级抽象结构单位。但实际上汉字的语言意识并不鲜明而表现出类所指倾向：字词不分、名物不分。

1. 字词不分

汉字所指的词，不是抽象的语言结构单位，汉字代表的不是词的抽象形式而是某个具体的音义结合体。

根据法国语言学家马丁内的观点①，语言学界一般把语言看做是一个双重分节的结构：上层（第一分节单位）是符号层，由语素、词语、句子这各级单位构成，底层（第二分节单位）是音素或音位层。如汉语的底层有十个元音，二十二个辅音，共三十二个音素。世界上多数语言的音素数量都在三四十个上下。越接近底层的结构单位数量越少，而句子这一级单位是开放的、数量无限。

语言在层级结构的这种多次切分和离析其实是由文字来完成的：在图画文字阶段，文字只能以画面来标注句子或话语片段。后来图画

---

① 法国语言学家马丁内认为对语言结构可进行双重切分，第一次切分得到的是有意义的符号单位及词素，第二次切分得到的是没有意义的最小语音单位及音位。双重分节旨在说明人类语言只需要不多的音位就可以构成无数有意义的话语。——引自[法]皮埃尔·吉罗：《符号学概论》，怀宇译，成都：四川人民出版社，1988年版，第37页。

文字发展为单词文字,如一个汉字书写汉语中的一个词语或语素,人们开始认识到词语这一级符号单位。而字母系统发明之后,"这种文字系统记录的不是整个词或音节,而是组成词的语音"①即语言最底层的音位系统。

汉字分析和标记的不是汉语的语音系统,而是一个个具体的词语或语素单位。如汉字"马"并不代表汉语中 mǎ 这个音节(汉字中的"码、玛、犸、蚂"等字都读 mǎ),而代表 mǎ 这个音节和所负载的个别语言单位意义的结合体。由于汉字记录的是汉语第一分节的符号单位,这使得它倾向于使自身成为一个有意义的符号来记录汉语的语符(语素或词),这就是汉字的"词化"原则:要求汉字保持一个形体、一个音节、一个意义的对应格局②(徐通锵),进而造成汉字单位同时也是汉语的词语(或语素)单位的字词统一的格局。而一旦违背了这个"词化"原则,汉字(汉语)社会往往会做出适当调整。

如外来词"茉莉"早期翻译为"末利"等,汉字记录的是汉语的音节而不是词,违背了"词化"原则,于是汉语社会后来加上草字头写作"茉莉";"琥珀"早期译作"互婆""互破"等,后来词化为带"玉"字旁的"琥珀";"峨眉山"以前叫做"娥眉山",后来"娥"词化为"峨"……这个过程就是汉字词化的过程。汉字形声字多数是在音节化的假借字或记号字基础上加注意符产生的,音符加注意符的过程也是汉字词化的过程。

再如"蝴蝶"只是一个语素,但却用两个汉字来记录,它们只表音不携带意义,不符合汉字"三个一"的词化原则,于是汉语社会便做出了调整:

蟹:螃蟹、蟹肉、蟹壳

啤:啤酒、扎啤、青啤

蛛:蜘蛛、蛛网、蛛丝、喜蛛

驼:骆驼、驼肉、驼毛、驼峰

---

① [捷]伊·克拉姆斯基:《音位学概论》,李振麟等译,上海:上海译文出版社,1993年版,第3页。

② 徐通锵:《汉语结构的基本原理》,青岛:中国海洋大学出版社,2005年版,第71页。

巴：巴士、中巴、小巴

的：的士、面的、的哥、的姐

上述的"蝶、巴、的、啤、蛛、蟹、驼"等字本来是无意义的音节，但现在都"词化"为形音义结合体的符号单位了（这种现象是陈保亚总结的，他称之为"字化"[①]）。但是它们的具体情况还有所不同："碟"和"蟹"是一类，它们的词化程度最高，甚至在一定语境中可以单用，如"看碟""卖蟹"。"啤""蛛""驼"是第二类，它们的词化程度稍次，虽不能单用但可意会。"巴""的"是第三类，词化程度相对最低，它们更依赖于某些特定的组合结构。这三种类型反映了词化的不同阶段的情况（词化三种类型的分析承蒙葛本仪先生的指点）。

众所周知，字和词是两个不同的概念，字是表示词的书写符号，但因汉字是表意文字，它从产生开始，就和汉语词有着千丝万缕的联系，所以在发展过程中，出现词化现象是很自然的。词化原则导致汉语与汉字相互指涉，表现出字词之间跨界的情况，进而导致字词不分、言文不分，汉字的所指呈现既是字又是词的跨界或类所指现象。

2. 名物不分

就异质符号的区别性原则看，图像符号的所指是物象，词语符号的所指是概念。物象和概念的基本区别是：类型化和表征化。

类型化即符号所指代表现实对象中的一类，保持着该类的共同抽象特征。譬如"树"这个词语的所指是关于树的类型化概念，它可以指涉世界上任何一棵具体的树。

表征化即符号的所指代表现实对象中具象的某一个而非类型。譬如与词语的"树"相比，一幅绘画（或照片）中的树，其所指常常是某一棵具象的树。当然绘画的所指也具有类型性，但与词语符号的所指相比，它更具表征性特点。

象形字或形符（用象形字来充当合体字中的意符），是按照像似性原则创造的文字，其所指显然具有图画符号的表征性、物象性特征；假借字

---

 ① 陈保亚：《20世纪中国语言学方法论》，济南：山东教育出版社，1999年版，第371页。

或声符则是纯表概念的字符,其所指具有类型化特征。而意符或按照意象编码构成的表意字,如今文字阶段的汉字会意字、形声字,它的所指既不是纯概念的、纯类型的,也不是纯物象、纯表征的,而是介于表征和类型、概念和物象中间状态的类所指。

如"窥阙、氛雰、棰箠、裹里、見见",这五组字中的前三组是异体字,体现了汉字用不同的意象表达同一概念的编码原则,其所指必然带有表征而非类型的特点。即使许多同源字,比如"权、衩、汊、叙",它们也都可以看做是对同一语义概念("分叉")的意象性、表征性呈现。这五组字的后两组是繁简字,其中的简体字意象性消失,其所指高度类型化、概念化了;而相对照的繁体字,则保留了意象性,其所指显然也更具有表征性、物象性。

表意字的类所指特征最终导致一种名物思维:将物概念化、将概念物化。

当我们说汉字的所指是一个语义概念时,又会发现它常常被字形的可视形象所表征化,仿佛所指的不是概念而是一个具象物;当我们说汉字的所指是一个具体物的时候,这个物又被高度意象化,成为一个语义物。进一步说,汉字的类所指性表现为:它将所指涉的概念语义世界物化为一个可视的自然世界,又将一个可视的物的世界改造为语义性、意象性的、人的世界,并且在这两个世界之间做语用性、权衡性的选择。

汉字类所指的这种名物思维,在史学上表现为王国维所说的"一重证据法":古典的历史研究都是建立在汉字书写和典籍资料这"一重证据"基础上的,人们将汉字书写的历史等同于历史事件本身,将汉字书写的语义性、意象性所指物化为一个可视的自然世界,人们相信汉字呈现的符号事实等同于自然的事实本身——这就是中国经学传统的符号学本质。王国维提出"二重证据法"①以对汉字所指的类文字性进行反思:汉字提供的仅仅是符号事实,因此,我们研究历史除了汉字资料以外,还要注重地下的考古材料(第二重证据)。正是这第二重证据观的出现,使长期笼罩在

---

① 王国维:《古史新证》,北京:清华大学出版社,1994年版,第4页。

中国史学中的名物思维变成一种符号思维，一种由约定性编码原则所支配的概念思维、语义思维，汉字类所指的名物思维之权力性本质得以清理。

如果说名物思维可从"将物概念化、将概念物化"两个角度分析，那么我们以上分析的主要是"将概念物化"的类所指情况，下面则是"将物概念化"的类所指现象。

一座高层公寓的售楼处，许多人愿意要七楼而不选八楼，仔细打听以后才知道有"七上八下"的说法："七楼"代表人生上升曲线，而"八楼"则代表下降。显然，这里的七楼和八楼作为一个实物，已经被语符化了。它们分别负载了人生"上升"或"下降"的观念，这种观念是因为与汉语成语"七上八下"相关，这个成语成了七楼和八楼这两个语符的所指。许多人相信物质的楼层与相关的人生安排有着自然联系，于是被汉字书写的所指成了神秘的谶语。这就是将物概念化的名物思维：一个物被汉字（成语）隐性书写后具有了语义性；明明是汉字任意性、约定性的书写，人们却把它看做是某种神秘的自然力量。物的语义性所指被掩饰为一种自然的物质力量，物的能指与被物化的所指之间就像某些物质符号譬如看见烟而想到火、看到指向北方的风向标而想到北风、看到脸红而想到心情激动——这些符号皮尔斯叫做指索符号，一个物的能指自然地关联着另一个实物性所指。但是"七楼"和"八楼"作为语符它不是指索符号，其能指和所指之间仅仅是人们的任意约定和主观附会，但符号阐释者却把它"指索"化、自然化了。这就是名物性思维的"物的概念化"：一方面将物变成某种概念的语符，一方面又将这种约定性语符掩饰为自然性的指索符号或实物性所指。因此，作为语符的"七楼""八楼"，其所指具有概念性和实物性双重性质，并且界限不清，正是这种亦此亦彼的类所指现象，使得楼层变成神秘的谶语。

我们再看这张照片：

它直接呈现的是雷锋在学习《毛泽东选集》的场景。根据中国新闻网（2003年02月26日）介绍，这张照片是由张峻根据雷锋1960年写在笔记本上的"入伍一年有感"文稿的内容补拍的。

现拍和补拍的区别是：现拍的照片，其能指（形象）和所指（事件）之间有着内在的自然联系，相当于一个指索符号。而补拍时镜头则不是直接面对事件本身，而是对事件的叙事（笔记）的再叙事。这就涉及两类所指：现拍的照片的所指，能指与所指具有当下性关联而必然为真（不包括造假照片）；而补拍照片的所指是建立在文字书写（雷锋笔记）基础上的，它切断了与事件的直接联系而不必然为真。当然，我们相信照片反映的是史实，这是因为我们相信发表照片的媒体、相信树立典型的党组织。而就符号自身规则而言，补拍的书写所指本身并非必然为真。

这张补拍的照片背后隐含着汉字的隐性书写，但这种书写性所指又将自己掩饰为自然事件本身，因此，这张照片的所指就具有书写性和自然事件性双重属性，显然是一种类所指：它将物（自然事件）概念化（书写）的同时，又将这种概念（书写）物化、自然化了。

类文字和类符号的研究就分为三个层面：类能指、类编码（类意指方式）、类所指。类文字的研究旨在说明，符号的意义既来自一个符号内部多重的异质关联域，也来自外部各异质符号之间相互跨界的关系域。

第四节 类文字与汉字符号学

【提要】 汉字历时地或内在地隐含了、共时地或外在地关联了它与汉语、图像符号、实物符号所共同构成的一个异质性符号关联场。这个异质符号关联场就是文字间性或符号间性。这种文字间性笔者也叫做"超符号性"(见本章第七、八节)。本节分析了三种文字间性关系：AB 对立型、AB 移心型和 AB 执中型。并认为后两种属于类文字。本节给类文字的定义是：文字间性关系中的异质符号之间处于跨界状态就是类文字。本节最后提出，AB 执中型的汉字是汉字符号学研究的重心，它所携带的汉民族文化基因，可能是世界符号谱系中的重要一极。

类符号既是对二元对立的符号观的一种解构，又是一种符号事实。它建立在符号间性基础上的。所谓符号间性是符号内部或外部所存在的 AB 两个异质性要素之间的关系。这种关系包括对立关系和跨界关系，后者便是类符号现象。而对立关系在处理构成异质差异的 AB 两项时，倾向于进行等级制的极性处理，要么 AB 偏 A，要么 AB 偏 B。

一、文字间性与类文字

汉字符号学，基于这样一种学术立场：它不是把汉字看做是汉语或语言学的一部分(现代文字学常常这样认为)，也不是把汉语看做是汉字的一部分(中国传统小学实际上是这样做的)，而是把汉字看做是它在与汉语、文本、图像、实物、标记、仪式等各种符号的异质关联中发挥作用的独立符号系统，或者说，汉字是看待汉语等其他异质符号的意指方式。

(一) 文字间性

汉字总是在与汉语、图像、实物、仪式等符号的关联中定义自身的。或者说，汉字无论在历史上还是在现实的运用中，除了表达汉语以外，它还总是与图画、抽象记号、实物符号发生某种异质关联性。

譬如,从历时看,主流的观点是,汉字的产生与史前的各种视觉符号如陶符、岩画、族徽以及实物符号等有渊源关系,黄亚平认为汉字产生于对这些符号的"二次约定",即在这些符号基础上发展而来的。① 汉字的形体也由象形字脱胎而来并保留着与它的血脉关系。从共时看,汉字既具有图画符号属性,亦与实物符号关联。汉字书法艺术,便遵循一套图像符号的空间语法:构件的空间布局(上下或左右)、平衡(对称与不对称)、接近(一起/分离)、平衡(对称/不对称)、尺寸(大/小)、颜色(明亮/阴暗)、对比(高/低)、细节(精细/自然)、色调(浅/深)、形状(常规的/非常规的)、纹理(粗糙的/平滑的),以及排列(有组织/无组织)等,这些在线性语言文字符号看来无关宏旨的现象,却是方块汉字的重要符号特性。汉字在编码上具有语言的时间语法和图像的空间语法双重属性,而且汉字的这种编码特性既受其他符号系统的影响,又深刻影响了那些符号系统。

另外,汉字与实物符号也是密切关联的。我们知道,中国文化传统对待自然物有着"意象"化情结。有的外国朋友就不理解为什么中国的"石头"竟然可在艺术品商店里出售。让物言志,物成为意义载体的过程就是意象化的过程。由于自然物常常处于物与名的关系之中,其结果便产生了我们称之为"物语"的实物符号。② 当然,现代符号学的物语符号研究已经远远超越"言志"范畴。物的意象化是语言意义介入的过程,但语言是流动的,只有被汉字铭刻的那些物语,才能真正被社会和历史记忆。仅以方言或口语形态介入的那些物语,很难被纳入到汉民族文化的记忆系统。于是汉字成为实物符号系统进入汉民族文化记忆的准入证,一个物语是否被全民接纳要看它是否被汉字铭刻,一个物语是否拥有广泛的话语权要看是否由汉字"开光"。我们还可以反向地思考汉字与物语的关联性:汉民族的物语是如何影响了汉字的构意系统的?如"玉"是汉民族重要的物语符号,《说文》"玉,石之美(者)",具有权贵、纯洁、精美等含义。

---

① 黄亚平、孟华:《汉字符号学》,上海:上海古籍出版社,2001年版,上编(黄亚平撰),第143、144页。

② 孟华:《从"词语·术语·物语"三种写作方式看人类学写作》,《中国文学人类学研究会通讯》,2010年第2期。

物语的"玉"作为义符反映到汉字结构中，便形成了一个构意谱系：1.用来表示玉符号(璧、环、璜等)，2.用来表示珍贵的物(珊、瑚、珍、玫、瑰等)，3.用来表示精致加工、玩赏等行为(理、琱、琢、玩等)，4.用来表示像玉那样精美的颜色、纹理、声音等(莹、瑈、玻、瑳、璃、玲、玎等)……汉字是以实物符号"玉"的眼光，去书写汉语中某些与"珍贵""精致"含义有关的事物、性质和活动的词义的。① 实际上，类似于"玉"这样的大量实物符号，成为汉字符号构意系统的主要理据。诚如许慎所言，"文者，物象之本"，意思是现实的物语系统成为文字"依类象形"或"二次约定"的本源。这说明了汉字表意符号系统与汉民族现实物语系统深刻的理据性关联，我们应该在物语和汉字的互动关系中研究汉字或汉民族的物语系统：汉字意符代表的物语，不仅是汉字自身的一个同质性指代要素，同时还是异质的现实物语系统在汉字符号中的投射。我们一旦恢复了汉字意符与现实物语系统之间的异质关联，这就不是一个文字学而是符号学的论题了。

上述所分析的汉字与其他异质符号的关联性我们可以概括为：

汉字历时地或内在地隐含了、共时地或外在地关联了它与汉语、图像符号、实物符号(统称言、文、象)所共同构成的一个异质性符号关系场。

因此，我们应该在汉字符号与汉语、与其他非语言符号的这种异质关系场中研究汉字或其他异质符号。这种关系场我在拙著《文字论》中叫做"文字间性"，文字间性的研究强调"在言文象关系中研究每一个要素"。② 汉字符号学的文字间性概念旨在使汉字摆脱对汉语的依附而成为符号学研究的中心问题。当然，即使拼音字母，也有文字间性问题，譬如我们看欧洲的店铺(见图1)，常常喜欢使用(字母)文字与图像并置的招牌——因为字母文字较为抽象，需要一个与其意义相关的图像作为补充，这种文字间性的关系方式我们可以称之为"AB对立型"：在构成文字间性的AB两个关系项之间，首先保持了一种非此即彼的区别性，然后在此基础上构成功能性互补。而在中国，店铺的招牌更倾向于单独使用造型艺术化的

---

① 陈枫：《汉字义符研究》，北京：中国社会科学出版社，2006年版，第241—244页。
② 孟华：《文字论》，济南：山东教育出版社，2008年版，第41页。

汉字(见图2)——汉字符号既充当了意义识别的文字单位,又具有图像符号的造型功能,汉字的这种亦文亦像的跨界状态,我们称之为"亦A亦B型"。

这样,我们就讨论了两种文字间性方式:AB对立型和亦A亦B型。并据此提出一种符号学文字理论:"一门对文字间性及其方式作出回答和解释的视觉符号学理论。"①

图1 法国某城市的招牌：
AB对立型(孟华摄)

图2 中国某城市的招牌：
亦A亦B型(孟华摄)

(二) 类文字

构成文字间性关系的异质符号(如图与文)之间,无论这种关系是动态的还是静态的。内部的还是外部的,符号总是以某种方式保持了双重指涉意识(如图1的字母,它除了指涉单词以外,还指涉另一个异质符号即图像),如果这种双重指涉或间性关系方式倾向于二元区别、对立,即称之为AB对立型;如果这种双重意识或异质项之间,相似性地融为一体或者刚性边界的消失,而出现亦此亦彼的跨界状况,这样的间性方式称之为"亦A亦B型"。无论AB对立型还是亦A亦B型,都使一个符号兼具两重或多重异质符号的属性,这样的符号我们叫做间性符号。

---

① 孟华:《文字论》,济南:山东教育出版社,2008年版,第41页。

我们进一步认为,汉字符号学的核心问题便是类文字现象即间性符号中的亦A亦B型。亦A亦B型类文字既是汉字符号系统独特的编码方式,又因其普遍性特征而有可能成为普通符号学理论的重要范畴。例如法国哲学家德里达援引了热尔内的解释,借此说明早期汉字"文"的指代对象不仅是语言符号,同时还包括其他视觉符号的类文字性质:

> "文"这个词表示各种线条,表示单纯的文字符号。它适用于石头或木头的纹理,适用于用星号表示的程度,适用于鸟类或兽类在地上留下的脚印(中国传统认为,观察这些脚印启发人发明了文字),适用于文身,甚至适用于龟壳上的图案("古人说,龟乃圣物——具有宗教般的魔力——因为龟背有图案")。"文"这个词经过发展也用来表示文学和社会礼仪。它的反义词是"武"(武士、军人)和"质"(尚未刨光或修饰的原料)。①

德里达通过上例揭示出:汉字"文"处在一个我们所谓的类文字关系中,这种符号间性关系是亦A亦B型的。"文"字涵盖了一个兼容语言、图像、印迹、物象等异质符号的类符号系统。

德里达称这种具有类文字关系的符号为广义的"文字":

> 我们用"文字"来表示所有产生一般铭文的东西,不管它是否书面的东西,即使它在空间上的分布外在于言语顺序,也是如此:它不仅包括电影、舞蹈,而且包括绘画、音乐、雕塑等"文字"。……不管我们将其文字理解为有形的书写符号……还是理解为所指的理想综合或在另一层次上发挥作用的痕迹,或者更深刻地把它理解为相互过渡……②

德里达借助于汉字或广义的文字试图说明,不同的异质符号之间所存在的"相互过渡"现象(即我们所谓的亦A亦B型类文字性),是人类符号谱系中的普遍规则。

---

① [法]雅克·德里达:《论文字学》,汪堂家译,上海:上海译文出版社,1999年版,第180页。
② 同上书,第10—12页。

二、亦 A 亦 B 型的进一步划分

但是我们发现,对于"亦 A 亦 B 型"的类文字,又可再划分出两种类型:AB 移心型和 AB 执中型。

（一）AB 移心型

有一篇 PPT 文稿,作者没用一些勉励的文字而是以下面的符号组合作为演示稿的结尾:

图 3

这个符号组合显然已经超越了一般图片或文本的范畴。

这里的图片包含两层意思:1.直接所指——图片所再现的某个现实对象(加油枪)。2.间接所指——加油枪这个对象的所产生的谐音联想,即汉语"加油"这个词。或者说,"加油枪"不能简单地理解为一个直接呈现对象的图片,而应解释为一种介于图像和象形字之间的中间符号。它似乎接近德里达所说的兼有指物和表音的双重符号性:"对事物的描画可以作为象形字被赋予表音价值。"这种符号(如加油枪图片)"既指称事物又指称声音,至少指称事物。事物本身是各种东西的集合体或'空间中'的差别系列。声音也可以被铭记在某个系列中……"。① 显然,指物性带有图像的特征,而声音则具有文字符号的特性。这种在两个差别性或异质性符号要素(图像与文字)之间徘徊、过渡、选择的符号现象,就是我们说的类文字性,它是德里达文字学研究的重点。

此外,图 3 的图片符号又指向另一个符号"！"。加油枪的图片与"！"结合后,读者就会同时把它解读为一个书面性的单词符号,图片是无声

---

① [法]雅克·德里达:《论文字学》,汪堂家译,上海:上海译文出版社,1999 年版,第 134 页。

的,而书写单词一定是有读音的。而"!"就是一个读音的标记,属于书写符号范畴,它表示自己前面的单词(即加油枪的图片)应该按照感叹的语气去发音("jiāyóu!")——与感叹号的结合使图片符号获得了文字或书面语的属性。

显然上述符号组合中的图片形成了一种类文字的符号间性:它既是图片又是文字,既不是文字又不是图片。AB之间总是在否定自己的过程中移向他者,又在移向他者的过程中保持自身。每一次转移都保留了既是自我又是他者的双重意识——此即AB移心型。

(二)AB执中型

再看北京奥运徽标"中国印":

图4既是一个运动形象又像汉字"京"字之形,但从直觉上我们无法将图与文字截然区分。图3的加油枪图片首先保持了自己图像符号的差

图4

异性,然后在此基础上通过异质组合将自己移心化:从图像符号转为文字符号。这种转移是在自我否定、转向他者的过程中完成的,保持了鲜明的跨界、移心张力,图文始终保持双重意识:既是图又是文,既不是图又不是文,图文要素相异性地移心他者。而图4的那个图文交融的徽标,则将双重意指("运动"和"北京")压缩在一个平面上,二元异质元素被同化或刻意掩饰为一个有机的整体。被汉字所刻写的图像和被图像化了的汉字都没有彻底走向自己的对立面,而向中间靠拢——图文二元异质要素相似性地融为一个整体,图文双重意识消失了,被整体一元意识所取代。

我们把图3代表的类文字性叫做"AB移心型",把图4代表的类文字性叫做AB执中型。通过这两种类型的划分,我们就拉开了与德里达的距离:德里达的解构主义或反逻各斯中心的后现代主义,其本质是建立在差异基础上的AB移心型文字间性关系,而中国文化符号的本质或精髓则是AB执中型。

(三) 文字间性的三种类型

综上所述,我们对文字间性这个文字符号学范畴就可以进一步概括为:

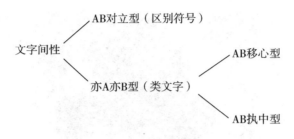

图5 文字间性的类型

汉字符号学研究的重点又进一步缩小:在AB对立型、AB移心型和AB执中型三者的对比中研究AB执中型的汉字。理由是:其一,这三种文字间性是在对比关系中确立各自的价值和意义的,缺少这种关系,就无法发现各自的价值。其二,AB执中型是汉文化符号的最深层编码方式。其三,承载或生产这种编码方式的最典型符号非汉字莫属。

通过这种研究,我们企图揭示:汉字不仅属于语言学,同时还属于符号学;汉字不仅属于符号学,同时还是汉文化符号学的基础单位;汉字不仅属于汉文化符号学的核心问题,而且还为人类文化符号谱系贡献了一个极具特色而且有着普遍理论意义的符号学范式。

三、两种类文字的对比研究

我们上述分析的"移心型"和"执中型"两种类文字,它们很可能代表两种文化思维类型。对文字间性关系进行跨文化对比研究是类文字符号学的主要课题之一,下面我们试以汉字甲骨文和古埃及圣书字做对比,看看这两种象形字不同的类文字关系。

(一) 汉字甲骨文的文象(文字与图像)关系:AB执中型

甲骨是中国古人占卜的符号,早期的甲骨上并没有文字,古人烧灼龟甲或牛胛骨,看甲骨上的裂痕——兆纹,借以判断吉凶祸福,以定出入行止。这里的兆纹虽然是图纹,但又被看做是负载某种类型化观念的语义符号,因此具有亦文亦图的类文字性。后来人们用象形字将卜问的事项和结果刻在甲骨上,这就是卜辞。甲骨中的卜辞和兆纹,在今天看来就是一种图文关系。

图6 纵横的纹理是兆纹,周边的象形字即卜辞或甲骨文①

然而从文本发生理论的角度看,这种图文关系是历时而非共时的,即兆纹先于卜辞,②卜辞是对兆纹已完成了的语义内容的进一步铭刻和记载。借用结构主义文本间性理论来说,兆纹和卜辞共同构成了一个二级生成文本,其中兆纹是"先文本",卜辞是"后文本"。③

我们应该承认,兆纹是一个独立的表意文本(实际上更早期的甲骨占卜是有兆纹无卜辞的,说明兆纹是独立表意的)。它的纹理的形成要经过钻凿、烤灼等严格规定的程序,其纹理也有相对约定的意义,比如,一般而

---

① 图片引自裘锡圭:《文字学概要》,北京:商务印书馆,1988年版,附录图4。
② "商人以崇尚鬼神著称,他们每做一件事情,都要事先占卜问神。所采用的方式之一就是将甲骨进行一定程序的处理,用火灼烧之后,根据其裂纹形状判断凶吉。事后将占卜的情况刻在甲骨上,便成了甲骨文。"引自王平、顾彬:《甲骨文与殷商人祭》,郑州:大象出版社,2007年版,第1页。
③ 赵毅衡:《符号学原理与推演》,南京:南京大学出版社,2011年版,第148页。

言,兆的纹式"向上一点,表明吉;若向下,则为不吉"①。这就要求兆纹的形成和解读都遵循一定的约定法则,而形式和意义的相对约定化恰恰是文字符号(不同于图像符号)的主要特征,至少兆文具有某种"准文字"的特点。

但是兆纹符号是抽象的画纹,形体自身缺少具象的表意理据,因此兆纹的意义更多地依赖于占卜的语境要素诸如占卜过程中的问答、兆纹形成的程式化规则及其他视觉性仪式符号。而一旦占卜结束,兆纹的意义便随情景的消失而消失,因此需要卜辞进行第二次书写。于是卜辞成了兆纹的"后文本"、再符号化或第二级符号。按照我们的文字间性观点,则是文字文本(卜辞)对图像文本(兆纹)的再符号化,它们是一种历时的文象关系。我们认为,兆纹和卜辞的文象关系是"AB执中型"的类文字关系:

第一,从共时结构(或克里斯蒂娃的"现象文本"②)看,兆纹和卜辞的图文界限模糊,这主要指兆纹的亦图(纹理)亦文(表意性)且具有约定化的准文字性质,而卜辞作为象形字又有图画符号的特征,二者向对方转化、靠拢,共同构成了传统汉字"文"的内涵:包括象形字在内的一切图纹符号都属于广义的"文"的范畴。今天学术界使用"甲骨文"这个术语专指卜辞即象形字。③ 但根据类文字的思想,我们应该给"甲骨文"正名:它的"文"应该涵指兆纹和象形字两个内容,这是历史的真实情况。这不仅仅是术语上而且更是研究视角的改变,我们应该站在兆纹和卜辞的关系当中研究卜辞,而不仅仅把甲骨文等同于卜辞,孤立地进行纯文字的研究(这是古文字界的主流)。

第二,从历时关系看(即生成文本),卜辞对兆纹的再符号化过程,犹如将原有的文字刮去后再度使用的羊皮纸,新的书写是叠加在旧文本基

---

① 朱顺龙、何立民:《中国古文字学基础》,上海:上海社会科学出版社,2004年版,第156页。
② 法国结构主义符号学家。她提出了"文本间性"的概念,并划分了生成文本和现象文本。参见秦文华:《翻译研究的互文性视角》,上海:上海译文出版社,2006年版,第64页。
③ "甲骨文:也叫'契文''卜辞''龟甲文字''殷墟文字'。商周时代刻在龟甲兽骨上的文字。"引自《大辞海·语言学卷》,上海:上海辞书出版社,2003年版,第31页。

础上的。也就是说,卜辞是对前文本(兆纹)的涂抹、重写。有的羊皮纸在新墨迹的字里行间仍可以瞥见先文本未擦净的痕迹,这样先文本和后文本之间就保持了两种意义和双重意识,就会发生一种双向移心运动。但在卜辞的二次书写中,更强调对先文本的涂抹,由兆纹的图义向卜辞文义的过渡是不留痕迹的,兆纹意义被卜辞的单一意义所掩盖。双重意识消失了,图文符号的所指最终融为一体,二者成为AB执中关系。

(二)古埃及圣书字的图文关系:AB移心型

我们重新阐释了甲骨文的"文"字融会了一个类文字的文象关系(卜辞和兆纹),就会发现,古埃及圣书字也处于这种类文字的关系当中。与独立于图画的僧侣体不同,圣书字一般是与图画并置出现的(见图7)。这些图画包括"壁画、浮雕、雕塑以艺术方式表现死者的美好形象及如何复活并获得来世幸福,而圣书字以语言的方式补充叙述。浮雕壁画中的圣书字,一方面更清楚地表达了画面场景,另一方面补充了画面场景未能描绘之内容,达到了图文互补、图文并茂的效果。"①

图7②

---

① 陈永生:《古汉字与古埃及圣书字表词方式的比较》,博士学位论文,华东师范大学中文系,2010年第58页。

② 陈永生:《汉字与圣书字表词方式比较研究》,北京:人民出版社,2013年版,第59页。

由于与圣书字并置的图像具有写实性和叙事性,而且图文之间也不存在兆纹与卜辞那样的历时铭刻关系,因此,圣书字的图文关系就主要是一种共时的文字间性,类似于克里斯蒂娃所谓的"现象文本"。这是一种 AB 移心关系:

第一,图文之间保持了异质对立性:从图 7 的画面上看,图文之间形体差异十分显著;从功能上看图画负载了故事的主要人物形象,文字则是对画面的补充说明。而在甲骨兆纹和卜辞那里,这两种符号负载的都是较抽象的语义内容而缺少差异性。根据符号学的结构规则,两个符号之间的差异越小,它们越可能被其中一个所替代(如卜辞替代了兆纹);反之,二者之间的差异性越明显,二者越可能构成一种对立互补的关系(如圣书字与图画)。

第二,这种异质对立又常常被一种类文字关系所控制:

"埃及的壁画、浮雕、雕塑与圣书字之间往往还互相渗透,即艺术形象可以成为文字的构成要素,文字也可以成为艺术场景的构成要素。如 Maria 所言:'非常常见的是(尤其是在古王国时期)墓室墙上的贵族的肖像用作写在附近的其名字的义符。雕塑也是如此……'"[①]图 8[②] 是一个图画要素构成文字义符的例子,画面图文的意思是"牛前腿献给正义的 Senbi 的灵魂"。其中"牛前腿"一词的义符是由画面中的牛前腿图像充当的。显然,这个牛前腿的画面具有类文字性,它既是图画(与并置的圣书字相区别)又是文字(充当圣书字的义符),既破除了文象之间的界限,又保持了图文之间各自的独立性和双重意识。这种图文关系与我们前述的加油枪图画(图 3)的类文字性质是一样的,都是 AB 移心型:AB 两个要素在向对方做跨界性渗透的同时,又保持了某种差异的张力,保持了异质符号的双重意识:在自我否定中向他者转移,在转向他者的同时又保持自我——一种双向"移心"化的符号运动。

---

① 陈永生:《汉字与圣书字表词方式比较研究》,北京:人民出版社,2013 年版,第 58 页。
② 同上书,第 58 页。

图 8

笔者猜想,圣书字所代表的 AB 移心型和甲骨文所代表的 AB 执中型,很可能是中华文化和西方文化最早的文化基因或两种区别性的文明符号类型,汉字为代表的 AB 执中型很可能是世界符号谱系中的重要一极。不管结论如何,这个问题提出本身,就足见汉字(类文字)符号学的理论旨趣。

第五节 "中性"——汉字中所隐含的符号学范式①

【提要】 本节将巴尔特的"中性"概念改造为"二元对立项的中间状态和消解方式",是对笔者早期所使用的"第三空间性"这个概念的重新解释。并用"中性"这个概念解释汉字所具有的意象性、类符号、类文字性质。所谓的"意象",就是一个中性的类符号、类文字单位:从能指看它既非图像亦非语言,但二者兼而有之;从所指看它既非实物亦非概念,但二者兼具;从编码或意指方式看,它既非图像的像似性,亦非语言的任意性和相似性,而是二者的融合。这种中性的类符号使其自身成为一个符号关联域:在各异质符号要素之间跨界、徘徊、过渡的性质。这个符号关联域又分为能指域(如言、文、象的中性

---

① 对中性问题的关注首先感谢张廷智教授,把他的未发表的论文发给我。引发了我对巴尔特中性问题的关注。

化)、所指域(如语义物、概念物、现实物、在场物之间的中性化)和意指域(如像似性、相似性、任意性之间的中性化)。这种中性之意象是中国传统文化符号最基本的符号化规则。

一、关于"中性"

"中性"这个概念,既与西方后现代主义的所谓"第三空间性"的内涵相契合,又与中国传统哲学的"中和"精神相贯通,因此学术界常常把后现代的"中性"与中国传统的"中和"看做是中西文化深刻通约的典型案例,尽管我对这个意见并不完全赞同,但无论如何,对于中国符号学而言,"中性"也是一个极为重要的关键词。本节在分析中国文化符号的"原型"——汉字符号的"中性"特征及其所表征的"中性符号学范式"之前,先分析一下法国符号学家巴尔特关于"中性"的思想。

巴尔特晚年,在 1980 年 3 月去世之前的 1978 年 2—6 月,在法兰西学院讲授了一门"中性"的课程,他超越了索绪尔的结构主义而将中性定义为一个能够消除二元对立的概念:"我把中性定义为破除聚合关系之物……即通过一个第三项……甩掉、消除或反制聚合关系的僵硬的二分法。"[1]

下面试分析巴尔特"中性"定义中的三个关键词:聚合关系、破除之物、第三项。

(一)"聚合关系"

索绪尔的结构主义语言学把聚合关系(联想场中各语言结构项之间的关系),建立在二元性或二元对立基础上,其基本原则是,我的价值在于与你的区别或对立,意义就产生于这种区别对立中。因此,语言聚合关系的二元性被结构主义符号学认为是为世界编码的最基本法则,被应用到一切文化单元的分析中。按照康德的观点,人具有一种以"一"驭"多"的理性能力。"多"是各种感性材料,"一"则是理性形式。金星在早晨出现

---

[1] [法]罗兰·巴尔特:《中性》,张祖建译,北京:中国人民大学出版社,2010 年版,第 10、11 页。

的时候叫启明星,在傍晚出现则叫长庚星,这是感觉上的"多";但通过理性分析我们知道它们实际上是同一颗星,这"同一颗"就是一种理性认识。由于人类具有以"一"驭"多"的理性构造能力,所以世界被赋予秩序和规律,变得可以被认识、为人类所利用。结构主义符号学认为这种以"一"驭"多"的能力主要表现为偶值性符号化思维。所谓偶值性即二元性,指成双的功能性差异的复杂格局,旨在所研究的各种素材中寻求功能性的二元区分形式,如善/恶、主体/客体、能指/所指、语言/言语、物质/精神、自我/他者等。"二元性"显然是符号结构概念的基础。结构主义者把对"二元性"的辨认看成是儿童最初的逻辑活动,在这种活动中我们看到了文化对自然的最初的独特的介入。结构主义者因此认为,创造和感觉"二元性"的能力,是一种基本的、独特的人类心灵创造结构的活动,二元性划分是人类为世界分类的最基本结构手段,是一种文化语法或符号哲学。

(二)"破除之物"

即二元对立状态的消除。根据我们对巴尔特中性思想的分析,对立的消除即"中性"应该包括两个方面内容:

1. 被动意义上的。指结构中所存在的介于对立的两项之间的中间状态或过渡态,如普通话中有聚合关系的n、l两个音具有区别意义的对立性,但在中国南方的某些方言中n、l不分,呈现出消除对立的中间状态。再如汉语中有大量二元聚合单位失去对立性而"中性"化:如"窗户"中的"户"失去对立;如"不知深浅"中的"深"和"浅"失去对立;如"像米粒那么大"("大"也可改为"小")中大与小失去对立……。笔者将这种失去对立的临界或中性现象叫做"类符号"现象。①

2. 主动意义上的。指有意"打破"二元对立边界而重建一个中间项。如西方的符号病理学认为,所有的社会病态都是根源于二元化的语言体系。现行的语言体系是强加给人的一种二值评价体系,传统的天气预报就是一种典型的二值性的语言:只能在"有雨"和"无雨"之间做两极选择。

---

① 孟华:《汉字主导的文化符号谱系》,济南:山东教育出版社,2014年版,第16页。

根据这种二元对立预报方式,人们要么一律带伞,要么都不带伞。从而使人们把本来具有多种可能性的晴雨变化误认为只有"有或无"两种可能。而概率性天气预报,如明天有百分之四十的可能下雨,就是有意破除二元对立模式而关注两极之间的各种中间过渡状态。再如顾城的诗句"黑夜给了我黑色的眼睛,我却用它来寻找光明"中的"黑夜""黑色"和"光明"这三个词,固有的双重含义(本义和比喻义)的对立区别被诗人有意破除了,双重含义互为背景、重叠交织,诗人在对这种二元对立的创造性拆解中,赋予词语以巨大的思想容量和情感张力。

3."第三项"。《中性》一书的译者认为巴尔特的"中性"不代表二元性之外的第三元,[1]巴尔特本人也强调"中性"具有主动调和冲突性聚合关系的性质。但我们参照巴尔特关于"中性"概念各种表述,可以看出它与后现代主义的"第三空间"或"第三化"概念有相通之处,"第三化"旨在打破"二元论的诱惑……将刻板僵死的非此即彼逻辑转变为辩证的亦此亦彼",因此列夫菲尔称之为一种"三元辩证法",[2]但是应该指出的是,无论是巴尔特的"中性"还是列夫菲尔的"第三性",他们都秉承了西方文化中的"对立""否定"辩证法的传统,更强调的是对二元论的有意"破除"而非被动意义上的"中性"——系统中存在的亦此亦彼的中间状态。但在本节中,我们将"中性"的概念涵盖了被动和主动的两种情况,并将此归为二元论之外的"第三性"或"第三项"。

这样我们就可以对"中性"概念进一步作出定义,当然这是对巴尔特的"创造性误读"或改造:"中性"即二元对立项的中间状态和消解方式,是超越二元对立的"第三性",主要包括被动的中性和主动的中性。与巴尔特的不同之处在于,本节的定义将"中性"由一种符号的普遍关系改造为一种"中性化方式",于是产生了"主动"和"被动"之分。

如果说西方文化中的"中性"倾向于主动的类型(尽管被动型也普遍存在),那么中国传统文化的"中性"则由被动型主导(尽管也存在主动型

---

[1] [法]罗兰·巴尔特:《中性》,张祖建译,北京:中国人民大学出版社,2010年版,译者前言。
[2] [美]Edward W. Soja:《第三空间——去往洛杉矶和其他真实和想象地方的旅程》,陆扬等译,上海:上海教育出版社,2005年版,第77页。

"中性")。这里有一个"主导型"的概念:指在二元或两极之间过渡的方式,即谁主导了这种在两极之间的过渡性质。就普遍主义原则而言,东西方文化中都存在叫做"中性"的文化语法且都具有主动和被动两种状态。但就文化差异性原则而言,西方文化的"中性"则由主动型主导,即在主动的"中性"和被动的"中性"的过渡中更倾向于主动的一极;而东方文化中则由被动型主导。"主导型"的概念借自结构主义的"主导":"它支配、决定和变更其余成分。正是主导保证了结构的完整性。"①但是"主导"还是一个普遍的二元论的概念,指一个在二元格局中有等级差异的秩序,如文字和语言的关系是语言主导,互联网时代是图像主导等。但"主导"概念忽略了一个"第三项"即主导类型或主导方式的问题,比如拼音文字是语言主导的,但在汉字文化中常常是文字主导语言,中西言文关系的"主导型"不同;互联网的普遍语法是可视性、图像性主导,但在中国文化背景中互联网的图像原则常常被书写原则(如回避事实当下在场、各种舆论导向和信息过滤机制)所支配、所主导,中西之间图文关系的主导类型也不同。本节将结构主义的"主导"改造为"主导型",旨在引进一个"第三项"或"第三性":在二元成分之间还有一个选择项或摆渡项:是 AB 偏 A 还是 AB 偏 B? 即 AB 两项中是 A 主导还是 B 主导? 这个"第三性"或"中性"也可叫做二元关系性的方式,它本身就是用"三元辩证法"对二元论的超越,属于"中性"符号学范畴。

二、汉字的中性符号特征

"中性"符号学最重要的意义是对符号学中常见的二元对立项目进行拆解后产生出一个第三项:"中性符号"(我也叫做类符号)以及"中性观"关于中性符号的理论范式(也可叫做"类符号学")。这些常见的二元对立项包括:语言符号与非语言符号、共时与历时、形式与实体、同质和异质、语言结构和言语活动、书写与口语、任意与理据、索绪尔和皮尔斯(索绪尔

---

① [俄]罗曼·雅各布森:《主导》,载赵毅衡编《符号学文学论文集》,天津:百花文艺出版社,2004 年版,第 8 页。

代表形式论符号学,皮尔斯代表实体论符号学)等。在对汉字的符号学研究中我们会发现,上述二元对立项目在汉字符号系统中统统被"中性"化、"类文字"化、"类符号"化了。譬如,汉字是语言符号还是非语言符号?汉字是图像符号还是文字符号?汉字"六书"(象形、指事、会意、形声、转注、假借)是共时结构方式还是历时造字方式?汉字"六书"是任意性还是理据性?汉字是口语本位还是文字本位?汉字符号是形式的还是实体的、同质的还是异质的?诸如此类非此即彼的二分论分析都不适应汉字,难怪德里达说汉字是"我们可以掌握在所有逻各斯中心主义之外发展起来的文明的强大运动的证据"。① 而从属于逻各斯中心主义或语音中心主义传统的拼音字母,显然更具有二元对立结构特性,拉丁字母符号系统属于二元格局中"语言、共时、形式、同质、结构、任意……"的一极。下面我们看看汉字是如何看待上述二元关系的。

(一) 汉字意指关系的"中性"特征

图 1

图 1 是中国画家徐冰的《会飞的鸟》。这是个二级符号系统,整个飞

---

① [法]雅克·德里达:《论文字学》,汪堂家译,上海:上海译文出版社,1999 年版,第 134、135 页。

鸟的造型又由若干汉字符号为部件而构成。这显然突破了绘画符号的整体像似性编码原则而具有了语言文字性。人们通常认为图像符号是不分节的,这是它与分节的语言符号的根本差异,画面因与原型建立某种像似性关系而倾向于形象的整体呈现。① 然而《会飞的鸟》则引进了一种分节性的视觉语言:飞鸟的整体形象具有可分性,可再区分出一个个"鸟"的汉字书写符号。显然,作者徐冰破除了"分节(语言文字)/不分节(图像)"的二元对立,开辟了一个介于分节的语言文字与不分节的图像、绘画与书写之间的"中性"符号区间,得益于这种"中性"的创作,徐冰在国际上获得了很高的声誉。然而徐冰的有意破除图文二元对立关系的"中性",也恰恰是汉字自身的系统特征。

语言符号的分节性也被称为"二次分节":第一次分节单位指有意义的表达单位,如语素、词、词组、句子;第二次分节则是无意义的形式区别单位,主要指语言的音位系统,如汉语普通话中有 10 个元音音位,22 个辅音音位。以拉丁字母为代表的拼音文字,主要是记录音位的,因此,拉丁字母获得了二次分节单位性质。

但是汉字记录的是带有意义的音节这一级语言单位,合体汉字中的字符也是如此,如会意字"休"的两个意符,形声字"娶"的意符和声符(声符"取"同时也带有意义)。如此看来,汉字并不反映语言符号的二次分节结构特征,它的合体字仅仅是一次分节(两个有意义的符号单位构成的整体意象)。因此,汉字不与语言符号同构、不具备典型的语言符号二次分节的特征,这一特点又使它部分地靠拢图像。如汉字象形字 ᛤ(果),首先它具有分节性:它由一个表示树的"木"字和一个代表果实的图符都成一个二合结构,传统上叫做合体象形字。其二,这个象形字的意指对象具有社会约定所带来的一定任意性和观念性,即它代表的是语言中"果"这个词的意义而不完全是对"果"的真实描摹。也就是说,"果"的字形与意指对象是相对任意性的,它们结合在一起受社会约定而不全是受图像的

---

① "几乎所有的图像,都没有明显的分节,而是整体呈现的。"赵毅衡:《符号学原理与推演》,南京:南京大学出版社,2011年版,第 97 页。

像似性原则控制。其三,这种社会约定性使得象形字具有可重复使用性(绘画作品倾向于独一无二的一次性表达),重复性让象形字具有成为造字部件的可能("果"由下部的"木"和上部的果的形象两个部件构成)。其四,这种约定性和重复性形成了汉字符号的一次分节性:它倾向于合体化,就像徐冰《会飞的鸟》所揭示的那种二级符号系统:整体看是一个图像性、象形性的飞鸟符号,但又可再分析出更小的形意符号单位,就像"果"的象形字那样可再分出两个表形符号。其五,这种一次分节的象形字并未彻底倒向语言或与语言同构,而保留了它与图像的血缘关系:可视性、有理据地表达语言概念。我们看到,即使到了隶变以后的方块字阶段,汉字仍未脱离"可视性地表达概念"这一理据性符号原则,只是由象形字形体的"可视"转向方块字意符概念营造的"可视"。

以上五个方面的分析,让我们看见了"一次分节"的汉字符号与徐冰的画作《会飞的鸟》之间的联系:它们在介于图像和语言的"中性"符号方面获得了一致性。纯粹的语言声音是透明而抽象的,是表达概念的;纯粹的图像是具象的,是表达像似性现实物的。而在汉字符号或《会飞的鸟》中,超越了图像和语言的边界而使二者"中性化"成为可能:象形字或中性图像首先指向一个概念物和现实物之间的居间领域,它们的能指形象也是脱离像似性而走向介于抽象和具象之间的"写意"。因此,它们既具有书写、阅读的语言文字特征又兼具绘画、观看的图像特征,它们是按照"可视地表达概念"的理据原则组织起来的"中性""类符号"。相比之下,作为二元区分性的拉丁字母符号,则排斥了图像性、实体性、理据性、现实性这些对立因素,通过剔除这些异质要素使字母文字委身于语言符号——靠与其他符号的对立差异来实现其语言符号性质的"极性符号"。一切基于二元区分而追求明确边界性或有着边界标记的符号都是极性符号。

我们将努力避开二元论的陷阱:"极性符号"的拉丁字母与中性符号的汉字又构成一个新的二元关系,但"第三性"或"中性"观告诉我们,这种二元不是对立的,而仅仅是一种主导型。德里达已经深入讨论了包括拼音文字在内的所有文字都含有异质于语言的非线性图像特征,[①]或者说任何文字都具有"中性"符号特征,只不过作为一种主导型的概念,有的文字更接近"极性符号"(如被称为"语音中心主义"的拉丁字母),而汉字则以"中性"为主导。

(二)汉字符号间性的"中性"特征

让我们再回到《会飞的鸟》二级符号结构的分析上来,借助于该作品来还原汉字的中性符号特征。我们首先发现的是,该画面由下而上飞跃的动势中隐含了一个言、文、象"符号场":

1.最底层是汉字简化字,它的视觉理据基本被耗尽,似乎只与"niǎo"这个汉语音节相关,形体变成抽象化的简化字而充当一个纯粹的语言等价物或记号。因此,简化字包含了一个记号性意指结构:抽象形体=语音/语言=概念。

2.再往上一层便是繁体字的"鳥",形体中依稀辨认出由象形字脱胎而来的视觉理据,尤其是下面的四个小点,保留了象形字"鳥"的脚爪的演化痕迹。"鳥"字还不算典型,但足以说明这种情况:就整个汉字繁体字系统而言,要比简化汉字保留了更多的视觉造意理据,但它们又不是更加图像化、线条化的象形字,繁体字是介于象形字和简化字中间的"意象字"。"意象字"的意思是,繁体字比简化字更加依赖视觉理据性载体所产生的意象来建立它与汉语词义的联系。如"東"(东)带有"日从树出"的意象,"鬥"(斗)则带有"两手相博"的意象,"竝"(并)字带有"两人并排站立"的意象,"齒"(齿)字比其简化字更带有"多个牙齿排列"的意象,"愛"(爱)带有"心"的意象。值得注意的是,这些视觉理据不是图像性的,它们要么是通过意符组合而产生的意义形象(如"東""愛""竝"),要么是与由象形的线条化字体"笔画化"而来、但保留了对象形的某些视觉联想,(如"齒"

[①] "认定文字概念超越并包含语言概念,当然以语言和文字的确切定义为前提……现在我们往往用'文字'来表示这些东西:不仅表示书写铭文、象形文字或表意文字的物质形态,而且表示使它成为可能的东西的总体;并且,它超越了能指方面而表示所指方面本身。因此,我们用'文字'来表示所有产生一般铭文的东西,不管它是否书面的东西,即使它在空间上的分布外在于言语顺序,也是如此;它不仅包括电影、舞蹈,而且包括绘画、音乐、雕塑等'文字'……"[法]雅克·德里达:《论文字学》,汪堂家译,上海:上海译文出版社,1999年版,第10、11页。

"鬥")。视觉联想也好、意义形象也好,都是一种心象即意象,所谓"意象",是一个中性符号单位,它既非形象亦非概念,既非图像亦非语言,但二者兼而有之,这种中性的"言象互动"之意象是中国传统文化符号最基本的符号化规则。① 因此,繁体字包含了一个意象性或意符性意指结构:繁体=偏"意"的意象=概念主导下的概念和物象的混合体。

3.《会飞的鸟》再上"飞"一层便是象形字了(画中"鸟"的象形字仿自小篆)。"象形"这个概念超越了"意象"而更接近图像的线条化原则而非繁体字的笔画化原则,"象形"通过直接诉诸视觉或视像来产生意义("言生于象"),"意象"则是诉诸意符或词语而产生形象("象生于意")。因此,无论是象形字还是表意字,都是中性符号,都体现了言象互动的意象思维。就"中性"的意象方式而言,如果说繁体字的"意象"在相互融合中偏向"意"的一极,那么"象形"的"意象"结构则在保持"中性"的同时偏向"象"的一极。纯粹的图像按照像似性原则关照对象而排除意义,纯粹的记号按照约定原则指涉概念或对象而排除图像。象形字的本质是在为图像符号引进了语言意义,它不指涉语言的话将永远是图像而非文字,图像性的象形字正是在可视性地指涉语言的过程中获得了文字身份的合法性。它是一个典型的"中性"符号:既非图像亦非意符但又兼而有之。画家徐冰发掘了象形字这一"中性"符号思维遗产,创造性地转移到绘画实践中,颠覆了传统上绘画与语言文字符号的二元性边界。因此,象形字包含了的意指结构是:象形=偏"象"主导下的物象与概念的混合体。

4.《会飞的鸟》画面的最上端便是图像符号的"鸟"了。它摆脱了"中性",而摆向图像符号一极,遵循的是像似原则,其意指结构是:图像=像似=物象。

我们的结论是,徐冰《会飞的鸟》形象地展示了汉字中性符号或类符号的全部秘密:汉字历时隐含、共时关联了一个在言(语言)、文(文字)、象

---

① "尽意莫若象,尽象莫若言。言生于象,故可寻言以观象;象生于意,故可寻象以观意。意以象尽,象以言著。"王弼:《周易注》,长春:吉林文史出版社,2006年版,第82页。

(图像)之间过渡、徘徊的中间区域。汉字的两端——前文字阶段的图像和现代的简化字,可看做是"极性符号"(但简化汉字与拉丁字母相比,前者又是"中性符号",因为简化字并未抛弃表意理据,此不赘述),二者分别代表"言"(简化字接近语言记号)和"象";但在中间地带(即象形字和繁体字)则代表"文",即具有视读双重性的汉字。"文"一头牵着"言"(简化字"鸟"),一头牵着"象"(飞鸟的图像),并将这两极中和为一个广阔的中性符号区间。我们由下而上地阅读和观看徐冰《会飞的鸟》,它含有汉字在回归象形的过程中总是不抛弃意义的寓言;我们由上而下地阅读和观看,则隐喻着汉字在以中性思维不断超越象形、"得意忘象"的同时又永不改变它的视觉文化基因——意象性思维的模因。① 在意象性的中性汉字符号这里,没有纯粹的"读"亦没有纯粹的"看"。成中英也指出了汉字或中文的意象化、中性化符号性质:"中文首先就是一种视觉想象的语言,主要由所有关于世界的感觉——情感的视觉反映构成"。②

三、类文字——汉字中性符号语法的意指实践

汉字中隐含的中性(意象性)语法,为我们提供了一个具有普遍意指实践价值的范畴:类符号。汉字所具有的"中性"符号性质,我叫做汉字的类符号性或类文字性。一切涉及二元对立符号现象的消解的中性符号,都是类符号,与类符号相对的概念是"极性符号"(即由二元对立关系产生的符号,如拉丁字母)。类符号中最重要的一个领域是类文字:具有言、文、象跨类或"中性"关系的书写符号或绘画符号,都属于类文字。

下面我们重点讨论图文关系中的类文字、类书写现象:一切具有图文双重关系性的书写或绘画,都属于中性的类文字和类书写。我们以文字为轴心来观察这种类文字、类书写现象,发现它们主要包括"向心化"(图

---

① "模因作为文化传播单位,靠复制、传播而生存……语言模因是携带模因宿主意图,借助语言结构,以重复或类推的方式反复不断传播的信息表征。"何自然、陈新仁:《语言模因理论与应用》,广州:暨南大学出版社,2014年版,第9页。

② 成中英:《论"观"的哲学涵义》,载李翔海、邓克武编《成中英文集》(四卷),武汉:湖北人民出版社,2006版,第50页。

像符号向语言文字符号渗透、跨界的趋势)和"离心化"(语言文字符号向图像符号渗透、跨界的趋势)两种方式。

(一)"向心化"类文字:图像的语句化、叙事化、书写化

1. 图像的语句化　最常见的是公共空间中的各类标识符号(见图2),它们表达的不是与自身形象相匹配的原型,而是一个约定的概念,如雨伞代表防潮、篮球代表篮球赛等。这是一种有意设计的"类象形字",它们与古代象形字的一个共同特征都是用可视的形象表达某个概念或语词。赵元任甚至认为它们就是文字。①

图 2

中国传统绘画中充满了语句性,如有关梅、兰、竹、菊题材的绘画作品,它们分别指涉代表四种君子精神品格的固定语句(梅:高洁傲岸;兰:幽雅

---

① 赵元任放宽了对文字的理解,将某些图像符号看做文字,认为"凡是视觉符号,用来代表语言的就是文字"。他举例交通标志符号<—,如果在上面打上\,表示"禁止左转",那它就是文字。我们若按此类推,一些公式符号或标点符号也就属于文字了。——赵元任:《语言问题》,北京:商务印书馆,1980年版,第140、141页。

空灵;竹:虚心有节;菊:冷艳清贞)。中国民间的年画(图 3)大多指向"吉祥、喜、寿、福、禄"之类字眼。这些饱蘸语句意义的图像都是"类文字"。

图 3

徐冰甚至拿图像当做语法单位,构成"篇章"(图 4),讲述了一个爱情故事。

图 4

插图(见图5),也具有向心化类文字的性质。多数插图是服从于阅读目的的绘画。插图(包括新闻图片)的画面是不自足的,它所具有的涵义只能在相关篇章语句中寻找。也就是说,插图只有借助于文字才能完成和充实自身。因此插图具有双重指涉性:既指向它的形象背后的现实对象又指向相关的篇章语句,并且插图在对这种双重指涉二元对立的消解中,偏向"语句主导"——插图的布局要服从于语言的章法和语法。

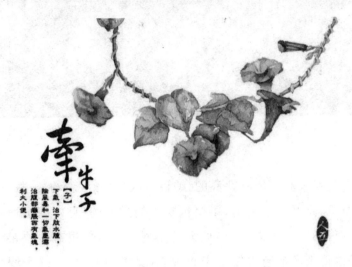

图5(引自新浪微博@广告也疯狂)

2. 图像的叙事化　从"极性符号"的立场看,图像符号的像似性原则决定了它遵循的是非线性空间语法。但是当这种空间语法的整体性被适当地瓦解为一些可分节的叙事单位,它们之间就有了时间先后的排列顺序问题,图像就含有了叙事性特征,被中性化或"类文字化"了。因为毕竟叙事性是时间书写符号的本质特征之一,但此时它却与图像的非线性空间语法交织在一起。图6是华多的《发舟爱之岛》,画面有三个场面:1.男士跪下求爱;2.男士要扶,女士接受了;3.男士搂着女士的腰散步。这三个空间并置的场景同时又体现了时间叙事:求爱、接受、散步。

图 6

图 7 是意大利画家马萨乔的《纳税》,取自圣经《新约》。故事说:耶稣带门徒布道,路经一个关卡,不交税是不能过关的(见中间画面),于是耶稣吩咐彼得到池塘里去捕鱼(见画面左侧),说鱼口里有一块银币可作税钱,于是彼得入塘捕鱼得银交于收税人(见画面右侧)。这个线性叙事文本表现在画面上以后,发生了有趣的变动:按时间叙事顺序,应该是"耶稣受阻"→"彼得池塘捕鱼"→"捕鱼得银交收税人";但马萨乔却将耶稣放在

图 7

画面中间,这是绘画空间布局的语法之一:主要人物形象位于画面中间,次要的分列两边。所以,我们看到了《纳税》中两种语法(空间中心布局法则和时间先后排列法则)的冲突与杂糅,这也是类文字性的表现。

3. 图像的书写化　这里主要指绘画笔法和结构部件的书写化。重点讨论三种现象:笔墨化、笔画化、部件化。

(1)笔墨化。图8、图9的绘画带有汉字毛笔书写的笔法特征,线条形式高度笔墨化而向汉字软笔书写靠拢,实现了造型艺术与书法艺术的跨界融合。

图8

图9

(2)笔画化。书写和绘画都运用笔,都产生"线"。然而按照"极性符号"(二元对立)的眼光,这个"线"有着巨大的区别:绘画的线是"线条",书写的线是"笔画"。线条是个性化、自由变化的造型语言,笔画则是程式化、约定俗成的刻板形式。因此,笔画与文字有关,线条与图像有关。但是使用毛笔的汉字让其形体具有"中性"或类文字性质:它既是笔画又是线条。作为笔画,它构成字形;作为线条,意味线条构成汉字书法,摹状线条构成汉字美术字或文字画。我们将这种类文字的中性化倾向概括为:

笔画的自由化就是线条;线条的习语化、程式化、规范化就是笔画。

"笔画化"的类书写规则可能存在一切视觉符号中。例如,当绘画中的自由线条变得刻板而程式化,那就是绘画线条语言的"笔画化"。这种"向心"化类文字倾向是个非常值得关注的领域,它意味着绘画由非线性自由造型法向着书写的线性重复法则的转移。比如图10中的放射性线条,已经成为徽章设计中的一种程式化、笔画化的形式语言。

图 10

(3)部件化。一个符号可以再分析出一些符号性的部件,或者说一个符号整体被分节为若干更小的表意符号,这就是部件化。我们看图11,是16世纪意大利画家阿奇姆博多的奇异作品《果园之神》,整体肖像还可以进一步分析出若干不同植物的形象,这些不同的植物形象是作为一个个独立表意的构件,即像一个个单词那样参与进作品的创作。巴尔特在讨论阿奇姆博多绘画时指出:"就像一位巴洛克诗人,阿奇姆博多探索语言的'奇特性',玩弄同义词和同音异义词。他的绘画建立在一种语言学的基础上,他的想象力纯属是诗意的:这种想象力并不创造符号,而是组合符号,排列和置换符号,转变和扭曲符号——这就是这位语言艺人所做的事情。"①正是这种"植物单词"构件,使肖像画《果园之神》具有了像汉字那样的一次分节性。但是与《果园之神》不同的是,"一次分节"的汉字的构件(偏旁部首)并非艺术家灵光闪现的独特创造,而是由少数已知的、

---

① 耿幼壮:《语言与视觉建构——以罗兰·巴尔特的"词与物"为例》,《文艺研究》,2009年第3期。

现成的、可反复使用的象形字(文字学也叫做"根字")构成的,然后通过各种变化的"会意"或"形声"的手法制造出一个个既似曾相识又相互区别的合体汉字。德国艺术史家雷德侯称这类"用有限的常备构件创造出变化无穷的单元"为"模件"(module),"汉字的五万个单字全部通过选择并组合少数模件构成,而这些模件则出自相对而言并不算庞杂的两百多个偏旁部首"。①雷德侯进一步指出,徐悲鸿就是一位惯用"模件化"手法画"马"的艺术家,"观者不禁要因这生机勃勃的动物呼之欲出的气势惊异不已。在成群的马中,观众即可认出相似的马腿、马鬃、马尾,还有几无二致地绘出头、颈、胸的笔法套路"。②

图像的"部件化"本身就是一种图像词语化、分节化的"向心"类文字现象。但包括两种:一是类似于《果园之神》那样的倾向独创的"构件化"方式;二是像汉字偏旁部首或徐悲鸿画马那样,使用现成备件构成的介于模仿和创作中间的"模件化"方式。模件化是汉字、也是各类中国文化符号最为重要的结构方式之一,更接近"类文字"的真谛。

图 11

---

① [德]雷德侯:《万物》,张总等译,北京:生活·读书·新知三联书店,2012年版,第4、5页。
② 同上书,第271页。

（二）"离心化"类文字：文字、书写的图像化

我们从文字书写的线条化、空间化、可视化三个方面讨论。

1. 文字的线条化。文字的笔画具有线条的象征意味或摹状特征，就是文字的线条化。

如图12，"禅"的笔画被刻意拉长营造出烟香缭绕的禅宗氛围；图13为"海"字的书法作品（邵岩），笔画变为波涛汹涌的线条，但又没溢出笔画的框架。展示了笔画与线条之间的张力和融会。

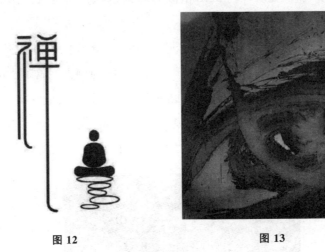

图12　　　　　　　　　图13

2. 书写的空间化。所谓的"图像诗"，即诗句按照图案的方式排列，它打破了文字的线性书写顺序而服从于空间造型布局的安排。图14诗作《漏斗》，线性书写与空间漏斗造型融为一体。

图14

3.成像文本:书写的可视化。是指一种为视觉化而进行的书写,其结果产生一个"成像文本":以观看而不是以阅读为目的而书写成的文本。又具体包括前成像文本和后成像文本。

前成像文本,指文字在先,用来生成图像或形象的文本。如影视、动漫或展览的脚本,文案、策划案、设计方案等。菜单、药方之类也是成像文本:它们不是为了阅读而是为了"摆放"物类。

后成像文本,则是对已经完成了的视觉作品或摆放展品进行文字解说。一切关于图像、视频、实物的文字说明、评论或当下记录都是后成像文本。如展品的说明、旅游指南、文物标签、影视中的字幕、庭审记录等是后成像文本。

前、后成像文本都是在线性书写过程中又遵循了空间的绘画布局或实物摆放的语法,而造成的一种类书写。

成像文本这个概念代表了一种文化存在方式。在遥远的甲骨文和金文时代,纯粹的线性书写文本尚未成熟,占主导地位的是以仪式性观看为目的的碎片化卜辞和铭文,彼时的知识思想主要由类文字、类符号来建构。古典时代和现代印刷时代是一个"极性符号"时代,知识思想主要由线性文字书写负载和建构的;在互联网时代,知识形态的载体符号逐渐"中性化",主要由类符号、类文字和类书写来负载和建构。以高校的中文系为例,其知识结构和培养目标正在发生或将要发生某种变化:由写作转为创意,由阅读转为视读,逐步建立观看与阅读的新型融合关系。这使得以汉字为代表的"中性符号学"或类符号学的研究具有深远的历史意义,并为中国符号学走向世界找到一个重要接口。

原文《"中性"——汉字中所隐含的符号学范式》,载《符号与传媒》2017年第2期。

第六节 论汉字符号的肉身性理据

【提要】 本节重点分析了汉字符号的四种肉身理据:1.与人际相关的"亲缘性"交流理据。2.与现实有关的"决疑性"指涉理据。3.与符号使用者有关的"意象性"表达理据。4.与集体模仿有关的"模件化"结构理据。这些肉身化理据体现了一种类符号现象:在身与心、实体与形式之间相互过渡、亦此亦彼的中间状态。这也是中国文化符号重要的编码精神。

拉丁字母是一套约定性符号系统,强调符号的任意性和线条性形式化特征,一个字母单位的标记价值不来自于自身,而来自它与其他字母的结构差异和音位系统的分配关系。这种形式化的字母符号思维的一个重要特点就是祛身性:符号仅仅是一个抽象理念或区别性特征,它成为身体不在场的纯粹之思或纯粹之物的约定性替代品。

与之相反,汉字是高度"肉身化"的符号系统,这种文字符号的意义高度依赖符号系统的前理解意义结构①即人的身体本位动机——本节称之为符号的肉身理据。这些肉身理据主要包括:1.人际关系方面的"亲缘性"交流理据,主要表现为以身缘(以两性关系为中心)→血缘→亲缘→人缘→地缘……为内容的由近及远、推己及人、推己及物的交流关系之意义网络。2.与现实有关的"决疑性"指涉理据,符号在指涉现实时总是受与身体意向有关的趋利避害的决疑性运思影响。3.与符号使用者有关的"意象性"表达理据,主要体现为与身体经验有关的意象性表达。4.与集体无意识有关的"模件化"结构理据,符号的结构规则受制于"借助已知表达未知"的经验性思维,倾向于一种模件化的半仿制行为。这四种理据构成了汉字符号的编码精神,下面我们以古汉字为例对此展开讨论。

---

① 前理解是哲学解释学的重要概念,为理解之必要前提和条件,就是相对于某种理解以前的理解,或者是在具体的理解开始之前已有的某种观点、看法或信息。

一、古代汉字的形体结构中隐含着以身体为中心来建构我与他人、我与自然关系的交流理据

交流理据指通过汉字形体的分析，还原汉字的前理解意义结构中所包含的某种人际关系理念或符号动机。

古代汉字符号的初始形式往往体现了以身体、亲缘关系为中心的生成方式。故许慎《说文解字·序》中引用《易传·系辞下》的话说，汉字的象形手法是"近取诸身，远取诸物"，即以身体隐喻为中心来生成汉字、描述万物。文字学中将数量不多、却是构成汉字系统基础的象形字叫做"字根"，如"人"这个带有身体意象的字根成为很多字的构成基础："休""仁""从""信""位"等。甲骨文的两个基本字根"大"和"人"的衍生轨迹中表现出的亲缘性色彩尤为鲜明：

大(大)→交(交)，便是将大的变为交错的线条来衍生出"交"字。大(大)→夭(夭)，《说文》："夭，屈也。从大，象形。"就是对字根大的变形。在大的基础上通过变形、添加等手段而衍生的象形字还有 (文)、(立)、(天)、(亦)、(夫)、(舞)……

人(人)→女(女)，是一个下蹲的人形，是对人的变形，同时又加上表胸部的部件。而"母"(母)则是(女)的增笔(加两点)。"姜"(姜)也是在"女"的基础上增加羊头的形象。通过对"人"的变形和增笔的方式产生的象形字很多，如身(身)，兄(兄)，鬼(鬼)，儿(儿)等。至于在根字的基础上通过会意、形声等手段构成的汉字，则数量更为庞大。

古汉字中这种身体本位的衍生方式，植根于一种交流理据或规则：身体以外的他者，无论是人还是物，都被身体本位精神所关照，都是根据人的身体经验去感受和建构他者，推己及人、推己及物；以自我身体的感受性、有用性为中心来建立我与他者的关系，来建构社会秩序以及世界图景。比如在许慎《说文》的鱼部中，所收录的多数为表淡水鱼的汉字，而更

为丰富的海洋鱼类所造的汉字较少,这反映了我们的先民以自己的肉身性感受为中心来建立汉字的知识谱系,这种肉身性感受就是:中原地区的生存经验(如农耕社会较少接触海洋鱼类)成为整个汉民族的生存经验的前理解和肉身理据,尽管汉民族包括了非农耕族群的生存经验,但那种体验被汉字"中原中心主义"的推己及人的交流理据所遮蔽了。

这种肉身性交流理据也包括推己及物:以人的身体为中心去感受、体验万物。姜亮夫称此为汉字的"人本"性:

> 整个汉字的精神,是从人(更确切一点说,是人的身体全部)出发的,一切物质的存在,是从人的眼所见、耳所闻、手所触、鼻所嗅、舌所尝出发的(而尤以"见"为重要)。……表高为上视,表低为下视,画一个物也以与人的感受的大小轻重为判,牛羊虎以头,人所易知也,龙凤最详,人所崇敬也。总之,它是从人看事物;从人的感能看事物。……一切动物的耳目口鼻足趾爪牙为字,并不为虎牙立字,不为象鼻、豕目、鸡口、驴耳……立专字,用表示人的祖妣之且匕作兽类两性的差别,等等,……汉字不用其物的特征表某一事,只是用"人本"的所有表一切,这还不是人本而何?①

肉身化交流理据使得汉字具有强大的同质文化认同功能,建立了与中原文化的身体体验有关的文化记忆、知识谱系、世界图景,这些交流理据作为一种被汉字结构化了的前理解方式,使不同地域、不同时代的族群或民族文化记忆统一到汉字的肉身化理据中来。

二、从指涉理据看,古汉字符号的肉身性表现为决疑、阐释功能大于认知功能

指涉理据指通过汉字意指结构的分析,还原汉字的前理解中所包含的汉字指涉现实的认知方式。

字母文字通过记录语言而成为建构知识的认知工具,但象形性、表意性汉字在行使认知功能的同时,还具有服务于身体意向的排除疑惑、预见

---

① 姜亮夫:《古文字学》,昆明:云南人民出版社,1999年版,第56、57页。

未来、操控事实、指导行动等决疑性或阐释性功能。

早期的甲骨文系统就具有较强的决疑功能或占卜功能。甲骨文包括卜辞和记事刻辞,刻辞与卜辞的区别是:卜辞背面一定有钻凿和灼痕,正面一定有兆纹,而刻辞则没有这些特征①。也就是说,卜辞是围绕预示凶吉的兆纹铺排的,字法服从于卜法。一条完整的卜辞,包括前辞、命辞、占辞、验辞四部分。前辞(叙辞)是占卜日期(干支)和贞人(商王或贞人);命辞(问辞)是要卜问的事;占辞是视兆后判定将发生的事情;验辞是占卜后的结果或应验的情况。在甲骨文中,卜辞远远多于记事刻辞,所以甲骨文也称之为甲骨卜辞。甲骨文的决疑功能具有较强的阐释性,其字义、辞意的获得常常来自于文字使用者的主观阐释:"到最后两个商王即帝乙、帝辛统治时期,王差不多成了唯一有名可记的贞人。占辞以及验辞变得简洁、不太详细,而且总是积极性的。"②也就是说,后期的商王成了卜辞最主要的意义阐释者,对辞意或占卜结果的解释"总是积极的"——这意味着占卜结果总是商王所希望得到的答案。张光直也谈到了古汉字的决疑和阐释功能问题:

> 古代中国文字的形式本身便具有内在的力量。我们对古代中国文字与权力的认识看来证实了这种推测。文字的力量来源于它同知识的联系;而知识却来自祖先,生者须借助于文字与祖先沟通。这就是说,知识由死者所掌握,死者的智慧则通过文字的媒介而显示于后人。
>
> 从东周的文献可以看得很清楚,有一批人掌握了死者的知识,因而能够汲取过去的经验,预言行动的后果。这种能力无疑对各国君主都有用处。《左传》记载,鲁公和春秋时期(前771—前450年)各国君主经常征询相国或大臣的意见,后者也时常引述古代圣王的事迹作为自己建议的有力论据。……可以《孟子》为例。全书二百六十节,处处是孟子对君主的谏言,至少在五十八节中他引古人为证。有

---

① 沈之瑜:《甲骨文讲疏》,上海:上海书店出版社,2002年版,第45页。
② 夏含夷主编:《中国古文字学导论》,上海:中西书局,2013年版,第31页。

十节提到帝尧,二十九节提到帝舜,八节提到大禹,十节提到商汤,十七节提到周代先王,十二节提到周代早期诸王……这段历史的行为模式为学者们预见未来提供了依据。①

君王们"预见未来"以操控现实社会的依据是古代圣贤的事迹,而这些事迹又主要是由儒家学者通过汉字的书写和形音义阐释来完成的。所以许慎在《说文·叙》中说:"盖文字者,经艺之本,王政之始,前人所以垂后,后人所以识古,故曰'本立而道生'。"

汉字的决疑思维与汉字字义在指涉现实时的形义、名物的浑成关系有关。例如在"浅、笺、栈、盏、线……"这类由声符"戋"构成的字族中,根据"右文说",这组形声字的声符即"戋"声有"小"义,它存在于各种不同类别的现象中,含义宽泛而笼统,可以泛指任何现象的"小";而这些形声字的意符(如从水、从竹、从木、从皿、从纟)则表示"戋"声的"小"义所寄托的现实对象,意义比较具体,只强调某一种"小"的事物。也就是说,上述"戋"构成的形声字族,包括两类字义:一是表抽象的"小"的概念,主要由声符承担;二是表具体的小的实物,主要由意符承担。徐通锵分别将这两类字义叫做"义类"和"义象",他得出的结论是:"1个字义=1个义类+1个义象。"②

我们认为,徐通锵所分析的汉字中所包含的这两类字义,揭示了汉字(在指涉现实关系中)所表现出的类所指性:在观念物和现实物之间徘徊。意义宽泛抽象的声符与思想观念物有关,具有实指意义的意符与现实物有关。汉字字义=义类+义象,实际上指出了汉字在指涉现实中在观念物(义类)和现实物(义象)之间徘徊、融合的性质,也即汉字的肉身性:身与心、物与我的圆融性:汉字的所指既不是纯概念的、也不是纯经验的,而是介于观念物和现实物、身体经验和精神观念中间状态的类所指、肉身化。

汉字的类所指特征或肉身化指涉理据,也可称之为名物思维:将物

---

① 张光直:《美术、神话与祭祀》,沈阳:辽宁教育出版社,2002年版,第66、67页。
② 但徐通锵在不同时期对义类和义象的界定并不一致,这里不做讨论。参见徐通锵:《汉语结构的基本原理》,青岛,中国海洋大学出版社,2005年版,第107页。

"概念化",将观念"物化";或物的名化,名的物化。这是汉字形成决疑思维的基本符号机制:以身体为本位在名与物、观念与对象之间进行有利于我的暧昧操作。这种名物思维或决疑思维容易使人们生活在一种信息雾霾的现实当中,使人热衷于对类所指的暧昧性运作而放弃对真相和信仰的追求。决疑思维在信仰和怀疑、遵从和权变之间的中间状态即孔子所谓"敬鬼神而远之":"敬"表现出对某种神秘力量和宿命的敬畏,"远"则是一种将信将疑、对神的利用态度。这种将信将疑的决疑思维表现在对经典的态度上,则是顾颉刚所称的"故事的眼光":既依赖书本又不相信书本。顾颉刚曾举例分析了这种现象:"匡人围孔子,子路奋戟将与战,孔子止之曰:'歌!予和汝。'子路弹琴而歌,孔子合之;曲三终,匡人解甲而罢:这不是诸葛亮的'空城计'的先型吗?这些事情,我们用了史实的眼光去看,实是无一处不谬;但若用了故事的眼光看时,便无一不合了。"①也就是说,被称之为经典或真理的那些书写事实常常经不起人们经验和常识的检验,但如果把它们当作"故事"或"游戏"来看待,又顺理成章、理所当然了。这种把书写的真理"当作故事"的阐释心态,正是身体本位的决疑性思维的一种真理态度。

三、从表达理据来看,古汉字符号的肉身性表现为意象思维

表达理据指通过汉字造字、用字的分析,还原汉字的前理解结构中所包含的文字使用者表达和书写汉语的方式。

首先从用字或书写来看,这里主要指传统的毛笔书写,书写与肉身性思维的有密切关系。在书写过程中,"古人从执笔的位置、松紧、姿势、运笔等方面提出了大量实用的方法来增强身体训练,以便达到'心手合一'的境界。"在书写过程中,"物的物性也得以敞现,也就是说毛笔的'笔性'得以敞现。软性的毛笔使提、按、转、折、顿、挫,变化无穷"②,物性融入主体性中,主体性和物性达到"圆融"状态,身与心不再是二元对立关系。与

---

① 顾颉刚:《我与古史辨》,上海:上海文艺出版社,2001年版,第45、46页。
② 周国栋:《书法的身体维度及其美学阐释》,《西北大学学报》,2012年6期。

肉身性、技能性的毛笔使用形成对照的是,技术性的硬笔书写(尤其是印刷技术)则更强调书写的速度和效率而尽量抑制身体经验的介入。

人们对表达理据关注更多的是关于汉字的意象思维,一种视觉体验和抽象观念相融合的表达方式。主要包括双轴意象:1.纵意指轴的意象,主要指象形、字义与词义、本义与引申义等纵意指关系中所隐含的意象性表达。2.横并置轴的意象,主要指形声、会意、合体象形等意符组合中所隐含的意象性表达。我们将二者概括为:以可视、可感、有理据的方式表达抽象观念。

意象性表达理据使汉字具有双重意指结构:字面义和语言义。字面义是由汉字形体或意符所凝固的有关语言义的意象。如象形字"ᄉ",其字面义或意象是一个恭谨而立的人形,体现了先民理想中的人的意象,由此而转向语言义("人"的概念)。显然,象形字的字面义所表现的意象思维,是以身体意向为中心"从人的眼所见、耳所闻、手所触、鼻所嗅、舌所尝出发"①去表达语言义的。会意字也是如此,如:

"仙"——以山中之人的意象代表"神仙"的意义;

"突"——犬从穴中窜出来的意象代表"突然"的意义;

"杲"——太阳升上树梢的意象代表"明亮"的意义;

"苗"——田里长草的意象代表"幼小植株"的意义,等等。

汉字的这双重意指格局中,字面义提供了理解语言义的意象化方式,这种理解方式既不是纯粹的客体对象理据也不是纯粹的主观意识,而是某种可视性的身体意象(字形提供的形象性)与语言义的有机结合,并且这种身体意象成为汉语意义的前理解。

意象思维也具有身心、身物一体融合的肉身性:观念形象和视觉物象之间的圆融状态。字面义提供一个视觉物象,唤出语言义的观念形象。或者象形字的字面义主要提供一个视觉物象,合体字的字面义(如会意字)主要提供一个观念性形象。无论哪种"象"主导,汉字总是在"心象"与"物象"的二元互补格局中完成表意的。此意象思维即心身圆融的肉身性编码。

---

① 姜亮夫:《古文字学》,昆明:云南人民出版社,1999年版,第56页。

数量最众的汉字形声字同样体现了这种意象性思维。在形声字并置的两个字符中,一个指向语言概念(声符),一个指向概念的视觉意象(意符)。如独体字"羊"被分别假借为河、姓氏、虫子的名字时,它还是一个假借字即概念性、表音性字符;后来造字社会在这个字符基础上加上意符分别构成形声字"洋、姜、蛘"以后,形声这种造字法就表现出用意象符号(意符)去阐释、界定、标注概念性的有声语言(声符)的意象性思维。这个"声符+意符"模式代表了一种意象性地看待有声的汉语的一种表达方式:既承认汉字具有声符的性质以及汉字向汉语靠拢的一面,又坚持汉字的表音是一定要建立在意象的基础之上,强调汉字意符之意象对汉语的描绘和标注功能,这就是意象性的表达原则:以身体意象为中心可视性地①看待有声语言。

　　形声字的这种"意符+声符"的意象思维被徐平称为"意符诗法",它也延伸到汉语书写性文本里。

　　这种视觉化意符与观念化声符相融会的方式,也见之于苏东坡所谓"诗中有画,画中有诗"。诉诸身体性视觉感官的"画"与诉诸观念的"诗"的肉身性圆融,实现了魂与肉的中和,而非西方身心二元性符号美学,追求魂与肉的矛盾冲突和张力。

　　在字母文字中,语音是文字的终极目标。而一旦成为语音的抽象代码,它必然遵循形式化规则。所以,字母文字更善于抽象的分析、推理、分类,成为抽象的科学和逻辑思维的基础,因此这种祛身性、祛意象性的逻辑思维罗伯特·洛根称为"字母表效应"②。

---

① "可视"与"可视性"概念不同:"可视"是所见即所得的"看";"可视性"是一种看的方式,使可视成为可能的符号活动机制。汉字的象形、指事、会意、形声便是一种可视性的生产法则。参见孟华:《文字论》,济南:山东教育出版社,2008年版,第6、7页。

② "拼音字母表容许最节省的转写形式,用最简洁的书面代码记录口语,它引进了两个抽象层次的文字。语词分为无意义的音素,无意义的音素又用同样无意义的视觉符号来表现;所谓无意义的视觉符号就是字母。这样的文字助长抽象、分析(每个词解析成基本的音素)、编码(口语词用视觉符号编码)和解码(阅读时将视觉符号还原为语音)。……字母表使我们培育了以下的能力:分析;编码和解码;将声觉符号即语音转换为视觉符号;以演绎方式思维;给信息分类;在拼音化的过程中给语词排列。……在学习汉字或其他非字母表文字的过程中,不必做这样的功课(至少不那样用功),以上特征是使用字母表所产生的特有的能力,我们将其称为字母表效应。"[加]罗伯特·洛根:《字母表效应:拼音文字与西方文明》,何道宽译,上海:复旦大学出版社,2012年版,第3、4页。

四、就结构理据而言,古汉字符号的肉身性也表现为模件化生成模式

结构理据指通过汉字的形体结构单位"模件"(一种半实体半形式、半自由半规约的结构单位)的分析,还原汉字的结构生成过程中所包含的模件化结构理据。"模件"概念是德国学者雷德侯提出的,他说:"中国人发明了以标准化的零件组装物品的生产体系。零件可以大量预制,并且能以不同的组合方式迅速装配在一起,从而用有限的常备构件创造出变化无穷的单元。在本书中,这些构件被称为'模件'"①。以兵马俑的制作为例,工匠们先制成陶俑身体各部分的不同类型的模式化的预制构件(形式化、标准化),但通过其组合方式的变化以及细部处理(如在秦俑面孔上加上眉毛、胡须等),造成了秦俑的丰富多彩、无穷变化(实体化、个性化)。

首先看古汉字象形字形体的模件化,指介于图画性线条和文字性笔画的中间状态。

笔画,指汉字结构中能够重复使用的、标准化的、构成整字的最小视觉单位或抽象结构单元,它本身不含意味或意义,但笔画所构成的整体部件(字或字符)则是表意的单位。"线条"在本节中是与"笔画"对立的关系概念:"线条本身有其特殊的语言和习语。""全长的横线不仅能唤起宽广的感觉,而且还能唤起重量感、静止感,确实,还有悲哀感。曲线易于使人联想到运动……"②线条有两种:一是本身具有抽象意味(如尖锐的齿形线条与柔和的流线型相比);二是具象摹状(如象形汉字的"口"是对嘴的具象摹状)。

由此可见,笔画与文字有关,线条与图像有关;笔画遵循语言的线性法则(可分析性、约定性、重复性和线性一致性规则),线条遵循图画的非线性空间法则和像似的非约定性;线条化与个体的身体经验有关,而笔画

---

① [德]雷德侯:《万物》,张总、钟晓青、陈芳、韦正、赵洲译,北京:生活·读书·新知三联书店,2012年版,第4页。
② 玛克斯·德索:《美学与艺术理论》,兰金仁译,北京:中国社会科学出版社,1987年版,第372、373页。

化则是超越身体的形式化规则；笔画的自由化、摹状化就是线条；线条的习语化、程式化、规范化就是笔画。

但是，在古代象形字那里，汉字形体具有类结构、类文字性质：它既是笔画又是线条。作为笔画，它构成规范抽象的字形；作为线条，则意味着"象形者，画成其物，随体诘诎"（许慎）的图画性。即使在现代汉字的应用中，这种模件化理据仍影响着汉字的形体结构，在笔画与线条之间的徘徊构成了字法（汉字形体构造）与书法（包括美术字、文字画）的两极，这种徘徊和中介性质就是类结构性或类文字性，也即模件化结构理据的表现。象形字的基本形体单位是介于笔画与线条中间状态的"模件"，而既非纯形式化结构单位也非纯实体化线条单位。汉字象形字的模件化表现在：作为线条，它包含某种实体意味和摹状形式，为图像符号做准备；作为笔画，它是任意性差别化的手段，为文字符号做准备。汉字形体中所表现的笔画化和线条化两种力量的制衡，①就是其模件化结构理据所致。

我们从笔画层面上升到字符层面，同样可以发现汉字的模件化结构原则。

与层级性生成的周易符号一样，多数汉字具有层级符号性：借助于已有的、被反复使用的意符通过合体的方式构成新的符号。在会意结构中，意符不像字母那样完全受制于线性形式化规则，这些表已知的、可重复使用的意符因其外部肉身理据（交流理据、表达理据、指涉理据）的原因而具有很大的组合自由度，如"杲"和"杳"由"木"和"日"两个意符的不同组合变化产生了不同意义，其根本原因是对肉身理据的模仿（日出还是日落），形式化让位于身体经验理据。另一方面，这种自由的组合又是形式化的体现："杲"和"杳"由两个基本字符"日"和"木"组合而成，这两个可以被重复使用的字符还可以在无数个组合中与其他字符构成新字：明、旷、树、松等。这些组合又被规则所限定和制约，如单字的笔画数量、笔顺规则、方块格局、左形右声等。

---

① 就这个问题青年学者匡景鹏与我进行过富于启发的讨论，特致谢意。

汉字结构的这种半实体半形式化、半自由半规约的性质,就是模件化。它决定了汉字的结构功能既非纯粹的形式化复制或重复(字母 a 在英文中按照读音规则它总是特定音素等价物的重复出现),又不是纯粹独立意指的单位。就像兵马俑的每个预制构件既是标准化单位又带有灵活变异一样,汉字的同一字符在保持自己的抽象、规范义的形式化特征的同时,又在不同组合中总是保留了灵活特殊的具体性意义,如"日"的规范义与阳光有关,但它在"杲"中是亮的意义,而在"杳"中则是暗的意义。

汉字这种模件化结构原则是现成的套式和现成的观念的灵活运用,既非绝对的复制,又非纯粹的创新。是介于创新与复制、语言与语用、形式与实体、经验模仿与观念创新之间的中间状态。雷德侯认为汉字也是典型的模件系统:"模件即是可以互换的构件,用以在不同的组合中形成书写的文字。"①他还考察了先秦时代的青铜器、秦代的兵马俑、古代的陶瓷器等的制作,均是按照有限的标准化预制构件的无穷变化的模件化结构规则生产的。

模件化是介于实体与形式、自由与规约、心灵意志与身体模仿之间的中间状态。这就是"肉身性"的结构理据:既非高度实体化亦非绝对的形式化结构规则,而是对二者的圆融性肉身化运作。这种模件化结构理据我们也可称之为"类结构"原则。

五、结语:汉字的"肉身性"理据所代表的一种类符号范式

所谓的类符号现象,是指异质符号之间或符号的实体与形式之间相互过渡、亦此亦彼的中介化情况。在符号学中,实体和形式是一对重要的范畴。按照巴尔特的解释,"形式,即无需借助于任何语言之外的前提便可被语言学加以详尽、简明与连贯(认识论的标准)描述的东西";"实体,是所有那些不借助于语言之外的前提就不能被描述的语言

---

① [德]雷德侯:《万物》,张总、钟晓青、陈芳、韦正、赵洲译,北京:生活·读书·新知三联书店,2012年版,第22页。

现象"①。比如符号表达中的各种语境因素,都属于实体范畴,而符号的社会性、约定性结构规则,如语法、字的形体结构规则等属于形式范畴。

符号学中的"实体"这个概念还与"身体"、与"在场"(身体在场、身体体验的世界)有关。即使实体性要素中的物,如符号表达中所面对的现实对象,也被看作是身体性要素:"物体是在我的身体对它的把握中形成的。"②符号能指实体性如一次性发音的个性化特征或具体书写显示的笔迹;符号所指的实体性如面对具体的指涉对象、情景等,都与身体对它们的把握有关。这种"在场"的实体性也即身体性:表达者身处具体的语境中所关联的一切表达要素。而形式化范畴则是离境化、祛身化、不在场的抽象结构系统。索绪尔的"语言结构"是一个社会心理现象,一个形式化或不在场的概念,属于"心"的范畴;而他的"言语活动"则是说话者身体在场、面对现实的实际表达事件,一个实体化的概念,属于"身"的范畴。在索绪尔的符号学中,形式化和实体化范畴被处理两个对立项,比如"语言"(形式)就等于是减去"言语"(实体)的东西。

汉字的肉身化理据,则代表了一种介于实体与形式中间的类符号现象。汉字的"肉身化"因素,诸如与符号使用者相互关系的"亲缘"因素、与现实对象有关的"决疑"因素、与表达者运思有关的"意象"因素、与结构模仿有关的"模件"因素,它们既是汉字符号系统外部的实体化因素,又属于汉字内部的形式化理据——文化惯习化了的"前理解结构"。汉字的肉身化理据即介于身与心、实体与形式之间的这种类符号现象,很可能也是中国文化符号重要的编码精神。

原文载《语言学研究》,2015年第2期。

---

① [法]罗兰·巴尔特:《符号学原理》,王东亮译,北京:生活·读书·新知三联书店,1999年版,第30页。
② [法]莫里斯·梅洛—庞蒂:《知觉现象学》,姜志辉译,北京:商务印书馆,2001年版,第405页。

第七节　汉字的意象性：面对汉语的无声性和面对图像的有声性

【提要】 可视形象是由"文"来提供的；形象色彩是由"字"提供的，形象性则是由"名"提供的。可视形象属于视觉符号范畴，形象色彩和形象性属于语言符号范畴。汉字这种集图像与语言于一身的符号性质，我们称为超符号性。

　　意象性是超符号或语图融合的意指方式。汉字一手抓着汉语一手抓着图像，追求语图融汇的同时又消解了二者的差异感，其"执中型意象性"编码原则，已成为华夏传播符号谱系中的原语言。

　　汉字的意象性编码原则主要概括为由形符、义符构成的理据性原则和名符的谐音原则。理据性是意象性的主导原则，即坚持以可视、可感、有理据的方式表达观念和现实世界。谐音原则虽然在表达面上破坏了视觉理据性，但在内容面上仍然坚持了意象性的名物思维，是意象性理据原则的补充或调解方式。

　　汉字将自己的意象性编码方式投射到其他文化符号中去，成为汉语、诗歌、绘画、物象等诸华夏传播符号谱系的原型性编码原则。汉字对其他符号的投射，典型地表现在处理汉字与汉语、汉字与图画二者关系的意象化方式上，一种对语图关系的跨符号运作：面对汉语的无声性（可视性）和面对图像的有声（语意）性。

　　符号学与传播学的结合是现代学术融合的趋势之一。巴尔特认为要区分交流（communication）和意指（signification）。[①] 我想他的本意是要区分传播学和符号学，前者更强调交流，后者更强调意指。但这两个学科都需要融汇对方。吴予敏教授在一次学术研讨会上指出，目前的中国传

---

　　① ［法］罗兰·巴尔特：《符号学原理》，王东亮译，北京，生活·读书·新知三联书店，1999年版，第1页。

播学研究,国家话语、市场话语、技术话语占主导。我赞成这个判断。用符号学立场分析,就是中国传播学研究主流的工具化立场遮蔽了传播的意指问题。以汉字为例,主流传播学主要把它作为一种语言文化交流传播工具看待的。但引入符号学的意指性问题之后,我们对汉字的认识会发生一些变化:汉字不仅是一个交流媒介,同时是一个本身有涵义的意指系统。

本节从"意象"入手,谈论汉字这种传播媒介的意指性问题,它关注的是传播媒介的涵义或意指方式对信息世界的建构性。①

下面我们重点讨论,意象性为何是汉字这种传播符号重要的意指性方式。

一、汉字表意制度与意指方式

所谓的意指方式,主要关注的不是符号或媒介传达了什么,而是如何传达的;关注的是形成传达内容的种种有涵义的方式。因此,意指方式是符号意指性的根本问题。

符号意指的意义有三种:1.指涉意义,如一个手势传达了"阻止"的意义。2.传达者使用符号的某种个体意向,如我对他人故意使用手势而非口语表达"阻止"意义,重在对视觉传达及其无声性的情景选择,这种选择是传达者在具体情境的特定传达意向。3.使用符号过程或符号结构中体现的集体性意向:比如在口语交流中,意大利人较多地辅之以无声的身体语言,中国人则更单纯依赖口语;比如字母文字更接近口语,汉字则更具有图像性。

语言哲学中,上述的意义1为指涉义或指称义,2、3为涵义。② 本节所谓的意指方式,指的是第3种涵义情况:在所使用的符号结构中、或符

---

① 意象是一个语图融合的符号现象,也是中国传统文论中的重要范畴。魏晋哲学家王弼就以"意以象尽,象以言著"来概括语与图、象与意之间的互补关系。无论是"铸鼎象物"的青铜器上的动物意象,还是"立象以尽意"的周易卦爻象;无论是汉字"六书"中的象形、会意意象,还是《诗经》中的"比兴"意象,纵观中国有史以来的各种文化符号,无不打着意象性的深深烙印。参见胡雪冈:《意象范畴的流变》,天津:百花洲文艺出版社,2002年版。

② 参见陈嘉映:《简明语言哲学》,北京:中国人民大学出版社,2013年版,第64页。

号使用的行为中表现出的集体意向性。

再以小篆汉字 🦅 为例,它也包括了上述的三种意义:

1. 词语义。上衣,衣裳。
2. 造字法。象形。"象覆二人之形"(汉许慎)。
3. 文字制度。表意文字。

汉字"衣"的第 2 种意义(涵义 2),是具体造字者所使用的方法,即传统"六书"中的"象形"。具体造字的方法和造字意向,古文字学也叫做"构意"(王宁)。[①]

第三种意义"文字制度",则是一种集体性意向。全世界成熟的文明几乎都采用了拼音文字这种传达工具,唯有汉民族选择了表意文字。这种对不同文字制度的选择,本身就是一种有意义的集体性传达方式。主流意见认为汉字之所以选择表意制度,是适应汉语或者是被汉语自然选择的结果,但这种语言中心主义的语言文字观,往往忽略了汉字自身携带的文化意识和集体传达意向。相对而言,涵义 2 或汉字的造字法(如"六书")是显性的、有意而为的传达方式,一种具体的造字或用字之法;涵义 3 或汉字的表意制度是隐性的传达方式,属于一种集体性意向、集体无意识:人们在使用一种文字制度或意指方式的时候意识不到他为何选择这种方式。

汉字的表意制度中隐含了与字母文字制度截然不同的意指方式(涵义 3),这就是本节所探讨的汉字意象性方式。

二、汉字意指方式的执中型意象性

人们通常称汉字的文字制度为表意文字。当然也有意音文字、语素文字、方块文字等诸多表述。这些称名都是站在语言学的立场上,在不同侧面分享了汉字的某些语言符号属性。但忽略了汉字表意制度的一个重要符号学特征:可视性。

---

① 王宁:《汉字构形学讲座》,上海:上海教育出版社,2002 年版第 24 页。

从汉字系统古今演变的脉络角度分析，大致经历了三个基本阶段：1.象形字主导的古文字阶段；2.今文字中义符主导的繁体字阶段；3.音符主导的简化字阶段。这三者的区分，清代小学家段玉裁和已故现代文字学家陈梦家分别称为1为"文"（象形）、2为"字"（义符）、3为"名"（音符）。① "文"显然具有图像性符号性质，而"字"和"名"同样也具有某种程度的可视性。这些可视性主要包括可视形象、形象色彩和形象性三个方面。

"可视形象"指通过视觉直接感受到的符号形象。一切图像都是一种可视形象。象形字以象尽意，也是可视形象。

"形象色彩"和"形象性"（英文统称"Image Color"）指词义所引起的人们对客观对象的形象联想。但这种形象联想实际上包括两个层面，一是发生在字词的表达面即通过涵义形成的形象，二是发生在字词的内容面即通过词或名的指称义形成的形象。比如汉语词"面包车"与"小公共"二词同义，"面包车"中对"面包"的形象联想发生在表达面或构词上，属于表达面或字面的涵义形象；而"小公共"的字面义是抽象的概念，没有附加"面包"之类的涵义性、比喻性形象色彩，但它的指称义却也能激发人们对那种交通工具的形象联想，属于内容面的词义形象。

本节称符号表达面的涵义形象为"形象色彩"，符号内容面的指称义形象为"形象性"。英文的"Image Color"实际上包含了形象色彩和形象性两个方面，它们是构成所谓"文学形象""语言形象"的可视性心理机制。需要说明的是，一个语言符号可以同时具有形象色彩和形象性（如"面包车"），但一切指称现实物及其概念的名物性词语，即使没有形象色彩也会有形象性（如"小公共"）。

由于汉字的表意性质，它的可视性同样存在"可视形象"" 形象色彩"和"形象性"三个层面。

如汉字象形字"凹凸"，它的图像性属于发生在涵义层面的"可视形象"；汉字"森"在造字构意（三个义符"木"会意而成）上给人一种"密集的

---

① 陈梦家：《中国文字学》，北京：中华书局，2006年版，第24页。

树"的"形象色彩",也属于表达面的涵义范畴。而"森"中的构字字符"木",其"可视形象"(象形性)已经消失,字形中也缺少形象色彩,但其内容面的指称义仍能激发人们对于"树"的形象联想,因此属于"形象性"。因此说,陈梦家、段玉裁的"文"(象形),属于"可视形象"范畴;他们的"字"(义符)发生在会意字和形声字(形旁)的涵义性构造中,属于"形象色彩"的范畴。而"名"(这些字裘锡圭叫做"记号字",它们实际上与假借字、形声字的声旁一样,都变成字面上不携带涵义或形象色彩的"音符"),如"人、水、手、鸟、马",它们属于"形象性"范畴,即它们的内容面(字所表达的词义),仍可产生对现实物的可视性联想。

或者说,可视形象是由"文"来提供的;形象色彩是由"字"提供的,形象性则是由"名"提供的。可视形象属于视觉符号范畴,形象色彩和形象性属于语言符号范畴。汉字这种集图像与语言于一身的符号性质,我们称为类符号或超符号性。①

这样,汉字的"文""字"和"名"三者都与可视性有关,而这恰恰是字母文字这个文化传播媒介所缺少的重要文化特征。进一步说,古今汉字虽然变化巨大,但作为一种文字制度,至今仍未从根本上改变它以可视性的方式记录有声语言这样一种语图兼具的超符号性质。我们把这种具有可视性的超符号特性,称之为汉字的意象性意指方式。简言之,所谓意象性,指语图融汇的符号意指方式。据此,或可改称"表意汉字"为"意象汉字"。

语图兼具的意象性,在西方也是重要的符号传达方式。如希腊文化重要源头的古埃及象形字就是一种"图说"语言的文字。美国意象派诗人庞德的《地铁车站》"人群中这些面庞的闪现;湿漉的黑树干上的花瓣"(赵毅衡译)中,诗歌由概念性词语叙事(形象性)转为视觉性意象(形象色彩)的呈现。挪威现代主义画家蒙克(1863—1944)的《呐喊》,描绘了一个变了形的尖叫的人物形象。图画是静默无言的,但《呐喊》却要

---

① "'超符号',这个概念与文学理论中的'出位之思'近似:跨越各种异质符号的边界或兼涉各种法则。"引自孟华:《传媒文化转型下的汉字符号与符号学》,蒋晓丽,赵毅衡:《传播符号学访谈录——新媒体语境下的对话》,成都:四川大学出版社,2017年版。

"说"出什么:借助尖叫的人物形象,画家传达的是人类极端的孤独和苦闷这一生存理念。因此,蒙克把绘画变成了一个大写的象形字,他在运用视觉符号进行思想概念的有声传达。这就是意象性:图与言、看与思的结合。

但是,东、西方符号的意象性意指方式还是有差异的。

其一,写实与写意。如甲骨文和古埃及象形字的对比①:

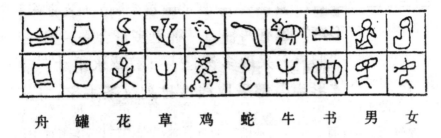

表中的上行是古埃及象形字,下行是甲骨文。虽都是象形字或意象性传达,甲骨文更加写意、更加简约概括性或观念性地传达对象;圣书字更加写实,更倾向于视觉再现性传达的方式。

其二,执中型和移心型。西方意象性表达中,语图之间保留了区分的张力。例如图形诗,描绘一只猫的诗文,其字母的线性组合同时勾勒出猫的视觉图像。这是语图结合的意象性传达。但在西方文化中,语图兼具的意象性符号始终在构意上坚持语图之间的断裂感和异质性。福柯将图形诗的区分张力概括为:"在视觉中被封口,在阅读中被隐形",②即看的时候抑制读,读的时候淡化看。在圣书字中也是如此,一个充当象形字的字符和充当纯辅音的字符可以进行语图式结合,但形与声、图与言二者之间的位置、边界较为清晰和固定。③ 而甲骨文的象形字用于假借或形声字的音符时,并无明确的外在形式标记,全靠上下文揣摩。即使甲骨文的象形字,如甲骨文表达"猪"的象形字 ,它的写意性表达实际上是文字

---

① 周有光:《比较文字学初探》,北京:语文出版社,1998年版,第168页。
② [法]福柯:《这不是一只烟斗》,邢克超译,桂林:漓江出版社,2012年版,第22、23页。
③ 夏凡宁:《试论形声结构与语法结构的同构性及其成因》,载孟华主编《三重证据法:语言·文字·图像》,长春:吉林大学出版社,2009年版,第164—173页。

性和图像性的跨界融合:相对于古埃及的同义象形字 ![img], ![img]更具有文字性:它的腿已经高度笔画化了(抽象、固化为两条腿)。但相对于字母或记号字,![img]又具有图像性。同样是意象性的表达,诗经"昔我往矣,杨柳依依",别离时恋恋不舍的心情和视觉形象"杨柳依依"融为一体,此为情景交融。语图、情景的区分性张力消失了。而庞德《地铁车站》的"形象性"对象"面庞"和"可视形象""花瓣"之间,仍保留了差异、断裂、冲突的痕迹。语图两种符号之间的这种跨界组合,钱钟书借用国外文论的术语,翻译为"出位之思"。① 所谓"诗中有画,画中有诗"就是出位之思,也即意象性传达。但是人们往往忽视了,同样是"出位之思"或意象性传达,东西方有着明显的不同:中国传统的意象性表达更倾向于语图之间自然地浑成即差异感的消失,而非在区分基础上的自觉地融合。所以,本书称中国文化的意象为执中型意象,西方是移心型意象。所谓执中型,指图文等符号的"二元异质要素相似地融为一体,图文双重意识淡化了,被整体一元意识所取代"。移心型指"图文(等符号)要素相异地移向他者","这种转移是在自我否定、转向他者的过程中完成的,保持了鲜明的跨界、移心张力,图文始终保持双重意识"。②

其三,原语言和同义手段。我们在前文区分了意象性的两种涵义方式:其一,意象是发生在实际运用中的主动选择(涵义2);其二,意象是一种集体无意识(涵义3):你选择意象性传达的同时又意识不到这种意象性。当意象性表达成为诸种传达方式中的一个选项(涵义2)时,语言符号学称之为"同义手段的选择",③它属于主动修辞的、诗学的、反观的、个体意向的范畴。当你在使用一种意象性传达方式而又意识不到这种意象性的存在和支配性(涵义3)时,这种意象性就成为一种原型语言我们简称"原语言"。或者说,所谓原语言,就是我们在使用一种具有涵义性和特定意指方式的传媒符号时,它构成了我们表达或理解对象的基本条件,但

---

① 叶维廉:《中国诗学》,北京:生活·读书·新知三联书店,1992年版,第146页。
② 孟华:《汉字主导的文化符号谱系》,济南:山东教育出版社,2012年版,第330页。
③ 孟华:《论聚合段与同义手段》,载李晋荃主编《修辞文汇》,南京:江苏教育出版社,1995年版。

又缺少对它的自觉意识和主动选择。意象性表达在汉民族的诗学中是一种集体无意识的意指方式，一种原语言；而在庞德那里则被自觉地标榜为"意象派"，作为诗学的多种同义手段之一而被主动选择，并与其他诗学流派刻意区分。汉文化中的意象性传达的原语言性，体现于各种古典文化符号运用的实践中。汉民族似乎不愿在意象方式之外寻求其他传达方式的可能性，也不愿在语图差异、区分的关系中思考意象。因此，浑成的执中型意象思维既表现于汉字（文、字、名的融合）、也表现于《易经》（卦爻象和卦爻辞的融合）、哲学（立象以尽意）、绘画和诗歌（诗中有画，画中有诗）、书法（规约性笔画和自由性线条的浑成）、园林（人与景的合一）……中，以汉字为代表的执中型意象方式，成为华夏文化符号谱系的原语言。汉字隐含了整个华夏文化符号谱系所共有的执中型意象性方式，我们将汉字的这种原语言性质具体描述为：无声地面对汉语、有声地面对图像的意象性原则。

三、无声地面对汉语

汉字以不可说的方式呈现和表达可说的汉语，就是它的无声性，一种语图浑成的执中型意象方式。无声性包括理据原则和谐音原则。

理据原则：汉字习惯用可视、可感、有理据的方式表达汉语。

凹凸（象形）、本末（指事）、杲杳（会意）、溢（形声）、狮（形声）

上述的纯表意字，如凹凸、本末，是用目治性"可视形象"（象形、指事）表达汉语。杲杳（会意）则是用心治性"形象色彩"（日升树上是"杲"，日落树下是"杳"）表达汉语。形声字"溢""狮"，左是形旁，右是声旁。"形旁"是以意义联想的"形象色彩"注释负载词语概念的"声旁"。①

概言之，表意的象形、指事（可视形象）和会意（形象色彩）是以内涵意指的方式体现了语图混成的意象性原则，而形声则是以外部组合（形旁主图，声旁主名）的方式体现了语图浑成的意象性原则。

---

① 形声字的声旁绝不是纯粹音节，它本身是负载事项、物象的意符。如声旁"益"代表水溢出的事项，声旁"师"代表"狮子"的物象，即我们说的"形象性"。

但是,从造字字形上看,假借字、记号字以及形声字的声旁都是缺少可视性理据的字符,我们可以叫它们为名物字符或谐音字符,简称为名(音)符。名(音)符是按照谐音原则建构的:即字符不是某类语音单位的必然形式,它主要功能识名辨物而非表音,它们不携带"形象色彩"但往往携带"形象性"。

构成无声性(理据和谐音)的意象性包括三类字符的方式:形符方式(可视形象)、义符方式(形象色彩)、名(音)符方式(形象性)。这首先涉及字符的分类问题。

1. 关于汉字字符的分类

古文字学家裘锡圭将汉字的字符分为两大类:

其一,意符:有包括形符(以可视形象表意的字符如象形字)和义符(通过形象色彩表意的字符,如会意字的字符和形声字的形旁)。其二,非意符:包括假借字(如借胡须的"而"表示虚词的"而")、形声字的声旁、记号字(字形没有或丧失了理据性:如十、日、月)。[①]

清代小学家段玉裁和已故现代文字学家陈梦家将汉字字符分为三类:

文(象形字)、名(相当于裘锡圭的非意符范畴)、字(主要指形声字)。

裘锡圭区分了可视形象的字符(形符)和形象色彩的字符(义符),并看到了它们之间共同的意象性特征,统称为"意符"。但不足的是将音符和意符对立起来,看不到非意符或音符的名物性即"形象性"。

段玉裁、陈梦家的"名"帮助我们认识到汉字非意符的"形象性"和名物性,但局限是没有区分形符和义符。

本节综合上述分类的各自优点,将汉字的字符分为三大类:形符、义符和名(音)符。它们隶属于同一个上位范畴:意符。即三者都是意象性字符。

---

① 裘锡圭:《文字学概要》,北京:商务印书馆,1988年版,第32页。

意符包括：形符，靠"形象来起表意作用"（裘锡圭），如象形字；义符（合体字中靠形象色彩来表意的字符），如会意字的字符和形声字的形旁；名符（字符没有任何形象和意义理据，只是某个"形象性"概念或事物的名称），如假借字、声旁、记号字。

2. 三类意符意象性的进一步分析

形符之意象 以象形字为代表，如"衣（衣）"通过字的形体所直接产生的"可视形象"来表意。易经中的卦爻象或"画中有诗"，也是这种"立象尽意"的意象性传达方式。

义符之意象 合体字中通过字义联想所形成的"形象色彩"来表意：如会意字（吠、突、男）、形声字的形旁（松、烟、链、崂、洋、舰、墙、抢）。"诗中有画"，也是义符之意象。

可视形象（形符意象）和形象色彩（义符意象）的区别在于：可视形象是一个视觉直观的对象，形象色彩是一个通过符号表达面的构意联想而产生的心象。

名（音）符之意象 汉字假借字、形声字的声旁和记号字，是作为一个无视觉理据的名称性、声音性符号被使用的。它的字形本身虽不携带意象，但表达的词义却指示着某种现实事项或物象，即我们说的"形象性"。如，记号字"天、马"指示着某种现实物象；假借字"吧"借指酒吧；形声字"溢""狮"的声旁不是纯粹音节，它本身是负载事项、物象的意符（声旁"益"代表水溢出的事项，声旁"师"代表"狮子"的物象）。

3. 名（音）符的"形象性"源自谐音原则

学界的主流观点把汉字的"名符"当做纯粹表音的符号来看待，而忽略了它的意象性问题。从造字法的角度分析，汉字名符遵照的是谐音原则。

谐音原则是与字母文字的记音原则相对的概念。① 记音原则指字母与所代表的音素之间是相对一一对应的关系,或者说字母是音素的必然形式。

所谓谐音原则首先指的是汉字与汉语语音单位之间的不对应性,或者说汉字不是汉语某个语音单位的必然形式。具体说来,汉字记录的是汉语第一分节单位(语素或词),汉字与汉语语素(或词)之间不是一一对应的关系,汉字也不是汉语音节的必然形式。如汉字"马"是一个具体词的读音,不是汉语中[mA213]这个音的必然形式。[mA213]这个音节还可用码、玛、蚂、犸等字书写,同一个"马"人们可用不同方音读,不影响对它的理解。无声性本质上属于不可言传性。老子《道德经》的"大音希声",就是一种无声性。汉字一定是有声的,但它表达一种不确定性的时候,即它是一种用法而不是规则的时候,比方说一个字音有多种读法(包括白读和文读),或者同一个音需要多种写法的时候,它就是无声的、不可言传的。

其次,谐音原则从功能上看,是为了识名辨物,而非直接表音的目的；或者说主要功能是称名而非辨音。首先,谐音原则的声旁或假借字是区别事物的名称而非语音,如"犸、蚂、玛"中的"马"区别的是不同事物的类别。所以谐音性汉字的指涉过程陈梦家称之为"名物"。② 这个名物,就是我们说的"形象性":一个字符的内容面所映现的物象或可视形象。而字母文字的表意是一个语义物而非名物:单个字母一般不具有表意功能,只有在字母的组合过程中才能表意。通过符号纯形式化组合而产生的概念我们称之为"语义物"。③ 谐音原则的名符虽然字面上失去了可视性理据即"可视形象"或"形象色彩",但它在表达对象上仍然具有名物性和"形象性"。如果我们把汉字符号系统区分表达面(字面构意)和内容面(所意指对象)两个部分,那么,汉字的意象符号性就表现为:表达面的形符意象

---

① 孟华:《文字论》,济南:山东教育出版社,2008年版,第88页。
② 名符或义符都不是代表共相的范畴词,如"马"既可做义符也可做名(音)符:"驾、驰、驷、驹,蚂、妈、码、犸",它们具有名称的属性。但是它绝非专有名称,又具有词语的某些特征。
③ 孟华:《汉字主导的文化符号谱系》,济南:山东教育出版社,2012年版,第28页。

(可视形象,如象形字)、义符意象(形象色彩,如会意字和形声字的形旁)和内容面的名符意象(形象性,即通过内容面产生的意象)的相互补充。所以,名符也是意象性原则。

最后,从构字方式上看,谐音原则形成的名符,还可以成为合体字中新的义符或理据性符号,如"钱、浅、贱、笺"中的名符(声符)"戋",它兼做名符(声符)和义符("小"的意思)。汉字的名符还可以在义符和名符之间自由地进行功能转换:如"松、杠;沐、狄","木"既可做义符(形旁)又可做名符(声旁)。所以,名符也是组合式意象汉字(形声字)的生产方式之一。

综上所述,汉字的无声性即汉字意象性地表达汉语,它所包括的谐音原则(名符的形象性)和理据原则(形符的可视形象和义符的形象色彩),二者共同构成了汉字乃至汉民族意象思维的两极:

形符和义符的理据原则,使得汉字可视可感地表达汉语;名符的谐音原则,使得汉字仅仅是为了识名辨物的目的去表音,而非出于纯粹记音的目的,所以名符总是携带着名物的"形象性"。过去人们说汉字直接表意,间接表音。这种"间接表音"即指"无声性"。正是因为汉字谐音原则的无声性,才使得汉字在表达同一名物时可以念不同的声音,才使得汉字超越了方言的"异声"成为全国各地大统一的文化交际工具。

四、有声地面对图像

意象性汉字用无声(可视性)的方式处理汉语,而用有声(语言)的方式处理图像。后者具体表现为:汉字常常以有声语言的身份,替代和补充图像;或者说,在汉文化语境中,视觉符号通常要在它与汉字的依存关系中实现自己的价值。这同样是语图浑成的意象性方式。

(一)字标:汉字常常替代纯视觉符号的出场

汉字替代视觉符号的出场,首先表现为书写性语言对视觉符号空间的挤占,即汉字字标符号对图像符号的替代。

字标,狭义地指充当各种公共标识或商标的文字。

北大校徽(字标)

字标的符号学特征在于：其一，它脱离线性语言结构而只和场景物产生关联。其二，表意的同时，还发挥图像的视觉分辨功能。其三，它类似于象形字，是介于图像和文字之间的中性意象符号。[①]

本节指广义的字标：我们把在大众传播场景中独立出现的、具有图像分辨和文字表意双重功能的一切汉字文本，都称作字标。具体包括各种文字性的：招牌、标识、匾额、书法、题名、楹联、刻石、碑文、台签、说明、标语、祷语……

中国发达的字标文化表现在：在西方文化通常出现图像或图文并置符号的地方，在中国更喜欢以字标的方式来传达。如：

上图左为青岛某地的纪念碑
(字标,孟华摄)

上图右为法国某城的纪念碑
(雕像,孟华摄)

---

① 参见孟华：《"中性"——汉字中所隐含的符号学范式》，载《符号与传媒》，2017年第2期。

上图左为中国象棋的马(字标,孟华摄)

上图右为国际象棋的马(雕像,孟华摄)

上图左为中国店铺的招牌
(字标,孟华摄)

上图右为欧洲店铺的招牌
(图文并置,孟华摄)

(二)汉字对图像的补充

中国传统绘画是在与汉字的关系中定义自身的。主要表现为汉字居于中国传统图画某种关系架构中,汉字既外在于又内在于中国绘画。本节所讨论的汉字对图像的补充,主要是从汉字内在于绘画的角度分析的:中国传统绘画只有让汉字填满自身才能完成自身。①

---

① "在某种程度上,某物只有通过让符号和指代者填满自身才能……完成自身。"[法]德里达:《论文字学》,汪堂家译,上海:上海译文出版社,1999版,第209页。

1. 汉字成为绘画的内容

上图为【明】董其昌根据林和靖的诗歌而画成,汉字书写文本代替了现实物。

(孟华摄)

上图:西方绘画中的画家签名,一般在画面隐蔽处或背面,体现了对文字书写的自觉抑制。中国绘画中,签名成为绘画内容的一部分。

2. 汉字提供了图像的表达原则

无论从工具、书画载体、还是构意手法上看,意象性汉字的传达原则与中国绘画有着内在的相关性:写与画、语与图、读与看的执中型运作。

(1)相同的笔法

书法和绘画的水墨性、笔触性,写与画的融合。

(2)相同的构意

八大山人的鸟"白眼向天"所传达的愤世嫉俗之情,重在写意而非临摹,也是汉字"立象尽意"的意象性原则,图与语的汇合。

(3)相同的时间性媒介方式

 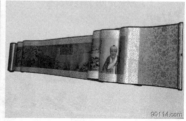

中国传统书籍和图画一般是卷册式,卷册式绘画来源于卷册式的书籍。① 卷册式按照时间顺序依次展开,是观看与阅读的融合。

五、结语

1.意指性问题是中国传播学研究中的薄弱环节。超符号的意象性是以汉字为代表的中国传媒符号的重要意指性特征。

---

① 薛永年:《卷轴画史概说》,《新美术》,1993年第3期。

2.意象性是跨符号或语图融合的意指方式。汉字一手抓着汉语一手抓着图像,追求语图融汇的同时又消解了二者的差异感,其"执中型意象性"编码原则,已成为华夏传播符号谱系中的原语言。

3.汉字的意象性编码原则主要概括为由形符、义符构成的理据性原则和名符的谐音原则。理据性是意象性的主导原则,即坚持以可视、可感、有理据的方式表达观念和现实世界。谐音原则虽然在表达面上破坏了视觉理据性,但在内容面上仍然坚持了意象性的名物思维,是意象性理据原则的补充或调解方式。

4.汉字将自己的意象性编码方式投射到其他文化符号中去,成为汉语、诗歌、绘画、物象等诸华夏传播符号谱系的原型性编码原则。汉字对其他符号的投射,典型地表现在处理汉字与汉语、汉字与图画二者关系的意象化方式上,一种对语图关系的跨符号运作:面对汉语的无声性(可视性)和面对图像的有声(语意)性。

5.汉字的执中型意象方式为世界学术提供了一个迥异于西方的符号－传播学范式。

原文《汉字的意象性:面对汉语的无声性和面对图像的有声性》,载《华夏传播研究》第三辑,北京:九州出版社,2020年版。

第八节 传媒文化转型下的汉字符号与符号学

【提要】 在媒体融合时代,中文系的"知识型"受到挑战。单一的书写和单一的图像逐渐被巴尔特所谓的"复合符号"所取代。书写不再单纯为了阅读,它常常是为了观看——即我所谓的"成像文本"。图像也不再单纯为了观看,它常常为了表意和阅读——即我所谓的"成言图像"。在传统以书写主导的媒体时代,人们观念性地把握世界;而在新媒体时代,人们意象性地把握世界,这个"意象"就是语图复合。

超符号研究就是各种符号之间的划界和跨界法则的总体研究。符号学的本质是一种超语法、超符号研究,它不以哪种具体的符号作为自己法则的唯一来源,它的跨学科性质就来自于这种超符号、超语法的性质。当然"超符号"研究并非要提供一个超越一切符号的终极法则,它首先承认每种符号都有自己独特的物质性及其相关的语法规则,其次关注这些不同物质性及其法则之间的关联、互补问题。

符号学研究不能过多地加入到新媒体"娱乐至死"的大合唱中。中国当代文化的根本问题是以"娱乐至死"掩饰它的精神空虚和精神禁锢。符号学不关注这些问题就丧失了它的理性精神。

一盘菜,其中的食材是根据某个菜谱组织在一起的,如果强调对语言性菜谱的依赖,这就是物的"语法";但我们更关注这个菜谱是根据物或食材自身的品质和口味而搭配、摆放在一起的,语言的叙事服从于物体系自身的搭配规则,这就是"物法"。超符号研究更关注物体系中物法和语法的相互关系。

中国的一切实物的视觉呈现,包括广告形象,都有一个汉字隐性书写问题:汉字书写了物却又将这种书写隐藏起来变成物自身的属性、物的自我言说。

汉字永远与自己的精神故乡保持着悠远的回望关系。汉字代表了人类符号谱系中最具"乡愁"的符号类型,既然我们走不出乡愁,那么我们就要享受和承担乡愁所带来的一切幸福及其后果。

汉字确实代表人类文明的两种相反的发展方式之一。它代表从自我身体近处出发,通过视觉理据性、象喻性地体味陌生世界的一种文明类型。这种推己及人、推己及物的自我中心思维是每个中国人的文化胎记。这种肉身化(看与思、魂与肉浑成不分)的文明更关注以自己身体、文化母体和上古记忆为中心来把握整个世界。因此它需要一个意符化而非声符化的汉字体制来维系这个"乡愁"文明。汉字的声符化是它向语言所代表的现实社会不断被迫妥协的结果。

笔者呼吁重新认识和提倡汉字改革,不是简单地走拼音化道路,也不是单纯地用一种彻底表形的新象形字替代,笔者的理想是汉字改革走一种"新形声字"的道路：字母和意符的融合，优势互补，乡愁和世界化兼顾。

在中国历史上，每次文化转型，汉字问题都是其根本问题。汉字处于中国文化符号谱系的中枢地位，一手通过无声性抓住汉语，一手通过有声性抓住其他文化符号。这是中国之成为中国的最深刻文化理据，汉字成为中国文化至高无上的主宰。

受访嘉宾：孟华，中国海洋大学文学与新闻传播学院教授
采访人：胡易容，四川大学符号学—传媒学研究所研究员
访谈时间：2016年10月

一、关于符号学的总体发展与态势问题

首先感谢这次访谈的构思者胡易容教授。他敏锐、宏观而多元的符号学问题域激发了我的"野性思维"。既然是"野性"的，可能会招致阅读者的批评眼光。欢迎大家批评指教。

胡易容：世界符号学运动发展到今天，其理论的跨学科影响力是否下降了？

孟华：我认为，符号学理论跨学科的生命力源自当下符号化生存的复合化趋势。新媒体时代，最大的特征之一是新旧媒介的融合而不是对立。以中文系为例，整个中文的传统知识体系是建立在书写基础上的，是建立在与图像等视觉符号区别的基础上的。语言和文学构成两大支柱。但在媒体融合时代，中文系的"知识型"受到挑战。单一的书写和单一的图像逐渐被巴尔特所谓的"复合符号"所取代。书写不再单纯为了阅读，它常常是为了观看，即我所谓的"成像文本"。如脚本、PPT文案、策划案、弹幕、说明书、可视化写作、剧本。图像也不再单纯为了观看，它常常为了表意和阅读，即我所谓的"成言图像"。像很多学校的平面设计专业现在改为"视觉传达"专业，这个改动很有意思，图像被用来传达，传达什么？传达意义、概念和语言。图像、商品、景观成了一个大写的象形字、一个意

符。如各种流行商品、广告形象、景观、logo、插图、影视新闻、影视艺术,甚至许多现代主义、后现代主义的视觉艺术作品都在传达某种概念,成为"成言图像"("成像文本"和"成言图像"两个术语引自我即将开设的网络慕课《意象的艺术:汉字符号学》)。

在这种媒介融合的背景下,中文系由单一的书写编码建构的知识体系可能会受到冲击,至少部分高校应该进行教学改革。我曾在自己的中文系尝试过这种改革,在中文基础上开设许多视觉文化、成像文本写作(动漫剧本)以及视觉设计的课程。由于师资条件不成熟等原因而没有坚持到底。但川大的符号学研究跨中文和传播两大领域,就代表了媒介融合背景下的跨学科整合的理论研究趋势。我们身处新旧媒体融合的时代,这种融合最主要的是语图的复合化表达,即知识的成像文本化和成言图像化。在传统以书写主导的媒体时代,人们观念性地把握世界;而在新媒体时代,人们意象性地把握世界,这个"意象"就是语图复合。所以,我认为具有跨学科性质的符号学恰逢其时,前景光明。

胡易容:符号学自身学说更新是否已经遇到了困难?如果要突破,这种突破在哪个方向?

孟华:我缺少世界符号学的视野,只能谈一点粗浅的看法。我认为符号学的根本问题是处理语言符号与非语言符号的关系问题。索绪尔代表的结构主义符号学是语言中心论的,皮尔斯的逻辑实证主义符号学更关注各种符号的意指过程,但也没有提出如何处理语言与非语言符号关系的理论方案。但当代符号学在视觉文化、传播领域似乎取得了很大进展,词与物、语与图、视与听的关系成为热点问题。我认为这些问题应该是符号学研究的突破方向。无论是语言、文字、图画、影视、雕塑、音乐、商品、实物等符号,都有自己的物质特性和语法规则。而符号学的本质是一种超语法、超符号研究,它不以哪种具体的符号作为自己法则的唯一来源,它的跨学科性质就来自于这种超符号、超语法的性质。当然"超符号"研究并非要提供一个超越一切符号的终极法则,它首先要承认每种符号都有自己独特的物质性及其相关的语法规则,其次关注这些不同物质性及其法则之间的关联、互补问题,文论界的"出位之思"也属于这种超符号关联。"出位之思",用符号学语言表达就是,一种媒介符号取得了另一种媒介符号的表达效果,如诗中有画或画中有诗。所以超符号研究或符号学的跨符号研究,首要任务就是划定边界:什么是语言、什么是文字、什么是图像、什么是商品符号、什么是广告符号、什么是游戏符号、什么是舞蹈符号……要在"超"的总体眼光下思考各种符号的边界。然后是思考这些不同研究对象的超符号关联。在当下,我认为语言与非语言符号之间的关系是超符号研究的关键点和突破口。而汉字尤其是象形字,一手牵着图像一手牵着语言,处于语言与非语言超符号关系的核心位置,尤其值得注意。

胡易容:新媒体是否会造成符号学理论的根本性变化?哪些方面?

孟华:我在上述的两个答问中已经涉及这个问题。可稍做总结:新媒体语境下符号化生存的超符号趋势(语图融合、意象化生存),给符号学理论带来的根本变化就是超符号研究:以语言与非语言关系为突破口,在超符号的总体视野下,首先要承认每种符号都有自己独特的物质性及其相关的语法规则,其次关注这些不同法则之间的关联和互补问题。简言之,**超符号研究就是各种符号之间的划界和跨界法则的总体研究**。其中尤其关注言文(书写符号与口语符号)关系、语图关系、词与物的关系这些方面理论研究的新进展。

胡易容:您如何评价当今中国的符号学状况:中国符号学的主线脉络是什么?在您看来中国符号学发展的突破口在哪里?

孟华:当今中国符号学的研究令人振奋,尤其四川大学的符号学研究异军突起,给国内学界注入巨大活力。中国符号学在20世纪八九十年代兴起,主要还是追踪国外符号学的研究。皮尔斯的研究相对薄弱,主流还是结构主义符号学,代表人物像李幼蒸、赵毅衡等。21世纪以来,皮尔斯以及其他符号学理论开始受到重视,尤其是索绪尔和皮尔斯的关系成为中国符号学研究的热点,赵毅衡以及另一个国内符号学领军人物王铭玉的符号学研究都非常注重索绪尔和皮尔斯两种理论之间的对话。中国符号学在这一大的理论背景下,突破了单一的语言中心主义,开始进入多元化的符号学研究。

我以为,中国符号学研究的突破口应注意以下几点:

其一,要重视索绪尔。皮尔斯不能兼容索绪尔,而索绪尔能兼容皮尔斯。结构主义符号学重形式,但其本质不是形式论的。它是在实体与形式的关系格局下关注形式论的。如何处理形式与实体的关系才是索绪尔符号学的精髓,实体与形式的关系也是超符号研究的最高纲领。因此法国的结构主义代表人物如巴尔特、福柯、鲍德里亚等的符号学研究早已进入图像、商品、实物领域,注重这些符号中的实体与形式、语言与非语言性的关系研究。而且结构主义提供的那些语言研究规则,乃是最简约、最成熟的符号规则,一切其他符号规则都可在与语言规则的关照对比中获得自己的区别性和存在价值。可以说,不掌握语言符号学的规则,在今天很难成为一个真正的符号学者。

其二如果说索绪尔代表符号学偏向形式研究的一极,那么皮尔斯的符号学代表了偏向实体性研究的一极,弥补了结构主义符号学实体性研究不足的缺憾。例如皮尔斯对语言、图像、索引符号的分类研究,以及相关的意指方式和所指类型的复杂区分,都是结构主义符号学的薄弱之处。中国符号学研究应该结合索绪尔和皮尔斯的两个优势进行复合研究:把索绪尔和皮尔斯处理为一对关系项,其中一项的理论价值在与另一项的对比中获得。

其三我认为更重要,即关注符号学的中国化研究。包括两点:一是关注中国自身的符号学理论资源发掘,如周易符号学、名学、汉字符号学等;其中汉字符号学中的传统"六书理论"处于语言、文字、图像的中枢位置,最值得重视。二是关注中国问题。符号学研究不能过多地加入到新媒体"娱乐至死"的大合唱中。中国当代文化的根本问题是以"娱乐至死"掩饰它的精神空虚和精神禁锢。符号学不关注这些问题就丧失了它的理性精神。中国符号学应有它的人文情怀。我的汉字符号学研究非常关注汉字的权力和意识形态问题。

二、符号学内部的相应具体问题

胡易容:关于"物法"与"语法"的区分?

孟华:任何符号都有自己的结构组织法则。狭义的语法是语言线性组织的法则,本质是时间性的。实物被当做符号时,也有自己的法则。比如屋里的物品都是围绕我的身体的方便自然摆放的,展会上物品的摆放却是有意的设计。但无论自然摆放还是有意设计,都是物法的表现。

结构主义符号学相对而言更关注语言语法对物的摆放的干预和介入。如巴尔特就根据语言的法则——聚合和组合关系研究过烹饪,于是物法变成了"语法"。而我的研究更强调物法的物质性问题:它首先是一个实用品、一个视觉物,然后才是一个语言功能物。因此也关注物主导语言而非语言主导物的一面。比如一盘菜,其中的食材是根据某个菜谱组织在一起的,如果强调对语言性菜谱的依赖,这就是物的"语法";但我们更关注这个菜谱是根据物或食材自身的品质和口味而搭配、摆放在一起的,语言的叙事服从于物体系自身的搭配规则,这就是"物法"。当然,超符号研究更关注物体系中物法和语法的相互关系。

胡易容:关于类文字性与当代视觉形象设计的关系?

孟华:类文字、类书写、类符号是我在《汉字主导的文化符号谱系》中提出的一组概念,我在明年上线的慕课《意象的艺术:汉字符号学》中又通称它们为"超符号",这个概念与文学理论中的"出位之思"近似:跨越各种异质符号的边界或兼涉各种法则。类文字自身具有文字符号和图像符号双重属性。主要包括图像的文字化(表意化或笔画化)和文字的图像化(或可视理据化)两种。在早期汉字如甲骨文、青铜器上的铭文尤其是族徽中,充满了这种类文字的案例。它肯定会为今天的视觉形象设计提供宝贵的超符号语法,这种类文字语法的背后是空间视觉法则和时间语言法则的综合应用。可惜这个象形字的宝库在符号学之光照入之前,人们无法对它借鉴和利用——因为古文字学和考古学给我们提供的,都是一些历史证词而非超符号法则。

胡易容:刻符用于视觉识别与商标"'语法'服从于'物法'"怎么理解?

孟华:早期的原始刻符和商标的共同点,都是附着在某个物体上并起着某种标记作用,即为了识别物而不是阅读概念。它们作为一个符号,与词典中的单词、logo库中的标记、字库中的单字等都不一样。刻符和商标都是与在场物相连,"库"中的符号则是离境化的。当标记符号与在场物关联时,它自身的语法组织原则就服从于物的摆放法则,也就是语法服从于物法。当然刻符与商标也有别,很多刻符是一次性出现的,只与特定物关联;商标可以重复使用,具有语法和物法双重性质。其实,甲骨文、铭文也是附着在实物上的"刻符",也具有语法和物法的双重性。但是在语言中心主义笼罩下的甲骨文、金文研究中,这种物法特征几乎被学术界整体遗忘了。不,不是遗忘,而是没有被符号学之光所照耀。

胡易容:您的理论当中,涉及很多商标、广告等现代传播的对象,您认为汉字文化对中国广告创意是否有关键性作用?

孟华:"关键性"这个说法值得探讨。例如,中国的一切实物的视觉呈现,包括广告形象,都有一个汉字隐性书写问题:汉字书写了物却又将这种书写隐藏起来变成物自身的属性、物的自我言说。青岛五四广场周边的许多雕塑作品都与地方文化记忆无关,很多雕塑取材于书写的成语故事和历史典故,但它不以文字而以图像的方式呈现,书写的儒家意识形态被自然目光所暗藏。这个隐性书写的雕塑成为一座座凝固的象形字,它控制着你注视的目光但你又意识不到这种控制。这种隐性书写来自汉字自身的意象精神:汉字用视觉再现的方式表达概念,古代象形字是如此,今天的表意字也是如此。构成它的基本法则就是汉字"六书"(象形、指事、会意、形声、假借、转注),这种意象精神核心是将观念物掩饰为目击物,或混同于目击物,最终导致一种巴尔特所谓的神话,当你把一种观念当成所见之物时,你就放弃了对观念意识形态性的警惕和反观,而把概念自然化、伦理化了。你只会认定什么,不会思考什么。但另一方面,汉字的这种意象性又是一种从遥远他处迂回地把握对象的艺术。就像象形字可视性地婉曲体悟概念一样,中国诗歌中不会直白表达"愁"的概念,而是通过秋天、流水、枯藤、抽刀断水、独上高楼……这些意象迂回地表达"愁"字,这构成一种迂回、含蓄、富有回味感的艺术精神传统。一位厨师告诉我,烹饪的最高境界是让菜品具有回味感,这也是汉字的意象精神。所以,汉字文化的意象精神是一个双刃剑,在广告、传播和各种设计中,它既可以被用于躲避真实,也可被用于婉曲而诗意地呈现对象。汉字的意象精神很可能在你没有自觉利用它的时候，它已经在利用你。从这一点上看，了解汉字文化对中国广告创意的影响还是挺关键的。

胡易容：声符阶段是现代社会的标志，是从哪几个角度来看的？这是否也是符号进化论的逻辑？

孟华：我在《汉字主导的文化谱系》一书中将简化字阶段称为汉字的"声符"阶段，它作为现代性的标志主要表现为：

其一，去理据化。简化字大大减少了繁体汉字中所隐含的表意和视觉理据，这意味着某种与汉字理据所负载的古典传统的断裂。这是五四反传统文化的一个直接结果。去理据化我也叫做去汉字化。鲁迅就曾说汉字不废，中国必亡。现在看来是说过头了，但他的批判精神还是值得肯定。五四新文化运动的基本精神就是去理据化、去汉字化。

其二，语本位。简化字从理据性视读符号变成非理据性的读音符号（相对而言，与字母文字相比，简化字还是理据符号），这标志着汉字从一个文化记忆为主导的理据符号转向一个传达语言为主的任意记号。伽达默尔说古希腊哲学产生于词与物的分裂，我们也看到了腓尼基字母与古埃及象形字的决裂，那么中国文化的现代性也产生于简化汉字与繁体字中理据的决裂。文化决裂即理据符号的任意化趋势，是人类进步的阶梯。告别繁体字后，汉字开始更为直接地记录口语。人们不再面向传统、面向四书五经、面向文言文；而面向自己的口语、自己的内心、面向地方性话语、自己周边的活生生的语言生活。现代白话文运动、民俗学、考古学、民族志等都是在"去汉字化"的历史进程中诞生的。在古典时代，中华文化的历史记忆只有一种符号：汉字及其文献。汉字降低为一个语本位工具后，其他文化记忆手段才得以复兴、才获得解放：仪式的、土著的、民俗的、文物的、图像的、方言的、博物馆等。去理据化或去汉字化或声符化，是五四以来汉民族精英分子导演的一场自觉的文化运动，它的深刻影响不能以百年这个单位计算。这场文化运动中汉字问题是根本问题。将来发生大的文化革命，根本问题还会是汉字问题。

其三，符号进化论。汉字的声符化进程我认为符合人类符号进化的逻辑：在理据性和任意性符号的张力关系中不断走向表音化、走向任意性记号。互联网时代最基本的特征是：要素的生产变为要素的调配。什么是要素的调配？转基因技术就是一种调配，PS图片也是一种调配，"互联网+"也是一种调配，麦当劳连锁店也是一种调配，青岛啤酒过去用崂山水、现在通过配方改良可用任何地方的水——也是一种调配。调配就是符号任意性的法则，它让人的构意、人的逻辑从对物的实体依赖中解放出来，通过形式化模型的任意复制，重新组合物、组合这个世界。这个任意性符号的最基本符码是二进制演算符号0、1和字母文字，而不是理据性的周易二进制符号阳爻和阴爻，后者本质上是决疑术。

  因此说，汉字的演化进程符合人类符号任意化的总趋势。但汉字走到简化字后戛然而止。我认为它在自身的体制内永远不会字母化。每个简化字与字母不同，它总是携带一个概念，一个对象物的名称，因此它永远跟汉民族赖以生存的物体系保持理据联系。这是汉字与字母文字的根本差异。所以，汉字不能摆脱自己的理据性传统，永远与自己的精神故乡保持着悠远的回望关系。这个精神故乡就是汉字理据和汉字文献中记录的那个血亲、熟人、定居的农耕文化及其全部意识形态，那个由汉字所建构的文化大一统乃至政治大一统的中原文明。汉字的这种理据性是汉族性的本源，没有对这种理据性的持久回望和维护，大一统的汉文明必将解体。所以，汉字代表了人类符号谱系中最具"乡愁"的符号类型，既然我们走不出乡愁，那么我们就要享受和承担乡愁所带来的一切幸福及其后果。

  胡易容：西方字母是先表音而后表意，汉字则是先表意而后声符化，这是否意味着两种文明的社会文明发展方式在某处有相反？

  孟华：美籍考古学家张光直认为华夏文明是"世界式"的，而西方文明在人类文明早期却是一个意外。但我们却看到相反的情况：汉字文明在今天只是人类文明的一个意外、一个孤例，而字母文明却是主流。字母文字产生于文明的断裂：当古埃及象形字被经商的航海民族腓尼基人假借为字母即任意性表音记号后，象形字所负载的文化记忆彻底被斩断而成为某个语言音素系统的同构单位，字母不仅贴近了语言，也创造了语言——字母使得语言中最隐秘、最抽象、最底层的结构单位"音位"层面浮出水面，这使语言的流动不居的法则、浑成不分的整体结构被视觉的文字所凝固、所分析，语言及其携带的观念得以被注视、反观、推敲、升华乃至高度形式化。在没有强大的形式化逻辑的字母注入语言以前，人类的形式化逻辑思维、语法观念几乎等于零，字母文字是今天数码文化的原型、形式化逻辑思维的原语言。汉字确实代表人类文明的两种相反的发展方式之一。它代表从自我身体近处出发，通过视觉理据性、象喻性地体味陌生世界的一种文明类型。这种推己及人、推己及物的自我中心思维是每个中国人的文化胎记。这种肉身化（看与思、魂与肉浑成不分）的文明更关注以自己身体、文化母体和上古记忆为中心来把握整个世界。因此它需要一个意符化而非声符化的汉字体制来维系这个"乡愁"文明。汉字的声符化是它向语言所代表的现实社会不断被迫妥协的结果。汉字以视觉理据的方式记录有声汉语，先天地隐含一种结构性矛盾：视觉体验世界和听觉观念世界剑拔弩张的关系。这种紧张关系在象形字阶段就显露无遗：甲骨文象形字可以任意兼做假借字即纯观念性的声符，据统计，甲骨文时代的象形字多数是当做假借字使用的。为了缓解这种紧张关系，后来产生了形声字，形主象，声主言。二者形成一种制衡关系。汉字形成了一种在文与语、象与言、看与思、传统与现代、乡愁与开放……这二元对立项之间的以前项为"体"，以后项为"用"的制衡思维。文言文上千年地压制口语，就是这种体用二元制衡思维的表现。在这种制衡思维支配下，"道唯其旧，器唯其新"，中华文明永远不停地用"乡愁"的方式拥抱和汉化（而不是创造）世界最先进的文明成果。这种乡愁文明确实是世界文明的另一路数。我的问题是：谁的乡愁？谁是乡愁的主体？这可能涉及一个权力问题。

胡易容：您如何看待"汉字再意符化"的呼声？

孟华："再意符化"也是我在《汉字主导的文化谱系》一书中提出来的。它作为一种文化保守主义思潮是当下国学热、孔子热的组成部分，主要表现为：要求汉字繁化，遏制自由诗的反格律倾向，抵制"疑古思潮"对汉字文献的彻底怀疑，弘扬汉字思维乃至它所负载的经学或国学传统等。其实它就是"留住乡愁"之主体的一种表达式和呐喊。

但问题还是：谁的乡愁？是为了维系一个旧的世界和权力结构而留住乡愁？还是为了走向世界让"乡愁"的汉字文化来弥补字母文化的"乡愁缺失"？二者完全不同。不同的回答区分了知识分子乃至整个社会群体中的左、中、右。

胡易容：作为意符的汉字符号如何面对新技术媒介？

孟华：从根本上讲，意符汉字与新技术媒介存在着结构性矛盾：基础汉字单位的意符与新媒体技术基础单位的数码之间具有不同构性。这是我的一个观点，并认为这也是我们为了留住乡愁而使用意符性汉字不得不付出的一个文明代价。

字母文字记录的是语言的第二分节单位：毫无意义的抽象的形式化音位。每种语言中的音位一般都是二三十个，比如汉语中有10个元音音位，22个辅音音位，几十个字母与几十个音位之间有着大致同构的记录关系。但这是在纯形式化层面上文字对语言的操作，它通过极少的要素的无限重复组合成无限多的表意符号单位。所以，字母文字产生一个我所谓的"语义物"：一切由形式化、符号组合而推演出来的符号对象都是语义物，互联网就是一个巨大的生产语义物的符号装置。汉字是要携带概念的，因此，拉丁字母用26个单位描写世界，而携带概念的汉字要用成千上万个单位描写世界。这是因为汉字记录的不是语言第二分节，而是第一分节单位语素或词。

这种先天性的结构差异导致汉字文化与现代文化的两种互不通约性：

第一，它不与世界主流的字母文化通约。如对外来词的借鉴，字母文化之间的外语词借鉴主要以语音转写的方式，但汉字记录外来词更多采用意译的方式。意译的过程就是消灭外来色彩或外来概念的被汉化过程，造成与外来文化的隔膜。外来文化翻译汉语也存在这种不同构的障碍。有人认为日本的现代化崛起来自两种力量：一是对西方文化、科技的借鉴，二是通过片假名对外来词的借鉴。片假名是一种表音的字符，能够较为原汁原味地保留外语及其所负载的文化观念。但意符性汉字的意译方式却构筑了抵御外来文化的防火墙。这种防火墙的汉字思维依然影响着我们今天对外来文化的态度。

第二,它与数码文化的不通约性。例如在计算机键盘输入中,汉字必须进行二次代码转换(将一次分节的意符转换为二次分节的拼音字母单位),才能有效地输入汉字。这种二次代码转换不仅在键盘输入,而且在程序编码、信息输出中乃至整个互联网交流中都存在。二次代码转换在中国是一个庞大的产业,仅以汉字键盘输入编码而言就有"万码奔腾"之说。中国人的智慧竟然过多地被用于二次代码转换而不是思想创造,这能说汉字已经追赶上电脑时代吗?

我认为汉字要适应新媒体时代就必须改革。自《文字改革》刊物改为《语文建设》后,汉字改革就成为一个语言禁忌。中国的语言禁忌太多,这也是表意汉字的文化结果。表意文字超越口语的目的是对多元化的口语进行控制,它可以有选择地让某种声音发声、让某种声音消音。汉字造成了真正的语言禁忌,凡不适合它口味的话题,汉字就不书写它。在中国,凡是被汉字遮蔽的现象等于不存在。这种遮蔽思维自然也延伸到互联网领域。我们大家都懂的。

但我要呼吁重新认识和提倡汉字改革,不是简单地走拼音化道路,也不是单纯地用一种彻底表形的新象形字替代,我的理想是汉字改革走一种"新形声字"的道路:字母和意符的融合,优势互补,乡愁和世界化兼顾。实际上许多汉语字母词如"B超""大S"已有这种精神。但线性字母不适合汉民族的阅读心理。中央美院徐冰教授的"天书"倒是提供了一个很好的思路,他将英文字母写成方块形,我想这解决了字母形式的汉字化问题。其中方块形的字母担任声旁,汉字担任形旁。此时的声旁不再负载概念而只代表一个有限的二次分节单位音位,专职表汉语的某个元音或辅音。字母性声旁与世界连接,意符性形旁与乡愁连接。我坚信这是汉字未来的出路。可惜我辈老矣,没有精力做此伟大实验。寄希望于年青一代的同道。

胡易容:读图时代是否会对"声符化"趋势或再意符化造成影响?

孟华:当下我们所处的读图时代或新媒体时代是一个文化转型的时代。在中国历史上,每次文化转型,汉字问题都是其根本问题。夏商周三代与春秋战国之交是第一个文化转型期,其主要标志是汉字由属于巫术仪式的象形字转变为记言记事的语言符号,其标志性事件就是以孔子为代表的文人阶层的兴起及其书写性典籍文化的成熟;秦汉时代是第二个文化转型期,统一后的汉字结束了言语异声、文字异形的部落化文化形态,中国正式进入大一统的文化、政治格局;第三个文化转型期便是五四新文化运动,其根本问题还是汉字问题,这一点我在前面已经强调了。现在我们正进入第四个文化转型期:新媒体时代类书写的兴起,纯书写的结束。这里的类书写,与前面的类文字、类符号或超符号是相同的概念。一种语言、文字、图像等各种文化符号手段融合运用的文化形态。在纯书写时期,中国文化的各种符号类型口语的、图像的、仪式的、民俗的、实物的、建筑的、饮食的、服饰的、中医的……皆辐辏于汉字,它们既被汉字隐性书写,又被汉字选择性地遮蔽和凸显、选择性地记忆或遗忘。所以,汉字及其典籍是纯书写时代最高的符号形态和文化主宰。至高无上的汉字不屑于放下身段与其他异质符号构成一种"互文"或对话关系,汉字是一种独白话语,在某种意义上讲,汉字所到之处,其他种类的异质符号一片凋零。譬如,我们没有真正意义上的口语,我们说的是被汉字规范化的"官话";汉民族也没有在纯粹目光注视下的绘画,中国传统绘画注重写意,那是一种汉字象形字的目光,一种以传达概念为要的类文字艺术。

  但是在第四个转型期的今天,汉字面临空前挑战。新媒体的本质是异质符号的融合和互渗。口语的、图像的、实物的……各种符号挑战汉字的大一统权威。在网络上,汉字的读音、形体、书写、表意规范被玩家们搞得面目皆非、惨不忍睹。新旧媒体之争的背后其实是汉字与新兴符号之间的文化较量。

  所以,在第四次文化转型期,汉字的身份发生一些改变:汉字由单一的民族文化记忆符号逐步转向双重指涉:一方面作为民族和国家意识的载体指向传统、指向汉语,另一方面又作为互联网时代多元异质文化符号体系中的一个单元、一个节点而指涉其他文化符号。也就是说,汉字如何平等地处理与其他文化符号如口语、图像、字母文化等的关系,成为这个文化转型期的根本问题。

由于汉字自身结构的二元制衡性,在新时期中无论再声符化还是再意符化可能都不太现实。汉字作为形声文字本身就是一种权力博弈机制:"形"的乡愁取向和"声"的现实取向的博弈。博弈结果就是平衡、相互制衡。但有一个谁主导的问题,在新文化时期,可能是"声"主导下的制衡格局。一旦汉字强调自己的表音功能,必然降格为一种语言记号,而与其他文化符号产生相对平等的互文关系。但有一点不可能改变,汉字永远不是契约化、对话机制的字母,汉字控制其他文化符号的基本格局不会动摇。

胡易容:电脑输入曾经带来危机,在您看来,技术对汉字符号的影响到底有多关键?

孟华:前面我也谈到了电脑时代对汉字输入的挑战。我认为汉字追不上以电脑为代表的数码文化的步伐,这不是一个危机,而是一个常态,只是不能整体领先而已。毕竟汉字有其技术性、记号性的一面。但问题是人们不愿意承认汉字的某些缺陷。

汉字属于形式化程度较弱的文字。每个拉丁字母的笔画最多不超过三个,汉字则笔画繁复;拉丁字母是记音原则,它标记的是类型音,所以只用26个单位便可胜任;汉字是谐音原则,它记的是单词音,所以,形音对应关系复杂(多音一字,或多字一音);拉丁字母通过字母组合产生词义,它的词义是一个符号链条相互作用的结果,是一个调配物、一个语义物;汉字直接携带一个概念,具有较强的实体性和现实关联度,汉字不得不带着沉重的物的翅膀在数码天空飞翔;拉丁字母是一种任意约定关系、字形没有任何意义理据,汉字的字形有人的主观动机和理据性……我说的所有这些都是在表明,汉字相当于皮尔斯所谓的质符(索绪尔的言语),字母相当于所谓的型符(索绪尔的语言)。或者说,汉字是实体化程度较高的符号,字母是形式化程度较高的符号。而新媒体技术的本质是数码化、形式化,它与汉字具有不同构性。要消除这种不同构性唯一的出路就是汉字的二次代码转换:将实体性的汉字进行二次形式化、编码化处理,使之适应数码技术的要求。其实汉语拼音方案也是汉字二次代码转换的一种形式。因此二次代码转换成为中国信息产业的一大领域。

新技术推动的汉字的二次代码转换，给汉字带来的影响是更加强化汉字的任意记号和形式化结构单位的属性。例如要求汉字增加规范、简约、准确等。这样的结果可能是汉字自身固有的实体要素的消失，诸如汉字书法被标准化的书写取代、汉字字形的望文生义传统被冷冰冰的抽象形体所取代等。这些实体性因素其实就是"乡愁"的组成要素，德国哲学家本雅明叫做"光晕"——事物独一无二的实体特性之光。

胡易容：未来还会出现汉字危机吗？如果可能，会出于哪些方面的原因？

孟华：我想还会出现危机。但它不是技术层面而是文化层面。汉字是一种意识形态文字。它的危机将发生在意识形态整体危机的时刻。建国以来汉字从被改革对象到被保护对象的变化，都是发生在意识形态变化层面上。我觉得当下意识形态的危机正在增强，达到一定程度，必然重新评价汉字。

胡易容：您的理论体系与索绪尔的关系：在您的《汉字主导的文化符号谱系》中，您的符号能指是指"字形（包括文房四宝等物质书写手段）"，而我们知道索绪尔的能指则是指"音响形象"；相反，您的所指是"音"，而索绪尔的所指是"概念"。

孟华：这既是恢复另一个索绪尔真实面貌的一种努力，也是寻求中国符号学自己的学术话语的尝试。我认为符号学家索绪尔有两副面孔：一个是形式论的索绪尔，他强调能指不过是一个造成差异的系统，与实体无关。比如"大"这个汉字，用毛笔写、用铅笔写都是同一个"大"，字形结构是能指，但与书写它的工具无关。这种观点几乎写在中国全部的文字学教科书里。但索绪尔的另一副面孔是关注实体和形式关系：比如他区分的语言和言语、共时和历时、内部语言学和外部语言学等，这些对子的前项是形式化的范畴，后项是实体化的范畴。他的继承者叶尔姆斯列夫（Louis Hjelmslev）更明确地将能指和所指再区分出实体和形式两个范畴。当然，虽然做出这种区分，结构主义还是倾向于关注形式而非实体。但我基于对汉字文化的理解，发现汉字的本质是一种实体性较强的文字，比如它使用的毛笔就对汉字形体笔画影响很大。所以，我由此坚信，如何处理实体与形式的关系是符号学的根本问题。所以，我的汉字符号研究的一个内容，就是要恢复汉字能指（形体）的物质性。这是索绪尔的思想，但他只区分没有"处理"。

对于文字符号的所指，也是音或是概念的问题，我也是在实体和形式关系格局中思考的。因为索绪尔的著作重点是思考符号形式，因此，他的符号所指其实是一个我所谓的"语义物"：与能指同步组合而产生的一个结果。比如他举的一个例子，语音（能指）和概念（所指）好比风和水的关系，二者结合后产生了浪花。所指（概念）不优先于、不独立于能指而存在，这是语义物的一个主要特征。但是我们看汉字的所指（表达内容），发现它是一个层累性的所指，在象形字那里，它的所指先是一个物象，尔后是物象传达的概念，尔后是这个概念携带的汉语名称音。即使在今天的会意字和形声字那里，所指的这种层累性仍然存在。这种层累性颠覆了索绪尔的所指语义物的范畴，我们看到的是一个语音关联度（接近声音的程度）：物象—概念—词音；和物质关联度（接近实物的程度）：语音—概念—物象。无论是语音关联度还是物质关联度（我在书中叫做真实关联度），都是一个由实体和形式之间的相互过渡的关系问题。这是汉字符号对世界符号学提出的新的问题。

我在 2004 年出版的《汉字：华夏文明的内在形式》，重点思考汉字符号与汉语的超符号关系；后来陆续出版的《文字论》和《汉字主导的文化符号谱系》两书，则开始转向思考汉字与图像（包括实物符号）的超符号关系。我最近在录制一个网络慕课课程《意象的艺术：汉字符号学》，估计明年春季学期上线。原型是四川大学符号与传媒研究所约我写的一本《汉字符号学新编》，后因故没有出版，我就将此变成一个网络课程。我希望借此为学界提供一个更为简明、清晰的汉字符号学理论体系。其核心内容还是以汉字为本，思考语言、文字、图像的边界及其超符号法则。

胡易容：您的理论体系与索绪尔的差别是对象造成的，还是理论本身的不同？

孟华：首先，我认为任何一种人文理论都基于某种文化现实。索绪尔的符号学是字母文化的产物。他所提出的符号的两个基本原则:任意性和线条性,恰恰是拉丁字母符号的本质特征。这两个原则解释汉字就行不通,索绪尔本人也认识到这一点,法国哲学家德里达(Jacques Derrida)更是对此进行了哲学总结。所以,独特文化类型的汉字符号必然产生一种独特的符号学理论范式,尽管我们离这目标还有距离,但我坚信汉字符号的研究将会成为符号学的一个热点并将走向世界。其次,一旦某个理论成为一个范式,它便具有普遍的真理价值。比如汉字中包含的超符号性、类文字性思想,可能会成为新媒体融合时代的一个理论指导原则。

胡易容:以我的理解,索绪尔的符号体系是绕过了文字体系的,为什么我们在研究汉语符号时不能绕过文字?

孟华:如果解释其中原因的话,第一,索绪尔绕过文字体系谈语言符号是因为他依据的是字母文字。在表音位的字母那里,文字"仿佛擦去自身而变得透明"(德里达),所以可以对它忽略不计,权当语言单位的视觉再现。第二,出于"文化诡计"或文化的目的性。字母透义的表达语言是创造字母的文明主体"透明地"把握世界的理念的产物,即西方文化根深蒂固的逻各斯主义。

汉字自身不是抽象的记号,它携带意义,它用自己的意义直接解释汉语间接表达汉语的读音,这就是徐通锵为代表的字本位汉语理论认为研究汉语绕不开汉字的问题。从文化目的性的角度分析,汉字不仅是被用来记录汉语的,更是被用来控制汉语、建构汉语的。这是它与字母文化的不同。汉字文化描述的世界成为我们的第二自然,复旦的杨乃乔教授称中国文化为书写中心主义。所以,不仅汉语研究,整个中国人文学科的研究都绕不开汉字。北大的一个法学家告诉我,国内司法存在卷宗中心主义,取证不太注重辩论而更注重文字书写的卷宗。这就是汉字中心主义在司法领域的表现:避开面对面,在遥远的他处迂回地接近事实。

胡易容:索绪尔极力否认文字的重要性,甚至认为给予文字过分重要的地位"乃是一种误解"。但您却将汉字对汉民族的文化符号谱系提升到了"主导"这样一种极高的位置,并将它视为汉民族思维方式最重要的书面符号系统。其与西方的差异化根据是什么？

孟华：我前面说过，汉字所到之处，其他文化符号一片凋零。这是比喻的说法。汉字不是任意性记号，而是有强烈文化理据的乡愁符号。我们的人文始祖、我们的文化记忆、我们的艺术美学、我们的思维方式都是由汉字表述、记载、建构的。汉字的理据性表现为超语音性、超方言性。我在慕课《意象的艺术：汉字符号学》中概括为："无声地面对汉语，有声地面对其他文化符号。"

什么叫做"无声地面对汉语"？汉字记录汉语的两个原则：一是可视化理据原则，用可视、可感、有理据的方式表达汉语而非直接表音；二是谐音原则，字音不是语音的必然单位而是选择单位。字母文字中字母代表某个元音或辅音是相对固定而专职的。汉字并不是某个音的必然形式或专职单位，如"gōng"这个汉语音节可用工、宫、公、供……很多字记录；"长"这个汉字可用"cháng"或"zhǎng"不同音节表示。这种谐音原则使得汉字的读音不忠实于汉语而具有高度的人为选择性，比如，任何一个人都可以用方言读汉字。所以，面对汉语的可视性理据和谐音原则构成了汉字的"无声性"问题。正是汉字的这种无声性使它成为控制汉语的大一统文化力量，任何方言或话语要想发出自己的声音，必须要被汉字书写。而这种书写是一种选择性的记忆和遗忘，因而具有了权力性。

什么叫做"有声地面对其他文化符号"？图像是无言的、实物是无言的、仪式是无言的、建筑是无言的……，总之，以视觉符号为主的其他文化符号都是沉默的符号。但是，在中国文化格局中，这些沉默的文化符号常常在诉说着什么，电视上的那个中国梦娃不就在诉说吗？沉默的视觉物常常需要在被汉字隐性书写中获得自己的价值。而汉字此时代表一种被选择了的话语（通常是携带中原中心主义意识形态的儒家话语）潜入到图像、实物、民俗、建筑等文化符号中，这些视觉物以静默的方式发出了汉字的声音。

所以，汉字处于中国文化符号谱系的中枢地位，一手通过无声性抓住汉语，一手通过有声性抓住其他文化符号。这是中国之成为中国的最深刻文化理据，汉字成为中国文化至高无上的主宰。

而字母文化皈依语言,字母擦去自身让语言出场,必然导致文化的多元化。

胡易容:尽管历史没有假设,但在这个访谈中,恕我冒昧请您谈谈,如果当时汉字拼音化的方案成功实施了,您认为对现在中国文化思维方式会造成什么影响?

孟华:是的,假设很冒险。我认为,假如拼音化成功,文化思维方式会变,但思维方式也有自己的逻辑和历史惯性,不会立刻变化。而最重要的变化是文化大一统局面受到威胁。如果广东人、福建人使用拼音字母,按照读音规则书写,我们就读不懂他们的书面作品,甚至上海话的书面作品都难以读懂。重回战国时代"言语异声、文字异形"的局面。或者走另一极端,强迫广东人、香港人一律说普通话、消灭方言,然后用统一的拼音字母记录它。其结果是方言背后所附着的一切地方性文化形态、文化记忆随之消失。我想当年毛泽东搞拼音化改革可能是后一条路子。

当然对汉民族的文化思维方式也会发生影响。比如现代汉语书写引进了拼音文化的标点符号系统。过去的文言文没有标点符号或只有跟着语气走的句读。标点符号是对句子语法逻辑分析的符号系统,引入标点符号后,我们开始有了语法(过去是"文法")和逻辑的概念及其这种分析性思维的习惯。汉民族从此被注入了强大的逻辑思维力量。再如,假若使用拼音文字,我们首先会给每个汉语词空格,而现在汉字书写的汉语词与词之间没有边界。这个"空格"也是一种本质性的形式化逻辑思维,我们会因此而注意区分字和词、能指和所指、形式和实体等的二元对立关系思维。而且空格将极大便利汉语书面语的信息处理。今天我们的书面语词与词没有边界,计算机专家不得不进行二次代码转换,先设计出各种排除歧义的规则,才能使计算机能识别到汉语词这一级单位,但效果仍不理想。

原文载蒋晓丽等主编:《传播符号学访谈录——新媒体语境下的对话》,四川大学出版社,2017年,184—203页。

第九节　文化元素系统建设中的超符号技术

【提要】"超符号"是建立在符号不可通约基础上的超级链接。也就是说,由于不同的符号如图像、口语、肢体语言、实物符号、标签、文字等都具有自己的异质特性,而与其他符号之间存在某种程度的不可通约性,这使得各种符号之间有了自己的优势和短处,因此需要联合起来取得更好的表达效果。

受访嘉宾:孟华
采访人:周尚琴,四川大学文学与新闻学院艺术学理论博士研究生
访谈时间:2018 年 7 月 13 日

周:孟老师您好,您这次参会的题目是"文化元素系统建设中的超符号技术",请问您的超符号是什么呢?

孟:我这个"超符号"基于对汉字的符号学分析,指的是言、文、象融于一身的"符号综合体"。因为汉字一手抓着语言,一手抓着图像,是一个超符号系统。

所以,我说的"超符号"就是跨越了不同符号之间的边界,综合被使用而产生更大的符号效用的符号。"超符号"是建立在符号不可通约基础上的超级链接。也就是说,由于不同的符号如图像、口语、肢体语言、实物符号、标签、文字等都具有自己的异质符号特性,而与其他符号之间存在某种程度的不可通约性,这使得各种符号之间有了自己的优势和短处,因此需要联合起来取得更好的表达效果。所以,超符号首先要研究各符号的区别即相互之间的不可通约性,然后才研究它们之间的互补性关联。我的会议论文提到了三种符号技术:1."词语技术",主要指的是书写文献符号(也辅之以口语符号);2."符号技术",主要指的是实物符号(也辅之以口语、文字和图像符号);3."视觉技术",主要指图像符号(也辅之以实物和词语符号)。在区分它们的同时,又将三者联合起来呈现同一个文化调

研对象(文化元素)。

我的"超符号"的内涵很接近塔尔图符号学派的"符号域"的概念,因而也受他们的影响。超符号是一个文化概念,不仅仅是指多媒介、多语式,它实际上是一个文化综合体,它核心是一个物语(实物符号形态的文化元素)系统,围绕它而形成的各种符号的联合,而不是一个单纯的书写文本系统,或纯粹经验性、现象性的田野描述。我认为"超符号"的研究可以改变文化研究的策略。目前我正在把超符号的概念用于乡村文化研究中。

周:我的理解是文化和文明是一组相对的概念,文明包含物质,文化偏向精神,那这样的话,您的超符号就是把文化和文明都包含进来了,从而拓展了文化的范围?

孟:这样说也很有道理。文明在传统上指有区别性的社会综合体,同时也指一个社会阶段的发展程度,是个历史的概念。我指的这个文化是个在场的、生活的概念。"超符号"涉及一个文化观的问题。传统的文化概念更注重精神属性,即使所谓的精神文化、制度文化、物质文化的"文化"三分法,也是从概念或精神的范畴来定义文化的。超符号则以实物性的文化元素为核心来研究文化,将一个文化单元置于具体的场景中思考它的精神价值。比如"茶叶"这个文化元素,放到场景中就会发现,谢家河的茶叶和晓望的茶叶都是崂山茶,但不一样。谢家河缺水,茶叶生长期慢且不宜施化肥,所以品质更好。但问题是,谢家河和晓望的茶叶价格区别不大。背后的原因是什么?超符号分析就是要找到文化原因,比如谢家河茶叶的生产、销售过程中的无标记性,分散经济管理的小农意识等的文化行为理念。也就是说,一个场景性的茶叶告诉了我们几乎是一本书的文化内容。

因此,超符号是一个"大文化"概念:文化观念一定要和具体的场景结合,是精神与物质、词语符号和实物符号的结合体。用通俗的话说,文化不仅仅是一种观念、一种形象,它更是一种生活、一种场所精神或地域精神。文化的定义不同,关于文化的事业领域就不同。所以,根据超符号的立场,我将乡村文化的调研内容概括为六个基本文化元素:生存、生活、生产、行为理念、文化记忆、传播识别。在乡村文化调研中,抓住每个村的根元素(其中起主导性的元素),它的独特的语法和文脉就找出来了。六个要素中的每个要素不可能面面俱到,找到关键词,解释出语法逻辑就行了,这就是符号学的方法。之后再利用视觉的技术进行编码、展览、规约,让它视觉化、景观化、行为化,文化就活了,变成人们共同的财富。

周:那您在这里是如何定义符号的呢?

孟:我与赵毅衡先生对符号的定义是不完全相同的。赵老师将符号定义为携带意义的感知,这的确是反映了符号的普遍事实和根本属性。我的符号定义更关注中国的问题:中国文化语境中对符号意义的态度与西方文化有何差异?我发现中国文化最缺少的是求真意志,对真相和真理倾向于进行不透明的多义化处理。因此,我觉得存在两种符号的意义,更接近事实在场的意义和更接近缺席的意义。认识这两种意义的区别及其关系方式是中国符号研究的根本问题。所以,我将符号定义为一种言此意彼的方式。此是符号、是缺席,彼是对象、是在场。符号就是达到在场的种种方式。但是符号与对象的距离是符号的本质,哪怕是镜子也是有距离的,所有的符号都是距离造成的,但有两种方式,一种是零度,即符号与对象、与在场的尽量贴近和吻合;另一种是偏离。在符号的偏离中(如多义、歧义、虚假等)又包括两种:主动暴露还是刻意掩饰?我认为这些问题是中国符号研究的根本问题。我的符号定义实际上是对赵老师的意义理论的一种中国化的阐释。

此外,我的符号定义中还体现了一种实体性立场:符号和对象、此和彼都是实体性的,因此更注重符号媒介物质属性和场景化对象二者互动关系对意义的建构。所以,更注重多种物质符号的联合、在场与缺席的互动对意义的建构,如超符号的立场。这些观念都来自于我对汉字符号的长期思考,当然包括对西方符号理论的借鉴。

周:看您微博上提到要梳理国别符号学,那么不同地域、不同国家的符号学的不同是什么呢?

孟:符号学本身是跨学科的多元的、不同的人有不同的理解。如果一定要用二元对立的方式给东西方符号学贴上标签的话,那么我认为东西方符号学的最根本区别在于文字制度不同所区分出的符号精神。表音的拉丁字母是整个西方符号学的精神之源,表意的汉字是中国符号学的精神之源。我甚至认为,汉文化不先于汉字而存在,汉民族文化符号不先于汉字符号而存在。这些问题就扯得太大太远了。因为我把汉字问题看做是中国符号学的根本问题、根文化元素。索绪尔、皮尔斯、洛特曼、西比奥克、艾科、巴赫金、卡西尔这些西方符号学原创性作者,他们的理论体系中都缺少文字这一要素。而汉字却是中国符号学的核心元素。我对汉字符号学走向世界很有期待。

原文《文化元素系统建设中的超符号技术》,载"符号与传媒"公众号,发布时间:2018年10月15日。

后　记

　　记得 1973 年当兵时在太阳下练队,排长喊了一声:"孟华,睁开眼睛!"我的眼睛细小,在强光的刺射下便仿佛打盹。其实我自 1954 年出生以来一直努力睁大眼睛看这个世界,最好奇的是,书本读的、耳朵听的东西跟眼睛看的,太不一致。现在明白了,那是现实界与符号界的冲突。

　　我在"文化大革命"中没有受到完整的教育,做了十三年工人,又服了三年兵役,后来自学夜大、电大直到考上研究生当高校教师。至今,我儿时眼中的那两个世界仍在打架。破译现实界和符号界错位之谜,把我的人生引向了符号学。这与生计无关。

　　1985 年我还是工人时,就积累了上万张词汇卡片,在此基础上发表了首篇论文《试谈词的伴随意义》(《汉语学习》1985 年第 4 期),"伴随意义"直到十几年之后才成为词汇学的主流问题之一。这得益于我对动态语言生活的直接观察而非书本的现成理论。1987 年,在已是高校教师的弟弟孟悦的鼓励下,我以同等学力的工人身份考取了山东大学词汇学家葛本仪先生的研究生,她的造词理论突破了词汇静态研究的窠臼而考察一个词动态的产生过程及其规则——今天称为"词汇化"或"符号化"——激励我更自觉地从动态角度观察词汇中人和社会的动机对语言的干预和制约。

　　90 年代,我进一步将动机性的词汇化研究转向泛符号化研究。1994

年1月在第三届全国语言文化学研讨会上,我发表了论文《论汉字是一种动机文字》①,它奠定了我此后汉字符号学研究的最基本理论原则:其一,符号论。认为文字是一种符号化的意指方式(看待语言的方式)而非简单地记录语言的工具。其二,"两书论"。文字的意指方式包括理据性和任意性"两书",在汉字中具体表现为象意和象声。"两书论"使我此后逐渐走向语象融合的符号学研究立场。其三,异质关系论。站在符号的异质关系如理据性和任意性、象意和象声、汉字和拉丁字母的关系中研究其中每一个要素。该文的异质关系符号学、中西文化比较的观点受到学界重视,中国英汉语比较研究会会长潘文国在《汉英对比研究一百年》中认为孟文"通过中西文字比较,阐述了一种符号学的文字观"②,王菊泉、郑立信从2100篇论文中选取43篇,编选了《英汉语言文化对比研究》(1995—2003)一书,孟文亦入选③。

在我1999年出版的《符号表达原理》④一书中,进一步阐述了汉字符号学的立场,认为汉字"是建立在汉语和汉文化符号基础之上的二级符号",它作为汉语的能指"不仅仅执行中介功能,它本身就是意义系统,具有自我指涉的功能……汉字系统的自我指涉性和对所指的支配性,必然导致汉字对语言的僭越","汉字成了汉语的一部分甚至是决定性的部分"⑤。这些观点得到同事黄亚平的高度赞同,2001年他申请了一个汉字符号学课题,并与我合著了《汉字符号学》,各自分别独撰了上编和下编。黄亚平的上编主要是根据汉字符号学理论探讨文字起源和古文字问题;我撰写的下编则提出了一个汉字符号学的理论框架。

2004年,我的《汉字:汉语和华夏文明的内在形式》一书发表,受申小龙语言观的影响(他认为语言是看待世界的一种精神生产方式),我进一

---

① 该文后以《动机性文字与任意性文字——中西文字比较》为名,发表于(香港)《语文建设通讯》1998年总56期。
② 潘文国:《汉英对比研究一百年》,《世界汉语教学》,2002年第1期。
③ 孟华:《动机性文字与任意性文字——中西文字比较》,载王菊泉、郑立信:《英汉语言文化对比研究》(1995—2003),上海:上海外语教育出版社,2004年,第455页。
④ 孟华:《符号表达原理》,青岛:青岛海洋大学出版社,1999年版。
⑤ 同上书,第143、147页。

步强调了文字是看待语言和文化的符号方式。该书从汉字符号学的立场出发,将言文关系(汉字与汉语的关系)不仅看做是汉语、汉字研究的根本问题,而且也是中国文化重建的根本问题,并预言 21 世纪的中国学术将有一个汉字转向。这个预言现在正部分地实现:国家层面上愈来愈重视古文字溯源和古籍整理。不过,我还是深深担忧,是否会以"基建狂魔"的工程思维去对待汉字及其文本的研究?一个民族在文化重建的过程中不能同时反思这个文化本身,只能跌入乡愁的深渊而不能自拔。我的研究进路深受申小龙、徐通锵语言学理论的影响,他们恢复了汉语乃至汉文化的语文性、汉字性的问题,原创性地展示了与西方语音中心主义语言学截然不同的东方理论范式。尤其是申小龙主导的文化语言学,我作为一个积极参与者而深感自豪。我的言文关系思想也深受徐通锵字本位理论的启发,但同时又感觉他的字本位理论还是以词(语素)当字、言文不分,因此于 2001 年提出了汉字投射原则:"即从汉字与汉语的关系看,除了汉语对汉字的支配以外,存在着一种汉字决定汉语、汉语模仿汉字的反向力量。"[①]也就是说,存在两种言文关系:字本位的和言本位的,动机性的和任意性的。当然,索绪尔代表的语音中心主义语言学、符号学也是我永远的思想源泉。我游走于东西方两种理论框架之间,并以对话而非对抗、合治而非分治、反思而非简单认同的态度看待它们。我的思想甚至个人生活,都是在边界处度过、徘徊,从不奢望叩开主流学界的大门。

2005 年,我首次去法国探亲,短短一个月的考察、游历深深震撼了我。阿尔卑斯山的阳光所产生的极富立体透视感的视界,使我理解这个国度为什么盛产画家,为什么追求纯粹的目光。而中国视觉文化的精髓在于"不以目视而以神遇",汉字象形字是其原型——它不以相像而以意象(语象融合)的方式表达汉语乃至我们的思想和经验世界。语象的浑成是中国文化思维的底层逻辑,也是汉字符号的基本编码原则。欧洲的店铺招牌、纪念碑,常常以图像造型主导附之以文字说明,中国文化语境中却更喜欢以汉字做招牌、以碑文替雕塑——汉字取代了图像而自身兼顾

---

① 孟华:《"字本位"理论与汉语的能指投射原则》,《语言教学与研究》,2001 年第 6 期。

了图标和文字、观看和阅读双重功能;反之,面对有声语言时西方的字母文字仿佛擦去自身而唤出语音的在场;表意汉字却以无声的可视性理据来呈现有声汉语。亲身体验了中欧文化这种巨大反差,使我更深入把握了汉字语象浑成的思维奥秘:面对图像时它趋向语符;面对语言时它趋向象符,汉字喜欢在语象整体融合的关系格局中隐蔽地进行势能转换。2005 年之后我的系列著作和论文开始从言文关系转向语言、文字、图像(包括物象)三者的关系,强调在这些关系中研究和定义其中每个要素[①]。后又运用洛特曼的符号域理论将这三者关系概括为"符号间性":"一个符号置身于一个符号系统中(异质的符号场或同质的符号结构系统),并由这个系统来决定自己的性质及其在系统中的位置。"[②] 而后我也用"文字间性""超符号"或"类符号""类文字"等术语来表述自己的这些思想,以示与符号域的区别。典型的类文字样品如北京奥运会徽:其一,它涉及一个异质符号关系域,既是一个图像(运动员形象)又是一个汉字"京"。其二,这个符号超越了图文的边界而将两种编码集于一身,因此是一个"超符号"。其三,这种超符号或类文字是"执中型"的——在跨界的同时又抹去了跨界的痕迹。与之相对的是"移心型"——暴露或保留跨界痕迹的超符号。"执中型"主要表现为语象浑成思维,这种思维方式也可表述为:在借助形象解决概念问题和借助概念解决视觉经验问题之间进行实用性选择[③]。

严格意义上讲,洛特曼的符号域是移心型的,代表了西方或欧洲的二元对立符号思想传统;以汉字为代表的中国文化符号则是执中型的。这样,汉字符号学用"超符号"的思想将符号域转换为一种造成符号域的符号化方式,包括执中型和移心型。而它们分别代表了中西两种不同的符号学范式。消解二元对立而寻求两个范式之间的对话,就构成了汉字符

---

① 合治符号观是"坚持在文字间性(言文象关系)中定义文字"。孟华:《文字论》,济南:山东教育出版社,2008 年第 41 页。
② 见孟华:《汉字主导的文化符号谱系》,济南:山东教育出版社,2014 年第 29 页。
③ 孟华、李玉凤:《消解、跨越、合治:寻求符号学的中国路径——孟华教授访谈录》,《语言与符号》,2020 年,总第 6 辑。

号学合治观的基本内涵,这成为我终身追求目标。

在漫漫求索过程中遇到一位学术知音,全国语言与符号学研究会会长王铭玉教授,他也是一位自觉追求"合治"立场的符号学家:索绪尔与皮尔斯的合治、中国符号学与西方符号学的合治。我也有幸参与了他主持的许多合治符号学研究项目。符号学家赵毅衡也是我走向合治符号学道路的重要提携者和引路人。曾在东南亚文化圈掀起"龙卷风"的语言学家申小龙是我的师长也是挚友,文化立场虽不同但重建中国文化思想语法的初心把我们紧密连在一起。还要感谢语言学家、南京大学王希杰教授对我的帮助,他也是用纯真眼睛看世界而不拘泥于书本的原创性学者。

恍惚间我已是退休老者,只有在文字世界里青春依旧。病魔多次叩门,破译文化密码的初心未改。倘若一个庙宇护佑我的肉身,一个圣殿安放我的初心,我宁愿走向圣殿。

2021 年 4 月 16 日
于青岛城乡结合部的寓所